CHRISTIAN GASTGEBER, EKATERINI MITSIOU,
IOAN-AUREL POP, MIHAILO POPOVIĆ,
JOHANNES PREISER-KAPELLER, ALEXANDRU SIMON
(Hrsg.)

MATTHIAS CORVINUS UND SEINE ZEIT

Europa am Übergang vom Mittelalter zur Neuzeit zwischen Wien und Konstantinopel

ÖSTERREICHISCHE AKADEMIE DER WISSENSCHAFTEN
PHILOSOPHISCH-HISTORISCHE KLASSE
DENKSCHRIFTEN, 409. BAND

VERÖFFENTLICHUNGEN ZUR

BYZANZFORSCHUNG

HERAUSGEGEBEN VON
PETER SOUSTAL UND CHRISTIAN GASTGEBER

BAND XXVII

ÖSTERREICHISCHE AKADEMIE DER WISSENSCHAFTEN
PHILOSOPHISCH-HISTORISCHE KLASSE
DENKSCHRIFTEN, 409. BAND

VERÖFFENTLICHUNGEN ZUR BYZANZFORSCHUNG
BAND XXVII

MATTHIAS CORVINUS UND SEINE ZEIT

Europa am Übergang vom Mittelalter zur Neuzeit zwischen Wien und Konstantinopel

Herausgegeben von

CHRISTIAN GASTGEBER, EKATERINI MITSIOU,
IOAN-AUREL POP, MIHAILO POPOVIĆ,
JOHANNES PREISER-KAPELLER, ALEXANDRU SIMON

Vorgelegt von w. M. Otto KRESTEN in der Sitzung am 18. Juni 2010

Mit Beschluß der philosophisch-historischen Klasse in der Sitzung vom 23. März 2006 wurde die Reihe *Veröffentlichungen der Kommission für Byzantinistik* in *Veröffentlichungen zur Byzanzforschung* umbenannt; die bisherige Zählung wird dabei fortgeführt.

Die verwendeten Papiersorten sind aus chlorfrei gebleichtem Zellstoff hergestellt frei von säurebildenden Bestandteilen und alterungsbeständig

ISBN 3-7001-6891-1

Druck und Bindung: Prime Rate kft., Budapest

http://hw.oeaw.ac.at/6891-1
http://verlag.oeaw.ac.at

Inhaltsverzeichnis

Handschriften und Gelehrte

Nachleben und Rezeption

Abbildungsverzeichnis

Vorwort

Der vorliegende Band ist eine themenspezifische Auswahl von Referaten eines internationalen Kongresses, der im Jubiläumsjahr des Königs Matthias Corvinus (1458–1490) 2008 in dessen Geburtsort Cluj-Napoca stattfand ("Matthias Corvinus and his Time", 23rd – 26th October 2008); die Veranstaltung setzte eine mittlerweile mehrjährige Kooperation zwischen der rumänischen Akademie der Wissenschaften, besonders dem Centrul de Studii Transilvane in Cluj-Napoca, und dem Institut für Byzanzforschung der Österreichischen Akademie der Wissenschaften fort. Die Ergebnisse eines Vorgängerkongresses in Oradea konnten ebenfalls in dieser Reihe veröffentlicht werden (Ekaterini MITSIOU, Mihailo POPOVIĆ, Johannes PREISER-KAPELLER, Alexandru SIMON [Hg.], Emperor Sigismund and the Orthodox World. Wien 2010 [*Veröffentlichungen zur Byzanzforschung* 24]). Die wissenschaftliche Kooperation ist zuletzt in ein gemeinsames EU-Projekt gemündet (POSDRU 89/1.5/S/61104 der Rumänischen Akademie der Wissenschaften als leitender Partner) und hat die bilaterale Aufarbeitung von Themen zur Geschichte Ost-Südosteuropas des Mittelalters und der frühen Neuzeit intensiviert.

Eines der nahe liegenden Themen für eine kooperative Aufarbeitung war die Bedeutung und Nachwirkung des Königs Matthias Corvinus, der am 23. Februar 1443 in Cluj-Napoca geboren wurde. Zu diesem Zweck haben sich internationale Experten zu einem dreitägigen Kongress (in mehreren gleichzeitigen Sektionen ob der Fülle von Vorträgen und Referenten) eingefunden, um die geschichtlichen und kulturellen Entwicklungen zu Corvinus' Zeit und in der Nachwirkung zu diskutieren.

Für den vorliegenden Band wurde eine Auswahl an Vorträgen getroffen, die sich großteils auch mit Forschungsschwerpunkten am Institut für Byzanzforschung treffen: Geschichte des Patriarchats von Konstantinopel und der orthodoxen Kirche, griechische Handschriftenkunde und Rezeptionsgeschichte. Als besonderer Wiener Schwerpunkt wurde weiters hier die Rezeptionsgeschichte aufgenommen, um das Nachleben diachron nachzuzeichnen.

Etliche Ausstellungen und wissenschaftlichen Tagungen im Jubiläumsjahr unterstreichen einmal mehr die große Bedeutung dieses außergewöhnlichen Herrschers, der neben seinen militärischen und politischen Erfolgen als Mäzen und mit einer klugen Propaganda durch die Humanisten bis heute eine Legende ist. Seine Regierungszeit als König (1458–1490) wird nicht nur als letzte Blütezeit des mittelalterlichen ungarischen Staates betrachtet, sondern kennzeichnet für ganz (Ostmittel)Europa eine höchst bewegte Periode des Übergangs vom Mittelalter in die Neuzeit. Die Interessen des Corvinus richteten sich sowohl nach Ost, wo er den Vormarsch der Osmanen, die 1453 Konstantinopel eingenommen hatte, aufzuhalten versuchte, als auch nach West, wo er danach strebte, Böhmen und die Habsburgischen Erblande mit Ungarn zu einer ersten „Donaumonarchie" zu vereinen. Daneben förderte der König Kunst und Kultur, zog italienische Humanisten und einheimische Gelehrte an seinen Hof und sammelte lateinische und griechische Handschriften.

Durch seinen interdisziplinären Blick von Ost nach West und *vice versa* richtet sich der Band sowohl an die auf Westeuropa gerichtete Mediävistik als auch an die auf Osteuropa konzentrierte Mittelalter- und Byzanzforschung.

Wien, Cluj-Napoca im Mai 2011

Oliver Jens Schmitt

Matthias Corvinus und Skanderbeg oder die jahrzehntelange Allianz der Häuser Hunyadi und Kastriota im Krieg mit den Osmanen

Es gibt wohl keinen geeigneteren Ort als Cluj (Kolozsvár, Klausenburg), um die Beziehungen zwischen den Familien Hunyadi und Kastriota zu behandeln. Denn hier hatte Francisc Pall gewirkt, jener Historiker, der durch die Zeitumstände – den Ausbruch des Zweiten Weltkriegs und danach durch die kommunistische Diktatur in Rumänien – daran gehindert worden war, eine abschließende Monographie zu Skanderbeg zu verfassen, jenem Mann, dem er eine Fülle bedeutender Untersuchungen gewidmet hatte. Was im folgenden vorgestellt werden soll, knüpft an Forschungen Palls an, genauer im Mailänder Staatsarchiv, das Pall im Sommer 1939 besucht hatte, um die mailändischen Gesandtenberichte aus Venedig, Rom und Neapel auszuwerten[1]. Der folgende Vortrag gruppiert sich um einen noch ungedruckten derartigen Gesandtenbericht, der in der Bibliothèque nationale de France aufbewahrt liegt, wo ein Teil des Sforzaarchivs hingelangt ist. Es geht aber nicht nur um die Auswertung eines Texts, sondern vielmehr darum, die Beziehungen zwischen Johann Hunyadi und Matthias Corvinus zu Skanderbeg neu zu interpretieren, auch dies vor dem Hintergrund neuer bzw. neu ausgewerteter Quellen. Es soll die These erhärtet werden, dass die Hunyadi und Skanderbeg von ca. 1440 bis zu Skanderbegs Tod 1468 in einem engen Verhältnis standen, das wesentlich intensiver ausgestaltet war, als bisher angenommen worden ist. Im folgenden gilt der Schwerpunkt den Neuerkenntnissen, Altbekanntes wird hingegen nur gestreift.

1. Dass Hunyadis Vormarsch im Herbst 1443 und Skanderbegs Aufstand zeitlich zusammenfielen, dass Skanderbegs Desertion in der Schlacht von Niš den osmanischen Zusammenbruch und den Sieg des Kreuzfahrerheers auslöste, ist seit langem bekannt. Man hat sich jedoch kaum Gedanken über die Hintergründe dieses Zusammenwirkens gemacht. Dabei handelte es sich um eine konzertierte, von langer Hand geplante Aktion. Denn Skanderbeg und Johann Hunyadi waren sich schon einige Jahre vor der Schlacht bei Niš begegnet. Skanderbeg hatte als osmanischer Offizier in Nikopol an der Donau gedient. Sein erster Biograph, der Bischof von Ulcinj, der aus dem Kosovo stammende und rund zehn Jahre nach Skanderbegs Tod schreibende Martinus Segonus von Novo Brdo, erwähnt ausdrücklich, dass Skanderbeg zusammen mit dem osmanischen Feldherrn Mesid Pascha einen Einfall nach Siebenbürgen unternommen hatte, der von Hunyadi bei Hermannstadt (Nagyszeben, Sibiu) erfolgreich zurückgeschlagen worden war[2]. Ein Bericht des Venezianer Chronisten Stefano Magno schildert zudem eine Flucht Skanderbegs über die Donau, die wohl in Zusammenhang mit der Schlacht an der Ialomiţa im Jahre 1442 zu setzen ist[3]. Weshalb Skanderbeg mit Hunyadi

[1] F. Pall, Marino Barlezio: uno storico humanista. *Mélanges d'histoire générale* 2 (Cluj 1938) 135–318; F. Pall, Die Geschichte Skanderbegs im Lichte der neueren Forschung. *Leipziger Vierteljahresschrift für Südosteuropa* 6 (1942) 85–98; F. Pall, Le condizioni e gli echi internazionali della lotta antiottomana del 1442–1443, condotta da Giovanni di Hunedoara. *RESEE* III/3–4 (1965) 433–463; F. Pall, I rapporti italo-albanesi alla metà del secolo XV. *Archivio storico per le provincie napoletane seria* III/4 (1965) 123–226; F. Pall, Renseignements inédits sur la participation albanaise à la guerre de Naples (1459–1463), in: Actes du premier congrès international d'études balkaniques et sud-est européennes, Bd. 3 (Histoire). Bukarest 1966, 469–475; F. Pall, Skanderbeg et Ianco de Hunedoara. *RESEE* VI/1 (1968) 5–21; F. Pall, Di nuovo sulle biografie scanderbegiane del XVI secolo. *RESEE* IX/1 (1971) 91–106.

[2] Skanderbegs Teilnahme am Angriff auf Siebenbürgen bezeugt Martinus Segonus. Siehe: A. Pertusi, Martino Segono di Novo Brdo vescovo di Dulcigno. Un umanista serbo-dalmata del tardo Quattrocento (*Istituto storico italiano per il medio evo. Studi storici Fasc.* 128–130). Rom 1981, 128: "*Giorgio Scanderbech, essendo stato rotto nella Transilvania Mesitbech, sotto di cui allhora militava*".

[3] Der Chronist Piero Venier in den Annalen des Stefano Magno, in: O. J. Schmitt, Die Venezianischen Jahrbücher des Stefano Magno als Quelle für die albanische und epirotische Geschichte (1433–1477), in: Südosteuropa. Von vormoderner Vielfalt und nationalstaatlicher Vereinheitlichung, ed. K. Clewing – O. J. Schmitt. München 2005, 133–182, hier 137; M. Cazacu, Dracula. Paris 2004, 71f.; E. C. Antoche, La bataille de la rivière de Ialomiţa (2 septembre 1442), une victoire majeure de la Chrétienté

zusammenarbeitete, geht wiederum aus einem unedierten Mailänder Dispaccio aus dem Jahr 1454 hervor: Skanderbegs Motiv war Blutrache, da Murad II. Skanderbegs Vater Ivan Kastriota hatte töten lassen[4]. Nur deshalb kehrte der erfolgreiche Renegat zum Christentum zurück: er war durch das Gewohnheitsrecht gezwungen, Rache zu nehmen. Skanderbegs Vater starb im Mai 1437; danach wurde Skanderbeg an die Donau versetzt, wo er auf eine Gelegenheit zur Blutrache wartete[5]. Die Rache gelang im Sommer 1443: die Mailänder Quelle erzählt, dass Skanderbeg den Bruder Mehmeds II. habe ermorden lassen. Dabei handelte es sich um den Kronprinzen Alaeddin Ali Celebi, der in Anatolien umgebracht worden war. Indizien legen nahe, dass in den Anschlag wichtige Personen am osmanischen Hof verwickelt waren, unter anderem Mara Branković und Prinz Mehmed selbst. Skanderbeg war mütterlicherseits wohl ein Branković[6]; Mara hatte ebenfalls ein starkes Motiv – Rache für ihre geblendeten Brüder[7]. Die Verschwörer wollten aber das osmanische Reich ganz vernichten, und dafür benötigten sie Hilfe von außen, in Anatolien durch den Emir von Karaman, in Südosteuropa durch einen Kreuzzug. Diesen werden Skanderbeg und Hunyadi genau vorbereitet haben: die zeitliche Abstimmung von Angriff und Desertion sprechen ebenso dafür wie die spätere enge Zusammenarbeit Skanderbegs und Hunyadis, besonders im Jahre 1448. Als wesentliches Hindernis erwies sich 1444 wie 1448 die Haltung der Brankovići, d. h. des serbischen Despotats: während Hunyadi und Skanderbeg aus unterschiedlichen Motiven die Vernichtung der Osmanen wünschten, fürchteten die orthodoxen Serben ein Übergewicht des katholischen Ungarn auf dem Balkan – die Politik der Äquidistanz zwischen Ungarn und den Osmanen scheiterte aber gänzlich; einer der letzten Branković floh zu Skanderbeg, dem alten Verbündeten; Skanderbegs Sohn Ivan heiratete in der Folge eine Prinzessin aus dem Hause Branković[8]. Auch dies belegt, wie tief die Dreiecksbeziehung Kastriota-Branković-Hunyadi war.

2. Nach dem Zusammenbruch des Feldzugs Hunyadis 1448 war die Achse Skanderbeg–Ungarn geschwächt. Dies bedeutete aber nicht, dass die Hunyadi die Option eines Balkanbündnisses, d. h. eines Zangenangriffs aufgegeben hätten. Im Gegenteil, der junge Matthias Corvinus setzte die Politik seines Vaters unmittelbar nach seinem Thronantritt fort. Der junge ungarische König Matthias Corvinus war im Herbst 1458 erstmals in die Fussstapfen seines Vaters Johann Hunyadi getreten und hatte die Osmanen an seiner Reichsgrenze geschlagen[9]. Papst Kalixt III. hatte ihn bei seiner Thronbesteigung in einem Schreiben am 14. März 1458 ermahnt, das Werk Hunyadis fortzusetzen und dabei ausdrücklich auf „unseren lieben Sohn, den vornehmen Herrn Skanderbeg in Albanien“ hingewiesen[10]. Matthias ging sogleich auf diese Bitte ein; wieder diente das nominell ungarische Dubrovnik (Ragusa) als Drehscheibe. Im Februar 1459 reiste Corvinus' Gesandter, der Serbe Stupko aus Belgrad, zu Skanderbeg; der Inhalt der Verhandlungen ist nicht bekannt; der Ragusaner Senat schrieb am 24. Februar seinem Oberherrn lediglich, dass der Diplomat auf einem Schiff der

face aux armées ottomanes. *Cahiers du Centre d'études d'histoire de la défense* 9 (1999) 61–88; E. C. ANTOCHE, Le rayonnement de l'art militaire hussite dans l'Europe orientale et le Moyen Orient (XVe–XVIIe siècles). *Revista istorică* 14/5–6 (2003) 87–109, hier 97ff.

4 Archivio di Stato di Milano. Archivio visconteo – sforzesco B. 41 Bericht der Diplomaten Sceva de Curte und Jacobo Trivulzio an Herzog Francesco Sforza. Rom 10. Jänner 1454: "*Qua è gionto uno cavalero ambasatore d'uno Signore chi dice de Grecia e chi de Albania chiamato quel Signor Xandrebech et è infidele ... per hodio privato ha cum el Turcho, lo quale Turcho fece morire lo padre de quel tal Signor e questo tal Signore ha facto morire uno fratello del Turcho*".

5 N. TODOROV – B. NEDKOV, Turski izvori za bălgarskata istorija. Serija XV–XVI/2. Sofia 1966, 161. Das Verzeichnis wird von den Herausgebern in die Mitte des 15. Jahrhunderts datiert. Siehe zu Nikopol: R. P. KOVAČEV, Opis na Nikopolskija sandžak ot 80-te godini na XV vek. Sofia 1997; E. RADOUŠEV, Ottoman Border Periphery (*serhad*) in the Nikopol Vilayet, First Half of the 16th Century. *Études balkaniques* 31/3–4 (1995) 140–160. Eine eingehende Diskussion der Frage auch bei L. MALLTEZI, Një dokument i ri për Skënderbeun. *eksklusive* (in Prishtinë/Priština veröffentlichtes Magazin; Anm. des Verfassers) 20 (2001) 61–64; das von ihm veröffentlichte Stück bietet aber keinen Beweis für einen Aufenthalt Skanderbegs in Albanien nach 1438.

6 B. PETROVSKI, Voisava Tribalda, in: Gjergj Kastrioti Skenderbeg 1405–1468, ed. Institut za Nacionalna Istorija. Skopje 2006, 67–78.

7 Zu ihr: M. St. POPOVIĆ, Mara Branković. Eine Frau zwischen dem christlichen und dem islamischen Kulturkreis im 15. Jahrhundert (*Peleus, Studien zur Archäologie und Geschichte Griechenlands und Zyperns* 45). Mainz – Ruhpolding 2010.

8 POPOVIĆ, Mara Branković, 135f.; M. SPREMIĆ, Despot Đurađ Branković i njegovo doba. Belgrad 1994, 646.

9 G. RÁSZÓ, Die Türkenpolitik Matthias' Corvinus. *Acta Historica Academiae Scientiarum Hungaricae* 32 (1986) 3–50; S. GRACIOTTI (Ed.), Italia e Ungheria all'epoca dell'umanesimo corviniano. Florenz 1994 sowie S. GRACIOTTI (Ed.), Spiritualità e lettere nella cultura italiana e ungherese del basso medioevo. Florenz 1995.

10 I. PARRINO, Acta Albaniae Vaticana Bd. 1. Vatikan 1971, Nr. 314.

Ragusaner nach Albanien in See gestochen sei[11]. Ein knappes halbes Jahr später unternahm der König eine energische Demarche in Venedig zugunsten Skanderbegs, der sich offensichtlich über die Feindseligkeit der Signoria beklagt hatte. Weiter verlangte der König, die Republik möge den Kastriota in einen Frieden mit dem Sultan einbeziehen. Der Senat versprach zwar keine Hilfe im Türkenkrieg, zeigte sich aber bereit, allfällige Streitigkeit durch Verhandlungen zu lösen, wie, so erinnerten die Venezianer den ungarischen Gesandten, dies ja eben geschehen sei[12]. Skanderbeg hatte in Matthias Corvinus einen neuen, wenn auch fernen Schutzherrn gefunden, der für ihn in Italien ein gutes Wort einlegte. Matthias seinerseits strebte danach, seine Südgrenze zu schützen; eine Stärkung Skanderbegs kam ihm dabei gelegen. Eigentliche Truppenhilfe vermochte er nicht zu leisten, zumal er nicht einmal zu verhindern imstande war, dass die Osmanen am 20. Juni 1459 ohne Schwertstreich Smederevo einnahmen und damit das serbische Despotat endgültig beseitigten[13]. Die Sultanstruppen standen erneut bedrohlich vor Belgrad. In der Folge kam Corvinus in päpstlichen Planspielen, besonders Pius' II., stets eine besondere Rolle zu als Herrscher einer kontinentalen Flankenmacht bei einem Zangenangriff auf das osmanische Reich. Als es 1464 jedoch ernst wurde, meinte Pius II., König Matthias werde sich kaum den Weg nach Dalmatien freikämpfen[14]. Auch Venedig bezog Ungarn in sein Kalkül ein und schloss mit Corvinus den bekannten Vertrag von September 1463. Für keinen anderen aber war Corvinus wichtiger als für Skanderbeg: dessen venezianisch-albanischer Angriffskrieg war im Herbst 1464 in einem völligen Fehlschlag geendet. Das alte Misstrauen auf beiden Seiten erwachte wieder; denn Skanderbeg hatte sich im August 1464 an Dubrovnik gewandt und vorgeschlagen, selbst in die Blasiusstadt zu kommen[15]. Dies kann kaum anders denn als Rückversicherung verstanden werden, zudem auch als Vorbereitung von Verhandlungen mit dem ungarischen König Matthias Corvinus, der in Bosnien gegen das osmanische Heer kämpfte. Schon nach wenigen Monaten sah Skanderbeg das Bündnis mit Venedig als gescheitert an. Der Sohn seines alten Waffengefährten Johann Hunyadi erschien ihm ein weit stärkerer Bundesgenosse, der in der Lage war, mit seinem Landheer tief nach Bosnien vorzustossen. Im Gegensatz zu den Venezianern erzielten die Ungarn in den Bergen des Balkans Erfolge. Im Dezember 1463 hatten sie die Osmanen aus der alten bosnischen Königsburg Jajce vertrieben und sich, was noch viel grösseren Eindruck hervorrief, im August 1464 gegen einen Angriff, den Mehmed II. persönlich anführte, behauptet[16]. Ein Vorstoß gegen Zvornik aber scheiterte, und König Matthias musste weite Teile des gewonnenen Gebietes wieder räumen. Damit zerschlugen sich hochfliegende Pläne: denn im Oktober 1463 hatten die Ragusaner Skanderbeg den Einmarsch des Königs in Bosnien gemeldet, und Anfang September 1464 hatte Matthias Corvinus aus seinem Feldlager zu Gara in Slawonien Skanderbeg geschrieben und eine Wiederholung jenes Zangenangriffes vorgeschlagen, den 16 Jahre zuvor schon sein Vater Johann Hunyadi geplant hatte[17]. Sowohl Venedig als auch Mehmed II. reagierten auf die Entwicklungen in Albanien. Venedig beauftragte Giovanni Emo, seinen Gesandten beim ungarischen König Matthias Corvinus, auf einen ungarischen Vorstoß nach Süden und eine Vereinigung der ungarischen Truppen mit Skanderbeg zu drängen[18]. Damit sollten auch die venezianischen Truppen in der Morea entlastet werden, die nach schnellen Anfangserfolgen schon bald in ernste

[11] J. RADONIĆ, Đurađ Kastriot Skenderbeg i Albanija u XV veku. Belgrad 1942, Nr. 175, 178.

[12] RADONIĆ, Đurađ Kastriot Skenderbeg, Nr. 183; J. VALENTINI, Acta Albaniae Veneta saeculorum XIV et XV. 25 Bde. München – Palermo – Mailand 1967–1975, Nr. 6798.

[13] F. BABINGER, Mehmed der Eroberer. Weltenstürmer einer Zeitenwende. München – Zürich 1987, 174; SPREMIĆ, Despot Đurađ Branković, 637.

[14] O. J. SCHMITT, Skanderbeg als neuer Alexander: Antikerezeption im spätmittelalterlichen Albanien. *Pirckheimer-Jahrbuch* 20 (2005) 123–144.

[15] RADONIĆ, Đurađ Kastriot Skenderbeg, Nr. 276, 277 (Auszug aus der Chronik des Ragusaners Junius Resti).

[16] BABINGER, Mehmed, 245ff.; J. MRGIĆ-RADOJČIĆ, Donji Kraji. Krajina srednjovekovne Bosne. Belgrad 2002, 125ff.

[17] Ć. TRUHELKA, Dubrovačke vijesti o godini 1463. *Glasnik Zemaljskog Muzeja u Bosni i Hercegovini* 22 (1910) 1–24, hier 23; Bibliothèque nationale de France (= BNF). Manuscrits italiens 1590 f. 381v. Kopie eines Schreibens des venezianischen Gesandten im ungarischen Heerlager von Gara, 6. September 1464 ("*zà ha scripto Sua Maestà a Schanderbech che quella farà se possa unir cum lui. Diseme etiam ch'io scrivesse a Vostra Signoria che comandasse a quelle zente de Albania che acorendo bixogno se potessemo unirse cum Sua Maestà*"); vgl. auch den Bericht des spätbyzantinischen Geschichtsschreibers Kritobulos (bei RADONIĆ, Đurađ Kastriot Skenderbeg, 226). Der Plan war den Osmanen bekannt, sonst hätte ihn der Geschichtsschreiber aus Imbros nicht erzählen können. Ein Zangenangriff wurde auch noch im Dezember in Rom diskutiert (BNF. Manuscrits italiens 1590 f. 513).

[18] RADONIĆ, Đurađ Kastriot Skenderbeg, Nr. 284.

Bedrängnis geraten waren. Skanderbeg blieb gewiss nicht verborgen, dass Venedigs Unterstützung mehr als nur lau war; da er selbst sein Abkommen mit Mehmed II. in der Hoffnung auf den Kreuzzug gebrochen hatte und er zudem trotz seiner Tätigkeit als Vermittler von den Osmanen keine Garantien für sein mittelalbanisches Machtgebiet erhalten hatte, bemühte er sich um eine Absicherung seiner gefährdeten Lage. Im Dezember 1464 führte er mit Helena Branković Verhandlungen über die Heirat seines neunjährigen Sohnes Ivan mit der achtjährigen Jerina[19]. Besonders enge Beziehungen unterhielt er zu Dubrovnik, das ihm im Februar 1465 Bauleute zur Fertigstellung seiner Fluchtburg bei Kap Rodoni gewährte, und zu König Matthias Corvinus von Ungarn[20]. Dieser schickte im Hochsommer 1465 den Frater Alexander als Botschafter zu Skanderbeg[21]; Dubrovnik unterstützte diese Gesandtschaft und beauftragte am 12. August 1465 den Patrizier Paladino de Luccari/Lukarević, den Mönch auf einem ragusanischen Schiff nach Albanien zu geleiten[22]. Am 15. Dezember desselben Jahres befand sich besagter Frater wieder in Ragusa. Über den Inhalt seiner Gesandtschaft ist nichts bekannt. Aus den ragusanischen Ratsbüchern geht aber hervor, dass die Blasiusrepublik der Bitte Skanderbegs stattgab, den Patrizier Paladino de Gondola/Gundulić als Gesandten des Albanerfürsten zu Matthias Corvinus zu schicken (13. November 1465)[23]. Man darf annehmen, dass es bei diesen Gesandtschaften auch um die Friedensfühler ging, die Mehmed II. zum ungarischen König ausstreckte, und dass Matthias im Andenken an die Waffenbrüderschaft seines Vaters Johann Hunyadi mit Skanderbeg diesen in den geplanten Waffenstillstand miteinschliessen wollte. Die christlichen Verbündeten hatten sich freilich darauf festgelegt, auf einen Separatfrieden mit dem Sultan zu verzichten. Die Verhandlungen mit Matthias Corvinus hatten Mehmed II. jedoch nicht daran gehindert, gegen ungarische Interessen in Bosnien vorzugehen und so den Druck auf den König zu erhöhen, für den der Kampf gegen die Osmanen nie zu den vorrangigen Zielen seiner Herrschaft zählte[24].

Als ihn Mehmed II. mit einem Grossangriff an den Rand des Untergangs brachte, wandte sich Skanderbeg 1466 wieder an den Sohn seines alten Verbündeten Johann Hunyadi. Seit dem Beginn des Krieges hatte zwischen König Matthias Corvinus und Skanderbeg ein reger Gesandtenverkehr geherrscht; nach dem gescheiterten Vorstoß in Bosnien 1464 hatte sich der ungarische Monarch aber zurückgehalten. Im Herbst 1466 machte sich im Auftrag Skanderbegs der Ragusaner Paladino de Gondola/Gundulić auf den Weg nach Norden[25]. Der Rat seiner Republik beschied ihm, er habe aus Dubrovnik selbst nichts auszurichten. Ragusa hatte Skanderbeg verloren gegeben, unterstützte jedoch im Geheimen private Hilfsaktionen Ragusaner Patrizier. Auch dem Knezen Stjepan Radojević, einem weiteren Gesandten des Kastriota, erlaubte man die Reise nach Šibenik oder Split, von wo aus er sich wohl zu Corvinus begeben wollte[26]. Zu erwarten war von Ungarn nicht viel. Dies zeigte sich im Folgejahr, als Mehmed II. Skanderbeg endgültig besiegte: Corvinus ging auf das osmanische Anerbieten ein und schickte einen Botschafter nach Sofia, wo der Sultan Truppen für seinen Albanienfeldzug sammelte[27]. So hielt der Großherr sich den Rücken frei. Seine Widersacher im Abendland waren zerstritten oder durch geschickte Diplomatie ausgespielt. Der Weg nach Albanien stand offen.

---

[19] BNF. Manuscrits italiens 1590 f. 523.

[20] Radonić, Đurađ Kastriot Skenderbeg, Nr. 167; L. Nadin, Capo Rodoni nella storia, in: L. Zà (unter Mitarbeit von L. Nadin), I villaggi del Dio Rodon. Frammenti di vita rurale albanese. Lecce 2001, 25f., 31f.

[21] Radonić, Đurađ Kastriot Skenderbeg, Nr. 274, 299.

[22] Idem, Nr. 308.

[23] Idem, Nr. 306.

[24] Vgl. K. Nehring, Matthias Corvinus, Kaiser Friedrich III. und das Reich. München 1989; J. K. Hoensch, Matthias Corvinus. Diplomat, Feldherr und Mäzen. Graz 1998.

[25] Državni arhiv u Dubrovniku. Consilium rogatorum 3/19 f. 136v, 138r.

[26] Državni arhiv u Dubrovniku. Diversa Notariae 26/49 f. 142v–143r.

[27] O. J. Schmitt, Skanderbegs letzte Jahre – West-östliches Wechselspiel von Diplomatie und Krieg (1464–1468). *Südost-Forschungen* 63/64 (2004/2005) 56–123, Nr. 40, 45. Venedig und Ungarn benachrichtigten sich wechselseitig über ihre jeweiligen Verhandlungen mit dem Sultan, wobei die Furcht mitspielte, der andere Bundesgenosse könnte einen Separatfrieden schliessen; I. Nagy – A. Nyáry, Magyar diplomacziai emlékek Mátyás király korából 1458–1490. 4 Bde. Budapest 1875–1878, Bd. 2, 50–52, 56–58, 64–66. Am 6. August 1467 traf in Venedig eine nicht weniger als 756 Reiter zählende ungarische Gesandtschaft ein (Ebd. 66f.).

Zusammenfassend lässt sich feststellen, dass die Skanderbeg und die beiden Hunyadi insgesamt dreimal einen Zangenangriff auf die Osmanen unternahmen – 1443, 1448 und 1464 – dass man also von einer zwei Jahrzehnte dauernden Tradition regionaler Angriffspläne gegen die Osmanen sprechen kann. Nach dem Scheitern beider Verbündeter, Skanderbegs im heutigen Westmakedonien, Corvinus' in Bosnien, vor allem aber nach den verheerenden Rachefeldzügen Mehmeds II. gegen Albanien, besaß das Bündnis keine militärische Grundlage mehr. Für das Königreich Ungarn wie für das Aufstandsgebiet Skanderbegs im westlichen Balkan zeitigte das Scheitern der Allianz langfristig die bekannten schweren Folgen.

ALEXANDRU SIMON

La « parentèle ottomane » des Hunyadi

À quel point Matthias Corvin (ou Jean Hunyadi avant lui) a cru à la cause de la croix, c'est un aspect que l'histoire n'a pas encore élucidé. La question de la sincérité des croisés ne s'arrête cependant pas sur la ligne des Carpates, celle de l'argent moins encore. Avec des fonds reçus en cachette de la part de Venise (qui, à ce moment, était officiellement en paix avec la Porte), tout comme le roi Matthias en 1462, un monarque de moindre importance, tel Etienne III de Moldavie, devait agir en faveur de la Sérénissime République et contre la Porte. Il en profita pour faire construire les résidences princières (et, dans le sillage de Matthias, il a pratiquement entraîné Venise en guerre contre la Porte). Matthias avait fait la même après 1462. La tentation était irrésistible. L'argent envoyé de Rome et Venise à l'adresse expresse du monarque (sans passer par le filtre des légats papaux de la région) était par définition insuffisant pour financer une action antiottomane réelle. Il s'agissait essentiellement de commissions payées au monarque pour qu'il engage ses troupes contre la Porte. Les grands piliers de la croisade en péninsule italique s'attendaient souvent à ce que les princes régnants des pays en marge de *la chrétienté* obéissent à leurs ordres, et cela avec un minimum de coûts possibles[1].

Matthias chercha dès le début à retourner la situation en sa faveur. Même s'il eut des problèmes d'autorité, il prit ses risques en misant sur le besoin de la chrétienté d'avoir un rempart majeur contre les sultans, d'une part, et sur l'image de croisé de son père, de l'autre. Ce jeu dura dans ses grandes lignes jusqu'au moment où Venise tenta de faire d'Etienne III une alternative au monopole que les Hunyadi exerçaient sur la croisade au Bas Danube (1475–1476). Les complications ne tardèrent pas de se faire sentir (1476–1478). Cependant en octobre 1479, les troupes transylvaines et banatoises du royaume hongrois réussirent à vaincre l'armée ottomane, arrivée dans le royaume à travers la Valachie, aux côtés des troupes de Basarab IV. Pour le roi *d'origine humile de progente de Valacchia*, tel que la République du Saint Marc l'avait enregistré lors de son intronisation, le succès obtenu par ses capitaines contre les Turcs et les Valaques fut la plus grande victoire anti-ottomane de son règne, que ne saurait égaler que la conquête des citadelles Jajce (1464) et Šabac (1476). L'écho royal de cette bataille fut à la mesure du succès (en effet, dans des telles situations, le talent de Matthias était hors de pair)[2].

---

[1] Pour 1462–1463 et 1492–1498: I. NAGY – A. B. NYARY, Magyar diplomacziai emlékek. Mátyás király korából 1458–1490 [Souvenirs de diplomatie hongroise. L'âge du roi Matthias. 1458–1490] (*Monumenta Hungariae Historica*, IV, 1–4), I, [1458–1465]. Budapest 1875 (MDE), no. 108, 172; V. MAKUSCEV, Monumenta Historica Slavorum Meridionalum vicinorumque populorum e tabularis et bibliothecis italicis deprompta, I-2. Belgrad 1882 (MHS), no. 15, 137; no. 9, 158; I. BIANU, Ştefan cel Mare. Câteva documente din arhiva de stat de la Milano [Etienne le Grand. Quelques documents tirés de l'archive d'état de Milan]. *Columna lui Traian* XIV/1 (1883) no. 3, 40–41; I diarii di Marino Sanuto (MCCCCXCVI–MDXXXIII) dall' autografo Marciano ital. cl. VII cod. CDXIX–CDLXXVII, I: 1 gennaio 1496–30 settembre 1498, éds. G. BERCHET – F. STEFANI – N. BAROZZI – R. FULIN – M. ALLEGRI. Venise 1879, cols. 740, 744; Repertoriul monumentelor şi obiectelor de artă din timpul lui Ştefan cel Mare [Le répertoire des monuments et objets d'art du temps d'Etienne le Grand], éd. M. BERZA. Bucarest 1958, nos. 10–18, 109–167. En ce qui concerne les finances des croisés, voir une synthèse chez K. M. SETTON, The Papacy and Levant (1204–1571) (*Memoirs of the American Philosophical Society*, CXIV, CXXVII, CLXI, CLXII), II, The Fifteenth Century. Philadelphia 1978, 320–323, 389–394. Voir aussi Al. SIMON, The Costs and Benefits of Anti-Ottoman Warfare: The Case of Moldavia (1475–1477). *Revue Roumaine d'Histoire* XLVII/1–2 (2009) 37–53.

[2] Stefano Magno, Annali veneti e del mondo [1443–1478] (Österreichische Nationalbibliothek, Vienne, *Codices*, Cod. 6215–6217), II, Ad annum 1457 [More Veneto 1458], f. 6r; Actae et epistolae relationum Transylvaniae Hungariaeque cum Moldavia et Valachia, I, 1468–1540 (*Fontes Rerum Transylvanicarum*, IV, VI), éd. E. VERESS. Budapest 1914, nos. 29–32, 28–34; F. SZAKALY – P. FODOR, A kenyérmezei csata (1479. október 13.) [La bataille du Champ du Pain (13 octobre 1479)]. *Hadtörténelmi Közlemények* CXI/2 (1998) 309–350; Al. SIMON, Anti-Ottoman Warfare and Crusader Propaganda in 1474: New Evidences from the Archives of Milan. *Revue Roumaine d'Histoire* XLVI/1–4 (2007) 25–39. Fait intéressant, Frédéric III avait, au début de 1474, offert la Valachie à Etienne III, qui figurait à Vienne depuis quelques mois déjà comme capitaine de l'empereur pour la Valachie,

LA RECONNAISSANCE OTTOMANE DE MATTHIAS CORVIN ET LES RACINES VALAQUES DE MEHMED II

Matthias n'oublia pas de faire de ses adversaires les principaux coupables de l'attaque ottomane. Venise et l'empereur Frédéric III de Habsbourg furent accusés d'avoir instigué et aidé les Ottomans. Moins d'une année auparavant Venise avait conclu la paix avec l'Empire ottoman, mettant ainsi fin à une guerre qui durait depuis 16 ans déjà, qui l'avait portée au bord de la catastrophe et lui avait coûté en moyenne 75% de son budget annuel. Même si les croisés du Bas Danube étaient sur leur propre compte, elle réussit, avec un dernier effort, à procurer de Rome l'argent qui permit la même année à Etienne III de Moldavie de renforcer ses forteresses aux Bouches du Danube et du Dniestr. Elle n'avait pas fait de même pour Matthias (alors qu'une année plus tard, Venise faisait venir les Ottomans dans la péninsule italique contre son adversaire, Ferdinand d'Aragon, le roi de Naples et le beau-père de Matthias). Matthias avait probablement raison, à la fin de 1479, lorsqu'il imputait à Venise et à l'empereur romano-germanique l'implication dans la campagne ottomane dirigée contre lui, tout comme la République et Frédéric III ne semblaient, eux non plus, s'être trompés en accusant Matthias Corvin d'avoir permis aux Ottomans de traverser la Hongrie et la Croatie pour les attaquer[3].

Matthias devait, dans ces conditions, mener une double campagne d'image: promouvoir sa victoire et décréditer ses ennemis. En décembre 1479, il fit envoyer ses émissaires au *Reichstag* de *Nürnberg*. Il cherchait ainsi à tirer profit du crédit et du capital d'image dont il jouissait auprès du « parlement germanique », avec lequel Frédéric III d'Habsbourg avait déjà eu maints problèmes. Face aux représentants germaniques et aux émissaires du roi, le même qui, au début du règne de Matthias, l'avait ironisé, comme l'avait d'ailleurs fait une bonne partie de l'élite du royaume hongrois, en l'appelant *un individu né d'un père valaque*, les émissaires royaux présentèrent la victoire et firent un bref historique de l'expansion ottomane. Ils n'oublièrent pas de préciser, en passant, que le sultan Mehmed II *comptait parmi ses ancêtres aussi des Valaques*. Même si la menace était à peine suggérée, le message allait sous peu devenir évident. Quelques mois après, le roi hongrois Matthias I et le sultan ottoman Mehmed II échangeaient des lettres amicales, dans lesquelles ils s'appelaient l'un l'autre *frère du même sang*[4].

à condition d'abandonner Matthias Corvin (Haus-, Hof- und Staatsarchiv, Vienne (HHStA), Staatenabteilungen (S.A.), Ausserdeutsche Staaten (A.D.S.) *Hungarica*, fasc. 2-A, f. 30r–v [mars–avril 1474; copie in Magyar Országos Levéltár [Archive Nationale Hongroise], Budapest (MOL), (Séction U) Diplomatikai Fényképgyűjtemény [L'archive des copies fotographiques] (DF), [no.] 276099]; Handschriftensammung (Hs.S.), Handschrift (Hs.) W(eiss). 529, f. 261r ; 6 novembre 1473; in Regesten Kaiser Friedrich III. (1440–1493). Nach Archiven und Bibliotheken geordnet (*Regesta Imperii*, XIII), éds. H. KOLLER – P.-J. HEINIG [– A. NIEDERSTÄTTER], supl. II-1: Das Taxregister der römischen Kanzlei 1471–1475 (Haus-, Hof- und Staatsarchiv Wien, Hss. "weiss 529" und "weiss 920"), éds. P.-J. HEINIG – I. GRUND. Cologne–Graz–Vienne 2001, nos. 3534–3542, 523–524; les documents de ce jour-là).

3 HHStA, S.A., A.D.S., Hungarica, I, A.A., fasc. 1-A, f. 116r [octobre–décembre 1479]; L. DE THALLOCZY, Frammenti relativi alla storia dei paesi situati all'Adria (extrait de *Archaeografo Tridentino*, s. III, VII, 1). Trieste 1913, 39–43, 47–50; S. ROMANIN, Storia documentata di Venezia, IV. Venise ³1973, Annexe, no. 12, 398–399; [Domenico Malipiero], Annali veneti dall'anno 1457 al 1500 del Senatore Domenico Malipiero ordinati e abbreviati dal senatore Francesco Longo (*Archivio Storico Italiano*, VII), éd. A. SAGREDO. Florence 1843, 35–37, 119–122 (en particulier); Al. BOMBACI, Venezia e l'impresa turca di Otranto. *Rivista Storica Italiana* LXVI (1954) 159–203 (surtout 181–182); Al. SIMON, The Arms of the Cross: The Christian Policies of Stephen the Great and Matthias Corvinus, dans: Between Worlds, I: Stephen the Great, Matthias Corvinus and their Time (*Mélanges d'Histoire Générale*, Nouvelle Série, I, 1), éds. L. KOSZTA – O. MURESAN – Al. SIMON. Cluj-Napoca 2007, 45–86 (en particulier 64–67, 70–72, avec des autres sources médiévales éditées hongroises et roumaines).

4 N. IORGA, Notes et extraits pour servir à l'histoire des croisades au XVe siècle, V, 1476–1500. Bucarest, 1916, no. 73, 54 (*Et Walachos sibi aliquando parentes habet*; le document contenant le message originel de Matthias Corvin se trouvait, en deux copies, à la Bayerische Staatsbibliothek, de Munich, dans la Handschriften und alte Drucke Sammlung (Codices), Abendländische Handschriften, Ms. Lat. 4342, ff. 154r–155r; 26604, f. 7v). Pour les échanges *fraternels* entre le roi Matthias et les sultans ottomans voir: V. FRAKNOI, Mátyás király levelei. Külügyi Osztály [Les lettres du roi Matthias. La correspondance étrangère] I, 1458–1479. Budapest 1893, no. 259, 381; no. 263, 387; II, 1480–1490, Budapest 1895, no. 43, 68; nos. 48–49, 76–82; no. 247, 388 (MKL). Voir aussi P. FODOR, The View of the Turk in Hungary: the Apocalyptic Tradtion and the Red Apple in Ottoman-Hungarian Context, dans: Les traditions apocalyptiques au tournant de la chute de Constantinople. Actes de la Table Ronde de Istanbul, 13-14 avril 1996, éds B. LELLOUCHE – St. YERASIMOS. Montréal-Paris 1998, 99–131 (sans connaître la source du début du

Le *prince des Valaques*, ancienne accusation à l'adresse de Matthias que son chroniqueur officiel, Antonio Bonfini, allait transformer en titre, avait frappé de front ses adversaires. C'était une autre manière de Matthias d'exploiter le succès de ses capitaines, un certain Roumain, Pavel Chinezul (Pál Kinizsi), *comes* de Timiş, et Etienne Báthory, qui venait d'être désigné voïvode de Transylvanie – qui, publiquement, ne partageaient pas complètement sa politique. Dans l'empire de celui qui, depuis 1463 (lorsque Frédéric avait formellement adopté Matthias) et jusqu'en 1490, s'était vu obligé de l'accepter officiellement en tant que « coroi » de Hongrie, le fils de Hunyadi avait fourni aux deux mondes, chrétien et musulman, un argument irréfutable, susceptible à la fois de le faire comprendre et de le faire craindre. Argument que la Porte avait accepté comme tel, peu importe qu'il fût le fruit d'une bonne plume. Ce qui comptait par-dessus tout, c'était le geste et sa signification. Le roi, qui avait su tirer parti de son origine *valaque*, de souche romaine, puisait dans le même « réservoir génétique » les raisons pour un accord avec le sultan et la crainte qu'il voulait inspirer au monde *chrétien* (*latin* surtout) dont il se sentait trahi[5].

Ce n'était pas qu'un geste politique à court terme. Le roi Matthias Corvin allait peu à peu s'éloigner de l'autorité romaine et de la croisade antiottomane. Les échecs enregistrés par les troupes moldo-hongroises en Valachie (1480–1481) ne firent qu'accroître cette distance, qui deviendrait un véritable précipice après le désastre oriental du roi en été de 1484 et son triomphe occidental au milieu de l'an 1485, lorsqu'il s'empara de Vienne. En 1488, dans l'édition imprimée de sa chronique officielle, Jean Thuróczy, qui soutenait la composante *scythique* (soit hongroise, par extension) de l'identité royale de Matthias, tout comme Bonfini en appuyait la composante *romaine*, n'hésitait pas de transcrire les propos du sultan Mehmed II († 1481), qui aurait affirmé que Matthias et lui étaient les seuls *dignes de s'appeler monarques*. Fruit de la mutation politique et communautaire survenue dans la perception chrétienne de la Porte, d'une part, et résultat des interférences entre les différents instruments de propagande de la fin du Moyen Age, de l'autre, *le Turc* validait la valeur de Matthias Corvin, tout comme la papauté, en dépit de ses investissements politiques et financiers, directs ou médiats, formels ou réels, dans la personne du roi était à ce moment « indirectement » accusée de ne l'avoir jamais fait[6].

---

mois de décembre 1479, il tente d'expliquer « l'unité de sang » manifestée ultérieurement entre Matthias et Djem par l'unité humaine et « de parenté » scythique entre Turcs et Hongrois, ce qui, avec ou sans l'acte de 1479, ne peut pas résister, «l'unité de sang» étant motivée, du point de vue humaine et dynastique, et non pas idéologique par les acteurs politiques; voir aussi: Al. SIMON, Lumea lui Djem. Buda, Suceava şi Istanbul în anii 1480 [Le monde de Djem: Buda, Suceava et Istanbul dans les années 1480]. *Anuarul Institutului de Istorie* George Bariţiu XLVIII (2005) 11–43, ici 19–24, avec des autres sources imprimées et d'archive).

[5] Exemples: Archivio di Stato di Milano, Milan (ASM), Archivio Ducale Sforzesco (A.D.S), *Venezia*, cart. 369, *Agosto–Dicembre 1479*, fasc. 3, *Ottobre*, nn; fasc. 4, *Novembre*, nn; fasc. 5, *Dicembre*, nn (19 octobre, 4, 12 novembre, 1, 9, 15 décembre 1479); THALLOCZY, Frammenti relativi alla storia 50–51; Antonius de Bonfinis, Rerum Ungaricarum decades, IV, éds. J. FOGEL – L. JUHASZ – B. IVANYI. Leipzig 1941 [Budapest, 1944/1945], 75–79; K. NEHRING, Matthias Corvinus, Kaiser Friedrich III. und das Reich. Zum Hunyadisch-Habsburgischen Gegensatz im Donauraum. Munich ²1989, 19–22, 27–33, 95–102. Pour Pavel Chinezul: I. HATEGAN, Pavel Chinezul. Timişoara 1994 (arguments pour son origine roumaine; l'opinion contraire chez I. DRAGAN, Nobilimea românească din Transilvania. 1440–1514 [La noblesse roumaine de Transylvanie. 1440–1514]. Bucarest 2000, 219–220). Pour Matthias Corvin et la Porte, voir aussi L. THUASNE, Djem Sultan, fils de Mahommed II, frère de Bayezid II (1459–1495) d'après les documents originaux en grand partie inédits. Études sur la question d'Orient à la fin du XVe siècle. Paris 1890, 122–125; N. VATIN, Sultan Djem. Un prince ottoman dans l'Europe du XVe siècle d'après deux sources contemporaines:Vâkicât-i Sultân Cem/ Œuvres de Guillaum Carousin. Ankara 1997, 42–44. Voir aussi M. BERZA, Der Kreuzzug gegen die Türken, ein europäisches Problem. *Revue Historique du Sud-Est Européen* XIX/1 (1942) 33–72 (66–70, en particulier).

[6] En ce qui concerne la politique de Hunyadi dans les années 1480, voir: ASM, A.D.S., Potenze Estere, *Napoli*, cart. 244, *1484 Giugno–Dicembre*, fasc. 2, *Luglio*, nn (9 juillet 1484); Stadtarchiv Augsburg, Augsburg, Rats- und Ämterwesen, Oberste Instanzen: Rat, *Literaliensammlung*, I, *1480* (11 juillet 1480; copies in MOL, Filmtár [Archives de microfilms] (FT), *Karl Nehring gyűjtése* [Donation Karl Nehring], rol. 30173 = Direcţia Judeţeană a Arhivelor Naţionale-filiala Cluj [Direction Départementale des Archives Nationales <Roumaines>], filiale de Cluj, Cluj-Napoca (DJAN-Cluj), *Documente medievale din Regatul Ungariei* [Documents médiévaux du Royaume d'Hongrie] rol. XV), regest: K. NEHRING, Quellen zur ungarischen Außenpolitik in der zweiten Hälfte des 15. Jahrhunderts (I–II). *Levéltári Közlemények* [Contributions d'archives] XLVII/1 (1976) no. 107, 104; une variante dans HHStA, Reichshofkanzlei, *Fridericiana. 1442–1493*, Karton 4, *1476–1480*, fasc. 5–1, *1480*, f. 82^{r}); Masarykovy Universitni knihovny [Bibliothèque de l'Université *Tomás Masaryk*], Brno (UKB), Manuskript (Mk) 9, *mikulovsky rukopis*, Mk 9, *mikulovsky rukopis*, ff. 276^{r}–277^{r} (20 août 1482 et post; copies: MOL, F.T. *Nehring*, rol. 30173, DJAN-Cluj, *Documente medievale din*

L' « AFFAIRE DJEM » DANS LA POLITIQUE ROYALE HONGROISE DES ANNEES 1480

La « crise Djem » surgit entre le discours hongrois (1479) et le discours ottoman (1488), condamnant pour une longue période à l'échec la relation entre Matthias Corvin et Rome. Les rapports entre eux s'étaient déjà détériorés dès le pontificat de Sixte IV (1471–1484). Les conflits déclenchés par la politique régionale, pro- ou anti-ottomane du roi hongrois, ainsi que par son implication croissante dans la politique italique, suite au mariage avec Béatrice (1476), la fille de Ferdinand d'Aragon, roi de Naples, avaient affaibli le lien apparemment ombilical entre le Saint-Siège et la « Maison » de Jean Hunyadi. Comme à l'époque de la guerre civile ottomane, qui succéda à la défaite et la capture de Bajazet Ier par Timur Lang à Ankara (1402), les puissances chrétiennes ne se montrèrent pas capables d'exploiter la crise de l'Empire ottoman. Bien que moins nombreuses dans les années 1480, elles préférèrent, tout comme huit décennies auparavant – à ce moment avec Sigismond de Luxembourg, Mircea Ier le Vieux de Valachie et l'empereur Manuel II Paléologue en tête – préserver la puissance *turque* en Europe[7].

Après la mort de Mehmed II au printemps de 1481, les Ottomans furent chassés de la péninsule italique, où ils avaient débarqué une année auparavant, et son héritage devint sujet de dispute entre ses fils, Djem et Bajazet II. Définitivement vaincu par son frère, le premier entra sous la protection des chevaliers de Saint-Jean. Continuant à jouir d'une grande notoriété dans l'Empire ottoman même après les succès remportés par Bajazet II contre les Hongrois et les Moldaves (1484), Djem était tenu pour le principal atout chrétien contre la Porte. Il espérait arriver à la cour de Matthias, le seul, à ses yeux, capable de l'aider dans sa qualité de frère du même sang. C'était ce que Bajazet essayait de faire lui aussi, mais Matthias se montrait plus réticent envers lui. S'il voulait Djem, c'était moins pour l'opposer à Bajazet que pour conclure une entente plus avantageuse avec le sultan. Cependant ni Rome, la protectrice des chevaliers de Saint-Jean, ni la France, où Djem avait été amené de Rhodes par les même chevaliers, ne semblaient pas vouloir s'engager définitivement aux côtés de Matthias. Confronté au problème de sa propre succession et dépourvu de descendants légitimes, il devait se monter plus réservé[8].

Regatul Ungariei, rol. XVI édité, sous 1475, dans MKL., I, nos. 220–221, 313–315); *Actae et epistolae*, nos. 32–34, 34–37; Johannes de Thurocz, Chronica Hungarorum, I, Textus, éds. E. Galantai – G. Kristo. Budapest 1985, 285–288 (dorénavant: Thuróczy [1985]); A. Kubinyi, Matthias Rex. Budapest 2008, 139–148; Al. Simon, Chilia şi Cetatea Albă în vara anului 1484. Noi documente din arhivele italiene [Chilia (Kilia) et Cetatea Albă (Akkerman) pendant l'été de l'année 1484: nouveaux documents tirés des archives italiennes]. *Studii şi Materiale de Istorie Medie* XXVI (2008) 177–196. Pour Jean Thuróczy par rapport à Antonio Bonfini, voir les ouvrages de Elemér Mályusz, *Thuróczy-krónika és forrásai* [La chronique de Thuróczy et ses sources], Budapest 1967, *passim*, et P. Kulcsar, Bonfini Magyar történetének [Les sources des histoires hongroises de Bonfini]. Budapest 1973, *passim*.

7 P. Ş. Nasturel, A propos d'un document de Kastamonitou et d'une lettre patriarcale inconnue de 1411. *Revue des Études Byzantines* XL (1982) 211–214; Ş. Papacostea, La Valachie et la crise de structure de l'Empire ottoman (1402–1413). *Revue Roumaine d'Histoire* XXV/1–2 (1986) 23–33; P. E. Kovacs, A Szentszék, a török és Magyarország a Hunyadiak alatt (1437–1490) [Le Saint-Siège, les Turcs et la Hongrie à l'époque des Hunyadis], dans : Magyarország és a Szentszék kapcsolatának ezer éve [Un millénaire de relations entre la Hongrie et le Saint-Siège], éd. I. Zombori. Budapest 1996, 97–117; idem, Magyarország és Nápoly politikai kapcsolatai a Mátyás korában [Relations politiques entre la Hongrie et Naples au temps de Matthias], dans : Tanulmányok Szakály Ferenc Emlékére [Etudes à la mémoire de Ferenc Szakály], éds. P. Fodor – G. Palffy – I. György Toth. Budapest 2002, 229–247; B. Weber, La croisade impossible. Étude sur les relations entre Sixte IV et Matthias Corvin (1471–1484), dans : Hommage à Alain Ducellier. Byzance et ses périphéries (monde grec, balkanique et musulman), éds. B. Doumerc – Ch. Picard. Toulouse 2004, 309–321; D. J. Kastritis, Religious Affiliations and Political Alliances in the Ottoman Succession Wars of 1402–1413. *Medieval Encounters. Jewish, Christian and Muslim Culture in Confluence and Dialogue* XIII/2 (2007) 222–242 (notamment 229–231, 238–240); Al. Simon, The Limits of the Moldavian Crusade (1474, 1484). *Annuario del Istituto Romeno di Cultura e Ricerca Umanistica* IX (2007) 235–240.

8 Pour les principales analyses de l'époque: L. Tardy, Ungarns anti-osmanische Bündnisse mit Staaten des Nahen Ostens und deren Vorgeschichte. *Anatolica: annuaire international pour les civilizations de l'Asie antérieure* IV (1971–1972) 151–156; E. Fügedi, Two Kinds of Enemies – Two Kinds of Ideology: The Hungarian-Turkish Wars of the Fifteenth Century, dans: War and Peace in the Middle Age, éd. B. P. McGuire. Copenhague 1987, 146–160; H. İnalcik, A Case Study in Renaissance Diplomacy: The Agreement between Innocent VIII and Bayezid II regarding Djem Sultan, dans: idem, The Middle East and the Balkans under the Ottoman Empire. Essays on Economy and Society. Bloomington 1993, 345–348; I. Nyitrai, Sultan Bayezeid II as the Only Legitimate Pretender to the Ottoman Throne (A Persian Sāhnāme dated from 1486), dans: Acta Viennensia Ottomanica. Akten des 13. OEPO-Symposiums vom 21. bis 25. September 1998 in Wien, éds. M. Köhbach – G. Prochazka-Eisl – Cl. Rö-

Même s'il demandait que Djem fût envoyé à Buda, en invoquant les liens de sang qui l'unissait à lui, Matthias déclarait que c'était Djem qui lui en avait parlé pour la première fois (1488–1489). Il passait sous silence le fait que l'idée lui appartenait. En plus, la version hongroise du lien de parenté ne s'accordait pas trop à la version turque. Matthias avait apparemment dirigé le lien de parenté vers la grand-mère de son père (qui, selon Bonfini, aurait été de *sang impérial grec*), dont la sœur, prise en captivité par les Ottomans, serait entrée dans le harem. Selon Djem, la parenté était due à sa mère, qui aurait été de la famille de Matthias. Ces discordances « généalogiques n» et diplomatiques reflétaient en fait les différences flagrantes entre les politiques chrétiennes et ottomanes. Les pays chrétiens étaient tous d'accord que Djem, très populaire dans l'Empire ottoman, était la voie à suivre pour vaincre Bajazet II. Cependant la discussion tournait le plus souvent autour du potentiel partage de l'Empire ottoman entre la partie devant rester à Djem et celle qui (avec l'ancienne Byzance) allait revenir au monde chrétien. On omettait, évidemment, que depuis Jean Hunyadi aucun autre dirigeant chrétien, qu'il se soit appelé Matthias, roi de Hongrie, Etienne III de Moldavie, Vlad III (l'Empaleur) de Valachie ou George Skanderbeg d'Albanie, n'avait osé avancer avec ses troupes vers le cœur de l'Empire ottoman[9].

La seule puissance à soulever réellement la question d'une possible dissolution de l'Empire ottoman fut l'Egypte mamelouk. Son sultan, Ka'itbey, avait à plusieurs reprises contacté Rome et Buda, par l'intermédiaire des patriarches de Jérusalem et Alexandrie (1487–1489), les mêmes qui en 1483–1484 avaient soutenu Bajazet II, depuis 1485 en guerre avec Ka'itbey. Le rival musulman du sultan diplomate d'Istanbul, contesté par ses sujets justement pour n'avoir pas les qualités d'un véritable chef militaire, se montra prêt à offrir au monde chrétien la Terre Sainte en échange de Djem, dont il voulait se servir contre Bajazet. La mort de Matthias mit cependant fin à ces discussions continentales. Après l'échec du congrès des croisés organisé à Rome (1490–1491), Innocent VIII préféra conclure une entente avec Bajazet II, de sorte que Djem n'arriva plus à Buda. L'histoire hongro-ottomano-valaque se perdit au temps où les adversaires hongrois et régionaux du roi faisaient tout pour se débarrasser de l'héritage du controversé monarque[10].

MER. Vienne 1999, 261–266 (en particulier); I. R. CASSETTA – E. ERCOLINO, La prise d'Otrante (1480–1481), entre sources chrétiennes et turques. *Turcica. Revue d'études turques: peuples, langues, culture, états* XXXIV (2002) 255–275 (avec des autres informations); THUASNE, Djem Sultan 88–94, 141–149, 193–196; VATIN, Sultan Djem, 39–44, 49–54, 99–104.

9 Archivio Segreto Vaticano, Cité du Vatican (ASV), Armaria (Arm.), [reg.] XXXIX-21 f. 104^r (20 janvier 1489); Miscellanea, Armadi (Misc., Arm.), [reg.] II-30, ff. 100 (105)^r–101 (106)^r (30 janvier 1489); II-56, ff. 157 (167)^v–170 (180)^v (25 juin 1489), 183^r–184^v; 189^v–191^r (après le 1er septembre 1488); Biblioteca Nazionale Marciana, Venezia (BNM), Ufficio Manoscritti/ Codices: Codici Latini (Cod. Lat); classa X, *Historia profana*, no. X-175 (=3622), f. 133^r (30 janvier 1489); V. FRAKNOI, Mathiae Corvini Hungariae Regis epistolae ad Romanos Pontifices datae et ab eis acceptae (*Monumenta Vaticana historiam Regni Hungariae illustrantia*, I, 6). Budapest 1891, no. 197, 249; N. VATIN, La traduction ottomane d'une lettre de Charles VIII de France (1486). *Turcica. Revue d'études turques: peuples, langues, culture, états* XV (1983) 219–230 (en particulier 223–225); IDEM, Itinéraires d'agents de la Porte en Italie (1483–1495): Réflexions sur l'organisation des missions ottomanes et sur la transcription turque des noms de lieux italiens. *Turcica. Revue d'études turques: peuples, langues, culture, états* XIX (1987) 29–50 (ici 33–35); SIMON, Lumea lui Djem 22–29 (avec des données supplémentaires tirés de l'Archivio di Stato di Genova). Voir aussi: R. LUNGU, A propos de la campagne anti-ottomane de Vlad l'Empaleur au Sud du Danube. *Revue Roumaine d'Histoire* XXII/2 (1983) 147–168; O. J. SCHMITT, Skanderbegs letzte Jahre. West-östliches Wechselspiel von Diplomatie und Krieg im Zeitalter der osmanischen Eroberung Albanies (1464–1468). *Südost-Forschungen* LXIV–LXV (2004–2005) 56–123 (qui touche aussi la question de l'action de Jean Hunyadi).

10 ASV, Misc. Arm., II-56, ff. 120 (130)^v–122 (132)^v [avril 1487–mai 1488], 187^v–188^r (13–14 mars 1489); Ambasciata straordinaria al sultano d'Egitto (1489–1490), éd. F. ROSSI. Venise 1988 (rapports): no. 18, 84; no. 43, 117; no. 77, 154; no. 140, 228; Appendice (instructions), no. VII, 220; no. XV, 260–264; no. XX, p. 269; MDE, IV [1488–1490, 1458–1490]. Budapest 1878, no. 114, 160–161); Sh. HAR-EL, Struggle for Domination in the Middle East: the Ottoman Mamluk War, 1485–1491. Léyde–Boston–Cologne 1995, 38–42. Voir aussi G. BERCHET, La repubblica di Venezia e la Persia. Turin 1865, 151–153; V. FRAKNOI, Pecchinoli Angelo pápai legátus Mátyás udvaránál (1488–1490) [Angelo Pecchinoli, légat papale à la cour de Matthias]. Budapest 1901, 27–29, 33–35, 41–42; A. MASALA, La prima spedizione ottomana in Spagna (1487). *Medioevo. Saggi e rassegne* VIII (1983) 119–135 (en particulier 122–123).

LA PLACE *CHRETIENNE* DES VALAQUES ENTRE LES HUNYADI D'HONGRIE ET LES SULTANS OTTOMANS

Avant Jean Hunyadi, les Valaques avaient généralement une image négative au sein des croisés anti-ottomans. À côté des Génois, des Milanais et des Hongrois, ils étaient tenus pour coupables pour le désastre de Nicopolis (1396). Plus d'un siècle plus tard, aux yeux du milieu grec, très influent, de Venise, les Valaques étaient, à côté des Serbes, les principaux responsables pour le « débarquement ottoman » en Europe en 1354. Bien que les victoires remportées par Jean Hunyadi (1441–1443) eussent réussi à améliorer considérablement cette image, elle fut à nouveau compromise suite aux défaites subies par les croisés à Varna (1444) et Kosovo Polje (1448). L'apothéose dont Jean Hunyadi se fit entourer à Belgrade (1456), la propagande de Matthias, qui faisaient des *2000 Valaques* de l'armée royale *les meilleurs et les plus fidèles* combattants contre les Turcs, la victoire qu'Etienne III remporta à Vaslui (1475) ainsi que la propagande papale et vénitienne changèrent complètement la situation. Les Valaques devinrent ainsi les seuls croisés orthodoxes, tant sous Sixte IV que sous Innocent VIII et Alexandre VI, et continuèrent à occuper le tout premier plan de la croisade anti-ottomane sous Jules II et Léon X[11].

Les Hunyadi jouèrent un rôle décisif dans cette évolution. Or, ils étaient extrêmement conscients que le mot *valaque* recouvrait des sens tout à fait opposés au sein des croisés. C'est surtout Matthias qui tenta d'en exploiter les deux, se servant aussi de l'image de Jean Hunyadi. En 1456, Mehmed II avait lancé une attaque impulsive contre Belgrade, sans complètement encercler la ville. Il n'avait plus la patience d'attendre, il voulait aboutir. Apparemment, il considérait Jean Hunyadi comme son ennemi personnel, la principale menace à l'adresse de sa suprématie universelle et de son héritage impérial romain. Les légendes turco-osmanes, assez répandues, qui présentaient *Yanko (bin Madyar)* à la fois comme fondateur mythique de Byzance et commandant des terribles peuples nordiques *Benī asfer* qui allaient descendre vers le Sud, de même que l'image de Jean Hunyadi comme successeur impérial de Constantin XI Paléologue constituaient autant de raisons pour que le vieux, déjà, commandant chrétien dépasse aux yeux du sultan ottoman, assez jeune encore, le spectre d'une simple menace militaire. Mehmed perdit la bataille et se retira aussitôt, comme s'il était touché par la colère divine[12].

Mehmed II ne lança après 1456 aucune attaque personnelle contre la Hongrie. En 1458, le fils de Jean Hunyadi accéda au trône. Matthias et Jean Hunyadi en tant que rois de Hongrie furent souvent pris l'un pour

---

[11] Archivio di Stato di Mantova, Mantoue, Archivio Gonzaga, Serie E, Dipartamento affari esteri (Corrispondenza estera), I, busta 834, nn (1 juillet, 12, 17, 30 septembre 1475, cf. K. M. SETTON, The Papacy and the Levante, II, 320–322); ASV, Misc., Arm., II-7, ff. 616 (620)r–639(643)r (19 novembre 1500); II-53, f. 89 (94)r; 25 février 1476); II, f. 376 (377)v [après le 25 mars 1490]; Philippe de Mézièrs, Epistre Lamentable et consolatoire, in: Jean Froissart, Oeuvres, XV, éd. K. DE LETTENHOVE. Bruxelles 1871, 452–453 (1396); Jan Dlugosii Senioris Canonici Cracoviensis Opera omnia, XIV (*Historiae Polonicae libri XII*, II), éd. Al. PRZEZDZIECKI. Cracovie 1887, 1–2 (1444–1445); Theodoro Spandugino, Patritio Constantinopolitano, de la origine deli Imperatori Ottomani, ordini della corte, forma de guerreggiare loro, religione, rito, et costumi della natione, dans: Documents inédits relatifs à l'histoire de la Grèce au Moyen Âge, IX, éd. C. N. SATHAS. Paris 1890, 145–146 (1354); N. IORGA, Acte şi fragmente cu privire la istoria românilor [Actes et fragments concernant l'histoire des Roumains], III (1392/1399–1499). Bucarest 1898, 101 (de 1475/1476 ou 1479); IDEM, Les aventures « sarrazines » des Français de Bourgogne au XVe siècle. *Mélanges d'Histoire Générale* I (1927) no. 3, 38–39 (été 1448).

[12] G. FEJER, Genus, incunabula et virtus Joannis Corvini de Hunyad, regni Hungariae gubernatoris. Buda 1844, no. 78, 225–227; Fontes Historiae Daco-Romanae, IV, Scriitori şi acte bizantine, secolele IV–XV [Ecrivains et documents byzantins. IVe–XVe siècles], éds. H. MIHAESCU – R. LAZARESCU – N.-Ş. TANASOCA –T. TEOTOI. Bucarest 1982, Zotikos Paraspondylos, 392–397 ; Notes et extraits, IV, 1453–1475. Bucarest 1915, no. 77, 62–64; Firdevsî-Rumî, Kuth-nâme [Livre polaire], éds. I. OLGUM – I. PARMAKIZOGLU. Ankara 1980 (cf. M. GUBOGLU, dans *Anuarul Institutului de Istorie şi Arheologie* A.D. Xenopol [L'Annuaire de l'Institut A.D. Xenopol] XXII (1985) 849–852); Die altosmanischen anonymen Chroniken (Tevârih-i Âli Osman). Text und Varianten I, éd. Fr. GIESE. Breslau 1922, 55–56; II, Leipzig 1925, 72–73; Tursun Bey, *La conquista di Constantinopoli*, éds. J.-L. BACQUE-GRAMMONT – M. BERNARDINI – L. BERARDI. Milano 2007, 102; St. YERASIMOS, Enquête sur un héros: Yanko bin Madyan, le fondateur mythique de Constantinople, dans : Mélanges offerts à Louis Bazin par ses disciples, collègues et amis, édités par J.-L. BACQUE-GRAMMONT – R. DOR. Paris 1992, 213–217; D. I. MURESAN, Le Royaume de Hongrie et la prise de Constantinople: croisade et union ecclésiastique en 1453, in : Between Worlds, II, Extincta est lucrena orbis. John Hunyadi and his Time (*Mélanges d'Histoire Générale*, I, 2), éds. A. DUMITRAN – L. MADLY – Al. SIMON. Cluj-Napoca 2009, 488–491 (d'autres données dans la thèse en train de paraître du même auteur).

l'autre dans les chroniques ottomanes, tant avant qu'après Belgrade (des confusions similaires sont à retrouver dans les chroniques et les contes germaniques / allemandes, notamment au sujet de Vlad III). Matthias et Mehmed II s'affrontèrent, menèrent des négociations, mais ils ne se retrouvèrent jamais face à face, comme l'avaient fait Jean Hunyadi et Mehmed II à Belgrade. Leurs combats se livrèrent généralement en « terrain neutre » (Serbie, Bosnie, Valachie, Moldavie). Les actions en terre royale avaient des conséquences majeures. La rébellion transylvaine de l'éte-automne 1467 paralysa le roi sur le plan anti-ottoman pour une longue période. En février 1474 les Ottomans incendièrent Oradea, une sorte de petit Saint Denis de la Hongrie, où dormaient en paix les rois Saint Ladislas Ier et Sigismond de Luxembourg, et obligèrent le roi à reprendre son combat personnel contre l'empire. L'échec de la campagne de 1479 en Transylvanie conduisit en fait à un « compromis », à la parentèle *ottomane* du roi Matthias Corvin / à la parentèle *valaque* du sultan Mehmed II[13].

Bien qu'ayant combattu plus et négocié avec les Ottomans au moins autant que son père, le fils de Matthias, resté simple duc de Croatie après l'échec enregistré pendant la guerre civile hongroise (1490–1491), n'a jamais eu recours, à ce que l'on sait, à ses liens de parenté avec la famille de Bajazet II. D'une part, Jean Corvin ressemblait beaucoup à son grand-père, à la disparition duquel Mehmed aurait affirmé que *bien qu'il fût mon ennemi, sa mort me fait souffrir, puis-que le monde n'a plus vu de pareil homme.* D'autre part, Jean ne fut pas, comme son père, un diplomate sans scrupules, prêt à forcer son destin et à profiter au maximum des dons ou handicaps dont la nature l'avait doué. Il s'allia cependant avec l'autre grand ennemi de son père, la République de Venise, qui lui accorda le titre de citoyen et noble en 1496, trois ans avant qu'elle entre en guerre contre la Porte et huit ans avant la mort de Jean. Ce n'est pas étonnant que les proches mêmes de Matthias aient à un moment donné cessé de s'intéresser au conte ottoman[14].

---

[13] ASM, A.D.S., Potenze Estere, *Venezia*, cart. 354, *1468*, fasc. 2, Febbraio, nn (18 février 1468); BNM, Codici Italiani, classa VII, *Storia ecclesiastica e civile veneziana*, no. VII-794 (= 8503), Giorgio Dolfin, Cronaca Veneta dalle origini al 1458, ff. 444^{v}–445^{b} (23 juillet 1456); Cod. Lat. X-175 (= 3622), f. 133^{r} (30 janvier 1489); HHStA, Hs.S., B[lau]. 8, ff. 83^{v}–84^{r} (24 juin 1456); Urkundliche Nachträge zur Österreichischen-Deutschen Geschichte im Zeitalter Kaiser Friedrichs III. (*Fontes Rerum Austriacarum*, II, 46), éd. A. BACHMANN. Wien 1892, no. 147, 162–163; no. 234, 257; no. 251, 266; no. 255, 273; no. 280, 298; MDE, II, no. 23, 41; no. 46, 75; MKL, I, no. 259, 381; no. 263, 387; II, no. 43, 68; nos. 48–49, 76–82; no. 247, 388; Notes et extraits, V, no. 73, 54; Kemal Pasha Zade, dans: Cronici turcești privind țările române. Extrase [Chroniques ottomaines concérnant les Pays Roumains. Extraits], I, Secolul XV-mijlocul secolului XVII [XVe siécle-moitié XVIIe siècle], éds. M. GUBOGLU – M. MEHMET. Bucarest 1966, 206–207; Thuróczy (1985) 285; F. SZAKALY, Phases of Turko-Hungarian Warfare before the Battle of Mohács, 1365–152. *Acta Orientalia Academiae Scientiarum Hungaricae* XXXIII/1 (1979) 65–112 (en particulier 86, 90–93, 98–103); P. FODOR, The Ottoman Empire, Byzantium and Western Christianity. The Implications of the Siege of Belgrade, 1456. *Acta Orientalia Academiae Scientiarum Hungaricae* LXI/1–2 (2008) 43–51; SIMON, The Arms of the Cross 52–53, 82–84.

[14] Archivio di Stato di Modena, Cancelleria Ducale, *Ungheria*, [reg.] II-3, f. 27^{r} (23 septembre 1488; copies in MOL, FT, Nehring, rol. 30174); I. ŠISIC, Rukovet spomenika o hercegu Ivanišu Korvinu i o borbama Hrvata s Turcima (1473–1496) [Documents concernant les batailles entre la Croatie et la Turquie au temps du duc Jean Corvin (1473–1496)]. *Starine* XXXVIII (1937)/XXXIX (1938) (I), no. 99, 341–342; (II), nos. 152–154, 50–51; I. NAGY, Corvin János velenczei nemességéről» [Sur l'anoblissement vénitien de Jean Corvin], in: Új Magyar Múzeum [Le Nouveau Musée Hongrois] III/1 (1853) 655–656; NEHRING, Matthias Corvinus 184–186, 190–191. Voir aussi L. FINKEL, Zjazd Ja-giellonów w Lewoczy w r. 1494 [Le Congrès jagellonien de Lewocza de l'an 1494]. *Kwartalnik Historyczny* [Revue trimestrielle d'histoire] XXVIII (1914) 317–350; K. BACZKOWSKI, Rady Kallimacha [Les Conseils (*Consilia*) de <Filippo Buonaccorsi> Callimachus]. Kraków 1989, pour l'impact de Matthias. En tout cas, cette « épitaphe » de Mehmed II dédiée à Jean Hunyadi semble plus crédible que la supposée tentative de suicide du sultan ottoman après avoir réalisé la magnitude de l'échec de Belgrade.

Julia Dücker

Von Konfrontation und Kooperation
Matthias Corvinus und die Reichstage der Jahre 1479 bis 1481

1. EINFÜHRUNG

Es waren dringliche und bedeutsame Angelegenheiten, deren Erledigung Kaiser Friedrich III. vor Augen hatte, als er die Stadt Frankfurt am 10. März 1479 schriftlich zur Teilnahme an Beratungen über die Lage des Reichs aufforderte: nachdem türkische Truppen in der jüngeren Vergangenheit mehrfach die kaiserlichen Erblande angegriffen hatten, drohe zunehmend auch den Gebieten der Fürsten von Bayern und sogar der Stadt Frankfurt Gefahr. Damit das gewaltsame Vordringen der Türken aber nicht die gesamte Christenheit nachhaltig gefährde, bedürfe es eines *gemeynen gewaltigen widerstand*[s], zu dessen Planung er, Friedrich III., als *obrister vogt und beschirmer des heiligen cristenlichen glaubens ihnen als cristenlich underthanen* den Besuch der bevorstehenden Versammlung befehle[1]. Die ausnehmende Handlungsentschlossenheit und die universale Rhetorik des Kaisers, die auch in vergleichbaren Schreiben an andere Empfänger anklingen[2], verliehen dem Nürnberger Reichstag bereits vor seinem Zustandekommen große politische Bedeutung. In deutlichem Gegensatz dazu stand jedoch die Realisierung der kaiserlichen Pläne: wegen des Fernbleibens des Kaisers und seiner Boten wurde der Beginn des Reichstages mehrfach verschoben. Zur Verringerung der aufkommenden Unzufriedenheit und Ungeduld bat Friedrich III. die bereits in Nürnberg Anwesenden vor dem ursprünglichen Eröffnungsdatum mehrmals darum, die Ankunft seines Gesandten abzuwarten[3]. Dennoch wurde schon im Juni berichtet, dass einige Botschaften wieder abgereist waren, nachdem sie den Kaiser nicht angetroffen hatten[4]. Diese resolute Reaktion ist vor dem Hintergrund der Reichstagserfahrungen in den 1470er Jahren zu bewerten: angesichts des Ausgreifens der Osmanen nach Südosteuropa und der den südöstlichen Randgebieten des Reichs dadurch erwachsenden Bedrohung hatte der Kaiser mehrfach eine reichsweite Organisation geeigneter Abwehrmaßnahmen gefordert. Da er auf finanzielle und militärische Unterstützung angewiesen war, musste Friedrich III. die Umsetzung einer umfassenden Hilfeleistung mit den Kurfürsten, Fürsten, Grafen, Herren und Städten aushandeln. Die Realisierung der kaiserlichen Forderungen verlangte ein gemeinsames Handeln der beteiligten Akteure; auf den Reichstagen der 1470er Jahre (Regensburger „Christentag" von 1471[5], Reichstage in Augsburg 1473 und 1474) wurde deshalb auch grundsätzlich über Fragen der politischen Gestaltungsmacht im Reich diskutiert.

---

[1] Schreiben vom 10. März 1479, Nr. 4-808 in: Regesten Kaiser Friedrichs III. (1440–1493). Nach Archiven und Bibliotheken geordnet, ed. und bearbeitet von H. Koller und P.-J. Heinig. CD-ROM-Ausgabe erarbeitet von D. Rübsamen (Kommission für die Neubearbeitung der Regesta Imperii bei der Österreichischen Akademie der Wissenschaften und der Akademie der Wissenschaften und der Literatur, Mainz). Köln – Weimar – Wien 1998 (fortan: Regesten). Angegeben werden der jeweilige Regestenband sowie die Nummer, unter welcher das Dokument darin geführt wird.

[2] Vgl. etwa die Schreiben an Köln (Nr. 7-626), den Grafen von Isenburg-Büdingen (Nr. 8-406), die Herzöge von Sachsen (Nr. 10-444) oder das Sammelschreiben an Reichsangehörige (Nr. 4-809), Ebd.

[3] Vgl. Nr. 7-630 bzw. Nr. 10-449, Ebd.

[4] Schreiben des Rats von Nürnberg an den Rat der Stadt Frankfurt vom 11. Juni 1479, Nr. 547, in: Frankfurts Reichscorrespondenz nebst andern verwandten Aktenstücken von 1376–1519. 2,1: Aus der Zeit Kaiser Friedrichs III. bis zur Wahl König Maximilians I. 1440–1486, ed. J. Janssen. Freiburg 1866, 383 (fortan: Frankfurts Reichscorrespondenz).

[5] Der Regensburger Reichstag war der erste Reichstag seit 27 Jahren, der in Gegenwart des Kaisers im Binnenreich abgehalten wurde. Abgesehen von seiner Bedeutung für die Diskussion eines europaweiten „Türkenzugs" war er deshalb vor allem für den Austrag von Auseinandersetzungen innerhalb des Reichs relevant. Vgl. dazu ausführlich: E. Meuthen, Der Regensburger Christentag 1471. Deutsche Reichstagsakten unter Kaiser Friedrich III., Achte Abteilung, zweite Hälfte, in: Reich, Regionen und Europa in Mittelalter und Neuzeit. Festschrift für Peter Moraw, ed. P.-J. Heinig u. a. (*Historische Forschungen* 67). Berlin 2000, 279–285, hier 282.

Gegen Ende dieser Dekade scheinen die bisweilen zähen Aushandlungsprozesse eine deutliche Beschleunigung erfahren zu haben. Die Forderungen des Kaisers nach militärischer und finanzieller Unterstützung durch die Reichsstände wurden nämlich noch eindringlicher, als sich die Auseinandersetzung mit dem ungarischen König Matthias Hunyadi (genannt Corvinus) um die Vormachtstellung in der Region zuspitzte und im Sommer 1480 schließlich militärisch eskalierte[6]. Friedrich III. stützte sich dabei auf das Argument, dass mit seinen Erblanden als einem Bestandteil des Reichs auch das gesamte Reich durch den ungarischen König bedroht werde. Bezeichnend an dieser ohnedies komplexen Situation ist, dass auch der ungarische König im Reich um Unterstützung für seine Position warb. Wiederholt versuchten beide Herrscher, die Teilnehmer an Reichstagen in ihren Entscheidungen zu beeinflussen. Diese wiederum wussten, ihre eigenen Interessen durch dezidierte Stellungnahmen oder bewusste Neutralität zu verfolgen, wohl wissend, dass in einem gewissen Maß beide Herrscher auf ihre Unterstützung angewiesen waren. Für die Durchsetzung eigener Ansprüche auf politische Mitgestaltung gegenüber dem Kaiser war es jedoch notwendig, auf den zumeist vielgestaltigen Reichstagen eine konsensfähige Gesamtposition herzustellen. Dies konnte über die Abgrenzung von oder die Annäherung an externe Akteure wie Matthias Corvinus erreicht werden, sowie auch mittels des Bemühens übergreifender Kollektivbezüge für die gesamte Versammlung. Mannigfaltige Gelegenheiten dazu bot der kurze Zeitraum von 1479 bis 1481, der sich durch eine bemerkenswerte Dichte von Reichstagen sowie Initiativen zu deren Einberufung auszeichnete. Die „Serie“ der Reichstage in Nürnberg, die ganz im Zeichen außenpolitischer Fragestellungen stand, bildete vor diesem Hintergrund zugleich den Auftakt zu einer intensiveren Auseinandersetzung mit dem komplexen politischen Ordnungsgefüge des Reichs[7].

2. DIE REICHSTAGE IN NÜRNBERG (1479 BIS 1481)

2.1. Reichstag zu Nürnberg 1479

Obgleich Kaiser Friedrich III. im Sommer 1479 eindringliche Appelle an die Kurfürsten, Fürsten, Grafen und Städte im Reich gerichtet hatte, zeigten seine Nachrichten nicht die erhoffte Wirkung: wegen des Ausbleibens des Kaisers bzw. seiner Boten wurde die Versammlung von den Geladenen sowohl im Juni als auch zum Alternativtermin im Oktober nur äußerst zögerlich mit Gesandten beschickt. Eine Einigung über die Organisation und Finanzierung der „Türkenabwehr“ kam angesichts dieser geringen Beteiligung nicht zustande[8]. Erst im Dezember 1479, als sich in Nürnberg etliche Gesandte der Reichsstände zusammengefunden hatten, war ein auch strukturell adäquater Versammlungsrahmen gegeben. Unter der Leitung des kaiserlichen Anwalts Haug von Werdenberg wurde über die Bedrohung des Reichs durch die Türken und die Möglichkeiten ihrer Abwehr beraten. Um die Anwesenden von der Position des Kaisers zu überzeugen und seinem

[6] Matthias Corvinus und Friedrich III. hatten jahrzehntelang um den Anspruch auf Ungarn und den Einfluss in Böhmen gestritten. Im Vertrag von Korneuburg (1477) verpflichteten sie sich schließlich auf ewigen Frieden und versicherten sich der Nichteinmischung in innere Angelegenheiten. Zwei Jahre später legte der ungarisch-böhmische Vertrag von Olomouc fest, dass Matthias die von ihm eroberten böhmischen Nebenländer behalten durfte, ebenso wie den Titel als böhmischer König, den er seit seiner Wahl zum König von Böhmen 1469 führte. Im Gegenzug verzichtete er auf weitere Ansprüche in Böhmen. S. auch die ausführliche Analyse von: J. Hoensch, Matthias Corvinus. Diplomat, Feldherr und Mäzen. Graz – Wien – Köln 1998, bes. 97–117 und 161–182. Nach wie vor grundlegend zu diesem Thema ist die Arbeit von: K. Nehring, Matthias Corvinus, Kaiser Friedrich III. und das Reich. Zum hunyadisch-habsburgischem Gegensatz im Donauraum (*Südosteuropäische Arbeiten* 72). München [2]1989.

[7] Der Austrag des Konflikts zwischen Friedrich III. und Matthias Corvinus auf den Reichstagen wurde bereits in verschiedenen Arbeiten behandelt, wenngleich auch zuweilen nur am Rande. Die detailliertesten und fundiertesten Beiträge lieferten sicherlich Hoensch, Nehring und Isenmann (s. u., Anm. 8). Während sich Hoensch auf die ungarische und Isenmann auf die kaiserliche Perspektive konzentrierten, rückte Nehring den von ihm benannten „hunyadisch-habsburgischen Gegensatz“ in den Mittelpunkt. Um die bisherigen Erkenntnisse zu ergänzen, wurde im vorliegenden Aufsatz eine etwas pointiertere Perspektive gewählt: so werden die in den Jahren 1479 bis 1481 geführten Auseinandersetzungen im größeren Kontext der Reichstagsgeschichte untersucht.

[8] Ausführlich behandelte dies: E. Isenmann, Kaiser, Reich und deutsche Nation am Ausgang des 15. Jahrhunderts, in: Ansätze und Diskontinuität deutscher Nationsbildung im Mittelalter, ed. J. Ehlers (*Nationes – Historische und philologische Untersuchungen zur Entstehung der europäischen Nationen im Mittelalter* 8). Sigmaringen 1989, 145–246, hier 200ff.

Hilfsgesuch gegenüber geneigt zu stimmen, beschrieb Haug von Werdenberg zu Beginn der Beratungen am 17. Dezember mit schillernden Worten, *wie cleglich und erbermlich das hailig Romisch reich, das cristenlich volck, der kayserlichen majestat erbland und ander furstenthumb und land durch den grausamlichen Turckischen kayser ... bedruckt worden und noch teglich angefochten und beranngt wirdet...*[9]. Analog zu den Einladungsschreiben Friedrichs III. betonte der Anwalt, dass eine effektive Verteidigung der bedrohten Gebiete nicht allein durch den Kaiser geleistet werden könne, sondern der gemeinsamen Anstrengungen aller bedürfe[10]. Der Begriff der „Nation" bot dabei die Möglichkeit, die Nürnberger Reichstagsteilnehmer in eine integrative Handlungsgemeinschaft einzubinden, welche alle zuvor benannten strukturellen Probleme des Reichstags zu überdecken versprach, wie etwa die geringe Teilnahme, die Zusammensetzung der Versammlung hauptsächlich aus Gesandten oder die permanenten Forderungen nach persönlicher Teilnahme des Kaisers. Eben diese Aspekte behielten aber ihre Relevanz und auch ihre grundlegende Bedeutung für die Ausgestaltung der politischen Versammlungen. Statt einer konkreten Stellungnahme zum kaiserlichen Hilfsgesuch vereinbarten die anwesenden Vertreter der Kurfürsten, Fürsten und Städte nämlich, dass die Versammlung am 12. März 1480 erneut zusammentreten solle. Schließlich könnten, so wurde argumentiert, Entscheidungen besser getroffen werden, wenn der Kaiser *in aigner person als das haupt mitsampt den curfursten, fursten und andern deß reichs verwanten als den glidern auff solchem tag erscheinen* werde[11].

Mit der „richtigen" Zusammensetzung der Reichsversammlung wurde auch argumentiert, als am 19. Dezember Boten des ungarischen Königs in dessen Namen ein Hilfsgesuch im Plenum vortrugen. Der kaiserliche Anwalt und die Gesandten der Kurfürsten, Fürsten und Städte beschlossen nämlich, die Behandlung des Hilfsgesuchs zu verschieben, weil man *inn so geringer zale ... entgegen* [sei], dass *derhalb darinn fruchtberlich nit gehandelt mocht werden*. Um aber *dem Romischen reiche, dem konigreich zu Ungern und gantzer Teutscher nacion zu allem gutten fruchtberlich* zu handeln, solle der Kaiser mit den Ständen auf dem nächsten Reichstag nach Lösungen der aktuellen politischen Probleme suchen[12]. Neben den inhaltlichen Aspekten der Türkenhilfe, um derentwillen Friedrich III. immerhin den Reichstag einberufen hatte, rückten in den folgenden Debatten damit zunehmend auch die Strukturen der Versammlung in den Mittelpunkt.

Entsprechend wurde auch die spannungsreichen Auseinandersetzungen zwischen Friedrich III. und Matthias Corvinus, deren Aktualität durch das entschiedene Auftreten der ungarischen Gesandten auf dem Reichstag verdeutlicht wurde, nicht ausschließlich mit inhaltlich-sachlichen Begründungen, sondern auch mit verfahrenstechnischen Argumenten zur Reichstagsstruktur geführt. Dass freilich der Reichstag ein geeignetes Kommunikations- und Verhandlungsforum für den Austrag dieses Konflikts darstellte, wurde nicht grundlegend in Frage gestellt[13]. Auf die Bedeutung der Reichstage auch für die Ungarn lassen die genaue Vorbereitung der Gesandtschaft sowie ihr Verhalten in den weiteren Verhandlungen schließen[14]. Hatten die Ungarn noch vor der Stellungnahme des Anwalts und der Reichstagsteilnehmer in einer anrührenden Rede die Bedrohung ihres Landes durch die Türken geschildert und um Hilfe seitens des Reichs gebeten, so entsprach die Aussicht auf eine unbestimmte Vertagung ihres Hilfsgesuchs durchaus nicht ihren Vorstellungen: nach einer kurzen Bedenkzeit kritisierten sie die Ergebnislosigkeit der bisherigen Verhandlungen, baten um

[9] Bericht vom 17. Dezember, Nr. 553, in: Frankfurts Reichscorrespondenz 387–389, hier 388.

[10] Werdenberg verdeutlichte, dass ... „die kayserlich majestat mit irn erblannden dem allein widerstand zuthun zukranck sey unnd das on hilff Teuscher nacion nit gethun mug, rattslag helffen zusuchen, wie und in welcher gestaltt mann solchem furnemen widerstand thun mug", Ebd.

[11] Ebd. 389.

[12] Bericht über die Antwort des kaiserlichen Anwalt, Nr. 554, in: Frankfurts Reichscorrespondenz 389–391, hier 391. Vgl. auch das Regest zu der Antwort, welche die Teilnehmer des Reichstags den Ungarn erteilten, Nr. 72, in: Notes et extraits pour servir à l'historie des croisades au XVe siècle. Cinquième Série: 1476–1500, ed. N. IORGA (*Academia Romana Publicaţiunile Fondului ‚Princesa Alina Ştirbei'* X). Bukarest 1915, 54 (fortan: Notes et Extraits).

[13] So betonte Haug von Werdenberg, dass der neue, gewissermaßen vollständige Reichstag ein passendes Beratungsforum sei, „darzu dann der konig von Ungern auch schicken muge". Ebd. 390.

[14] Bereits im Oktober 1479 hatte Matthias Corvinus Bischof Balthasar von Syrmien und Graf Sigismund von Sankt Georgen und Bösing zu seinen bevollmächtigten Gesandten ernannt und die Reichsstände gebeten, sie auf dem Reichstag anzuhören. Dokumente vom 4. und 5. Oktober 1479, als Nr. 98 und 99 in: Quellen zur ungarischen Außenpolitik in der zweiten Hälfte des XV. Jahrhunderts, ed. K. NEHRING [Sonderdruck aus *Levéltári Közlemények* 47 (1976)]. Budapest 1976, 18 (fortan: NEHRING, Quellen). Vgl. auch das Regest des königlichen Mandats vom 5. Oktober bei: IORGA, Notes et Extraits 51 (Nr. 68).

eindeutige Stellungnahmen und stellten schließlich klare Ansprüche an die Organisation des neuen Reichstags. Dieser müsse, um die aktuellen Probleme effektiv angehen zu können, schon im Januar 1480 abgehalten werden. Gleichsam als Sicherheit sollten sich die anwesenden Reichsstände, so forderten es die Ungarn, auf die Durchführung des Reichstags und die persönliche Teilnahme daran verpflichten[15]. Für den Fall, dass der vorgeschlagene Eröffnungstermin und die aufgestellten Bedingungen nicht eingehalten würden, kündigten sie an, dass Matthias Corvinus dann fortan keine Versammlungen mehr beschicken, sondern nur mehr nach eigenem Ermessen handeln werde.

Diese Drohung und die von den Ungarn vorgebrachten Argumente wurden von den anwesenden Reichsständen, ihren Vertretern sowie dem kaiserlichen Anwalt indes Punkt für Punkt widerlegt. In einer gemeinsamen Erklärung unterstrichen die Reichstagsteilnehmer mit dem Verweis auf elementare politische Funktionsprinzipien im Reich, dass Entscheidungen von reichsweiter Relevanz ausschließlich im Handlungsverband aus Untertanen und Kaiser sowie in dessen Anwesenheit erfolgen könnten: *Dann was die gmain beruret, das solt durch die gemain beslossen und gehandelt werden. So zimet es sich auch nicht* [...], *daz ain solche heiligs groß furnemen allain durch des heiligen reichs glider an ir haupt, das ist die kaiserlich majestat, solt gehandelt werden*[16]. Neben dem Rekurs auf eine übergreifende Handlungsgemeinschaft im Reich wurde auch mit den Verfahren und Strukturen des Reichstags argumentiert. Als nämlich die ungarische Forderung, schon jetzt die persönliche Teilnahme der berechtigten Kurfürsten, Fürsten und Städte am kommenden Reichstag festzulegen, zurückgewiesen wurde, begründete man dies mit der Tradition politischer Versammlungen im Reich und dem Vertrauen auf die Funktionalität des Stellvertreterwesens[17]. Die Antwort der Reichsstände vermittelte den Eindruck eines stabilen und einigen Versammlungswesens. Kontrastiert man diese Stellungnahme mit den schwierigen Bedingungen, unter denen die Nürnberger Reichsversammlung nach mehreren Anläufen im Dezember 1479 endlich zustande gekommen war, erstaunt die darin anklingende Einigkeit – sie steht durchaus im Gegensatz zu den vielförmigen Konstellationen früherer Versammlungen unter Friedrich III. Offenbar hatten die Kritik und die Ansprüche der Ungarn, auf Termin und Zusammensetzung der Versammlung Einfluss zu nehmen, die Teilnehmer des Nürnberger Reichstags zusammenrücken lassen und zur Verteidigung des politischen Ordnungsgefüges motiviert.

2.2. Reichstag zu Nürnberg 1480

Die Realisierung der neuen Reichsversammlung entsprach jedoch nicht der im Dezember 1479 beworbenen „Reichseinheit“: weder zu Beginn des Jahres 1480, wie es die Gesandten des ungarischen Königs gefordert hatten, noch zu dem ursprünglich vorgesehenen Termin im März wurden in Nürnberg Verhandlungen eröffnet[18]. Die politischen Prioritäten des Kaisers änderten sich indes, als im Frühjahr ungarische Truppen wegen des schwelenden Streits um das Salzburger Erzbistum in die kaiserlichen Erblande einzogen:[19] nun maß

---

15 Bericht über die Verhandlungen auf dem Reichstag, Nr. 555, in: Frankfurts Reichscorrespondenz 391.

16 Ebd. 392.

17 „auch bisher [sei] auf allen tegen, die im heiligen reich gehalten worden, solche promission nie ervordert worden... Es wurde auch nicht fur erlich geacht und angesehen, denn die fursten der Dewtschen nacion die glaubten iren oratoren, die sy zu solchem ider dergleichen samelung schickten, in irem anbringen gnugsamlich volgten auch dem, das durch sy und ander furgenommen und beslossen wurde, also daz in schimpflich wer solche promission zu tun“, Ebd. Das von Iorga publizierte Regest zu den ungarischen Forderungen und der Antwort der Reichstagsteilnehmer enthält folgenden Wortlaut: *Sicque ridiculosum eis fuerat hujusmodi facere promissionem.* Vgl. Iorga, Notes et Extraits 53f. (Nr. 71).

18 Aus unterschiedlichen Dokumenten geht hervor, dass der Reichstag am 12. März 1480 in Nürnberg beginnen sollte. Vgl. etwa die gemeinsame Antwort der Städte Augsburg, Nördlingen, Regensburg und Ulm an Haug von Werdenberg, Nr. 556, in: Frankfurts Reichscorrespondenz 393–395, oder das Schreiben Kaiser Friedrichs III. an die Stadt Ulm, Nr. 559, in: Ebd. 395.

19 Als Ursache dieser Eskalation ist wohl die Flucht des ungarischen Primas, Erzbischof Johanns von Gran, zu Friedrich III. ins Reich anzusehen. Nachdem Matthias eine Sperre über dessen Einkünfte verhängt hatte, bemühte Johann sich um die Übernahme des Erzbistums Salzburg. Der dortige Metropolit widerrief jedoch im Frühjahr 1479 seine anfängliche Zustimmung und unterstellte sich allein dem Urteil des Papstes. Da Matthias Corvinus das Erzbistum Gran jedoch schon neu besetzt hatte, drohte der Kaiser als Fürsprecher Johanns dem ungarischen König mit militärischen Maßnahmen. Im Oktober 1479 unterstellte der Salzburger Erzbischof deshalb die steirischen Besitzungen seines Erzbistums dem Schutz Matthias Corvinus', der sie sogleich von ungarischen Truppen besetzen ließ. Da sich der Kaiser weigerte, den diversen ungarischen Forderungen nachzukommen, rückten

Friedrich III. der Organisation von Abwehrmaßnahmen gegen Ungarn größere Bedeutung bei als der Vorbereitung eines „Türkenkrieges". Entsprechend bemühte er sich um die umfassende Mobilisierung der Reichsglieder und forderte sie zur Realisierung bereits zugesagter Hilfsmittel auf. Der Kaiser begründete dies mit dem bedrohlichen Vorgehen des ungarischen Königs, der die aktuelle Eskalation *one alle redlich ursach* provoziert habe[20]. Abgesehen von den militärischen Anordnungen des Matthias Corvinus hatten wohl auch seine zunehmenden Kontakte ins Reich zur Steigerung des kaiserlichen Engagements beigetragen. So bemühte sich der ungarische König immer wieder, in Briefen an verschiedene Reichsfürsten die Auseinandersetzung mit dem Kaiser aus seiner Sicht darzustellen, seine Position durch Verweise auf bestehende Rechtsvereinbarungen zu stärken und somit Unterstützung durch die Reichsfürsten zu erlangen[21].

Schon im Vorfeld des Reichstags bemühte sich der Kaiser deshalb engagiert und mit verschiedenen Maßnahmen um eine breite Unterstützung im Reich. Wie schon 1479 scheint offenbar die Geschlossenheit im Reich über die Abgrenzung nach außen erreicht worden zu sein, denn Friedrich III. beschwor das Bild eines außenpolitischen Gefahrenszenarios, welches das gesamte Reich bedrohe und folglich einzig durch eine Handlungsgemeinschaft der Reichsglieder beseitigt werden könne. Auch die Einberufung des Reichstags nach Nürnberg und die Aufforderung zur Teilnahme daran wurde damit begründet: da neben den Türken auch *ettlicher cristenlicher person frembder nacion* versuchten, das Reich und den Glauben *unnder gewaltsam frombder zunngen zu bringen*, müsse in Nürnberg über geeignete Gegenmaßnahmen beraten werden[22]. Freilich blieb es nicht allein bei verbalen Schritten: damit es nicht zu einer Annäherung des ungarischen Königs und der führenden Reichsfürsten komme, wies Friedrich III. seinen Anwalt Haug von Werdenberg an, alle Versuche der Reichstagsteilnehmer, die Zusage von sofortigen Hilfeleistungen an die Bedingung ständischer Unterverhandlungen mit dem ungarischen König zu binden, zu verhindern[23].

Schon vor ihrer Eröffnung wurde der Versammlung gleich von mehreren Seiten ein großer Stellenwert in der Auseinandersetzung zwischen Friedrich III. und Matthias Corvinus zugewiesen. Gleichwohl sah sich der Kaiser, obwohl er noch im Dezember 1479 mehrfach dazu aufgefordert worden war, nicht dazu genötigt, persönlich an den Verhandlungen teilzunehmen. Sein Fernbleiben erneut mit gewaltigen Verteidigungsaufgaben in den Erblanden begründend, beauftragte er deshalb Haug von Werdenberg als bevollmächtigten Anwalt mit der Vertretung der kaiserlichen Position in den Verhandlungen über einen Türkenkrieg[24]. Auch der Beginn des Reichstags verzögerte sich, allen vorherigen Bemühungen um dezidierte Stellungnahmen zum Trotz. Im August und September trafen die ersten Gesandtschaften in Nürnberg zur Vorsondierung der Verhandlungsthemen und -positionen ein. Die Beratungen wurden jedoch erst im Oktober aufgenommen, als einige Kurfürsten, Fürsten, Bischöfe und Städtebotschaften in Nürnberg angekommen waren[25].

---

ungarische Truppen in die Steiermark und nach Kärnten ein und besetzten dort wichtige Städte. Ausführlich dazu: HOENSCH, Matthias Corvinus 173f.

20 In seinem Schreiben an die Stadt Ulm vom 24. März sprach Friedrich III. gar von einer Fehde, die Matthias Corvinus ihm unrechtmäßig angesagt habe. Vgl. Nr. 4-817, in: Regesten. Der Verweis auf bereits zugesagte Hilfsmittel bezog sich auf die während des Augsburger Reichstages 1474 erfolgte Zustimmung der Reichsstände zur Organisation von Verteidigungsmaßnahmen gegen die Türken. Da Matthias Corvinus sich im Gegensatz zum Kaiser nicht an die bislang getroffenen Vereinbarungen gehalten habe (vgl. dazu oben, Anm. 6), seien die Kräfte des Reichs nun gegen Ungarn zu richten.

21 Neben den Kurfürsten von Sachsen und von Brandenburg, denen gegenüber der König regelmäßig die Unrechtmäßigkeit der kaiserlichen Position beklagte, näherte sich Matthias Corvinus seit 1479 auch den Wittelsbachern an. Eine Möglichkeit dazu hatte die Entscheidung des Passauer Domkapitels geboten, den vakanten Bischofsstuhl nicht mit dem kaiserlichen Kandidaten zu besetzen, sondern mit dem Kanzler des Herzogs von Niederbayern-Landshut. Vgl. dazu auch: HOENSCH, Matthias Corvinus 174f. sowie R. STAUBER, Reichslehnrecht oder Machtpolitik? Der Einfluss des Ungarnkönigs Matthias Corvinus auf die bayerische Reichspolitik im Spiegel eines zeitgenössischen Gutachtens. *Ungarn-Jahrbuch* 19 (1991) 17–54, hier bes. 26.

22 Vgl. das Schreiben an den Rat der Stadt Frankfurt vom 23. Juni 1480, Nr. 4-818, in: Regesten.

23 Schreiben vom 24. Juli 1480, Regest als Nr. 682 in: Politische Correspondenz des Kurfürsten Albrecht Achilles. Zweiter Band: 1475–1480, ed. F. PRIEBATSCH (*Publicationen aus den K. Preußischen Staatsarchiven* 67). Leipzig 1897, 630 (fortan: Politische Correspondenz 2). Ein ähnliches Schreiben ging am 3. August an den Kurfürsten von Brandenburg, der verhindern sollte, dass man die Beschlussfassung bis zum Abschluss der parallelen bayerisch-ungarischen Unterverhandlungen hinauszögere. Ebd.

24 Vgl. Vollmacht für Haug von Werdenberg, Nr. 3-155, in: Regesten.

25 Die Teilnehmerschaft des Reichstags ist aus verschiedenen Dokumenten zu rekonstruieren. Siehe z. B. den Bericht des Nürnberger Vertreters an den Gesandten Frankfurts vom 31. Juli, Nr. 562, in: Frankfurts Reichscorrespondenz 396; Bericht des Kurfürs-

Offenbar sah sich Haug von Werdenberg durch die Dringlichkeit der kaiserlichen Forderungen nach Unterstützung und das Wissen um die Kontakte einzelner Reichsfürsten zum ungarischen König, welche den kaiserlichen Interessen entgegen standen, zu einer ausführlichen Begründung der Einberufung des Reichstages veranlasst. Dazu griff er, als er den Reichsständen die Bitte des Kaisers um Hilfe und Beistand überbrachte, dessen Argumentationslinien auf und sprach von einer doppelten Gefährdung des Reichs, die durch den *swaren und unrechtlichen krieg von dem kunig von Hungern und dem Turkhen* entstanden sei. Die äußeren Gefahren aber seien durch ein fehlerhaftes Verhalten im Innern des Reichs noch vergrößert worden: zunächst seien in der Vergangenheit *die manigfeltigen tag* [...] *in dem heiligen reich so gar unfruchtperlich gehalten* worden, dass den Türken nun größere Mittel zur Verfügung stünden als den Verteidigungsmaßnahmen im Reich[26]. Zudem würde der Kaiser wegen der mangelnden Unterstützung durch die Reichsstände derart von den Kämpfen gegen Ungarn eingenommen, dass er nicht mehr gegen die Türken vorgehen könne. Die versammelten Kurfürsten, Fürsten, Städte und Gesandtschaften sollten deshalb, so forderte der kaiserliche Anwalt, *dem heiligen glauben ewrer kaiserlichen Maiestat hilf und beistandt thun, damit die kaiserlich Maiestat und ire landt und lewt* [...] *nit von dem Turkhen also verdrugkht und von dem Kunig von hungern von der dewtschen nation gedrungen werde*[27].

Trotz dieses energischen Appells wurde das Hilfsgesuch des Kaisers recht kontrovers beraten. Nachdem die Kurfürsten, Fürsten und ihre Räte Ende Oktober eine prinzipielle Bereitschaft zur Hilfeleistung signalisiert hatten, wurde in den folgenden Verhandlungen über die Organisation eines Truppenaufgebots und den Vorschlag finanzieller Hilfen gestritten; fraglich war zudem, wie die „Ungarnfrage" in einer gemeinsamen, abschließenden Erklärung der Reichstagsteilnehmer berücksichtigt werden konnte. Über diese konkreten Fragen hinaus wurden auch verfahrenstechnische Aspekte thematisiert. So wurde die Verhandlung der Details der Türkenhilfe in ein kleineres Gremium verlagert, dem neben Haug von Werdenberg einige Abgeordnete der Kurfürsten und Fürsten angehörten[28]; außerdem gestattete man den Städteboten, bis zur Ausfertigung eines Schlussdokuments bei den Verhandlungen anwesend sein zu dürfen. Das verkleinerte Gremium diente der Ausarbeitung von Vorschlägen für eine gemeinsame Beschlussfassung, die im Anschluss von allen Reichstagsteilnehmern diskutiert wurden. Die versammelten Kurfürsten und Fürsten einigten sich schließlich darauf, Friedrich III. eine Hilfe gegen die Türken *von der gemain nacion* zuzusagen[29]. Erneut wurde die Vorstellung von der „Nation" einer Bedrohung von „außen" entgegengesetzt: damit wurde im Beschlusstext, ganz im Gegensatz zu den bisweilen erregten Debatten über die Finanzierung der geforderten Hilfe, die Möglichkeit eines Gesamthandelns der Versammlung betont – trotz der bestehenden inhaltlichen Differenzen und der kritisierten Abwesenheit des Kaisers.

Offenbar war die Bereitschaft zu einem Türkenzug deutlich größer als zu einer klaren Stellungnahme gegen Matthias Corvinus: die Entscheidung über die Unterstützung des Kaisers gegen Ungarn wurde nämlich auf den nächsten Reichstag verschoben. Zuvor sollte jedoch noch einmal versucht werden, eine Einigung der beiden Streitparteien herbeizuführen. Dazu wurde aus Nürnberg eine ständische Gesandtschaft nach Ungarn geschickt, die mit Matthias Corvinus verhandeln sollte, zuvor aber noch dem Kaiser die Weisungen der Reichsstände darzulegen hatte. Die Botschaft an Matthias Corvinus umfasste neben einem Bericht über die Nürnberger Beschlüsse auch eine deutliche Mahnung: der ungarische König solle einen Beitrag zur Verteidigung der Christenheit gegen die türkischen Feinde leisten, anstatt diese zu erschweren. Damit wurde die Auseinandersetzung mit Friedrich III. angesprochen, die in den Augen der Versammlungsteilnehmer eine

---

ten Albrecht Achilles vom 14. Oktober, Nr. 701, Anm. 2, in: Politische Correspondenz 2, 652f.; Bericht Walter von Schwarzenbergs an den Frankfurter Rat vom 16. Oktober, Nr. 563, in: Frankfurts Reichscorrespondenz 396.

26 Haug von Werdenberg legte dem Kaiser einen ausführlichen Bericht über sein Vorgehen auf dem Nürnberger Reichstag vor; wegen ihres Detailreichtums stellt die freilich zumeist subjektive Schilderung eine der Hauptquellen für die Rekonstruktion des Verhandlungsverlaufs dar. Relation Haugs von Werdenberg, Nr. 58, in: Actenstücke und Briefe zur Geschichte des Hauses Habsburg im Zeitalter Maximilians I. Dritter Band, ed. J. Chmel (*Monumenta Habsburgica* I/3). Wien 1858, 139–152, hier 139 (fortan: Actenstücke und Briefe).

27 Ebd. 140.

28 Haug von Werdenberg berichtete, „die Curfursten und Fursten [hätten] ir rat geordnet in ainer clainen anzal mitsambt mir Graf Hawgen zuratschlahen, wie man die hilf soll furnemen". Ebd. 142.

29 Abschied des Nürnberger Tages, Nr. 51, in: Actenstücke und Briefe 124.

Behinderung aller gemeinsamen Abwehrmaßnahmen darstellte[30]. Mit diesen diplomatischen Unternehmungen korrespondierte das Vorgehen Matthias' Corvinus: er bemühte sich nachdrücklich darum, die Rechtmäßigkeit seiner Ansprüche zu verteidigen und bedeutende Akteure im Reich und an der Kurie davon zu überzeugen. Dabei verwahrte er sich gegen unrechtmäßige Anschuldigungen des Kaisers und beteuerte, dass es ihm stets nur um Frieden und Gerechtigkeit gegangen sei[31].

Obgleich das Verhältnis zu Matthias Corvinus während der Nürnberger Verhandlungen nicht dauerhaft im Mittelpunkt gestanden hatte, hatte es die dortigen Diskussionen nachhaltig geprägt und einmal mehr bestehende Konfliktpotentiale im Ordnungsgefüge des Reichs offengelegt: während Friedrich III. entgegen seinem Versprechen nicht persönlich zum Reichstag erschienen war, hatte ihm die Besetzung von Teilen der kaiserlichen Erblande durch ungarische Truppen gleichzeitig verdeutlicht, wie sehr er bei der Organisation effektiver Verteidigungsmaßnahmen – sowohl gegen die Türken als auch gegen Ungarn – auf die Unterstützung der Kurfürsten, Fürsten und Städte angewiesen war. Im Wissen darum hatten die Teilnehmer des Reichstags durchaus eigenständige Beschlüsse gefasst. Anstelle einer defensiven Rhetorik hatten sie auf integrierende Kollektivvorstellungen rekurriert, welche die Abgrenzung von auswärtigen Akteuren zu schärfen und damit auch das Eigenbewusstsein nach innen zu stärken schienen. Auf diese Weise trug die Verhandlung des Konflikts zwischen Kaiser und König zur Auseinandersetzung mit den Strukturen politischer Versammlungen und damit indirekt auch zu deren Ausformung bei.

2.3. Reichstag zu Nürnberg 1481

Die Tauglichkeit des im Dezember 1480 gefassten Reichstagsbeschlusses war in den folgenden Monaten freilich ambivalent: zwar schien es den Kurfürsten, Fürsten und Städte gelungen zu sein, durch übergreifende Gemeinschaftsbezüge ihre inhaltlichen Differenzen und die deutliche Kritik an der kaiserlichen Absenz zu überwölben. Die Vertagung der Klärung inhaltlicher Details auf die nächste Reichsversammlung begrenzte jedoch die Wirkmächtigkeit des Abschieds. Die Offenhaltung hatte nämlich zahlreiche Debatten im Reich hervorgerufen, die zunächst gewissermaßen zur Vorbereitung des nächsten Reichstags beitrugen. Vor allem aber hatte die dezidierte Verknüpfung der beiden Nürnberger Reichstage zur Folge, dass die Dezemberbeschlüsse zumeist nicht umgesetzt wurden, da man die Spezifizierungen der folgenden Zusammenkunft abwarten wollte[32]. Diskutiert wurden vor allem die Lastenverteilung der vereinbarten „Türkenhilfe" und die Organisation eines großen „Türkenzuges"; zugleich kam auch das Verhältnis zu Matthias Corvinus beständig zur Sprache. Ein Beispiel für die enge argumentative Verbindung beider Themen ist die Instruktion, welche der Bischof von Teano in seiner Funktion als apostolischer Nuntius im Februar für die Vertretung der päpstlichen Position auf dem bevorstehenden Reichstag erhielt[33]. Neben den verheerenden Folgen der türkischen Eroberungen sollte er auch die Ergebnislosigkeit bisheriger Reichsversammlungen thematisieren, da diese

[30] Der Beschlusstext wurde um ein Mandat für die Gesandtschaft nach Ungarn ergänzt. Darin wurde erklärt, dass die Versammlung von Nürnberg „die widerwertikait vnd Irrung zwischn der k.m. vnd seiner k. würd [...] getrulichs laid sey, und der Streit eine mercklich verhindrung [...] [für] dises löblichn cristenlichn furnemens zu widerstand den veinden Cristi [darstelle]", Anhang zu Nr. 51, Ebd. 126.

[31] In einem Schreiben an die Herzöge von Sachsen, datiert auf den 18. Dezember 1480, heißt es: *presertim cum omnibus constet, nos neque cum sua maiestate, neque cum aliis christianis principibus dissidium et differentias unquam quesivisse, sed potius cum omnibus et maxime cum sua maiestate, si ita nobiscum agere voluisset, bonam pacem et concordiam semper affectasse* ..., Nr. 49, in: Mátyás király levelei. Külügyi osztály. Második kötet 1480–1490, ed. V. Fraknói. Budapest 1893–1895 (Nachdruck Budapest 2008), 81 (fortan: MKL). Gegenüber den Eidgenossen wies er die Vorwürfe des Kaisers zurück, der allein Matthias Corvinus für die Konflikteskalation verantwortlich gemacht hatte. Vgl. das Schreiben vom 18. Dezember 1480, Nr. 17, in: A. Ph. von Segesser, Die Beziehungen der Schweizer zu Matthias Corvinus, König von Ungarn, in den Jahren 1476–1490. Luzern 1860, 85f.

[32] So erklärte etwa der Frankfurter Rat am 9. Dezember 1480 in einem Schreiben an den Rat von Ulm, dass man die Forderung Haugs von Werdenberg, eine Geldsumme beizusteuern, bislang noch nicht beantwortet habe. Nr. 567, in: Frankfurts Reichscorrespondenz 397–399, hier 399. Noch im August 1481 forderte der kaiserliche Anwalt nachdrücklich die Zahlung dieser Summe, Nr. 575, Ebd. 405.

[33] Vgl. das Regest der Instruktion, Nr. 445, in: Urkundliche Nachträge zur Österreichisch-Deutschen Geschichte im Zeitalter Kaiser Friedrich III., ed. A. Bachmann (*Fontes Rerum Austriacarum* 46). Wien 1892, 467f.

eher zum Untergang als zum Wohl der Christenheit beigetragen hätte. Schließlich war *cum summa modestia* ein Überblick über die bisherigen Unternehmungen der Kurie gegen die Türken, zu denen auch die Unterstützung des christlichen Ungarn gehörte, zu geben: er sollte die Wirkung der eindringlichen Ermahnung der Reichstagsteilnehmer, einträchtig zum Wohle der Christenheit zu handeln, verstärken.

Berücksichtigt man mit diesen komplexen Diskussionen auch den kaiserlichen Anspruch, endlich eine Stellungnahme der Reichsstände zur „Ungarnfrage" herbeizuführen, so wird deutlich, warum die neue Reichsversammlung von verschiedenen Seiten zu einem Schlüsselereignis stilisiert wurde: im Sommer 1481 sollten in Nürnberg eindeutige und grundsätzliche Entscheidungen über die künftige Politik von Kaiser und Reichsfürsten gestellt werden. Der Verlauf der unmittelbar vorangegangenen Reichstage hatte gezeigt, dass mit der Diskussion dieser Fragen auch Auseinandersetzungen mit den Entscheidungsmechanismen und Tagungsgegebenheiten einhergingen; vor diesem Hintergrund verhieß der Reichstag auch Weichenstellungen für die weitere Ausformung des politischen Ordnungsgefüges. Das Wissen um diese Wirkmächtigkeit und ihre argumentative Nutzbarkeit spiegelte sich im Vorfeld der Versammlung im Verhalten mehrerer Akteure wider. So ging es bei dem Werben des Kaisers und seines Anwalts im Frühjahr 1481 nicht nur um die zahlreiche Beschickung der Versammlung, sondern dezidiert auch um deren Zusammensetzung: ein weiterer „Gesandtentag", wie er bereits 1479 stattgefunden hatte, sollte vermieden werden. Stattdessen betonte Haug von Werdenberg, dass die Anwesenheit der Kurfürsten maßgeblich über den Ausgang des Reichstags entscheide[34]. Trotz derartiger Aussagen wurde sein Erfolgspotential recht unterschiedlich bewertet: während im Reich Kurfürst Albrecht von Brandenburg deutliche Skepsis verlautbaren ließ[35], beschwor Matthias Corvinus im Juli 1481, als er den Kurfürsten und Fürsten seine Gesandten ankündigte und für die Klärung aller Streitfragen um deren Anhörung auf dem Reichstag bat, die freundschaftlichen Verbindungen zu den Reichsfürsten und das gegenseitige Wohlwollen[36].

Obgleich also schon im Vorfeld viel über den Reichstag diskutiert worden war, verzögerte sich sein Beginn wie schon in den Jahren zuvor: die Verhandlungen wurden erst im Juli aufgenommen[37]. Im Unterschied zu den vorangegangenen Reichstagen wurden diesmal das Vorgehen gegen die Türken und das Verhältnis zu Matthias Corvinus nicht nachgeordnet, sondern von Beginn an gleichrangig zur Diskussion gestellt. Offenbar geschah dies jedoch zunächst in einem engeren Rahmen: der Frankfurter Gesandte Walter von Schwarzenberg berichtete am 7. Juli, *die forsten* [seien] *mit dem keyserlichen anwalde uff dem husse byenander gewesen.* Das schränkte den Informationsfluss auf dem Reichstag vor allem zu Ungunsten der Städteboten deutlich ein, weshalb der Frankfurter Gesandte knapp erklärte: *Waz vorhandelt ist, kan man noch nicht wissen*[38]. Die Präsentation des kaiserlichen Hilfsgesuchs etwa vier Wochen später erfolgte dagegen wieder in Gegenwart der *kurfursten, fursten, stetpoten und versamlung*[39]. In ihrer Rede bezogen sich der Anwalt und der Fiskal Friedrichs III. auf beide Kernthemen der Tagesordnung, Türkenzug und Ungarnhilfe, und stellten zur Verstärkung bestimmter Forderungen auch Verbindungen zwischen beiden Aspekten her. So setzten sie zunächst beim Argument der Türkengefahr an, um dann schwere Vorwürfe gegen den ungarischen König in den Mittelpunkt zu rücken. Matthias Corvinus habe, so argumentierten die kaiserlichen Redner, *den Kaiser*

---

[34] Haug von Werdenberg an den Kurfürsten von Brandenburg, Nr. 734, in: Politische Correspondenz des Kurfürsten Albrecht Achilles. Dritter Band 1481–1486, ed. F. PRIEBATSCH (*Publicationen aus den K. Preußischen Staatsarchiven* 71). Leipzig 1898, 48 (fortan: Politische Correspondenz 3). Tatsächlich wurde der Reichstag in doppelter Hinsicht gut besucht: zu dem großen Teilnehmerkreis zählten den Forderungen von Werdenbergs entsprechend mehrere Kurfürsten und Reichsfürsten. Von der Ankunft der Teilnehmer berichtete der Frankfurter Gesandte von Schwarzenberg, Nr. 570, in: Frankfurts Reichscorrespondenz 401f.

[35] Antwort an den kaiserlichen Anwalt: „wir wissen nit, was es furdregt, viel zusagen und keins zu thun. wir hetten sin sorge und dorften es nit offentlich sagen, ein tag und sache wurde die andern hindern, als zu mehrmalen gescheen ist..." Antwort des Kurfürsten, Nachsatz zu Nr. 734, in: Politische Correspondenz 3, 48.

[36] *Iniunximus nonnulla seorsum pro mutua inter nos et amicitiam vestram benivolentia et charitate referenda, ut amicitia vestra velit ipsis oratoribus nostris* [...] *plenam et indubitatam fidem adhibere.* Schreiben an die Kurfürsten und Fürsten im Reich, Nr. 87, in: MKL 153. Vgl. auch die Ergänzung in Nr. 89, Ebd. 154f.

[37] Ursprünglich für den 18. März angeberaumt, wurde die Verschiebung des Tages auf den 3. Juni im Mai von Kaiser Friedrich III. angekündigt. Die ersten Teilnehmer trafen jedoch erst Anfang Juli ein. Vgl. die kaiserliche Mitteilung, Nr. 10-481. in: Regesten.

[38] Bericht des Frankfurter Gesandten Walter von Schwarzenberg d. J., Nr. 570, in: Frankfurts Reichscorrespondenz 401f., hier 402.

[39] Schreiben des Rats von Nürnberg vom 22. August, Nr. 574, in: Ebd. 403f., hier 403.

langzeit bekrieg und noch aus aigem mutwillen on alle ursachen schwerlich bekrieg und seiner kaiserlichen gnaden erbliche furstentumb und lande vasst beschedig und verderb. Abgesehen von dem direkten Schaden für die Erblande seien die Konsequenzen der ungarischen Angriffe vor allem im Hinblick auf die Türkengefahr verheerend: mit seiner Politik habe Matthias *den widerstand der Turcken, so ein majestat mit des reichs kurfursten, fursten, steten und andern unterthan und verwanten des reichs hilf zuthun gehofft hete, verhindert*[40]. Um die Dringlichkeit des kaiserlichen Anliegens zu unterstreichen, führten die Redner die beiden Hauptthemen im Anschluss an diese eindringliche Schilderung erneut zusammen und verbanden sie in der Bitte um *hilff wider den Turcken und den kunig zu Ungern.*

Ob die Situationsbeschreibung, die umfassende Argumentation oder das knappe Hilfsgesuch schließlich den Ausschlag für eine Entscheidung gaben, ist den zur Verfügung stehenden Berichten nicht zu entnehmen. Die Reichstagsteilnehmer sagten jedenfalls dem Kaiser nach kurzer Bedenkzeit ihre Unterstützung zu, da sie, so erklärten die Nürnberger Schreiber den Entschluss, eingesehen hätten, *daz die kaiserlich majestat on hilff gegen dem benanten kunig zu Ungern nicht zuverlassen sey.* Abgesehen von dieser Formulierung, mit der die Abhängigkeit des Kaisers von den Reichsständen betont wurde, lässt auch der Blick auf die Träger der Entscheidung erkennen, dass es nicht gelungen war, die Reichsstände vollständig von der kaiserlichen Politik zu überzeugen: während die Mehrheit der Kurfürsten einer Hilfeleistung zustimmte, erbaten sich mehrere fürstliche Gesandtschaften Aufschub, um zunächst mit ihren Herren zu sprechen. Dass die Unterstützung für den Kaiser also durchaus nicht auf einer grundsätzlichen Feindseligkeit der Reichsglieder gegenüber dem ungarischen König basierte, zeigt auch ein Schreiben, das am 21. August an Matthias Corvinus gesendet wurde. Im Namen der Kurfürsten, Fürsten und der ganzen Nürnberger Versammlung betonten die Unterzeichnenden, die Kurfürsten von Sachsen, Brandenburg und der Pfalz sowie die Bischöfe von Augsburg, Bamberg und Eichstätt, die in Nürnberg vereinbarte Hilfe *wider die Unglaubigen* ziele vor allem auf den Schutz von Reich und Kirche[41]. Sie baten den ungarischen König darum, diesen Sachverhalt anzuerkennen und die eroberten Gebiete des Reichs und des Hauses Österreich der Verantwortung der Reichsfürsten zu überlassen[42]. Um ihre Stellungnahme zu stützen, erinnerten die Kurfürsten und Bischofe an ihre traditionell freundschaftlichen Verbindungen zu Matthias Corvinus und warnten ihn zugleich davor, sich wegen seiner Eroberungspolitik in den kaiserlichen Erblanden den Vorwurf des Kaisers und des Papstes einzuhandeln, die gemeinsame Verteidigung der Christenheit zu behindern.

Tatsächlich hatte nicht nur Haug von Werdenberg derartige Anschuldigungen während der Verhandlungen auf dem Reichstag erhoben; auch der päpstliche Legat, Bischof Urban von Teano, hatte die Politik des ungarischen Königs scharf kritisiert. Das Verhalten des Bischofs auf dem Reichstag veranlasste Matthias Corvinus sogar dazu, bei Papst Sixtus IV. Beschwerde einzulegen, da der Bischof parteiisch nur die Positionen des Kaisers unterstütze[43]. Der Ärger des Ungarn war jedoch nicht nur auf das durchaus polemische Agieren des päpstlichen Legaten zurückzuführen: erbost berichtete Matthias im September zudem, dass seine Gesandten trotz umfassender Vollmachten zu den Nürnberger Verhandlungen nicht vorgelassen worden waren[44]. Die Vertretung seiner Interessen auf dem Reichstag blieb ihm somit verwehrt. Wenige Wochen später musste er schließlich dem Bischof von Syrmien mitteilen, dass der Papst seine Bitte abgewiesen habe und den Bischof nicht zurückrufen werde. Er gehe jedoch davon aus, dass die Bemühungen auf dem Reichstag, ein Heer gegen Ungarn aufzustellen, allein dessen Einfluss zuzuschreiben seien[45]. Mit dieser Aussage bezog sich der ungarische König auf den Beschluss, der Ende August auf dem Reichstag gefasst worden

40 Ebd. In ihrem Bericht über die Verhandlungen auf dem Reichstag gaben die Schreiber des Nürnberger Rats neben den Ergebnissen auch die vorgetragenen Stellungnahmen wieder.

41 Schreiben der Kurfürsten, Fürsten und der Versammlung auf dem Reichstage zu Nürnberg…, Nr. 6, in: Das kaiserliche Buch des Markgrafen Albrecht Achilles. Kurfürstliche Periode von 1470–1486, ed. J. von Minutoli. Berlin 1850, 12–14, hier 12 (fortan: Das kaiserliche Buch).

42 „Und bitten und ermonen ewer konigl. wurdt […] die eingenomen Sloß und entlidung der glider des Reychs […] auch des wurdigen haws zu Oesterreych zu unsern handen zu recht stellen"; Ebd. 13.

43 Regest eines Schreibens an den Bischof von Syrmien bei Nehring, Quellen 23 (Nr. 129).

44 Ebd.; vgl. zudem das Regest des Schreibens an den Kardinal von Eger, Nr. 130, Ebd., 24 sowie den Brief an die päpstlichen Legaten, Nr. 94, in: MKL, 163.

45 Regest des Schreibens bei Nehring, Quellen, 24 (Nr. 135).

war: man hatte sich auf ein Truppenaufgebot geeinigt, das bis zum Weihnachtsfest nach Wien zu schicken war. Der Beschlusstext betraf alle *kurfursten, fursten, grafen, prelaten, herren und stete und verwanten des reichs* und schloss dezidiert aus, dass die Beteiligung in Einzelfällen erlassen werden konnte: sowohl der Kaiser als auch alle Reichsstände, ob anwesend oder nicht, wurden bei Strafe an die Umsetzung gebunden und zur gegenseitigen Hilfe verpflichtet[46].

Die kaiserliche Bitte um eine sofortige Waffenhilfe indes war abgelehnt worden; darin und auch in Gestalt und Umfang der zugesagten Hilfe spiegelte sich die zögerliche Haltung der Reichsstände wider, die durch Diskussionen und Vermittlungsversuche eine Ungarnhilfe lange herausgezögert hatten. Vor diesem Hintergrund erschien die Nürnberger Entscheidung von 1481 als ein Minimalkonsens, der einem gesteigerten Sicherheitsbedürfnis der Reichsstände entsprungen war und auf ihrem erstarkten Gemeinschaftsbewusstsein gründete[47].

3. FAZIT: MATTHIAS CORVINUS UND DIE REICHSTAGE DER JAHRE 1479 BIS 1481

Im Kontext der osmanischen Expansion in Südosteuropa und der Besetzung von Teilen der kaiserlichen Erblande durch ungarische Truppen wurde auf den Nürnberger Reichstagen der Jahre 1479, 1480 und 1481 über geeignete militärische und finanzielle Maßnahmen zur Verteidigung des Reichs beraten. In besonderem Maße wurden die Versammlungen von dem Konflikt zwischen Kaiser Friedrich III. und König Matthias Corvinus von Ungarn geprägt: mit polemischer oder betont versöhnlicher Rhetorik versuchten beide Herrscher, bedeutende Vertreter der deutschen Reichsfürsten und Städte zu ihren Gunsten zu beeinflussen. Kaiser Friedrich III. etwa argumentierte auf zwei Ebenen: zur Rechtfertigung seiner Forderungen nach einer umfassenden Reichshilfe stellte er die ungarischen Angriffe auf seine Erblande als Angriffe auf das ganze Reich dar. Gestützt auf seine imperiale Autorität beschuldigte er Matthias Corvinus zudem, dadurch die Türken zu stärken und die Verteidigung der gesamten Christenheit zu behindern. Statt eines einheitlichen Urteils über den ungarischen König reichte das Meinungsspektrum auf den Reichstagen von Freundschaftsbekundungen über gegenseitiges Wohlwollen bis hin zu klaren Feindbildern. Anders als der Kaiser und seine Vertreter, die stets konfrontativ argumentierten, sprachen sich einige Reichsfürsten aufgrund gemeinsamer Interessen mit Matthias Corvinus oder bestehender Bündnisse für kooperative Absprachen mit ihm aus. Mit diesem Kontrast gingen die Kurfürsten und Fürsten durchaus pragmatisch um: war eine klare Stellungnahme 1479 noch nicht erforderlich, da der Reichstag zu gering besucht und inhaltlich vorrangig der Türkenfrage gewidmet war, wurde die Diskussion schon 1480 deutlich forciert. Dabei scheint die Erinnerung an die Ergebnislosigkeit früherer Reichstage als Movens bei der Willensbildung fungiert zu haben. Jedoch erst, als auch die eigenständigen Vermittlungsbemühungen der Reichsstände keine Verständigung erzielt hatten, wurde 1481 der Beschluss zur Unterstützung eines „Ungarnzugs" gefasst. Der Bezug auf übergeordnete Kollektivvorstellungen erleichterte dabei die Herstellung und Vermittlung einer konsensfähigen Gesamtposition: in der Gemeinschaft der *nacion* konnten divergierende Haltungen zusammengebracht werden, da nicht nur eine Einheit im „Innern", sondern vor allem auch die Abgrenzung nach „außen" sie zusammenhielt. Vor diesem Hintergrund bewirkten die Nürnberger Debatten über den „Türkenzug" und die „Ungarnhilfe" zugleich eine Auseinandersetzung der Teilnehmer mit den Strukturen der Reichstags, der als zentrales Forum für den Austrag von innen- wie auch außenpolitischen Konflikten fungierte und als solches akzeptiert wurde.

---

46 Schreiben des Rats von Nürnberg vom 22. August, Nr. 574, in Frankfurts Reichscorrespondenz, 404. Vgl. auch: ISENMANN, Kaiser, Reich und deutsche Nation 204.

47 In dem Schreiben an Matthias Corvinus hieß es: „Hat sich aus schulden gezimpt unsern rechten Hern und den glidern des heyligen reychs wo man kan, schmeh und schaden zufurkomen und [...] den Unglaubigen trostlichen widerstand zu thon". Vgl. das Schreiben der Kurfürsten, Fürsten und der Versammlung auf dem Reichstage zu Nürnberg..., Nr. 6, in: Das kaiserliche Buch 13.

Güneş Işiksel

Friendship and the principle of good neighbourhood between Bayezid II and Matthias Corvinus

Ottoman diplomacy in the age of sultan Mehmed II (1451–1481) and his son Bayezid II (1481–1512) has been studied by renowned scholars. Franz Babinger treated major issues of the external relations of the "Conqueror" in his biography as well as in some of his subsequent articles. Hans Joachim Kissling and Selahattin Tansel have unravelled many aspects of the Ottoman foreign policy at the age of Bayezid II, as have also done el-Shai Har and especially Nicolas Vatin[1]. Recently, Sandor Papp devoted a series of articles to the main lines of the Hungaro-Ottoman relations in the second half of the 15th century[2]. Still, some points concerning this subject seem to be worth a re-evaluation.

Mehmed II is not reputed and presented as a ruler particularly fond of peaceful relations. He is often described as a man of conflict with an unappeasable taste for war. That is true to a great extent: he attacked the surrounding powers either to destroy them or to make them at least his tribute-paying (*haraçgüzâr*) subjects. Yet, it is also true that he rarely stroke without an initial notification (*dawa*). He had to find allies by distributing letters of reconciliation (*istimaletnâme*) or by making pacts (*'ahd*) and had to assure the neutrality of certain neighbours before undertaking a military expedition. All of these necessitated at least a minimum of diplomatic activity with its procedures, agents and correspondence. Besides, he communicated with other states for reasons other than military as in the case of commercial relations with the Italian merchant Republics or contacts with the countries in the realm of Islam.

Few documents have come to us from his reign regarding the foreign relations of the Ottoman State[3]. This, however, is not to be taken as a proof for the scarcity of diplomatic activity at the Sublime Porte, but rather has to be interpreted in a larger context, i.e. the successive phases of bureaucratic expansion in late medieval political entities including the Ottoman. In other words, one has to ponder comparatively on the phases of the state apparatus' development throughout the 15th century to evaluate the reasons of this scarcity. When compared with the bureaucratic production of the age of sultan Süleyman (1520–1566), the documents in the archives relating to Mehmed's reign are so infrequent and deficient that one may sometimes wonder, if there existed anything as a regular state apparatus at that time.

As to his successor Bayezid II, asserting that he among the sultans of the phase of development of the Ottoman State was one of, if not the most disposed, to the practice of diplomacy, might not be wrong. His

---

[1] F. Babinger, Mehmed der Eroberer und seine Zeit. Weltenstürmer einer Zeitenwende. München 1953 [cf. the review of H. Inalcik in *Speculum, A Jornal of Mediaeval Studies* 35 (1960) 408–427]; F. Babinger, Aufsätze und Abhandlungen zur Geschichte Südosteuropas und der Levante I–III. München 1962–1976; S. Tansel, Sultan II. Bayezit'in Siyasi Hayatı. Ankara 1966; H. J. Kissling, Sultan Bajezid II. und der Westen (*Dissertationes orientales et Balcanicae collectae* 2). München 1988; Sh. Har-El, Struggle for Domination in the Middle East: the Ottoman-Mamluk War, 1485–91 (*The Ottoman Empire and its Heritage* 4). Leiden 1995; N. Vatin, L'Ordre de Saint-Jean-de-Jérusalem, l'Empire ottoman et la Méditerranée orientale entre les deux sièges de Rhodes (1480–1522) (*Collection Turcica* 7). Paris 1994.

[2] S. Papp, Stephen the Great, Matthias Corvinus and the Ottoman Empire, www.matiacorvin.ro/volum/anexe/intro/contents.pdf (accessed 21 February 2009).

[3] On his letters of safe-conduct to Venetian ambassadors: V. L. Ménage, Seven Ottoman Documents from the Reign of Mehemmed II, in: Documents from Islamic Chanceries. Oxford 1965, 81–118. The list of letters of Mehmed II to Venice is published in: M. P. Pedani (Ed.), I "documenti turchi" dell'Archivio di Stato di Venezia (*Pubblicazioni degli Archivi di Stato, Strumenti* 122). Roma 1994. On letters in Slavonic addressed to Dubrovnik: B. I. Bojović, Raguse (Dubrovnik) et l'Empire Ottoman (1430–1520). Les Actes Imperiaux Ottomans en vieux-serbe de Murad II à Selim Ier (*Textes. Documents. Études sur le monde byzantin, néohellénique et balkanique* 3). Paris 1998. On the Ottoman diplomatic pratice, mainly in the 15th century: K. Dilger, Untersuchungen zur Geschichte des osmanischen Hofzeremoniells im 15. und 16. Jahrhundert (*Beiträge zur Kenntnis Südosteuropas und des Nahen Orients* 4). München 1967.

succession to the throne and then consolidation of his authority in the realm – it was necessary to convince centrifugal powers – were due to an internal consensus the realisation of which was only possible by his negotiations. Moreover, following the flight of his brother Djem in 1481 until 1495, the year in which the latter died in Rome, the sultan, developed to a great extent the relations with Western European powers, to assure the non-intervention of the European powers by taking advantage of the presence of Djem[4]. During this period techniques and practice of diplomacy were subject to a transformation at the Ottoman court[5] as well as the record keeping procedures. A brief outline on the Hungaro-Ottoman relations in the time of Bayezid II will illustrate this point.

HUNGARO-OTTOMAN RELATIONS IN THE AGE OF BAYEZID II

Until the last years of the reign of Mehmed II, Matthias Corvinus – *Matyas Qiral* in Ottoman sources – appears as the most redoubtable enemy of the Ottomans. Notwithstanding the comings and goings of ambassadors between Buda and Istanbul, the relations between the two rivals in the Danubian basin were marked by skirmishes in the ill-defined border zone, which hindered the inauguration of regular neighbourly contacts[6]. However, when one of these declared war on another state, neither of them cooperated directly with the enemy of its enemy. Was it for the sake of a tacit accord between Mehmed and Mathias or was it merely something unfeasible, which we cannot know, until new documents come to light. However, in 1475 the year of the campaign in the Crimea[7], Corvinus refused peace proposals made by Mehmed II. To strengthen his proposition, the sultan got ready for an expedition against Hungary. We have only a few indications on the progress of the negotiations of an armistice in 1478. Although it is not attested by any document, the last campaign of Mehmed II would be steered against Corvinus. But death obstructed his way. The peaceful relations between both states were fostered under the auspices of Bayezid II.

A first treaty between both sovereigns was signed in 1483 with duration of five years[8]. A second was completed in 1488, which was the last in the reign of Corvinus[9]. During the reign of his successor, Vladislas II Jagellon (1490–1516), the treaty of 1488 was to be renewed three times until the death of Bayezid II, namely in 1495[10], in 1498 and in 1503. The visible particularity of these treaties (*'ahd-nâme*) is that they are an *instrumentum reciprocum*, negotiated at first by the ambassadors of both parties in order to reach a draft version (*temessük*). Then, the draft was presented to the signatories for their approval. The treaty comes into

[4] This is confirmed by Franz Babinger in his article: F. BABINGER, Zwei diplomatische Zwischenspiele im deutsch-osmanischen Staatsverkehr unter Bâyezîd II. (1497 und 1504), in: Westöstliche Abhandlungen. Wiesbaden 1954, 316: „Es war Sultan Bâjezîd II., der erstmals einem geregelteren Staatsverkehr mit dem Westen und dem Norden seine Aufmerksamkeit schenkte. Zwar hatte bereits sein Vater Mehmed II., ja sogar sein Großvater Murâd II. hin und wieder einen Pfortenčauš in die Christenheit entsandt, um bestimmte Abmachungen zu treffen, Einladungen ergehen zu lassen oder einen Friedensvertrag zum Abschluß zu bringen ..."

[5] N. VATIN, À propos du voyage en France de Hüseyn, ambassadeur de Bajazet II auprès de Louis XI (1483). *Osmanlı Arastırmaları* 4 (1984) 35–44; IDEM, Une tentative manquée d'ouverture diplomatique: la lettre de créance d'un envoyé de Bajazet II auprès de Louis XI, in: L'Empire ottoman, la République de Turquie et la France, ed. H. BATU – J.-L. BACQUE-GRAMMONT. Paris–Istanbul 1986, 1–13.

[6] On these skirmishes: G. RAZSO, The Mercenary Army of King Matthias Corvinus, in: From Hunyadi to Rákóczi. War and Society in Late Medieval and Early Modern Hungary, ed. J. M. BAK (*Brooklyn College studies on society in change* 12). Brooklyn 1982, 125–140; H. YUSUFOGLU, Fatih ve Macar Kralı Mátyás Arasındaki Yayça Mücadelesi, in: Onbirinci Türk Tarih Kongresi. Ankara 1993, 841–846.

[7] BABINGER, Mehmed der Eroberer 379. For Caffa, H. INALCIK, Yeni Vesikalara Göre Kırım Hanlıgının Osmanlı Tabiliğine Girmesi ve Ahidname Meselesi. *Belleten* 30/8 (1944) 185–229.

[8] M. MAXIM, Stephen the Great and the Sublime Porte: New Turkish Documents. *Transylvanian Review* 14 (2005) 18–23.

[9] The Turkish version of this draft is published in: G. HAZAI, Urkunde des Friedensvertrags zwischen König Matthias Corvinus und dem türkischen. Sultan 1488, in: Beiträge zur Sprachwissenschaft,Volkskunde und Literaturforschung. Wolfgang Steinitz zum 60. Geburtstag am 28. Februar 1965 dargebracht, ed. A. V. ISACENKO (*Veröffentlichungen der Sprachwissenschaftlichen Kommission* 5). Berlin 1965, 161–165.

[10] The Ottoman ambassador Zaganos reports on the preparation of this treaty. See G. KARAMUK, Hacı Zağanos'un Elçilik Raporu. *Belleten* 56/219 (1992) 391–403, who criticises the dating made by: G. HAZAI, Eine Urkunde der ungarisch-türkischen Friedensverhandlungen in der Zeit von Matthias Corvinus und Bayezid II. *Rocznik Orientalistyczny* 38 (1976) 155–160.

effect only after the reciprocal oath that confirms its validity[11]. It has to be stressed that on the contrary to the Ottoman practice, which developed especially in the reign of Selim I (1512–1520), the Ottoman sultan was equal to his interlocutor and not in a position to grant a unilateral act[12]. In order to obtain a consensus on the terms of the treaty, the negotiations could sometimes last for several months.

During the 80s of the 15th century several ambassadors were exchanged between Corvinus and Bayezid II. Among those Dimitri Jakšić[13] – called *Yahšī-oghlu* in the Ottoman sources[14] – deserves further emphasis. Jakšić was received in Edirne in the second decade of the month of Ševval [891 A. H.][15] by Bayezid II, who held him in high esteem (*padišâh Yahšī-oghlu elčiye haylî hürmet izzet, édüb*) and according to the Ottoman court tradition gave him a rich caftan (*âdet üzerine tâ'zîmden aghir bahalu hil'ât*) and some other gifts (*bunca piškešler armaghanlar vérüb*). We will return to the peculiarities of the diplomatic ceremonials. After having stayed for ten days at the court, a permission was given to him to return to Buda. But Jakšić was slain on a bridge near the city of Smederevo by a certain Ghazi Mustafa, seemingly because of some earlier enmity between them (*sabiqda bunuŋla adâveti ve hüsûmeti külli olub*). It was made clear later on that Jakšić had arrested this very Mustafa and his brother in one of the previous border skirmishes, later had broken his teeth and had forced him to roast his brother on a fire[16]. The Ottoman reporter of these events, after noting the *šehâdet*[17] of Mustafa and *helaq*[18] of the infidel, gives the following date: the second decade of Zilqade [891 A. H.], which is between the 7 and the 16 November 1486.

However, this event did not endanger the Hungaro-Ottoman relations. The sultan immediately wrote a letter to Corvinus in order to apologise: "... When the abovementioned ambassador [scilicet Jakšić] came in embassy, we lavished him with honours and favours, as he deserves it and as it is proper to the greatness of my empire. [...] And I sent him accompanied with my agents [...] When they arrived at Smederevo, the voïvode [i.e. commander] of this city came to their meeting [...] While the ambassador was alone with his men, a criminal had come and killed him. By doing that he had committed a great crime by transgressing the will of God, who had created heaven and earth, who is omniscient and perceives the visible and the invisible. He is my witness that this action took place without my knowledge and it has nothing to do with me. I swore to my sword [...] that in these events there is not any plot and any wilfulness of my State ..."[19].

Matthias Corvinus answered him kindly: "... Your servant Ali brought to us the letter of your Highness (*yücelüghünüz*). We welcomed him cordially (*gönülle*) and understood what he reported in this sense that your Highness respects (*riâyet*) the peace between us (*ortamizda*) [...] And that we should not believe the

---

[11] The 17th line of Zaganos' report illustrates the described procedure (cf. footnote 10): *Qirala kendü mezhebince mübarek receb ayinuŋ bešinci gününde yemîn etdürdüm ve 'ahdnâme aldim* – "I made the king swear according to his religion in the fifth day of the month of receb the saint and obtained ' ahdnâme". In 1503 Bayezid ratifies the treaty as follows: ... *padišahlar ortasinda vaki' olan 'adet ve qanûn üzere mezkur qiral elçisiniŋ yaninda and içüb* ... – "According to the customs and the rules between padichahs, I swore in front of the ambassador of the abovementioned king". Cf. T. GÖKBILGIN, La traduction des lettres de Korvin Mathias à Bayezid II et le texte turc du traité Hungaro-Ottoman de 1503 (909). *Belleten* 22/87 (1958) 382–390, ill. 10.

[12] On this evolution: H. THEUNISSEN, Ottoman-Venetian Diplomatics: The 'Ahd-names. The Historical Background and the Development of a Category of Political-Commercial Instruments together with an Annotated Edition of a Corpus of Relevant Documents. *Electronic Journal of Oriental Studies* I/2 (1998) 1–698 (cf. http://www2.let.uu.nl/Solis/anpt/ejos/EJOS-1.html; accessed 21 February 2009).

[13] On this ambassador and his mission: I. BILIARSKY, Une page des relations magyaro-ottomanes vers la fin du XVe siècle. *Turcica* 32 (2000) 291–305.

[14] There are a lot of Ottoman sources containing passages on this mission, among which we have chosen the most extensive, i.e. Orudj Beg, by changing slightly the transcription of its editor. Orudj helps us to date the events with certainty in comparison to Biliarsky's sources: N. ÖZTÜRK (Ed.), Oruç Beg Tarihi. Osmanli tarihi (1288–1502). Istanbul 2007, 140.

[15] This is between the 9 and the 18 October 1486.

[16] The last detail on the ambiance of the frontier zone is reported by: J. VON HAMMER-PURGSTALL, Histoire de l'Empire ottoman depuis son origine jusqu'à nos jours. 4, depuis la mort du Prince Djem, frère de Bayezid II, jusqu'à la mort de Selim I 1494–1520. Ouvrage puisé aux sources les plus authentiques et rédigé sur des documents et des manuscrits la plupart inconnus en Europe, traduit de l'allemand, sur les notes et sous la direction de l'auteur. Paris 1837 (reprint Istanbul 1994), 25.

[17] Usually a "literally testimony", here "contemplation of Beatitude".

[18] I. e. "wrecking".

[19] Cf. the transliteration and translation of this text from Slavonic to French: BILIARSKY, Une page 296–302. It is highly probable that the correspondence between the two sovereigns was made directly in Slavonic. Cf. BOJOVIĆ, Raguse 7–12.

intruders, who will try to convince us on things which have not had place (*gayri vâki' nesne ilka éderse*). To this we respond that we do not have any doubt and hesitation about your sincerity regarding the friendship and the prerequisites of the affection (*dostluk ve mukteza-i muhabbet*). We are certain that all those inconvenient activities (*yaramazlik*) to my person, to my realm or to my servants [scilicet in the border zones] is neither from your part nor a result of your orders"[20].

This affair and the correspondence, which followed, require some comments. The custom in the Ottoman ceremonial for the reception of ambassadors until the 18th century is to honour them as if the person of the sender is honoured. In accordance with this principle the ambassadors are reimbursed (*ta'yîn*) and protected – it may also be taken as a strict watch over – from the moment they enter Ottoman territory[21]. Although there is not an explicit allusion either in the letter of Bayezid II or in the narrative of Orudj Beg, honours and favours mentioned in the letter imply that the *ta'yîn* of Jakšić consisted of the paying of expenses for food, journey or other types of maintenance, which occured during his mission[22]. The ambassadors received a caftan – as Jakšić did – and other kinds of rich garments as a gift with the payment of expenses.

The first registers of *In'âmât*, in which the gifts to the ambassadors were regularly noted, date from the time of Bayezid II[23]. These registers are divided into several entries, to which various types of gifts as those bestowed on embassies and ambassadors correspond; but we could not find any information on the mission of Jakšić or of other ambassadors sent by Corvinus. Entries on Hungarian ambassadors start with 1503, thus from the time of Vladislas II Jagellon.

A last remark has to be made on the relations between Corvinus and Bayezid II. In several parts of their correspondence we can see one principle, which is repeated and apparently respected: *dostluk ve eyü konšuluk*, that is "friendship" and "good neighbourhood" as a basic principle of medieval "international" relations. This pattern of relationship was to be observed until the 1520s, when the grandson of Bayezid II was not capable of continuing this policy.

[20] The original letter [Wiener Neustadt, 25 June 1489 / 26 Receb 894 A. H.], probably in Slavonic, has not been found. We only have its contemporaneous Turkish translation prepared by the imperial chancellery. It was published by: GÖKBILGIN, La traduction, ill. 2.

[21] See for instance: Chr. SCHEFER, Le Voyage d'Outremer de Bertrandon de la Broquière premier écuyer tranchant et conseiller de Philippe le Bon, Duc de Bourgogne (*Recueil de Voyages et de Documents pour servir à l'histoire de la géographie depuis le XIIIe jusqu'à la fin du XVIe siècle* 12). Paris 1892, 193, 198.

[22] There is no detailed study on this issue. A succinct definition has been given by DILGER, Untersuchungen 99: „Die Geldgeschenke des Sultans erfolgten zur Deckung der Ausgaben, die dem Botschafter während seines Aufenthaltes im türkischen Reich entstanden waren, und zwar wohl auch dort, wo dies nicht ausdrücklich angegeben wird. Sie wurden «ta'yin» (Ratio, Verpflegung) genannt". See also, S. SKILLITER, An Ambassador's ta'yin: Edward Barton's Ration on the Eğri Campaign, 1596. *Turcica* 25 (1993) 151–161.

[23] Ö. L. BARKAN, Istanbul Saraylarına ait Muhasebe Defterleri. *Belgeler* 13 (1979) 296–380. The manuscript used by the author, which he neglected to note, is at Istanbul Belediye Kütüphanesi, Muallim Cevdet Yazmaları, No. 0.71. Moreover, he unfortunately published only the first year of the register (1503–1504), although it covers in reality more than twenty years. For the description of the manuscript: İ. E. ERÜNSAL, Türk Edebiyatı Tarihinin Arşiv Kaynakları I: II. Bayezid Devrine Ait Bir İnamat Defteri. *Tarih Enstitüsü Dergisi* 10–11 (1981) 213–222.

JOHANNES PREISER-KAPELLER

Sive vincitur Hungaria …

Das Osmanische Reich, das Königreich Ungarn und ihre Nachbarn in der Zeit des Matthias Corvinus im Machtvergleich nach dem Urteil fünf griechischer Quellen

Die Politik des Königs Matthias Corvinus gegenüber dem Osmanischen Reich ist bis heute Gegenstand verschiedener Interpretationen. Alexandru Simon schreibt in einem Beitrag über den Gebrauch des Topos der „Pforten der Christenheit" durch Matthias Corvinus und Stephan den Großen: "*The Crusader Policy was one of the main heritages that Mathias Corvinus, son of the late John Hunyadi, had to work with during his reign (...). More focused on his Bohemian claim and the conflict with the German Empire, Mathias never underestimated or forgot the political capital represented by the fight against the Ottomans, the menace at his borders.*" Des propagandistischen und materiellen Nutzens, der sich für Matthias Corvinus seit seinem Thronantritt (mit der Anerkennung durch Papst Pius II.) durch diese "Crusader Policy" ergab, war sich der König also stets bewusst[1]. Gleichzeitig investierte er aber, wie auch Simon feststellt, wesentlich mehr Energie in die Verfolgung seiner Pläne in Böhmen und in den habsburgischen Landen. Die 1480er Jahre etwa, als am Hof des Corvinen, auch unter dem Eindruck der Möglichkeiten, die die Flucht des Cem Sultan nach Westen eröffneten, zeitweilig großangelegte Kreuzzugspläne, die einen Angriff auf die Osmanen von Ost und West mit 200.000 Mann vorsahen, gewälzt wurden, waren auch die Jahre der intensivsten Kriegsführung gegen Friedrich III. und sahen den Abschluss eines Waffenstillstandes mit Sultan Bayezid II.[2] Diente die Kreuzzugs- und Türkenkriegsrhetorik also nur zur Verschleierung der tatsächlichen politischen Absichten, so wie auch König Karl VIII. von Frankreich 1494 seinen Feldzug zur Eroberung Neapels damit begründete, von dort zur Rückeroberung des Heiligen Landes aufbrechen zu wollen[3]? Ein Teil der Forschung hat behauptet, die West-Politik des Corvinus hätte die Schaffung eines starken Donaumonarchie als Bollwerk gegen die Osmanen zum Ziel gehabt, da die Ressourcen Ungarns alleine für eine erfolgreiche Türkenabwehr zu gering waren[4]. Jörg Hoensch meinte dagegen „dieses Motiv mag am Rande zwar eine Rolle gespielt haben, rechtfertigte aber nicht die immensen Summen", die diese Feldzüge verschlangen und auch eine erfolgversprechendere Offensive gegen die Osmanen ermöglicht hätten, hält aber ebenso fest, dass eine defensive Ausrichtung gegenüber den Osmanen ansonsten aufgrund der Machtverhältnisse durchaus politisch klug war[5]. Für Kenneth Setton hingegen führt eine klare Linie von den Versäumnissen des Corvinus in der Osmanenabwehr zur Schlacht von Mohács 1526[6].

[1] Vgl. SIMON, The Arms of the Cross 45, 56 (Schätzung, dass Matthias Corvinus ca. 300.000 Dukaten an Subsidien für den Türkenkrieg von der Kurie und Venedig erhielt), 61; SETTON, The Papacy and the Levant 204–205; zu dem Begriff der „Vormauer des Christentums" im Hinblick auf Ungarn vgl. auch: JÁNOS VARGA, Vormauer des Christentums 55–63; zum Verlauf der Türkenkriege unter Matthias Corvinus vgl. etwa SZAKÁLY, Phases of Turco-Hungarian Warfare 93–103; HOENSCH, Matthias Corvinus *passim*; MATSCHKE, Das Kreuz und der Halbmond 199–205. Dieser Beitrag entstand im Rahmen des vom österreichischen Fonds zur Förderung der wissenschaftlichen Forschung (FWF) finanzierten Projektes „Edition des Patriarchatsregisters von Konstantinopel: Patriarch Antonios IV. von Konstantinopel, 2. Amtsperiode" (P22269), das unter der Leitung von Herrn Univ. Prof. Dr. Otto Kresten (Wien) steht. Um auch dem nicht-byzantinistischen Leser die Lektüre der griechischen Termini zu ermöglichen, wurden diese durchgehend transkribiert, ebenso alle Titel in griechischer Sprache publizierter Sekundärliteratur.

[2] HOENSCH, Matthias Corvinus 214–215; SETTON, The Papacy and the Levant 377–409.

[3] FISCHER, Europabild 25–26.

[4] Vgl. etwa RÁSZÓ, Feldzüge 1–2; HOENSCH, Matthias Corvinus 87–88 u. 90 zu den Westplänen des Corvinus; MATSCHKE, Das Kreuz und der Halbmond 201.

[5] HOENSCH, Matthias Corvinus 216, 262–264; vgl. auch NORTH, Europa expandiert 208–209, und WATTS, The Making of Polities 359–360, für rezente Einschätzungen der Politik des Corvinus im Rahmen der allgemeinen Entwicklung Europas im späteren 15. Jh.

[6] SETTON, The Papacy and the Levant 295; vgl. auch MATSCHKE, Das Kreuz und der Halbmond 205.

Ambivalent sahen auch die Zeitgenossen die Türkenpolitik des Corvinen. Sowohl Venezianer als auch Friedrich III. verdächtigten Corvinus, sich mit den Osmanen ins Einvernehmen gesetzt zu haben und ihren Streifscharen freie Passage durch ungarisches Gebiet in die habsburgischen und venezianischen Länder zu gewähren, oder warfen ihm vor, durch Untätigkeit den Verlust Serbiens und Bosniens verschuldet zu haben. Und schon in der Rede des Enea Silvio Piccolomini 1454, aus der der Titel dieses Beitrags entnommen wurde, wird als Alternative neben einer militärischen Unterwerfung Ungarns eine erzwungene Verbindung mit der osmanischen Macht gezeichnet: *Sive vincitur Hungaria sive coacta iungitur Turcis*[7].

Ansonsten war aber das Bild von Ungarn als tapferem Schild der Christenheit gegen die Osmanen durchaus erfolgreich bei den Humanisten und Autoren des 15. Jahrhunderts. Ungarn und sein König spielten in den meisten der Schriften, die sich mit dem Wesen der osmanischen Bedrohung und den Mitteln zu ihrer Bekämpfung auseinandersetzten, eine gewichtige Rolle. Diese Gefahr war ein wesentliches Thema der zeitgenössischen Literatur, vor allem nach dem Fall Konstantinopels 1453; die Zahl der *Turcica* (im weiteren Sinne), von der päpstlichen Kreuzzugsbulle über den strategischen Traktat bis zum Fastnachtsspiele, ist gewaltig[8]. Diese große Menge an Literatur wurde aber auch intensiv bearbeitet, genannt seien nur die wesentliche Studie von James Hankins "Humanist Crusade Literature in the Age of Mehmed II" (der allein für diesen Zeitraum 400 einschlägige Schriften von über 50 verschiedenen Autoren zählt), das auf eine quantitative Textanalyse ausgerichtete Buch von Almut Höfert „Türkengefahr und europäisches Wissen über das Osmanische Reich 1450–1600“ und das 2008 erschienene Buch von Margaret Meserve über "Empires of Islam in Renaissance Historical Thought", das auch einen Schwerpunkt in die Zeit Mehmeds des Eroberers legt[9].

Es ist allgemein bekannt, dass solches Schrifttum auch am Hof des Corvinus verbreitet war, ja manchmal wurde der König direkter Adressat von Humanisten, wie das Beispiel des Briefes von Marsilio Ficino an Matthias 1480 belegt; wie Moses die Israeliten vor den Ägyptern, so solle der König die Christen von den Türken befreien. Und wie erwähnt, bediente sich Corvinus durchaus geschickt solcher Hoffnungen und Konzepte, die auf seine Person und sein Reich gerichtet waren[10].

In den erwähnten Studien wurden wesentliche Themen und Topoi dieses Schrifttums herausgestellt und analysiert, so dass ein Vergleich möglich wird mit einem viel weniger umfangreichen Corpus, nämlich dem der griechischen, (post)byzantinischen Quellen, die sich nach dem Fall Konstantinopels mit der osmanischen Expansion auseinandersetzen.

Die antike und byzantinische griechische Literatur diente so manchem Humanisten als Quelle für die Beschreibung der Türken[11]; vermittelnd tätig waren dabei in Italien tätige Griechen, die auch selbst wesentliche Werke zum Corpus der *Turcica* beitrugen, wie Nikolaos Sekundinos, der auf Anregung von Enea Silvio Piccolomini eine kurze Geschichte der Osmanen in lateinischer Sprache („*De familia Othomanorum epitome*“) verfasste[12], Theodoros Gaza[13], Georgios von Trapezunt, der auch im Kontakt mit dem ungarischen Hof stand[14], Isidoros von Kiev, dessen Brief über den Fall Konstantinopels und seine Gräuel eine der wichtigsten

---

[7] HOENSCH, Matthias Corvinus 154, 178.

[8] ANDERMANN, Geschichtsdeutung und Prophetie 31–32; MERTENS, Europa, id est patria; HELMRATH, Pius II. und die Türken 81–88 und 100–103; FISCHER, Europabild 17, 21, 26–29, 35.

[9] HANKINS, Renaissance Crusaders 111–207, bes. 117; HÖFERT, Den Feind beschreiben, bes. 56–87 als Überblick über die Turcica nach 1453; MESERVE, Empires of Islam; vgl. daneben auch SOYKUT, Image of the "Turk" in Italy. Vgl. auch die Textsammlung bei PHILIPPIDES, Mehmed II the Conqueror.

[10] SOYKUT, Image of the "Turk" in Italy 20 (mit Quellenangaben).

[11] Die byzantinischen Quellen zu den Turkvölkern sind systematisch erfasst bei MORAVCSIK, Byzantinoturcica.

[12] MASTRODEMETRES, Nikolaos Sekundinos 168–183; *PLP* Nr. 25106; PHILIPPIDES, Mehmed II the Conqueror 6–16 (zum Autor) und 56–91 (lateinischer Text und englische Übersetzung des Werks).

[13] MORAVCSIK, Byzantinoturcica I, 520–521; GEANAKOPLOS, Constantinople and the West 68–90; MESERVE, Empires of Islam 123–142; *PLP* Nr. 3450.

[14] MORAVCSIK, Byzantinoturcica I, 291; MONFASANI, George of Trebizond 194–200; CS. CSAPODI, Bibliotheca Corviniana. Budapest 1967; DERS., Bibliotheca Corviniana , 1490–1990. International Exhibition on the 500th Anniversary of the Death of King Matthias , National Széchényi Library, 6 April–6 October 1990. Budapest 1990; O. MAZAL, Königliche Bücherliebe. Die Bibliothek des Matthias Corvinus. Graz 1990; BALIVET, Georges de Trébizonde; *PLP* Nr. 4120.

Quellen für den Westen darstellte[15], und besonders Kardinal Bessarion, der etwa 1471 eine Sammlung von *Orationes ad principes Christianos Contra Turcos* in Paris drucken ließ[16].

Viel weniger Aufmerksamkeit wurde in dieser Zeit aber den vier wichtigsten byzantinischen Historikern (Dukas, Kritobulos, Laonikos Chalkokondyles und Sphrantzes), die nach 1453 den Untergang von Byzanz in ihren Werken zu verarbeiten versuchten, zuteil[17]. Laonikos Chalkokondyles fand im 16. Jahrhundert, vor allem nach seiner Übersetzung ins Lateinische 1556, in mehreren Drucken noch die meiste Verbreitung, ab den 1490er Jahren wurde sein Werk in Venedig bekannt und benutzt[18]. Zu Lebzeiten des Corvinus ist also mit einem direkten Einfluss dieser Werke auf die Turcica-Literatur nicht zu rechnen. Dennoch ist, wie sich an einigen Beispielen zeigen lässt, ein Vergleich der westlichen Türkenschriften mit dieser Historiographie aufschlussreich, einer Historiographie, die ein Ereignis bereits hinter sich hatte, das die westlichen Autoren fürchteten: die Eroberung des religiösen und geistlichen Zentrums, des eigenen christlichen Imperiums durch die Osmanen.

Neben diesen vier Werken wird aber auch noch ein besonderer Vertreter der Gattung der *Threnoi*, der Klagelieder über den Fall Konstantinopels, die am ehesten als (post)byzantinisches Pendant zum Genus der Türkenfurcht-Flugschriften bezeichnet werden könnten, betrachtet werden: die anonyme sogenannte *Halosis Konstantinupoleos*, die die Klage über die Eroberung wie die meisten humanistischen Kreuzzugsaufrufe mit dem Appell an diverse christliche Fürsten des Abendlandes zum Kreuzzug verknüpft, ebenso Informationen über die osmanische Militärmacht und ihre Dislozierung und einen konkreten Kreuzzugsplan verbindet[19]; sie kann somit an die Seite westlicher Kreuzzugstraktate gestellt werden[20].

Im Folgenden können natürlich nur einige interessante Fallbeispiele herausgegriffen werden aus der umfangreichen Reihe der der westlichen Türkenliteratur und den fünf griechischen Werken gemeinsamen Themen und Einschätzungen.

RELIGIÖSE UND „METAPHYSISCHE“ FAKTOREN

Ein Themenbereich, den man in einer modernen Untersuchung zum Aufstieg der osmanischen Macht nicht erwarten würde, sind die „metaphysischen“ Faktoren dieses Phänomens. Ein fester Topos sowohl in westlichen wie in byzantinischen Schriften war aber seit dem Beginn der islamischen Expansion die Vorstellung, dass Gott die muslimischen „Sarazenen“ und später Türken als Werkzeug benutzte, um die Christen wie das Volk Israel im Alten Testament wegen ihrer Sünden zu bestrafen[21]. Der Sultan ist das Werkzeug Gottes in

[15] MORAVCSIK, Byzantinoturcica I, 349–350; SOYKUT, Image of the "Turk" in Italy 28–29; *PLP* Nr. 8300.

[16] MORAVCSIK, Byzantinoturcica I, 229–230; HANKINS, Renaissance Crusaders 117; MERTENS, Europa, id est patria 51–54; SOYKUT, Image of the "Turk" in Italy 25–27 und 49–52; *PLP* Nr. 2707.

[17] Allgemein zur Darstellung der Osmanen bei den vier Autoren und zu ihrer Biographie s. REINSCH, Mehmet der Eroberer. Zu Dukas: MORAVCSIK, Byzantinoturcica I, 247–251 (bei Moravcsik jeweils auch kurze Angaben zur Darstellung der Osmanen bei den einzelnen Autoren); HUNGER, Literatur 490–494. Zu Kritobulos: MORAVCSIK, Byzantinoturcica I, 432–435; HUNGER, Literatur 499–503; Kritobulos (ed. REINSCH), Einleitung. Zu Laonikos Chalkokondyles: BAŞTAV, Die türkischen Quellen; MORAVCSIK, Byzantinoturcica I, 391–397; HUNGER, Literatur 485–489; A. NIMET, Die türkische Prosopographie bei Laonikos Chalkokandyles. Hamburg 1933; DITTEN, Bemerkungen; H. DITTEN, Der Russland-Exkurs des Laonikos Chalkokondyles (*BBA* 39). Berlin 1968; VRYONIS, Laonikos Chalkokondyles; MARKOPULOS, Chalkokondyles; K. ZOGRAPHOPULOS, Ho Laonikos Chalkokondyles kai hoi apopseis tu gia tus othomanus turkus. Xanthe 2002 (Zusammenfassung älterer Ergebnisse); HARRIS, Laonikos Chalkokondyles. Zu Sphrantzes: MORAVCSIK, Byzantinoturcica I, 282–288; HUNGER, Literatur 494–499; Sphrantzes (ed. MAISANO), Einleitung.

[18] MORAVCSIK, Byzantinoturcica I, 394; MESERVE, Empires of Islam 240.

[19] Neben der Edition von ELLISSEN (mit deutscher Übersetzung) wurde der griechische Text auch ediert in: Medieval Greek Texts: being a Collection of the earliest Compositions in Vulgar Greek prior to the Year 1500, ed. W. WAGNER, Part I. London 1870 (Nachdruck Hildesheim 1971), 141–170. Einzelne Passagen ediert auch HENRICH, Als Kundschafter der Johanniter 181–183; zu diesem Werk vgl. auch H. G. BECK, Geschichte der byzantinischen Volksliteratur (*Handb. d. Altertumswiss.* 12. Abt., 3). München 1971, 163–166, bes. 164; C. CUPANE, Wir volkstümlich ist die byzantinische Volksliteratur? *BZ* 96 (2003) 596.

[20] HANKINS, Renaissance Crusaders 117–118.

[21] Vgl. HOYLAND, Seeing Islam 27, 524–526, für die frühesten derartigen Konzepte.

der Weltordnung, der Vollstrecker des Willens Gottes, schreibt etwa Sphrantzes[22]. Worin diese Sünden hauptsächlich bestanden hätten, darüber herrschte hingegen keine Übereinstimmung. Während lateinische Kommentatoren wie Leonardo von Chios den Fall Konstantinopels als gerechte Strafe für die häretischen Byzantiner, die die Union von Ferrara-Florenz nie richtig umgesetzt hätten (*unio ficta*, nicht *unio facta*), ansahen[23], bestand für Unionsgegner wie den Patriarchen Gennadios oder auch Sphrantzes sowie in der russisch-orthoxoden Deutung der Sündenfall eben in dieser Union mit der Westkirche[24].

Im Threnos über den Fall Konstantinopels sind es ebenfalls die Sünden der Christen, die den Türken ihre Erfolge möglichen[25]; das persönliche Geschick des letzten Kaisers Konstantinos Dragases habe jener aber durch die Eroberung und Verwüstung der Stadt Glarentza auf der Peloponnes in seiner Zeit als Despot der Morea bedingt[26]. Ansonsten trifft den Kaiser aber keine Schuld am Fall der Stadt, vielmehr hätten der Papst und die Fürsten der Franken, namentlich der *Basileus* der Alamania, die Serben, Russen, Vlachen, die Ungarn mit Hunyadi, Venedig und Genua, die Katalanen und die Italiener entgegen ihren Versprechungen Konstantinopel keine Hilfe geleistet und somit Schuld auf sich geladen[27].

Besonders prominent ist dieses Motiv auch bei Dukas vertreten, der die Türken als Werkzeuge Gottes ansieht; als Ursünde des späten Byzanz betrachtet er den Sturz des Knaben Ioannes IV. Laskaris im Jahre 1258 durch Michael VIII., den ersten Kaiser der bis 1453 herrschenden Palaiologendynastie; durch dieses Unrecht hätten die Rhomäer einen Fluch auf sich geladen wie die Juden durch die Kreuzigung Christi. Die Verwüstung der Länder der Serben, Bulgaren, Albaner und jeder anderen westlichen Nation sei wiederum eine Strafe Gottes für die Erhebungen dieser Völker gegen die Byzantiner[28]. Gescheiterte Unternehmungen des Westens wie den Kreuzzug von Varna 1444 interpretiert Dukas ebenso als Folge der Sünden der Christen[29]. Und er stellt auch fest, die Türken würden mit ihren Siegen fortfahren, bis die Christen wieder wirklich gottesfürchtig geworden sind[30]. Wie in vielen Schriften in Westeuropa verbindet sich also hier die Analyse der religiösen Ursachen der osmanischen Expansion mit der Forderung nach einer geistigen Erneuerung der Christenheit als Vorbedingung eines Sieges über die Türken[31].

Über die Deutung der Osmanen als Geißeln Gottes hinaus wurde ihnen auch eine gleichsam apokalyptische Rolle zugeschrieben, als Heerscharen des Antichristen oder Völker der Endzeit wie Gog und Magog. Dabei konnten Autoren sowohl im Abendland als auch in Byzanz auf eine reiche apokalyptische Tradition zurückgreifen, die im Hinblick auf die Bedrohung durch die Muslime schon im 7. Jahrhundert mit der ersten islamischen Expansion ihren Anfang nahm; mit diesen Deutungen der Endzeit verknüpften sich auch meist Visionen über den künftigen Gang der Geschichte[32]. Eine besondere apokalyptische Bedeutung kam dem Fall Konstantinopels als Zentrum der Christenheit zu[33].

---

[22] Sphrantzes XXXIX, 11 (ed. MAISANO 156, 13–21); HANKINS, Renaissance Crusaders 119 und 134; HÖFERT, Den Feind beschreiben 59–61 u. 77–78; ŠEVCENKO, The Decline of Byzantium 179; HARRIS, Laonikos Chalkokondyles 153–154.

[23] Vgl. auch Dukas XXXIX, 19 (ed. GRECU 365, 21–30); HANKINS, Renaissance Crusaders 123 und 132–133; THUMSER, Türkenfrage 63; HARRIS, Laonikos Chalkokondyles 155; FISCHER, Europabild 14.

[24] Sphrantzes XXIII, 4–6 (ed. MAISANO 80, 24–29); HANKINS, Renaissance Crusaders 132; ANDERMANN, Geschichtsdeutung und Prophetie 35–36; BLANCHET, Georges-Gennadios Scholarios.

[25] Halosis V(erse) 161–163, 663 und 672 (ed. ELLISSEN 128, 196 und 198).

[26] Halosis V. 50–63 (ed. ELLISSEN 112–114); zu Glarentza vgl. O. J. SCHMITT, Zur Geschichte der Stadt Glarentza im 15. Jahrhundert. *Byzantion* 65 (1995) 98–135.

[27] Halosis V. 173–189 und 230–234 (ed. ELLISSEN 130–132 und 138), und die Vorwürfe an die einzelnen Völker dann *passim*.

[28] Dukas VI, 2 (ed. GRECU 49, 1–19).

[29] Dukas XXXII, 5 (ed. GRECU 277, 16–18).

[30] Dukas XXIII, 8 (ed. GRECU 177, 6–8 u. 16–17).

[31] HELMRATH, Pius II. und die Türken 95; vgl. auch Dukas VI, 5 (ed. GRECU 51, 9–10): die Tyche wendet sich gegen die Rhomäer; Dukas IX, 1 (ed. GRECU 57, 30–33): Gott setzt das Bündnis zwischen Kantakuzenos und den Osmanen in Gang zum Schaden der Byzantiner; Dukas XXII, 8 (ed. GRECU 163, 6–9): Aufstieg und Fall liegen in Gottes Hand

[32] HOYLAND, Seeing Islam 26–31, 257–335; ANDERMANN, Geschichtsdeutung und Prophetie 29–54; FISCHER, Europabild 14.

[33] HÖFERT, Den Feind beschreiben 86–87; zu den Ursprüngen dieser apokalyptischen Traditionen, bes. zur Apokalypse des Ps.-Methodius, vgl. HOYLAND, Seeing Islam 263–267; H. MÖHRING, Der Weltkaiser der Endzeit. Entstehung, Wandel und Wirkung einer tausendjährigen Weissagung (*Mittelalter-Forschung* 3). Stuttgart 2000, 54–104; A. KÜLZER, Konstantinopel in der apokalyptischen Literatur der Byzantiner. *JÖB* 50 (2000) 51–76; W. BRANDES, Die Belagerung Konstantinopels 717/718 als apokalyp-

Während Laonikos Chalkokondyles aber für die Prophezeiungen etwa des im Abendland so populären Joachim de Fiore seine Geringschätzung zum Ausdruck bringt[34], zeigt sich Dukas hingegen besonders empfänglich für solche Deutungen der Geschichte: Schon der Großvater des Autors, Michael Dukas, sieht nach seiner Flucht nach Kleinasien voraus, dass aufgrund der Sünden der Byzantiner und der Tüchtigkeit der Türken letztere ganz Thrakien und die Gebiete bis zur Donau unterwerfen würden, als Strafe Gottes für die Sünden der byzantinischen Vorväter[35]. Interessant waren für die Zeitgenossen natürlich Prophezeiungen, die auf ein kommendes Ende der türkischen Bedrohung hindeuteten. Anlässlich des Falls von Konstantinopel weist Dukas aber auf die Gefahr falscher Prophezeiungen hin: so hätten sich viele Konstantinopler aufgrund der seit vielen Jahren verbreiteten Prophezeiungen, wonach die Türken nach dem Fall der Mauern nur bis zur Konstantinssäule vorstoßen würden, in die Hagia Sophia geflüchtet. Denn dann würde ein Engel des Herrn einem einfachen Mann das Kaisertum mitsamt einem Schwert überreichen, mit dem dieser die Türken vertreiben würde; daraufhin würden die Rhomäer die Türken aus West und Ost vertreiben bis an die Grenze Persiens an einen Ort namens Monodendrion, der als Ursprungsort der Türken auch in der Halosis Konstantinupoleos genannt wird[36]. Diese Prophezeiungen erwiesen sich als falsch, die in der Hagia Sophia versammelten Menschen wurden getötet oder versklavt. Anderen Prophetien scheint Dukas mehr Glauben zu schenken: Er schildert einen Traum des Sultans Murad II., der als Vorhersage des weiteren Geschicks der osmanischen Dynastie gedeutet wird: Nach Murad II. würden noch weitere vier Sultane herrschen, dann käme der *telos* (das Ende) der Tyrannis der Osmanen[37]. Johann Hunyadi erhält laut Dukas die Prophezeiung, dass die Niederlagen der Christen gegen die Osmanen erst dann zu einem Ende kommen würden, wenn Konstantinopel gefallen ist – weshalb Hunyadi eine möglichst schnelle Eroberung der Stadt herbeigewünscht habe[38]. Und als Jugendlicher habe Dukas selbst die Prophezeiung erhalten, dass das Ende der Osmanendynastie zeitgleich mit dem Ende der Palaiologendynastie hereinbrechen würde, da beide Geschlechter mit Osman und Michael VIII. auch zur selben Zeit zur Herrschaft gelangt seien; auf die Eroberung Konstantinopels und das Ende des Kaisertums muss bald auch das Ende der osmanischen Herrschaft folgen, so hofft Dukas[39]. Ähnliche Hoffnungen auf eine Vertreibung der Türken unter dem Motto „Es muss erst noch schlechter werden, bevor es wieder besser wird" finden sich auch im westlichen Schrifttum – verknüpft mit einem für das Eintreten der Rettungstat notwendigen Eroberung Konstantinopels, Roms oder – in einem deutschen Traktat – Kölns[40].

Eine nicht-apokalyptische Deutung der historischen Ereignisse findet sich bei Kritobulos, der erklärt, dass seit jeher „Herrschaft und Macht niemals bei den selben Menschen geblieben sind", sondern „von Volk zu Volk und von Ort zu Ort zogen", von den Assyrern zu den Medern und Persern, weiter zu den Griechen und Rhomäern – und nicht verwunderlich ist es daher, dass „Herrschaft (*arche*) und Gunst des Schicksals (*tyche*) die Rhomäer verlassen haben" und zu den Türken gewandert sind[41]. Ebenso zeichnet Laonikos Chalkokondyles eine Abfolge der Weltreiche von den Assyrern bis zum Reich der Byzantiner nach, wobei es gleichermaßen Tyche und Arete, also Schicksal und Tüchtigkeit sind, die das Geschick eines Volkes bestimmen[42].

---

tisches Ereignis. Zu einer Interpolation im griechischen Text der Pseudo-Methodios-Apokalypse, in: K. Belke – E. Kislinger – A. Külzer – M. A. Stassinopoulou (Hrsg.), Byzantina Mediterranea. Festschrift für Johannes Koder zum 65. Geburtstag. Wien – Köln – Weimar 2007, 65–91.

[34] Laonikos Chalkokondyles VI (ed. Darkó II, 78, 14–79, 11); vgl. E. Pásztor, Art. Joachim von Fiore. *LexMA* V, 485–487.

[35] Dukas V, 5 (ed. Grecu 47, 9–16).

[36] Dukas XXXIX, 18 (ed. Grecu 365, 3–20); Halosis V. 866 (ed. Ellissen 224); zu diesen Legenden vgl. Nicol, The Immortal Emperor 100–101.

[37] Dukas XXXIII, 8 (ed. Grecu 285, 28–287,12).

[38] Dukas XXXVIII, 13 (ed. Grecu 343, 12–23).

[39] Dukas XLII, 14 (ed. Grecu 399, 22–401, 20).

[40] Ševčenko, The Decline of Byzantium 171; Andermann, Geschichtsdeutung und Prophetie 45–50; Höfert, Den Feind beschreiben 77.

[41] Kritobulos I, 3, 4–5 (ed. Reinsch 14, 18–29; Übers. Reinsch 41–42); Reinsch, Mehmet der Eroberer 17–18.

[42] Laonikos Chalkokondyles I (ed. Darkó I, 3, 8–4, 16); Andermann, Geschichtsdeutung und Prophetie 34–35; Harris, Laonikos Chalkokondyles 154–155 u. 163–169 (zum möglichen Ursprung dieser Konzepte bei Chalkokondyles); Markopulos, Laonikos Chalkokondyles 215.

Eine ähnlich säkularisierte Deutung nach dem Vorbild der Abfolge der Weltreiche im Buch Daniel finden wir auch schon bei Theodoros Metochites in der Zeit um 1300 und anderen Autoren, verknüpft aber auch hier mit der Idee, dass dementsprechend ebenso die Macht der Türken vergehen würde[43].

Besondere apokalyptische Visionen verfolgte Georg von Trapezunt; den von Gott eingesetzten Herrscher der Endzeit meinte er nämlich in Sultan Mehmed II. zu erkennen, dem es gegeben sei, die verschiedenen Völker und Religionen der Ökumene, vor allem Christen und Muslime, unter seinem Szepter zu vereinen, wenn er sich nur zum Christentum bekehre; mehrmals verfasste Georg entsprechende Schriften an den Sultan und versuchte sogar bei einer Reise nach Konstantinopel – vergeblich – mit Mehmed II. ins Gespräch zu kommen[44].

Die Hoffnung auf eine Bekehrung der Osmanen und besonders des Sultans brachten in der Folge auch weitere humanistische Autoren zum Ausdruck[45]; Gerüchte über Sympathien Mehmeds II. für das Christentum oder gar seiner Konversion machten die Runde. Besonderes Aufsehen erregte natürlich der Brief des Papstes Pius II. an Mehmed II., in dem er ihm für den Fall seines Übertritts zum christlichen Glauben eine *translatio imperii* von den Deutschen zu den Türken versprach[46]. Die Deutung dieses Briefes ist bis heute strittig. De facto war es aber gerade Enea Silvio Piccolomini/Pius II., der am vehementesten für eine militärische Antwort auf die osmanische Expansion, einen Kreuzzug, eintrat, und in seinen zahlreichen Reden und Schriften propagierte.

DAS WESEN DER TÜRKEN

Breiten Raum nehmen im Schrifttum des Enea Silvio Piccolomini/Pius II. Betrachtungen über die Herkunft des türkischen Volkes ein; gemäß der antiken Tradition war er der Ansicht, "origins were destiny, and stamped an indelible character on a race", wie Hankins schreibt. Und: „belief regarding the character of the Turks and the Turkish regime directly affected the assumptions they made about future Ottoman behavior, and hence, ultimately their policy recommendations for dealing with the Turkish threat."[47] Die ethnographische Beschreibung der Türken sollte also direkte Erkenntnisse über deren künftiges Verhalten und mögliche Antworten auf ihre Expansion ermöglichen. Doch Hankins ebenso: "War is impossible without hatred of the enemy, and it was thus the aim of crusading propagandists to demonize the Islamic enemy."[48] Deshalb bemühte sich Pius II., die Türken als nomadisches Volk, *eo ipso* als kriegerische, nicht vertrauenswürdige Barbaren zu zeichnen; für ihn galten die Türken als Abkömmling der Skythen, seit der Antike "the very antitype of civilization"[49]. Ein solches Volk kannte weder Recht noch Sitte, mit ihm waren keine dauerhaften Abkommen und Verträge, keine Koexistenz möglich, und Gewalt die einzig mögliche und legitime Antwort auf ihr Erscheinen in Europa[50]. Es ist interessant, wie dieses Urteil über das Wesen der Osmanen und ihre daraus

---

[43] Metochites, Miscellanea § 110, 725–726; § 112, 751–752, 757 (ed. MÜLLER); ŠEVČENKO, The Decline of Byzantium 183–184; zur Abfolge der Weltreiche im Buch Daniel und ihrem Fortwirken in Byzanz vgl. bes. G. PODSKALSKY, Byzantinische Reichseschatologie. Die Periodisierung der Weltgeschichte in den vier Großreichen (Daniel 2 und 7) und dem Tausendjährigen Friedensreich (Apok. 20). Eine motivgeschichtliche Untersuchung. München 1972.

[44] Die erste Schrift, die Georgios von Trapezunt an Mehmed II. richtete, ediert in: La caduta di Costantinopoli II 72–78 (mit italien. Übers.); MONFASANI, George of Trebizond 131–136 u. 185–188; BABINGER, Mehmed der Eroberer 266–268; HANKINS, Renaissance Crusaders 142–143; BALIVET, Georges de Trébizonde.

[45] Zu Glaubensgesprächen zwischen Patriarch Gennadios II. Scholarios und Mehmed II. vgl. A. PAPADAKIS, Gennadius II and Mehmet the Conqueror. *Byzantion* 42 (1972) 93–100; BLANCHET, Georges-Gennadios Scholarios.

[46] BABINGER, Mehmed der Eroberer 211–213; SETTON, The Papacy and the Levant 233; HANKINS, Renaissance Crusaders 128–130; HELMRATH, Pius II. und die Türken 124–127; SOYKUT, Image of the "Turk" in Italy 20–21; FISCHER, Europabild 103–104.

[47] HANKINS, Renaissance Crusaders 121 und 135–136; MÜLLER, Geschichte der antiken Ethnographie II, 493 (zu ähnlichen Ansätzen bei Chalkokondyles); FISCHER, Europabild 68–69.

[48] HANKINS, Renaissance Crusaders 119.

[49] Zur Darstellung der Skythen bei Herodot vgl. MÜLLER, Geschichte der antiken Ethnographie I, 107–113; zur Entwicklung des Bildes der Türken als Skythen bei Pius II. und anderen Autoren vgl. HELMRATH, Pius II. und die Türken 106–117; MESERVE, Empires of Islam 65–116.

[50] THUMSER, Türkenfrage 70; HANKINS, Renaissance Crusaders 137–138 und 141–144; SOYKUT, Image of the "Turk" in Italy 19–20; HÖFERT, Den Feind beschreiben 76; FISCHER, Europabild 60–77; MESERVE, Empires of Islam 3 und 109.

notwendigerweise resultierende Politik Parallelen in der modernen Historiographie findet, wo wir etwa lesen: "The whole Turkish society and war machine were established on the incessant conquest of new territory, and it was inevitable that Hungary and Croatia were the next victims."[51]

Auch Laonikos Chalkokondyles plädiert für eine skythische Abkunft der Türken, allerdings im Rahmen einer ethnographischen Darstellung ihrer Verwandtschaft sowohl zu den Skythen der Antike als auch der Gegenwart (bei ihm die Mongolen), die relativ objektiv bleibt und ohne die üblichen Barbarentopoi auskommt[52].

Dass die Türken mehr Tiere als Menschen und kulturlos seien, meinte hingegen in Byzanz schon Theodoros Metochites Ende des 13. Jahrhunderts in der Frühphase ihrer Expansion in Westkleinasien erkennen zu können[53]. Besonders stark sind diese Topoi im Threnos über die Halosis; der Verfasser spricht von den Türken als „Sodomitern"[54], er warnt die westliche Christenheit davor, die Türken in ihrer Nachbarschaft zu dulden, da sie sonst „wie wilde Tiere ihre Kinder verschlingen" und ihre Angehörigen verschleppen würden[55]; wie ein Leopard oder Löwe stürmt der Heide gegen den Westen los[56]. Niemand, kein Herrscher, darf mit dem Türken Freundschaft, oder ein Abkommen schließen, denn er bricht alle Verträge und verschlingt unter dem Vorwand des Friedens seine Nachbarn – die Türken sind ein *apiston genos*, ein „treuloses Volk"[57]. Ihr Herrscher gleicht dem Teufel, der den ganzen Kosmos verschlingen will[58], er ist ein wilder Hund, ein ungezähmtes Tier, ein Drache, der unter dem Anschein der Freundschaft die Christen vertilgt und sich jetzt gegen die Gebiete der Franken richtet[59], er schläft nie und hungert stets nach Christenfleisch[60].

Unter den Historikern der Zeit nach 1453 zeichnet Dukas die Osmanen und auch Mehmed II. in besonders dunklen Farben, wobei sich ihre Brutalität mit ihrem Glaubenseifer verbindet[61]. Den Sultan Bayezid I. beschreibt er als Christenbekämpfer (*Christianomachos*) und unermüdlichen, eifrigsten Befolger des muslimischen Glaubens[62]. Ähnliches berichtet Sphrantzes über Mehmed II., den er als *echthros ton Christianon*, als „Feind der Christen" bezeichnet[63]. Aber nicht nur Bayezid, sondern alle Türken sind bei Dukas gierige, unbeherrschte Barbaren, voll sexueller Perversion, erfüllt von der Gier nach fremdländischen Frauen (Griechinnen, Italienerinnen usw.) und im Falle Bayezids auch Knaben (Rhomäer, Serben, Wlachen, Albaner, Ungarn, Sachsen, Bulgaren und Lateiner)[64]. Die Türken erringen auch mehr Siege als jedes andere Volk, denn sie lieben Gewalt und Ungerechtigkeit; sie sind allesamt bereit, jederzeit zu den Waffen zu greifen; nicht nur die Türken aus den europäischen Provinzen, sondern auch jene aus allen Gebieten Kleinasiens ziehen zu Hundertausenden bereitwillig über weite Strecken bis zur Donau, begierig, im christlichen Gebiet Gefangene und Sklaven zu machen[65]. Dukas schreibt auch vom alles verschlingenden türkischen Drachen[66], und lässt einen osmanischen Würdenträger an Murad II. die Frage stellen, wieso er nicht alle Feinde ihres Glaubens vernichtet hat, obwohl Gott ihm so große Macht gab[67]. Ein byzantinischer Gesandter klagt bei ihm

---

[51] SZAKÁLY, Phases of Turco-Hungarian Warfare 95.

[52] Laonikos Chalkokondyles I (ed. DARKÓ I, 7, 10–9, 10); MORAVCSIK, Byzantinoturcica I, 395; MÜLLER, Geschichte der antiken Ethnographie II, 493–494.

[53] ŠEVČENKO, The Decline of Byzantium 178 mit Anm. 46 (Edition dieser Passage aus dem griechischen Text nach dem Vind. Phil. Gr. 95, f. 154r–155r).

[54] Halosis V. 158 (ed. ELLISSEN 128).

[55] Halosis V. 247–259 (ed. ELLISSEN 140–142).

[56] Halosis V. 443–448 (ed. ELLISSEN 166).

[57] Halosis V. 457–464 (ed. ELLISSEN 168–170).

[58] Halosis V. 493–499 (ed. ELLISSEN 174).

[59] Halosis V. 597–603 (ed. ELLISSEN 188).

[60] Halosis V. 902–904 (ed. ELLISSEN 228).

[61] Dukas III, 4 (ed. GRECU 39, 3–8); HARRIS, Laonikos Chalkokondyles 156; REINSCH, Mehmet der Eroberer 15, 20–21.

[62] Dukas IX, 1 (ed. GRECU 59, 11–18).

[63] Sphrantzes XXX, 5 (ed. MAISANO 106, 10–15).

[64] Dukas XV, 2 (ed. GRECU 87, 13–17); zu ähnlichen Darstellungen von Mehmed II. s. HELMRATH, Pius II. und die Türken 112–113; REINSCH, Mehmet der Eroberer 22–24.

[65] Dukas XXIII, 8 (ed. GRECU 175, 22–179,4, bes. 177, 26–32).

[66] Dukas XXX, 1 (ed. GRECU 257, 18–19).

[67] Dukas XXX, 4 (ed. GRECU 261, 11–12).

über die notorische Eidbrüchigkeit der Osmanen, durch die sie ihre Eroberungen erreichten[68]. Doch vermag Dukas auch zu differenzieren: Gott schenkt Sultan Murad II. einen leichten Tod, da er immer sowohl gegenüber Muslimen als auch Christen Mäßigung übte und seine Eide und Abkommen nicht brach (im Gegensatz zu den Christen vor dem Kreuzzug nach Varna, wäre zu ergänzen)[69].

Eine offenbar von manchen Autoren unter Rückgriff auf mittelalterliche Traditionen vertretene Ansicht, die Papst Pius II. in seinen Schriften mehrmals heftig zurückwies, war, dass die antikisierend als „Teukrer" bezeichneten Türken Nachkommen der Trojaner seien und somit an den griechischen Byzantinern legitime Rache für Einnahme Trojas geübt hätten; als Trojaner mussten sie sogar als Verwandte der Römer, Franken und anderer westeuropäischer Völker, die sich von der Stadt des Priamos ableiten wollten, gelten[70].

Als Beispiel für eine solche Deutung wird manchmal jene Stelle bei Kritobulos herangezogen, in der dieser den Besuch Mehmeds II. in Troja schildert, wo der Sultan sich als „Rächer der Stadt" bezeichnet[71]; allerdings postuliert Mehmed II. bei Kritobulos keine trojanische Abkunft für sich, sondern sieht die Eroberung Konstantinopels als Vergeltung für das von Griechen verursachte Unrecht an „uns Asiaten (*Asianoi*)" – damit bewegt sich Mehmed II. oder vielmehr Kritobulos im Rahmen der Deutung des fortwährenden Gegensatzes zwischen Europa und Asien, den Herodot beschrieb[72]. Für die Herkunft der Osmanen gibt Kritobulos an, dass sie „dem uralten Geschlecht der Achaimeniden und der Persiden angehört, von welchen alle persischen Könige abstammen"[73]. Eine antike Tradition, die mit Xenophons Kyrupädie verbunden wird, sah ja in den Persern weniger den asiatischen Erbfeind, sondern zivilisierte Träger eines Weltreiches, deren Herrscher als Vorbild dienen konnten[74]. Und so erwähnt Kritobulos auch an mehreren Stellen das Interesse Mehmeds II. an der Philosophie[75] und betont, „der Sultan (den er unter Gebrauch des traditionellen byzantinischen Kaisertitel *Basileus* nennt) gehörte zu den hervorragenden Philosophen", er schildert ihn also gleichsam als platonischen Philosophenkönig[76].

Dagegen bemühten sich viele westliche Humanisten, die Osmanen als Feinde und Zerstörer der ihnen so teuren griechischen und klassischen Bildung darzustellen; doch auch dort finden sich ähnliche Darstellungen der Begeisterung Mehmeds II. für dieses Bildungsgut. Darin konnte aber auch eine Gefahr liegen, wenn der Sultan versuchte, dem Vorbild antiker Welteroberer wie Alexander dem Großen nachzueifern, wie es Iacopo de'Languschi und andere Gesandte in ihren Beschreibung Mehmeds II. behaupteten und ihm etwa auch Isidoros von Kiev oder Pius II. unterstellten[77].

DIE PLÄNE DER TÜRKEN

Wie schon erwähnt, waren mit den Ansichten über Wesen und Herkunft der Osmanen und der Sultane auch die Annahmen und Befürchtungen über ihre weiteren Pläne eng verbunden: Strebten die Sultane nach der Weltherrschaft, nach weiteren Eroberungen in Europa und der Vernichtung des Christentums? Es war nicht

---

68 Dukas XXIV, 12 (ed. GRECU 199, 12–201,7).

69 Dukas XXXIII, 6 (ed. GRECU 285, 1–14).

70 HANKINS, Renaissance Crusaders 139–141; MELVILLE, Die Wahrheit des Eigenen 81 (für ein Beispiel, in dem sich Troja- und Skythentheorie miteinander verbinden); HELMRATH, Pius II. und die Türken 110–111; FISCHER, Europabild 69–71; MESERVE, Empires of Islam 22–64.

71 Kritobulos IV, 11, 5–6 (ed. REINSCH 170, 3–17; Übers. REINSCH 247–248).

72 MESERVE, Empires of Islam 43–44.

73 Kritobulos I, 4, 2 (ed. REINSCH 15, 25–26; Übers. REINSCH 43).

74 Zur Identifikation der Türken mit den „klassischen" Persern bei den westlichen Humanisten vgl. MESERVE, Empires of Islam 182–187.

75 Kritobulos IV, 9, 2–3 (ed. REINSCH 165, 23–166,8; Übers. REINSCH 242).

76 Kritobulos V, 10, 4 (ed. REINSCH 194, 28–195, 2; Übers. REINSCH 280); REINSCH, Mehmet der Eroberer 15, 22, 26–27.

77 BABINGER, Mehmed der Eroberer 115, 121, 193; HANKINS, Renaissance Crusaders 121–122 u. 143; HELMRATH, Pius II. und die Türken 113–115; FISCHER, Europabild 63; BARKEY, Empire of Difference 67.

nur propagandistisches Mittel der Kreuzzugaufrufe, dass das Ziel der Türken die Weltherrschaft sei, sondern es bestand tatsächliche Furcht, dass sie sich an die Unterwerfung des Okzidents machen würden[78].

Eindeutig scheint in dieser Hinsicht die Darstellung Mehmeds II. bei Kritobulos: „*Doch obwohl er* (Mehmed II.) *das Erbe eines großen Reiches antrat und über große Geldmittel, viele Waffen und viele Soldaten und Truppenverbände verfügen konnte und ohne Zweifel den größten und besten Teil von Asien und Europa beherrschte, hielt er das nicht für ausreichend und gab sich mit dem Vorhandenen nicht zufrieden, sondern überrannte in Gedanken sogleich die gesamte Oikumene und hegte die Absicht, diese zu beherrschen.*“, in Anlehnung an Vorbilder wie Alexander, Pompeius und Caesar (so Kritobulos)[79]. Die Feldzüge des Sultans stellt Kritobulos andererseits aber meist als präventive Verteidigungskriege dar, die den Verschwörungen diverser Vasallen mit benachbarten feindlichen Staaten, also etwa Serbiens mit Ungarn oder Trapezunts mit Uzun Hasan bzw. der Eroberung eines wichtigen Gebietes durch eine westliche Macht (z. B. der Peloponnes durch Venedig) zuvorkommen, oder als Antwort auf Übergriffe auf osmanisches Gebiet, etwa durch die Albaner, dienen[80]. Einen Feldzug gegen die Walachei unternimmt Mehmed II. aufgrund seines gerechten Zorns über Drakulis (Fürst Vlad III. Drăculea) und dessen Machenschaften[81].

Die Darstellung der strategischen Ziele der Politik des Sultans bleibt aber ambivalent. So schreibt Kritobulos vor Mehmeds II. Feldzug gegen Serbien: „*Vor allem auch deswegen erschien es dem Sultan notwendig, sich dieses Land* (Serbien) *zu unterwerfen und die Festungen längs der Flussufer einzunehmen, damit er den Übergang* (diabasis) *über den Fluss in seine Gewalt bekomme und einerseits selbst, wann immer er wolle, leicht über den Fluss in deren* (der Ungarn und Walachen) *Gebiet gelangen, andererseits aber jene an der Überschreitung des Flusses hindern könne.*“[82] Sicherung der osmanischen Kerngebiete und weitere Expansionsmöglichkeit gehen also Hand in Hand. Ähnlich fallen die Überlegungen Mehmeds II. vor der Eroberung der Peloponnes aus: „*Denn er fürchtete, dass diese inneren Zwistigkeiten und Kämpfe der* (byzantinischen Despoten) *die Italiener oder irgendein anderes der Westvölker* (genos ton hesperion) *in die Peloponnes locken könnten*[83], *und wollte selbst vorher die Hand auf dieses Land legen, welches aufgrund seiner natürlichen Beschaffenheit auf das stärkste befestigt ist und starke und bedeutende Städte und viele schwer einzunehmende Festungen hat und in jeder Hinsicht unabhängig ist sowohl in Kriegs- wie in Friedenszeiten, das sehr günstig gelegen ist, sowohl zu Lande als auch zu Wasser, und die Möglichkeit bietet, bequem Leute aus Thrakien und Makedonien nach Italien gelangen zu lassen und wiederum diejenigen aus Italien nach Thrakien und Makedonien.*“[84] Und wenig später heißt es: der Sultan „*aber hielt wegen des von ihm geplanten und unmittelbar bevorstehenden Krieges gegen die Italiener die Eroberung der Peloponnes für dringlich, da das Land einen günstigen Stützpunkt auf dem Wege nach Italien bildet, wie ich schon sagte, und sichere Häfen hat und für den Krieg eine Ausgangsbasis für große Truppenkontingente und Flotten sein kann.*“[85] Und zum Flottenbauprogramm des Sultans[86] steht bei Kritobulos: „*Denn da er* (Mehmed II.) *die Herrschaft über das Meer für wichtig ansah und da er sah, dass die Flotte der Italiener stark war und das Meer beherrschte, sämtliche Inseln der Ägäis unter Kontrolle hatte und seinem Küstengebiet keinen geringen Schaden zufügte, sowohl dem asiatischen wie dem europäischen, und zwar vor allem die Flotte der Venezianer, wollte er dies auf jede Weise unterbinden und sich, wenn möglich, zum mächtigen Gebieter des gesamten Meeres aufwerfen oder doch zumindest jene daran hindern, seiner Küste Schaden zuzufügen. Deshalb beeilte er sich, eine*

---

[78] Höfert, Den Feind beschreiben 82; Fischer, Europabild 13 und 31.
[79] Kritobulos I, 5, 1 (ed. Reinsch 15, 27–17, 6; Übers. Reinsch 44).
[80] Kritobulos II, 6, 1–3 und 8, 1; IV, 1, 7; III, 1, 4; III, 16, 2; V, 11, 1 (ed. Reinsch 94, 15–28 und 97, 13–18; 153, 17–27; 118, 21–30; 137, 4–9; 196, 7–19; Übers. Reinsch 149–150 und 153; 226–227; 180; 205; 282).
[81] Kritobulos IV, 10, 1–6 (ed. Reinsch 166, 20–167, 4; Übers. Reinsch 241–242).
[82] Kritobulos II, 7, 1–4 (ed. Reinsch 95, 1–96, 22; Übers. Reinsch 41–42).
[83] Imber, The Ottoman Empire 171, übernimmt diese Einschätzung der strategischen Überlegungen Mehmeds II.
[84] Kritobulos III, 1, 4 (ed. Reinsch 118, 22–30; Übers. Reinsch 180).
[85] Kritobulos III, 1, 5 (ed. Reinsch 119, 4–8; Übers. Reinsch 180–181).
[86] Imber, The Ottoman Empire 169.

große Flotte zusammenzustellen und die Herrschaft über das Meer zu erlangen.“[87] Weltherrschaftsambitionen, Fortsetzung der Expansion nach Ungarn und Italien oder Sicherung der südosteuropäischen und kleinasiatischen Kerngebiete des Reiches und ihres Vorfelds? – diese verschiedenen Deutungsansätze für die osmanische "Grand Strategy" erinnern durchaus an die moderne Historiographie, wo etwa Forscher wie Géza Perjés meinten, dass weder Mehmed II. noch seine Nachfolger, auch nicht Süleyman der Prächtige, unter anderem auch aus logistischen Gründen (Reichweite der osmanischen Streitmacht, notwendige Marsch- und Feldzugsdauer) eine Etablierung direkter osmanischer Herrschaft jenseits der Donau und eine Besetzung Ungarns beabsichtigt hätten, sondern durch die Gefahr einer Etablierung der bedrohlichen habsburgischen Macht in Ungarn dazu veranlasst wurden[88]. Andere Urteile finden wir in der älteren Literatur: Franz Babinger schrieb, dass Mehmed II. als imperialer Erbe der Byzantiner und Römer nach der Weltherrschaft trachtete und ihm die „Bekämpfung, womöglich Vernichtung“ Ungarns besonders am Herzen lag. Kenneth Setton schreibt über Mehmed II.: "the ruler of a slave state, his idea of world conquest was simply the enslavement of mankind."[89]

Als (bisherige) natürliche Grenze der osmanischen Expansion in Europa betrachtet auch Kritobulos die Donau[90]. Sie dient bei Laonikos Chalkondyles als Grenze im Abkommen zwischen Murad II. und Wladislaw von Polen und Ungarn 1443/1444[91]. Bei Dukas muss Murad II. einen Feldzug über die Donau nach Ungarn hinein abbrechen; die Osmanen wagen den weiteren Vorstoß nicht und kehren um[92].

Doch bei Laonikos Chalkokondyles lässt Vlad III. Drăculea König Matthias Corvinus warnen, dass die Osmanen nach der Walachei auch Ungarn unterwerfen wollten[93]. Und laut Chalkokondyles hätte Sultan Bayezid I. schon nach der Schlacht bei Nikopolis 1396 die Hauptstadt Buda eingenommen und Ungarn erobert, wenn ihn nicht eine Krankheit gehindert hätte[94]. Andererseits gilt gerade Bayezid I. als besonders unmäßiger Herrscher; vor der Schlacht bei Ankara 1402 gegen Timur Leng lässt ihn Chalkokondyles das Beispiel Alexanders des Großen beschwören, gleich dem er nach dem Sieg über Timur glaubt bis Indien vorstoßen zu können[95].

Eindeutigere Pläne für eine weitere osmanische Expansion in Europa verzeichnet Dukas: Dragulios (Vlad II. Dracul), der Vojvode der Walachei, verspricht Murad II. bei einer Audienz, ihn bei einem Feldzug gegen Ungarn zu unterstützen und sein Führer bis zu den Grenzen von *Alamania* (das deutsche Königreich) und *Rosia* (Russland) zu sein, was den Sultan sehr erfreut[96]; und ein osmanischer Würdenträger rät Murad II., Serbien mit seinen Reichtümern und den Übergang nach Ungarn besetzen, denn danach sei eine Expansion nach Ungarn und der Vorstoß nach Italien möglich[97].

Insgesamt existiert also bei unseren Autoren wie in den Schriften der westlichem Humanisten die Vorstellung, dass die Osmanen weitere Eroberungen in Europa planen, wobei Ungarn und Italien die nächsten „logischen Ziele“ bilden. Eine „Domino-Theorie“ im Gefolge des Demetrios Kydones, der schon 1364 schrieb, falls die Christen nicht bereit wären, sich an der Verteidigung von Konstantinopel gegen die Heiden zu beteiligen, würden sie nach dem Fall der Stadt gezwungen sein, sich der Völker Asiens *peri ten Italian kai ton*

[87] Kritobulos IV, 14, 1–2 (ed. Reinsch 173, 27–174, 8; Übers. Reinsch 252–253); vgl. auch ähnliche Überlegungen Mehmeds II. zur Seemacht bei Laonikos Chalkokondyles X (ed. Darkó II, 276, 5–277, 7), zur Flottenrüstung Mehmeds II. auch Dukas XLV, 14 (ed. Grecu 427, 11–14)

[88] Perjés, The Fall of the Medieval Kingdom 52–53, 84–85 (unter Verweis auf ältere Forschung mit vergleichbarer Einschätzung); Barkey, Empire of Difference 84 und 90, zu den Belastungen, die die Besetzung und Verteidigung Ungarns dem Osmanischen Reich auferlegten; zur Existenz verschiedener Parteiungen innerhalb der osmanischen Elite bezüglich der außenpolitischen Vorgehensweise vgl. Kafadar, Between Two Worlds 146.

[89] Babinger, Mehmed der Eroberer 144, 454–457; Setton, The Papacy and the Levant 195; Barkey, Empire of Difference 73–74.

[90] Kritobulos I, 14, 7 (ed. Reinsch 27, 17–27; Übers. Reinsch 59).

[91] Laonikos Chalkokondyles VI (ed. Darkó II, 90, 7–20).

[92] Dukas XXX, 2 (ed. Grecu 259, 1–20).

[93] Laonikos Chalkokondyles IX (ed. Darkó II, 257, 21–258, 5).

[94] Laonikos Chalkokondyles II (ed. Darkó I, 71, 5–13).

[95] Laonikos Chalkokondyles III (ed. Darkó I, 139, 12–20).

[96] Dukas XXIX, 10 (ed. Grecu 255, 23–26).

[97] Dukas XXX, 4 (ed. Grecu 261, 19–22).

Rhenon (in Italien und am Rhein) zu erwehren[98], findet sich auch bei Isidoros von Kiev, Georgios von Trapezunt und Bessarion. Auch Pius II. warnt in mehreren Schriften und 1463 in der Kreuzzugsbulle die Deutschen, wenn sie nicht den Ungarn, die Franzosen und Spanier, wenn sie nicht den Deutschen helfen, dass sie es bitter bezahlen müssten[99].

DIE MACHT DER TÜRKEN

Von großem Interesse waren folglich Angaben über die tatsächliche Machtbasis der Türken. Gerade die Darstellung der inneren Verhältnisse des Osmanischen Reiches, seiner wirtschaftlichen und militärischen Macht, gab westlichen Kommentatoren im 15. und 16. Jahrhundert aber auch die Gelegenheit, ein Gegenbild zu den Verhältnissen im Abendland zu zeichnen; die Türken, sonst oft, wie oben erwähnt, barbarische Bestien, waren in mancher Hinsicht all das, was die Christen nicht waren, aber sein sollten: ihre Sultane waren gerechte und effektive Herrscher, ihr Staatswesen wurde gut und gerecht verwaltet, die Türken waren eifrig im Glauben und kämpften voll Entschlossenheit für ihn[100].

Ähnliche Ansichten finden wir auch bei byzantinischen Autoren; Plethon etwa lobt in seinem Plädoyer für umfassende Reformen in dem letzten größeren den Byzantinern verbliebenen Gebiet, der Peloponnes, die effektive Organisation der Türken, die vor allem für das Kriegswesen günstig sei[101] Der Enkomiast Mehmeds II., Kritobulos, preist natürlich an mehreren Stellen die gute innere Ordnung und gerechte Verwaltung des Osmanischen Reiches, die Mehmed II. durch die Einsetzung und Belohnung fähiger Statthalter befördert habe[102].

Ein gewisser Widerspruch ergab sich oft zwischen der Darstellung der Notwendigkeit eines Kreuzzuges gegen die Osmanen, da jene gefährliche und mächtige Gegner waren, und der Betonung der Möglichkeit und Leichtigkeit (*facilitas*), mit der ein Sieg über sie errungen werden könnte. So betonte z. B. Bessarion nach der Eroberung Negropontes 1470 in einem Brief die Notwendigkeit, den Osmanen offensiv entgegenzutreten, da diese furchtbare Angreifer seien, die nach den Schätzen Italiens gieren und dieses fruchtbare Land besitzen wollen, wenig später schildert er aber, dass der Türke nur 60.000 Männer im Sold hat, von denen wieder nur 15.000 –20.000 auch kampfbereit zu seiner Verfügung stehen, der Rest sei als Spahis und Timarioten über die Provinzen verstreut. Man könne die Osmanen also leicht besiegen[103].

Eine ähnliche Widersprüchlichkeit finden wir auch im Gedicht über die Halosis Konstantinopels; *Authentes eni dynatos ho Turkos*, „ein machtvoller Gebieter ist der Türke", betont der Verfasser; und die Macht des Türken sei durch die Eroberung Konstantinopels nochmals gewaltig gestiegen. Er hat jetzt Gold im Überfluss und verwendet seine Finanzmittel freigiebig, um Truppen in großer Zahl anzuwerben, auch Christen wie „Franken, Vlachen und Alamanen, dazu auch Kumanen", ebenso außerordentlich fähige technische Fachkräfte (*technitai thaumastoi*); dabei ist wohl vor allem an Waffentechniker wie die bekannten Kanonengießer aus Westeuropa zu denken. Wegen der reichlichen Löhnung strömen dem Sultan die Christen in Scharen zu; diese bösen Christen sind auch Schuld am Fall von Konstantinopel[104]. Doch nicht einmal 100 Zeilen später heißt: *Den echei tosen dynamin ho Turkos san to legun* – „der Türke hat nicht so große Macht, wie man behauptet" (eine fast gleiche Formulierung auch in der Kreuzzugsbulle von Pius II. 1463: *Minor est Turchorum potentia quam fama feratur*)[105]. Seine Macht gründet auf unbegründetem Geschrei und Furcht ob

---

98 Démétrius Cydonès, Correspondance 127, 85–128, 99 (ed. LOENERTZ; Ep. Nr. 93).

99 HANKINS, Renaissance Crusaders 120; „Ezechielis prophete" 56 (ed. PRIETZEL 184); SETTON, The Papacy and the Levant 150; FISCHER, Europabild 88.

100 MELVILLE, Die Wahrheit des Eigenen 96 (mit den entsprechenden Zitaten).

101 Plethon: LAMPROS, Palaiologeia kai Peloponnesiaka III 310, 7–11 u. IV 117–118; ŠEVČENKO, The Decline of Byzantium 181; WOODHOUSE, Gemistos Plethon 93.

102 Kritobulos I, 5, 4; II, 3, 2; III, 17, 2 (ed. REINSCH 17, 23–38; 91, 28–35; 139, 5–11; Übers. REINSCH 45–46, 146, 207).

103 HANKINS, Renaissance Crusaders 120; HELMRATH, Pius II. und die Türken 93, 96, 105–106; SOYKUT, Image of the "Turk" in Italy 50–52 (Zitat aus dem Brief des Bessarion).

104 Halosis V. 648–662 (ed. ELLISSEN 194–196).

105 Halosis V. 720 (ed. ELLISSEN 204); „Ezechielis prophete" 59 (ed. PRIETZEL 186).

seiner Grausamkeit – deshalb *kai tremun kai oi Christianoi Anatoles kai Dyses* („zittern auch die Christen im Osten und im Westen“)[106].

Dann folgt aber eine Beschreibung der *Dynamis tu Turku*, der Streitmacht des Türken, wie sie der Verfasser – nach späterer Auskunft zum Teil durch eigene Erkundung – im europäischen Reichsteil stationiert gefunden haben will:[107]

Ort	**Stärke und Art der Truppen**
Adrianupolis/Hohe Pforte	10.000 Mann erlesene Truppen 15.000 Janitscharen 30.000 Mann „schlechte Christen“[108]
Umland von Adrianupolis	25.000 Mann
Kallipolis	3.000 Mann erlesene Reiter
Nikopolis (wohl am Nestos) und Didymoteichon samt Umland	12.000 Mann
Serrhai, Vergia (Berrhoia?) und Skopia samt Umland	15.000 Mann
Ohrid und Kastoria samt „Bulgarien“[109]	7.000 Mann
Aules, Radobizio, Grebenos und Stini (Südmakedonien und Thessalien)[110]	4.000 Mann
Arta und Ioannina samt Umland	1.000 Mann
Trikala, Larissa, Pharsalos, Phanarion, Zetunion, Domokos, Salona, Lebadeia, Hellada, Patras (wohl Neai Patrai), Agrapha, Beluchi und Protolio[111], also Blachia (weitere Gebiete Thessaliens und Mittelgriechenlands, soweit damals schon osmanisch)	25.000 Mann
Gesamtstärke der osmanischen Truppen in Europa (*Dysis*)	**147.000 Mann**
Gesamtstärke der osmanischen Truppen in Kleinasien (*Anatole*)	**70.000 Mann kampferprobter Türken**
Gesamtstärke der osmanischen Streitmacht	**217.000 Mann**[112]

[106] Halosis V. 724–729 (ed. ELLISSEN 204–206).

[107] Halosis V. 748–776 (ed. ELLISSEN 208–212); vgl. dazu HATZIDAKIS, Ist Georgillas der Verfasser 581–582; KNÖS, Autour du poème 320–323; HENRICH, Als Kundschafter der Johanniter 157, 169–173 (zur Lokalisierung der unklaren Toponyme) und 181–182 (griechischer Text dieser Passage).

[108] Vgl. dazu HATZIDAKIS, Ist Georgillas der Verfasser 581–582.

[109] Das „westliche“ Bulgarien, also das Gebiet der heutigen Former Yugoslavian Republic of Macedonia (FYROM), vgl. auch HENRICH, Als Kundschafter der Johanniter 169.

[110] Zur Lokalisierung dieser Orte in diesem Gebiet vgl. HENRICH, Als Kundschafter der Johanniter 170–172.

[111] HENRICH, Als Kundschafter der Johanniter 172–173, identifiziert dieses Toponym mit dem Hafen Athens, Piräus; siehe dort auch für die Lokalisierung der anderen in diesen Versen genannten Örtlichkeiten.

[112] Eine Zahl von 200.000 Kriegern unter dem Kommando des Sultans findet sich auch bei Pius II., davon seien aber nur 40.000 wirklich einsatzbereit, weshalb ein Kreuzzugsheer von 50.000 oder 60.000 Mann ausreichend wäre, vgl. FISCHER, Europabild 51, 66–67.

Diese Streitmacht sei völlig dem Willen des Sultans unterworfen und könne sich binnen eines Monats vor Adrianopel sammeln. Alle Soldaten seien bereit, für den Sultan in den Tod zu gehen und Blut zu vergießen[113]. Dies führt der Autor auf die große *hypotage*, den Gehorsam, den die Türken gegenüber ihrem Glauben und ihrem *Ameras* (Emir) hegen, zurück[114]. Deshalb scheuen sie nicht den Tod, denn sie glauben, zu Heiligen zu werden, wenn sie Christen töten oder im Kampf getötet werden, gemäß der Lehre des verstorbenen *Diabolos* Mohammed[115].

Der auf ihrem Glauben gründende Fanatismus und der Gehorsam der osmanischen Krieger ist auch bei anderen Autoren ein Thema, besonders im Hinblick auf das Janitscharenkorps[116]. Diese Truppe ist prominenter Gegenstand in fast allen von Höfert untersuchten Schriften, besonders seine Rekrutierung aus christlichen Knaben und seine Stärke im Kampf. Ebenso betont auch Laonikos Chalkokondyles die Stärke der aus der Knabenlese gewonnenen Janitscharen, deren Zahl er auf 6.000 bis 10.000 Mann schätzt[117]. Die Rekrutierungsweise der Janitscharen und ihren übermenschlichen Kampfeseifer für den Sultan schildert auch Dukas; ihre Zahl werde jedes Jahr größer, jetzt seien es schon mehr als 10.000[118]; die Schlacht bei Nikopolis hätten sie zugunsten des Sultans entschieden[119]. Laut der griechischen *Ordo Portae* erhöhte sich ihre Zahl unter Mehmed II. von 3.000 auf 5.000, dann auf 10.000 und war nach dem Feldzug gegen Uzun Hasan wieder auf 8.000 gesunken; wieder finden wir also ähnliche Zahlenangaben wie bei unseren Historikern[120].

Auch sonst äußern sich die Autoren lobend über das osmanische Heer; die vortreffliche Ordnung des osmanischen Heerlagers und die logistische Meisterleistung der Heeresversorgung stellt Laonikos Chalkokondyles dar[121]. Er beschreibt die *Akıncı*, die „Renner und Brenner" als spezielle leichte und schnelle Plünderungstruppen, die sich im ganzen europäischen Reichsteil ausgebreitet hätten[122]. Bemerkenswert ist die Schnelligkeit der osmanischen Kuriere, fünf Tage dauere die Nachrichtenübermittlung von der Peloponnes bis nach Adrianopel, wo sonst ein Reiter reichliche 15 Tage benötige. Die Schnelligkeit der Osmanen erlaubt es Mehmed II. ebenso, zwei Feldzüge in einem Jahr zu unternehmen[123], was auch der osmanische Autor Tursun Bey als „glückliche Gewohnheit" des Sultans bezeichnet[124]. Bei Kritobulos wird Uzun Hasan durch die Schnelligkeit des Taurusübergangs durch die Truppen Mehmeds II. und von der Geschwindigkeit des osmanischen Vormarsches unangenehm überrascht[125].

Als typisch für westliche Kreuzzugstraktate und Berichte über die Türken bezeichnet Höfert auch die Auflistung der Würdenträger und Militärfunktionäre samt ihrer Besoldung, so etwa im *Strategicon adversos Turcos* des Lampugnino Birago aus der Zeit von 1453/1455[126]. Eine solche Beschreibung der verschiedenen Truppen der Hohen Pforte und der Gliederung der osmanischen Verwaltung finden wir sowohl in einem in einer Pariser Handschrift (BnF Cod. gr. 1712) überlieferten anonymen griechischen Traktat aus der Zeit Mehmeds II., das unter den Namen *Ordo Portae* ediert wurde[127], als auch bei Laonikos Chalkokondyles[128]. Besonderes Interesse fand in der Forschung die recht ausführliche und innerhalb der griechischen Historio-

[113] Halosis V. 778–785 (ed. ELLISSEN 212).
[114] Halosis V. 787–788 (ed. ELLISSEN 214).
[115] Halosis V. 789–794 (ed. ELLISSEN 214).
[116] MELVILLE, Die Wahrheit des Eigenen 93; BABINGER, Mehmed der Eroberer 472–473 („diese ungestümen Kernscharen der osmanischen Heere, die sich blindwütig für die Sache des Islam verwendeten"); vgl. auch BARKEY, Empire of Difference 76–77, zum Janitscharenkorps unter Mehmed II.
[117] Laonikos Chalkokondyles V (ed. DARKÓ II, 7, 23–9, 17), zur Stärke der Truppen des Sultans.
[118] Dukas XXIII, 9 (ed. GRECU 179, 5–181, 10).
[119] Dukas XIII, 9 (ed. GRECU 81, 11–16).
[120] Ordo Portae (ed. BAŞTAV) 6, Z. 2–6; vgl. auch INALCIK – QUATAERT, Economic and Social History 88.
[121] Laonikos Chalkokondyles VII (ed. DARKÓ II, 114, 12–115, 21).
[122] Laonikos Chalkokondyles II (ed. DARKÓ I, 92, 18–93, 17).
[123] Laonikos Chalkokondyles X (ed. DARKÓ II, 276, 6–277, 6).
[124] Übers. bei IMBER, The Ottoman Empire 181.
[125] Kritobulos IV, 6, 1–2 (ed. REINSCH 161, 9–27; Übers. REINSCH 236–237).
[126] HÖFERT, Den Feind beschreiben 71–72 u. 80–81; die Passagen im Werk des Birago in La caduta di Costantinopoli II, 116–120.
[127] Ordo Portae (ed. BAŞTAV).
[128] Laonikos Chalkokondyles V (ed. DARKÓ II, 7, 23–10, 8); BABINGER, Mehmed der Eroberer 3.

graphie der Zeit einzigartige Darstellung der osmanischen Staatseinnahmen bei Laonikos Chalkokondyles[129], wobei nicht nur direkte Einkünfte der Hohen Pforte, sondern auch jene der verschiedenen Timarioten und Lehensnehmer des Sultans kalkuliert werden; Speros Vryonis hat diese Angaben untersucht und mit anderen zeitgenössischen Kalkulationen, besonders jenen des Iacopo de Promontorio aus dem Jahr 1475[130] verglichen. Dabei finden sich vergleichbare Zahlen, etwa bei der Höhe der Kopfsteuer (*haraç*), die die Hohe Pforte unter den Christen Südosteuropas einhob[131]: Chalkokondyles beziffert sie mit 900.000 Dukaten, Promontorio mit 850.000 Dukaten. Andere Positionen, die Chalkokondyles aufzählt, finden sich bei Promontorio nicht. Eine Divergenz ergibt sich bei der Höhe der Gesamteinkünfte des Sultans, die Promontorio mit 1,8 Millionen Dukaten berechnete, Chalkokondyles aber mit 4 Millionen Dukaten, wobei die von ihm verzeichneten Einkünfte aber eigentlich nur eine Summe von 2,3 Millionen Dukaten ergeben. Der burgundische Reisende Bertrandon de le Brocquière (1400–1459) nannte für Sultan Murad II. Einkünfte in der Höhe von 2,5 Millionen Dukaten, Bessarion errechnete Einkünfte des Sultanats in der Höhe von 2 Millionen Dukaten. Natürlich sind alle diese Zahlen, selbst wenn sie, wie manche der Autoren betonen, auf Informationen aus der osmanischen Verwaltung beruhen, mit Vorsicht zu genießen, doch dürfte die Größenordnung von 2 Millionen Dukaten einen ungefähr richtigen Eindruck vermitteln[132]; zum Vergleich: Für die ungarische Krone werden um das Jahr 1453 die jährlichen Einkünfte auf über 200.000 Dukaten, gegen Ende der Regierungszeit des Corvinus, also unter Einschluss der Besitzungen in den böhmischen und habsburgischen Länder, auf ca. 800.000 Dukaten geschätzt, was nach Meinung von János Bak das „absolute Maximum der aus Ungarn einholbaren Einnahmen darstellte“, aber nach Auskunft von Joerg K. Hoensch offensichtlich nicht ausreichte, „die Kosten für die neue Monarchie“ nach Manier des Corvinus mit großem Söldnerheer und prächtiger Hofhaltung, zu decken[133].

Insgesamt wird also bei unseren Autoren das Osmanische Reich als militärisch und administrativ gut organisierter, finanziell wohl ausgestatteter Staat geschildert, dessen Macht es durchaus mit jeder Bedrohung aufnehmen und selbst eine nicht unwesentliche Bedrohung darstellen konnte.

DER ZUSTAND UNGARNS UND WESTEUROPAS UND IHRE MACHT

Wie aber war es um die christlichen Nachbarn der Osmanen bestellt? Pius II. hielt fest, dass das Papsttum nur auf seine eigenen Ressourcen gestellt den Kampf gegen die Osmanen nicht erfolgreich aufnehmen könnte. Vielmehr war klar, dass nur eine Allianz mehrerer oder womöglich aller Staaten der westlichen Christenheit Erfolg haben konnte. Somit wurde die Herstellung des Friedens innerhalb der christlichen Staaten zur Vorbedingung eines Kreuzzuges, dieser wiederum zu einem Weg “to bring an end to the endemic warfare among western European powers” und für manche Autoren zum Anlass, innere Reformen des politischen, kirchlichen oder gesellschaftlichen Gefüges zu fordern – ein Ansatz, den wir in Kreuzzugstraktaten aber schon im 14. Jahrhundert finden[134]. Nicht nur die Päpste sondern auch Herrscher wie Georg Podiebrad propagierten Konzepte einer europäischen Friedensordnung als Vorbedingung des Türkenkreuzzuges[135]. Tatsächlich kam es zu einer Stabilisierung der Institutionen des Heiligen Römischen Reichs durch Türkenberatungen und Türkenhilfe, und auch der Frieden von Lodi wurde zwischen den italienischen Staaten im April

---

[129] Laonikos Chalkokondyles VIII (ed. DARKÓ II 198, 18–201, 18).

[130] VRYONIS, Laonikos Chalkokondyles 423–432; BABINGER, Die Aufzeichnungen 62–72; KREISER, Der Osmanische Staat 222; MELVILLE, Die Wahrheit des Eigenen 94–96.

[131] Vgl. auch N. OIKONOMIDÈS, Le haradj dans l'empire byzantin du XVe siècle, in: DERS., Documents et études sur les institutions de Byzance (VIIe–XVe s.). London 1976, Nr. XIX (681–688).

[132] BABINGER, Mehmed der Eroberer 484–489; INALCIK–QUATAERT, Economic and Social History 56, 77–83.

[133] BAK, Monarchie im Wellental 357–363 (die Kosten für eine stehende Armee von 20 000 Mann werden dort mit 500 000 Dukaten pro Jahr beziffert, vgl. auch HOENSCH, Matthias Corvinus 144); SIMON, The Arms of the Cross 77; HOENSCH, Matthias Corvinus 18, 39, 256–257.

[134] HANKINS, Renaissance Crusaders 127–128 u. 134–135; FISCHER, Europabild 83.

[135] MÜLLER, Kreuzzugspläne 110–111; FISCHER, Europabild 25.

1454 nicht zuletzt unter Eindruck des Falls Konstantinopels geschlossen; im selben Monat schlossen allerdings die Venezianer auch einen Vertrag mit Mehmed II.[136]

Die besondere Aufmerksamkeit der Forschung hat im Werk des Pius II. sein Konzept von Europa als Heimat der Christianitas, als Sitz einer *respublica Christiana* gefunden; doch diese Heimat ist nicht mehr unangefochten, der Türke macht sich auch in dieser *patria* Europa breit, die Christen werden auf einen Winkel (*angulus*) Europas und der Alten Welt zurückgedrängt[137].

In der *Halosis Konstantinupoleos* finden wir ein ähnliches Konzept der christlichen Einheit[138], die sich geographisch auf das Gebiet der *Dysis* erstreckt; diese Bezeichnung konnte bei den Byzantinern sowohl den westlichen, europäischen Teil ihres Reiches als auch Westeuropa bezeichnen, ist hier aber wohl ähnlich wie bei Piccolomini im Sinne von „Europa" als Erdteil der Christenheit zu verstehen[139]; der Autor richtet sich an die christlichen Fürsten der *Dysis* von Ungarn bis Portugal und England[140], andererseits hat der Türke, aus der *Anatole*, dem Osten (oder: Kleinasien) kommend[141], schon einen Teil der *Dysis*, nämlich das Gebiet der östlichen Christenheit besetzt[142]; diese Gebiete aber sind Erbteile der Christenheit[143], sind das Haus der Christenheit[144], aus dem es die Türken wieder durch einem gemeinsamen Kriegszug der Christen zu vertreiben gilt[145]. Dafür möge Gott zwischen Franzosen und Engländern, Spaniern und Deutschen, in jeder Herrschaft, in allen Gebieten der *Dysis* Eintracht für den Kampf gegen die Türken herstellen[146], besonders der Papst möge für die Eintracht der Christen wirken[147].

Im Gegensatz zu einem allumfassenden Unternehmen des Abendlandes sahen manche Humanisten, aber de facto auch Pius II. in einer Allianz der direkt von der osmanischen Expansion bedrohten Mächte wie Ungarn, Venedig oder Neapel und nicht direkt betroffener, aber zum Kreuzzug bereiter Herrscher wie des Herzogs von Burgund (den etwa auch der Autor der Halosis direkt zum Kreuzzug aufruft und als früheren Freund der Byzantiner lobt[148]) als realistischere Möglichkeit, eine Offensive gegen den Feind im Osten zu eröffnen[149].

Über die Bemühungen des Papsttums nach dem Fall Konstantinopels einen Kreuzzug zustande zu bringen, zeigt sich Laonikos Chalkokondyles am besten informiert[150]; er beschreibt die Unternehmungen in der

---

[136] SETTON, The Papacy and the Levant 140–141; IMBER, The Ottoman Empire 162; HÖFERT, Den Feind beschreiben 69; FISCHER, Europabild 25; NORTH, Europa expandiert 120–121, 149–152.

[137] Vgl. etwa die Kreuzzugsbulle des Pius II. „Ezechielis prophete" aus dem Jahr 1463 (ed. PRIETZEL 106 [16]); MERTENS, „Europa, id est patria 54–55; HELMRATH, Pius II. und die Türken 89, 97–98; HÖFERT, Den Feind beschreiben 62–68; HANKINS, Renaissance Crusaders 145–146; FISCHER, Europabild 77–120.

[138] *holos ho kosmos tu Christu*: Halosis V. 260 (ed. ELLISSEN 142); *hoi Christianoi tu Kosmu*: Halosis V. 538–544 (ed. ELLISSEN 180).

[139] Vgl. dazu J. KODER, Die räumlichen Vorstellungen der Byzantiner von der Ökumene (4. bis 12. Jahrhundert). *Anzeiger der phil.-hist. Kl. Österr. Akad. d. Wiss.* 137/2 (2002) 15–34; G. SCHMALZBAUER, Überlegungen zur Idee der Oikumene in Byzanz, in: W. HÖRANDNER – J. KODER – M. A. STASSINOPOULOU (Hrsg.), Wiener Byzantinistik und Neogräzistik. Beiträge zum Symposion „Vierzig Jahre Institut für Byzantinistik und Neogräzistik der Universität Wien im Gedenken an Herbert Hunger (Wien, 4.-7. Dezember 2002)" (*Byzantina et Neograeca Vindobonensia* 24). Wien 2004, 408–419; H.-J. KÜHN, Die byzantinische Armee im 10. und 11. Jahrhundert. Studien zur Organisation der Tagmata (*Byzantinische Geschichtsschreiber* Ergänzungsband 2). Wien 1991, 135–147 (zur Bezeichnung „Dysis" für den westlichen Reichsteil).

[140] Halosis V. 249 (ed. ELLISSEN 140).

[141] Halosis V. 479–488 (ed. ELLISSEN 172)

[142] Die *Romania*, Halosis V. 572 (ed. ELLISSEN 178); die *Dysis* der Türken, Halosis V. 940 (ed. ELLISSEN 234).

[143] Halosis V. 545 und 595–596 (ed. ELLISSEN 180 und 188).

[144] Halosis V. 610 (ed. ELLISSEN 190).

[145] Halosis V. 436–442 (ed. ELLISSEN 166); Halosis V. 891–892 (ed. ELLISSEN 228); Halosis V. 955 (ELLISSEN 236).

[146] Halosis V. 353–356 (ed. ELLISSEN 154).

[147] Halosis V. 538–544 (ed. ELLISSEN 180).

[148] Halosis V. 380–398 (ed. ELLISSEN 158–160).

[149] SETTON, The Papacy and the Levant 153; HANKINS, Renaissance Crusaders 121; HELMRATH, Pius II. und die Türken 128–129; FISCHER, Europabild 40–41, 52–53; zum burgundischen Kreuzzugsengagement, das schon mit Philipp dem Kühnen 1363 begann, vgl. HELMRATH, Pius II. und die Türken 103–104 ; LANZ, Ritterideal und Kriegsrealität 143–144, und bes. MÜLLER, Kreuzzugspläne.

[150] Laonikos Chalkokondyles VIII (ed. DARKÓ II, 191, 1–192, 2).

Ägäis unter Papst Nikolaus V. und erwähnt den Kongress von Mantua[151], wo Pius II. Vertreter der Herrscher der iberischen Halbinsel, Frankreichs, Deutschland, Ungarn und Italien versammelte, die alle Geldzahlungen und Truppenstellungen für einen Kreuzzug zugesagt hätten[152]. Er weiß aber auch von der Mission des Kardinals Bessarion zur Aussöhnung zwischen Friedrich III. und Matthias Corvinus im Jahr 1460 und ihrem Scheitern[153].

Auch sonst weiß Laonikos Chalkokondyles über die inneren Verhältnisse der westeuropäischen Staaten Einiges zu berichten und erkennt die mangelnde Einigkeit selbst innerhalb der verschiedenen Reiche klar. *Alamania*, also das Deutsche Königreich, beschreibt er als Verbund verschiedener weltlicher und geistlicher Fürstentümer und Städte; die Deutschen, so Chalkokondyles, sind „nach den Skythen (= Mongolen) das zweitgrößte Volk, und hätte es einen alle überragenden Herrscher, wäre es unbezwingbar und weitaus das stärkste Volk." Doch so einen Herrscher gibt es eben nicht[154].

Häufige Kriege gebe es zwischen Ungarn und Deutschen, so Laonikos Chalkokondyles. Bei der Beschreibung Ungarns erwähnt er die Beschränkung der königlichen Macht durch die Magnaten (*archontes*), und dass meist nicht ein Einheimischer, sondern der Vertreter eines der Nachbarvölker (Böhmen, Deutsche, Polen und andere) zum König gewählt werde[155].

„Das Volk der Franzosen ist groß und reich und denkt groß von sich und meint, es überrage alle übrigen Völker im Westen" und hält sich etwas auf seinen Ruhm als Glaubenskämpfer zugute[156]; auch der Autor der *Halosis* bezeichnet den französischen König als erlauchtesten Herrscher und *Protoarchon* der Könige der Dysis[157]. Chalkokondyles weiß aber auch von den ständigen Kriegen mit den Engländern (die der Autor der Halosis ermahnt, vom Krieg gegen Christen Abstand zu nehmen[158]), ebenso von den Kriegen des Adels – den Rosenkriegen – innerhalb Englands[159].

Die Könige der iberischen Halbinsel liegen ebenso so oft miteinander im Streit wie sie Krieg gegen den muslimischen Herrscher von Granada führen[160]. In der *Halosis* wird es den Spaniern und Portugiesen direkt zum Vorwurf gemacht, dass sie es dulden, dass mit dem Emir von Granada noch ein muslimischer Machthaber auf ihrem Boden existiert[161].

Auch Italien beschreibt Chalkokondyles als ein Land voll innerer Zwistigkeiten, Umsturz und Aufruhr[162]. Aufgrund seiner Verwicklungen in die inneritalienischen Kriege konnte etwa Papst Eugen nach der Kirchenunion 1439 den Byzantinern keine wesentliche Hilfe zukommen lassen. Somit bestehen bei Chalkokondyles – wie übrigens auch bei vielen Humanisten, darunter Pius II. selbst, wie aus seinen Briefen und Commentarii hervorgeht – keinerlei Illusionen über die Möglichkeiten einer geeinten christlichen Front gegen die Osmanen[163].

Wie die innere Konkurrenz zwischen den Mächten die Durchführung eines antitürkischen Feldzuges behinderte, selbst wenn ein solcher von einem Herrscher geplant wurde, stellt Chalkonkondyles in einer wohl

---

151 Laonikos Chalkokondyles VIII (ed. DARKÓ II, 190, 2–190, 24). Vgl. auch W. BRANDMÜLLER, Die Reaktion Nikolaus' V. auf den Fall von Konstantinopel. *Römische Quartalschrift für christliche Altertumskunde und Kirchengeschichte* 90 (1995) 1–22.

152 Vgl. dazu BABINGER, Mehmed der Eroberer 179–181; HELMRATH, Pius II. und die Türken 117–124.

153 Laonikos Chalkokondyles VIII (ed. DARKÓ II, 192, 3–12); SETTON, The Papacy and the Levant 216–218; HELMRATH, Pius II. und die Türken 121–122; HOENSCH, Matthias Corvinus 70; MUREŞAN, Croisade 349–352.

154 Laonikos Chalkokondyles II (ed. DARKÓ I, 64, 13–67, 6); DITTEN, Bemerkungen 49–75; MARKOPULOS, Laonikos Chalkokondyles 209.

155 Laonikos Chalkokondyles II und V (ed. DARKÓ I, 67, 7–68, 7 und II, 35, 10–36, 12). Zum Zustand der königlichen Macht in Ungarn im 15. Jh. vgl. BAK, Monarchie im Wellental.

156 Die Beschreibung Frankreichs bei Laonikos Chalkokondyles II (ed. DARKÓ I, 79, 11–89, 23).

157 Halosis V. 330–333 (ed. ELLISSEN 150–152).

158 Halosis V. 345–354 (ed. ELLISSEN 152–154).

159 Laonikos Chalkokondyles V (ed. DARKÓ II, 49, 5–57, 8).

160 Laonikos Chalkokondyles VI (ed. DARKÓ II, 69, 13–79, 11).

161 Halosis V. 436–442 (ed. ELLISSEN 166).

162 Laonikos Chalkokondyles VI (ed. DARKÓ II, 75, 13–76, 6).

163 FISCHER, Europabild 108–111: Eine ähnliche Darstellung der Zustände und inneren Zwistigkeiten in den Staaten Westeuropas z. B. bei Guillaume Fillastre d. J. im Abschnitt über den Glaubenskampf im zweiten „Buch vom Goldenen Vließ", ed. PRIETZEL 311–313.

nicht realen, aber aufschlussreichen Geschichte dar: Als der Kaiser der Deutschen (genannt wird Albrecht [II. von Habsburg], als sein Gegner aber Sultan Mehmed II.) einen Kriegszug gegen die Türken plant, schickte er, „sobald er das Heer beisammen hatte, (…) Gesandtschaften zu den Ungarn, sie sollen ihm Durchzug durch ihr Land gewähren und freien Markt im Lande. Sie aber berieten untereinander und meinten, wenn er Thrakien (*Thrake*) einnähme und zu großer Macht käme, könnte er umkehren und sie selbst unterwerfen." Die Ungarn verweigerten daraufhin dem Kaiser den Durchzug, was zu einem weiteren Anlass für Kriege untereinander wurde[164]. Derartige Befürchtungen, dass ein Kreuzzug nur dem Machtzuwachs eines konkurrierenden Staates dienen würde, sind uns – etwa aus den italienischen Staaten gegenüber Venedig – tatsächlich zur Genüge bekannt. Und auch Matthias Corvinus konnte, wie Hoensch schreibt, „kein Interesse an einem Türkenzug eines Reichsheeres (unter dem Kommando seines Erzfeindes Friedrich III.) über ungarisches Gebiet haben, der leicht gegen ihn umzufunktionieren war"[165]. Chalkokondyles nähert sich also der modernen Einschätzung von Hankins ("of course no two states had identical policies and interests with respect to Ottoman expansionism") und erkennt das "collective-action dilemma" des Abendlandes klar[166].

Trotzdem schätzt Chalkondyles, der beste Kenner des Abendlandes unter unseren Autoren, das militärische Potential der westeuropäischen Mächte nicht gering ein. Beeindruckt zeigt er sich etwa von der See- und Handelsmacht Venedigs, die er auf seine gute innere Staatsordnung, und seine Bereitschaft, gegen jeden zu kämpfen, dessen Flottenmacht die Thalassokratie der Lagunenstadt gefährden könnte, zurückführt[167]. Kenntnis hat er auch von einer Besonderheit der venezianischen Finanzierung des Kriegswesens „durch den Zehent (*dekatismos*) vom Vermögen eines jeden Bürgers; denen weist nun die Stadt als Rückzahlung der Schuld ein jährliches Einkommen (*etesion prosodon*) an, und was einem jeden auf diese Weise zusteht, das vererbt sich auf Kind und Kindeskind als ein festes Einkommen. Diese Leibrente kaufen manche um nicht geringes Geld denen ab, die in Not geraten sind, und machen ein gutes Geschäft damit."[168] Auch Kritobulos beschreibt die gewaltigen venezianischen Rüstungen mit 70 Galeeren beim Kriegsausbruch gegen die Osmanen 1463[169] und beim venezianischen Feldzug gegen Lesbos und Mitylene[170].

Von Matthias Corvinus weiß Laonikos Chalkokondyles, er „kämpfte gegen den König der Römer Albert (verwechselt mit Friedrich III.) und tat große Kriegstaten und brachte Prag und das Böhmerland in seine Gewalt, sodass ihm beide Königreiche untertan waren."[171] Von der ungarische Waffentüchtigkeit unter Corvinus und seinem Vater Hunyadi wissen auch die anderen Autoren zu berichten: Dukas schreibt, der serbische Despot übergab die so wichtige Festung Belgrad an die Ungarn, weil diese sie als tüchtigere Krieger besser verteidigen könnten[172]. Sowohl Kritobulos als auch Chalkokondyles schildern die Tüchtigkeit der ungarischen Truppen bei der Verteidigung Belgrads gegen Mehmed II. 1456[173], und Kritobulos schreibt auch über den Angriff der Osmanen gegen Jajce: „Doch die Paioner (= Ungarn) begegneten dem Ansturm auch ihrerseits mit großer Kühnheit und Kampfeskraft und unartikuliertem Geschrei und Gebrüll (…) Die Paioner aber traten ihnen mit starker Kampfkraft und großer Kühnheit entgegen, mit Ungestüm und Schnelligkeit, wobei sie unartikuliert brüllten, und hielten ihrem Ansturm tapfer und kraftvoll stand."[174]

---

164 Laonikos Chalkokondyles VIII (ed. DARKÓ II, 189, 10–190, 2).

165 HELMRATH, Pius II. und die Türken 132; HOENSCH, Matthias Corvinus 180–181.

166 HANKINS, Renaissance Crusaders 124–125 u. 144 ; zu einigen theoretischen Überlegungen und Modellen für das "collective-action dilemma" in zwischenstaatlichen Beziehungen vgl. R. POWELL, In the Shadow of Power. States and Strategies in International Politics. Princeton 1999, 149–196.

167 Laonikos Chalkokondyles IV (ed. DARKÓ I, 174, 4–188, 7).

168 Laonikos Chalkokondyles IV (ed. DARKÓ I, 186, 25–187, 8). Zu diesen „Zwangsstaatsanleihen" (forced loans) und den Veränderungen bei der Finanzierung der venezianischen Armee nach 1453 s. MALLETT–HALE, Organization 128–131.

169 Kritobulos IV, 16, 3–4 (ed. REINSCH 178, 13–27; Übers. REINSCH 259).

170 Kritobulos V, 7, 1 (ed. REINSCH 190, 17–21; Übers. REINSCH 274).

171 Laonikos Chalkokondyles VIII (ed. DARKÓ II, 187, 5–9).

172 Dukas XXX, 6 (ed. GRECU 263, 17–27).

173 Kritobulos II, 17–II, 19, 7 (ed. REINSCH 108, 1–112, 3; Übers. REINSCH 167–172); Laonikos Chalkokondyles VIII (ed. DARKÓ II, 179, 4–20); vgl. dazu IMBER, The Ottoman Empire 166.

174 Kritobulos V, 5, 4–12 (ed. REINSCH 186, 18–188, 22; Übers. REINSCH 268–271).

Matthias Corvinus ist sich laut Kritobulos der Bedrohung seines Landes durch den osmanischen Besitz Bosniens völlig bewusst „Denn als das Schlimmste von allem, als größter Schaden für sein Land und offensichtliche Zerstörung seiner Herrschaft erschien ihm die Besetzung dieses Landes (Bosnien) und der in ihm gelegenen Festungen durch den Sultan, da es günstig im Hinblick auf sein eigenes Land liegt und von allen Seiten an das Land der Paioner angrenzt und daher sehr geeignet ist, um von dort aus Paionien zu überfallen.“[175] Das ungarische Heer bezeichnet Kritobulos als „ausreichend (...) und gut gerüstet“.

Es gibt auch Hinweise auf jene Taktik, der nach Ansicht der Forschung sowohl Johann Hunyadi als auch Matthias Corvinus folgten, um eine direkte Konfrontation mit der Hauptmacht der Osmanen unter dem Befehl des Sultans zu vermeiden: Nach dem Ende der Feldzugssaison (Ende Oktober) entließ der Sultan im Regelfall seine nicht-stehenden Truppen (die Spahis und Timar-Inhaber) in die Winterruhe, sodass ein schnell durchgeführter Vorstoß meist nicht mit einem massiven osmanischen Gegenangriff zu rechnen hatte:[176] für den Entsatz von Jajce sammelt Corvinus ein „riesiges Heer“, doch: „*Als der Herrscher der Paionier aber erkannte, dass der Sultan die Stadt weiter belagerte und keineswegs wieder von ihr abließ und das Mahmut ihm mit einem gewaltigen Heer auflauerte, verlor er jede Hoffnung, der Stadt offen helfen zu können, und ließ daher heimlich durch einen Boten den in ihr Eingeschlossenen mitteilen, dass sie standhalten und keinesfalls kapitulieren sollten, da der Sultan in Kürze wieder abziehen werde, und dass auch er seinerseits sie nicht vergessen werde, sondern im richtigen Augenblick und, wenn die Lage es dringend erfordere, nach Kräften helfen wolle, da er sich irgendwo in ihrer Nähe aufhalte.*“ Die Ungarn wurden dann aber auf dem Rückzug von Osmanen verfolgt, es kommt zu einem Gemetzel[177].

Auch sonst stehen die westeuropäische Waffentüchtigkeit und ihr Erfindungsreichtum außer Frage. Die Taten des Giustiniani und seiner kleinen genuesische Hilfstruppe bei der Verteidigung Konstantinopels 1453 werden bei Kritobulos und auch Dukas gerühmt[178]. Die Waffe, die der Stadt schließlich den Untergang brachte, die Kanone, gilt für Kritobulos als Erfindung Westeuropas, namentlich der Deutschen[179]. Bei Dukas kann der ungarische Kanonengießer vom byzantinischen Kaiser nicht entlohnt werden, wendet sich deshalb an Mehmed II. und baut für ihn ein Riesengeschütz[180]. Auch Laonikos Chalkokondyles gibt diese Ansicht vom westeuropäischen Ursprung der Feuerwaffen wieder, stellt sie aber nur als verbreitete Meinung, nicht als sicheres Wissen dar[181]. Teile der byzantinischen Intellektuellen wie etwa Demetrios Kydones im 14. Jahrhundert waren schon vor 1453 bereit, die Fortschritte der Lateiner in bestimmten Bereichen anzuerkennen; in einer Schrift an den späteren letzten Kaiser Konstantinos Dragases forderte Bessarion 1444, der Palaiologe solle im Rahmen der Reformen auf der Peloponnes lateinische Spezialisten einladen und im Gegenzug eine kleine Gruppe von Studenten nach Italien entsenden, um vor allem die neuen Kenntnisse in der Metallurgie, Mechanik, Waffentechnik und im Schiffsbau zu erwerben[182].

Bei unseren Autoren sind sich auch die Osmanen der Gefahren eines großen Feldzugs aus dem Westen für ihre Herrschaft bewusst. In einer langen Rede vor dem Angriff auf Konstantinopel lässt Kritobulos Mehmed II. die Unbeständigkeit der Macht der Osmanen darstellen, solange Konstantinopel als Scharnier zwischen dem europäischen und asiatischen Reichsteil nicht in ihren Händen befindlich sei und von dort aus die Byzantiner mächtige Gegner im Westen wie bei den Kreuzzügen von Nikopolis und Varna und im Osten

---

[175] Kritobulos V, 4, 1–3 (ed. Reinsch 185, 6–23; Übers. Reinsch 266–267).

[176] Hoensch, Matthias Corvinus 80; Perjés, The Fall of the Medieval Kingdom 51–52, auch zur Begrenzung des Radius der osmanischen Operationen in Ungarn aufgrund der Entfernung und Marschdauer von dem Zentrum osmanischer Macht, dazu ebenso Murphey, Ottoman Warfare 20–25 (Dauer der osmanischen Feldzugssaison von Ende April bis Ende Oktober) und 65–83.

[177] Kritobulos V, 6, 1–7 (ed. Reinsch 188, 24–190, 4; Übers. Reinsch 271–273).

[178] Kritobulos I, 25 (ed. Reinsch 40, 17–41, 26; Übers. Reinsch 77–79); Dukas XXXVIII, 1–2 (ed. Grecu 329, 22–331,13).

[179] Kritobulos I, 30, 7–8 (ed. Reinsch 46, 7–20; Übers. Reinsch 86).

[180] Dukas XXXV, 1 (ed. Grecu 307, 24–309,17).

[181] Auch Laonikos Chalkokondyles V (ed. Darkó II, 10, 9–21).

[182] Lampros, Palaiologeia kai Peloponnesiaka IV, 42, 5–10 u. 21–25; 43, 1–7 und 12–17; 44, 5–24; Ševčenko, The Decline of Byzantium 177.

wie Timur Leng gegen das Sultanat mobilisierten[183]. Ähnliche Überlegungen finden sich bei Laonikos Chalkokondyles und auch Dukas[184]. Eindringlich schildert Chalkokondyles auch die Krisenstimmung bei den Osmanen, als sie sich vor Varna sowohl von Westen durch die Kreuzfahrer als auch von Osten durch Karaman bedroht sahen und die Sperrung der Meerengen und die Trennung des europäischen und des asiatischen Reichsteiles drohte[185]. Innerhalb des osmanischen Hofes gab es laut Kritobulos auch Stimmen, die fürchteten, dass eine Eroberung Konstantinopels eine mächtige Reaktion der westlichen Christen provozieren würde, und Sultan Mehmed II. musste seinen Truppen versichern, dass Konstantinopel aus dem Westen (Italien) diesmal keine Hilfe erfahren werde, weil sie aus religiösen Gründen im Streit lägen[186].

Gleichzeitig ist aber vor allem die Geschichte des Kreuzzuges von Nikopolis 1396 bei den Autoren ein Beispiel für das Scheitern der westlichen Staaten gegen die Osmanen. Sowohl bei Chalkokondyles als auch bei Dukas und Kritobulos wird dieser Kreuzzug tatsächlich als ein Unternehmen der meisten Völker des Abendlandes von England über Frankreich, Spanien und Deutschland bis Ungarn und der Walachei geschildert, der noch dazu etwa bei Chalkokondyles von einem anachronistisch schon als *Autokrator ton Rhomaion* bezeichneten Sigismund, also dem westlichen Kaiser, geleitet wurde[187]. Somit entsprach dieser Feldzug fast jenem Ideal eines Einheitsunternehmens der westlichen Christenheit, das Kreuzzugspropagandisten in West und Ost als Vorbedingung eines Sieges über die Osmanen forderten. Und dennoch war dieser Feldzug bei Nikopolis gescheitert.

KONKRETE KREUZZUGSPLÄNE

Konkrete Angaben aber über die Möglichkeiten und Erfolgsaussichten eines neuerlichen Kreuzzuges finden wir, wie erwähnt, unter den behandelten griechischen Texten nur in der *Halosis Konstantinupoleos*.

Auch jene westlichen Werke, die man explizit als Kreuzzugstraktate und Denkschriften über einen konkreten Feldzug gegen die Osmanen bezeichnen kann, konnten ebenso wie viele andere Literaturgattungen der *Turcica* auf eine längere Tradition im Abendland zurückblicken, so auf die vor allem seit dem Fall der letzten Besitzungen im Heiligen Land (Akkon 1291) verfassten *recuperatio*-Traktate zur Planung der Rückeroberung Jerusalems, oft über den Weg einer Besetzung des damaligen muslimischen Kernlandes Ägypten[188]. Eine mögliche Fortschreibung älterer Überlegungen ohne konkreten Bezug zur aktuellen militärisch-politischen Situation, wie sie etwa schon im Fall der Forderung nach einer europäischen Friedensordnung beobachtet werden konnte, ist also bei der Analyse dieses Schrifttums zu bedenken, etwa bei Elementen wie dem Bündnis mit einem Gegner des muslimischen Hauptfeindes im Osten, den Mongolen im 13. und 14. Jahrhundert, Timur Leng oder zur Zeit des Corvinus Uzun Hasan[189], bis hin zur notwendigen Heeresstärke, die Jacques de Molay für einen Feldzug gegen die Mamluken Ende des 13. Jahrhunderts ebenso mit 50.000–60.000 Mann veranschlagt wie Pius II., nach seinen Angaben aufgrund von Rücksprache mit Militärexperten, für den Kreuzzug gegen Mehmed II.[190]

---

[183] Kritobulos I, 14, 15 und I, 16, 10 (ed. REINSCH 30, 3–16 und 32, 38; Über. Reinsch 62 u. 66); I, 14, 17 (ed. REINSCH 30, 20–26; Übers. REINSCH 63); I, 8, 2–3; I, 14, 14; I, 16, 13 (ed. REINSCH 20, 18–26; 29, 23–27; 33, 19–26; Übers. REINSCH 49–50, 62, 64–65).

[184] Laonikos Chalkokondyles VIII (ed. DARKÓ II, 147, 1–19); Dukas XIX, 7 (ed. GRECU 125, 33–35); Dukas XXXIV, 6 (ed. GRECU 299, 5–18); Dukas XXXI, 8 (ed. GRECU 269, 23–26).

[185] Laonikos Chalkokondyles VI (ed. DARKÓ II, 95, 11–24 und 96, 20–97, 2); zur „Varna-Erfahrung" Mehmeds II. vgl. IMBER, The Ottoman Empire 152–153.

[186] Kritobulos I, 16, 13 (ed. REINSCH 33, 19–26; Übers. REINSCH 67-68); vgl. auch KAFADAR, Between Two Worlds 146–148, zu Widerständen gegen die Politik Mehmeds II.

[187] Laonikos Chalkokondyles II (ed. DARKÓ I, 64, 1–2 und 70, 6–7); vgl. auch Ek. MITSIOU, Vier byzantinische rhetorische Texte auf westliche Herrscher, in: Ek. MITSIOU – M. POPOVIĆ – J. PREISER-KAPELLER – A. SIMON (Hrsg.), Emperor Sigismund and the Orthodox World (*Veröffentlichungen zur Byzanzforschung* 24). Wien 2010, 38.

[188] HANKINS, Renaissance Crusaders 116; LANZ, Ritterideal und Kriegsrealität 83–90.

[189] Vgl. dazu VON PALOMBINI, Bündniswerben 8–37.

[190] Vgl. LANZ, Ritterideal und Kriegsrealität 83–84 und 89; PERJÉS, The Fall of the Medieval Kingdom 47 (zu ähnlichen Zahlen in einem Kreuzzugsmemorandum des Papstes Leo X.).

Wie sieht nun der Kreuzzugsplan in der *Halosis Konstantinupoleos* aus? Als griechischer Autor in byzantinischer Tradition mag der Dichter Hemmungen gehabt haben, das Vorbild der westliche Kreuzfahrer, die sich auch gegen Byzanz gewandt hatten, zu beschwören. Er nennt zwar mehrmals das Kreuz als Siegeszeichen und Banner des Feldzuges, doch sollten es die westlichen Fürsten darin Kaiser Konstantin dem Großen gleichtun[191]. Zu diesem Feldzug werden besonders alle christlichen Herrscher und Völker Westeuropas aufgerufen, von Portugal bis Ungarn. Franzosen und Engländer mögen sich auf Geheiß des Papstes in Rom versammeln, auch die Venezianer und Genuesen sollen sich anschließen, die Portugiesen, Spanier und die übrigen Italiener[192]. Erwähnung finden, allerdings weniger prominent, auch orthodoxe Völker wie Russen, Wlachen und Serben[193].

Einen gemeinsamen Aufruf richtet der Dichter an den *basileus* von Alamania, also den Kaiser des Heiligen Römischen Reiches, und an den *rex* bzw. *kral* von Ungaria, wie er Johann Hunyadi, der als einziger Fürst auch namentlich genannt wird, bezeichnet[194]. Der Autor vergleicht die beiden Herrscher mit zwei Planeten, die unter den übrigen Gestirnen hervorragen[195]. Ihnen kommt wohl auch beim eigentlichen Feldzugsplan[196] eine besondere Rolle zu, denn dieser sieht die Überschreitung der Donau durch die christliche Streitmacht in der Mitte des Herbstes (also wieder zu dem Zeitpunkt, als der Sultan seine nichtstehenden Truppen entlässt [siehe oben Fußnote 176]) bei dem Ort *Mentoboru* vor; nach Ansicht von Henrich ist damit die wichtige Festung Smederevo gemeint, ca. 35 km südöstlich von Belgrad am Südufer der Donau[197]. Von dort schlägt der Autor einen Vorstoß durch (das damals noch nicht in das Osmanische Reich als Provinz eingegliederte) Serbien über *Obompridos*, womit vielleicht die wichtige Bergwerkstadt Novo Brdo in Südserbien, die dann 1455 von Mehmed II. erobert wurde[198], gemeint ist, bis Skopia/Skopje vor, wo der Feldzug im November ankommen soll. Vorgesehen ist also nicht ein direkter Vorstoß entlang der großen Heerstraße gegen die osmanischen Machtzentren in Adrianopel und Konstantinopel[199], sondern eine indirekte Aushebelung der osmanischen Macht in Südosteuropa. Denn sobald das christliche Heer durch den Westbalkan marschiert, würde es zu einer allgemeinen Erhebung der im europäischen Teil des Osmanischen Reiches lebenden Christen kommen. Die Zahl der christlichen Haushalte in der *Dysis* des osmanischen Reiches beträgt aber („wahrhaftig“) 700.000 Haushalte und Familien, wie der Autor von den Haraç-Eintreibern und aufgrund glaubwürdiger Quellen und Gewährsleute zu berichten weiß[200]. Diese Christen warten nur auf das Erscheinen der Kreuzesbanner, um sich mit den christlichen Truppen zu verbünden und sich gegen die Türken zu erheben – alle *Christianoi tes Dyseos* – eine Hoffnung, die auch etwa Pius II. in mehreren seiner Kreuzzugsaufrufe zum Ausdruck bringt[201].

In Skopje angekommen, würden Kastoria und das gesamte Gebiet von Ohrid den Kreuzfahrern zufallen; Bulgaren, Albaner, Wlachen, Bosnier und andere Völker schließen sich dem Herrn an. Thessalonike, Serrai, Demoticho, Vergia und Serbia (in Makedonien) ergeben sich den Kreuzfahrern, ebenso Stini und Grebena, sowie Trikala mit Blachia, Larissa, Phanari, Pharsala, Domokos, Zetunion und Lebadeia, die Städte Thessaliens. Auch die christliche Bevölkerung in Mittelgriechenland (Hellada, Patrai, Agrapha, Beluchi) und das noch fränkische Fürstentum Athen (Protolio, Athen, Theben, Megara, Salona und alle anderen) erheben die

---

191 Halosis V. 273–275 (ed. ELLISSEN 142–144).

192 Halosis V. 549–558 (ed. ELLISSEN 180–182).

193 Halosis V. 530–533 u. 588–590 (ed. ELLISSEN 178 u. 186).

194 Vgl. auch HENRICH, Als Kundschafter der Johanniter 160–161.

195 Halosis V. 510–526 (ed. ELLISSEN 176–178).

196 Halosis V. 963–984 (ed. ELLISSEN 238–242); vgl. dazu besonders HENRICH, Als Kundschafter der Johanniter 157, 173–174 und 182–183 (griechischer Text der entsprechenden Passage).

197 HENRICH, Als Kundschafter der Johanniter 157, 173–174.

198 So HENRICH, Als Kundschafter der Johanniter 174; vgl. auch BABINGER, Mehmed der Eroberer 131–133.

199 Zur Heerstraße zuletzt: M. POPOVIĆ, Von Budapest nach Istanbul. Die Via Traiana im Spiegel der Reiseliteratur des 14. bis 16. Jahrhunderts. Leipzig [2]2010.

200 Halosis V. 940–946 (ed. ELLISSEN 234); HATZIDAKIS, Ist Georgillas der Verfasser 581; KNÖS, Autour du poème 324–325; HENRICH, Als Kundschafter der Johanniter 157 und 164.

201 Halosis V. 947–954 (ed. ELLISSEN 236); vgl. etwa „Ezechielis prophete“ 188 (ed. PRIETZEL 188); HANKINS, Renaissance Crusaders 121.

Waffen, desgleichen Arta und Ioannina, das ganze Despotat (von Epiros). Alle diese Städte hat der Autor besucht und erkundet, wie er betont[202] – die Herrscher sollen keinen anderen Weg wählen, denn entlang dieser Route leben allenthalben Christen, außerdem sind es Gebiete mit genügend Versorgungskapazität. Mit dieser um die Christen des Balkans verstärkten Streitmacht soll es dann wohl gegen das osmanische Machtzentrum in Thrakien gehen, aber dies erwähnt der Dichter nicht mehr. Ein regelrechter byzantinischer Kreuzzugsplan also? Wenn wir der Identifikation des Autors der Halosis mit dem rhodischen Dichter Manuel Limenites durch Henrich und andere folgen wollen, eher nicht; denn Henrich nimmt (mit guten Gründen) an, das Limenites seine im Gedicht erwähnten Erkundungsreisen im Auftrag der westlichen Kreuzzugsspezialisten schlechthin durchführte: der Johanniter von Rhodos[203].

Doch mag noch ein anderes Konzept zur Bekämpfung der Osmanen betrachtet werden, das tatsächlich auf byzantinische Ideen zurückgeht und sowohl in der Politik des Papsttums als auch Venedigs und in gewissem Umfang auch des Corvinus eine Rolle spielte: Wie erwähnt, entwickelte der Kreis byzantinischer Intellektueller, der sich in Mistra um Georgios Gemistos Plethon scharte, den Plan zu einer Reform dieses letzten dem Reich verbliebenen größeren Gebietes, sodass die Peloponnes zum Ausgangspunkt einer *Renovatio imperii* werden könnte[204]. Die Schaffung eines starken Despotats auf der Morea würde, so der Plethon-Schüler Bessarion noch 1444 in einem Schreiben an den damaligen Despoten der Morea und nachmaligen Kaiser Konstantinos Dragases, eine Reconquista des europäischen Reichsteils ermöglichen, dem ein Übersetzen nach Asien und die Wiederherstellung der alten byzantinischen Macht in West und Ost folgen würde[205]. Auf die strategisch günstige Lage der Peloponnes (etwa die Möglichkeit ihrer Sicherung durch eine Befestigung des Isthmos von Korinth) und ihr wirtschaftliches Potential gehen sowohl Kritobulos (in den oben erwähnten Überlegungen Mehmeds II. vor der Eroberung der Halbinsel) als auch Chalkokondyles, selbst ein Schüler des Plethon, ein, die betonen, dass sie in den militärisch-politischen Überlegungen der Byzantiner, Osmanen und Venezianer eine nicht geringe Rolle spielte[206]. Die Peloponnes war Anlass zur Hoffnung für die Byzantiner und zuletzt auch die Italiener, so Kritobulos[207]; und das wichtigste Kriegsziel der Venezianer sei 1463 die Rückeroberung der Peloponnes gewesen, so Kritobulos und auch Sphrantzes[208].

Dass Bessarion, einer der Verfechter einer byzantinischen *Renovatio* von der Peloponnes aus, davor 1462 und 1463 in Venedig weilte, war wohl kein Zufall. Er war auch der wichtigste Proponent eines Plans zur Rückeroberung der Peloponnes und zur Rückführung des Thomas Palaiologos, vormals Despot von Morea, dessen Gesandte auch an der Versammlung in Mantua 1459 teilgenommen hatten, auf die Peloponnes, von wo der Palaiologe nach der Eroberung durch die Osmanen 1460 nach Italien geflohen war. In diversen Schriften bezeichnete Bessarion die Halbinsel als idealen christlichen Brückenkopf gegen die Osmanen und betonte die Fruchtbarkeit des Landes, das ohne Probleme 50.000 Reiter versorgen könne[209].

Laonikos Chalkokondyles schildert die Beratungen im venezianischen Senat vor dem Krieg gegen Mehmed II. 1463; man plante, Gesandte mit Geldmitteln nach Ungarn zu schicken und die Peloponnes einzunehmen, wobei erneut der militärische und wirtschaftliche Wert der Peloponnes, die 300.000 Dukaten an

---

[202] Halosis V. 984–994 (ed. Ellissen 240–242); Henrich, Als Kundschafter der Johanniter 165 (auch zu den verschiedenen Toponymen, vgl. auch oben, A. 109–110).

[203] Henrich, Als Kundschafter der Johanniter 164–169.

[204] Vgl. Woodhouse, Gemistos Plethon 92–109, zu den Schriften des Plethon, die eine politische Reform und Erneuerung des Byzantinischen Reiches von der Peloponnes aus entwerfen.

[205] Vgl. A. Pertusi, In margine alla questione dell'umanesimo bizantino: il pensiero politico del cardinal Bessarione e i suoi rapporti con il pensiero di Giorgio Gemisto Pletone. *RSBN* 5 (1968) 95–101; Ronchey, Orthodoxy on Sale 321–322 und 337 (mit Quellenangaben und weiterer Literatur).

[206] Laonikos Chalkokondyles IV (ed. Darkó I, 172, 22–173,19); Woodhouse, Gemistos Plethon 223.

[207] Kritobulos III, 24, 1 (ed. Reinsch 149, 10–16; Übers. Reinsch 221).

[208] Kritobulos IV, 16, 1–3 (ed. Reinsch 177, 23–178,16; Übers. Reinsch 258–259); Sphrantzes XLII, 6–7 (ed. Maisano 174, 1–13).

[209] Lampros, Palaiologeia kai Peloponnesiaka IV, 36, 24–30; Ševčenko, The Decline of Byzantium 169–170; vgl. zu diesen Restaurationsplänen bes. Ronchey, Orthodoxy on Sale 313–342; daneben: Setton, The Papacy and the Levant 208–211; Babinger, Mehmed der Eroberer 190–191; Soykut, Image of the "Turk" in Italy 48–49 mit Anm. 7; Nicol, The Immortal Emperor 114; Mureşan, Croisade 349–352.

Einkünften im Jahr einbringen würde, betont wird[210]. Ziel sei dann eine Zangenbewegung gegen die türkische Macht von Norden her durch die Ungarn und von Süden von den Peloponnes her durch die Venezianer[211]; dieser Plan findet auch die Zustimmung von Papst Pius II., der begleitend zum Kreuzzug aufruft[212]. Chalkokondyles schildert auch die anschließende venezianische Gesandtschaft an den ungarischen Hof und die Rede der venezianischen Gesandten vor König Matthias und seinem Kronrat[213]. Auch überliefert uns Laonikos Chalkokondyles die Antwort des Matthias Corvinus, der den Kriegsplan billigt, einen ungarischen Vorstoß über die Donau ankündigt und eine möglichst rasche Landung der Venezianer auf der Peloponnes fordert[214].

Auch in der Kreuzzugsbulle „Ezechielis prophete" von Pius II. wird die Eroberung der Peloponnes als wesentliche Waffentat der Venezianer genannt, daneben Matthias Corvinus als einer der wichtigsten Verbündeten im Kampf gegen die Osmanen[215]. Und so wurden noch einmal byzantinische Träume von der Rettung des Reiches mit päpstlichen Kreuzzugsplänen und den strategischen Überlegungen der Mächte Westeuropas verknüpft; es kam sogar eine Allianz von Venedig, Ungarn sowie Karaman und Uzun Hasan, den Feinden der Osmanen in Kleinasien, zustande, laut Colin Imber "sufficient to destroy the Ottoman Empire"[216]. Tatsächlich aber konnten die Venezianer, die wohl ohnehin nicht an eine Restaurierung palaiologischer Herrschaft in der Morea dachten, die Peloponnes auf Dauer nicht halten. Papst Pius II. verstarb im August 1464 in Ancona, Thomas Palaiologos im Mai 1465 in Rom. Und Matthias Corvinus wandte sich nach dem Erfolg der Eroberung von Jajce 1463 ab 1466 seinen Plänen in Böhmen zu[217].

CONCLUSIO

Viele Motive, Vorstellungen und Einschätzungen sind den westlichen Turcica-Schriften und den hier betrachteten fünf Werken gemein, es bestehen aber auch Unterschiede, besonders bei einem Autor wie Kritobulos, der sich völlig mit der osmanischen Herrschaft arrangieren konnte, oder Chalkokondyles, der seine relativ objektive Darstellungsweise auch auf die Osmanen ausdehnte[218]. Auffallend ist, wie an einigen Beispielen deutlich wurde, dass oft auch die Urteile der modernen Historiographie von den benutzten Quellen abhängen; dabei muss es gar nicht so offenkundig sein wie bei Franz Babinger, der, wie Erich Trapp nachweisen konnte, für sein Buch über Mehmed den Eroberer seinen Quellen, etwa Kritobulos, oft wortwörtlich kopierte[219]. Es ist auch interessant, in welcher Weise die Einschätzungen über das Wesen der Osmanen und über ihre aus diesem Wesen notwendigerweise resultierende aggressive Politik Parallelen bei modernen Historikern findet, wo wir etwa lesen: "The whole Turkish society and war machine were established on the incessant conquest of new territory, and it was inevitable that Hungary and Croatia were the next victims."[220]

---

[210] Laonikos Chalkokondyles X (ed. DARKÓ II, 294, 3–20). Zur tatsächlichen wirtschaftlichen Bedeutung der byzantinischen Morea in der Spätzeit und den ökonomischen Interessen der Venezianer in der Peloponnes vgl. A. E. LAIOU, The Agrarian Economy, Thirteenth-Fifteenth Centuries, und Kl.-P. MATSCHKE, Commerce, Trade, Markets, and Money: Thirteenth-Fifteenth Century, in: A. E. LAIOU (Hrsg.), The Economic History of Byzantium. From the Seventh through the Fifteenth Century. Washington, D. C. 2002, I, 322–324, 368, und II, 786–788.

[211] Laonikos Chalkokondyles X (ed. DARKÓ II, 295, 10–20); BABINGER, Mehmed der Eroberer 242–243; SETTON, The Papacy and the Levant 247.

[212] Laonikos Chalkokondyles X (ed. DARKÓ II, 294, 21–295, 9).

[213] Laonikos Chalkokondyles X (ed. DARKÓ II, 295, 10–296, 22).

[214] Laonikos Chalkokondyles X (ed. DARKÓ II, 297, 1–298, 3); vgl. dazu SETTON, The Papacy and the Levant 249; HOENSCH, Matthias Corvinus 79.

[215] „Ezechielis prophete" 30 und 31 (ed. PRIETZEL 172); FISCHER, Europabild 45.

[216] IMBER, The Ottoman Empire 193; zu den Plänen für diesen Zangenangriff Nord und Süd vgl. auch O. J. SCHMITT, Matthias Corvinus und Skanderbeg oder die jahrzehntelange Allianz der Häuser Hunyadi und Kastriota im Krieg mit den Osmanen, im vorliegenden Band.

[217] BABINGER, Mehmed der Eroberer 191, 243–244; SETTON, The Papacy and the Levant 228; IMBER, The Ottoman Empire 185–189.

[218] Vgl. BAŞTAV, Die türkischen Quellen.

[219] TRAPP, Plagiat in der Geschichtsschreibung 321–322; vgl. auch KREISER, Der osmanische Staat 120.

[220] SZAKÁLY, Phases of Turco-Hungarian Warfare 95.

Doch wenn auch eine osmanische Eroberung Ungarns sowohl als Menetekel für den Kreuzzugsaufruf als auch als realistische Gefahr in den zeitgenössischen Quellen Erwähnung findet, gerade unter Matthias Corvinus wähnte man die Vormauer der Christenheit relativ stabil; dass das ungarische Königreich im 15. Jahrhundert eine „Monarchie im Wellental", um János Bak zu zitieren, und dem Osmanischen Reich auf Dauer strukturell unterlegen gewesen wäre[221], konstatierten während der Regentschaft des Corvinus weder die westlichen noch die griechischen Quellen.

Verzeichnis mehrfach zitierter Literatur

Quellen:

Démétrius Cydonès, Correspondance — Démétrius Cydonès, Correspondance, publiée par R.-J. Loenertz, Vol. I. Vatikan 1956.

Dukas (ed. Grecu) — Ducas, Istoria Turco-Bizantină (1341–1462), ed. V. Grecu (*Scriptores Byzantini* 1). Bukarest 1958.
Übers.: Decline and Fall of Byzantium to the Ottoman Turks by Doukas. An Annotated Translation of "Historia Turco-Byzantina" by H. J. Magoulias. Detroit 1975.

„Ezechielis prophete" (ed. Prietzel) — Guillaume Fillastre d. J. Ausgewählte Werke. Mit einer Edition der Kreuzzugsbulle Pius' II. „Ezechielis prophete", hrsg. von M. Prietzel (*Instrumenta* 11). Ostfildern 2003.

Halosis (ed. Ellissen) — Analekten der mittel- und neugriechischen Literatur, hrsg. von A. Ellissen, 3: Anecdota Graecobarbara. I: Threnos tes Konstantinupoleos. Leipzig 1857.

Kritobulos (ed. Reinsch) — Critobuli Imbriotae Historiae, ed. D. R. Reinsch (*CFHB* 22). Berlin – New York 1983.
Übers.: Mehmet II. erobert Konstantinopel. Die ersten Regierungsjahre des Sultans Mehmet Fatih, des Eroberers von Konstantinopel 1453. Das Geschichtswerk des Kritobulos von Imbros, übersetzt, eingeleitet und erklärt von D. R. Reinsch (*Byzantinische Geschichtsschreiber* 17). Graz – Wien – Köln 1986.

La caduta di Costantinopoli — La caduta di Costantinopoli. II L'eco nel mondo, testi a cura di A. Pertusi. Mailand 1976

Lampros, Palaiologeia kai Peloponnesiaka — Sp. P. Lampros, Palaiologeia kai Peloponnesiaka III–IV. Athen 1926–1930.

Laonikos Chalkokondyles (ed. Darkó) — Laonikos Chalkokondyles, Historiarum demonstrationes, ed. E. Darkó. Bd. I–II, Budapest 1922–1927.
Übers. (t.w.): N. Nicoloudis, Laonikos Chalkokondyles: A Translation and Commentary of the "Demonstrations of Histories" (Books I–III). Athen 1996.

Metochites, Miscellanea (ed. Müller) — Theodori Metochitae Miscellanea philosophica et historica, ed. M. Ch. G. Müller – M. Th. Kiessling. Leipzig 1821 (Nachdruck Amsterdam 1966).

Ordo Portae (ed. Baştav) — Ordo Portae. Description grecque de la Porte et de l'Armée du Sultan Mehmed II, ed., trad. et comm. par Ş. Bastav. Budapest 1947.

Sphrantzes (ed. Maisano) — Giorgio Sfranze, Cronaca, a cura di R. Maisano (*CFHB* 29). Rom 1990.
Übers.: The Fall of the Byzantine Empire. A Chronicle by George Sphrantzes 1401–1477, transl. M. Philippides. Amherst 1980

Literatur:

Andermann, Geschichtsdeutung — U. Andermann, Geschichtsdeutung und Prophetie. Krisenerfahrung und -bewältigung am Beispiel der osmanischen Expansion im Spätmittelalter und in der Reformationszeit, in: B. Guthmüller – W. Kühlmann (Hrsg.), Europa und die Türken in der Renaissance. Tübingen 2000, 29–54.

Babinger, Die Aufzeichnungen — F. Babinger, Die Aufzeichnungen des Genuesen Iacopo de Promontori de Campis über den Osmanenstaat um 1475. München 1957.

---

221 Bak, Monarchie im Wellental; vgl. auch Matschke, Das Kreuz und der Halbmond 204–205, North, Europa expandiert 208–209, und Watts, The Making of Polities 360, zu den Belastungen der Herrschaft des Corvinus für Ungarn.

BABINGER, Mehmed der Eroberer — F. BABINGER, Mehmed der Eroberer. Weltenstürmer einer Zeitenwende. München 1987.

BAK, Monarchie im Wellental — J. M. BAK, Monarchie im Wellental: Materielle Grundlagen des ungarischen Königtums im fünfzehnten Jahrhundert, in: R. SCHNEIDER (Hrsg.), Das spätmittelalterliche Königtum im europäischen Vergleich. Sigmaringen 1987, 347–384.

BALIVET, Georges de Trébizonde — M. BALIVET, Georges de Trébizonde. Un grec ottomanophile au temps de Matthias Corvin. *Transylvanian Review* 18/3 (2009) 1–10.

BARKEY, Empire of Difference — K. BARKEY, Empire of Difference. The Ottomans in Comparative Perspective. Cambridge 2008.

BAŞTAV, Die türkischen Quellen — Ş. BAŞTAV, Die türkischen Quellen des Laonikos Chalkokondylas, in: F. DÖLGER – H.-G. BECK (Hrsg.), Akten des XI. Internationalen Byzantinistenkongresses München 1958. München 1960, 34–42.

BLANCHET, Georges-Gennadios Scholarios — M.-H. BLANCHET, Georges-Gennadios Scholarios et les Turcs. Une vision nuancée des conquérants. *Transylvanian Review* 18: 3 (2009) 101–116.

DITTEN, Bemerkungen — H. DITTEN, Bemerkungen zu Laonikos Chalkokondyles' Deutschland-Exkurs. *Byzantinische Forschungen* 1 (1966) 49–75.

FISCHER, Europabild — F. FISCHER, Das Europabild des Humanisten und Papstes Enea Silvio Piccolomini/Pius II. Magisterarbeit, Univ. München 2007 (vgl. http://epub.ub.uni-muenchen.de/4329/1/Fabian_Fischer.pdf).

GEANAKOPLOS, Constantinople and the West — D. J. GEANAKOPLOS, Constantinople and the West. Essays on the Late Byzantine (Palaeologan) and Italian Renaissances and the Byzantine and Roman Churches. London 1989.

HANKINS, Renaissance Crusaders — J. HANKINS, Renaissance Crusaders: Humanist Crusade Literature in the Age of Mehmed II. *DOP* 49 (1995) 111–207.

HARRIS, Laonikos Chalkokondyles — J. HARRIS, Laonikos Chalkokondyles and the rise of the Ottoman Turks. *BMGS* 27 (2003) 153–170.

HATZIDAKIS, Ist Georgillas der Verfasser — G. N. HATZIDAKIS, Ist Georgillas der Verfasser des Gedichtes von der Eroberung Konstantinopels? *BZ* 3 (1894) 681–698.

HELMRATH, Pius II. und die Türken — J. HELMRATH, Pius II. und die Türken, in: B. GUTHMÜLLER – W. KÜHLMANN (Hrsg.), Europa und die Türken in der Renaissance. Tübingen 2000, 79–137.

HENRICH, Als Kundschafter der Johanniter — G. S. HENRICH, Als Kundschafter der Johanniter in Rumelien. Zu Leben und Werk des rhodischen Dichters Manuel Limenites (15. Jahrhundert), in: D. LYPURLIS – K. MINAS (Hrsg.). *Philerimu Agapisis* (Festschrift für A. G. Tsopanakis). Rhodos 1997, 155–183.

HÖFERT, Den Feind beschreiben — A. HÖFERT, Den Feind beschreiben. „Türkengefahr" und europäisches Wissen über das Osmanische Reich 1450–1600 (*Campus Historische Studien* 35). Frankfurt – New York 2003.

HOENSCH, Matthias Corvinus — J. K. HOENSCH, Matthias Corvinus. Diplomat, Feldherr und Mäzen. Graz – Wien – Köln 1998.

HOYLAND, Seeing Islam — R. G. HOYLAND, Seeing Islam as Others saw it. A Survey and Evaluation of Christian, Jewish and Zoroastrian Writings on Early Islam (*Studies in Late Antiquity and Early Islam* 13). Princeton 1997.

HUNGER, Literatur — H. HUNGER, Die hochsprachliche profane Literatur der Byzantiner (*Hdb. d. Altertumswiss.* 12. Abt., 5, 1). Band 1, München 1978.

IMBER, The Ottoman Empire — C. IMBER, The Ottoman Empire 1300–1481. Istanbul 1990.

INALCIK – QUATAERT, Economic History — H. INALCIK – D. QUATAERT (Hrsg.), An Economic and Social History of the Ottoman Empire, Vol. I: 1300–1600. Cambridge 1994.

JÁNOS VARGA, Vormauer des Christentums — J. JÁNOS VARGA, Europa und „Die Vormauer des Christentums". Die Entwicklungsgeschichte eines geflügelten Wortes, in: B. GUTHMÜLLER – W. KÜHLMANN (Hrsg.), Europa und die Türken in der Renaissance. Tübingen 2000, 55–63.

KAFADAR, Between Two Worlds — C. KAFADAR, Between Two Worlds. The Construction of the Ottoman State. Berkeley – Los Angeles – London 1996.

KNÖS, Autour du poème — B. KNÖS, Autour du poème appelé « La prise de Constantinople » (Halosis tes Konstantinupoleos). *Hellenika* 20 (1967) 311–337.

KREISER, Der Osmanische Staat — K. KREISER, Der Osmanische Staat 1300–1922 (*Oldenburg Grundriß der Geschichte* 30). München 2001.

KUBINYI, Matthias Corvinus — A. KUBINYI, Matthias Corvinus. Die Regierung eines Königreiches in Ostmitteleuropa 1458–1490 (*Studien zur Geschichte Ungarns* 2). Herne 1999.

LANZ, Ritterideal und Kriegsrealität — R. LANZ, Ritterideal und Kriegsrealität im Spätmittelalter: Das Herzogtum Burgund und Frankreich. Dissertation, Univ. Zürich 2005.

MALLETT – HALE, Organization — M. E. MALLETT – J. R. HALE, The Military Organization of a Renaissance State. Venice c. 1400 to 1617 (*Cambridge Studies in Early Modern History*). Cambridge 1984.

MARKOPULOS, Chalkokondyles — A. MARKOPULOS, Das Bild des Anderen bei Laonikos Chalkokondyles und das Vorbild Herodot. *JÖB* 50 (2000) 205–216.

MASTRODEMETRES, Nikolaos Sekundinos — P. D. MASTRODEMETRES, Nikolaos Sekundinos (1402–1464). Bios kai ergon. Symbole eis ten meleten ton Hellenon logion tes Diasporas. Athen 1970.

MATSCHKE, Das Kreuz und der Halbmond — Kl.-P. MATSCHKE, Das Kreuz und der Halbmond. Die Geschichte der Türkenkriege. Düsseldorf – Zürich 2004.

MELVILLE, Die Wahrheit des Eigenen — G. MELVILLE, Die Wahrheit des Eigenen und die Wirklichkeit des Fremden. Über frühe Augenzeugen des osmanischen Reiches, in: R.-M. ERKENS – TH. VOGTHERR (Hrsg.), Europa und die osmanische Expansion im ausgehenden Mittelalter. Berlin 1997, 79–101.

MERTENS, Europa, id est patria — D. MERTENS, „Europa, id est patria, domus propria, sedes nostra ...": zu Funktionen und Überlieferung lateinischer Türkenreden im 15. Jahrhundert, in: R.-M. ERKENS – TH. VOGTHERR (Hrsg.), Europa und die osmanische Expansion im ausgehenden Mittelalter. Berlin 1997, 39–57.

MESERVE, Empires of Islam — M. MESERVE, Empires of Islam in Renaissance Historical Thought. Cambridge, Mass. – London 2008.

MONFASANI, George of Trebizond — J. MONFASANI, George of Trebizond. A Biography and a Study of his Rhetoric and Logic (*Columbia Studies in the Classical Tradition* I). Leiden 1976.

MORAVCSIK, Byzantinoturcica — G. MORAVCSIK, Byzantinoturcica, Bd. I: Die byzantinischen Quellen der Geschichte der Turkvölker; Bd. II: Sprachreste der Turkvölker in den byzantinischen Quellen (*BBA* 10). Berlin [2]1958.

MÜLLER, Geschichte der antiken Ethnographie — K. E. MÜLLER, Geschichte der antiken Ethnographie und ethnologischen Theoriebildung von den Anfängen bis auf die byzantinischen Historiographen (*Studien zur Kulturkunde* 29). I–II. Wiesbaden 1972–1980

MÜLLER, Kreuzzugspläne — H. MÜLLER, Kreuzzugspläne und Kreuzzugspolitik des Herzogs Philipp des Guten von Burgund (*Schriftenreihe der Historischen Kommission bei der Bayerischen Akademie der Wissenschaften* 51). Göttingen 1993.

MUREŞAN, Croisade — D.-I. MUREŞAN, Croisade, Union des Églises et humanisme dans le royaume de Hongrie pendant la première moitié du règne de Matthias Corvin. *Transylvanian Review* 18/3 (2009) 339–366.

MURPHEY, Ottoman Warfare — R. MURPHEY, Ottoman Warfare 1500–1700. New Brunswick 1999.

NEHRING, Matthias Corvinus — K. NEHRING, Matthias Corvinus, Kaiser Friedrich III. und das Reich. Zum hunyadisch-habsburgischen Gegensatz im Donauraum (*Südosteuropäische Arbeiten* 72). München [2]1989.

NICOL, The Immortal Emperor — D. M. NICOL, The Immortal Emperor. The Life and Legend of Constantine Palaiologos, last Emperor of the Romans. Cambridge 1992.

NORTH, Europa expandiert — M. NORTH, Europa expandiert 1250–1500 (*Handbuch der Geschichte Europas* 4). Stuttgart 2007.

PERJÉS, The Fall of the Medieval Kingdom — G. PERJÉS, The Fall of the Medieval Kingdom of Hungary: Mohács 1526 – Buda 1541 (*War and Society in East Central Europe* 26). Highland Lakes, New Jersey 1989.

PHILIPPIDES, Mehmed II the Conqueror — Mehmed II the Conqueror and the Fall of the Franco-Byzantine Levant to the Ottoman Turks: Some Western Views and Testimonies, ed. and transl. by M. PHILIPPIDES (*Medieval and Renaissance Text and Studies* 302). Tempe, Arizona 2007.

RÁSZÓ, Feldzüge — G. RÁSZÓ, Die Feldzüge des Königs Matthias Corvinus in Niederösterreich 1477–1490 (*Militärhistorische Schriftenreihe*, Heft 24). Wien [3]1982.

REINSCH, Mehmet der Eroberer — D. R. REINSCH, Mehmet der Eroberer in der Darstellung der zeitgenössischen byzantinischen Geschichtsschreiber, in: N. ASUTAY-EFFENBERGER – U. REHM (Hrsg.), Sultan Mehmet II. Eroberer Konstantinopels – Patron der Künste. Köln – Weimar – Wien 2009, 15–30.

RONCHEY, Orthodoxy on Sale — S. RONCHEY, Orthodoxy on Sale: The Last Byzantine, and the lost Crusade, in: E. JEFFREYS (Hrsg.), Proceedings of the 21st International Congress of Byzantine Studies, London 21–26 August 2006. Vol. I: Plenary Papers. Aldershot 2006, 313–342.

SETTON, The Papacy and the Levant — K. M. SETTON, The Papacy and the Levant (1204–1571). Vol. II: The Fifteenth Century. Philadelphia 1978.

ŠEVČENKO, The Decline of Byzantium — I. ŠEVČENKO, The Decline of Byzantium seen through the Eyes of its Intellectuals. *DOP* 15 (1961) 169–170.

SIMON, The Arms of the Cross	A. SIMON, The Arms of the Cross: The Christian Politics of Stephen the Great and Matthias Corvinus, in: L. KOSZTA – O. MURESAN – A. SIMON (Hrsg.), Stephen the Great and Matthias Corvinus and their Time (*Mélanges d'Histoire Générale. Nouvelle Série* 1). Cluj-Napoca 2007, 45–86.
SZAKÁLY, Phases of Turco-Hungarian Warfare	F. SZAKÁLY, Phases of Turco-Hungarian Warfare bevor the Battle of Mohács (1365–1526). *Acta Orientalia Academiae Scientiarum Hungariae* 33 (1979) 93–103.
SOYKUT, Image of the "Turk" in Italy	M. SOYKUT, Image of the "Turk" in Italy. A History of the "Other" in Early Modern Europe: 1453–1683 (*Islamkundliche Untersuchungen* 236). Berlin 2001.
THUMSER, Türkenfrage	M. THUMSER, Türkenfrage und öffentliche Meinung. Zeitgenössische Zeugnisse nach dem Fall von Konstantinopel (1453), in: F.-R. ERKENS (Hrsg.), Europa und die osmanische Expansion im ausgehenden Mittelalter (*Zeitschrift für historische Forschung*, Beiheft 20). Berlin 1997.
TRAPP, Plagiat in der Geschichtsschreibung	E. TRAPP, Plagiat in der Geschichtsschreibung Mehmeds II. Byzantinische Tradition in moderner Zeit, in: Byzantios. Festschrift für Herbert Hunger zum 70. Geburtstag. Wien 1984, 321–322.
VON PALOMBINI, Bündniswerben	B. VON PALOMBINI, Bündniswerben abendländischer Mächte um Persien 1453–1600 (*Freiburger Islamstudien* 1). Wiesbaden 1968.
VRYONIS, Laonikos Chalkokondyles	Sp. VRYONIS, Laonikos Chalkokondyles and the Ottoman budget. *International Journal of Middle East Studies* 7 (1976) 423–432.
WATTS, The Making of Polities	J. WATTS, The Making of Polities. Europe, 1300–1500 (*Cambridge Medieval Textbooks*). Cambridge 2009.
WERNER, Die Geburt einer Großmacht	E. WERNER, Die Geburt einer Großmacht – die Osmanen (1300–1481). Ein Beitrag zur Genesis des türkischen Feudalismus. Wien [4]1985.
WOODHOUSE, Gemistos Plethon	C. M. WOODHOUSE, Gemistos Plethon. The Last of the Hellens. Oxford 1986.

Vasile Rus

Giovanni Corvino di Hunyad ed il monastero di Peri

C'erano una volta nei territori a nord-est d'Ungheria due monasteri maggiori: mentre l'uno si trovava nei pressi del villaggio di Peri (Körtvelyes, Hruševo) e apparteneva ai romeni ortodossi di Marmarusio, l'altro era situato sul *mons Csernek* nelle vicinanze di Munkács (Munkačevo) e apparteneva ai Rutheni. Il primo era consacrato a San Michele Arcangelo, il secondo a San Nicola il Confessore[1].

Il diploma di fondazione del monastero di Peri non si è conservato e, di conseguenza, non si conosce l'esatta data della sua fondazione. Quest'ultima può tuttavia essere dedotta con buona verosimiglianza, qualora si ponga mente al fatto che nel 1333, dopo la pesante sconfitta di Posada, il re Carobert organizzò una grande spedizione militare contro i Tartari della Moldavia – a questo scopo era stato investito di numerose dispense papali. Alla fine la spedizione fu rimandata a tempi migliori, ma i romeni Dragosch e Drag di Bedeu, che avevano offerto il loro sostegno al re, furono premiati dal sovrano d'Ungheria con il titolo di *nobiles servitores coronae*. Ora, il re cattolico sapeva che tali romeni di Marmarusio erano i fondatori del monastero di San Michele Arcangelo a Peri. Ne consegue, perciò, che il monastero fu fondato prima del 1333. Invece, per quanto riguarda il monastero di San Nicola, siamo ancora in possesso del diploma di fondazione, che fu emesso nell'anno 1360 dal principe Teodoro Koriatovich, signore di Munkács:

Nos Theodorus Keriatovich Dei gratia dux de Munkacs universis et singulis, tam prasentibus quam futuris, praesentes visuris, harum serie patefacimus, quod nos pro salute animae nostrae fecimus construere et aedificare monasterium sancti Nicolai episcopi et confessoris prope oppidum nostrum Munkacs, quod ad ritum et morem Graecorum vel Ruthenorum consecrare et ad idem monachos Ruthenos constituimus, qui in perpetuum ibi serviant et ad sustentationem eorundem monachorum Ruthenorum de nostris propriis bonis dedimus et donavimus duas possessiones, villas Bobovische et Lauka cum omnibus proventibus et contributionibus, ab antiquis temporibus ad easdem de iure provenire debentibus simulcum decimis frugum et vinorum, ac Bobovysche cum fluvio et molendino ... Datum in Munkacs octavo die mensis Martii anno Domini M.CCC.LX[2].

---

[1] G. Moravcsik, The Role of the Byzantine Church in Medieval Hungary. *The American Slavic and East European Review* 6 (1947) 134–151 e: Idem, Studia byzantina. Amsterdam 1967, 326–340, specialmente 340; E. Ivánka, Griechische Kirche und griechisches Mönchtum im mittelalterlichen Ungarn. *OCP* 8 (1942) 183–194; A. Tăutu, Griechische Klöster im mittelalterlichen Ungarn (*Societas Academica Dacoromana. Acta Historica* IV). München 1965, 43–66.

[2] I. Mihályi de Apşa, Diplóme Maramureşene din secolul XIV. şi XV. Maramureş–Sziget 1900, no 348, 601–602, n. 1 e R.P. Joannicio Basilovits Ordinis Sancti Basilii Magni in Vener. Monasterio di Monte Csernek ad Munkacs Protohegumeno, Brevis Notitia Fundationis Theodori Koriathovits olim Ducis de Munkacs pro Religiosis Ruthenis Ordinis Sancti Basilii Magni in Monte Csernek ad Munkacs Anno MCCCLX Factae. Cassoviae 1799–1805, 11–13; A. Cziple, Documente privitoare la episcopia din Maramurăş. *Analele Academiei Române* 38/II (1916) 249–376, particolarmente 253; D. I. Murešan, Une histoire de trois empereurs. Aspects des relations de Sigismond de Luxembourg avec Manuel II et Jean VIII Paléologue, in: Emperor Sigismund and the Orthodox World (*Studien zur Byzanzforschung*), a cura di Ekaterini Mitsiou – M. Popović – J. Preiser-Kapeller – A. Simon. Wien 2009, 41–99, specialmente 47ff. L'autenticità della lettera di fondazione, la così-detta prima fondazione è messa oggi sotto discussione: Koriatovich non poteva usare la formula *Dei gratia* nella sua intitolazione e anch' io ho accennato sullo strano aspetto che per l'anno 1360 non si indica la data tramite le feste religiose! Poi, si sa che Koriatovich è arrivato nell'Ungheria soltanto nel 1393. Nonostante questo, anche se ammettiamo il carattere finto dell'atto, per noi importa soltanto che si attesta la fondazione di un monastero, che poi la storia la verificata sul vivo! Si può vedere anche il volume Episcopia greco-catolică de Munkačevo. Documente. Volum coordonat de V. Ciubotă – M. Delegan – O. Ghitta – V. Rus. Satu Mare–Ujgorod 2007: I. no. 41 (1706, septembrie 17. Munkačevo) 97. Inventarul bunurilor mobile şi al documentelor rămase în urma morţii lui Ioan Iosif de Camillis, întocmit de nepotul său, Mihail Roga de Camillis ([1^{v}] *Inventarium literarum...Fundatio prima Theodory Kiratovics ducis Munkacsiensis an<n>o 1360, quae sunt excepta ex archivio Posoniensi Latino idiomate. Eadem fundatio ducis Kiratovics idiomate Ungarico in paribus*); II. no. 65. <după 1720, f. l.> 9.143–144. Lista documentelor aparţinând clerului de rit grec unit

Se non abbiamo la fortuna di poter leggere il diploma di fondazione del monastero di San Michele Arcangelo, ci si può forse servire, per i nostri scopi, di un documento slavo-rumeno del 1 maggio del 1404; in esso Demetrio e Alessandro, figli del voevoda Balitza, confermano al monastero San Michele Arcangelo di Peri i villaggi di Teres, Crivici e Hruševo, assieme a un mulino sul fiume Săpânţa (Szaploncza) – situato nel territorio di Câmpulung (Hosszumező). È evidente che il contenuto del documento è retroattivo, dato che questi villaggi erano già stati donati al monastero dal voevoda Balitza e da suo fratello Drag Mester. Nello stesso documento si afferma che Balitza e Drag avevano costruito una chiesa nel villaggio di Teres, il patrono della quale era San Michele Arcangelo[3].

Dal documento non risulta che il monastero di Peri fu fondato dai due fratelli Balitza Voevod e Drag Mester; si deve allora far riferimento al famoso diploma patriarcale, che nell'Agosto del 1391 il patriarca Antonio IV di Costantinopoli emise a favore dei fratelli Balitza e Drag Mester del Marmarusio: ivi possiamo in effetti leggere che il monastero di Peri fu fondato da antenati dei due Rumeni di Marmarusio, i quali ne erano i signori; a tale monastero venne quindi conferito, dal patriarca, lo statuto di *stavropighia* patriarcale (esso era così sotratto alla giurisdizione dei vescovi locali ed al controllo del re d'Ungheria): Ἐπεὶ οἱ εὐγενέστατοι αὐτάδελφοι, ἐν ἁγίῳ πνεύματι ἀγαπητοὶ υἱοὶ τῆς ἡμῶν μετριότητος, ὅ τε βοϊβόδας ὁ Μπάλιτζας καὶ ὁ Νδράγος, ἔχουσιν μοναστήριον ἀπὸ γονικότητος περὶ τὸν τόπον τοῦ Μαραμόρεσο εἰς ὄνομα τιμώμενον τοῦ τιμίου ταξιάρχου τῶν ἄνω δυνάμεων Μιχαήλ[4]. D'altra parte, sappiamo che:

---

din dieceza Munkačevo, păstrate în arhiva Capitlului din Bratislava ([1r]: *Elenchus capsae undecimae archivi capitularis Posoniensis actorum cleri Graeci ritus unitorum episcopatus Munkacsiensis....Donatio Theodori Keriatovitch ducis Munkacsiensis pro monasterio S<ancti> Nicolai episcopi et confessoris prope oppidum Munkacs monachorum Ruthenorum a se fundato et erecto facta*). In origine de anno 1360 (s.n.), N<umer>o 1; III. no. 76 (1724, februarie 26), <Viena>, 164–166: Polemica dintre Gheorghe Ghenadie Bizanczy, episcopul de Munkačevo, şi arhimandritul mănăstirii Sf. Nicolae din Munkačevo, Iosif Hodermarszky, privind fundaţia ducelui de Munkačevo, Teodor Koriatovich, referitoare la domeniile Bobovisce şi Lavki ([1r] *Relatio et opinio cum deductione speciei facti instantiarum illustrissimorum et reverendissimorum dominorum Georgii Gennadii Bizanczy ordinis Sancti Basilii Magni Graeci ritus unitorum episcopi Munkacsinensis districtus et Ioannis Iosephi Hodermarszky eiusdem ordinis et ritus unitorum ecclesiae Sancti Nicolai monasterii abbatis seu archimandritae modo sequenti apponitur: Anno 1360 die octava mensis Martii in Munkacs Theodorus olim Keriatovics dux in Munkacs pro salute animae suae construere et aedificare monasterium Sancti Nicolai episcopi et confessoris prope idem oppidum suum Munkacs et id ad ritum et morem Graecorum vel Ruthenorum consecrari fecit et ad idem monachos Ruthenos constituit, ut in perpetuum ibidem Domino serviant et ad sustentationem eorundem monachorum Ruthenorum de propriis bonis suis dedit et donavit duas possessiones, villas Boboliska et Lanka...In margine sinistro adiectum: Numero primo copia fundationalium. Post haec, anno Domini 1468 in vigilia Assumptae Beatissimae Virginis Mariae Budae Mathias rex Corvinus cuidam Lucae presbitero Rutheno ad plebaniam Ruthenalem Sancti Nicolai episcopi prope possessionem Munkacs Monostor vocatam, quod nunc idem est dicere ac monasterium Sancti Nicolai episcopi ritu Ruthenorum fundatum cum solita iurisdictione...In margine sinistro adiectum: Numero secundo collatio Matthiae regis. Et quia inter fundationem Keriatovicsianam et collationem seu confirmationem Mathiae regis 98 anni intervenissent et intra hoc tempus verisimile est, quod praemissus dux Keriatovics in semine defecisset, nam secus praemissa parochia seu fundatio ad collationem regiam non devenisset*); IV. no. 115 (1826, octombrie 14, Ujgorod). Culegere de acte şi privilegii regale privind organizarea Episcopiei greco-catolice de Munkačevo (*Ioannes Bradats in Littera sua sub decima quinta Novembris 1796 Vienna ad Olsavszky episcopum scripta*...ait: *Aliunde demonstratur fuisse episcopatum Munkatsini adhuc anno a mundo condito 6899 adeoque anno Christi 1391 consequenter a tempore factae Kiriatovicsianae in anno 1360 fundationis anno 31*).

3 G. Nandriş, Despre Mănăstirea din Peri. *Graiul Românesc* 2 (1928) 21–22. L'originale del diploma è conservato nell'archivio del Museo Nazionale di Budapesta e fu pubblicata da A. Петров, Древнъйшая церковнославянская грамота 1404 г. окарпаторусско территорiи. *Filologickýsborník České akademie věd a umění* 8/1 (1925) 179–184 e 234–239 e A.L. Petrov, Medieval Carpathian Rus': the oldest documentation about the Carpatho-Rusyn Church and Eparchy (*Classics of Carpatho-Rusyn scholarship* 2)(*East European Monographs* 491). New York 1998, n° 2, 124–125.

4 F. Miklosich – J. Müller, Acta et diplomata graeca medii aevi sacra et profana II. Acta Patriarchatus Constantinopolitani MCCCXV–MCCCCII e codicibus manu scriptis Bibliothecae Palatinae Vindobonensis edita. Wien 1862, n° 426, 156–157, specialmente 156; J. Darrouzès, Les regestes des Actes du patriarcat de Constantinople. Vol. I. Les actes des patriarches. Fasc. 6 Les regestes de 1377 à 1410 (*Le patriarcat byzantin*, série 1). Paris 1979, n° 2892; altra edizione: N. Iorga, Documente privitoare la Istoria Românilor volumul XIV al colecţiei "Hurmuzaki". Documente Greceşti privitoare la Istoria Românilor, Parte I (1320–1716). Bucureşti 1915, n° 30, 13–15 e Scriitori şi acte bizantine: secolele IV–XV (= Scriptores et acta Imperii Byzantini: saec. IV–XV) (*Fontes Historiae Daco-romanae* 4 = *Izvoarele istoriei României* 4), a cura di H. Mihăescu – G. Ştefan – R. Lăzărescu – N.Ş. Tanaşoca – T. Teoteoi. Bucureşti 1982, 230–232; Petrov, Medieval Carpathian Rus' n° 1, 119–123; vedi anche V. Laurent – P. S. Năsturel, Facsimile de texte şi documente bizantine din veacurile XIV–XV privitoare la istoria Bise-

Duce Theodoro Keriathovits successive in semine suo deficiente arx Munkacs cum bonis iureque collationali ad regem devoluta fuerat consensu proinde regio donatio haec roborari debuerat, quemadmodum etiam in vigilia Assumptae B.V. Mariae anno 1458 a Mathia Corvino rege impetraverat consensum hunc Lucas quidam religiosus presbyter superior monasterii, quod Monostor et Capellania Ruthenicalis S. Nicolai dicebatur. Confirmationis illius tenor sequitur in hunc modum: «Nos Mathias Dei gratia rex Hungariae et Dalmatiae, Croatiae, etc. memoriae commendamus tenore praesentium significantes, quibus expedit, universis, quod nos attentis, et consideratis moribus et industria Lucae presbyteri Rutheni, quibus idem nostro in conspectu a nonnullis nostris subditis meruit commendari eundem ad plebaniam Ruthenicalem S. Nicolai prope possessionem Munkacs Monostor *vocatam ritu Ruthenorum fundatam cum sua solita iurisdictione, quam videlicet plebaniam ipse Lucas se a pluribus retro actis annis de iure tenuisse et etiam tunc tenere asserit, authoritate nostra regia, qua huiusmodi plebania more praedecessorum nostrorum regum Hungariae ad nostram collationem pertinere dignoscitur, duximus eligendum et nominandum eandemque eidem simulcum duabus possessionibus, puta Bubowisthye et Lauka vocatis ad eandem plebaniam ab antiquo spectantibus pariterque cunctis ipsarum plebaniae et possessionum utilitatibus, proventibus, obventionibus et pertinentiis quibuslibet ... duximus denuo et ex novo dandam et conferendam, ac de eadem eidem providendam ...*[5].

In base alle osservazioni di R.P.I. Basilovits sembra dunque che la fondazione di Koriatovich non potè trasmettersi, poiché il duca era *in semine suo deficiente*: di conseguenza, fu il re Mattia a diventare il nuovo signore del monastero, facendo donazione a favore di Luca, *presbyter Ruthenus*. I veri e propri signori del monastero di Peri erano, come già detto, i due fratelli Balitza e Drag. Tuttavia, per capire meglio l'impostazione giuridica ed ecclesiastica del monastero dobbiamo tornare un po' indietro, facendo come il saggio padre gesuita Bzenszky, quando, nella sua *Storia della Chiesa di Transilvania*, scriveva che *bene qui distinguit, bene docet*[6].

In regioni di montagna com'erano quelle di Maramureş (Marmarosch), Făgăraş (Fogarás), Haţeg (Hatzeg), Hunedoara (Hunyad), come pure nella parte montagnarda del Banato, a causa della resistenza della popolazione autoctona, il dominio ungherese non potè operare un'espropriazione assoluta, totale della terra; i nuovi signori furono costretti, di conseguenza, a riconoscere le proprietà immobiliari dei precedenti padroni della terra (*domini terrestres*), concedendo loro diplomi di conferma e privilegi nobiliari. Facevano parte di costoro anche i romeni Balitza e Sas di Bedeu, progenitori, per l'appunto, dei fondatori del monastero di Peri[7].

Nelle ultime due decine d'anni del XIII secolo i Sassoni e gli Ungheresi del dominio di Vişeu, nella contea di Ugocsa, riuscirono a penetrare pian piano lungo il fiume Ticia (Tisa) nel Marmarusio e così, nel 1301, il re Andrea III trasformò il territorio conquistato dai Sassoni e dagli Ungheresi in Visk e Marmarusio in una contea (*comitatus*), cui pose a capo Nicola de Pok, ex *magister tavernicorum* del re e voevoda di Transilvania (in qualità ora di *comes comitatuum Ugocensis et Maramorosiensis*). Sede della contea era la città di Visk. A causa dei novi coloni cattolici, la Chiesa Romano-Cattolica d'Ungheria diede inizio ad uno strenuo conflitto per il diritto delle tasse (*decimae*) nei territori dei due *comitatus*. In conseguenza di ciò, il vescovato d'Agria ebbe il sopravvento nei confronti del vescovato di Transilvania[8].

Ma gli assai numerosi romeni di Marmarusio (noti come *schismatici*), dopo la morte del re Andrea III – ad essa seguì una lotta accanita fra i pretendenti al trono –, si unirono con tutti i nemici interni ed esterni del

---

ricii române. Bucureşti 1946, pl. ix e introduzione 12–13. Per la versione latina: MIHÁLYI DE APSA, Diplóme n° 62, 109–110, specialmente 110 (= CZIPLE, Documente n° 1, 283–284, specialmente 284); Ş. PAPACOSTEA, Byzance et la création de la Métropole de Moldavie. *Etudes Byzantines et Post-Byzantines* 2 (1991) 133–150. Per il monastero di Peri vedi A. BUNEA, Ierarhia Românilor din Ardeal şi Ungaria. Blaj 1904, 170–171; CZIPLE, Documente 250–257.

5 R.P. Ioannicius Basilovits, Brevis Notitia. Cap. V §1, 16–17 e PETROV, Medieval Carpathian Rus' n° 3, 126–127. Vedi anche A. BARAN, Metropolia Kiovensis et eparchia Mukačoviensis (= *Annali Ordini Sancti Basili Magni* II, 1). Roma 1966, 26–40.

6 V. RUS, Syllogimaeorum Ecclesiae Transylvanae Libri Septem de Rudolphus Bzenszky. Cluj-Napoca 2009 (in corso di stampa).

7 I. DRĂGAN, Nobilimea română din Transilvania. 1440–1514. Bucureşti 2000, 71–93.

8 A. FILIPAŞCU, Voievodatul Maramureşului. Originea, structura şi tendinţele lui. Sibiu 1945, 9–15.

nuovo re Carobert di Angiò: nel 1317, approfittando dell'insurrezione del palatino Giacomo Kopasz di Debreczen, si rivoltarono anche i Tedeschi e gli Ungheresi della contea di Marmarusio. Nel corso delle lotte, i romeni di Marmarusio si unirono ai ribelli e poi ai Tartari invadendo la Transilvania: una lettera papale del 1314 parla di una nuova invasione, in Transilvania, da parte dei Tartari e degli *schismatici*[9].

Nel 1319, il papa Giovanni XXII chiede all'arcivescovo d'Esztergom di anatemizzare gli *schismatici* d'Ungheria – operatori di distruzioni mostruose –, come pure chi avrebbero aiutato i ribelli[10]. Fra il 1325 ed il 1326, il papa concede indulgenza plenaria a tutti quelli che avrebbero speso la loro vita per la difesa della fede cattolica nella lotta contro i Tartari e gli *schismatici* dei territori vicini all'Ungheria del nord-est[11]. Dalla formula papale deduciamo che la situazione giuridica dei Rumeni di Marmarusio era cambiata, nel senso dell'autonomia; infatti, nell'estate del 1326, ebbe luogo una intesa tra il re Carlo Alberto ed i capi dei Rumeni di Marmarusio, cioè fra il voevoda Bogdan di Cuhea ed i *cnezi* della terra. Il *comitatus Maramorosiensis* veniva meno; ad essere riconosciuta era invece la formazione voevodale di Marmarusio, le cui proprietà erano sottoposte a garanzia. Non solo: anche i Sassoni e gli Ungheresi dei quattro *oppida regalia* – Huszt, Visk, Tecső e Hosszumező – erano investiti d'autonomia, unitamente alle loro proprietà[12].

Dopo la prima campagna militare d'Andrea Laczkfy contro i Tartari, Dragosch di Bedeu fu nominato vicerè e si spostò a Baia nella Moldavia, assieme a suo figlio Sas ed i quattro figli di Sas (Balitza, Drag, Ştefan e Ioan), mentre Bogdan di Kohnya (Cuhea) rimaneva *vaevoda* di Marmarusio. Ma allorché la città regale di Huszt diventò troppo invadente a causa della sua potenza economica e politica, i romeni condotti da Bogdan persero la speranza di conservare la loro autonomia: invasa la Moldavia, conquistarono la terra e cacciarono via Dragosch e i suoi affini, che tornarono a Marmarusio; riconquistarono cosi le loro proprietà – assai numerose –, aiutati dal re Lodovico e Balitza, figlio di Sas (quest'ultimo divenne anche *vaevoda* di Marmarusio[13]).

La perdita del dominio della Moldavia aprì una dura ferita nel cuore dei membri della famiglia di Dragosch; costoro infatti, essendo diventati, in Ungheria, grandi proprietari latifondiari, aspiravano oramai alla conquista di un grande potere politico. Il cambiamento dei rapporti politici tra Polonia ed Ungheria fu propizio all'allestimento del loro piano di potere. Tuttavia non presero la via diretta della lotta aperta, preferirono invece organizzare una specie di padroneggio ecclesiastico nei confronti delle folle dei Rumeni dei territori dove si trovavano le loro proprietà – peraltro di numero non indifferente. E così, per gradi, speravano di trasformare simile protettorato in uno di natura politica[14].

Uno dei primi gesti in questa direzione fu quello di rifare con muri di pietra l'antica fondazione dei loro antenati, cioè il monastero di Peri; a tale monastero vennero donati anche tre villaggi, un mulino con due ruote, una trattoria, così che con i proventi di queste proprietà potesse essere garantita una vita prospera al vescovo ortodosso, di cui era ivi prevista la sistemazione. Non era però facile fondare un vescovato ortodosso a Peri, vista l'opposizione del re e dei vescovi cattolici d'Agria e di Transilvania. Intanto, per nascondere le loro vere intenzioni, i fratelli Balitza e Drag trasformarono il vaevodato di Marmarusio in *comitatus*, ponendogli a capo un *comes*, insieme a *vicecomes*, *praetores* e ad una *congregatio comitatensis*:

---

[9] Vedi Biserica romînească din Transilvania in veac XIV.–Stavropighia de la Peri, in: Ş. METEŞ (ED.), Istoria Bisericii şi a vieţii religioase a românilor din Transilvania şi Ungaria, I (Până la 1698). Ediţia a II-a. Revăzută şi întregită şi cu 115 ilustraţii. Sibiu 1935, 194. Vedi anche T. SĂLĂGEAN, Un voievod al Transilvaniei – Ladislau Kán (1294–1315). Cluj-Napoca 2007, 188–194.

[10] A. TĂUTU, Acta Ioannis XXII (1317–1334) e registris Vaticanis allisque fontibus collegit (*Fontes Series* III, vol. VII, tom. II). Roma 1952, n° 32, 62–63.

[11] TĂUTU, Acta Ioannis XXII n° 79, 162.

[12] V. SPINEI, Moldova în secolele XI–XIV. Kishinev [2]1994, 216–224.

[13] P.W. KNOLL, The Rise of the Polish Monarchy. Piast Poland in East Central Europe, 1320–1370. Chicago–London 1972, 244–251.

[14] Ş. PAPACOSTEA, Domni români şi regi angevini. Înfruntarea finală (1370–1382), in: IDEM, Geneza statului în evul mediu românesc. Studii critice. Bucureşti [2]1999, 122–140.

quest' ultima era composta esclusivamente da nobili rumeni, e conservava, significativamente, anche il titolo di *vaevoda*[15].

E così, nel 1391 – era tempo di primavera –, Drag Mester si recò a Costantinopoli avendo con se una richiesta firmata anche da suo fratello Balitza Voevod. Nell'agosto del 1391, il patriarca Antonio IV emesse il σιγιλλιῶδες γράμμα, tramite il quale lo ieromonaco Pacomio del monastero di Peri fu nominato esarca patriarcale, che diventava così *stavropighia* patriarcale. L'esarca aveva diritti importantissimi: sorvegliava i preti ed i credenti dei territori di Marmarusio, Ugocsa, Barcău, Arva, Sălaj, Almaş (di Bihar), Ciceu (Csicsó), Unguraş (Bálványos) e Bistra (i nomi sono tradotti in maniera molto approssimativa dall'atto patriarcale[16]).

Ci sono studiosi che discutono ancora sull'identificazione dell'uno o dell'altro di questi territori: τὸ Σελατζίον, τὸ Ἀρτούνιν, τὸ Ὄγγοτζα, τὸ Ἰουμπερέκιν, τὸ Τζιτζόβιν, τὸ Παλβανέτζιν καὶ τὴν Πίστραν[17]. Comunque sia, è ovvio che si trattasse di territori estesi e non di semplici villaggi; vi si insegnavano le cose utili e salvifiche; si indagava e giudicava nel contesto di processi ecclesiastici sul clero; nuove chiese, costruite nel territorio, venivano consacrate: queste ultime beneficiavano della protezione diretta del patriarca ecumenico di Costantinopoli. E nel caso di morte dell'egumeno Pacomio, Balitza e Drag, assieme ai monaci del monastero, avrebbero potuto scegliere un nuovo egumeno, con poteri simili a quelli di un vescovo: oltre a fungere da esarca del patriarca, nonché proceduto alla consacrazione di *stavropighia*. In questo modo, appare evidente che i due fratelli erano riusciti nell'intento di formare, attraverso il patriarcato di Costantinopoli, un quasi vescovato ortodosso per i Rumeni di Marmarusio, eludendo così la corte del re: questi, da parte sua, avrebbe preso delle contromisure inviando Pietro Pereny in guisa di *comes comitatus Ugocsiensis*[18].

Tirando le somme, è dunque emerso che il monastero di Peri aveva padroni autoctoni nelle persone dei potenti e ricchi *vaevodi* Balitza e Drag e che gli egumeni di tale monastero avevano diritti vescovili, senza comunque usare ufficialmente del titolo di vescovo. Dall'altra parte si ha a che fare con un monastero – quello del *Mons Cernek* dei Ruteni – di cui era protettore il re Mattia Corvino. Ed era proprio il re colui che aveva potere di nominare a titolo di *nova donatio* il titolare del monastero, una carica, questa, che a un certo punto venne rivestita dal vescovo Giovanni, il primo in tale funzione ad essere menzionato dal monaco basilitano Ioannicius Basilovits nell' *opus citatum*. Avendo poi il monastero di Peri statuto di *stavropighia*, esso non apparteneva in nessuna maniera ai vescovati locali o vicini, né a quello cattolico di Agria, né a quello ortodosso di San Nicola il Confessore. In una simile situazione successe qualcosa d'insolito: il 31 Luglio del 1491 il re Uladislao II Iagello d'Ungheria emesse un diploma a favore di Giovanni vescovo dei Rutheni ... *in claustro beati Michaelis Archangeli comorans*:

Vladislaus, Dei gratia rex Hungariae et Bohemiae etc. fidelibus nostris universis et singulis, praelatis, baronibus, comitibus, castellanis, nobilibus ipsorumque officialibus, item civitatibus, oppidis et villis earumque rectoribus, iudicibus scilicet et villicis ac alterius cuiusvis status et conditionis hominibus in hoc regno nostro Hungariae ubivis constitutis et commorantibus, praesentes visuris salutem et gratiam. Exposuit nobis fidelis noster reverendus Ioannes episcopus Ruthenorum in claustro beati [Michaelis Archangeli in Maromarus] ritu Graecorum fundato commorans gravi cum querella, qualiter in bonis et possessionibus vestris et in medio vestri plurimi Rutheni praesbyteri et plurimi item coloni Graecam fidem tenentes et sub iurisdictione sua existentes commorarentur, qui proventus sibi et dictae ecclesiae suae, ex vetusta consuetudine provenire debentes reddere et restituere difficultarent, in grave praeiudicium iurium eiusdem ecclesiae suae, et

---

[15] Vedi anche M. Érdujhelyi, Magyarországi görög Katholikusok a Mohács vész elött. *Katolikus Szemle* 11 (1897) 28–56 e D. M. Nicol, The Confessions of a Bogus Patriarch: Paul Tagaris Palaiologos, Orthodox Patriarch of Jerusalem and Catholic Patriarch of Constantinopole in the Fourteenth Century. *Journal of Ecclesiastical Studies* 21 (1970) 289–299.

[16] I. I. Nistor, Legăturile cu Ohrida şi Exarhatul Plaiurilor. *Analele Academiei Române* 27 (1945) 18–20; per Bistra vedi R. Popa, Zur kirchlichen Organisation der Rumänen in Nordsiebenbürgen im Lichte des patriarchalischen Privilegiums von 1391. *Ostkirchliche Studien* 24 (1975) 309–317.

[17] Si tratta qui di una trascrizione propria dell'atto patriarcale fatto dall'uno dei due registri originali del patriarcato di Costantinopoli trovati nella Biblioteca Nazionale di Vienna e destinata a vedere la luce della stampa in un monumentale *Diplomatarium Maramorosiense* comprendente più di 3000 pezzi d'archivio (cinque o sei volumi). Speriamo bene che i *grammatici* lo setteranno di *certare* e la cosa sarà fatta in un bel giorno nel futuro.

[18] R. Popa, Ţara Maramureşului în veacul al XIV-lea (*Il Paese di Maramusio nel Trecento*). Bucureşti [1]1970, 232–237.

damnum valde magnum...mandamus idcirco fidelitati vestrae, et vestrum cuilibet praesentium serie strictissime, quatenus a modo imposterum praefato exponenti, et dictae ecclesiae suae per praenominatos Ruthenos praesbyteros et colonos Graecam fidem...tenentes...de omnibus proventibus et obventionibus suis locis debitis et temporibus semper opportune...respondere et responderi facere modis omnibus debeatis et teneamini[19].

A Peri, proprio in quel periodo, esisteva già un egumeno di nome Ilario che chiese aiuto a Giovanni Corvino di Hunyad: quest'ultimo, dopo la morte del padre, era diventato il nuovo padrone del monastero di San Nicola dei Rutheni[20]. Giovanni Corvino mise in atto un'inchiesta per mezzo dei suoi notai e scoprì che il documento emesso da Uladislao II era ... falso, o piuttosto, che era stato falsificato dal vescovo Giovanni, al fine di impadronirsi del *proventus et obventus monasterii Sancti Michaelis Archangeli*! Le parole *Michaelis archangeli in Maromar* sono state aggiunte in un secondo momento, dopo la rasura di un passo del documento emesso dal re Uladislao; proprio in quel passo si vede ancora la traccia di una N maiuscola che senz'altro proviene da *Nicolai* e non da *Michaelis*. Nicola era infatti il padrone del monastero del *Mons Cernek* a Munkács (Munkačevo)[21]. Ilario chiamò in causa Giovanni ed il giudizio si protrasse per lunghi anni *in praesentia personali domini regis*. Nel 1494 si consumò un episodio importante di questo conflitto. Ilario ottenne dal re Uladislao un diploma di conferma del tomo patriarcale del 1391, che fu tradotto anche in latino:

Nos Vladislaus Dei gratia rex Hungariae et Bohemiae etc. memoriae commendamus tenore praesentium significantes quibus expedit, universis. Quod venerabilis et religiosus frater Hilarius prior claustri sive monasterii Ecclesiae beati Michaelis Archangeli in Maromarus fundati, Graecae fidei professor nostrae maiestatis accedens in praesentiam, exhibuit et praesentavit nobis quasdam litteras privilegiales reverendissimi patris quondam Antonii civitatis Constantinopolitanae Novae Romae ac totius orbis patriarchae in pergameno graecis litteris exaratas sigilloque suo plumbeo impendenti consignatas et cum hoc etiam earumdem litterarum exemplum verbotenus in Latinum traductum, de et super nonnullis indultis iuribusque et libertatibus eidem ecclesiae Sancti Michaelis per eundem concessis inferius in tenore eiusdem exempli denotatis et specificatis[22].

Si può vedere che la traduzione fu sottoposta a modifica, attraverso l'inserimento di qualche dettaglio utile per servire la causa d'Ilario: gli aspetti economici emergono in primo piano al danno di quelli spirituali. Fu anche modificata la prassi d'elezione del nuovo egumeno: *cum omnibus hominibus parvis et magnis, in dictis pertinentiis residentibus ac congregatis aperte*[23]. Evidentemente, qualora l'egumeno fosse stato eletto in questo modo, avrebbe avuto diritti pieni nei confronti degli elettori, ottenendo così poteri simili a quelli di un vescovo. Una clausola alla fine della risoluzione regale merita attenzione:

... ita tamen, quod ipse frater Hilarius prior et sui successores episcopo de Munkats sui ordinis reverentiam, archiepiscopo de Transsilvania, modernis et futuris veluti superioribus suis debitam subiectionem et obedientiam praestare debeant et teneantur[24].

---

19 Mihályi de Apsa, Diplóme n° 348, 600–601 (= Cziple, Documente n° 3, 285–286) e Petrov, Medieval Carpathian Rus' n° 7, 134–135.

20 Petrov, Medieval Carpathian Rus' n° 8, 136–139.

21 Si veda l'opera citata sull' Episcopia greco-cattolica di Munkačevo, no. 115, 275: *Dolendum, quod originale Graecum.*

22 Mihályi de Apsa, Diplóme n° 352, 606–607 (= Cziple, Documente n° 4, 286–287, specialmente 286) e Petrov, Medieval Carpathian Rus' n° 9, 140–141. Per l'Ungheria dopo l'anno 1490: A. Simon, The Hungarian Means of the Relations between the Habsburgs and Moldavia at the End of the 15th Century. *Annuario del Istituto Romeno di Cultura e Ricerca Umanistica Venezia* 8 (2006) 259–296.

23 Mihályi de Apsa, Diplóme n° 62, 109–110, specialmente 110 (= Cziple, Documente n° 1, 283–284, specialmente 284). Per la perdita del testo greco e la traduzione latina vedi N. Iorga, Studii şi documente cu privire la istoria Românilor, XII. Bucureşti 1906, xxxviii ff. e A. Petrov, A máramarosi Szt. Mihály monostor 1391–i görög oklevelének latin forditása az 1494 évi megerösitö oklevelében. *Timul* 39 (1925) 23–24.

24 Mihályi de Apsa, Diplóme n° 352, 607 (= Cziple, Documente, n° 4, 286–287) e Petrov, Medieval Carpathian Rus' n° 9, 140–141. Vedi anche I. Drăgan, Despre numărul preoţilor români din Transilvania în jurul anului 1500, in: Slujitor al Bisericii şi al

È chiaro che il termine *reverentiam* si riferisce ad un gesto spirituale, dato che il vescovo Giovanni era *sui ordinis*: è bensì vero che Ilario faceva parte dell'ordine di San Basilio il Grande, ma essendo Giovanni vescovo meritava rispetto da parte di Ilario. Per quanto riguarda la *debitam subiectionem et obedientiam* nei confronti dell'arcivescovo della Transilvania, si tratta probabilmente del vescovo ortodosso di Vad, dove Stefano il Grande aveva fondato un vescovato. Vista l'ambiguità della formula, il vescovo di Munkács ne ha approfittato continuando a pretendere i diritti di raccogliere le tasse dalle proprietà del monastero di Peri. Tutto ciò finì il 29 Novembre 1498, quando lo stesso re Uladislao dispose la protezione dei diritti dell'egumeno Ilario nei confronti del vescovo Giovanni:

mandamus fidelitatibus vestris serie praesentium firmiter, ut acceptis praesentibus praefatum exponentem, contra iura et privilegia dicti monasterii, ad solutionem illegitimam aliquorum redditum praefato episcopo de Munkacs arctari non permittatis[25].

E, ciò che è più importante, il re fu finalmente informato della falsa opera del vescovo, partata alla luce da Giovanni Corvino: *vigore quarundam litterarum, ad sinistram expositionem eiusdem, de maiestate nostra, ut dicitur, impetratarum*[26]. Alla fine fu dunque fatta giustizia. Rimane tuttavia una certa amarezza, se si considera il lento procedere della macchina burocratica che allora, come sempre, rende arduo il percorso volto alla ricerca della giustizia.

Neamului. Părintele prof. univ. dr. Mircea Păcurariu, membru corespondent al Academiei Române, la împlinirea vârstei de 70 ani (*Servitore di Dio e del popolo: Omaggio a Mircea Păcurariu*). Cluj-Napoca 2002, 291–294.

[25] MIHÁLYI DE APSA, Diplóme n° 360, 624–625, specialmente 624 (= CZIPLE, Documente n° 5, 287–288, specialmente 287) e PETROV, Medieval Carpathian Rus' n° 10, 142–143; A. SIMON, La place chrétienne de la foi des Roumains de Transylvanie en 1574. *Annuario del Istituto Romeno di Cultura e Ricerca Umanistica Venezia* 6–7 (2004–2005) 389–403.

[26] MIHÁLYI DE APSA, Diplóme n° 360, 624 (= CZIPLE, Documente n° 5, 287); vedi anche G. SCHÖNHERR, Hunyadi Corvin János 1473–1504. Budapesta 1894.

Flavius Solomon

Vom Abendland zum Morgenland. Orthodoxe und Katholiken in der Moldau im Mittelalter

„Nach dem Vorbild der heiligen Könige und Fürsten, die durch ihre Wohltaten und Schenkungen den Glauben und die Verehrung Gottes gestärkt haben, wie David und andere ihm ebenbürtige Könige und Fürsten im Alten und Neuen Testament, so wollen auch wir, dass die Verehrung Gottes in unserem Lande für immer verwirklicht wird und immer nachhaltiger wirkt."[1]

Diese Formel kommt in einem vom 1. Mai 1384 datierenden Schenkungsbrief vor, den der moldauische Fürst Petru I. (1377–1391) zugunsten der dominikanischen Mönche zu Siret ausgestellt hat. Die Formel erinnert an ähnliche Dokumente aus dem mitteleuropäischen Raum, an Hand derer die Machthaber der katholischen Welt vom 13. bis zum 15. Jahrhundert die Leistungen jener „unermüdlichen Kämpfer in Christus" belohnten. Verwiesen wird natürlich auf dominikanische und franziskanische Missionare, die in kaum ruhigen Zeiten weite Teile Osteuropas im Namen des christlichen Glaubens bereist haben. Viele darunter mussten mit dem Preis ihres Lebens bezahlen, denn der Mut, Bote des Abendlandes und der römischen Kirche zu sein, stieß eher auf Abneigung als auf Bewunderung seitens einiger *Zaren*, *Fürsten*, *Woiwoden* oder *Khane*.

Der Schenkungsbrief Petrus I., auf Grund dessen die moldauischen Dominikaner die Kontrolle über das Zollamt in der moldauischen Hauptstadt erhielten, weist auf eine gegen Ende des 14. Jahrhunderts. hierzulande herrschende Atmosphäre des friedlichen Zusammenlebens zwischen Konfessionen hin. Demselben ökumenischen Geist verpflichtet, um es in aktuellem Sprachgebrauch auszudrücken, sind auch die ausländischen Pilgerwellen, die den Weg zum dominikanischen Kloster Siret suchten[2], um dort Wunderheilungen von allerlei Krankheiten bei einem heiligen Tuch zu finden. Das Tuch wurde laut einiger Darstellungen dieser Epoche von Johannes Ianitor, dem Prior des Johannes des Täufers-Klosters, von Jerusalem hierher gebracht[3].

Die privilegierte Stellung, die die moldauischen Mönche katholischer Orden zeitweise genossen, schien frühere Erwartungen des Papsttums gegenüber den beiden ostkarpatischen Fürstentümern – der Moldau und der Walachei – zu bestätigen. Man vergegenwärtige sich, dass Papst Clemens IV. (1342–1352) vier Jahrzehnte zuvor (im Oktober 1345) den Übertritt des walachischen Fürstenhauses zum Katholizismus mit Genugtuung begrüßt hatte: Das walachische Geschlecht hätte, so der Papst, endlich zum Wege der Wahrheit gefunden, indem es „den Samen des Schismas und andere Verirrungen von sich abgewiesen hat, mit denen die Feinde der Menschenrettung sein Herzen beschlagnahmt hatten"[4]. Dieser Konfessionswechsel hat allerdings genauso wie die späteren Übertritte zum Katholizismus auf dem moldauischen Fürstenhof[5] keine besonderen Auswirkungen auf die religiöse Orientierung der Fürstentümer gehabt, sie drückten vielmehr den Versuch des Papsttums aus, seine Position südlich und östlich der Karpaten auch institutionell zu festigen. So fiel die vom ungarischen und polnischen Heer unterstützte Beseitigung der tataro-mongolischen Herrschaft über die Region mit der Gründung des Bistums von Milcov im Jahre 1332 zusammen. 1371 wurde ein weiterer katholischer Bischofssitz in Siret inauguriert, und zwar als Antwort auf den ausdrücklichen Wunsch des

---

[1] Documenta Romaniae Historica, A. Moldova. (Band I, 1384–1448), hrsg. von C. Cihodaru – I. Caproşu – L. Şimanschi. Bukarest 1975, Nr. 1, 1–2 (= DRH, A, I).

[2] C. Auner, Cei din urmă episcopi de Siret. *Revista Catolică* 3 (Bukarest 1914) 570–571.

[3] Ebenda 570–571, 574–575.

[4] Documenta Romaniae Historica, D. Relaţii între Ţările Române. (I, 1222–1456), hrsg. von Ş. Pascu – C. Cihodaru – K. G. Gündisch – D. Mioc – V. Pervain. Bukarest 1977, Nr. 32, 60–61 (= DRH, D, I)

[5] Es gibt sichere Hinweise auf den Konfessionswechsel von Margareta-Muşata, der Mutter des Fürsten Petru I.

damaligen moldauischen Fürsten Laţcu[6]. Nicht lange darauf wird Rom vor dem Hintergrund der neuen politischen Umstände eher enttäuscht worden sein durch die Lage der katholischen Kirche in der Moldau.

* *
*

Wir werden im folgenden auf den Status der beiden, orthodoxen und katholischen, Kirchen in den Gebieten östlich der Karpaten im Spätmittelalter eingehen, um den Einfluss des religiösen Lebens auf den politisch-kulturellen Alltag im Fürstentum Moldau wenigstens ansatzweise beschreiben zu können. Wir werden dann nach den Folgen des Eintritts dieser staatlichen Strukturen in die byzantinische Einflusssphäre fragen und nach ihrem infolgedessen modifizierten Verhältnis zu Mittel- und Westeuropa. Schließlich werden wir versuchen, auf Grund der uns zur Verfügung stehenden Quellen die Entwicklung der Haltung der moldauischen Elite gegenüber dem Westen, einschließlich der römischen Kirche, zu skizzieren.

Zur Jahrtausendwende bewegt sich der Mittelpunkt des ostromanischen Raums allmählich nordwärts über die Donau hin. Schriftliche Quellen vom 11. bis zum 12. Jahrhundert belegen zweifelsohne die Anwesenheit von Gruppen romanisierter Bevölkerung, zunächst in der pannonischen Ebene und im heutigen Siebenbürgen, dann aber auch in den extrakarpatischen Gebieten[7]. Der geographische und ethno-demographische Raum, in dem die Ostromanität zum ersten Mal nachgewiesen wird, hat tiefe Spuren im frühen rumänischen Christentum hinterlassen. Es genügt, einen Blick auf den christlichen Grundwortschatz des Rumänischen zu werfen, um herausfinden zu können, dass die romanisierte Bevölkerung auf dem Balkan und im karpatischen Raum lange Zeit um Zentren lateinischen christlichen Kults gekreist ist. Erst nach der endgültigen Bekehrung der Bulgaren und der deutlichen Abgrenzung der Einflusssphäre Konstantinopels gegen Rom auf dem West- und Nordbalkan wurden die Rumänen immer mehr von der so genannten *byzantinischen Gemeinschaft* umfangen. Im Unterschied zu anderen Völkern Südosteuropas, deren Gewinnung für das orthodoxe Christentum hauptsächlich politischen Faktoren zu verdanken ist, die die Christianisierung nach östlichem Ritus diktiert haben, hat sich die orthodoxe Zivilisation Byzanz' nur schrittweise bei den Rumänen Geltung verschafft, und zwar als Ergebnis der Assimilation fremder Einflüsse, wobei slawische Mittler – Bulgaren, Serben und im Falle der Moldau auch Ostslawen – in diesem praktischen Traditionen- und Normentransfer eine überaus wichtige Rolle gespielt haben.

Hinweise auf traditionsreiche Verbindungen zwischen Rumänen und Slawen kommen bereits in den ersten moldauischen historischen Texten vor. So betonte Dimitrie Cantemir die spezifische Rolle der orthodoxen Kirche nach der Annahme der kyrillischen Schrift, während Miron Costin die Schreibkunst der Moldauer als serbische Importware betrachtete. Auch in der *Chronik* von Grigore Ureche werden die Anfänge der kirchlichen Organisation auf die Mitwirkung der slawischen geistlichen Zentren südlich der Donau[8] zurückgeführt. Ähnliche Bemerkungen, die eine Urphase des rumänischen Christentums unter dem Zeichen des Mangels an höheren geistlichen Ämtern und des dauernden Schwankens zwischen der orthodoxen Kirche und dem Katholizismus unterstreichen, kommen auch in anderen Quellen vor. Es genügt nur, auf Dokumente der päpstlichen Kurie wie den oft zitierten Brief Gregors IX. vom 14. November 1234 oder auf jüngere „Geschichtsbücher" wie das „Bulgarische Geschichtsbuch" von 1762 des Mönchs Paisij von Hilandar[9] hinzuweisen.

Die Beziehungen der Rumänen zu ihren slawischen Nachbarn im Mittelalter stellten schon längst eines der wichtigsten Themen der rumänischen historiographischen und philologischen Forschungen dar, wobei die ersten Versuche, diese Beziehungen historisch, kulturell und religiös in angemessener Weise einzurahmen, seit der zweiten Hälfte des 19. Jahrhunderts datieren, als die Historiker erst richtig vom Mitwirken

---

[6] J. SÝKORA, Poziţia internaţională a Moldovei în timpul lui Laţcu: luptă pentru independenţă şi afirmare pe plan extern. *Revista de Istorie* 28 (1976) 1142.

[7] A. ARMBRUSTER, Romanitatea românilor. Istoria unei idei. Bukarest 1993, 29–30.

[8] Vgl. F. SOLOMON, Die Rumänen und das Europa des Mittelalters, in: Rumänien in Europa, hrsg. von Al. RUBEL. Konstanz 2002, 23–24.

[9] Paisij Chilendarski, Istorija slavjanobălgarskaja, hrsg. von B. RAJKOV. Sofia 1972.

kompetenter Sprachwissenschaftler profitieren konnten. Debattiert wurde vor allem über die Zeit, als die Rumänen die slawische Liturgie und damit auch die kyrillische Schrift angenommen haben. Dabei kann man zwei historiographische Forschungslinien erkennen. Die erste konstituierte sich um Nicolae Iorga und setzte das endgültige Eindringen der slawischen Liturgie in Verbindung mit den Beziehungen der Rumänen innerhalb und außerhalb des Karpatenbogens mit den politischen und kirchlichen Zentren südlich der Donau, vor allem zur Zeit der Aseniden-Zaren[10]. Die zweite Forschungslinie kam bereits früher zum Ausdruck und hatte in A. D. Xenopol ihren bekanntesten Verfechter, der den Sieg des Slawischen in der Kirche und in der rumänischen Schriftkultur auf die Epoche der Apostel Kyrill und Methodius zurückführte[11].

Eine dritte und großzügigere Sichtweise verband die Annahme der slawischen Liturgie und der kyrillischen Schrift mit einem graduellen, Jahrhunderte langen Wandel. Zu den wichtigsten Vertretern dieser „moderaten" Forschungslinie zählen vor allem Ioan Bogdan und P. P. Panaitescu, bedeutende Namen der rumänischen Slawistik. Bogdan betrachtete die Einführung der slawischen Liturgie als Ergebnis von langwierigen Kontakten oder sogar des Zusammenlebens von Slawen und Rumänen südlich oder nördlich der Donau oder auch „beiderseits zugleich"[12].

Die Erforschung der slawisch verfassten Quellen aus den walachischen und moldauischen Kanzleien Ende des 14. und im Laufe des 15. Jahrhunderts oder der frühesten kirchlichen Schriften in der Walachei und der Moldau ergibt, dass die Annahme der slawischen Liturgie durch die Rumänen jeweils regional bedingt stattgefunden hat. Diese Bedingungen betreffen vor allem die unterschiedlichen Zeiten des Transfers und die Richtung, aus welcher die neue Liturgie kam. Man kann jedenfalls davon ausgehen, dass die Verwurzelung des orthodoxen Christentums slawischer Ausprägung sehr früh stattgefunden hat. Nicht zufällig beinhalten der Glaubens- und Aberglaubenswortschatz sowie der des Volkschristentums der Rumänen neben thrakischen und lateinischen Wörtern auch zahlreiche Slawonismen[13].

Kurz nach ihrer Gründung hat die Moldau relativ klare Positionen innerhalb der byzantinisch-slawischen Zivilisation eingenommen. Das schließt jedoch nicht aus, dass das politische Arsenal der ersten moldauischen Fürsten nicht auch solche Gesten parat hatte, die zu bestimmten Zeitpunkten die freie Wahl zwischen dem westlichen und dem östlichen Christentum andeuteten. Wir weisen in diesem Kontext auf die engen Beziehungen der Moldau mit der römischen Kirche vor allem zur Zeit der Fürsten Laţcu I. und Petru I. in den 1370er bis 1380er Jahren des 14. Jahrhunderts hin. Doch die Geschichte hat es so gewollt, dass die „panorthodoxe" Partei zunächst in der Walachei, dann auch in der Moldau sich schließlich durchgesetzt hat.

Neben den inneren konfessionellen Aspekten, die das überwältigende Vorwiegen der Christen griechischen Kults gegenüber den Katholiken bestätigten und von denen die moldauischen Fürsten nicht absehen konnten, hat vor allem die Ansiedlung südslawischer Mönche in den Ende des 14. und Anfang des 15. Jahrhunderts gegründeten Klöstern zur Stärkung der orthodoxen Komponente selbst innerhalb des Fürstenhofes beigetragen[14]. Wenn auch diese These von vielen rumänischen Historikern ignoriert oder angefochten wurde, gibt es schwerwiegende Argumente, die für die Bedeutung dieses Faktors sprechen. So konnten die Verfolgungen des bulgarischen Klerus durch die Türken gleich nach der Besetzung Tărnovos (1393) als Antwort auf ihre Teilnahme am militärischen Widerstand[15] dazu führen, dass Tendenzen zur Auswanderung in Richtung Walachei oder Moldau, d. h. in orthodoxe Länder, die außerhalb der türkischen Herrschaft geblieben waren, sich bald manifestiert haben[16]. Es gibt tatsächlich viele Quellennachweise über demographische Be-

[10] N. IORGA, Istoria bisericii româneşti şi a vieţii religioase a românilor. (I). Bukarest 1928, 19–22.

[11] A. D. Xenopol, Istoria românilor din Dacia Traiană (I), hrsg. von V. MIHĂILESCU-BÂRLIBA. Bukarest [4]1985, 343.

[12] I. BOGDAN, Analiza critică a câtorva notiţe despre introducerea liturghiei slave la români. *Convorbiri Literare* 23 (Bukarest 1889) 316.

[13] Vgl. N. ZUGRAVU, Geneza creştinismului popular al românilor. Bukarest 1997, 482–483.

[14] L. ŞIMANSCHI – G. IGNAT, Constituirea cancelariei moldoveneşti (I). *Anuarul Institutului de Istorie şi Arheologie „A. D. Xenopol"* 9 (Iaşi 1972); L. ŞIMANSCHI – G. IGNAT, Constituirea cancelariei moldoveneşti (II). *Anuarul Institutului de Istorie şi Arheologie „A. D. Xenopol"* 10 (Iaşi 1973).

[15] A.-E. N. TACHIAOS, Die Aufhebung des Bulgarischen Patriarchats von Tirnovo. *Balkan Studies* 4 (1963) 67–82.

[16] Aufschlußreich in diesem Sinne ist auch das Vorkommen von Ortsnamen und Anthroponymen in inländischen moldauischen Quellen in der ersten Hälfte des 15. Jhs., die die Wurzel *bulgar* bzw. *sărb* erkennen lassen. (DRH, A, I) und Documenta Romaniae Historica. A. Moldova (II, 1449–1486), hrsg. von L. ŞIMANSCHI – G. IGNAT – D. AGACHE. Bukarest 1976.

wegungen vom Süden nach Norden zur Zeit der militärischen Konflikte auf dem Balkan Ende des 14. und Anfang des 15. Jahrhunderts[17]. Die Überquerung der Donau durch die „Brüder“ aus dem Süden, von der viele Quellen sprechen, wurde mit den Ereignissen auf dem Nordbalkan und präziser noch mit den ungarischen Einfällen auf Vidin und den benachbarten Gegenden in Verbindung gebracht[18].

Andererseits wäre es falsch aus den obigen Ausführungen zu schließen, dass der „Beitritt“ des Fürstentums Moldau zur südosteuropäischen Orthodoxie ausschließlich den serbischen oder bulgarischen Flüchtlingen zu verdanken sei. Das Verhältnis der Fürstentümer zum slawisch-byzantinischen kirchlichen Milieu südlich der Donau wurde auch durch den freien Umlauf der religiösen und weltlichen Schriften ermöglicht. So pflegte Evtimij, der letzte Patriarch von Tărnovo, einen fruchtbaren Briefwechsel mit dem walachischen Metropoliten Antim und trug auf diese Weise dazu bei, dass die Normen des orthodoxen kanonischen Rechts im rumänischsprachigen Raum propagiert wurden[19]. Die von Byzanz beeinflusste südslawische Tradition drang in den extrakarpatischen Raum ebenfalls über die Vermittlung des Athos[20] ein, wo die serbischen und bulgarischen Einsiedler bedeutende Ämter seit geraumer Zeit bekleideten, wobei einige von ihnen entweder auf Missionsreisen geschickt wurden oder Metropolitensitze außerhalb Byzanz’ erhielten.

Die Akzentverschiebungen in der religiösen und kulturellen Orientierung der Moldau Ende des 14. und Anfang des 15. Jahrhunderts spiegeln sich auch in der kirchlichen Architektur wider, die immer deutlicher von balkanischen Baumustern dominiert wird zuungunsten der älteren, mitteleuropäisch geprägten[21]. Der Beitrag einiger Baumeister, die aus dem Süden kamen, zur Errichtung von orthodoxen Kultbauten in der Moldau zur genannten Zeit wurde in den Akten der fürstlichen Kanzlei erwähnt. So schenkte Alexandru der Gute seinen „Dienern, Nichita und Dobre“ als Gegenleistung für die Bemalung einer Kirche zwei Dörfer[22]. Dass der Fürst diese Schenkung schon vor dem Beginn der Arbeiten als „Lockmittel“ einsetzte, legt nahe, dass die genannten Baumeister von außerhalb der Moldau kamen[23].

Die südslawischen Einflüsse prägten nicht nur das kirchliche Milieu. Viel wichtiger ist die Feststellung, dass das byzantinisch-südslawische kulturelle Muster durch seine neu gewonnene Position in der „Wahlheimat“ zur „Verklärung“ des noch recht jungen Fürstentums entscheidend beigetragen hat, und zwar zuungunsten der hier vorzufindenden mitteleuropäischen Muster. Ihrem byzantinischen Vorbild folgend[24] hat die orthodoxe Kirche in der Moldau beabsichtigt, die eigene Ideologie und die dazu gehörenden Normen geltend zu machen. Es kann daher nicht verwundern, dass die orthodoxe Hierarchie in der Moldau in relativ kurzer Zeit ihr eigenes Modell im Verhältnis der Kirche zur weltlichen Macht durchzusetzen vermochte. Die moldauischen Dokumente vom Ende des 14. und Anfang des 15. Jahrhunderts, die die Beziehungen zwischen den Fürsten und den kirchlichen Institutionen – Metropoliten, Bischöfen, Klöstern und Parochien – dokumentieren, weisen auf eine weitgehende Verständigung hin. Die moldauischen Fürsten hatten im Grunde die gleiche Position wie der byzantinische Basileus – „bis auf die Rolle der ökumenischen Leitung ausländischer Kirchen“[25], ohne dass die Kirche jedoch darauf verzichtet hätte, ihre Überlegenheit in bestimmten Kompetenzen zu beanspruchen[26].

Während die orthodoxe Kirche in der Moldau vom 13. bis zum 15. Jahrhundert eine kontinuierliche Festigung ihrer Strukturen erfahren hat – darunter die Schaffung eines eigenen Metropolitensitzes[27], die Errich-

---

[17] S. Ćirković, Seobe srpskog naroda u Kraljevinu Ugarsku u XIV i XV veku, in: Seobe srpskog naroda od XIV do XX veka, hrsg. von D. Ranković. Belgrad 1990, 40–41.

[18] E. Lăzărescu, Nicodim de la Tismana şi rolul său în cultura veche românească, I, (până în 1385). *Romanoslavica, istorie* 11 (Bukarest 1965) 258–262.

[19] M. Hristodulova, Socialno-etičeskie vzgledi na Evtimij Trnovski za ženata i braka, otraženi v poslanieto mu do Ugrovlahijskija mitropolit Antim, in: Tărnovska knižovna škola. (II). Sofia 1980.

[20] E. Völkl, Das rumänische Fürstentum Moldau und die Ostslaven im 15. bis 17. Jahrhundert. Wiesbaden 1975, 11–12.

[21] G. Ionescu, Arhitectura pe teritoriul României de-a lungul veacurilor. Bukarest 1982, 157–166.

[22] DRH, A, I, Nr. 39, 55–57.

[23] S. Ulea, Gavril Uric, primul artist român cunoscut. *Studii şi Cercetări de Istoria Artei, seria artă plastică* 11/2 (1964) 242–243.

[24] V. Al. Georgescu, Bizanţul şi instituţiile româneşti până la mijlocul secolului al XVIII-lea. Bukarest 1980, 74.

[25] Ebenda 73.

[26] Ebenda 75.

[27] Nach verschiedenen Konflikten mit dem Patriarchat von Konstantinopel dauerhaft ab dem Jahr 1401.

tung eines weiten Klösternetzes[28] und nach 1453 die Erlangung einer nahezu völligen Autonomie im Verhältnis zum Ökumenischen Patriarchen von Konstantinopel[29] –, so konnte die katholische Kirche östlich der Karpaten vor allem seit Ende des 14. Jahrhunderts eine deutlich negative Bilanz ziehen. Dies erklärt sich dadurch, dass die Anwesenheit der römischen Kirche in diesem Raum eher als Eingriff von außen denn als Ausdruck eigener Bedürfnisse empfunden wurde, wobei die Anzahl der Katholiken relativ zu gering war, um die Einrichtung eines Bischofssitzes zu rechtfertigen. So trugen die auf moldauischem Boden vom 13. bis zum 14. Jahrhundert errichteten katholischen Diözesen eine unverkennbare politische Farbe. Die ganze Problematik der Entstehung und Entwicklung dieser Diözesen an dieser Stelle nochmals aufzurollen, wäre wenig sinnvoll. Es gibt bereits eine umfangreiche Literatur zu diesem Thema[30]. Wir greifen deswegen nur einige Momente heraus, die uns als sehr bedeutungsvoll erscheinen.

So wären z. B. die in der Nordwalachei bzw. in der Südmoldau in den ersten Jahrzehnten des 13. Jahrhunderts erzielten Erfolge des Papsttums, deren Höhepunkt die Entstehung des Bistums der Kumanen im Jahre 1228 darstellte, praktisch unmöglich gewesen, ohne dass das ungarische Königreich bei der Bekehrung der Kumanen mitgewirkt hätte[31]. Hundert Jahre später wird das Interesse des ungarischen Königs am Handelsweg zwischen den Karpaten und der Donaumündung erneut sichtbar: Einerseits fallen die ungarischen Truppen ins mongolisch beherrschte Gebiet wiederholt ein, andererseits unterstützen die Ungarn das Papsttum bei der Gründung des Bistums von Milcov. Letzteres war nichts anderes als die Erneuerung der bereits erwähnten Diözese der Kumanen, die 1241 durch die Mongolen zerstört worden war[32]. Auch die Gründung zweier weiterer katholischer Bistümer in der Moldau, in Siret (1371) und in Baia (vermutlich 1413), gehört in den internationalen politischen Kontext jener Zeit, als der polnische Einfluss auf die moldauische Politik sehr groß war[33]. Ebenfalls von den Polen oder Ungarn gelenkt gelangten der Deutsche Orden und die Johanniter genauso wie die Dominikaner und die Franziskaner in die Walachei und in die Moldau.

Die Episode der Union von Ferrara/Florenz (ab 1439) bedeutete für den ganzen orthodoxen Raum ein lebendiges Beispiel für die Haltung der Orthodoxen oder wenigstens der orthodoxen kirchlichen Hierarchie gegenüber der römisch-katholischen Kirche. Im Falle der Griechen z. B. wurde die Ablehnung der Vereinigung mit Rom auch durch die Resignation vor der verheerenden Macht der Türken beeinflusst. Die 50er Jahre des 15. Jahrhunderts brachten wichtige Änderungen in den Beziehungen der Moldau mit dem Osmanischen Reich. Darauf angewiesen, zwischen einem „unnachgiebigen Krieg gegen die Osmanen" an der Seite Ungarns und der von Polen geführten kompromissbereiten Politik zu wählen, hat die moldauische Elite schließlich die letztere Möglichkeit bevorzugt[34].

Der Fall von Byzanz und die politische Umorientierung der Moldau hatten unmittelbare Folgen für die religiöse Wirklichkeit im ostkarpatischen Fürstentum. „Betrogen durch die Lateiner" zu Florenz – so eine der ersten moldauischen Chroniken –[35], fühlte sich die „panorthodoxe Partei" in der Moldau gerechtfertigt, den unionsfreundlichen Metropoliten Joachim durch Teoctist abzulösen, der vom serbischen Patriarchen von Peć[36] im Jahre 1453 geweiht wurde. Mit seinem ausgeprägten Sinn für Nuancen beschrieb der Fürst Dimitrie Cantemir Jahrhunderte später die Abneigung der moldauischen Elite gegen die römische Kirche, wie folgt:

[28] Fl. Solomon, Politică şi confesiune la început de ev mediu moldovenesc. Iaşi 2004, 154–161.

[29] Şt. S. Gorovei, 1473: Ştefan, Moldova şi lumea catolică. *Anuarul Institutului de Istorie şi Arheologie „A. D. Xenopol"* 29 (Iaşi 1992) 82.

[30] Vgl. Solomon, Politică şi confesiune 82–109, 113–121.

[31] Ebenda 82–93.

[32] Ebenda 103–109.

[33] Ebenda 113–121, 169–177.

[34] Şt. S. Gorovei, Moldova în "Casa Păcii". Pe marginea izvoarelor privind primul secol de relaţii moldo-otomane. *Anuarul Institutului de Istorie şi Arheologie „A. D. Xenopol"* 17 (Iaşi 1980) 632–633.

[35] Cronicile slavo-române din sec. XV-XVI, hrsg. von P. P. Panaitescu. Bukarest 1959, 48–49.

[36] Solomon, Politică şi confesiune 184–186.

„Keine Religion verabscheuen die Moldauer mehr, als die papistische [...] denn Sie sagen nämlich, die übrigen Ketzereyen wären für sich schon kenntbar, und ihre Abweichung von der wahren Kirche könne man leicht bemerken: die Papisten aber (denn sie wissen von keinen andern Katholicken, als solchen, welche in der orientalischen Kirche erzogen werden) verbärgen unter ihrem Schafpelze ihre Wolfsart.“[37]

Ohne eine wirksame Unterstützung von außen und ohne stabile örtliche Strukturen vor allem nach dem ungarischen Desaster bei Mohács (1526) mussten die katholischen Gläubigen in der Moldau – Ungarn und Deutsche – die schlimmsten Konsequenzen fürchten. Der endgültige Sieg der panorthodoxen Partei im ostkarpatischen Fürstentum wirkte sich sogar auf die katholischen Ministerialen im Dienst der Fürsten negativ aus. Im Bericht eines Anonymus von der Mitte des 16. Jahrhunderts werden unter anderem die Repressalien dargestellt, die ein lateinischer Kanzleischreiber des moldauischen Fürsten Ştefăniţă Rareş erleiden musste[38]. Laut einer anderen Quelle diktierte derselbe Fürst – „ein großer Feind der Katholiken“ – auf Aufforderung „seiner Bischöfe und schismatischen Priester“ hin die Wiedertaufe aller moldauischen Katholiken und befahl seinem Heer, dass „alle unsere Kirchen mit Kanonenfeuer niedergerissen werden, wie er es auch tat, denn alle bis auf die Kirchen von Baia sind zerstört worden“[39].

Wenn diese Auskunft, die vom Franziskaner Paolo Bonici erteilt wird, auch nicht ganz wahrheitsgetreu ist, so bestätigt sie wenigstens den radikal unterschiedlichen Status, dessen Orthodoxe einerseits und Katholiken andererseits sich schon von der Mitte des 15. Jahrhunderts in der Moldau erfreuten. Die ersten antikatholischen Reaktionen in der Moldau datieren spätestens seit Stephan dem Großen, der unter anderem im Jahre 1462 die Vertreibung einiger Franziskaner auf Grund dessen verfügte, dass sie angeblich eine orthodoxe Moldauerin zum Katholizismus bekehrt hätten[40]. Auch päpstliche Gesandte oder abendländische Reisende, die im Laufe des 16. bis zum 18. Jahrhundert in die Moldau gelangten, berichten über die klägliche Lage der meisten katholischen Gemeinden. Das Nichtvorhandensein oder die Verwahrlosung der Kultstätten, die Verletzung der kanonischen Normen (z. B. des Zölibats durch die Priester), der Mangel an einer klar strukturierten geistlichen Hierarchie, der simultane Gottesdienst neben den Orthodoxen – das sind nur einige Fakten, die die Berichterstatter frappierten.

An dieser Stelle möchten wir allerdings noch hinzufügen, dass das Zusammenleben mit den Katholiken trotz negativer Aspekte zur Bildung einer eher positiven Meinung über das Abendland, wenigstens in der ersten Phase, beigetragen hat. Nicht von ungefähr wurde in der Moldau relativ widerstandslos eine ganze Reihe von westlichen Erfahrungen und Modellen übernommen, die von der Kleidung bis zur Heraldik, von der Architektur bis zur Verwaltung reichten[41].

Erst nach dem Ende der durch den Aufstieg der Osmanen verursachten Isolierung, die zeitweise auch Ungarn vom Westen löste, d. h. erst ab Ende des 17. und Anfang des 18. Jahrhunderts wurde die „schrittweise Nachholung der Entwicklung Europas“ parallel zur „Wiederentdeckung der Romanität“[42] möglich. Nicht zufällig stimmt diese Zeit im Falle der Moldau mit dem Übergang vom Mittelalter zur Moderne überein. Beeindruckt durch die sozialen und wirtschaftlichen Erfahrungen des damaligen Westens drückten die rumänischen Gelehrten immer deutlicher ihre Bewunderung *Europas* aus – und Europa war in ihrer Sicht die Welt, die sich von England bis Russland ausdehnte, das Osmanische Reich ausschloss und gleichbedeutend war mit der *Christenheit*[43].

---

[37] Zit. nach Dimitrie Cantemir [Demetrius Kantemir], Beschreibung der Moldau. Faksimiledruck der Originalausgabe von 1771 [Frankfurt, Leipzig]. Bukarest 1973, 310.

[38] Călători străini despre Ţările Române. (II), hrsg. von M. Holban – M. M. Alexandrescu-Dersca Bulgaru – P. Cernovodeanu. Bukarest 1970, 99–100.

[39] Călători străini despre Ţările Române. (V), hrsg. von M. Holban – M. M. Alexandrescu-Dersca Bulgaru – P. Cernovodeanu. Bucureşti 1973, 25.

[40] Vgl. Gorovei, 1473, 83.

[41] Solomon, Die Rumänen und das Europa des Mittelalters.

[42] Ebenda 29.

[43] Ebenda 30.

Dan Ioan Mureşan

Bessarion et l'Église de rite byzantin du royaume de Hongrie (1463–1472)

Le but de notre contribution est une tentative visant à tirer au clair la signification de l'activité de l'évêque de rite grec Macaire de Halicz dans le royaume de Hongrie dans les années '60 de la deuxième moitié du XVe siècle. L'historiographie a signalé, voici un siècle, son existence. Celui-ci est attesté premièrement dans un document du début de l'année 1466, émis par le pape Paul II (1464–1471)[1] et adressée aux archevêques Jean Vitéz d'Esztergom (1465–1472) et Étienne Varday de Kalocsa (1456–1471)[2]. Le pape exhortait les archevêques du royaume de la Sainte Couronne à veiller à ce que l'évêque latin Nicolas de Transylvanie restitue à son collègue de rite grec Macaire les biens ecclésiastiques dont son Église avait été dépossédée. La zone de juridiction de l'évêque grec était définie comme s'étendant *omnibus illis qui secundum ritum graecorum vivunt … in Varadiensi et Transilvaniensi ac Agriensi* (i. e. dans les diocèses d'Oradea, de Transylvanie et d'Eger). Macaire devait y prêcher la doctrine de l'Église romaine *juxta decretum Concilii ycumenici florentini*[3]. Le voïévode Jean Pongrácz de Transylvanie intervenait, le 10 septembre 1469, auprès du maire de la ville de Hermanstadt (Sibiu) pour que celui-ci aide à la collecte de la dîme que les prêtres roumains devaient à leur évêque légitime, le même *Macarius episcopus Gallicensis*[4]. Ce renseignement démontre une fois de plus que Macaire bénéficiait du soutien du primat de Hongrie, car le diocèse de Sibiu, bien que situé en Transylvanie, relevait, lui, directement de l'archevêché d'Esztergom[5]. Ces documents, les seuls pour le moment qui parlent de l'activité de cet évêque de rite byzantin en Transylvanie, ne sont pas sans soulever maintes questions. Quel était le statut de ce chef religieux des communautés de fidèles de rite grec de la partie orientale du royaume de Hongrie ? Pour quelles raisons rencontre-t-on un évêque de Halicz, à savoir d'un diocèse situé au sud du royaume de Pologne, déployer son activité entre les frontières du royaume de Hongrie, et cela à une époque de conflit ouvert entre les deux royaumes catholiques ? Et enfin, pour quelles raisons le pape Paul II et les archevêques de Hongrie s'intéressaient-ils au sort de cet évêque grec de la frontière de la Chrétienté latine ?

Il faut nous rappeler que le rétablissement d'une hiérarchie grecque dans les territoires d'ancienne présence byzantine se trouvant sous domination politique et spirituelle latine avait été l'un des objectifs primordiaux des signataires de l'Union de Florence. Sylvestre Syropoulos note que la délégation byzantine adressa au pape Eugène IV, aussitôt le décret signé, la demande de retour sous la juridiction de Constantinople de

---

1 Sur la politique orientale de Paul II, voir : K. M. Setton, The Papacy and the Levant, 1204–1571, vol. II, The Fifteenth century (*Memoirs of the American philosophical society* 127). Philadelphia 1978, 271–313; G. Valentini, La sospensione della crociata nei primi anni di Paolo II (1464–1468) (Dai documenti d'archivio di Venezia). *Archivum Historiae pontificiae* 14 (1976) 71–101; Anna Modigliani, Paolo II, in : Enciclopedia dei Papi II. Rome 2000, 696–698; P. Cherubini, Greci e Questione orientale nelle lettere di un cardinale del Quattrocento. *ΕΩΑ ΚΑΙ ΕΣΠΕΡΙΑ* 3 (1996–1997) 195–215.

2 C. Eubel, Hierarchia catholica medii aevi sive summorum pontificum, S.R.E. cardinalium, ecclesiarum antistitum series ab anno 1431 usque ad annum 1503 perducta. Ratisbonne 1914, vol. II : Étienne de Várda, 14, 132; Jean Vitéz, évêque d'Oradea (1445–1465), archevêque d'Esztergöm, 15 (n. 6), 242, 262; Janus Pannonius, évêque de Pecs (1459–1472), 219. Sur les relations entre le Saint Siège et la Hongrie à cette époque, voir : V. Fraknoi, Magyarország egyházi és politikai összeköttetései a Római szentszékkel, I (1418–1526). Budapest 1902, 131–146; sur les biographies de Jean Vitéz et de Janus Pannonius, dont on notera l'origine ethnique croate, voir A. Reumont, Dei tre prelati ungheresi menzionati da Vespasiano da Bisticci. *Archivio storico italiano* 20 (1874) 295–314.

3 A. Bunea, Ierarhia Românilor din Ardeal şi Ungaria. Blaj 1904, 301–303.

4 N. Iorga, Documente privitoare la Istoria Românilor culese de E. de Hurmuzaki volumul XV. Acte şi Scrisori din archivele oraşelor ardelene (Bistriţa, Brasov, Sibiu), Partea I (1358–1600). Bucureşti 1911, n° 125, 71.

5 Bunea, Ierarhia Românilor 116–121; M. Diaconescu, Les implications confessionnelles du Concile de Florence en Hongrie. *Mediaevalia Transylvanica* 1 (1997) 1–2, 29–62, ici 49–51; A. A. Rusu, Ioan de Hunedoara şi românii din vremea lui. Studii. Cluj–Napoca 1999, 100–106.

l'île de Crète et des autres îles grecques qui se trouvaient alors placées sous une hiérarchie latine, car l'Union des deux Églises avait rendu inutiles ces reliquats de la période d'un schisme que l'on croyait alors dépassé :

« L'Union est faite et les Églises seront à l'avenir toujours unies par la grâce de Dieu. Il est en conséquence nécessaire que chacune détienne tous les diocèses et toutes les métropoles à elle soumises dès le commencement. Notre Église de Constantinople doit donc réclamer et reprendre la Crète, Corfou, les autres îles et métropoles que les évêques de Rome lui ont arrachées »[6].

Forts de l'appui de l'empereur Jean VIII Paléologue, les métropolites de Monembasie, de Rhodes, de Mytilène et certains autres présentèrent officiellement cette demande au pape Eugène IV. Leurs arguments s'appuyaient sur cette construction canonique :

« L'Église de Rome devrait prendre, en ce qui concerne ceux de ses évêques qui résident dans nos évêchés, les mesures qui lui paraîtraient convenables, de manière que, les métropoles ainsi libérées, nos évêques les occupent seuls (...) L'Église romaine doit observer les divins et sacrés canons et agir selon leurs prescriptions. Or les canons interdisent qu'il y ait deux évêques dans un seul et même évêché, de même qu'ils défendent à un Ordinaire d'ordonner dans un territoire qui ne lui est pas soumis ».

La solution offerte par le pape Eugène IV déplut profondément aux Byzantins, qui l'ont considérée comme un manquement de l'Église romaine aux principes auxquels elle venait de signer sur le Décret conciliaire d'Union. Car il s'agissait là d'un véritable jeu de dés épiscopal : reconnaître provisoirement la coexistence des hiérarchies parallèles, en attendant la mort d'un des prélats : si c'était le Latin qui décédait le premier, le diocèse reviendrait au Grec, et à sa mort c'était à l'Église d'Orient de lui nommer un successeur[7]. En cas de décès du Grec, c'était au prélat latin de reprendre l'intégralité de l'évêché, et à l'Église de Rome reviendrait la tâche de lui donner ensuite un successeur. Cette solution était marquée par le provisoire, mais comme il n'y a que le provisoire qui dure, dans la plupart des cas ce fut la coexistence parallèle des hiérarchies qui perdura, avec toutefois leur corrélat implicite : le retour ou la restauration de la hiérarchie byzantine dans les territoires que les prélats orthodoxes avaient quittés ou d'où ils avaient même entièrement disparu.

À une insigne exception près : celle du Patriarcat de Constantinople lui-même, où la solution proposée à Florence fut, dans une circonstance bien particulière, rigoureusement appliquée. En août 1451, le patriarche Grégoire III Mammas (1445–1459), contraint par l'opposition grandissante à l'Union, quitta Constantinople pour se réfugier à Rome[8]. Il y rejoignit les deux cardinaux grecs – Isidore de Kiev et Bessarion de Nicée. Or précisément en 1451 le patriarche latin de Constantinople, Giovanni Contarini, décéda et Mammas reçut alors la collation de la fonction et des revenus du Patriarcat latin de Constantinople, concentrés surtout en

---

[6] Sylvestre Syropoulos, X 21–22 (éd. V. LAURENT, Les Mémoires du Grand Ecclésiarque de l'Église Sylvestre Syropoulos sur le Concile de Florence [1438–1439] [*Concilium Florentinum* IX]. Paris 1971, 506–509).

[7] Dorothée de Mitylène compte parmi ceux qui ont bénéficié de cette disposition, car il eut, comme le dit V. Laurent, « l'avantage d'enterrer son rival ». En revanche, après la mort de Dorothée, Eugène IV dut le remplacer, contrairement à la règle établie par lui-même; le choix fut plutôt heureux, car il s'agissait de celui qui allait bientôt devenir le célèbre Leonarde de Chio, un des acteurs et des témoins les plus précieux de la défense de Constantinople. L'acte est du 1er juillet 1444, ce qui date avec précision la disparition de Dorothée, car le siège de Mytilène devenait vacant « *per obitum Dorothei extra Romanam curiam* ». Syropoulos ne manqua évidemment pas l'occasion d'observer que même cette concession pontificale ne fut pas respectée : V. LAURENT, À propos de Dorothée, métropolite de Mitylène († c. 1444). *REB* 9 (1951) 163–169, ici 165–166; I. TAXIDIS, Die Rede des Metropoliten Dorotheos von Mytilene zur Belagerung Konstantinopels (1422). Ein Beitrag zur Textüberlieferung der Photios-Homilien III und IV. *JÖB* 58 (2008) 159–166; *PLP* n° 5929.

[8] Georges Sphrantzès, XXXI 12 (éd. R. MAISANO, Giorgio Sfranze, Cronaca [*CFHB* 29]. Roma 1990, 112, 28–29); les actes du pontificat de Grégoire III: J. DARROUZES, Regestes des Actes du Patriarcat de Constantinople, I Les Actes des Patriarches, fasc. VII: Les Regestes de 1410 à 1453. Paris 1991, n° 3396–3409, 58–67; S.L. VARNALIDES, Γρηγόριος ο Γ΄, ο τελευταίος πατριάρχης Κωνσταντινουπόλεως πριν από την άλωση (1453) και η φιλενωτική πολιτική του. Thessalonique 2001 (*Βυζαντινά Κείμενα και Μελέται* 30); M. CACOUROS, Un patriarche à Rome, un katholikos didaskalos au Patriarcat et deux donations trop tardives de reliques du Seigneur: Grégoire III Mamas et Georges Scholarios, le synode et la synaxis, in : Byzantium. State and Society. In Memory of Nikos Oikonomides, ed. Anna AVRAMEA – Angeliki LAIOU – E.K. CHRYSOS. Athènes 2003, 71–124, ici 74–82 (l'opposition anti-unioniste), 83–84 (le départ); T. GANCHOU, Geôrgios Scholarios, « secrétaire » du patriarche unioniste Grégorios III Mammas ? : le mystère résolu, in : Le Patriarcat œcuménique de Constantinople aux XIVe–XVIe siècles, rupture et continuité : actes du colloque international, Rome, 5–6–7 décembre 2005. Paris 2007, 117–194; *PLP* n° 4591.

Crète et à Négrepont (Eubée). Le cardinal Isidore de Kiev en fut nommé administrateur[9] et c'est d'ailleurs avec ces revenus qu'il finança son expédition au secours de la ville de Constantinople. Par cette *réunion* des deux Patriarcats de Constantinople, le latin et le grec, Grégoire III devint *verus et unicus patriarcha Constantinopolitanus*. En le reconnaissant officiellement ainsi, le pape Nicolas V adressa à l'empereur byzantin une lettre en lui intimant de proclamer officiellement l'Union à Constantinople (27 septembre 1451) et de restaurer sur son siège le patriarche Grégoire Mammas, comme conditions *sine qua non* de toute aide latine à l'Empire expirant de Constantinople[10].

Cette réunion en un seul des deux Patriarcats fut éphémère. En 1454, le sultan Mehmed II désigna Gennadios Scholarios, leader du parti anti-unioniste, comme patriarche de Constantinople sous domination ottomane (1454–56)[11]. Du point de vue de l'Église de Rome, c'était toutefois Grégoire Mammas qui demeurait le patriarche légitime, et cela jusqu'à sa mort en 1459. De la sorte, jusqu'en 1472, sept patriarches anti-unionistes de Constantinople, et résidants dans la nouvelle capitale ottomane, Gennadios II Scholarios (1454–56), Isidore II (1456–62), Sophronios Ier (1462–64), Joasaph Ier (1464–65), Syméon Ier de Trébizonde (1465–66, 1471–75), Marc Xylokaraves (1465–66) et Dionysios Ier (1466–71)[12] auront en face d'eux trois patriarches de Constantinople unionistes, résidants à Rome[13]. L'Église de Rome – et avec elle toute la Chrétienté occidentale – ne reconnaissait point par conséquent la légitimité de cette première série, considérée comme imposée par la force par Mehmed II, et donc usurpatrice du siège patriarcal[14]. En appuyant en 1458 la nomination d'un métropolite grec uniate à Kiev consacré par le patriarche Grégoire Mammas, Pie II mettait en garde le roi de Pologne contre toute tentative possible de pénétration dans le diocèse d'un métropolite rival consacré par le *pseudopatriarcha [qui] est profanus antistes Constantinopolitanus a tiranno Turchorum constitutus ecclesie*[15]. Même en 1501 le pape Alexandre VI dénonçait le patriarche grec de son époque comme *illum Joachimum hereticum, constitutum violenta manu in sede Constantinopolitana per tirannum Turcorum*[16].

Après la mort de Grégoire Mammas, son fidèle collaborateur Isidore de Kiev devient tout naturellement son successeur (20 avril 1459 – 27 avril 1463). Dans la bulle de nomination (*Cooperante Dei miseratione*, 20 avril 1459), le pape Pie II explique de façon très précise les termes juridiques dans lesquels la réunion des

---

[9] G. Mercati, Scritti d'Isidoro, il cardinale Ruteno e codici a lui appartenuti che si conservano nella Biblioteca Apostolica Vaticana (*StT* 46). Roma 1926, 134–135, n. 6; *PLP* n° 8300.

[10] Epistolae Pontificiae III, n° 304, 131–138; J.-L. van Dieten, Der Streit in Byzanz um die Rezeption der Unio Florentina. *Ostkirchliche Studien* 39 (1990) 160–180, ici 166–169 et 177–180, n. 38–61; W.K. Hanak, Pope Nicholas V and the aborted crusade of 1452–1453 to rescue Constantinople from the Turks. *BSl* 64 (2007) 337–359 (surtout 337–346, analyse de la lettre papale, 354–359, trad. angl.); R. Guilland, Les Appels de Constantin XI Paléologue à Rome et à Venise pour sauver Constantinople (1452–1453). *BSl* 14 (1953) 226–244, ici 231–233; Setton, The Papacy II, 105–106.

[11] Marie-Hélène Blanchet, Georges Gennadios Scholarios (vers 1400 – vers 1472) : un intellectuel orthodoxe face à la disparition de l'Empire byzantin (*Archives de l'Orient chrétien* 20). Paris 2008.

[12] Marie-Hélène Blanchet, Georges Gennadios Scholarios a-t-il été trois fois patriarche de Constantinople ?. *Byz* 71 (2001) 60–72 et Eadem, Georges Gennadios Scholarios 468–470, qui améliore la chronologie proposée par V. Laurent, Les premiers patriarches de Constantinople sous domination turque (1454–1476). *REB* 26 (1968) 228–263.

[13] Sur ce face-à-face entre les tenants du Patriarcat de Constantinople, voir dernièrement les propos de A. Bryer, The Roman Orthodox World (1393–1492), in : The Cambridge History of the Byzantine Empire, c. 500–1492, éd. J. Shepard. Cambridge 2008, 865–878.

[14] L'accusation est lancée, remuant le couteau dans la plaie, par Léonarde de Chios à Gennade Scholarios aussitôt après son intronisation : K.-P. Matschke, Leonhard von Chios, Gennadios Scholarios, und die collegae Thomas Pyropoulos und Johannes Basilikos vor, während und nach der Eroberung von Konstantinopel durch die Türken. *Byzantina* 21 (2000) 227–236 : *Horum suffragio patriarcalem sedem usurpasti, cuius rei non dubium iam penitudo te angit ...* Comment Scholarios vivait personnellement sa condition, a été montré par Marie-Hélène Blanchet, L'ambiguïté du statut juridique de Gennadios Scholarios après la chute de Constantinople (1453), in : Le Patriarcat œcuménique de Constantinople aux XIVe–XVIe siècles 195–211.

[15] A. Prochaska, Nieznane dokumenta do unji Florenckiej w Polsce. *Atheneum Wileńskie* 1 (1923) 73; O. Halecki, From Florence to Brest (1439–1596). Rome 1958, 88.

[16] A. Theiner, Vetera monumenta Poloniae et Lithuaniae gentiumque finitimarum historiam illustrantia II. Rome 1861, n° 296, 267–268; J. Pelesz, Geschichte der Union der Ruthenischen Kirche mit Rom von den Aeltesten Zeiten bis auf die Gegenwart I. Würzburg–Vienne 1881, 481–483.

deux Patriarcats avait été accomplie[17]. En termes strictement canoniques, il serait donc impropre de parler de Patriarcat « latin » et de Patriarcat « grec » après 1451: les deux ayant été réunis en un seul, Grégoire Mammas devenait *verus et unicus patriarcha Constantinopolitanus*. Il devait recevoir non seulement les revenus du Patriarcat latin de Constantinople et de Négrepont, mais aussi le Patriarcat œcuménique de Constantinople, au cas où – suite à la croisade préparée par le pape Pie II – la capitale byzantine devait être reconquise. Le projet formulé au Concile de Florence de restauration des Églises de rite byzantin dans les territoires se trouvant sous l'autorité des puissances catholiques fut désormais porté plus loin par cette hiérarchie grecque unioniste.

Après la mort du cardinal Isidore de Kiev, Pie II nomma patriarche de Constantinople le cardinal Bessarion (n. 1403/1408 – m. 1472)[18]. L'idéologie du Patriarcat unioniste de Constantinople en exil fut exprimée dans l'encyclique (Ἐπιστολὴ καθολική) que le cardinal Bessarion – qui s'y intitulait d'emblée ἐλέῳ Θεοῦ τῆς ἱερᾶς Ῥωμαίων Ἐκκλησίας καρδινάλις, καὶ Κωνσταντινουπόλεως νέας Ῥώμης οἰκουμενικὸς πατριάρχης – adressa pour annoncer sa nomination à tous les archevêques, évêques, higoumènes de monastères, prêtres, moines, laïcs, à tous ceux qui étaient subordonnés au Patriarcat de Constantinople (27 mai 1463)[19]. L'utilisation du titre traditionnel de patriarche *œcuménique*, outrepassant les susceptibilités que le Saint-Siège a toujours montré envers cette appellation, montre clairement que Bessarion se considérait, lui, le patriarche légitime de l'Église de Constantinople en exil. Ce document articule, outre une apologie de Bessarion lui-même, l'idéologie officielle de l'institution qu'il venait d'occuper. Le cardinal rappelle le passé glorieux de l'Empire byzantin, en mettant son déclin au compte de la séparation de l'Église romaine. C'était précisément pour enrayer ce déclin que l'Union avec l'Église de Rome avait été signée au Concile de Florence. Or c'est justement le rejet de ce concile œcuménique, dont les décrets étaient obligatoires, qui avait constitué la cause de la disparition de l'Empire[20]. Il poursuit avec une justification des propositions théologiques alors affirmées : le *Filioque* et la primauté papale. Les Pères du Concile de Florence avaient considéré que les Saint Pères d'Orient et d'Occident ne pouvaient pas se contredire, en établissant que le Père et le Fils étaient le principe unique de l'Esprit Saint, qui procède des deux d'un souffle unique[21]. Quant au pontife romain, il devait également être reconnu comme le chef de la Chrétienté : la monarchie de Pierre était en effet le principe sur lequel le Christ a édifié Son Église. Enfin, pour justifier sa nomination comme patriarche de Constantinople, Bessarion faisait appel à l'histoire. Il soutient que le Patriarcat de Constantinople a même été créé par le pape Léon le Grand au Concile de Chalcédoine, comme un contrepoids de l'influence du Patriarcat d'Alexandrie. Le pape Innocent Ier avait excommunié l'empereur Arcadius et son épouse Eudoce pour rétablir sur son trône Jean Chrysostome ; Nicolas Ier est intervenu pour restaurer le saint patriarche Ignace contre son adversaire Photius[22]. Par ces précédents historiques, pas toujours exacts, Bessarion voulait implicitement justifier sa propre nomination contre les « usurpateurs » d'alors du siège patriarcal, par une papauté qui serait ainsi à l'origine même de l'institution patriarcale constantinopolitaine. Avec ces faits à l'appui, il demande aux Grecs d'abandonner leurs préjugés contre les Latins, et de revenir au giron de

[17] G. Fedalto, La Chiesa Latina in Oriente, II. Hierarchia Latina Orientis. Verone 1976, 92; bulle de nomination, *Cooperante Dei miseratione*, in : C. Baronius – O. Raynaldus – J. Laderchius, Annales ecclesiastici denuo et accurate excuse, XXIX, 1454–1480, Bar-le-Duc, Paris – Fribourg 1880 (a. 1459, 84) 217; résumé dans C. Cenci O.F.M., Supplementum ad Bullarium Franciscanum, continens litteras Romanorum pontificum annorum 1378–1484 pro tribus ordinibus S.P.N. Francisci ulterius obtentas II (1471–1484). Grottaferrata – Rome 2003, 1020, n° 2463, a. : Reg. Vat. 470, f. 465^{r-v}. Texte discuté par Muresan, Girolamo Lando 160–161.

[18] H. Vast, Le cardinal Bessarion, 1403–1472 : étude sur la chrétienté et la Renaissance vers le milieu du XVe siècle. Paris 1878; L. Mohler, Kardinal Bessarion als Theologe, Humanist und Staatsmann I–III. Paderborn 1923–1942; Lotte Labowsky, Bessarione, in : Dizionario biografico dei Italiani IX. Rome 1967, 686–696; E. Mioni, Vita del cardinale Bessarione (*Miscellanea Marciana* VI). Venise 1991; G. Fiaccadori, Bessarione e l'Umanesimo : catalogo della mostra, Biblioteca nazionale Marciana (Venezia, 27 aprile–31 maggio 1994). Naples 1994; *PLP* n° 2707.

[19] *PG* 161, coll. 447–479 (grec), col. 481–490 (trad. lat. faite par Bessarion lui-même); Vast, Le cardinal Bessarion 261–263; K. Mohler, Kardinal Bessarion I, 240–242; A. Rigo, Bessarione tra Costantinopoli e Roma, in : Bessarione di Nicea, Orazione dogmatica sull' Unione dei Greci e dei Latini, éd. G. Lusini . Naples 2001, 46–47.

[20] *PG* 161, 452–456.

[21] *PG* 161, 456 f.

[22] *PG* 161, 473–478.

l'Église catholique et romaine. Il se présente lui-même comme le patriarche légitime et signe la lettre encyclique en usant une seconde fois du titre « par la grâce de Dieu cardinal de la Sainte Église Romaine et patriarche œcuménique de Constantinople, Nouvelle Rome ».

La nomination de Bessarion par Pie II au Patriarcat de Constantinople eut lieu dans le contexte de la proclamation de la croisade anti-ottomane ardemment préparée par le pape Piccolomini depuis le Congrès de Mantoue (1459)[23]. Dans la bulle pontificale de croisade *Ezechielis prophete magni*, promulguée le 22 octobre 1463, l' un des objectifs assignés à la croisade était précisément la libération des quatre *Patriarchales sedes veneratu dignissime Constantinopolitana Antiochena Alexandrina et Jherosolymitana*[24]. Bessarion devait donc occuper le siège du Patriarcat œcuménique de Constantinople, au cas où – suite à la croisade préparée par le pape Pie II – la capitale byzantine allait être reconquise.

À qui cette encyclique était-elle adressée ? Très certainement aux Grecs du domaine colonial vénitien[25]. Par la bulle *De Regiminis universalis* (11 mai 1463), Pie II accordait au *venerabilis frater noster Bissarion patriarcha constantinopolitanus* le mandat de règlementer le statut du rite orthodoxe de Crète, à savoir d'intervenir directement, comme supérieur, dans la juridiction de l'archevêque de Candie, Girolamo Lando[26]. Mais cette encyclique patriarcale avait de par son adresse une bien plus large portée, qui ne saurait ignorer les fidèles de rite byzantin habitant historiquement d'autres territoires sous autorité latine, et échappant de par cela à la domination ottomane.

Aussi la présence d'une hiérarchie supérieure byzantine en communion avec le Saint-Siège a-t-elle influé sur les deux royaumes de la frontière de la Chrétienté latine : la Pologne et la Hongrie. Alerté de la collaboration entre, d'un côté, *Ionas schismaticus et rebellus*, le métropolite de Moscou adversaire de l'Union et, de l'autre, le *pseudopatriarcha et profanus antistes Constantinopolitanus, a tiranno Turcorum constitutus*[27], le pape Calliste III décida – sur le conseil des cardinaux Isidore et Bessarion – de diviser la métropole de Kiev, en nommant à l'intérieur des frontières de la Pologne-Lituanie une hiérarchie grecque uniate. Le 16 janvier 1458 le pape désigna à la tête de l'évêché de Halicz le moine basilien Macaire[28]. Elargissant cette décision, il décida de diviser la métropole russe en deux : une « Russie Supérieure » qui demeurait dans la sphère d'influence de Moscou, et une « Russie Inférieure », à l'intérieur des frontières polono-lituaniennes, où il ordonna comme métropolite de Kiev un ancien collaborateur d'Isidore, Grégoire le Bulgare (21 juillet 1458)[29].

Tout juste monté sur le trône de saint Pierre, Pie II réglementa le 3 septembre 1458, le statut du nouveau métropolite uniate de Kiev, en demandant à tous les fidèles de reconnaître son autorité et de rejeter celle du métropolite Jonas, sollicitant enfin le concours du roi Casimir IV[30]. Le nouveau métropolite « de Kiev, de Lituanie et de toute la Russie » détenait l'autorité sur les évêchés de Bryansk, Smolensk, Polotsk, Turovsk,

---

[23] SETTON, The Papacy II 196–270.

[24] BARONIUS – RAYNALDUS – LADERCHIUS, Annales ecclesiastici XXIX (a. 1463, 29–40) 356–361; M. PRIETZEL, Guillaume Fillastre D.J., Ausgewählte Werke : mit einer Edition der Kreuzzugsbulle Pius' II. "Ezechielis prophete" (*Instrumenta* 11). Stuttgart 2003.

[25] Z. N. TSIRPANLIS, Τὸ κληροδότημα τοῦ καρδιναλίου Βησσαρίωνος γιὰ τοὺς φιλενωτικοὺς τῆς βενετοκρατούμενης Κρήτης (1439–17ος αἰ.). Thessalonique 1967.

[26] G. HOFMANN, Papst Pius II. und die Kircheneinheit des Ostens. *OCP* 12 (1946) 217–237, ici 217–223; D.I. MURESAN, Girolamo Lando, titulaire du Patriarcat de Constantinople (1474–1497) et son rôle dans la politique orientale du Saint-Siège. *Annuario dell'Istituto Romeno di Cultura e Ricerca Umanistica di Venezia* 8 (2006) 153–258.

[27] Sur l'alliance ecclésiastique entre Constantinople et Moscou à cette époque, voir pour l'instant, dans l'attente de l'étude spéciale que nous lui dédions : D. I. MURESAN, Teoctist I și ungerea domnească a lui Ștefan cel Mare, in: Românii în Europa medievală (între Orientul bizantin și Occidentul latin). Studii în onoarea Profesorului Victor SPINEI, éd. D. TEICU – I. CANDEA. Brăila 2008, 303–416, ici 399–408.

[28] HALECKI, From Florence 84; Documenta pontificum Romanorum historiam Ucrainae illustrantia I : 1075–1700, éd. A. WELYKYJ. Rome 1953, n° 78–79, 138–140; PROCHASKA, Nieznane dokumenta 64–66.

[29] HALECKI, op. cit. 85–86; G. HOFFMAN, Papst Kalixt III. und die Frage der Kircheneinheit im Osten, in: Miscellanea Giovanni Mercati III. Città del Vaticano 1946, 209–237, ici 227–229.

[30] Documenta ... Ucrainae (éd. WELYKYJ), n° 82–86, 145–151; HOFMANN, Papst Pius II 230–232; PROCHASKA, Nieznane dokumenta 67–69.

Vladimir, Peremyshl, Kholmsk et Halicz[31]. Les actes pontificaux apportent ainsi quelques précisions importantes : les deux nouveaux prélats étaient membres de l'ordre basilien et avaient une expérience monastique datant depuis l'époque de l'Empire byzantin : Macaire avait vécu au monastère St. Cyprien de Constantinople, tandis que Grégoire avait été higoumène du monastère St Démétrius de l'ancienne capitale. Tous deux avaient été consacrés par le patriarche Grégoire Mammas, qui accompagna comme ordinaire le geste administratif du pontife. Les deux prélats étaient non seulement d'origine byzantine, mais aussi de langue maternelle slave : si le métropolite Grégoire était d'origine bulgare (*Bugarin*), l'évêque Macaire était, lui, d'origine serbe. Le choix de ces deux personnages était naturel, dans la mesure où les diocèses ruthènes où ils étaient envoyés employaient le slavon comme langue liturgique.

Il n'est pas superflu de rappeler cependant que, en tant que membres de l'ordre basilien, leur chef direct était toutefois le cardinal Bessarion. Moine lui-même depuis 1423, il avait procédé – à l'incitation directe du pape Eugène IV – à la réforme de cet ordre. Le 14 février 1446, le pape convoqua le Chapitre général de tous les abbés grecs d'Italie, surtout au royaume de Naples et en Sicile, en vue d'une meilleure organisation de l'*ordinis sancti Basilii*. Ce chapitre se réunit, sous la présidence du cardinal Giovanni de' Ponti, évêque de Tarant, et de Bessarion lui-même, dans l'église des Saints Apôtres à Rome, dont ce dernier était le commanditaire. Les statuts en 15 articles visaient une réforme générale de l'ordre, qui devait être mis sur le modèle de la Règle de Saint Basile. Le pape approuva ces articles le 14 décembre 1446[32]. Bessarion fut également l'auteur de l'abrégé des règles du saint Basile de Césarée (Σύντομος ἐκλογή), rédigé aux alentours de 1451, texte qui servit désormais de règle aux basiliens occidentaux[33]. Dans le but de servir à une meilleure connaissance de la situation réelle des monastères grecs d'Italie qu'il fallait réformer, il commanda la visite canonique de son proche collaborateur, Athanase Chalkéopoulos, qui nous en a laissé un mémoire détaillé[34]. Les dispositions prises à cette occasion par le visiteur canonique firent de la Règle de Bessarion la référence législative fondamentale pour l'Ordre basilien. Il est évident que le moine *basiliain* Macaire, à son départ en 1458, porta avec lui en Pologne et en Hongrie tout l'esprit de renouvellement animé depuis douze ans en Italie par Bessarion, le général de l'ordre de Saint Basile.

Une lettre de recommandation adressée par le métropolite Grégoire de Kiev à ses évêques suffragants, fait référence à l'évêque de Halicz[35]. Macaire était donc déjà arrivé sur son siège épiscopal avant le départ de Grégoire. Il avait même adressé une plainte au sujet de l'usurpation des biens de son évêché. En réponse, le pape Pie II écrit à l'archevêque de Lwów, l'humaniste Grégoire de Sanok, ainsi qu'à l'évêque de Przemysl, en leur demandant de tout mettre en œuvre pour aider l'évêque de Halicz à récupérer les biens de son Église[36]. Il est donc évident que l'évêque grec de Halicz, Macaire, était déjà intronisé en septembre 1458, bien qu'il se confrontait sur le terrain à des difficultés. En effet, la métropole de Halicz, qui avait été fondée au cours du XIVe siècle par le Patriarcat de Constantinople avait été amoindrie en 1375 et supprimée en 1412. Le pape Jean XXIII avait alors élevé l'évêque latin de Lwów au rang métropolitain, en liquidant les derniers vestiges de l'ancienne métropole byzantine de Halicz et en englobant les fidèles de rite grec sous la

---

[31] PROCHASKA, Nieznane dokumenta 72–73; HALECKI, op. cit. 88; O. HALECKI, The Ecclesiastical Separation of Kiev from Moscow in 1458, in : Studien zur alteren Geschichte Osteuropas I. Graz – Köln 1956, 19–32; IDEM, Rome, Kiev et Moscou après la prise de Constantinople par les Turcs. *Comptes-rendus des séances de l'Académie des Inscriptions et Belles-Lettres* 100 (1956) 236–243.

[32] L. MOHLER, Kardinal Bessarion 253–258; R.-J. LOENERTZ, Statuti disciplinari del capitolo generale della Religione di Santo Basilio celebrato a Roma nel 1446. *Bolletino della Badia Greca* 1 (1947) 179–184; S. PARENTI, Il monastero di Grottaferrata nel medioevo (1004–1462). Segni e percorsi di una identità (*OCA* 274). Rome 2005, 182–184.

[33] A. COCCIA, Compendium monasticarum divi Basilii Magni per Bessarionem cardinalem. *Bessarione* 5 (1886) 283–348; S. PARENTI, Il monastero di Grottaferrata 184–186.

[34] M.-H. LAURENT – A. GUILLOU, Le 'Liber Visitationis' d'Athanase Chalkéopoulos (1457–1458) Contribution à l'histoire du monachisme grec en Italie méridionale (*Studi e Testi* 206). Città del Vaticano 1960.

[35] Documenta ... Ucrainae (éd. WELYKYJ), n° 86, 150–151.

[36] Documenta ... Ucrainae (éd. WELYKYJ), n° 89, 153–154; PROCHASKA, Nieznane 70; sur Grégoire de Sanok, le premier grand humaniste de Pologne (c. 1403–1477) et archevêque de Lwów (1451–1477) voir : H.B. SEGEL, Renaissance Culture in Poland: The Rise of Humanism, 1470–1543. Ithaca N.Y. 1989, 18–35.

juridiction de l'archevêché latin[37]. Durant la même année, le roi Vladislav II Jagellon avait brutalement supprimé l'évêché orthodoxe de Przemysl, pour le transformer en évêché latin[38]. Naturellement, au moment où le pape Calliste III, puis Pie II avaient procédé – sans doute sous l'influence d'Isidore de Kiev – à la restauration d'un évêché de rite byzantin de Halicz, ses biens avaient été depuis longtemps confisqués. Cependant, même en prenant en considération la pénurie des moyens, somme toute surmontable, la question reste entière : quand et pour quelle raison l'évêque Macaire de Halicz a-t-il été transféré dans le royaume de Hongrie[39] ?

En répondant positivement à la demande du pontife, le roi Casimir a soutenu l'activité de Grégoire le Bulgare, en imposant sa reconnaissance par les évêques ruthènes en 1469, et même en demandant au grand duc Ivan III de reconnaître son autorité à Moscou, chose que celui-ci refusa. Cependant, après une première phase de succès, Grégoire commença à être confronté à une résistance sourde de la part des fidèles ruthènes, qui l'obligea en fin de compte à se réconcilier avec le patriarche grec de Constantinople, adversaire de l'Union. Cette réconciliation, réalisée sur l'initiative du prince Siméon de Kiev et probablement grâce à l'intermédiaire du métropolite Théoctiste Ier de Moldavie, fut entamée en 1465, par l'envoi de l'ambassade d'un certain Manuel à Constantinople, afin d'obtenir pour Grégoire la confirmation du patriarche de Constantinople. Le patriarche Denys Ier accepta le renoncement de Grégoire le Bulgare à l'Union et lui délivra l'acte synodal du 14 février 1467, qui reconnaissait dans les termes les plus chaleureux Grégoire comme le métropolite légitime de toute la Russie[40]. Ainsi le disciple le plus fidèle d'Isidore de Kiev, qui avait été installé comme chef spirituel des Ruthènes pour garantir la continuité de l'Union florentine en Pologne et Lituanie, était justement celui qui changeait de camp pour passer sous la juridiction de celui que les pontifes romains considéraient comme un *pseudo-patriarche*, usurpateur du siège détenu légalement alors par le cardinal Bessarion. La défaite qu'essuya l'autorité spirituelle du patriarche de Constantinople en communion avec l'Église de Rome était cinglante devant son rival, Denys Ier, l'ancien disciple de Marc Eugénikos. Les Ruthènes recommencent dès lors à être considérés dans les actes pontificaux comme des « schismatiques ».

Le passage en Hongrie de Macaire de Halicz, attesté ici à partir de 1466, est donc contemporain du rapprochement entre son métropolite Grégoire de Kiev et le Patriarcat anti-unioniste de Constantinople. Son départ de Pologne pour la Hongrie, où il continue d'agir *juxta decretum Concilii ycumenici florentini* ne peut signifier autre chose qu'une manière *d'opposition* à ce qu'il devait regarder comme une trahison de l'Union par le métropolite de Kiev.

L'évêque Macaire de Halicz, refusant de reconnaître la juridiction du patriarche grec de Constantinople, préféra se transférer en Hongrie, dans le but manifeste de demeurer fidèle au Patriarcat de Constantinople « hors-frontières », incarné depuis 1463 par le cardinal Bessarion. Ce transfert de Pologne en Hongrie doit également s'expliquer par ses relations tendues avec son rival l'archevêque latin de Lwów, Grégoire de Sanok. L'archevêque latin et l'évêque grec devaient se regarder en chiens de faïence, car l'apparition d'un prélat de rite oriental empiétait directement sur l'autorité que le premier réclamait sur les fidèles des deux rites de son diocèse. Cependant, les enjeux étaient encore plus vastes. Grégoire de Sanok avait commencé sa carrière en suivant en 1440 le roi Vladislav III en Hongrie, et il resta quelques années à la cour épiscopale d'Oradea auprès de Jean Vitéz. Cependant, comme beaucoup de Polonais, il devint après le désastre de Varna opposé à tout projet de croisade. Il encourageait plus volontairement le roi Casimir IV dans ses projets baltiques et l'alliance avec Georges Podebrady et, après la mort de celui-ci, de la candidature de Vladislav Jagellon à la couronne de Bohême (1471). En conséquence, l'archevêque de Lwów promouvait une direction

---

[37] A. THEINER, Vetera monumenta Poloniae et Lithuaniae gentiumque finitimarum historiam illustranti II. Rome 1861, n° 8, 5–6; N. DENSUSIANU, Documente privitoare la Istoria Românilor 1346–1450. Bucureşti 1890, I/1, n° 402, 487–490.

[38] Jan DLUGOSZ, Historiae Polonicae libri XII, vol. IV. Cracovie 1877, 148–149.

[39] M. STASIW, Metropolia Haliciensis (eius historia et iuridica forma) (*Analecta OSBM*, s. II, 12). Rome ²1960, 43–45.

[40] Publiée par Я. Щапов, Восточнославянские и южнославянские рукописные книги в собраниях Польской Народной Республики. Москва 1976, I, 135–136 et II, 145–147; commentée par A. PLIGUZOV, On the Title 'Metropolitan of Kiev and All Rus'. *Harvard Ukrainian Studies* 15/3–4 (1991) 340–353, ici 343–344, 352; B.A. GUDZIAK, Crisis and Reform: The Kyivan Metropolitanate, the Patriarchate of Constantinople, and the Genesis of the Union of Brest. Cambridge Mass. 1998, 45–52; S. PLOKHY, The Origins of the Slavic Nations. Pre-modern Identities in Russia, Ukraine, and Belarus. Cambridge 2006, 104–105.

politique extrêmement hostile au roi de Hongrie. Cette opposition à la croisade et à la politique pontificale le détermina à accueillir auprès de lui un ancien protégé de Bessarion qui avait complètement perdu sa grâce. Philippo Buonaccorsi, dit Callimachus, impliqué dans le complot des humanistes contre Paul II, traqué partout par la police pontificale, avait failli tomber en 1468 entre les mains de l'émissaire de Bessarion à Chypre, Athanase Chalkéopoulos[41]. En 1470, malgré l'avis défavorable de la diète de Piotrków, Grégoire de Sanok prit l'humaniste déchu sous sa protection dans un geste d'affirmation de la souveraineté polonaise par rapport à la politique de Paul II[42]. Il va sans dire, avec ces éléments, que l'opposition entre la hiérarchie polonaise et la direction politique illustrée par Paul II et le doyen de ses cardinaux, Bessarion, était alors on ne peut plus radicale.

Dans ce contexte de rapports difficiles avec la hiérarchie polonaise, le pape Paul II, en gérant de son autorité ce transfert de Macaire de Halicz en Hongrie, demandait le soutien des deux archevêques de Hongrie. Or la Hongrie était alors en plein changement d'attitude envers ses habitants qui étaient chrétiens de rite byzantin. Si les premiers Magyars baptisés le furent dans le rite oriental, à Constantinople, la métropole « de Tourkia » relevant du Patriarcat œcuménique conserva son existence jusqu'à la fin du XIIe siècle[43]. Dans le contexte conflictuel instauré entre Rome et Constantinople après 1054, la métropole avait été latinisée et transformée en second archevêché catholique du royaume, ayant son siège à Kalocsa[44]. Après une longue période de crise, amplifiée par les conséquences de la croisade de 1204 et qui atteint son apogée sous le règne de Louis Ier d'Anjou, le sort des chrétiens de rite byzantin commence à s'améliorer avec l'avènement de Sigismond de Luxembourg. Depuis la fin du XIVe siècle, le métropolite de Hongrovalachie tenait de surcroît – par concession du roi Sigismond, alors en rapports excellents avec l'Empire byzantin – le titre d'exarque « de toute la Hongrie et des parties dépendantes »[45]. Cela a permis une amélioration générale des conditions de l'Église byzantine de Hongrie, culminant avec les efforts de Sigismond de Luxembourg d'organiser, entre 1434–1437, un concile œcuménique d'Union des Églises dans la capitale du royaume, Buda. Si ce projet échoua finalement en raison du décès du roi-empereur, il aboutit au moins en 1443 à la promulgation par le roi Vladislav I, le héros de Varna, du *Privilegium* qui avait alors reconnu l'égalité du clergé de rite byzantin avec le clergé latin de ses deux couronnes de Pologne et de Hongrie[46]. En profitant des dispositions du décret royal, le cardinal Isidore de Kiev put même fonder vers cette époque, peut-être même en 1443, à Munkács (Mukačevo) un évêché pour les Ruthènes du nord-est de la Hongrie[47]. Cette amélioration générale de leur statut était due ainsi à l'exercice du patronage royal en faveur des chrétiens de rite byzantin. C'est pourquoi dans son *De liberorum educatione* l'humaniste Aeneas Sylvius Piccolomini exhortait le roi Ladislas de Bohême et de Hongrie en 1450, à apprendre le grec : « Car, en tant que roi de Hongrie, tu régneras sur un nom-

---

41 LAURENT – GUILLOU, Le 'Liber Visitationis' d'Athanase Chalkéopoulos xxvii–xxix, 216. Athanase Chalkéopoulos, devenu entre temps évêque de Gérace, devait jouer l'intermédiaire au nom de Paul II (et de Bessarion également) pou l'union du roi Jacques de Chypre avec Zoé Paléologue, projet qui échoua en raison de la préférence montrée par le roi de Chypre pour Caterina Corner A. ANDREWS, The 'Lost' Fifth Book of the Life of Pope Paul II by Gaspar of Verona. *Studies in the Renaissance* 17 (1970) 7–45, ici 24–25, 45.

42 H.B. SEGEL, Renaissance Culture in Poland. Ithaca, New York 1989, 36–82.

43 G. MORAVCSIK, The Role of the Byzantine Church in Medieval Hungary, in : IDEM, Studia byzantina. Budapest 1967, 326–340; N. OIKONOMIDES, À propos des relations ecclésiastiques entre Byzance et la Hongrie au XIe siècle: le métropolite de Turquie. *RESEE* 9 (1971) 227–233; A. MADGEARU, The mission of Hierotheos : location and significance. *BSl* 66 (2008) 119–138.

44 I. BAAN, The Metropolitanate of Tourkia. The Organization of the Byzantine Church in Hungary in the Middle Ages, in : Byzanz und Ostmitteleuropa 950–1453. Beiträge zu einer table-ronde des XIX International Congress of Byzantine Studies, Copenhagen 1996, éd. G. PRINZING – M. SALAMON. Wiesbaden 1999, 45–53. Les détails de ce processus, qui reste obscur à défaut de sources écrites, s'éclairent tant soit peu en comparaison avec la naissance du deuxième archevêché du royaume de Pologne, né, nous venons de le voir, après avoir "phagocyté" la métropole byzantine de Halicz.

45 D.I. MURESAN, Une histoire de trois empereurs. Aspects des relations de Sigismond de Luxembourg avec Manuel II et Jean VIII Paléologue, in : Emperor Sigismund and the Orthodox World (*Veröffentlichungen zur Byzanzforschung*), éd. Ekaterini MITSIOU – M. POPOVIC – J. PREISER-KAPELLER – A. SIMON. Wien 2009, 41–101.

46 I.M. DAMIAN, Inspiraţia, contextul şi aplicarea decretului regal *Privilegium ruthenorum* (1443) în Transilvania şi Banat. *Anuarul Şcolii Doctorale* 1 (2005) 89–100.

47 A. HODINKA, A munkácsi görög szertartású püspökség okmánytáro. Užgorod 1911, 5; G. PAPP, A munkácsi püspökség eredete, Keleti Egyház. Budapest 1940, 69–71; A. BARAN, Metropolia Kioviensis et Eparchia Mukacoviensis. Rome 1960, 31–40.

bre important de descendants de cette ancienne race »[48]. Le métropolite Samuel de Hongrovalachie exerçait encore sa fonction exarcale sur les orthodoxes de Hongrie. Il avait, semble-t-il, participé à la proclamation de l'Union à Constantinople le 12 décembre 1452, et s'adressait en cette qualité en 1453 aux *honorables citoyens de Hermannstadt, grands et petits, aux feudataires, aux nobles et à tous ceux qui vivent sous la Sainte Couronne de l'Empire de Hongrie* (*heiligen Kron des Reichs zw Vngarn*) pour décrire en témoin oculaire les horreurs de la prise de Constantinople et les avertir des dangers qui planaient sur le royaume de la part du sultan Mehmed II[49]. Cependant, à partir de 1462 la Valachie avait été définitivement réduite à se soumettre à la suzeraineté ottomane. Matthias Corvin, alors en guerre contre Mehmed II, ne pouvait plus se permettre d'accepter en Hongrie l'autorité exarcale du métropolite dépendant du Patriarcat anti-unioniste de Constantinople. C'est dans ce contexte que se place entre 1465 et 1466 le transfert de Macaire en Hongrie. Autour de cet évêque transféré bon gré mal gré en Hongrie commençait à prendre consistance ecclésiastique une hiérarchie supérieure de rite byzantin. Elle se trouvait en rapport avec les titulaires du Patriarcat uniate de Constantinople, en exil en Italie, et était placée en subordination directe par rapport à la hiérarchie latine locale. Le parallèle avec la situation de la métropole de Rhodes à la même époque est parfait[50].

L'autorité spirituelle du patriarche de Constantinople sur les fidèles de rite byzantin du royaume de Hongrie n'était pas le seul lien que le cardinal Bessarion entretenait avec la Couronne de Saint Étienne. Un rôle essentiel dans la résistance de la Hongrie à l'assaut général lancé par Mehmed II en 1456, revint, à côté de l'expérience militaire de Jean Hunyadi et de la ferveur religieuse de Jean de Capistran, au cardinal Juan de Carvajal lors de sa longue mission pannonienne de 1455–1461[51]. Après la victoire de Belgrade, le représentant de la politique papale avait tiré son épingle du jeu lors du conflit interne survenu après la mort de Ladislas V, en secondant le jeune roi Matthias Corvin dans sa difficile prise de pouvoir en 1458. Cette succession d'événements inattendus témoigne de la difficulté exceptionnelle de la mission du cardinal Carvajal. Pour l'aider dans son entreprise, Pie II lui envoya un soutien de marque au lendemain du Congrès de Mantoue. Le 10 janvier 1460 le pape informait le légat en Hongrie de l'issue heureuse de cette réunion : la « nation italienne » avait décidé de payer la *decima* du clergé, la *vigesima* des Juifs et la *trigesima* des laïcs afin de fournir l'effort militaire assumé alors par la « nation allemande », qui s'était engagée à fournir 30.000 fantassins et 10.000 chevaliers, secondés d'une aide bourguignonne de 4.000 fantassins et 2.000 chevaliers *in armis futura contra Turcos*. Cet important soutien militaire devait affermir le légat dans sa politique de soutien au jeune roi Matthias Ier, et encourager les Hongrois dans leur résistance aux Ottomans. Pour avoir justement mesuré toute la difficulté de la mission du légat en Hongrie (les interminables divisions internes, les attaques continuelles des Turcs et enfin la guerre entre Frédéric III et Matthias Corvin, le pape choisit une aide sur mesure : *electus itaque est Venerabilis frater noster Bessarion, Episcopus Tusculanus, sacre Romane ecclesie Cardinalis Nicenus, vir non solum ad hec opera propter virtutem idoneus, sed propter plurima summe affectus*. Bessarion devait représenter le pape aux diètes censées se dérouler à Nuremberg et à Neustadt. La raison en était qu'un seul légat ne pouvait s'occuper au même moment des affaires si complexes de la Hongrie et de l'Allemagne. C'est pourquoi Bessarion était envoyé seulement en aide, et non comme substitut, et Carvajal ne devait surtout pas y voir une quelconque intention du pape de le corriger ou de le désavouer[52]. En effet, le 18 janvier 1460, en conformité avec les décisions du Congrès de Mantoue, le pape mandatait formel-

[48] W.H. Woodward, Vittorino da Feltre and Other Humanist Educators. Cambridge 1912 (réed. Toronto 1996), 134–158, ici 149.

[49] D.I. Muresan, Le royaume de Hongrie et la prise de Constantinople. Croisade et union ecclésiastique en 1453, in : Between Worlds, II, Extincta est lucerna orbis. John Hunyadi and his Time, éd. Ana Dumitran – L. Madly – A. Simon. Cluj–Napoca 2008, 465–490, ici 484–488. Le texte du métropolite Samuel est édité par N. Iorga, Notes et extraits pour servir à l'histoire des croisades au XVe siècle. IV (1453–1476). Bucarest 1915, 65–68, et traduit par A. Pertusi, La caduta di Costantinopoli. Le testimonianze dei contemporanei I. Rome–Milan 1976, 228–231, qui hésite toutefois (p. 226) dans l'identification du personnage. Il reste encore à déterminer si l'évêché de Mukačevo relevait, comme il était normal, de la métropole de Hongrovalachie ou bien, comme le soutient l'historiographie ukrainienne uniate, de la métropole de Kiev.

[50] Z.N. Tsirpanlis, Il decreto fiorentino di unione ela sua applicazione nell' arcipelago greco. Il caso di Creta e di Rodi. *Θησαυρίσματα* 21 (1991) 43–73, surtout 54–73.

[51] L. Gomez Canedo, Un español al servicio de la Santa Sede : Don Juan de Carvajal, cardenal de Sant'Angelo, legado en Alemania y Hungria, 1399?–1469. Madrid 1947.

[52] A. Theiner, Vetera monumenta historiam Hungariae sacram illustrantia II. Rome 1860, n° 528, 348–349.

lement le cardinal Bessarion comme légat dans l'Empire : *Mittimus ad nacionem Germanicam in executionem sue sollicitationis Venerabilem fratrem nostrum Bessarionem Episcopum Tusculanum, sancte Romane ecclesie Cardinalem Nicenum, nostrum et apostolice sedis legatum* . Il avait pour mission de rétablir la paix dans l'Empire autour de Frédéric III afin de lui permettre d'organiser la future croisade[53]. Le même jour, Pie II indiquait la mission fondamentale qui revenait désormais aux deux légats : *Pacem autem vel treguas inter Imperialem Celsitudinem et Regiam Serenitatem, quam vere fundamentum omnium putas, operam dabimus per tuam et Cardinalis Niceni circumspectionem toto possem tractari*[54]. Tous les États du royaume de Hongrie étaient informés de la mission de Bessarion, qui devait également acheminer avec lui 40.000 ducats pour financer la résistance anti-ottomane de la Hongrie[55]. Enfin, à Bessarion lui-même étaient confiées des instructions précises en vue d'aider à la réglementation des relations entre Frédéric III et Matthias Corvin dans le cadre de la diète de Nuremberg[56].

Il faut donc voir la légation de Bessarion en Allemagne également sous l'angle de sa fonction fondamentale : celle de soutenir l'effort anti-ottoman du royaume de Hongrie, effort auquel s'attelait en même temps le légat Juan Carvajal[57]. Les diverses légations reflétant la hiérarchie étatique en place, il en résulte que le légat papal auprès de l'empereur prenait tout naturellement sous son autorité les autres légats agissant auprès des rois de Hongrie et de Bohême à la même période : à savoir le cardinal Juan de Carvajal en Hongrie et l'archevêque de Crète Girolamo Lando en Silésie et en Bohême. Cette hiérarchisation territoriale de l'autorité des divers légats correspondait à une pratique extrêmement bien réglementée, destinée à assurer justement la convergence des divers agents de la politique papale[58]. Ces documents permettent d'affirmer que durant les années 1460–1461 le cardinal Bessarion avait, sans s'y rendre personnellement, exercé sa juridiction sur le territoire du royaume de Hongrie, juridiction supérieure même à celle de Carvajal lui-même.

Mais l'influence de Bessarion sur la Hongrie fut encore plus directe. Il devait plaire en tout à l'empereur afin de l'attirer dans le projet de croisade. Or Frédéric III demandait à tout prix le départ de Carvajal de Hongrie. Pie II a tout fait pour changer l'attitude de son ancien patron. Il envoya en mission secrète à Frédéric III le docteur en droit Francesco de Toledo pour lui expliquer son impossibilité de révoquer Carvajal, qui s'était si bien acquitté de sa charge cinq ans durant. Mais il dut finalement se plier aux exigences impériales. Le 13 janvier 1461, le pontife annonçait, la mort dans l'âme, à Bessarion : *Continget ut cause alique necessarie inducant ad reditum Cardinalem S. Angeli ... visum nobis non est missionem illi negaret. Si veniendum statuerit mandauimus ut ad Circunspectionem tuam prius diuertat et omnia tecum communicet qui statum Ungarie possunt concernere* . En conséquence, le pontife laissait à Bessarion la tâche humainement difficile d'opérer cette substitution sans offenser son ancien ami et lui octroyait l'extension des facultés de légat pour tous les territoires antérieurement accordés à Carvajal[59]. Le pape laissait au jugement de Juan Carvajal de quitter la Hongrie, en lui faisant savoir qu'il était devenu la pierre d'achoppement entre l'empereur et le roi de Hongrie. De la sorte, en janvier 1461 Bessarion devenait légat en Hongrie ! Cependant, une attaque turque au printemps dut ajourner le départ de Juan Carvajal, Matthias Corvin demandant impérieusement au pape de

[53] IBIDEM, n° 530, 350–351; PIUS II, Commentaries II (Books III–IV), éd. Margaret MESERVE – M. SIMONETTA. Harvard 2007, 184–187; cf. K. NEHRING, Matthias Corvinus, Kaiser Friedrich III, und das Reich. Zum hunyadisch-habsburgischen Gegensatz im Donauraum. Munich 1989, 16.

[54] THEINER, Vetera monumenta historiam Hungariae, n° 529, 349–350.

[55] IBIDEM, n° 532, 351.

[56] IBIDEM, n° 541, 359.

[57] GOMEZ CANEDO, Don Juan de Carvajal 213.

[58] Sur la division géographique et la hiérarchie des prérogatives entre les légats pontificaux : R.C. FIGUEIRA, The Medieval Papal Legate and His Province: Geographical Limits of Jurisdiction, in : Plenitude of Power: The Doctrines and Exercise of Authority in the Middle Ages: Essays in Memory of Robert Louis Benson, éd. R. C. FIGUEIRA. Aldershot – Burlington 2006, 73–106.

[59] GOMEZ CANEDO, Don Juan de Carvajal 216–218 citant un document inédit : ASV, Arm. 39, t. 9, ff. 160v–161. Ces territoires étaient précisés dans la lettre par laquelle Calixte III nommait Carvajal, avec *auctoritate apostolica plenam potestatem*, légat *per Germaniam, Hungariam, regna et terras Turchis subiectas et illis finitimas te nostrum et apostolice sedis legatum de latere cum pleno legationis officio creamus et facimus, dantes tibi, cuius humero signum mirifice crucis manibus nostris imprimimus in memoriam eius, qui ad nos admonens ad sui sectanda vestigia, ait : Qui vult venire post me, abneget semetipsum, tollat crucem suam et sequatur me*, THEINER, Vetera monumenta historiam Hungariae, n° 441, 278–279.

prolonger son activité. C'est seulement avec la fin de la menace ottomane cette même année que le légat retourna de sa glorieuse légation en Hongrie, le 30 septembre 1461, presque au même moment que Bessarion.

Cette préoccupation pour la Hongrie explique aussi l'intérêt porté à la minorité hussite hongroise alors réfugiée en Moldavie. Sur la demande des Franciscains de Moldavie, le cardinal Juan de Torquemada rédigea en 1461 un rapport extrêmement détaillé, réfutant 38 propositions anti-romaines des Hussites de Hongrie et de Moldavie[60]. Il est facile de déterminer par quel truchement cette demande des Franciscains était parvenue à Torquemada : le cardinal espagnol était un ancien ami et collègue de Bessarion[61], qui à son tour remplissait depuis 1458 la fonction de cardinal protecteur des Franciscains[62].

L'intérêt de Bessarion pour la Hongrie ne devait pas s'arrêter avec son départ de l'Europe centrale. Il y retourna d'ailleurs durant l'autre légation, qui l'amena en 1463–1464 plus près de la Hongrie, où il continua à réduire les aspérités existant entre l'empereur Frédéric III et le roi Corvin, facilitant la tâche que l'archevêque de Crète, Girolamo Lando allait achever en 1463 en pleine préparation de la croisade d'Ancône. C'est durant sa légation de Venise que fut conclu le traité de paix entre Frédéric III et Matthias Corvin (19 juillet 1463)[63] et l'alliance militaire entre Venise et la Hongrie[64]. Enfin, après la mort de Pie II (13 août 1464), le cardinal Bessarion accueillit, dans sa fonction de doyen des cardinaux, le doge Cristoforo Moro en lui confiant 40.000 ducats à remettre au roi de Hongrie afin de soutenir son effort dans la croisade[65].

Le souvenir de ces liens ininterrompus de Bessarion avec la Hongrie ne s'éteindra pas pour autant. Ce fut le cercle de Bessarion qui devait appuyer les aspirations au chapeau de cardinal nourries par la haute hiérarchie de Hongrie. La trace des lettres d'intercession que Jean Vitéz et Janus Pannonius avaient envoyées au cardinal Jacopo Ammanati pour l'élévation d'Étienne de Várda, archevêque de Kalosca, au rang de cardinal est conservée dans le set de lettres expédiées en réponse par celui-ci le 5 janvier 1465 à Étienne Vardai, à Janus Pannonius et à Jean Vitéz[66]. Le neveu de Pie II explique qu'il a fait tout son possible, bien qu'avec Paul II les choses aient changé et qu'il ait eu lui-même moins d'influence auprès du nouveau pontife. Le cardinal humaniste témoigne de sa grande admiration pour la personnalité de Jean Vitéz, dont Carvajal n'avait rapporté que des bonnes choses. Ammanatti étant un des plus proches collaborateurs de Bessarion lui-même[67], il est facile de découvrir les relais que les prélats hongrois comptaient mettre en fonction pour se faire octroyer la dignité cardinalice. C'est en effet à une époque où Bessarion tenait la charge de doyen des cardinaux que devinrent membres du Sacré Collège les plus hauts prélats de Hongrie : l'archevêque de Kalocsa, Étienne de Várda en 1467 et l'archevêque d'Esztergom, Jean Vitéz promu cardinal *sine titulis* en 1471[68].

---

[60] E. FERMENDZIN, Acta Bosnae potissimum ecclesiastica cum insertis editorum documentorum regestis ab anno 925 usque ad annum 1752. Zagreb 1892, n° 1042, 245–248. Sur les Hussites d'origine hongroise réfugiés en Moldavie et le danger qu'ils représentaient pour la politique pontificale, voir plus récemment : R. BAKER, The Hungarian-speaking Hussites of Moldavia and two English episodes in their history. *Central Europe* 4 (2006) 3–24; IDEM, 'Constantine from England' and the Bohemians: Hussitism, Orthodoxy and the end of Byzantium. *Central Europe* 5 (2007) 23–46; MURESAN, Teoctist I 376–399.

[61] T.M. IZBICKI, Protector of the Faith: Cardinal Johannes de Turrecremata and the Defense of the Institutional Church, Washington, DC. 1981, 12–13, 22, 25, 29–30.

[62] L. WADDING, Annales Minorum seu trium ordinum a S. Francisco institutorum. Rome 1731–1886, ici XIII (a. 1458, 15) 72.

[63] NEHRING, Matthias Corvinus, Kaiser Friederich III 202–206; MURESAN, Girolamo Lando 166–167.

[64] BARONIUS – RAYNALDUS – LADERCHIUS, Annales ecclesiastici XXIX (a. 1463, 50–51) 364–365.

[65] Marin Sanudo il Giovane, Le vite dei dogi (1423–1474) II, éd. Angela Caracciolo ARICO – Chiara FRISON. Venise 2004, 70–71 : « Le doge intrò in Concistoro d'i Cardinali et sentò apresso il Cardinal niceno – primo d'i Cardinali – e il Doxe li usò certe parolle. Il ditto Cardinal li rispose per nom del Colegio dolendosi che la impresa non poteva haver luogo et deteno al Doxe duchati 40[m] tutti di la cruciata che errano in cassa dil Papa, aciò il Doxe li mandasse a Zara e de lì mandarli seguri al Re Mathias di Hongaria, al qual si erra obligati di darli per capitolli el Papa e la Signoria nostra, aciò facesse guera al Turcho »; cf. BARONIUS – RAYNALDUS – LADERCHIUS, Annales ecclesiastici XXIX (a. 1464, 53) 408.

[66] Iacopo Ammannati Piccolomini, Lettere (1444–1479) II, éd. P. CHERUBINI. Rome 1997, n° 99, 598–601; n° 100, 601–603; n° 101, 604–607.

[67] IBIDEM III, 2301, *ad indicem*.

[68] EUBEL, Hierarchia catholica medii aevi 64, 68.

Il est enfin très probable que le roi Matthias Corvin fut lui-même l'un des destinataires des *Discours contre les Turcs* du cardinal Bessarion, ouvrage sorti en 1471 en deux éditions presque simultanées à Paris, en latin, et à Venise, en italien. Il s'agissait d'une vaste opération de propagande de la croisade par l'intermédiaire de l'imprimerie qui avait touché presque tous les monarques européens intéressés, à commencer par l'empereur Frédéric III et les rois de France et d'Angleterre, les ducs de Bourgogne et de Bavière et autres princes allemands[69]. Or Bessarion donnait justement aux autres monarques européens, pour exemple d'une attitude ferme contre les Ottomans, les victoires de Jean Hunyadi à Belgrade en 1456 et de Matthias à Jajce en 1464[70]. Ce dernier ne pouvait donc être omis alors précisément qu'on distribuait cet ouvrage à tous les monarques chrétiens censés organiser une expédition contre Mehmed II. Pannonius s'apprêtait d'ailleurs à réaliser une traduction de l'*Oratio Demosthenis contra regem Philippum*, qui devait justement prendre comme modèle un exemplaire de l'œuvre de Bessarion[71]. Tous ces éléments confirment le fait que la préoccupation de Bessarion pour la position centrale du royaume de Hongrie dans la résistance anti-ottomane demeura constante jusqu'à la fin de sa vie.

La Bibliothèque Nationale de Budapest (Országos Széchényi Könyvtár) conserve un précieux manuscrit bessarionien : cod. lat. 438. Le codex comprend trois oeuvres théologiques de Bessarion: 1. *De ea parte Evangelii, ubi scribitur: 'Si eum volo manere, quid ad te ?'* (f. 1–17) ; 2. *Epistola ad Graecos* (18–26) ; 3. *De sacramento Eucharistiae* (27–55^{v})[72]. Le copiste, *Leonardus Iob*, qui signe son nom sur les ff. 17^{r} et 26^{r} du manuscrit, est un des *familiares* de Bessarion. Le manuscrit se remarque par une splendide représentation des armes de Matthias Corvin, sous laquelle on observe encore l'image héraldique d'un chapeau de cardinal[73]. Comment ce manuscrit de Bessarion est-il arrivé dans la bibliothèque royale de Buda ? Et surtout quelle signification prêter à la présence en Hongrie de l'encyclique de Bessarion comme patriarche légitime de Constantinople?

Rappelons que c'est Bessarion lui-même qui a traduit du grec en latin ses écrits théologiques, avec l'aide de son fidèle secrétaire Niccolò Perotti. Le modèle du manuscrit de Buda s'avère être un recueil conservé dans deux manuscrits de Venise, à la Biblioteca Nazionale Marciana, cod. lat. 133 (=1693)[74] avec son « jumeau » Marc. cod. lat. 135, qui contiennent la même série d'oeuvres théologiques composées en diverses circonstances, mais que Bessarion a décidé de réunir et de dédier comme un ensemble unitaire au pape Paul II. Il s'agit donc également de l'*Epistola ad Graecos*, du *De sacramento Eucharestiae* et du *De ea parte*

---

69 Pour le contexte européen de cette vaste opération de propagande, voir D. I. MURESAN, Les Discours contre les Turcs de Bessarion: propagande de la croisade au Große Christentag de Ratisbonne (1471), in : Croisade et discours de guerre sainte à la fin du Moyen Âge (XIVe–XVIe siècles). Légitimation, propagande, prosélytisme, éd. D. BALOUP – B. JOUDIOU. Toulouse 2009, sous presse. Description raisonnée de tous les exemplaires existants : Margaret MESERVE, Patronage and Propaganda at the First Paris Press: Guillaume Fichet and the First Edition of *Bessarion's* Orations against the Turks. *Papers of the Bibliographical Society of America* 97 (2003) 521–588.

70 *PG* 161, c. 668 D – 669 AB : *Quid dicam de insigni triumpho illius Christianae multitudinis quae, nullo duce, crucis tantum signo armata, Turcorum exercitum omnem munitissimo Amderalba [i.e. Nandoralba – Belgrade] oppido potitum, intra mœnia stricto ense discurrentem, magna caede victum ejecit, ipso isto imperatore [Mehmed II] graviter vulnerato, ac impedimentis omnibus in potestatem redactis ? Id autem ne semel accidisse videretur, cum impius sceleratusque hostis Pannoniam omnem inferiorem [i.e. la Bosnie] occupasset, omnisque armis complesset, et, praesidiis inclytus, regiique animi et excelsi, Pannoniae superioris rex [i.e. le roi de Hongrie], parva admodum manu expugnato Javicia oppido et natura et arte munitissimo, maximas Turcorum copias fudit, partemque provinciae euo adjecit imperio.*

71 Marianna BIRNBAUM, Janus Pannonius, Poet and Politician. Zagreb 1981, 53 et 180, se fondant sur l'ouvrage de J. HUSZTI, Janus Pannonius. Pécs 1931.

72 P.O. KRISTELLER, Iter Italicum IV. Alia itinera II. Great Britain to Spain. Londres – Leiden, 1989, 295 CLMAE, 438, mbr. XV, 56 fols. From the Corvina. Formerly Göttweig, cod. 260; C. CSAPODI, The Corvinian Library, History and Stock. Budapest 1973, 115; C. CSAPODI – Klára CSAPODI GARDONYI, Bibliotheca Corviniana. Budapest 1990, 50, n° 62.

73 Ilona BERKOVITS, Illuminated Manuscripts from the library of Matthias Corvinus. Budapest 1964, 40, pl. XVI.

74 P.O. KRISTELLER, Iter Italicum: A Finding List of Uncatalogued or Incompletely Catalogued Humanistic Mss of the Renaissance in Italian and Other Libraries, vol. II. Italy. Leiden ^{3}1998, 211; FIACCADORI, Bessarione e l'umanesimo n° 121, 511–512. Voir aussi les autres copies italiennes du corpus, chacune présentant des autographes de Bessarion : J. MONFASANI, Bessarion Latinus. *Rinascimento* 21 (1981) 165–209, ici 188–194.

Evangelii[75], accompagnés de plus dans le cod. lat. 135 du *Discours* de Bessarion au Concile de Florence et de l'*Oratio de laudibus beati Bessarionis*, tout ensemble avec la lettre dédicatoire au pape Paul II. Comme le suggère l'analyse du manuscrit Chigi B IV 47 de la Bibliothèque Apostolique du Vatican (frappé aux armes épiscopales du cardinal Marco Barbo) et du manuscrit Pluteo LIV 2 de la Biblioteca Medicea Laurenziana (copié à Rome le 6 juillet 1467), Bessarion s'est préoccupé de diffuser des copies de ce même recueil destiné à Paul II non seulement à Rome, mais aussi à Venise et à Florence.

C'est à la même époque également que le cardinal de Nicée fait éditer les *Acta graeca* du Concile de Florence, en se servant de la main de Jean Plousiadénos, futur évêque de Méthone[76]. Dans son *opus magnum* imprimé en 1468, *In calumniatorem Platonis*, le cardinal Bessarion prenait la défense du platonisme non simplement comme système philosophique, mais aussi comme méthodologie d'une théologie patristique différente de la scholastique aristotélicienne, dont il affirme l'insuffisance devant l'infini mystère divin[77]. Enfin il réédite de façon homogène son oeuvre théologique de jeunesse, en justifiant et en légitimant son parcours qui l'a amené de Trébizonde, en passant par Constantinople et Mistra, jusqu'à Rome[78]. Ainsi se dessine toute une série d'œuvres qui attestent l'existence, durant le pontificat de Paul II, d'un vaste programme culturel animé par Bessarion, alors propulsé au sommet de sa gloire, et qui consistait dans un travail historique et apologétique en faveur du Concile de Florence, Concile oecuménique sur lequel se fondaient l'autorité et la légitimité de Bessarion en tant que véritable et unique patriarche œcuménique de Constantinople[79].

Retournant au ms. lat. 438 de la Bibliothèque Nationale de Budapest, on peut désormais constater que les réverbérations de ce programme ont touché même la Hongrie. Postérieur, nous venons de le voir, aux années 1467–1468, ce manuscrit a dû être envoyé en Hongrie par le cardinal Bessarion à peu près à la même époque qu'un exemplaire de son *In calumniatorem Platonis* – ouvrage que l'archevêque Jean Vitéz d'Esztergom annotait attentivement vers 1470. Ce n'est pas du tout par hasard, nous semble-t-il, à l'époque même où l'évêque uniate Macaire de Halicz, dépendant de Bessarion à la fois dans sa fonction de général de l'ordre basilien et de patriarche de Constantinople, déroule son activité en Transylvanie sous la protection du primat de Hongrie.

---

75 Sur cet opuscule voir : L. MOHLER, Kardinal Bessarions kritische Untersuchung der Vulgatastelle: Sic eum volo manere, quid ad te?. *Römische Quartalschrift für christliche Altertumskunde und für Kirchengeschichte* 41 (1933) 189–206; MIONI, Vita del cardinale Bessarione 127–129.

76 J. GILL, Quae supersunt actorum Graecorum Concilii Florentini necnon descriptionis cujusdam ejusdem I. Res Ferrariae gestae (*Concilium Florentinum. Documenta et scriptores* 5, 1). Rome 1953, xxix–xxx : l'archétype de la deuxième famille, rédigé par Jean Plousiadenos entre 1463–1470 (Florence, Bibl. Mediceo-Laurentiana, Cod. Gr. Conventi soppressi 3, avec l'autographe de Plousiadenos. Il a systématisé les actes primaires et les a augmentés d'une description des débats dans le Concile). Voir également là-dessus les observations de V. LAURENT, La nouvelle édition des actes du Concile de Florence. *REB* 12 (1954) 198–209, ici 202 et M. MANOUSSAKAS, Recherches sur la vie de Jean Plousiadénos (Joseph de Méthone) (1429?–1500). *REB* 17 (1959) 28–51.

77 J. HANKINS, Bessarione, Ficino e le scuole di platonismo del sec. XV, in : M. CORTESI – E.V. MALTESE, Dotti bizantini e libri greci nell'Italia del secolo XV. Atti del convegno internazionale, Trento 22–23 ottobre 1990. Napoli 1992, 118–128; K.-P. TODT, In calumniatorem Platonis: Kardinal Johannes Bessarion (ca. 1403–1472) als Vermittler und Verteidiger der Philosophie Platons, in : Der Beitrag der byzantinischen Gelehrten zur abendländischen Renaissance des 14. und 15. Jahrhunderts (*Philhellenische Studien* 12), éd. E. KONSTANTINOU. Frankfurt am Main 2006, 149–168; J. MONFASANI, A tale of two books: Bessarion's *In Calumniatorem Platonis* and George of Trebizond's *Comparatio Philosophorum Platonis et Aristotelis*. *Renaissance Studies* 22 (2007) 1–15.

78 C. MORESCHINI, La teologia del Bessarione nei suoi rapporti con i Padri Cappadoci. *Studi classici e orientali* 46 (1996) 163–191; A. RIGO, Le opere d'argomento teologico del Giovane Bessarione, in : FIACCADORI, Bessarione e l'umanesimo 33–46; IDEM, La refutazione di Bessarione delle Antepigraphai di Gregorio Palamas, in : Tradizioni patristiche nell'Umanesimo. Atti del Convegno Istituto Nazionale di Studi sul Rinascimento. Biblioteca Medicea Laurenziana, Firenze, 6–8 febbraio 1997, éd. M. CORTESI – C. LEONARDI. Firenze 1999, 283–294; IDEM, Bessarione tra Costantinopoli e Roma, in : Bessarione di Nicea, Orazione dogmatica sull'unione dei Greci e dei Latini, éd. G. LUSINI. Naples 2001, 19–68.

79 Sur le rayonnement européen de Bessarion durant les dernières années de sa vie, voir D.I. MURESAN, Les Discours contre les Turcs de Bessarion : propagande de la croisade au *Große Christentag* de Ratisbonne (1471), in : Croisade et discours de guerre sainte à la fin du Moyen Âge (XIVe–XVIe siècles)(sous presse).

Avec toutes ces considérations à l'appui, le transfert de Macaire de Halicz en Hongrie semble être une autre conséquence de la grande ambassade de Janus Pannonius, l'évêque de Pecs[80], en tant que représentant de Matthias Corvin, à Rome en 1465, à la suite de laquelle Paul II avait justement promu Jean Vitéz comme archevêque d'Esztergom[81]. Durant cette mission, Pannonius avait personnellement rencontré le cardinal Bessarion et avait acheté pour la bibliothèque de son oncle un grand nombre de livres latins et grecs. Même après la visite de Pannonius en Italie, les liens du cardinal avec les deux prélats humanistes de Hongrie ont continué[82]. Le patriarche unioniste avait notamment influé sur la hiérarchie hongroise par le truchement du grand astronome Johannes Regiomontanus. Celui-ci avait rencontré Bessarion durant sa légation à Vienne en 1460 et l'avait accompagné en Italie entre 1461 et 1465, devenant un de ses plus intimes collaborateurs [83]. C'est justement pourquoi il fut ensuite dépêché par le cardinal de Nicée en Hongrie entre 1465 et 1467, auprès du cercle de l'archevêque Jean Vitéz et à la cour de Matthias Corvin, devenant l'astronome personnel du roi[84]. Les spécialistes de l'activité de Regiomontanus ont souligné que sa mission était d'influencer le roi et l'archevêque Jean Vitéz en faveur du cardinal grec dans la dispute philosophique aux vastes implications politiques, qui avait alors éclaté autour de l'interprétation de l'œuvre de Platon.

À la même époque, Georges de Trébizonde essaya d'attirer à sa cause les deux prélats humanistes hongrois et même le roi Matthias Corvin. Il dédia en 1467 au souverain de Hongrie un manuscrit de sa version de l'*Almageste* de Ptolémée et un autre contenant son traité *Rhetoricorum libri V*. Georges de Trébizonde, sorti du prison où avait été jeté par suite du jugement des cardinaux, et de Bessarion en tout premier lieu, en raison de son voyage à Constantinople, auprès de Mehmed II, essaya d'intégrer la cour de Matthias Corvin. D'ailleurs, sa fille avait épousé l'humaniste hongrois Georges Polycarpus (de Kostolanyi), secrétaire du roi, et même Pannonius avait, en Italie, fréquenté les cours du Trébizondain[85]. En même temps, le tumultueux adversaire de Bessarion offrait sa traduction de l'*Adversus Eunomium* de Basile le Grand à Jean Vitéz et l'œuvre du même Père de l'Église, *De Spiritu Sancto*, à Janus Pannonius[86]. Les chercheurs ont déjà remarqué que l'envoi de l'œuvre astronomique de Ptolémée correspondait à l'intérêt accru pour l'astronomie et pour l'astrologie au sein des humanistes de Hongrie[87]. Il faut rappeler de surcroît que les deux traités de saint Basile avaient servi lors du Concile de Florence pour fonder théologiquement le dogme du *Filioque* sur une confirmation d'un Père grec[88]. Les deux textes constituaient ainsi des références incontournables pour ceux qui se trouvaient intéressés par la problématique de l'Union des Églises. D'ailleurs, Georges de Trébizonde

---

[80] Vespassiano da Bisticci, Vite di uomini illustri del secolo XV. Florence 1859, 221–228. Voir pour les raports des deux prélats humanistes avec Bessarion : Lovorka ČORALIC, Kardinal Bessarion i Hrvati. *Radovi Zavoda za povijesne znanosti HAZU u Zadru* 40 (1998) 143–160; Zdenka JANEKOVIC-RÖMER, On the Influence of Byzantine culture on Renaissance Dubrovnik and Dalmatia. *Dubrovnik Annals* 11 (2007) 7–24, ici §. Bessarion and his ideas in medieval Croatia 15–24.

[81] Vespassiano da Bisticci, Vite di uomini illustri 217–221.

[82] Concetta BIANCA, Come avvalersi dei nemici: Giano Pannonio e Plutarco. *Camoenae Hungaricae* 2 (2005) 67–72, ici 70–71.

[83] A. RIGO, Bessarione, Giovanni Regiomontano e i loro studi su Tolomeo a Venezia e Roma (1462–1464). *Studi Veneziani* 21 (1991) 49–110.

[84] M. H. SHANK, Regiomontanus on Ptolemy, Physical Orbs, and Astronomical Fictionalism : Goldsteinian Themes in the Defense of Theon against George of Trebizonde. *Perspectives on Science* 10 / 2 (2002) 179–207.

[85] J. MONFASANI, George of Trebizond: a Biography and a Study of His Rhetoric and Logic. Leiden 1976, 194–200. Sur l'humaniste hongrois Georges Kosztolányi, *alias* Polycarpus, *registrator literrarum apostolicarum* à la Curie romaine, orateur de Matthias Corvin auprès du pape et surtout époux de Marie, la fille de Georges de Trébizonde, voir aussi A. MERCATI, Notiziola sulla famiglia di Giorgio da Trebizonda. *OCP* 11 (1945) 227–228.

[86] MONFASANI, George of Trebizond 194–196; Concetta BIANCA, Come avvalersi dei nemici 70. Les deux manuscrits n'ont pas pu être transmis – comme pensait J. Monfasani – par l'intermédiaire de l'archevêque Girolamo Lando de Crète en 1469. Les deux légations de Lando en Hongrie se placent en 1463 et 1465 (MURESAN, Girolamo Lando 166–168), bien avant la réalisation des manuscrits (1467). Georges Polycarpus reste donc le relais le plus vraisemblable.

[87] MONFASANI, George of Trebizond 195; Z. NAGY, Ricerche cosmologiche nella corte umanistica di Giovanni Vitéz, in : Rapporti veneto-ungheresi all'epoca del Rinascimento. Budapest 1975, 65–93.

[88] M. VAN PARYS, Quelques remarques à propos d'un texte controversé de Saint Basile au Concile de Florence. *Irénikon* 40 (1967) 6–14; A. ALEXAKIS, The Greek patristic *testimonia* presented at the Council of Florence (1439) in support of the *Filioque* reconsidered. *REB* 58 (2000) 149–165.

avait réalisé sa traduction en 1443 sur la commande de Bessarion lui-même, alors encore son mécène[89]. La dédicace de ces textes aux prélats humanistes de Hongrie constitue une preuve incontestable de leur intérêt pour l'Union ecclésiastique avec l'Église d'Orient[90].

Regiomontanus demeura à la cour de Hongrie jusqu'au début de l'année 1471. Et son influence s'est faite effectivement sentir : dans les notes marginales sur l'exemplaire du livre de Georges de Trébizonde, *Comparatio Platonis et Aristotelis*, que possédait sa bibliothèque, l'archevêque Jean Vitéz rendait explicitement justice à la position défendue par Bessarion[91]. Ce fut très probablement le trajet suivi par notre manuscrit ms. lat. 438. Vitéz mort en 1472, sa bibliothèque, et la copie de l'encyclique aux Grecs avec elle, intégra les fonds de la bibliothèque royale.

Cette reconstitution est appuyée par la présence dans la Bibliotheca Corvina d'un autre manuscrit de Bessarion, grec cette fois-ci, se trouvant aujourd'hui dans la Bibliothèque de Munich. Le cod. Graec. Monac. 449 contient les *Ennéades* de Plotin accompagnées du *De vita Plotini* de Porphyre. Le codex est principalement le fruit du travail de deux copistes : le Crétois Michel Lygizos et Démétrios Triboles, réfugié de Sparte en Crète, et qui travaillaient pour le compte de Bessarion dans la ville de Gortyne. Cette copie avait été réalisée en 1464–1465[92]. Or il se trouve que dans la bibliothèque de Bessarion (actuellement *Marcianus Graec.* 240) existait déjà un manuscrit « jumeau » du codex qui finit sur les étagères de la Corvina[93]. Il est intéressant de signaler que Michel Triboles rejoignit Bessarion à Rome entre 1467 et 1469, sans doute pour apporter aussi ses capacités de copiste au service du programme d'affirmation de Bessarion comme patriarche légitime de Constantinople[94]. L'envoi du *cod. Monac. Graec.* 449 en Hongrie doit très probablement être mis en relation avec la mission contemporaine de Regiomontanus et de son lobby en faveur du néoplatonisme bessarionéen à la cour de Matthias Corvin.

On comprend désormais plus facilement pourquoi l'archevêque d'Esztergom, une fois acquis aux thèses théologiques et philosophiques défendues par Bessarion, ne pouvait répondre que de manière positive à l'appel du pape Paul II de secourir les positions de l'évêque grec Macaire de Halicz en Hongrie. C'est pourquoi ce dernier jouit du soutien du primat de Hongrie tout au long des années 1466–1469. Cependant, l'implication de l'archevêque Jean Vitéz et de l'évêque Janus Pannonius dans la conspiration contre Matthias Corvin en 1471–1472 ne pouvait pas ne pas affecter brutalement ce projet. En effet, après 1469 on perd, jusqu'à la preuve du contraire, toute trace de Macaire de Halicz.

Bessarion prit connaissance des déboires de ses amis humanistes de Hongrie révoltés contre leur roi. En se dirigeant vers la France lors de la légation pour la croisade proclamée par Sixte IV, le cardinal rencontra à

---

[89] Irena BACKUS, Deux traductions latines du *De Spiritu sancto* de saint Basile. L'inédit de Georges de Trébizonde (1442, 1467 ?) comparé à la version d'Erasme (1532). *Revue des études augustiniennes* 31 (1985) 258–269.

[90] MURESAN, Girolamo Lando 168.

[91] Klára CSAPODI-GARDONYI, Die Bibliothek des Johannes Vitéz. Budapest 1984 : n° 111, 142–143 : *Comparatio Platonis et Aristotelis* : manuscrit authentique ayant appartenu à Jean Vitéz, aujourd'hui à Rome, BAV, Cod. Vat. Lat. 3382. Notes marginales de Jean Vitéz : f. 107' (avec encre rouge) : *finiui legendo die 20 septembris 1470. Contra hunc scripsit dominus Bissarion cardinalis Nicenus vir eruditissimum pro Platone non tamen contra Aristotelem* … Jo (notice datable vers 1470). Cette annotation montre que Jean Vitéz possédait également dans sa collection un exemplaire de l'ouvrage de Bessarion : cf. eadem, n° 14, 88, Bessarion, Adversus calumniatorem Platonis, qui considère que : « Vitéz muss dieses Werk in seiner Bibliothek besessen haben, da er in dem von ihm emendiert Trapezuntius-Kodex 1470 darauf hinweist (siehe No 111) ».

[92] Kerstin HAJDU, Mit glücklicher Hand errettet? Zur Provenienzgeschichte der griechischen Corvinen in München, in : Ex Bibliotheca Corviniana. Die acht Münchner Handschriften aus dem Besitz von König Matthias Corvinus (*Bavarica et Hungarica* I., *Supplementum Corvinianum* I.), éd. Claudia FABIAN – Edina ZSUPAN. Budapest–München 2008, 32–33. Nous remercions chaleureusement le Dr. Christian Gastgeber de nous avoir aimablement attiré l'attention sur cette étude comme un argument en faveur de notre argumentation, ainsi que de nous l'avoir procurée en temps utile pour être utilisée ici.

[93] HAJDU, Mit glücklicher Hand errettet? 40–41.

[94] EADEM, n. 58, 41.

Bologne, où il se reposa entre le 9 et le 12 mai 1472[95], son ancien protégé, Démétrius Chalcocondyle[96]. Celui-ci lui fournit alors des détails sur la guerre civile qui avait alors éclaté en Hongrie et la mort de l'évêque de Pecs[97]. Chacocondyle le savait à la source, car il en avait été informé par son ami, Giovanni Lorenzi[98], le secrétaire du cardinal Marco Barbo, nommé au même moment par Sixte IV légat pour l'Empire, la Hongrie et la Pologne. Juste avant d'arriver dans la capitale impériale, celui-ci avait transmis de Wiener Neustadt à son ancien professeur de grec de Padoue, le 24 avril 1472, la nouvelle de la tragédie qui avait frappé les deux humanistes hongrois[99].

Il n'en reste pas moins qu'une des conséquences durables de la collaboration entre Bessarion et les deux prélats humanistes de Hongrie fut l'établissement d'une hiérarchie supérieure pour les chrétiens de rite byzantin de Hongrie. Cette hiérarchie ne relevait plus, comme jusqu'alors, de la métropole de Hongrovalachie. Bien qu'elle apparût comme une institution en communion avec l'Église de Rome – et il était impossible autrement dans les conditions de guerre de la Hongrie contre l'Empire ottoman – il n'en a pas été ainsi des successeurs de Macaire. Sur la base de son activité apparut à partir des années 1480 l'archevêché orthodoxe de Transylvanie, dirigé par le métropolite Daniel, avec pour siège l'église cathédrale de Feleac, au voisinage de la ville de Cluj. Le précédent existait déjà : de même que le Patriarcat anti-unioniste de Constantinople avait « récupéré » en 1467 la métropole de Kiev, de même la nouvelle métropole (« archevêché ») de Transylvanie avait – elle été établie grâce à l'entremise de l'Église de Moldavie et d'Étienne le Grand, en rapports étroits avec la Grande Église de Constantinople[100].

Ce fut donc grâce à l'activité d'Isidore de Kiev et de son proche ami Bessarion que se produisit en Hongrie un changement essentiel dans le régime canonique de l'Église orientale. Selon les distinctions catégorielles de Vittorio Peri, l'Église de rite grec du Royaume de Hongrie évolua dans les années 1460–1470 du régime canonique « normando-croisé », qui avait réduit les manifestations de culte de l'Église orientale au sein de la juridiction épiscopale latine, à un régime différent, nommé « florentin », qui vit l'apparition d'une hiérarchie épiscopale autonome, toujours en communion avec l'Église de Rome, mais destinée à sauvegarder la spécificité du rite oriental et la tradition liturgique byzantine[101]. C'est là sans doute une contribution de plus à mettre au compte de l'activité aux multiples facettes du cardinal Bessarion, patriarche « œcuménique » de Constantinople, en exil en Occident jusqu'à la fin de sa vie mouvementée, au retour de la légation en France, à Ravenne, le 18 novembre 1472[102].

---

[95] Corpus chronicorum Bononiensium, éd. A. SORBELLI. Rerum italicarum Scriptores, N.S., t. 18–1, vol. IV. Città di Castello 1911, 434, 28–30.

[96] Démétrius Chalcocondyle avait obtenu en 1463 la chaire de grec de Padoue grâce à la recommandation du cardinal grec : D. J. GEANAKOPLOS, The Discourse of Demetrius Chalcondyles on the inauguration of Greek Studies at the University of Padua in 1463. *Studies in the Renaissance* 21 (1974) 118–144, ici 123–126.

[97] H. NOIRET, Huit lettres inédites de Démétrius Chalcondyle. *Mélanges d'archéologie et d'histoire* 7 (1887) 472–500, lettre n° 5, 490–493, ici 491–492.

[98] P. DE NOLHAC, Giovanni Lorenzi, bibliothécaire d'Innocent VIII. *Mélanges d'archéologie et d'histoire* 8 (1888) 3–18.

[99] G. DALLA SANTA, Una lettera di Giovanni Lorenzi al celebre umanista Demetrios Calcondila, trascritta ed annotata. Venice 1895.

[100] A. SIMON, Feleacul (1367–1587). Cluj–Napoca 2004, 97–134, 248–279. Nous reviendrons dans une étude spéciale sur cette question.

[101] V. PERI, L'Unione della Chiesa orientale con Roma. Il moderno regime canonico occidentale nel suo sviluppo storico. *Aevum* 58 (1984) 439–492.

[102] Sur l'activité de Bessarion comme doyen des cardinaux, voir D.I. MURESAN, La croisade en projets. Plans proposés au Grand Quartier Général de la croisade – le Collège des cardinaux. in : Les projets de croisade et leurs objectifs (les XIIIe–XVIIe siècle). Actes du colloque international de l'Institut de France (12–13 juin 2009), éd. J. PAVIOT – D. BALOUP. Paris 2010 (sous presse). Bessarion, précisément dans sa qualité de patriarche de Constantinople en exil, se trouve à l'origine du projet matrimonial, achevé tout juste avant sa mort, de deux princesses de la famille Paléologue visant à attirer dans les projets de croisade de la République Chrétienne les plus puissants monarques orthodoxes qui échappaient encore à l'emprise ottomane : Zoé Paléologina Asanina mariée à Ivan III le Grand de Moscou (12 novembre 1472) et sa cousine Marie Asanina Paléologina mariée le 14 septembre de la même année à Etienne III le Grand duc de Moldavie. Pour les conséquences russes et moldaves de la diplomatie orientale de Bessarion, voir S. RONCHEY, Malatesta / Paleologhi. Un'alleanza dinastica per rifondare Bisanzio nel Quindicesimo secolo. *BZ* 93 (2000) 521–567 et MURESAN, Girolamo Lando 181–204.

Ioan-Aurel Pop

Les Roumains de Transylvanie et leurs privilèges accordés à l'époque de Mathias Corvin

Que le nom du roi de Hongrie, Mathias Corvin, soit souvent associé au nom des Roumains, ce n'est pas un fait accidentel, et cela pour plusieurs raisons. D'abord, ce rapprochement était, de son époque déjà, bien évident dans les relations de ses contemporains. L'ambassadeur de Venise, Sebastiano Baduario, par exemple, dans un rapport sur la structure de l'armée du royaume de Hongrie (rédigé en 1475–1476), écrivait à propos des combattants roumains[1]:

« ... *c'est bien de Transylvanie que proviennent ces Roumains, dont tout le monde vante les grands mérites dans les combats contre les Turcs; ils sont de la même souche que le roi et ont toujours combattu aux côtés de son père et de Sa Majesté.* »

De même, Matthias Corvin a été souvent caractérisé, en Hongrie et à l'étranger, au début par l'empereur Frédéric III d'Habsbourg, comme *Valachorum regulus* (« petit roi des Roumains »)[2].

Quelle distance cependant entre les aïeux du roi, tels Şerbu, Voicu, Radu ou Mogoş, ayant vécu à la fin du XIVe et au début du siècle suivant, et l'illustre souverain couvert de gloire![3] C'est un processus d'adaptation qui dura plusieurs décennies et au bout duquel une petite famille féodale roumaine et orthodoxe finit par accéder à la noblesse et devenir catholique. Des centaines de familles roumaines originaires de Transylvanie et de Banat connurent un trajet similaire, suivant un certain cursus honorum. Si de ces familles descendirent des voïvodes de Transylvanie, des évêques catholiques de Hongrie, des chanceliers, hauts dignitaires de Severin ou grands érudits, ce n'est que la famille de Hunedoara qui donna à la Hongrie un gouverneur et un roi[4].

Tout cet ensemble de faits ne resta pas sans écho parmi les Roumains, bien que les sentiments nationaux et les solidarités ethniques médiévales recouvrent une autre signification que celle qui leur sera conférée à l'époque moderne[5]. Mathias Corvin fut un *rex justus*, défenseur et protecteur de son pays et de ses sujets. Le fils de Jean (Jancho) Hunyadi resta dans la mémoire de la postérité comme l'incarnation de la justice, de la dignité et de l'honnêteté.

---

[1] N. Iorga, Acte şi fragmente cu privire la istoria românilor [Documents et fragments concernant l'histoire des Roumains], III. Bucarest 1897, 101.

[2] A. Simon, Antonio Bonfini's *Valachorum regulus*. Matthias Corvinus, Transylvania and Stephen the Great, in: Between Worlds I. Stephen the Great, Matthias Corvinus and their Time, ed. L. Kozsta – O. Muresan – A. Simon (*Mélanges d'Histoire Générale* 1/1). Cluj-Napoca 2007, 209–226.

[3] C. Muresan, Iancu de Hunedoara [Jean Hunyadi]. Bucarest ^{2}1968; P. E. Kovacs, A Hunyadi-család [La famille de Hunedoara], in: Hunyadi Mátyás. Emlékkönyv Mátyás király halálának 500. évfordulójára [Mathias Corvin: le 500eme anniversaire de la mort du roi Mathias], ed. G. Razso – L. V. Molnar. Budapest 1990, 29–51. Sur la personnalité et le règne de Mathias Corvin voir notamment: L. Elekes, Mátyás és köra [Mathias et son âge]. Budapest 1956, et A. Kubinyi, Matthias Rex. Budapest 2008, et les études dans les volumes: Hunyadi Mátyás (1990) et Matthias Corvinus, the King: Tradition and Renewal in the Hungarian Royal Court. 1458–1490. Exhibition Catalogue, ed. P. Farbaky – E. Spekner – K. Szende – A. Vegh. Budapest 2008.

[4] Voir la liste de ces dignitaires, à la fin du Moyen Age, Io. Dragan, Nobilimea românească din Transilvania între anii 1440–1514 [La noblesse roumaine de Transylvanie durant 1440–1514]. Bucureşti 2000.

[5] E. Malyusz, A középkori magyar nemzetiségi politika [La politique hongroise de nationalités aux Moyen Âge] I–II. *Századok* [Siècles] 73/7–8, 9–10 (Budapest 1939) 257–294, 385–448; J. [Gyula] Szekfü, La Hongrie médiévale et ses minorités. *Nouvelle Revue Hongroise, NS* 5/6 (Budapest 1936) 520–527; J. Szücs, Nationalität und Nationalbewußtsein im Mittelalter. Versuch einer einheitlichen Begriffssprache [notamment (II)]. *Acta Historica Academiae Scientiarum Hungaricae* 18/3–4 (Budapest 1972) 245–265; I.-A. Pop, Church and State in Eastern Europe during the Fourteenth Century. Why the Romanians Remained in the Orthodox Area. *East-European Quarterly* 39/3 (1995) 275–284.

Dans la première partie de son long règne, jusque vers 1465, le roi concentra ses efforts sur le renforcement du pouvoir central à l'aide des états (et des villes) et sur la dissolution de la ligue des barons, alors que dans la seconde il sut profiter des résultats acquis pour manifester des tendances à l'absolutisme[6]. La séparation entre les états, devenus en Transylvanie nationes (acquerrant aussi une forte composante ethnique) devient plus nette, notamment entre la noblesse, d'une part, et les catégories et les couches de gens libres, sans titre nobiliaire, de l'autre.

Dès 1457, à l'époque de Ladislas V, les nobles et les autres propriétaires terriens de Transylvanie reçurent la confirmation des droits, libertés et usages acquis sous les rois antérieurs[7]. Les intérêts de la noblesse n'étaient cependant pas unitaires. Les ordres de la petite et de la moyenne noblesse, par exemple, se préoccupaient de la consolidation du pouvoir central et la dissolution de la ligue des barons. Le roi lui-même, face au danger représenté par la révolte de 1467 en Transylvanie, bénéficia de l'appui ferme de cette catégorie de nobles contre la haute noblesse[8].

Profitant de ses propres intérêts liés à la centralisation du pouvoir et la nécessité de défendre les frontières du sud du pays contre le danger ottoman, le roi, à l'instar de certains de ses prédécesseurs, chercha ses alliés parmi les forces qu'il pouvait cointéresser dans la mise en pratique de ces objectifs. L'intégration dans la société médiévale, qui reposait sur les principes de soumission et de hiérarchie, et non pas de liberté et égalité, était le privilège, avec toutes ses variantes. Les privilèges collectifs octroyés à certaines communautés sont significatifs en ce sens.

C'est grâce aux assises juridiques de ces privilèges que l'unification des communautés autonomes de tous les Saxons sur la Terre royale (*Fundus regius*) fit de grands progrès sous le roi Mathias[9]. Le processus d'unification des quatre régions administratives des Saxons (les Sieben et Zwei Stühle, les districts de Braşov et Bistriţa) sous la forme de Universitas Saxonum devint plus évident, tandis que la couche sociale privilégiée, la plus intéressée par ce processus, commença à s'affirmer avec véhémence. En 1464, Mathias reconnut à la ville de Sibiu le droit l'élire elle-même le juge royal ou le comes, qui devait être le premier parmi les juges ou les comes de la région de Sieben Stühle[10]. Le même droit sera octroyé aux autres districts (sièges) de la «province» de Sibiu, de même qu'à celui de Zwei Stühle. Bistriţa et Braşov s'affranchirent définitivement de la dépendance du comes des Sicules. Ces privilèges, qui avaient commencé par l'Andreanum (1224), rendirent possible l'unification de toutes les communautés autonomes saxonnes[11].

De 1446 à 1453, le gouverneur Jean Hunyadi, face à la tendance des notables des Sicules d'asservir le menu peuple, le mit sous sa protection, alors qu'en 1466, au nom du roi Mathias, le voïvode de Transylvanie reconnut que cette couche de Sicules appartenant au menu peuple, la soi-disant communauté des Sicules du peuple (*communitas*), n'était pas soumise aux ordres des notables, comme l'étaient les serviteurs[12]. Le même document précisait toutes les libertés dont jouissaient les Sicules. Il stipulait aussi que les notables qui tenteraient d'asservir les Sicules du peuple et de les maintenir dans cet état devraient le payer de leur tête et de leur fortune. Si l'honorable communauté des Sicules osait se révolter, provoquant une nouvelle émeute, outre la peine de mort et la perte de ses biens, elle perdrait aussi ses libertés.

Dès 1462, Mathias Corvin confirma d'ailleurs les libertés que Sigismond de Luxembourg avait octroyées aux Sicules du siège de Caşin (Kazon)[13]. En 1473, le roi Mathias défendit une fois de plus les couches socia-

---

6 Şt. PASCU, Voievodatul Transilvaniei [Le Voïvodat de Transylvanie] III. Cluj-Napoca 1986, 66.

7 Eu. DE HURMUZAKI, Documente privitoare la istoria românilor [Documents concernant l'histoire des Roumains] II/2. Bucarest 1890, 91 (no. 79) (dorénavant HURMUZAKI).

8 K. GÜNDISCH, Participarea saşilor la răzvrătirea din anul 1467 a transilvănenilor împotriva lui Matei Corvin [La participation des Saxons à la révolte transylvaine de 1467 contre Mathias Corvin]. *Studia Universitatis Babeş-Bolyai. Historia* 15/2 (Cluj-Napoca 1972) 21–30.

9 Urkundenbuch zur Geschichte der Deutschen in Siebenbürgen VI, ed. G. GÜNDISCH – H. GÜNDISCH – G. NUSSBÄCHER – K. GÜNDISCH. Bucarest 1981, IX et XV.

10 Ibidem, 171 et sq. (no. 3358).

11 Ibidem, IX et XV.

12 Z. JAKO, Evoluţia societăţii la secui în secolele XIV–XVI [L'évolution de la société sicule. XIVe–XVIe siècles], in: Răscoala secuilor din 1595–1596 [La révolte des Sicules de 1595–1596], ed. S. BENKÖ – L. DEMENY – K. VEKOV. Bucarest 1978, 30 et sq.

13 HURMUZAKI, II/2, 137 et sq. (no. 117).

les de condition moyenne contre les abus des notables, qui menaçaient de renverser l'ordre social traditionnel des Sicules (fondé sur trois états). En 1499, le privilège du successeur de Matthias, Vladislav II Jagiéllon stipulait que seuls les Sicules pourraient désormais bénéficier des dons de terres faits par le souverain au Pays des Sicules[14].

Mathias rendit possible la perpétuation de la spécificité des Sicules, en vue de l'édification autonome d'une structure féodale distincte, ce qui évitait le risque que des couches sociales de plus en plus nombreuses fussent réduites au servage. Cette protection octroyée aux couches moyennes était certainement liée au danger ottoman devenu toujours plus menaçant. Finalement, peu de temps après la mort de Mathias, les notables (*seniores*, *primores*), avec l'appui des magnats de la Cour, réussirent à asservir les Sicules du peuple, les privant de leurs libertés[15].

Dans la seconde moitié du XVe siècle, le pouvoir central réserva un rôle militaire fondamental aux couches sociales moyennes de la société féodale (la petite et moyenne noblesse, la communauté des Sicules et les éléments similaires saxons et roumains)[16]. Seule une pareille noblesse, indépendante du point de vue matériel et capable de s'acquitter de ses obligations militaires, pouvait être un allié utile au pouvoir central et assurer l'équilibre nécessaire à la vie politique[17].

Les Roumains ne furent pas tenus à l'écart des mesures préconisées par le pouvoir central du temps (de Sigismond de Luxembourg à Matthias Corvin). Leur situation doit être analysée en tenant compte de quelques traits essentiels qui les distinguent des autres habitants de la Transylvanie, particularités bien remarquées, dès les XIVe–XVIe siècles, par des contemporains, tels Enea Silvio Piccolomini, Antonio Bonfini, Nicolaus Olahus ou Antonius Verancius (Verancsics)[18].

D'abord, au XVe siècle, les Roumains ne sont plus tenus pour une composante de l'État. Ils ne font plus partie, au nom de leur nation, des assemblées des états transylvains (*congregationes generales*), comme ils l'étaient aux XIIIe et XIVe siècles[19]. C'est vrai que des nobles d'origine roumaine figurent dans ces assemblées, mais ces nobles y représentent l'état nobiliaire.

Ensuite, les Roumains se distinguent par origine, confession, ancienneté. Ils sont les descendants de la colonie romaine que Trajan avait fondée en Dacie. Ils sont orthodoxes et parlent une langue apparentée au latin et à l'italien. Selon Bonfini, les Roumains, « suffoqués par les vagues des invasions barbares [...] luttent moins pour sauver leur vie que pour préserver leur langue »[20].

Enfin, les témoignages de l'époque remarquent que les Roumains, bien que les plus nombreux, sont disséminés dans tout le pays, complètement démunis, ne bénéficiant ni de libertés ou de privilèges, ni d'autonomies territoriales (comme les nobles dans les comitats, les Saxons sur le *Fundus Regius* ou les Sicules sur le Székelyföld). Les propos de Verancsics, datant du XVIe siècle, sont significatifs en ce sens, d'autant plus qu'ils font référence à l'époque de Jean Hunyadi[21]: « *La Transylvanie est peuplée par trois nations: les Sicules, les Hongrois et les Saxons; j'y ajouterais aussi les Roumains qui, bien qu'égaux en nombre aux autres, ne jouissent d'aucune liberté, d'aucun droit à eux, ni de noblesse propre, excepté un petit nombre d'habitants du pays de Haţeg, où l'on croit avoir été située la capitale de Décébale, et qui, du temps de Jean Hunyadi, homme du lieu, avaient acquis des titres nobiliaires pour avoir toujours participé aux combats contre les Turcs. Les autres sont des gens du peuple, serfs des Hongrois, sans habitat, répandus*

---

[14] JAKÓ, Evoluţia societăţii la secui 31, 35.

[15] Ibidem 35.

[16] L'existence du régime féodal a été contesté par certaines historiens hongrois, mais nous ne trouvons pas leurs arguments assez convainquants. Voir: P. ENGEL, The Realm of St. Stephen: A History of Medieval Hungary, 895–1526. London–New York 2001.

[17] JAKÓ, Evoluţia societăţii la secui32.

[18] Călători străini despre Ţările Române [Voyageurs étrangers sur les Pays Roumains] I, ed. M. HOLBAN. Bucarest 1968, 397–421, 471–473, 482 et sq., 486–500 (dorénavant Călători).

[19] Au. DECEI, Contribution à l'étude de la situation politique des Roumains de Transylvanie au XIIIe siècle et au XIVe siècle. *Revue de Transylvanie* 6/2 (Cluj 1940) 194–232; Gh. I. BRATIANU, Les assemblés d'états et les Roumains en Transylvanie (I–II). Revue des Études Roumaines 13–14 (Paris 1974) 7–64 et 15 (Paris 1975) 113 et sq.

[20] Traduit dans: Călători I, 483.

[21] Ibidem 410 et sq.

dans tout le pays, habitant rarement dans les lieux ouverts, retirés pour la plupart dans les forêts avec leurs troupeaux, ils mènent tous une vie malheureuse. »

Des idées similaires, voire identiques, sont à retrouver chez Georg Reicherstorffer, un contemporain de Antonius Verancsics, dans son ouvrage-rapport La Chorographie de Transylvanie[22]. Il n'est pas sans intérêt de mentionner que Nicolaus Olahus parle, au sujet de la population de la Transylvanie, de quatre nations, alors que le future pape Piè II, Aeneas Silvio Piccolomini, dans sa Cosmogonie, énumère trois nations, à savoir les Germaniques, les Sicules et les Roumains[23].

Les remarques de ces auteurs sont généralement correctes. Ils tiennent à souligner que, même si les Roumains n'étaient plus une natio, ils auraient pu avoir ce statut par leur nombre, leur origine, leur ancienneté et leur présence sur tout le territoire du pays. L'affirmation concernant le manque de libertés et l'absence d'une classe nobiliaire est cependant exagérée.

L'existence des *nobiles Valachi*, actives au niveau local, dans les districts et les comitats, est attestée dès les XVe–XVIe siècles[24]. Il y a des privilèges et documents par lesquels les rois de Hongrie, les voïvodes de Transylvanie et d'autres instances reconnaissaient les libertés traditionnelles des Roumains dans certaines régions. Mais il est tout aussi vrai qu'à la différence des Saxons et des Sicules, ils n'ont jamais obtenu la reconnaissance globale de leurs libertés sur tout le territoire de la Transylvanie ou des comitats du nord et de l'ouest. Par conséquent, le manque de libertés (privilèges) dont parle Verancsics concerne la nation dans son ensemble.

Par contre, les sources mentionnent des privilèges spécifiques de certaines zones, que le roi Mathias avait octroyés ou confirmés aux Roumains de Transylvanie, Banat ou Maramureş. Dans une société où les droits s'exerçaient par l'intermédiaire des privilèges, ces documents ont une importance particulière pour la vie des Roumains, qui se déroulait dans des cadres locaux.

Les privilèges les plus connus et les plus importants qui reconnaissaient les anciennes libertés roumaines pendant le règne de Mathias furent octroyés aux huit districts les plus représentatifs du Banat (sur un total d'environ 33 districts). Les Roumains du Banat avaient déjà obtenu la reconnaissance de leurs privilèges de la part de Ladislas V le Posthume, en 1457, mais les stipulations de ce document ne seront mis en pratique qu'à l'époque du fils de Jean Hunyadi.

En août 1457, la communauté (*universitas*) des nobles roumains et des knèzes du district de Comiat (Komyathi), par la voix de leur messager (*nuntius*), Vasa de Gamza, demandèrent au roi la réintégration de ce district dans les sept autres districts roumains du Banat, dont il avait fait partie auparavant. Le roi approuva la demande des nobles et des knèzes roumains le 29 août 1457, en raison du fait qu'ils avaient déjà payé à Hunyadi le prix pour lequel Sigismond de Luxembourg avait nanti le district et que les mêmes nobles et knèzes (*nobiles Valachi et knezii*) défendaient les frontières des zonees inférieures du royaume contre les Turcs[25].

C'est toujours le 29 août que sur l'instance des messagers Mihail de Temeşel et Ştefan, le fils de Sişman de Boziaş, le roi confirma par un document écrit « *omnia et singula corundem Valachorum et kneziorum prvilegia, super quibuscumque eorum libertatibus, prerogativis et iuribus confecta* »[26]. Ce privilège concerne expressément la communauté des nobles, knèzes et autres Roumains des districts de Lugoj, Sebeş (Caransebeş), Mehadia, Almaj, Caraş, Bîrzava, Cemiat et Ilidia, qui avaient bénéficié des anciennes libertés reconnues par les rois de Hongrie et s'étaient fait remarquer par des mérites militaires exceptionnels dans la défense des frontières du pays. Les clauses stipulées par ce document du roi Ladislas V sont les suivantes[27]:

---

22 Ibidem 208–210.

23 Ibidem 425.

24 A. A. Rusu, Un formular al cancelariei regale din epoca lui Iancu de Hunedoara pentru nobilii români din Transilvania [Un formulaire de la chancellerie royale de l'époque de Jean Hunyadi pour les nobles roumains de Transylvanie]. *Acta Musei Napocensis* 20 (Cluj-Napoca 1983) 155–167.

25 Hurmuzaki, II/2, 94 et sq. (no. 81).

26 Fr. Pesty, Krassö vármegye története [L'histoire du Comté Crasna] III. Budapest 1883, 404–406 (no. 312) (= Hurmuzaki, II/2, 92 et sq. [no. 80]).

27 Voir: V. Papacostea, Civilizaţie românească şi civilizaţie balcanică. Studii istorice [Civilisation roumaine et civilisation balkanique. Études historiques]. Bucarest 1983, 230 et sq.; Şt. Pascu, Voievodatul Transilvaniei IV. Cluj-Napoca 1989, 51 et sq.

a. Seuls les Roumains méritants ont le droit de recevoir des possessions dans les huit districts, les étrangers étant exclus de telles donations.
b. Les huit districts ne seront plus jamais séparés et aucun ne pourra faire l'objet d'un don, comme ce fut le cas du Comiat, qui avait été nanti.
c. Le district de Comiat aura les mêmes privilèges que les sept autres districts.
d. Les nobles roumains et les knèzes ne seront jugés que par leur comes (conformément à l'« *antiquam et approbatam legem districtuum valachicalium universorum* ») et, au cas où ils n'en seraient pas contents, ils pourront avoir recours directement au iudex curie et, finalement, au roi.
e. les nobles roumains seront considérés comme de véritables nobles du pays (*nobiles Valachi instar verorum nobilium regni*).
f. Les comites et les vice-comites qui percevaient les amendes et les impôts des juges ne pourront pas confisquer les chevaux, les chiens de chasse, les armes et les faucons de chasse appartenant aux personnes punies; une telle exécution ne sera faite qu'en présence du juge représentant les nobles de ces Roumains (*iudex nobilium eorundem Valachorum*).
g. Les knèzes de ces Roumains (*knezii eorundem Valachorum*) seront exempts de tout impôt envers le roi ou une autre personne; aucun bien appartenant aux knèzes ou à leurs serfs ne pourra être confisqué; personne n'aura le droit de poursuivre ces knèzes et leurs serfs en justice devant les instances étrangères; quiconque a une plainte contre les nobles roumains, les knèzes ou leurs serfs devra se présenter devant ces nobles.

La reconnaissance de l'unité des districts était garantie par le fonctionnement des institutions et structures sociales locales anciennes et signifiait la préservation de l'autonomie d'une grande partie du Banat. De plus, Mathias reconnaissait au bourg de Caransebeş les mêmes privilèges dont jouissait la ville de Buda, privilèges que Sigismond avait d'ailleurs reconnus[28].

En 1468, en vertu des lettres des rois Louis d'Anjou et Sigismond de Luxembourg, Mathias confirmait les libertés du village roumain de Feleac, situé près de Cluj[29]. Ces libertés visaient l'exemption de quinquagesima ovium et autres impôts, en récompense du fait que ces Roumains, dont les messagers avaient demandé le renouvellement des privilèges, défendaient le chemin qui traversait la forêt de Cluj contre les brigands et autres malfaiteurs (*latrones et alios malefactores*). C'est toujours en 1468 que Mathias exemptait de quinquagesima ovium les Roumains habitant sur la terre des Saxons (*Fundus Regius*)[30]. En ce qui concerne Feleac, il faut encore préciser que le roi y avait soutenu la fondation et le fonctionnement d'un (arch-)évêché orthodoxe roumain sous le patronage de l'Église et du prince Etienne III le Grand de la Moldavie[31].

En 1472 le roi confirmait toutes les anciennes libertés (*omnes libertates*) des Roumains du district Valea Rodnei (*universi Valachi in districtu Radna Völgye commorantes*), obligeant les personnes chargées de la perception des impôts dans le comitat de Dăbîca de ne pas inscrire ces Roumains dans les registres des contribuables, puisqu'ils ne dépendaient pas de ce comitat, mais de la ville de Bistriţa[32]. Deux ans plus tard, en 1474, le roi Matthias Corvin confirmait les privilèges des Roumains qui habitaient les domaines des cités Arva et Lykova dans le nord[33].

Ce document certifiait que deux Roumains s'étaient présentés devant le souverain en nom propre et au nom de tous les Roumains (*in sua ac aliorum omnium Walachorum*) habitant dans trois villages régis par les cités déjà mentionnées, pour lui faire savoir qu'ils jouissaient depuis longtemps déjà d'une série de libertés (*habuissent ab antiquo libertates*). Sur leurs instances, le roi de Hongrie Matthias Corvin se sentit obligé de

---

[28] C. FENESAN, Despre privilegiile Caransebeşului pînă la mijlocul secolului al XVI-lea [Notes sur les privilèges de Caransebeş jusqu'à la moitié du XVIe siècle]. *Banatica* 2 (Reşiţa 1973) 157–163; PASCU, Voievodatul Transilvaniei IV, 47.

[29] HURMUZAKI, II/2, 185 (no. 166).

[30] Ibidem 188 (no. 168).

[31] A. SIMON, La place chrétienne de la foi des Roumains de Transylvanie en 1574. *Annuario del Istituto Romeno di Cultura e Ricerca Umanistica* 6–7 (Venise 2004–2005) 389–403.

[32] HURMUZAKI, II/2, 221 et sq. (no. 199).

[33] N. DRAGAN, Românii în veacurile IX–XIV pe baza toponimiei şi a onomasticei [Les Roumains aux IXe–XIVe siècles sur la base de la toponimie et la onomastique]. Bucarest 1933, 215 et sq.

laisser aux Roumains leurs anciens droits et libertés (*in antiquis eorum iuribus et libertatibus tenere et conservare*), qui étaient les suivants:

a. Ils ne seront obligés de payer aucun impôt qui tenait des charges générales du royaume.
b. Ils ne participeront pas aux labeurs (*labores*) sur les terres des cités Arva et Lykova.
c. Les conflits entre les Roumains seront jugés devant le voïvode élu par la communauté et, au cas où ils n'en seraient pas contents, ils pourront avoir recours à Sa Majesté royale ou aux châtelains de ces cités.
d. Ils ne seront pas obligés de payer des impôts ou des taxes de douane pour les marchandises vendues ou achetées aux foires, à condition qu'elles soient destinées à leur propre usage et non pas au profit.
e. Les Roumains qui élevaient des chèvres ou des moutons seront obligés de donner cinq moutons sur cent (*vigesima*) au bénéfice des cités.
f. Les exemptions dont bénéficiaient cette catégorie de Roumains étaient le fruit de leur rôle militaire, de gardes-frontières libres, protecteurs des chemins contre les brigands, les voleurs et les autres malfaiteurs (*fures, latrones et alii malefactores*), guides des voyageurs, défenseurs armées de ces régions etc.

Une série de libertés anciennes furent reconnues au long d'environ deux siècles (de 1364 à 1562) aux Roumains du comitat de Bereg, notamment aux neuf villages de la région de Craina. Ces libertés concernent la reconnaissance du droit des Roumains d'élire leur voïvode, suivant l'exemple des Roumains de Maramureş (1364) et leur droit d'être jugés dans toutes les causes (*omnes causas*) par ce voïvode. C'était un privilège que la reine Elisabeth Lokietek leur avait octroyé dès 1364 et qui fut par la suite confirmé, avec des modifications et restrictions, en 1370, 1378, 1380 par la même souveraine, en 1383 par la reine Marie d'Anjou, en 1466 par Elisabeth Szilágyi, la mère de Mathias, en 1493 par Jean Corvin, son fils, en 1506 par la reine Anne de Candale, en 1523 par la reine Marie d'Habsbourg, en 1562 par Jean Sigismond Szapolyai[34].

Visitant la région en 1466, pour voir de ses propres yeux l'état du domaine de la cité de Munkacs (aujourd'hui Mukacevo, Ucraine) – zone qui, par tradition, appartenait aux reines de Hongrie – la reine-mère Elisabeth se rendit compte de l'oppression et la souffrance qui régnaient dans les villages des Roumains. Elle ordonna au châtelain de mettre en pratique une série de mesures favorables aux neuf villages roumains de Craina. Quant aux knèzes, ils pouvaient préserver leurs anciens privilèges (*knezius maneat in sua consuetudine*)[35]. En 1493, Jean Corvin reconnaissait l'ancienne liberté des « *kenezii et tota communitas de Krajna* » d'élire leur voïvode avec l'accord des châtelains[36].

En 1475, Mathias émettait le « *literas super libertatem civitatis nostre Zofeo* [recte Jofeo] *confectas* », par lequel il ordonnait au voïvode de Transylvanie de transmettre à tous ses hommes que les habitants de Dobra (centre d'un district roumain) étaient désormais exempts de tout impôt[37]. D'ailleurs, le 11 juin 1478[38], les élus des nobles et des knèzes roumains du district de Dobra obtenaient de la part de Mathias, pour la première fois par un privilège royal, la confirmation de leurs anciennes libertés, qui avaient déjà été reconnues par plusieurs voïvodes, à commencer par Nicolas Csaki, vers 1420[39]. En vue de cette confirmation, l'assemblée du district de Dobra désigna Ştefan Allazo, Petru de Săcămaş, Gheorghe Plai et Ladislas Caba, élus parmi les nobles et les knèzes, qui devaient se présenter devant la cour royale avec les documents nécessaires.

---

34 T. LEHOCZKY, Adalékok a kenézek intézményehez [Contribution à l'étude de l'institution knèziale]. *Történelmi Tár* [Archive historique] 24/1 (Budapest 1890) 165–173; Io. BALTARIU, Vechile instituţii juridice din Transilvania. Contribuţie la istoria dreptului român [Les anciennes institutions juridiques de Transylvanie: contribution à l'histoire du droit roumain]. Aiud 1934, 142–146.

35 LEHOCZKY, Adalékok 168 et sq.; BALTARIU, Vechile instituţii 137 et sq.

36 LEHOCZKY, Adalékok 169–171; BALTARIU, Vechile instituţii 138–140.

37 HURMUZAKI, II/2, 234 (no, 212).

38 C. FENESAN, Districtul Dobra şi privilegiile sale pînă spre sfîrşitul veacului al XV-lea [Le district Dobra et ses privilèges jusqu'à la fin du XVe siècle]. *Anuarul Institutului de Istorie şi Arheologie din Cluj* [Annuaire de l'Institut d'Histoire et d'Archéologie de Cluj] 17 (Cluj-Napoca 1985–1986) 319 et sq.

39 Ibidem 307.

Les knèzes du domaine de Hunedoara allaient suivre la même voie en 1482. On en ignore le nombre précis. Vers 1512, le domaine de Hunedoara avait à peu près 130 knèzes de ce genre dans 28 localités, ce qui donne une moyenne d'environ 4 knèzes dans chaque village[40].

En 1482, les knèzes de Hunedoara soulevèrent la question de leur ancienne liberté (*antiqua libertas eorum*) et désignèrent leurs représentants devant Mathias Corvin. Ces knèzes, qui parlaient au nom de tous ceux qui les avaient élus et délégués (*expositum est nostre maiestati in personis universorum keneziorum nostrorum in pertinentiis castri nostri Hunyad commorantium*) firent savoir au roi de Hongrie qu'ils devaient, selon la prérogative de leur ancienne liberté, être exempts de tout impôt, cens ou taxe, que leur seule obligation était de s'acquitter des services (militaires) auprès de ladite cité, mais que, malgré leurs libertés (*contra libertates eorum*), les hommes chargés de la perception des redevances dans le district (la cité) de Hunedoara obligeaient souvent les knèzes à payer ces impôts, cens et taxes[41].

Prenant connaissance de ces abus et ne voulant pas priver les knèzes de leurs anciennes libertés, le roi ordonna à ces hommes de renoncer à de telles pratiques, ne plus attenter aux libertés des knèzes, cesser de les molester ou de les préjudicier et leur permettre de s'acquitter de leurs services envers la cité. C'était une action similaire à celle des nobles et des knèzes roumains du district de Dobra, qui avaient cependant obtenu de la part des voïvodes de Tran-sylvanie un document écrit présentant en détail la nature de ces anciennes libertés.

Quatre ans après la mort de Mathias, Vladislav II reçut, en 1494, la requête (*supplicatio*) de tous les nobles et les Roumains habitant dans le district de Haţeg (*pro parte universorum nobilium et Walachorum districtus Haczak*) d'être exempts de donner les 200 moutons représentant la *quinquagesima ovium* annuelle et de ne payer que les 60 marks en argent qu'ils devaient au fisc royal au compte des mêmes charges roumaines[42]. Le roi jagiéllon se laissa convaincre non seulement par les requêtes des Roumains de Haţeg, mais aussi par les documents qui lui furent présentés et qui confirmaient leurs libertés traditionnelles, et surtout par les services fidèles rendus par ces nobles et knèzes roumains du Pays de Haţeg dans les combats contre les Ottomans, à l'époque de Sigismond de Luxembourg, Jean Hunyadi et Mathias Corvin.

C'est en relation avec le rôle des Roumains dans la lutte anti-ottomane et avec la politique chrétienne promue après l'Union de Florence (1439) qu'on doit apprécier l'attitude de Mathias envers les schismatiques. En dépit des pressions exercées par les Franciscans[43], le roi intervint auprès du pape Sixte IV pour mettre fin aux offenses que ceux-ci adres-saient aux moins orthodoxes du Banat (1476). En 1479, Mathias exempta les « *universos et singulos Valachos presbyteros fidem grecam tenentes in comitatu Maramorosiense existentes* » de tout impôt dû au roi[44]. En 1481, l'exemption de la dîme catholique concernait tous les orthodoxes, sans nulle restriction[45]. Même si ces documents ne furent pas mis en pratique à la lettre, ils restent d'une importance capitale pour la vie des Roumains qui, dans leur grande majorité, appartenaient à l'orthodoxie.

À ces anciennes libertés collectives roumaines reconnues sous la forme de privilèges par le pouvoir central on doit ajouter des centaines de reconnaissances individuelles. Un grand nombre de knèzes et nobles roumains de Timiş, Caraş, Hunedoara, Haţeg ou Maramureş n'avaient obtenu que la confirmation de leurs anciennes possessions (*nove donationes*) et rarement des donations proprement dites royales, en récompense

---

[40] I. PATAKI, Domeniul Hunedoara la începutul secolului al XVI-lea [Le domaine de Hunedoara au début du XVIe siècle]. Bucarest 1973, 166.

[41] HURMUZAKI, II/2, 273 et sq. (no. 244); PATAKI, Domeniul Hunedoarei 128 et sq. (no. 17).

[42] I. A. POP, Datul oilor din Ţara Haţegului în veacul al XV-lea şi la începutul veacului al XVI-lea [La *quinquagesima ovium* dans le Pays du Haţeg au XVe siècle et au début du XVIe siècle]. *Sargetia* 16–17 (Deva 1982–1983) 292 et sq.

[43] Io. DRAGAN, Românii din Transilvania în lupta antiotomană din a doua jumătate a veacului al XV-lea [Les Roumains de Transylvanie dans la lutte anti-ottomaine dans la séconde moitié du XVe siècle]. *Anuarul Institutului de Istorie şi Arheologie din Cluj* 17 (1985–1986), 72.

[44] Io. MIHALYI DE APSA, Diplome maramureşene din sec. XIV şi XV [Diplômes de Maramureş. XIVe–XVe siècles]. Sighet 1900, 236 et sq. (no. 313).

[45] DRĂGAN, Românii din Transilvania 72 et sq.

des services militaires antiottomans[46]. Dans cette étape (seconde moitié du XVe siècle), excepté les quelques conversions au catholicisme, la noblesse de ces régions resta roumaine pour la plupart. Les familles nobles roumaines haut placées sur l'échelle sociale étaient les seules susceptibles de perdre leur spécificité roumaine.

Dans le sillage de son père, au temps duquel un formulaire spécial de chancellerie était destiné à l'enregistrement des possessions des nobles roumains[47], Mathias mit en vigueur un pareil formulaire pour confirmer les possessions des knèzes (*Donatio keneziatus per modum nove donationis facta*)[48]. C'était la reconnaissance de la spécificité des possessions sous la forme de knézats, par lesquelles la petite féodalité roumaine continuait à préserver sa personnalité.

Toutes ces reconnaissances individuelles, mais surtout les reconnaissances collectives des anciennes libertés des Roumains leur permirent de vivre généralement dans le cadre de leurs propres institutions. Ces reconnaissances, qui vêtirent la forme de privilèges, n'étaient toutefois pas de faveurs, accordés spontanément aux Roumains, grâce à la générosité des maîtres.

Elles étaient, presque toutes, le fruit des pétitions rédigées au cours de nombreuses assemblées dans lesquelles les Roumains, les nobles et les knèzes en tête, avaient analysé les abus dont ils étaient les victimes, établi les revendications et désigné les représentants capables de défendre leurs intérêts. L'argumentation de leurs requêtes, très bien étayée, était à la fois historique et politico-militaire. La dimension historique révèle les anciennes libertés et usages, que les officiels ne respectaient généralement pas, bien qu'ils fussent souvent confirmés par des documents écrits, antérieurs même au règne de Mathias. La dimension politique et militaire concernait les services individuels et notamment collectifs que les Roumains avaient rendus à la royauté et à ses représentants dans les combats contre les Turcs et la politique de centralisation[49].

Les Roumains se servirent de pétitions en vue de la reconnaissance par des documents écrits de leurs anciennes libertés sous la forme de privilèges seulement au moment où ils furent obligés de le faire. On ne doit pas oublier que les autres états transylvains – la noblesse, les Saxons et les Sicules – avaient, dès les XIIIe–XIVe siècles, obtenu des privilèges au niveau global (et parfois régional) garantissant leur existence du point de vue juridique. De tels actes, même sans avoir toujours été exclusivistes et unilatéraux, avaient offert aux privilégiés un cadre légal pour opprimer les Roumains et porter atteinte à leurs anciens usages.

En ce qui concerne la Terre des Saxons, on doit citer Hilibi Gáal Lászlo, qui vers le milieu du siècle passé montrait que les knèzes jouissaient de droits et libertés nobiliaires (ils étaient tenus pour des féodaux), alors que les habitants des knézats bénéficiaient d'une situation similaire aux autres habitants (les Saxons). Selon ses propos, même si l'incorporation progressive des knézats roumains du sud de la Transylvanie dans les juridictions saxonnes, en vertu des privilèges octroyés par Mathias, n'aurait pas dû signifier, du point de vue légal, la subordination des Roumains aux autorités saxonnes, elle eut pour conséquence l'abolition des droits des Roumains et la dégradation de leur situation socio-économique, état consacré par les lois féodales de plus tard[50].

C'est une opinion qu'on pourrait nuancer, mais qui évoque une évolution réelle, saisissable dès le XVe siècle: d'une part, les nobles, les Saxons et les Sicules (soit les « *universitas trium nationum* », selon l'expression des statuts militaires du roi Mathias élaborés en 1463[51]), reconnus comme des états, soit les groupes privilégiés, de l'autre, les Roumains, qui ne représentaient plus un état au XVe siècle. C'est cependant au XVe siècle toujours que la participation massive des Roumains aux combats anti-ottomans a arrêté pour un certain temps leur subordination.

---

[46] Ibidem, 70-75. Voir aussi: A. A. RUSU – I.-A. POP – Io. DRĂGAN, Izvoare privind evul mediu românesc. Ţara Haţegului în secolul al XV-lea [Sources concernant le Moyen Âge Roumain: Le Pays du Haţeg au XVe siècle] I. Cluj-Napoca 1989, *passim*.

[47] RUSU, Un formular al cancelariei regale, *passim*.

[48] M. G. KOVACHICH, Formulae solennes styli. Pest 1799, 533.

[49] Voir aussi: L. ELEKES, Essai de centralisation de l'État hongrois dans la seconde moitié du XVe siècle (tirage à part des *Études Historiques <Hongroises>* 2, 437–467). Budapest 1960, 16 et sq.

[50] Vizsgálodás az Erdély kenézségekrül [L'administration des domaines knéziaux transylvaines]. Aiud 1846; PASCU, Voievodatul Transilvaniei III, 356.

[51] HURMUZAKI, II/2, 146–148 (no. 126).

Conformément à une source florentine de 1476, les Roumains de Hongrie, Moldavie et Valachie représentaient environ deux tiers des armées de Mathias[52]. Dans la bataille de Cîmpul Pîinii (1479), les Roumains constituaient, selon Antonio Bonfini, une partie distincte de l'armée transylvaine. Cependant, les troupes du Banat arrivées sur le champ étaient commandées par Paul le Cnèze (Pavel Chinezul, Kinizsi Pál), probablement d'origine roumaine lui-aussi[53]. Ces faits de prouesse militaire furent certainement récompensés, selon la coutume féodale.

Malheureusement, la récompense ne put pas vêtir la forme d'un privilège général, qui aurait mis en danger le statut préférentiel des trois nations privilégiées, mais elle se traduisit par des privilèges locaux octroyés aux Roumains. Leur insuffisance ressort des fréquentes plaintes que les Roumains adressèrent aux autorités et qui culminèrent par des véritables révoltes.

La conclusion qui s'impose est que pendant le règne de Mathias Corvin les Roumains de Transylvanie et des régions voisines rattachées à la Hongrie n'ont pas obtenu de privilèges globaux au nom de leur nation. Il était cependant impossible qu'ils ne jouissent de la confirmation locale de leurs libertés traditionnelles à une époque où, sous la commande de Jean Hunyadi, ils s'étaient engagés corps et âme dans la défense de la chrétienté. Ce n'est donc pas étonnant qu'au temps de Jean Hunyadi et de Mathias Corvin les Roumains obtiennent le plus grand nombre d'actes de donation et d'anoblissement de toute leur histoire. C'est à la même époque qu'on procède à la reconnaissance de la spécificité des possessions roumaines, que maints Roumains accèdent à de hautes fonctions, que la notion de nobiles Valachi connaît un emploi régulier. Les confirmations de libertés sous la forme de privilèges octroyés aux Roumains sont, de 1457 à 1494, les plus nombreuses de tout le Moyen Age hongrois. Voilà une raison de plus pour étudier l'époque de cet illustre souverain à travers les interférences.

---

[52] Voir: Gh. I. BRATIANU, Origines et formation de l'unité roumaine. Bucarest 1943, 138 (document datée aussi en 1479).

[53] Voir l'analyse de Io. HATEGAN, Un problème controversé: l'origine de Pavel Chinezu. *Revue Roumaine d'Histoire* 24/4 (Bucarest 1985) 341–349.

Zsuzsanna Ötvös

Some Remarks on a Humanist Vocabularium (ÖNB Suppl. Gr. 45)

With one plate

In the present paper, I intend to deal with a manuscript recorded as Suppl. Gr. 45 in the Austrian National Library. The paper codex from the 15th century, which has blind-stamped leather binding[1], is neither decorated nor marked by a coat of arms. It comprises 331 folios, on the majority of which an alphabetical Greek-Latin vocabulary list is written (ff. 1^r–298^r). This section is followed by a thematic Greek-Latin word list of tree names (ff. 298^{rv}), and then by a Latin-Greek vocabulary list (ff. 299^r–320^r). Finally, the manuscript contains heterogeneous running text in Greek (e.g. paroemia, parts of the human body etc.: ff. 320^r–329^r)[2].

The main focus of this paper is the extensive Greek-Latin vocabularium, the edition of which is in progress now[3]. After briefly describing its layout, structure, and process of transcription, I will attempt to reconstruct the history of the codex by exploiting the clues offered by the manuscript itself.

LAYOUT, STRUCTURE AND TRANSCRIPTION

As for the layout of the vocabulary list, two columns are visible on each page: the column on the left contains Greek lemmas, while the one on the right provides their Latin equivalents. One page generally contains 26 lines. Aspirations and stresses are consistently indicated with diacritic marks, although there are obvious mistakes in their usage. Abbreviations are much more frequently used in the Latin column than in the Greek one.

The Greek-Latin vocabulary list in Vienna is apparently a copy based indirectly on the codex Harleianus 5792, written in the seventh century. This was published by Georg Goetz in his *Corpus Glossariorum Latinorum* in 1888[4]. In this *Vocabularium*, the Greek lemmas and their Latin equivalents were not transcribed line by line from the source text: instead, the Greek column was copied first and the Latin one thereafter. This statement concerning the method of transcription can be proven by various characteristic scribal errors. For instance, the verso of folio 174 clearly illustrates this phenomenon (**Fig. 1**): in line 6, the scribe of the Latin column wrote the Latin equivalent of the seventh Greek lemma next to the sixth Greek item. It was in line 8 that he finally realized his mistake and attempted to correct it by adding *nequid*, the Latin equivalent of the Greek word μητί, between the two columns in line 6. Then, by drawing lines, he managed to connect the Greek lemmas with their Latin equivalents misplaced by one line each[5]. Another typical error occurring several times is the contamination of two sets of word pairs, which also clearly indicates how mechanically the work of copying was carried out[6].

---

[1] Csaba Csapodi claims that the binding was prepared in Hungary, possibly in Pécs. He even suggests that this binding type was characteristic of Janus Pannonius' library. See Cs. Csapodi, Janus Pannonius könyvei és pécsi könyvtára [Janus Pannonius' books and his library in Pécs], in: *Janus Pannonius (Tanulmányok)* (ed. T. Kardos – S. V. Kovács). Budapest 1975, 193.

[2] For a more detailed description, see H. Hunger (unter Mitarbeit von Ch. Hannick), Katalog der griechischen Handschriften der Österreichischen Nationalbibliothek IV, Supplementum Graecum. Wien 1994, 85–86.

[3] The edition of the text is in progress with the permission of Dr. Johanna Rachinger, Director General of the Austrian National Library.

[4] G. Goetz (ed.), Corpus Glossariorum Latinorum II. Leipzig 1888, 213–483. See Goetz, Corpus XX–XXVI, for the description of Harleianus 5792.

[5] The same scribal error can also be observed on folios 69, 180 and 182.

[6] For more details on this type of scribal error, see Zs. Ötvös, A Renaissance Vocabularium by Janus Pannonius? (ÖNB Suppl. Gr. 45). *Acta Antiqua Academiae Scientiarum Hungaricae* 48 (2008) 239–240.

In the *Vocabularium*, several glosses can be found in the margins or between the two columns. These marginal notes were apparently not written by the scribe/scribes of the main text. Furthermore, they seem to reveal the traces of several different hands. Most of the glosses may be attributed to a Greek hand whose handwriting is fluent and dynamic. He usually adds short or sometimes longer Greek quotations or definitions, always with no Latin translation. He tends to quote scholia written to Aristophanes, mostly to the comedies *Clouds* (*Nubes*) and *Wealth* (*Plutus*)[7]. In addition to the hand of the Latin column, one or more other Latin hands can also be identified in the *Vocabularium*. These glosses are most often synonyms of the Latin lemma in the main column, or they add further meanings of the Greek lemma. It is worth mentioning that we can occasionally find glossary notes in Italian as well, for instance *il sonaglio dell'aqua* (220^{r}), *ho male* (206^{r}), *la campagna* (207^{r}).

THE VOCABULARIUM AND JANUS PANNONIUS

Having briefly described the Greek-Latin vocabulary list, I would now like to discuss the provenience of the codex. The first clue in connection with the early history of the codex is offered by the manuscript itself. On a slip attached to one of the flyleaves, the following data are visible (**Fig. 2**): *Lexicon graeco latinum, Supplement. XVI.* Then, in brackets, possibly by another hand: *(Autogr. Jani Pannonii).* One can decipher that the scribe of the Hofbibliothek who made the remark first wrote *Apogr.*, but then immediately corrected it by obliterating *Apogr.* and adding *Autogr.* instead. It was primarily on the basis of this remark in brackets that the *Vocabularium* was attributed to Janus Pannonius until recently. This assumption was supported by an observation made by the librarian Michael Denis in the eighteenth century: *codex ... hanc Notam praefert:* Ιανος ὁ παννονιος ἰδια χειρι εγραψεν. όταν τα ἑλληνικα γραμματα μαθειν ἐμελεν. *Janus Pannonius propria manu scripsit, quando graecas literas discere cura fuit*[8]. (Janus Pannonius wrote with his own hand when he started to learn Greek letters[9]). Proceeding from Denis' description, Josef Bick mentions Janus as the scribe of the Greek-Latin vocabulary list in his book *Die Schreiber der Wiener griechischen Handschriften*, published in 1920[10].

However, one should bear in mind that – as the scribal errors mentioned suggest – it was only after copying the column of the Greek lemmas that the scribe turned to the transcription of the Latin column. This assumption renders less probable the hypothesis that Janus was the scribe of the manuscript, since one learning the language like Janus would have decided to copy the text line by line instead of proceeding by columns, so that he might improve his vocabulary during the transcription[11]. Yet, according to István Kapitánffy's trenchant argument, Michael Denis was right, but the remark only refers to itself, not to the *Vocabularium* as a whole: it was only the sentence Ιανος ὁ παννονιος ἰδια χειρι εγραψεν. όταν τα ἑλληνικα γραμματα μαθειν ἐμελεν that was written by Janus, *sua manu*, when he was probably experimenting with his newly acquired

[7] For more details on this Greek hand see I. KAPITÁNFFY, Aristophanes, Triklinios, Guarino und Janus Pannonius. *Acta Antiqua Academiae Scientiarum Hungaricae* 36 (1995) 355–356. For a provisional description of the different hands, see ÖTVÖS, A Renaissance Vocabularium (as n. 6), 242–244.

[8] Regarding accents, aspiration marks, spelling and punctuation, I closely follow Denis's script (ÖNB Cod. Ser. n. 3953, f. 116^{r}).

[9] As for the translation, it should be noted that Denis obviously derives the verb form ἔμελεν from μέλω, since he translates it with the expression *cura fuit*. However, this derivation is objectionable on grammatical grounds since this verb tends to occur in expressions constructed with the personal dative case. Consequently, according to István Kapitánffy, the verb form ἔμελεν rather derives from μέλλω, which fits the sentence both grammatically and semantically. At that time, when no distinction was made in the pronunciation of simple and geminate consonants, the two verbs were pronounced identically. See I. KAPITÁNFFY, Janus Pannonius görög szótára [Janus Pannonius's Greek Dictionary]. *Irodalomtörténeti Közlemények* 95 (1991) 181.

[10] J. BICK, Die Schreiber der Wiener griechischen Handschriften. Wien – Prag – Leipzig 1920, 54–55. This could be the reason why Janus is present on several lists containing the names of scribes who worked during the Renaissance. See for example M. VOGEL – V. GARDTHAUSEN, Die griechischen Schreiber des Mittelalters und der Renaissance. Hildesheim 1966^{2}, 479. Aubrey Diller also cites Bick's statement, see A. DILLER, The Greek Codices of Palla Strozzi and Guarino Veronese. *Journal of the Warburg and Courtauld Institutes* 24 (1961) 319.

[11] See KAPITÁNFFY, Janus Pannonius (see n. 9), 180.

knowledge of Greek[12]. Thus, the only thing Denis' remark proves is that Janus definitely possessed the codex and that he actually used it.

In the light of what has been said, we can reconstruct the early history of the codex as follows: Around the middle of the fifteenth century, the manuscript was copied in a scriptorium somewhere in Italy, as the occasional Italian glossary notes suggest[13]. It is plausible that the Greek and Latin columns were transcribed by two different hands[14], which would also point to a scriptorium employing professional scribes as the place of the transcription. Then, the young Janus Pannonius used the word list when he was learning Greek during his studies (1447–1454) in Guarino Veronese's school in Ferrara. On returning to Hungary to occupy the bishopric of Pécs (1459), he brought along the codex since he needed it to continue his study of Greek texts. As an analogy, one can think of two English humanists, Thomas Grey and Robert Fry, who were both Guarino's students. As the reconstruction of the stock in their libraries reveals, both possessed a Greek-Latin dictionary which they brought home from Italy[15]. Janus also seems to have had the codex rebound in Hungary[16]. The *Vocabularium* remained in the possession of Janus until his death in 1472.

BOOKPLATES REVEALING THE POSSESSORS

In order to reconstruct the later history of the codex, the bookplates attached to the pastedown of the front board by its possessors are of invaluable assistance. There are three bookplates placed over each other, revealing three subsequent possessors of the manuscript. The topmost ex libris indicates the ownership of Johannes Fabri, Bishop of Vienna. He attached his bookplate onto the ex libris of Johannes Alexander Brassicanus, who also placed his notation of ownership together with his book-plate.

Until now, only these two bookplates were recognized in the literature[17]. However, a further ex libris has recently been revealed under that of Brassicanus **(Fig. 3)**[18]. It was damaged by the glue applied for the attachment of the upper ex libris, which is why only the lower half of the image and a part of a distich deterring potential thieves are discernible. I managed to identify it as the ex libris of Johann Cuspinianus (born Spiessheimer), the Viennese humanist and diplomat (1473–1529)[19]. In the bottom right corner of the bookplate preserved in the codex, his characteristic monogram *C*(*uspinianus*) *M*(*edicus*) *P*(*oeta*) is also visible. In its first publication, the ex libris was dated to around 1520. Later, on the basis of its style, Ankwicz-Kleehoven dated it to approximately 1510[20]. However, he suggested another date when he discovered that the woodcut known as Cuspinianus' bookplate was based – with some modifications – on a portrait of Cuspinianus painted by Lucas Cranach. The portrait of the Viennese humanist, together with a matching portrait of his wife Anna, were ordered when the couple got married, thus no later than 1503. Ankwicz-Kleehoven assumes that the woodcut dates from soon after the execution of the two portraits, that is, shortly after 1503[21].

---

[12] KAPITÁNFFY, Janus Pannonius (see n. 9), 180.

[13] KAPITÁNFFY, Janus Pannonius (see n. 9), 180.

[14] István Kapitánffy observed that the columns had been written with different pens: a soft-pointed pen must have been applied for copying the Latin words, while a hard-pointed one was used for the Greek items since they consist of uniformly thin lines. See KAPITÁNFFY, Janus Pannonius (see n. 9), 181 and KAPITÁNFFY, Aristophanes (see n. 7), 352.

[15] R. WEISS, *Humanism in England during the Fifteenth Century*. Oxford 1957[2], 93 and 102.

[16] Cf. n. 1.

[17] KAPITÁNFFY, Aristophanes (see n. 7), 354 mentions both bookplates being stuck onto each other, whereas HUNGER, Supplementum Graecum 86 does not deal with Brasssicanus' ownership of the codex, probably because he was not aware of the fact that a further ex libris is hidden under Bishop Fabri's bookplate.

[18] It was Dr. Christian Gastgeber who discovered the third ex libris hidden under the bookplate of Brassicanus while studying the codex in the Austrian National Library.

[19] Cuspinianus' bookplate was first published by H. E. STIEBEL, Bücherzeichen des Johann Cuspinianus (Spiessheimer) aus Schweinfurt. *Zeitschrift für Bücherzeichen* 4 (1894) 112. In addition to Stiebel's short description of the ex libris, which emphasizes its Gothic characteristics, the article contains a reproduction of its image.

[20] H. ANKWICZ-KLEEHOVEN, Wiener Humanisten-Exlibris. *Österreichisches Jahrbuch für Exlibris und Gebrauchsgraphik* 17 (1919) 14f.

[21] H. ANKWICZ-KLEEHOVEN, Cranachs Bildnisse des Dr. Cuspinian und seiner Frau. *Jahrbuch der preussischen Kunstsammlungen* 48 (1927) 231–232.

However, Cuspinianus' bookplate occurs very rarely in extant manuscripts since it was usually removed by subsequent owners. Ankwicz-Kleehoven managed to find remnants of his ex libris in ÖNB Cod. 2504, where it had been covered by Johann Fabri's bookplate[22].

In summary, after the identification of the third bookplate, the existence of which had been unknown, three subsequent phases can be reconstructed in the later history of the codex: it was possessed first by Johann Cuspinianus, then by Johann Alexander Brassicanus, and finally by Bishop Fabri, who purchased Brassicanus' book collection after his death[23].

THE CODEX AND THE BIBLIOTHECA CORVINIANA

So far, the history of the codex from its transcription in Italy to the library of Janus Pannonius, and from the ownership of Johann Cuspinianus to that of Bishop Fabri, has been reconstructed. At this point, however, the question arises: what happened to the codex between Janus' death and its acquisition by Cuspinianus? Where could it have been?

According to Csaba Csapodi's hypothesis, Janus Pannonius' books were confiscated for King Matthias' royal library after the humanist's fall and death in 1472[24]. Since Janus' books were not marked with a coat of arms or with a note of ownership, they could have mingled in the stock of the Corvinian library without leaving a trace. Csapodi offers several arguments in support of his hypothesis. Firstly, there are three (or perhaps four) of the few books identified as having been in Janus' possession which could have turned up abroad only after the dissolution of the Corvinian library and which were plausibly possessed by Janus and then by King Matthias. A further argument is the large proportion of Greek codices characteristic of both Janus' and King Matthias' book collections. Possessing a bilingual Latin and Greek book collection was very unusual at the time. Thus, it is plausible that the confiscation of Janus' bilingual library stimulated the establishment of a similarly bilingual, Latin and Greek royal library[25].

Furthermore, apart from Csapodi's arguments, there is indirect evidence suggesting that the *Vocabularium* was once part of the stock of the Corvinian library. It seems that the royal librarian and tutor of Johannes Corvinus, Matthias' illegitimate son, Taddeo Ugoleto, used the *Vocabularium* in the Corvinian library. However, Ugoleto had his own Greek-Latin dictionary as well: he owned a copy of the first printed Greek-Latin dictionary edited by Johannes Crastonus. It was first published in 1478, then a second edition was released in Vicenza 5 years later, on 10 November 1483. Ugoleto obtained a copy of the second edition sent by his friend, a certain Paulus Romuleus, as a present; this is now preserved in Vienna (ÖNB Ink. 10. E. 9). Originally, the printed dictionary contained about 15 thousand entries on 520 pages, to which Ugoleto added more than a thousand new items in the margins (missing entries, alternative meanings, grammatical information etc.). He finished his work on the dictionary on 20 June 1484, that is, in less than six months' time, as his note at the end of the book informs us: *Relectum...viginti Iunii anno domini mille quadringenti octogesimo quarto*.

Ugoleto's notes were scrutinized by Gábor Bolonyai, who presented his results in a paper at the conference *Hungary at the Dawn of the Renaissance*, held in Budapest in May 2008[26]. The entries added by Ugoleto are organized in alphabetical order, which suggests that they were copied from an already pre-arranged text. By comparing a part of Ugoleto's notes with the *Vocabularium*, Bolonyai proved that Ugoleto had cop-

---

[22] ANKWICZ-KLEEHOVEN, Humanisten-Exlibris (see n. 20), 14, n. 15.

[23] F. FÖLDESI, Budától Bécsig [From Buda to Vienna], in: Uralkodók és corvinák: az Országos Széchényi Könyvtár jubileumi kiállítása alapításának 200. évfordulóján: 2002. május 16–augusztus 20 [Potentates and corvinas: anniversary exhibition of the National Széchényi Library: May 16 – August 20, 2002] (ed. O. KARSAY). Budapest 2002, 94.

[24] CSAPODI, Janus Pannonius könyvei (see n. 1), 205–206.

[25] CSAPODI, in his book *The Corvinian Library. History and Stock* (Budapest 1973, 456), lists the *Vocabularium Graecolatinum* and Latinograecum as an authentic Corvinian manuscript. However, in his subsequent work *Bibliotheca Corviniana* (Budapest 1999) he does not include the *Vocabularium* in the catalogue of Corvinian manuscripts.

[26] G. BOLONYAI, The Royal Librarian's Notes. Conference paper presented at the international conference Matthias Rex 1458–1490 – Hungary at the Dawn of the Renaissance, Budapest, 21 May 2008. I would like to express my thanks to Gábor Bolonyai, who provided me with the written version of his paper. See also his article in this book.

ied that word list extensively, although he also used other glossaries, lexica, and presumably literary works as well. Thus, Ugoleto's notes can provide indirect evidence for the availability of the *Vocabularium* in the royal library between 1483 and 1484.

Thus, the Corvinian library can serve as the missing link between Janus Pannonius and Johann Cuspinianus, that is, between the early and later history of the codex. Representing the interests of Emperor Maximilian I, Cuspinianus visited Hungary several times as a diplomat to negotiate with King Wladislas II, the successor of King Matthias. Between 1510 and 1515, during his numerous visits to Buda, he had the opportunity to examine the stock of the Corvinian library and obtain some valuable codices as well. In his monograph on Cuspinianus, Ankwicz-Kleehoven lists nine Corvinian manuscripts whose notes of ownership indicate that they were possessed by Cuspinianus[27]. He could also have obtained the *Vocabularium* from the royal library during one of his visits to Buda between 1510 and 1515. He might have needed the Greek-Latin dictionary for his extensive studies of Greek texts while he was working on his historical work, the *Caesares*. In one of his letters[28], he mentions that he had read through Zonaras' *Epitome historion* in two months' time, and he writes in the *Consules*[29] that he had prepared excerpts from parts of Diodorus' *Bibliothece*. Both Greek works were available in the Corvinian codices he obtained from Buda (now ÖNB Hist. Gr. 16 and Suppl. Gr. 30). It is interesting that both Greek codices finally landed in Brassicanus' book collection, just like the *Vocabularium*. However, Cuspinianus must have had some kind of Greek-Latin dictionary even before obtaining the *Vocabularium*, although one might assume that it was less extensive and of poorer quality.

Having established a possible link between Janus Pannonius and Johann Cuspinianus, it seems appropriate to summarize quickly the phases in the reconstructed history of the codex. In the middle of the fifteenth century, the *Vocabularium* was copied somewhere in Italy. Janus used it during his studies in Guarino's school and then took it with him when he returned to Hungary in 1459. After his death, it was confiscated for the royal library together with his other books in 1472. Between 1483 and 1484, the royal librarian Taddeo Ugoleto used the codex for adding notes to his own dictionary. Thus, the codex was presumably still part of the stock of the Corvinian library at the time. Johann Cuspinianus then obtained the codex from the royal library during one of his visits to Buda between 1510 and 1515. His visits to Hungary were most numerous in 1513 and 1514; one might therefore narrow down the possible years for Cuspinianus' acquisition of the codex to 1513 and 1514[30]. After Cuspinianus, Brassicanus was the next owner of the codex, having obtained it after the former's death in 1529 at the latest. When Brassicanus died in 1539, Bishop Fabri purchased his book collection and became possessor of the *Vocabularium*. He bequeathed it to the Collegium Sancti Nicolai, and the codex finally landed in the Hofbibliothek in 1756 after the Viennese Universitätsbibliothek was closed.

The reconstruction of the provenience of the *Vocabularium* can hopefully offer us a clue for the separation and identification of the hands which added glossary notes in the margins[31], which will be conducted in the next phase of our research work on the *Vocabularium*.

---

[27] The nine codices are: 82, 138, Hist. Gr. 16 and Suppl. Gr. 30 in the Austrian National Library; Cod. Lat. 417 (former ÖNB Cod. 25), Cod. Lat. 423 (former ÖNB Cod. 109), Cod. Lat. 426 (former ÖNB 152) and Cod. Lat. 427 (former ÖNB 1076) in the National Széchényi Library, Budapest; Cod. 458 in the Stiftsbibliothek, Göttweig; Cod. Lat. 175 in the Staatsbibliothek in Munich. See H. ANKWICZ-KLEEHOVEN, Der Wiener Humanist Johannes Cuspinian. Gelehrter und Diplomat zur Zeit Kaiser Maximilians I. Graz – Köln 1959, 124, n. 64, who, however, lists the four codices found in Hungary since 1934 as ÖNB codices.

[28] Cuspinianus' letter to Emperor Maximilian I (Vienna, the end of April 1513): *Transcurri enim his duobus mensibus totum librum* [sc. Zonaras' book]. H. ANKWICZ-KLEEHOVEN (ed.), Johann Cuspinians Briefwechsel. München 1933, 45.

[29] *Consules* (1553), p. 160: *Sex ego libros graecos a decimo sexto usque vigesimum reperi Budae in bibliotheca regia, cum illic oratorem Caesaris agerem: e quibus paucula pro commodo meo excerpsi.* Cited by H. ANKWICZ-KLEEHOVEN, 'Die Bibliothek des Dr. Johann Cuspinian', in: Die Österreichischen Nationalbibliothek. Festschrift für Josef Bick (ed. J. STUMVOLL). Wien 1948, 220, n. 3.

[30] See Th. G. KARAJAN (ed.), Johannes Cuspinians Tagebuch. Wien 1855, 404–407.

[31] The history of the Zonaras codex (ÖNB Hist. Gr. 16) seems to resemble that of the Suppl. Gr. 45. After Cuspinianus' death, Brassicanus obtained it. Then it became part of Bishop Fabri's collection. It is remarkable that both Cuspinianus and Brassicanus added marginal notes to it. See ANKWICZ-KLEEHOVEN, Der Wiener Humanist 124. Similarly, the margins of the *Vocabularium* may also contain the handwriting of both humanists.

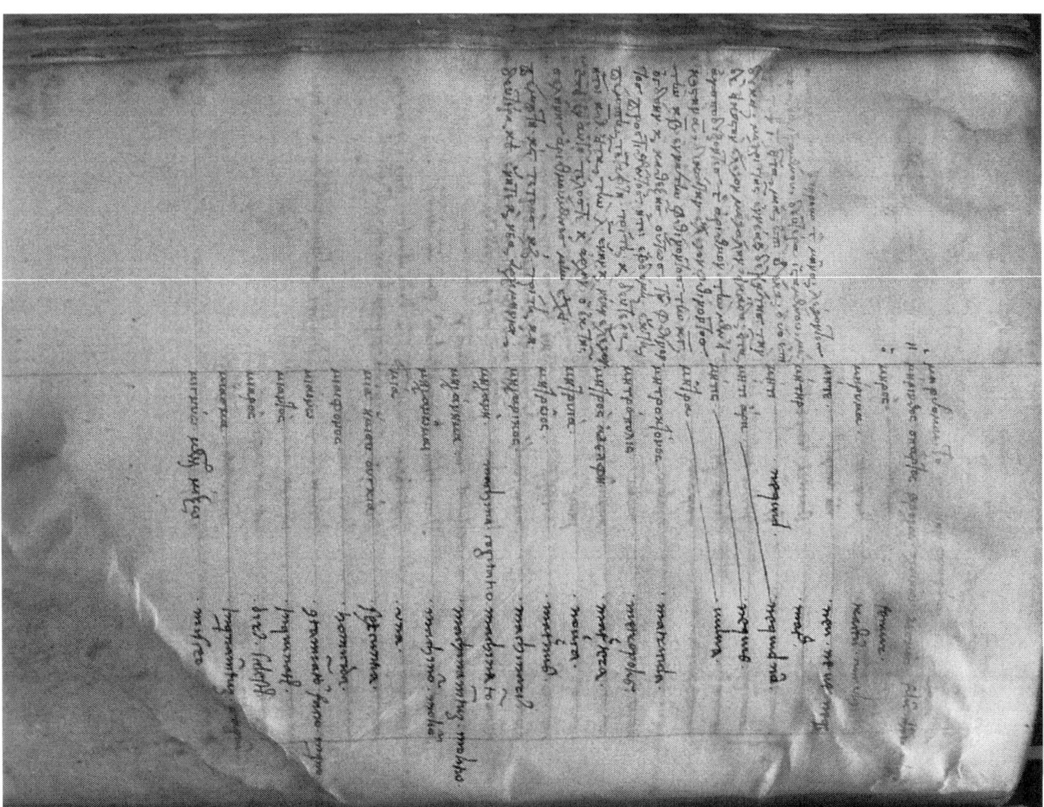

Fig. 1
A characteristic scribal error on f. 174ᵛ

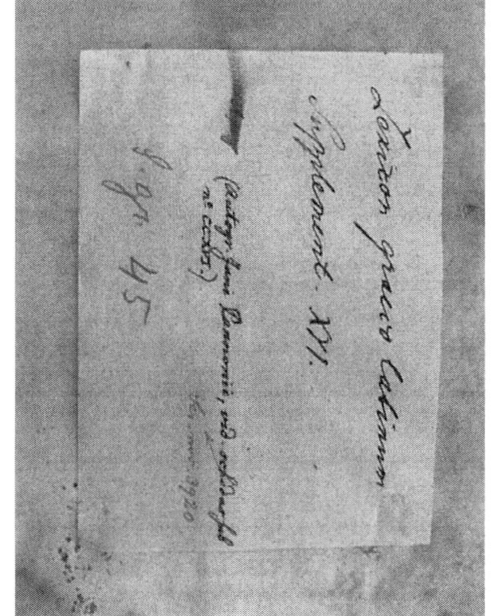

Fig. 2
Detail of f. IIIᵛ

Fig. 3
The preserved part of the exlibris of Johann Cuspinianus in ÖNB Suppl. Gr. 45 (inner front plate)

GYULA MAYER

Zur Textgeschichte der Elegien des Janus Pannonius*

Dis manibus Iohannis Bollók

EINFÜHRUNG

Im Jahre 1929 hat ein junger Forscher, László Juhász[1], nach ausführlichen Studien in italienischen Bibliotheken versucht die Textgeschichte der Elegien zu klären. Seine Abhandlung ist als eine eigene Publikation erschienen. Wie er schreibt, *bibliothecas complurium Italiae urbium adii, ut codices Iani Pannonii opera continentes studerem conferremque.*[2] Diese Kollationen sind nach seinem Hinscheiden zusammen mit seinem wissenschaftlichen Nachlass in die Universitätsbibliothek Budapest gekommen.[3] In der genannten Abhandlung beschreibt Juhász seine Ziele folgendermaßen: *Nobis enim Ianus noster quam expolitissimus et correctissimus, necnon maxime genuinus fidissimusque est habendus.* Über die Ergebnisse seiner Forschungen, über die neue kritische Ausgabe der Werke des Janus äußert er sich ziemlich optimistisch: *Amplissimo Domino Doctore Iosepho Huszti Professore Universitatis Szegedinensis duce et auspice editio nova operum, quae supersunt, omnium Iani Pannonii brevi in lucem prodibit.*

Ich konnte weder in seinem Nachlass noch in diesem von József Huszti[4] Indizien dafür finden, warum die Edition letzten Endes nicht fertig gestellt wurde. Vermutlich spielte dabei eine Rolle, dass Juhász keine Universitätslaufbahn einschlagen konnte und Huszti durch andere Aufgaben in Anspruch genommen wurde, besonders nach seiner Berufung nach Budapest. Der Krieg und die Machtübernahme der Kommunisten brachten einen Bruch in beider Lebensbahn.[5] Sogar die Wohnung von Huszti – samt Personalbibliothek und seiner wissenschaftlichen Handschriften – wurde von der russischen Armee zum großen Teile zerstört.

Auch heute noch ist die einzige (fast) vollständige kritische Ausgabe der Werke des Janus die 1784 erschienene Utrechter Ausgabe, herausgegeben von Samuel Teleki und Sándor Kovásznai.[6] Im Jahr 2006 konnten wir den ersten Band der neuen kritischen Ausgabe herausgeben,[7] und ein zweiter Band, die Elegien enthaltend, wie Juhász es vor 80 Jahren formuliert hat, *brevi in lucem prodibit* – wenigstens hoffen wir so.

In der Utrechter Ausgabe sind die Elegien in zwei Bücher geteilt, das erste enthält diejenigen, die den Editoren auch aus Handschriften bekannt waren; diejenigen der zweiten waren dagegen ihrem Wissen nach nur durch alte Drucke, beginnend ab 1512, überliefert.[8]

In diesem Beitrag hebe ich einige Fragen der Texttradition des ersten Buches der Elegien hervor, weil der Vergleich der Varianten hier meistversprechend ist, nehme aber Rücksicht auch auf solche anderen Gedichte, die in den Handschriften zusammen mit Elegien des ersten Buches vorkommen.[9]

---

* MTA Ókortudományi Kutatócsoport, Budapest (OTKA K 75882).

[1] Schüler von József Huszti, des Autors der bisher unübertroffenen Monographie über Janus Pannonius, vgl. auch P. GULYÁS – J. VICZIÁN, Magyar írók élete és munkái. Új sorozat. XV. Budapest 1993, 888ff.

[2] L. JUHÁSZ, Commentatio critica ad edendas Iani Pannonii elegias. Szeged 1929, 4.

[3] Handschriftenabteilung, H 287/3 und 4.

[4] Handschriftenabteilung der Bibliothek der Ungarischen Akademie der Wissenschaften, Budapest, Ms 4202–4207.

[5] Juhász hat später noch eine wertvolle Studie (Janus Pannonius epigrammáinak szövegkritikájához és herméneutikájához [Zur Textkritik und Hermeneutik der Epigramme des Janus Pannonius]. *Filológiai Közlöny* 14 [1968] 146–185) publiziert. Hier (S. 151) erwähnt er erstmals die Handschrift, die wir unten **Qp** bezeichnen werden.

[6] Ergänzungen finden sich in J. ÁBEL, Adalékok a humanizmus történetéhez Magyarországon – Analecta ad historiam renascentium in Hungaria litterarum spectantia. Budapest – Lipsiae 1880, im Folgenden mit Ábel und Seitenzahl zitiert.

[7] I. MAYER – L. TÖRÖK, Iani Pannonii opera quae manserunt omnia. Vol. I. Epigrammata. Fasc. 1. Textus. Budapest 2006. Das Kürzel M. bezieht sich auf die hier benutzte Nummerierung.

[8] Der heute bekannte älteste Druck, eine Inkunabel um 1471, ist noch zu Lebzeiten des Janus erschienen.

Von den Stücken des so genannten zweiten Buches der Elegien der Utrechter Ausgabe[10] lassen wir die Gedichte 4, 6, 12–14, 17 (von denen keine Handschrift bekannt ist), ferner 5, 7 und 9 (diese Gedichte von Strozzi an Janus kommen zwar zusammen mit den Gedichten 8 bzw. 10 von Janus an Strozzi, aber nie mit Gedichten des ersten Buchs der Elegien vor), schließlich 15 (es kommt nur zusammen mit *Epg.* II 2 = 304 M., Ábel 98/2–99/2 = 201–2, 204, 372 M. und *Eleg.* II 2, 7, 8 vor) und 18 (unecht) außer Acht.[11]

Anhand den Forschungen von Huszti und Juhász ist der größte Teil der Textquellen – Handschriften und *codicis instar* Drucke – bekannt geworden, wenigstens soweit wir dies nach unserem heutigen Wissen beurteilen können. Der Zuwachs der Folgezeit besteht aus drei Handschriften, zwei von überragender Wichtigkeit in Sevilla und der von Ágnes Ritoók-Szalay beschriebene Cantabrigensis.[12] Die folgende Tabelle beschreibt alle bekannte Textquellen. Der Vollkommenheit halber führen wir alle Drucke des 16. Jahrhunderts an, obwohl einige Ausgaben stemmatisch eliminierbar sind. In der Anordnung der Daten folgen wir Csapodi 54–57 mit den nötigen Korrekturen. Vollständigere Angaben finden sich (bzw. werden sich finden) in den Bänden der neuen kritischen Edition.

Tabelle 1: In der rechten Kolumne wird am Anfang der Auflistungen das Zeichen „...“ weggelassen; # bezeichnet das Ende eines Gedichtes; angeführt sind *Epg.* II 1, das sich mit *El.* I 6 verbindet, *Epg.* II 2, das sich mit *El.* II 2 verbindet, und das Gedicht des Antonio Costanzi an Matthias König von Ungarn, auf das *El.* I 8 die Antwort ist. Mit den Siglen **Ja**...**Jz** bzw. **Ea**...**Ez** sind Druckwerke bezeichnet.

S	Sevilla, Kapitelbibl. 82–4–8, s. XV$^{ex.}$	*El.* Ábel 125. I 2. 1. 3. ...7. 8. 9. ...5. ...13. Ábel 127.
T	Sevilla, Kapitelbibl. 7–1–15, s. XV$^{ex.}$, < Bischoff Osvát Thúz	*Epg.* II 2. = 304 M. ...*El.* I 6. 7. 5. ...*Epg.* II 1. = 388 M. ...*El.* I 9. ...13. 14. ...15. ...3. (letztere vom zweitem Hand).
B	Wien, ÖNB 3274, ca. a. 1500, < Buda	*El.* I 1–15.
V	Vatikan, Vat. lat. 2847, erster Teil (ff. 12–20), s. XVI$^{in.}$	*El.* I 3. 2. 1. 4. 6. 10. 11,1–26. 10. 11. 12,1–32.
X	Vatikan, Vat. lat. 2847, dritter Teil (ff. 59–111), s. XVI$^{in.}$	*El.* II 8. 10. I 13,1–136. 153–206. Ábel 125. I 2. 3. 9. 8. Ábel 127. 127–9. I 6. *Epg.* II 1. *El.* I 15. 7. 5. 4. 12. 10. 11. Ábel 129. II 3. 1. 2. Ábel 130.
D	Dresden, SLUB, Dc 158, s. XV	*El.* I 8. 5–7. 1–4. 9,1–104. [ein Blatt fehlt] 10,38–#. 11–12. II 11. 2. *Epg.* II 2. *El.* II 8. 10.

[9] Die Textgeschichte von *Eleg.* II 2 haben wir in einem früheren Beitrag gesondert untersucht (Janus Andreola-epitáfiumának szöveghagyománya [Die Textgeschichte des Epitaphium in Andreolam des Janus], in: Neolatin irodalom Európában és Magyarországon [Neulateinische Literatur in Europa und Ungarn] (Hrsg. L. Jankovits – G. Kecskeméti. Pécs 1996, 55–62). Dieses Gedicht wird außer in den dort aufgelisteten zehn Handschriften z.B. auch im Codex Vat. Lat. 3145 tradiert, zu dessen Handschriftenfamilie vgl. G. Vadász, A korai humanizmus lírája [Die Lyrik des Frühhumanismus]. Budapest 1999, 136ff. Über das Gedicht selbst s. J. Bollók, Asztrális misztika és asztrológia Janus Pannonius költészetében [Astralmystik und Astrologie in der Poesie von J. P.]. Budapest 2003, 23 und 63.

[10] Iani Pannonii Poëmata ..., edd. [S. Kovásznai – S. Teleki]. Utrecht 1784 (Nachdruck Budapest 2002), I, 358–449.

[11] Elegie II 11 findet sich nicht nur im Dresdner Kodex (s. die Tabellen unten), sondern auch in Modena (Est. Lat. 1080), wie schon J. Ábel, Adalékok a humanizmus történetéhez Magyarországon = Analecta ad historiam renascentium in Hungaria litterarum spectantia. Budapest – Leipzig 1880, 9, erwähnt; diese zwei fehlen in der Tabelle bei Cs. Csapodi, A Janus Pannonius-szöveghagyomány [Die Textgeschichte von J. P.]. Budapest 1981, 55. Nur aus den Beschreibungen von P. O. Kristeller, Iter Italicum. II. Leiden 1967, 461, 354 und 359, und L. Bertalot, Initia humanistica Latina I. Tübingen 1985, Nrr. 258, 1954, 2363, 3011, 4091, 4454, wurden drei Codices von Elegie II 8 und 15 sowie einiger Epigrammen, nähmlich Barb. lat. 1990, Vat. lat. 2858 und Vat. lat. 3145, bekannt.

[12] Á. Ritoókné Szalay, Janus Pannonius versei Battista Guarino egy kódexében [J. P.'s Poems in a Battista Guarino codex]. *Magyar Könyvszemle* 116 (2000) 372–374 = Jubileumi csokor Csapodi Csaba tiszteletére. Tanulmányok (Hrsg. M. Rozsondai). Budapest 2002, 229–232 = Dieselbe, „Nympha super ripam Danubii”. Tanulmányok a XV–XVI. századi magyarországi művelődés köréből, Budapest 2002, 71–74 und 264 (Summary).

F	Florenz, Laur. 91,43, s. XV	*El.* I 1–12.
L	Florenz, Laur. 34,50, a. 1496	*El.* I 1–12.
M	Modena, Esten. 680 (α T 9, 17), s. XV	[im Anfang verstümmelt] *El.* I 7,71–#. 5. 4. 2. 1. 3. 10. 12. 11. 9. 8. II 1. 2. *Epg.* II 2.
O	Olmütz, M. I. 167, s. XV	*El.* I 3. 2. 1. 4–7.; Ant. Constantius regi Matthiae[13]; *El.* I 8–12.
A	Budapest, OSzK Cod. Lat. 357, s. XV, < Sammlung Sándor Apponyi	*El.* I 10–12. 15. 5–6. *Epg.* II 1. *El.* I 7–8. 1–4. 9. II 2. *Epg.* II 2.
Qp	Budapest, OSzK Qu. Lat. 2281, s. XVI	*Epg.* I 135. = 367 M. ...Ábel 98/1. 120/1. *El.* II 2. *Epg.* II 2. *El.* I 1. *Epg.* I 14. = 416 M.
Qg	Cambridge, UL Add. 6188	*El.* I 10–11.
Nm	Melk, Stiftsbibl. 1153	Constantius Matthiae, *El.* I 8.
Nd	München, BStB Clm 78	*El.* I 1.
Ne	München, BStB Clm 466	*El.* I 1.
Pe	Perugia, Bibl. Com. I 64	*El.* I 1.
Ym	Vatikan, Chigi I V 192	*El.* I 1.
Yp	Vatikan, Ottob. lat. 1345	*El.* I 1.
Jf	Polybius, Venedig 1498 (Apponyi I 36)	*El.* I 1.
Jn	Wien 1512 (RMK III 177)[14]	*PGuar. El.* I 14.
Jo	Bologna 1513 (RMK III 182)	[wie die vorige und] *Epg.* I 14. 62. = 46 M. *El.* I 1.
Jq	Wien 1514 (RMK III 188)	*El.* I 1–10.
Jr	Basel 1518 (RMK III 220)	*El.* I 14. ...1. *Epg.* II 1. *El.* I 6. 7. *Epg.* II 2. *El.* II 2. ...I 3. 9. II 1. I 11. 10. 12. ...II 3.
Jx	Bologna 1523 (RMK III 256)	*El.* I 1. 11–13. 15. 6–10. 2–5. 14.
Ea	Venedig 1553 (RMK III 418)[15]	*El.* I 1. 14. *Epg.* II 1. *El.* I 6. 7. *Epg.* II 2. *El.* II 2. I 8. 13. 15. 3. 9. II 1. I 11. 10. 12. II 3. I 2. 4. 5.
Ec	Basel 1555 (RMK III 426)	[wie die von 1553]
Ef	Kolozsvár (Klausenburg) 1565 (RMNy 209)[16]	*El.* I 8.
Eh	Wien 1569 (RMK III 585)	[wie die von 1553 und] *El.* II 4–13. 17. 14. 16. 15. 18.

In seiner Abhandlung von 1929 versucht Juhász anhand des Inhaltes und Aufbaus der Codices kleinere Gruppen innerhalb des Corpus der Elegien zu isolieren, bezieht sich aber nirgends auf Argumente, die sich aus der Kollation der Codices ergeben würden. Ähnlich verfährt auch Csaba Csapodi in seiner Monographie

[13] Diese Elegie wurde herausgegeben in J. Ábel – I. Hegedüs, Analecta nova ad historiam renascentium in Hungaria litterarum spectantia. Budapest 1903, 110–113.

[14] RMK III = K. Szabó, Régi magyar könyvtár III. Budapest 1896. Eine digitale Kopie von VD16 J 192 bietet das Münchener Digitalisierungszentrum (MDZ), http://www.digitale-sammlungen.de/~db/0001/bsb00010204/ (26. 03. 2009).

[15] Eine digitale Kopie bietet ebenfalls das MDZ, http://www.digitale-sammlungen.de/~db/0001/bsb00014716/ (26. 03. 2009).

[16] RMNy = Régi Magyarországi Nyomtatványok I. Budapest 1971.

und übernimmt die wichtigste Elemente, die sich auch bei Juhász finden: die zwölfer Elegiengruppe (*El.* I 1–12), welche in den Florentiner Handschriften rein erscheint und im Codex von Buda um drei Elegien erweitert ist, stammt aus Ungarn, zusammengestellt zur Zeit des Königs Matthias, vielleicht sogar von Janus selbst. Die Elegien des zweiten Buches in der Teleki-Ausgabe stehen in Verbindung mit der italienischen Tradition, die aber ziemlich zufällig erfolgte.

TEXTVARIANTEN

Es stellt sich die Frage, welche Elemente dieser Vorstellung sich bekräftigen oder aufgrund der Kenntnis der Varianten modifizieren lassen. Tabelle 2 gibt einen Überblick über die Textzeugen und tradierten Texte.

Tabelle 2: Diejenigen Elegien des zweiten Buches werden nicht berücksichtigt, welche nicht zusammen mit Gedichten des ersten Buches vorkommen.

	***Eleg.* I**						***Epg.***	***Eleg.* I**										***El.* II**		***Epg.***	***Eleg.* II**				**Ábel p.**				
siglum	1	2	3	4	5	6	II 1	7	Co.	8	9	10	11	12	13	14	15	1	2	II 2	3	8	10	11	125	127	127	129	130
B	1	2	3	4	5	6		7		8	9	10	11	12	13	14	15												
A	10	11	12	13	5	6	7	8		9	14	1	2	3			4		15	16									
D	5	6	7	8	2	3		4		1	9	10	11	12					14	15		16	17	13					
O	3	2	1	4	5	6		7	8	9	10	11	12	13															
F	1	2	3	4	5	6		7		8	9	10	11	12															
L	1	2	3	4	5	6		7		8	9	10	11	12															
M	5	4	6	3	2	[? -2]	[? -1]	1		11	10	7	9	8			[? 0]	12	13	14									
X	[?]	5	6	16	15	11	12	14		8	7	18	19	17	3		13	22	23		21	1	2		4	9	10	20	24
T			43		7	5	10	6			14				18	19	22			3									
S	3	2	4		133			6		7	8				140										1		141		
V	3	2	1	4		5						6, 8	7, 9	10															
Qg												1	2																
Nm									1	2																			
Jf	1																												
Jn																2													
Jo	5															2													
Jq	1	2	3	4	5	6		7		8	9	10																	
Jr	5		14			7	6	8			15	18	17	19		2		16	10	9	36								
Jx	1	11	12	13	14	6		7		8	9	10	2	3	4	15	5												
Ea	3	20	13	21	22	6		7		10	14	17	16	18	11	4	12	15	9		19								
Eh	5	22	15	23	24	8	7	9		12	16	19	18	20	13	6	14	17	11	10	21	55	57	58					

Die hier gegebene Liste enthält fast ausschließlich solche Varianten, aus denen hinsichtlich der Handschriftenfamilien Schlüsse gezogen werden können. Zunächst stehen die vermutlich richtigen Lesungen, zwischen runden Klammern gebe ich (wenn erforderlich) die Textzusammenhänge an.

1 *tit.* devotus hospes *habet* **NdePeQpYmpJforEach** : *om.* **BAOMDF** : *tit. totum om. vel alium hab.* **VSJqx**

1,11 rediit membris *cett.* : membris rediit **SVAODF**

1,13–16 *hab.* **Nd^{2}e** *Tel.* : 15–16+13–14 *hab.* **Nd^{1}PeQpYmpJforxEach** : 15–16 *om.* **BADOFMSVJq**

1,23 movebat *cett.* : manebat **JqxEach**

1,32 morosis *cett.* : morsis **Nde** : miseris **V** : tu rapidis **Each**

2,8 tegat *cett.* : teget **AD**

3,5 Nil igitur prodest (quod longe bella geruntur) **BTMSXJqrxEach** : Quid prodest igitur **VADOF**
3,12 manum *cett.* : manus **MXJrEach**
3,20 (hostiles vallo) nil metuente (minas) **BADOFJqxEach** : diripiente **VTMSX** : decipiente **Jr**
3,21 Fert clipeus talos, dat pocula cassis *cett.* : Qui clipeus talos idem fert pocula **SX**
4 tit. in Iulio *add.* **AD**
4,6 recta *cett.* : certa **AD**
4,10 praestrictum (iubar) *cett.* : prescriptum **OFL**
4,15 (Iovem mavis te) forte (vocari) *cett.* : stella **MX**
4,21 dirum *cett.* : durum **MX**
5,37 actus *cett.* : pulsus **XS**
5,39 et saepe *cett.* : atque **T¹M**
5,44 (dies, quam) signet (lapis) *cett.* : fugit **T¹** : surgit **M**
6,9 Admonitus *cett.* : Ammotus **BJqx**
6,19 (talibus) officiis (talis bene convenit aer) *cett.* : obsequiis **BJqx** *Tel.*
6,76 (splendet adhuc liquido) nobilis (illa polo) *cett.* : mobilis **TXJr**
6,126 (augeret ne, anxia) neu (fieres anxietate mea) **BADFJqx** : ne **VTXJrEach**
6,137 Pupillae (certe nondum nupsere sorores) *cett.* : Pupillae et **BJqx**
7,26 vana *cett.* : una **FL**
7,35 fluidis *cett.* : fluuidis **ADFL**
7,43 nullo (tua lux fervore) *cett.* : nulla **BJq**
7,64 madet *cett.* : matenda **FL**
7,77 ventri *cett.* : venti **FL** : venter **ST¹** : ventrem **MT²JrEach**
7,115 (rorem magno) generes (ex aere) *cett.* : graues **T¹MS** : gignas **T²** *mg.***X²** **JrEach**
8,19 persensit *cett.* : praesensit **BJqxEh**
8,57 tamen = tñ *cett.* : tũ > tum **Jqx** *metro invito* : tunc **Each** *Tel.* : āũt **Nm**
8,62 cetera partitis viribus aggredior *cett.* : Cetera ni caperem sum ratus esse parum **Nm**
8,107 Quamquam *cett.* : Queat **Jx** : Non etiam **Each**
8,114 inde Getes *cett.* : ante Getes **ADOM**
8,156 seu tulerītis *cett.* : sive feretis **NmMSX²** *(ich konnte die Quelle der Lesung* sive feratis*, gegeben von Teleki–Kovásznai, nicht finden)*
9,2 Terrent *cett.* : Me terreat **S¹** : Me terrent **T¹**
9,3 tristia sed *cett.* : tristior et **ST** : tristior at **X**
9,5 vivis *cett.* : nimis **ST¹**
9,35–36 *habent cett.* : *om.* **ST**
9,44 pomave *cett.* : pomaque **OM**
9,53–56 *habent cett.* : *om.* **ST¹X** (53–54 *mg. add.* **T²**)
9,57 rigor *cett.* : vigor **STX**
9,69 miseras *cett.* : nostras **STX**
9,70 procul *cett.* : precor **STX**
9,77–78 *habent cett.* : *om.* **ST**
9,91 quicquid id *cett.* : quicquid **OM¹**
9,99 dulci pariter *cett.* : pariter dulci **ST**
9,101 heu *cett.* : heu mihi **ST**
10,12 tantum *cett.* : cantum **BJqxEach**
10,26 pervigilare *cett.* : invigilare **MX**
10,38 -ve …-ve *cett.* : -ve …-que **O** : -que …-que **MX**
11,7 tam *cett.* : te **MXJr**
11,35 nobis *cett.* : nostra **FL**
11,43 tempora *cett.* : corpora **MXJrEach**
11,62 in atra …antra **BFOVQg²Jrx** : in antra …antra **DQg¹Eh** : in antra …atra **AM** : in atra …atra **X**
11,88 boni *cett.* : bonum **MX**

11,96 tuis ...sacris *cett.* : sacris ...focis **X** : tuis ...focis **M**
12,2 in latebras *cett.* : in tenebras **ADMX**
12,13 mortis *cett.* : montes **MX**
13,3 nebulis *cett.* : nubilus **SX**[1] : nubibus **X**[2]
13,137–152 *habent* **BTJxEach** : *om.* **S** *et spatio relicto* **X**
13,201 lapides *cett.* : lapidem **SX**
15,24 inest *cett.* : adest **AX**
15,31 extentus *cett.* : extinctus **AX**
15,45 perosus *cett.* : exosus **AX**
15,115 ter *cett.* : te **Eh** : bis **A** : tibi **X**
15,131 insuccussi *cett.* : insecussi **AX**

DER CODEX IN MODENA

Eine der wichtigsten Handschriften – der *codex Estensis* – ist am Anfang offenbar verstümmelt. Anhand der Varianten finden sich mehrere auffällige Übereinstimmungen zwischen den Handschriften **M** und **X**. Aber die Identität in der Reihenfolge der Gedichte – gezählt ab dem Anfang des verstümmelten Codex in Modena – erstreckt sich nur über drei Elegien (I 7, 5, und 4). Csapodi vermutete, dass schon das Exemplar des Codex in Modena verstümmelt war.[17] Auf das erste Blatt von **M** hat L. A. Muratori 1700 die folgende Notiz eingetragen: *Carmina varia eruta e fasciculo reperto in Archivo Ducali, et in unum compacta; Pleraque Antonio Tehbaldeo (!) celebri Poetae Ferrariensi adscribenda esse arbitror.*

Der erste, der auf dem Codex (auf Grund einer Referenz in der Fachliteratur) aufmerksam wurde, war Huszti, und Juhász untersuchte die Handschrift gründlicher.[18] Die Gedichte des Janus – wie aus Tabelle 1 ersichtlich – beginnen mit der 71. Zeile der Elegie I 7. Juhász nahm mit Recht an, dass das Exemplar außer dem Anfang der 7. Elegie vermutlich auch die 6. enthielt, denn so wird die Zwölfer-Sammlung komplett.

Die Zahl der fehlenden Zeilen ist – die Titeln mitgezählt; denn in diesem Codex haben die Elegien die übliche Überschriften – ungefähr 246, das macht fünf und eine halbe Handschriftenseite. Aus den Lagenverhältnissen wird jedoch klar, dass diese ff. 10–29 zwei gleiche, regelmäßige Quinionen bilden.

Der erste erhaltene Bogen enthält auf jeder Seite je 20–24 Zeilen, zusammen mit den leeren ungefähr 446 (nur ungefähr, weil es kein Zeilenschema gibt). Wenn man den Vaticanus (**X**) einbezieht, dann sollte die 15. Elegie (*Threnos in Racacinum Cubicularium*) zwischen El. I 6 und 7 liegen. So kommt man auf ungefähr 440 Zeilen für den am Anfang verloren gegangenen Bogen. Das ist zu wenig, also wahrscheinlich stand der kleine Bruder der sechsten Elegie, ein Epigramm von sechs Zeilen über den Tod seiner Mutter Barbara (Epg. II 1 = 386 M.), an demselben Platz wie im Vaticanus. Dieser Schluss wird erhärtet durch die so genannte Apponyi-Handschrift (**A**), die einige Ähnlichkeiten mit **M** zeigt und in welcher sich dieses Epigramm an selber Stelle finden lässt.

Nach dem Paar El. II 2 + Epg. II 2 (304 M.) ist auf f. 29^v noch Epg. II 10–11,6 (11 und 10 M.) zu lesen. Da als Kustode von gleicher Hand drei weitere Wörter folgen, kann man sicher sein, dass sich die Gedichte des Janus über einen vierten Bogen fortsetzten. Leider ist die Tradition dieser Epigramme so spärlich, dass es kaum einen Anhaltspunkt gibt, was nach Epg. II 11 folgen könnte. Nur der so genannte erste Codex in Sevilla (**T**) bietet eine Parallelüberlieferung, in dem f. 61^v Epg. II 10–11 und 15 von zweiter Hand in einem Duktus nachgetragen wurden.[19] Aus dem Basler Erstdruck (**Jr**) der Epg. II 1–21 kann man keine Folgerungen ziehen.

---

[17] Csapodi 23.
[18] Juhász, Commentatio (wie Anm. 2), 16 und 22 sowie Nachlass Juhász H 287/3/l.
[19] S. G. Mayer, Iani Pannonii Opera I 1. Budapest 2006, 16 und 57, noch ohne Kenntnis der Seiten 28^v–29^v von **M**.

DIE VERHÄLTNISSE DER HANDSCHRIFTEN

Der Anfang sei mit der Elegie genommen, die die reichste Überlieferung hat, nämlich I 1. Der Ausfall der Zeilen 15–16 bestätigt, dass die „Sammelhandschriften“ (**SBVAOMDFLJq**) gemeinsamen Ursprungs sind. Diese zwei Zeilen finden sich nur in der Einzelüberlieferung der Elegie (**NdePeYmpJfo**),[20] das heißt in solchen Handschriften, die nur diese einzige Elegie enthalten. Das Zusammenfließen der zwei Traditionszweige lässt sich in **Qp** und **Jr** beobachten. Der Fehler in Z. 15 macht es wahrscheinlich, dass Rhenanus (**Jr**) die Veröffentlichung von Sebestyén Magyi (**Jo**) kannte und ihr folgte; der Fehler in Z. 23 macht zudem deutlich, dass sich Adrianus Volphardus (**Jx**) auf die Edition von Bekény Benedek (**Jq**) stützte. Die Lesung *tu rapidis* (1,32) des Hilarius Cantiuncula (**Ea**)[21] entbehrt jeder Handschriftlichen Grundlage, so muss sie eine (falsche) Konjektur sein; vielleicht nahm er Anstand an dem Ausdruck *morosus morbus*, obwohl man ihn bei Ovid (*Ars* 2,323) und an einer anderen Stelle bei Janus selbst (*El.* I 10,23) finden kann. Es scheint, dass Cantiuncula die Lesungen von **Jr** und **Jx** kontaminiert hat: Der Titel stammt aus **Jr**, der Fehler in Z. 23 aber vielleicht aus **Jx**. Gegen unsere Erwartungen finden wir El. I 1 in **X** nicht. Jedoch überliefert das Verso des Blattes mit dem Ende von *El.* I 11 (105^{v} der neuen Foliierung) oben, durch dem Buchbinder etwas verstümmelt, mit flüchtiger Schrift geschrieben den Titel [. . *? De*] *fonte narniensi nonis Iunjs in reditu* (?) / *ex urbe* / *Nayadum italicarum principi diuae feroniae Ianus pannonius* (dieselbe Hand hat auch mehrere andere Titeln eingetragen, so f. 75^{r}, 102^{r}, 109^{r}). Der Rest der Seite ist leer, und die nächste Elegie (Ábel 129–130) beginnt auf einem neuen Blatt, doch die alte Foliierung ist nicht in continuo fortgesetzt: zwischen fol. 105 (alt 52) und 106 (alt 57) fehlen vier Blätter.

Zur exakten Bestimmung der Verhältnisse der Handschriften fehlen stichhaltige Varianten. Darum sind die nachfolgenden Schlüsse in einigen Punkten nur Hypothesen. Die Lesungen von *El.* I 1–8 zeigen meist ein einheitliches Bild. Die zwei Handschriften in Florenz haben gemeinsame Sonderfehler (7,26. 64), und den Codex **L** hielt schon Abel für eliminierbar.[22] Man kann nicht ausschließen, dass er eine Abschrift von **F** ist. Zu den beiden scheint **O** (4,10) am nächsten zu stehen. **A** und **D** bilden eine Gruppe (2,8. 4,6. 3,5). An letzterer Stelle teilt die vermutlich sekundäre Lesung auch **V** – ein Sonderfehler von **BTMSX** ist wenig wahrscheinlich. In einem anderen Traditionszweig zeigen einerseits **T** und **M** (5,39. 44), andererseits **S** und **X** (3,21. 5,37) sehr charakteristische gemeinsame Fehler. Alle vier Handschriften werden zusammengehalten durch 3,20, wo sich auch **V** anschließt, so müssen wir im Fall der letzteren eine Kontamination annehmen. Obwohl derzeit **V** und **X** Teile des gleichen Bandes sind, kann **V** anhand ihres Inhaltes primär eher in die Nähe der Gruppe **ADOFL** gestellt werden.

Die Textstellen, an denen nicht alle Handschriften der Vierergruppe **TMSX** den Text bezeugen, aber der Rest irrt (4,15. 21. 6,76. 126), können als gemeinsame Fehler dieser Gruppe aufgefasst werden. Der Text von Rhenanus (**Jr**) zeigt Verwandtschaft mit dieser Gruppe (3,20. 6,76. 126. 7,77), **Jq** aber steht dem Codex Budensis (**B**) nahe (6,19. 137. 7,43. 8,19).

---

[20] Im Münchener Kodex **Ne** steht auf f. 90^{r} das ganze Gedicht, daneben f. 101^{v} die ersten acht Zeilen auch gesondert.

[21] Über diese Edition und ihren Herausgeber siehe A. Ritoókné Szalay, Janus Pannonius kiadója, Hilarius Cantiuncula, *Irodalomtörténeti Közlemények* 84 (1980) 125–136 = Dieselbe, Nympha (siehe Anm. 12), 191–205.

[22] Ábel, Analecta 16.

Er ergibt sich also ungefähr folgendes Stemma:

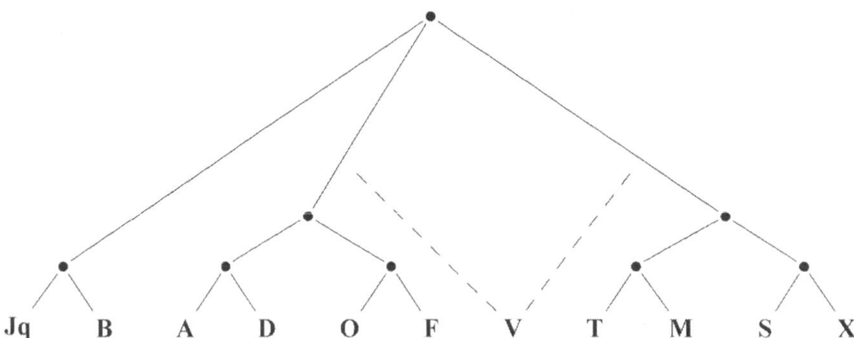

Erstaunlicherweise ergibt Elegie I 9 ein ganz anderes Bild: Nach den oben Gesagten würde folgen, dass sich die gemeinsame Fehler von **ST** in **MX** wiederfinden lassen; dem ist aber nicht so. Gemäß dem Umfang des Textes irren ziemlich oft nur **ST** zusammen (9, 2. 5. 35. 77. 99. 100), und von den anderen zwei Handschriften schließt sich nur **X** an (9,3. 53. 57. 69. 70). **M** zeigt in dieser Elegie Übereinstimmungen mit **O** (9,44. 91; vgl. 8,114!). Die rechte Seite des obigen Stemmas ändert sich also folgendermaßen:

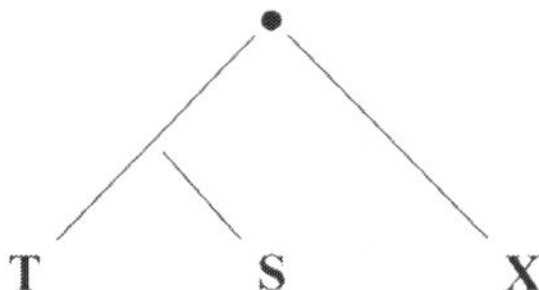

Für die Elegien I 10–15 ist sowohl die Zahl der Textzeugen als auch die der charakteristischen Varianten gering.

I 10–12 überliefern die Handschriften in Sevilla nicht; das Verhältnis von **M** und **X** ist dasselbe wie in den ersten acht Elegien, da die Variante in 12,2 für ein anderes Stemma nicht ausreicht. Der Codex des Battista Guarino in Cambridge bringt sehr wenig Text, und die Varianten von 11,62 sind schwer zu auswerten; die Lesungen von **Qg** sind im Allgemeinen – wie von Battista zu erwarten – gut, und die andere Handschriften (abgesehen von **MX**) zeigen keine signifikanten Fehler.

In 13. Elegie bezeugt die große Lacuna eine Sonderstellung von **SX** wieder in Einklang mit dem Fall der ersten acht Elegien.

Zur kurzen Elegie I 14 kann nur festgehalten werden, dass **Jnor** einander kopieren, **Jx** aber einen besseren Text bringt; die Frühdrucke teilen nicht die Fehler von **T**.

Zum Schluss schlägt **AX** in der Elegie I 15 einen gemeinsamen Sonderweg ein. Wegen der Verstümmelung der Handschrift in Modena ist ihre Version unbekannt, aber sie dürfte zu **X** nahe stehen. Solch eine Situation kommt im ersten Buche sonst nicht vor, doch finden sich Übereinstimmungen zwischen **A(M)X** auch im Epitaph an Andreola,[23] und das Bild ist ähnlich beim *Panegyricus in Guarinum*. Hier hängen einerseits **AXYa**[24] eng zusammen, andrerseits **BST**, das heißt die Handschriften von Sevilla sondern sich auch im Falle des *Panegyricus in Guarinum* von der mit Battista verbindbaren Gruppe **AXYa** ab und halten mit **B** zusammen.[25] Das dient als Warnung dafür, dass die stemmatischen Zusammenhänge verschiedener Werke (oder auch Elegien) in ein und demselben Codex verschieden sein können.

---

[23] Siehe Anm. 8 und 9.

[24] **Ya** = cod. Venetus Marcianus 4100 (XII,135).

[25] Hier ist jedoch der Unterschied nicht bloß auf Fehler zurückzuführen, sondern wir besitzen verschiedene Redaktionen: eine frühere, noch in Italien erstellte (**AXYa**), und eine spätere, leicht überarbeitete (**BST**).

Im Allgemeinen zeigt das Stemma der Handschriften, dass verständlicherweise nach wie vor der altbekannte Codex **B** der beste Zeuge ist – da man annehmen kann, dass er – beziehungsweise sein Vorgänger – durch solide philologische Arbeit – angeregt vom König – erstellt wurde.[26]

DER BRIEFWECHSEL MIT ANTONIO COSTANZI

Zum Schluss seien zwei Textvarianten vorgeführt, die nicht die Handschriften, sondern nur Drucke des 16. Jahrhunderts betreffen.

Elegie I 8 (von 1464) ist eine Antwort auf den poetischen Brief des Antonius Constantius Fanensis an König Matthias. Sie ist von Janus' Feder erzeugt geworden, und – wie Huszti schreibt – steht sowohl der Form wie dem Inhalt nach weit über dem Gedicht des Antonio Costanzi.[27]

Die von Janus stammende Hälfte des poetischen Briefwechsels ist seit der Edition von 1514 gut bekannt, und man konnte das Ziel des veranlassenden Gedichtes ziemlich genau erschließen: Costanzi möchte mit gewöhnlicher Schmeichelei erreichen, dass der ungarische König seine Kriege gegen die Türken weiterführt.

Desere ne Italiam dira atque infanda timentem,
consilioque illam, praesidioque iuva (93–94).

Die Elegie des Costanzi ist ausschließlich zusammen mit Janus' Antwort überliefert. Sie wurde aus Ábels Nachlass von István Hegedüs herausgegeben, ohne Identifizierung der handschriftlichen Quelle.[28] Laut Angaben von János Csontosi habe er vier Handschriften des Gedichtes gekannt: in Melk, Olmütz, Seitenstetten und Florenz. Hegedüs hielt die letztere für die Ábels Vorlage.[29] Die Handschriftenkenntnis Csontosis ist beachtenswert, da bis heute keine weitere Handschrift aufgetaucht ist. Der Codex Mellicensis war schon Joseph Koller bekannt,[30] die Olmützer Handschrift wurde von A. Fodor beschrieben.[31]

Die Handschrift des Benediktinerstiftes Seitenstetten wurde von Csontosi im Jahre 1883 besichtigt und kurz beschrieben.[32] L. Juhász versuchte vergeblich die Handschrift einzusehen, er erhielt nur die Nachricht, dass Sie von Joseph Satinober gekauft und weiterverkauft wurde,[33] und es ist anzunehmen, dass Sie seither in einer Privatsammlung verborgen liegt. In den zwei bekannten Elegien-Codices in Florenz (**F**, **L**) ist das Gedicht des Costanzi nicht zu finden; vielleicht hatte sich Csontosi hier geirrt.

So lassen sich nur zwei Handschriften auswerten. Die Abschrift von Ábel entspricht ziemlich genau dem Olmützer Codex (samt Korrekturen der ersten Hand), es ist also fast sicher, dass dieser die Quelle für Ábel war.[34]

Nun zu den Varianten im Text der Antwort von Janus auf die Aufforderung Costanzis. Im Tenor der Argumentation der ungarischen Diplomatie schreibt Janus[35] – ich zitiere die erste gedruckte Ausgabe:

---

[26] Vgl. Ch. Gastgeber: Auf der Spur der Bibliotheca Corviniana. *Biblos* 54/2 (2005) 55, 60, und Mayer–Török, Iani Pannonii opera (wie Anm. 7), 12.

[27] J. Huszti, Janus Pannonius. Pécs 1931, 223.

[28] S. Anm. 13.

[29] I. Hegedüs, Egy olasz költő Mátyás királyhoz [Ein italienische Dichter an König Matthias]. *Irodalomtörténeti Közlemények* 13, 1903, 79. Die Aktualität dieser Abhandlung war durch die Einweihung des Matthias-Denkmals in Klausenburg (Oktober 1902) gegeben.

[30] Historia episcopatus Quinqueecclesiensis. IV. Preßburg 1796, 19. Vgl. E. Petrovich, Janus Pannonius Pécsett, in: Janus Pannonius. Tanulmányok (Hrsg. T. Kardos Tibor – S. V. Kovács). Budapest 1975, 167; J. Huemler: Iter Austriacum I. *Wiener Studien* 9 (1887) 60, 63.

[31] Az olmützi Janus-kódex, in: Tanulmányok a középkori magyarországi könyvkultúráról (Hrsg. L. Szelestei N[agy]). Budapest 1989, 327–343, siehe jetzt M. Boháček et alii, Beschreibung der mittelalterlichen Handschriften der Wissenschaftlichen Staatsbibliothek von Olmütz. Köln 1994–1998.

[32] J. Csontosi, Hazai és külföldi könyvtári buvárlatok. *Magyar Könyvszemle* 8 (1883) 211. Miscellanea (Signatur 298), davon enthalten sechs Blätter unseren Briefwechsel. Vgl. Kristeller: Iter Italicum III, 54.

[33] Laut einer Postkarte in seinem Nachlass, Budapest, Universitätsbibl. Ms. H 287/3/w.

[34] Einen revidierten Text werden wir im 2. Band der Janus-Ausgabe geben.

[35] Ein schönes Beispiel gleicher Ausdrucksweise im diplomatischen Briefwechsel und in Poesie geben Zeilen 155–156: *Nos patriae tamen et fidei non deerimus unquam, / seu magnam, exiguam seu tuleritis opem.* Der König schließt einen seiner Briefe (vielleicht ebenfalls aus der Feder des Janus) zu gleicher Zeit (Juli 1464) an den Papst ganz ähnlich: *Si quid usquam suffragii est, si*

Ut tamen ipse refers, nemo est sub tegmine caeli,
qui studeat nostris addere rebus opem.
Gallia dormitat, nec curat Hiberia Christum,
Anglia gentili seditione ruit.
Proxima conventus Germania cogit inanes,
permutat merces Itala terra suas,
nec quenquam praeter Venetos ea cura remordet,
quos iungunt fatis foedera parta meis.
Hos dudum audimus moliri nobile bellum,
horum iam multa Nerea classe tegi.
Sed meus a reliquo longe status ordine differt,
nec volo, nec possum, si piger esse velim.
Turcorum nostro nimium gens proxima regno
securos nobis non sinit ire dies.
Hanc ego perpetuis statui insectarier armis,
mollia proposito sint modo fata meo (85–100).

und weiter (131–132):
Ipsa autem nunquid favit Germania nobis,
cum tamen (heu) regno iuncta sit illa meo.

Die Lesung der Handschriften zeigt jedoch verblüffende Unterschiede:
8,89 Improba conventus Germania cogit inanes *codd.* : Proxima **JqxEach**
8,132 (... nunquam ...) quin potius votis obstitit illa meis *codd.* : cum tamen (heu) regno iuncta sit illa meo **JqxEach**

Die Widmung von Benedek Bekény an István Werbőczy in der editio princeps informiert – überschwänglich und von bewährten humanistischen Topoi Gebrauch machend – über die Arbeit des Editors: *Quae inquam carmina ob incuriae calamitatem cicatricibus duriusculis scatebant; praestantissimi attamen viri praeceptorisque iucundissimi, Joannis Camertis sacerrimae theologiae professoris inclytissimi cura usque adeo pristinae excellentiae redacta sunt, ut non secus resonare videantur, quam si emunctae naris auctor mundissimo ore delicataque Camoena circum serpentis rivuli marginem reboaret.*[36] Oder, wie es Camers selbst ausdruckt: *Has ...elegias ...ita depravatas mutilasque accepimus, ut in locis plurimis vix earum sensus integer posset percipi. Dedimus tamen amore tui operam, ut eo nitore, quo a vate Iano conscriptae sunt, ab his qui docta cupiunt, legerentur.*[37]

Offenbar sind die Varianten des Erstdruckes keine Erzeugnisse des Zufalls, sondern Camers hat absichtlich in den Text eingegriffen und Janus' prägnante Formulierungen „politisch korrekt" verbessert.[38]

---

quid classis maritime, si quid terrestrium copiarum, si quid usquam predicate crucis; nunc appareat, et ita appareat, ut negligentiam promptitudo, tarditatem celeritas compenset. Hinc nos totis viribus recta eo pergimus, ubicunque magis proficere posse videbimur, fidei simul et patrie in omnem eventum pro nostra facultate non defuturi (Mátyás király levelei. Külügyi osztály – Mathiae Corvini Hungariae regis epistolae exterae [Hrsg. V. FRAKNÓI]. Bd. I. Budapest 1893 [ND 2008 von Gy. Mayer], 55).

[36] RMK III 188 = VD16 J190, f. A1^v, abgedruckt bei ÁBEL–HEGEDÜS: Analecta nova (wie Anm. 13), 39.

[37] RMK III 188, f. D4^v, ÁBEL–HEGEDÜS: Analecta nova 99.

[38] Io. Frobenius und Beatus Rhenanus betrachten Janus im oft zitierten Vorwort von **Jr** sogar als den Stolz Germaniens: *Quod fuit Germaniae nostrae iam olim Rhodolphus Agricola Frisius, nunc Erasmus, in omnigena disciplinarum et linguarum cognitione: in Cabalisticis mysteriis Reuchlinus: in Mathematicis olim Io. Regiomontanus: hoc fuit Ianus Pannonius in Poëtica* (S. 2), bzw. *Sunt nonnulli quibus parum placet, quicquid nostrum uel saeculum uel solum protulerit, a quibus ego longe dissentio, quippe qui Ianum et Erasmum tametsi Germanos et recenteis, non contemptius ac Politianum et Hermolaum, immo quam Maronem Tulliumue lego* (S. 4).

Gábor Bolonyai

Taddeo Ugoleto's Marginal Notes on his Brand-new Crastonus Dictionary*

With five plates

The first printed Greek-Latin dictionary was edited by Johannes Crastonus in Milan in 1478. Its second edition was released 5 years later, on 10 November 1483 in Vicenza. One copy of it was bought by a certain Paulus Romuleius[1], who sent it as a present to his friend Taddeo Ugoleto, who was serving as a royal librarian in distant Buda at the time. Apart from enlarging the library's collection, Ugoleto was for a while also in charge of educating János Corvin, Matthias's illegitimate son. The king believed that a proper education for a royal scion and heir (although for the time being János was only a secret heir) included knowledge of both Latin and Greek. Thus, a new printed dictionary must have been doubly welcome for Ugoleto: both for his own research work (perhaps he had already cherished plans of editing printed texts, which were fulfilled later on)[2] and for his teaching obligations. It is therefore no wonder that as soon as the Crastonus dictionary had arrived, Ugoleto immediately began to work on it. He read through the whole book item by item and added notes *propria manu* in the margins, inserting missing entries, alternative meanings, and grammatical, historical or other background information. The original printed dictionary contained about 15 thousand entries (on 520 pages), to which Ugoleto supplied more than one thousand new items. Although we do not know exactly how much time this meticuous work took, it was certainly not more than six months because, as his note at the end of the book indicates, he had already finished it by the 20th of June the following year: *Relectum xx^o^. Iunii mcccclxxxiiii₀* (**Fig. 1**)[3].

As far as I know, Ugoleto's copy with his notes and additions, now preserved in Vienna (ÖNB Ink. 10.E.9), has never been scrutinized[4]. Actually, it has been completely ignored in discussions about the history of the Corvinian Library. If we take into account the fact that Ugoleto did not leave behind any writings

---

* This is a revised and enlarged version of a lecture delivered at the conference "King Matthias at the Dawn of Renaissance", held in Budapest in May 2008; the first written version of the lecture is to appear in the conference acta. I owe thanks to Dr. Christian Gastgeber for inviting me to contribute to this special number of the JÖB. The study is part of a project called "Corvina Graeca" (K 75693), supported by the Hungarian Scientific Research Fund, OTKA.

1 Presumably he is identical with the author of an apology written for Giorgio Merula, the Milanese humanist and Ugoleto's highly revered master (Apologia pro Georgio Merula adversus Cornelium Vitellium. Venezia 1482), see P. O. Kristeller, Iter Italicum, Vol. II. Italy. Leiden 1977[3], 63. It should be mentioned that Merula's *Opera* also were available in the royal library (Modena, Est., Cod. Lat. 441).

2 For his editorial activity see I. Affò, Memorie di Taddeo Ugoleto. Parma 1781; A. Del Prato, Librai e biblioteche parmensi del sec. XV. *Archivio storico per le province Parmensi, nuova serie* IV (1904) 1–56; F. Rizzi, Un umanista ignorato Taddeo Ugoleto. *Aurea Parma* (1953, fasc. I–II.) 1–17, and 79–90; A. Ciavarella, Un editore e umanista filologo: Taddeo Ugoleto della Rocca, *Archivio storico per le province Parmensi, serie quarta* 9 (1967) 133–173; V. Branca, I rapporti con Taddeo Ugoleto, in: V. Branca, Poliziano e l'Umanesimo della parola. Torino 1983, 125–133, V. Branca, Mercanti e librai fra Italia e Ungheria nel Rinascimento, in: Venezia e Ungheria nel Rinascimento. Atti del I Convegno di Studi italo-ungheresi (ed. V. Branca). Firenze 1983, 344–345; L. Guareschi, Taddeo Ugoleto e l'umanesimo milanese. *Bolletino del bodoniano di Parma* 7 (1993) 279–289; L. Guareschi, L'Ungheria e l'umanesimo italiano, Due note su Taddeo Ugoleto. *Bolletino del bodoniano di Parma* 8 (1994) 188–200. I owe thanks to Ágnes Ritoók-Szalay and Ferenc Földesi for helping me gain access to the last two of these papers.

3 On page 264^r^; the note continues as follows *Thadaei Ugoleti: Paulus Romuleius dono dedit.*

4 A brief codicological description of this incunable is given by Cs. Csapodi – K. Csapodi-Gárdonyi in their Bibliotheca Hungarica. Kódexek és nyomtatott könyvek Magyarországon 1526 előtt. I. Fönnmaradt kötetek: 1. A–J., Budapest 1993, 105 (item 254), with two minor errors. Firstly, the author's name is indicated mistakenly as *Crastonius*. Secondly, the year 1504 is given as the date of publishing. They also refer to the analysis of its binding by I. Schunke, who attributes it to a Viennese master. See his Zur Frage der ungarischen Frührenaissanceeinbände. *Gutenberg-Jahrbuch* (1965) 396. I am grateful again to Ágnes Ritoók-Szalay for drawing my attention to this bibliographical reference.

of his own, or that at least none of them – apart from a few letters[5] and prefaces – have survived, and especially in view of the fact that very little is known about him as a Greek scholar, an investigation into these notes hardly requires any further justification[6]. It is not just a matter of Ugoleto's intellectual portrait that is in question. These marginalia are obviously based on his readings of certain Greek texts. Consequently, the identification of his possible sources may be of special importance in reconstructing the stock of the library. Theoretically, there seem to be three possibilities.

1. Ugoleto may have read the original works h i m s e l f, and made his notes with the help of glossaries and other handbooks. (In this case we should imagine him just like anyone of us reading a book, who looks up unfamiliar words in a dictionary and then makes a list of them for personal use, e.g. in order to learn them by heart afterwards).

The transcription itself can be envisaged in two ways.

1(a). Either it was still in Italy that he read the original Greek works, b e f o r e arriving in Buda; while in Buda he simply transcribed his previously prepared notes into his Crastonus; or

1(b). He made his notes when he was already in Buda, while perusing his own books or those of the royal library.

2. It may also be the case that Ugoleto simply copied someone else's glosses and private notes w i t h - o u t reading the original texts in which the words he copied were found. Of course, this course of events could have taken place only in Buda, when he was already in possession of the Crastonus dictionary.

Thus, if there is a strong case for assuming that the actual work of compiling was done on the basis of material available in Buda, we may obtain a unique piece of i n t e r n a l evidence for the availability of a certain number of Greek codices belonging to the royal library at the time. As is well known, Greek manuscripts of the Corvinian collection are usually impossible to identify by codicological characteristics. They are neither decorated, nor marked by a coat of arms or any kind of sign indicating their owner, nor are they bound in a special way. Generally speaking, they can be identified only through other kinds of external evidence: their being mentioned in later sources such as letters, book inventories, prefaces and so forth. As a consequence, the number of Greek codices identified is still relatively small and their presence is poorly documented. Thus, the importance of Ugoleto's notes lies in the fact that they may directly offer text-based evidence of certain codices being kept and used in the Corvinian Library.

Before beginning our Corvina-hunt (an old national pastime), a brief overall description of Ugoleto's marginalia would be appropriate. Roughly speaking, they can be classified into four different, though sometimes overlapping, types:

1. Most of them are single Greek words with their Latin equivalents: e.g. ἐνδιόρθωτος *emendatus* (99^{r}).
2. Apart from these simple bilingual glosses, there are slightly more than one hundred items with Greek explanations or defintions, such as κινάβρα κυρίως ἡ τῶν τράγων δυσωδία, ἁπλῶς δὲ καὶ ἡ οἰῶν (132^{r}). Apparently, they come from unilingual dictionaries, commentaries, or grammars.
3. Fortunately for us, in 108 cases the name of the author in whose writings a given word or expression occurs has been inserted (sometimes even its title is indicated): e.g. ὁρίσματα *pro moenibus ap<ud> Eurip<idem> in Hecuba* (174^{v}).
4. Finally, in 16 cases a passage from a classical author is quoted in which the word in question is used: θρόνον *Theocritus in Pharmaceutria* νῦν δὲ λαβοῖσα θρόνα (114^{r}).

The circumstances therefore seem quite favourable, especially in the last two cases, where we find the names of authors and direct quotations. Their identification seems to be a simple task: all we have to do is

---

5 E. Ábel – S. Hegedüs, Analecta nova ad historiam renascentium in Hungaria litterarum spectantia. Budapest 1903, 458–459 and 478–479.

6 The loss of his *Ecloga*, mentioned in the preface to his Ausonius-edition of 1499, is particularly regrettable. See Rizzi, Un umanista (s. n. 2), 16.

look up these words and passages in dictionaries or databases, and then identify the works from which the quotations come. Then, in the next step, a second question can be raised concerning the manuscripts containing these texts: whether it was in Buda that Ugoleto read them and made notes of them, or whether this happened in Italy, before he arrived in Buda.

Let us begin our investigation by assuming that Ugoleto was working from his own readings, and by taking a closer look at two simple cases in which Ugoleto has added the name of an author using a certain word.

To the entry γαμέτης *maritus* (50^v) Ugoleto adds the following short remark: *in Xen<ophonte>*. This word is used only once by Xenophon, namely in *Cyropaedia* 4.6.3. Consequently, the identification of the reference is certain. And since there are two Xenophon manuscripts containing the *Cyropaedia* that are considered authentic (Erlangen UB MS 1226 and ÖNB Suppl. gr. 51), the assumption that Ugoleto may have read a Corvina codex seems quite plausible in this particular case.

Concerning the entry ἀλεκτρυών *gallus* (14^v), Ugoleto notes the following: *apud Platonem comicum et gallina*. The identification is once again not difficult, since there is only one passage in which the word ἀλεκτρυών is used with a feminine article, thus referring to hens and not cocks. This fragment of the comedian Plato (not the philosopher) is preserved by Athenaeus in his *Deipnosophistae*. If we proceed from the same assumption again and imagine a scenario in which Ugoleto was using classical texts directly, we cannot draw any other inference from his note than that he had some kind of access to Athenaeus' monumental work. Since its presence has not been attested so far, a new item on our list of Greek codices seems to make its first appearance.

Turning to quotations, our next examples offer similar, or even more clear-cut, cases for identification. On the entry ἀρύομαι (38^r) Ugoleto comments as follows: ἀρύομαι καὶ ἀρύτομαι ἀττικῶς *haurio unde haustrum. Lucr<etius> ut fluvios versare rotas atque haustra videmus*. This interesting quotation, which comes from *De rerum natura* 5.516, allows us to make several observations and assumptions. First, we can raise a question about his way of quoting: whether he does it from memory or from a book. The passage cited contains a striking metaphor in which the stars appearing and moving in the sky are likened to "wheels and waterscoops" (i. e. water-drawing machines) "turned by rivers". Still, it is unlikely that this is one of the memorable passages that a humanist like Ugoleto might have known by heart. Of course, one can never know, but fortunately there are more (and more objective) grounds for believing that the entire line was cited from a book (actually, from a certain book) rather than from memory: it is quoted in the same version which was preserved only by a late grammarian, Nonius Marcellus, in *De compendiosa doctrina* 13.5. In contrast to the manuscript tradition, which has *ut fluvius* or *in fluvio*, both Nonius and Ugoleto write *ut fluvios*. It is therefore much more probable that Ugoleto quotes Lucretius' text from Nonius Marcellus here, and not directly from a Lucretius manuscript[7].

As for identification, the next comment by Ugoleto is also unambiguous. In his note, he adds a new meaning to the entry πρός *dativo iuncta praterea significat*. He writes as follows: πρός *cum dativo sig<nifica>t penes. Euripid<es> in Hec<uba>* οὐ προσοιστέος ἄλλος πρὸς ἄλλῳ (204^v, **Fig. 2**). The passage undoubtedly comes from lines 394–395 of the tragedy. In the original context the words are uttered by Odysseus, who tells Hecuba that "your daughter's death is enough, another one (i.e. your death) is not needed *besides* it" (note that the word θάνατος, which is to be implied from the previous part of the sentence, is missing from Ugoleto's quotation). Ugoleto's annotation is interesting for at least two reasons. Firstly, the meaning itself he adds – *penes* ("near", "at") – is correct: the preposition πρός may indeed have this meaning[8] (e. g. πρὸς τῇ θαλάσσῃ means "at the sea", "close to the sea"). In this particular passage, however, it is not used in this sense: here it means "in addition to", "besides" (B.3. in LSJ). Ugoleto (or the person who made this observation) therefore misunderstood Euripides' text. Actually, what he suggests does not make too much sense:

[7] On the use of Nonius Marcellus' *De compendiosa doctrina* as a kind of handbook by humanists – and among them, by Janus Pannonius – see L. HORVÁTH, Eine vergessene Übersetzung des Janus Pannonius. *Acta Antiqua Academiae Scientiarum Hungaricae* 41 (2001) 202–204.

[8] "B.1. it expresses proximity, *hard by, near, at*", A Greek-English Lexicon. With a Supplement. Compiled by H.G. LIDDELL – R. SCOTT – H.S. JONES. Oxford 1968, 1497.

"another one (?) should not be added or brought in the presence of someone else (?)"[9]. This leads us to the second interesting point: this obviously muddled comment makes it very probable that it resulted from a direct encounter with the original text, and was not taken from someone else offering a traditional and established form of interpretation[10]. Although it does not yield a valuable new interpretation of the passage (and not surprisingly, there is nothing like it in the scholia), what is more important from our perspective is that it offers his *own* (mis)understanding. Therefore it is much more probable that this occured through a mistranslation of the text than from his memorizing it in this rather confused sense. Regarding the availability of Euripides' tragedy in the royal library, there is a manuscript containing the *Hecuba* whose presence there is attested to by indirect but relatively strong evidence[11]. Thus, it seems quite plausible again that Ugoleto used precisely this manuscript, which is now kept in Vienna (ÖNB Phil. gr. 289).

Among several dozens of works Ugoleto refers to, some are well documented as having been part of the library, while others are unattested. However, we have every reason to believe that things happened slightly differently. That Ugoleto copied a prepared dictionary is obvious from the "layout" of his writing: the entries are written in almost perfect alphabetical order, usually following each other in a slight slant toward the right (**Fig. 3**). One immediately has the impression that such clusters of words must have been written down *all at once* from a pre-arranged text (for the few exceptions and explanations of how they are different see below). Indeed, there *is* evidence for a certain vocabulary that was available in Buda, namely a copy which was owned by Janus Pannonius eleven years earlier. Even a very brief, one-page comparison of the two texts is enough to demonstrate that Ugoleto copied this glossary (**Fig. 4**).

At first this may seem to be a negative result, which suggests a scenario in which all the references were taken over from the *Vocabularium,* and not from Ugoleto's reading notes or books belonging to the royal library, but fortunately what he made was not a completely mechanical, one-to-one transcription. A more careful reading reveals that Ugoleto made a selection of the glosses and notes and also used another glossary and lexicon. There are still several dozens of comments – all of them significant from our standpoint – which are likely to have been written by him[12]. In other words, all three possible ways envisaged at the beginning of this paper of how the marginalia may have found their way into the dictionary were realized.

Janus' handwritten glossary contains numerous marginal explanations quoted by different hands; these were taken from several ancient scholia and handbooks such as the *Suda*[13]. About two-thirds of these materials come from Aristophanes-scholia written to comedies mostly used at schools, while the rest are quite het-

[9] Alternatively, we may assume that the two sentences in Ugoleto's comment are in fact separate parts that have nothing to do with each other: while the first part offers a new meaning of προς, the second is meant as an illustration of the meaning of *praeterea*, a category already created by Crastonus. However this assumption, which would rescue Ugoleto from a mistake, is not very probable. This is because the second sentence is written in a continuous manner, without any pause or interruption after the first, and is very far from the printed *praeterea.*

[10] Even its slightly untidy written form, which stands out from the generally well-ordered style of Ugoleto's handwriting, suggests that it was written down subsequently and hastily, as if during or after perusal. See below.

[11] The evidence is provided by Tamás Bakócz's possessor's note on 197^r: *Thomae Car<dina>lis Strig<oniensis>*. Since he was Cardinal of Strigonium between 1500 and 1521, his signature should be dated to this period. *Pace* Cs. CSAPODI, The Corvinian Library. History and Stock. Budapest 1973, 242, I believe that although it is not entirely safe to infer from the existence of this note that the codex previously belonged to the royal library, it is nevertheless probable. I intend to clarify this question in a more detailed study.

[12] It should be noted that of the examples mentioned above, three notes (on γαμέτης, ἀλεκτρυών, and ἀρύομαι) were taken from the *Vocabularium*'s glossator while the rest were actually made by Ugoleto.

[13] Since – according to the librarian M. DENIS – an autograph note in which Janus declares his ownership in Greek was written on a slip attached to the verso of the third folio (*codex ... hanc Notitiam praefert*: 'Ιανος ὁ παννονιος ἰδια χειρι ἐγραψεν ὁταν τὰ ἑλληνικα γραμματα μαθειν ἐμελεν *Janus Pannonius propria manu scripsit, quando graecas litteras discere cura fuit*), it was generally thought that the entire codex was written by Janus himself. It was István Kapitánffy who recognised that neither the *Vocabularium* nor the glosses were compiled or written down by the poet himself, except for the short sentence on the piece of paper which was later lost (Aristophanes, Triklinios, Guarino und Janus Pannonius. *Acta Antiqua Academiae Scientiarum Hungaricae* 36 [1995] 351–357). In a recent study, Zs. Ötvös pointed out that there are two Greek hands discernable in the marginalia; both of these are different from the Latin one. See her A Renaissance Vocabularium by Janus Pannonius? (ÖNB Suppl. gr. 45). *Acta Antiqua Academiae Scientiarum Hungaricae* 48 (2008) 237–246.

erogeneous (direct quotations from ancient authors, grammatical observations etc.)[14]. If we compare what Ugoleto left out and what he added to this material, the following observations can be made[15].

Let us start with what was adopted by Ugoleto. As mentioned above, he copied more than one thousand items from the *Vocabularium*. If we take into account only those notes which consist of more than one word (e. g. short explanations in Greek or the name of the author who uses the word in question), 22 of the 115 entries clearly belong to *Nubes* (ἀδελφιδή, αἱρούμενον, ἀκόρητος, ἀλεκτρυών, βέκ, ἐδιδαξάμην, θούριον, ἰατταταί, κάχρω, καλάμῳ λευκῷ, καρκίνος, κοττάβων, κρίνον, ξύστις, ξυνωρίσιν, πό<σ>θη, πό<σ>θιον, σάλπιγξ, τραυλίζω, ὕαλος, ὑπερφρονῶ, φασιανοί), 12 to *Plutus* (ἀβίωτος, ἀθάρα, ἀρτιάζομαι, δειλάκρα, εἴη, ἐξωμμάτωται, ἐπόπτυσε, κινάβρα, ξυνθιασῶται, ὀπόν, στροφαῖος, φθοῖς), 2 words (ἅλως and ῥιγεῖν) occur in both comedies, and there are another 17 marginalia which may also be related to these two dramas. The remaining 62 notes are quite heterogeneous in origin. Most of them contain explanations of commonly used words that cannot be connected to one particular author, let alone one particular passage, and some of them are explanations that were taken from from ancient lexica either word by word or in abbreviated form. If we narrow our scope further and base our statistics only on those marginalia in which an author's name is indicated, we will find that 31 of the 55 cases belong to Aristophanes (always without the title of individual comedies), 10 to Xenophon, 5 to Plutarch, 2 to Demosthenes, and 1 each to Herodotus, Plato (the comedian), Lucian, Thucydides, Lucretius (= Nonius Marcellus), Lucilius (= Nonius Marcellus), and Varro.

Considering these statistics, it is striking that he focused on two comedies of Aristophanes: the *Nubes* and the *Plutus*. By comparison, references to the other comedies are very few and scanty[16]. A similar tendency can already be observed in Janus' *Vocabularium*, in which about one-half of the remarks belong to *Nubes* and one-third to *Plutus*[17]. Ugoleto therefore appears to be interested in the same area of language as the glossers of Janus' *Vocabularium*. Among prosewriters a similar preference for Xenophon can be discerned, although to a much smaller degree. This can be explained by the literary taste or educational concerns of the *Vocabularium*'s glossator. These data are not easy to judge. Theoretically, it may simply have been pure coincidence that they reflect his predelictions, but it may also be the case that Ugoleto's previous readings or teaching plans for the future played a certain role in selecting and writing down particular quotations in the margins with their author's names. However, considering the great amount of energy Ugoleto put into this laborious task of comparing several thousands of lexical items and writing down what was missing from one dictionary into the other, and also taking into account the care with which he executed this job, the second option seems more probable. Nor should we forget that, in contrast to the main body of the vocabulary, not more than 20 percent of the marginal annotations and quotations were transcribed by Ugoleto[18]. His selection was therefore fairly radical, and such a considerable act of elimination may suggest that what did get selected was really important to Ugoleto[19]. If we accept the assumption that his selection was deliberate rather than random, the large number of references to a particular work should be seen as an indication that he had either read it before or intended to read it within a reasonable period of time. Following this logic, it is to a certain

---

14 I. Kapitánffy, Aristophanes (s. n. 13), 355.

15 I would like to thank Zsuzsanna Ötvös for lending me digital images of the *Vocabularium*, the text of which she is preparing to edit, and also for sharing her ideas about certain codicological details. Otherwise, I used a microfilm copy of the codex preserved in the MTA Library (Mf 1196/II). Since I began my work on the earlier version of this paper, I have also consulted both the manuscript and the incunable in the original. Having checked all the relevant passages, I have found that apart from one almost invisible gloss (concerning the entry ἀρύομαι *haurio*), which I failed to observe in the digital copy, my attributions of the other notes to Ugoleto were correct. On the other hand, I had to modify my previous findings by adding another 25 annotations of Ugoleto, which I was not able to discover or decipher in the microfilm copy.

16 There are only 5 entries (ἄγλιθες, πλίξ, πόρπαξ, τομεῖς, φιληδῶ) which presumably originate from other Aristophanean comedies.

17 Kapitánffy, Aristophanes (s. n. 13), 355. His estimation is based on the identification of about one-fourth of the marginalia.

18 This is a figure based on data from twenty randomly chosen pages.

19 This process of selection involved neglecting certain authors and giving preference to others. It is striking, for example, that neither a single passage from nor a single reference to Plato's works was adopted by Ugoleto, despite the fact that the philosopher figures quite significantly in the marginalia of the *Vocabularium*. It would be extremely difficult to give an explanation for this neglect. Still, the fact remains that for unknown reasons Ugoleto did not show any interest in his writings.

degree likely that the *Nubes* were in Ugoleto's educational plan or even physically in his hands. The same can be said with slightly less certainty about the *Plutus* and Xenophon's *Anabasis*.

Table 1

	Entries in Crastonus' dictionary (Vicenza 1483) with page number		**Ugoleto's notes with reference to an author's name and/or the title of a literary work**	**Passages expressly or probably referred to**
			Greek authors	
1.	κάσις *frater*	124^{r}	*soror ap<ud> Eurip<idem> in Hecuba*	τὴν ... κάσιν Euripides, *Hecuba* 361 (cf. also 943).
2.	κραίνω *perficio*	137^{r}	κραθεῖστος (sic!) *ap<ud> E<uripidem> firmatum*	τὴν κρανθεῖσαν *Hec.* 219. [κραθεῖσαν] FPaRSa]
3.	λάζυμαι *capio*	141^{v}	*poetice* λαζϋμεν<αι> *apud Eurip<idem>*	προσλαζύμεναι *Hec.* 64.
4.	νύμφη *sponsa*	163^{v}	*simpliciter pro muliere ap<ud> Eurip<idem> in Hec<uba>*	νύμφαι τ' ἀρίστων νυμφίων τητώμεναι *Hec.* 324.
5.	νυμφίος *sponsus*	163^{v}	*Vir. ap<ud> Eurip<idem> ibidem*	*Hec.* 324.
6.	οἴχομαι *recedo* etc.	168^{v}	οἰχόμενος *mortuus ap<ud> Euripid<em> in Hec<uba>*	τοῖς οἰχομένοις *Hec.* 138.
7.	after ὁρισμός	174^{v}	ὁρίσματα *pro moenibus ap<ud> Eurip<idem> in Hecuba*	ὁρίσματα *Hec.*16.
8.	πρός *dativo iuncta praeterea significat*	204^{v}	πρός *cum dativo sig<nifica>t penes. Euripid<es> in Hec<uba>* (sc. θάνατος□ οὐ προσοιστέος ἄλλος πρὸς ἄλλῳ	*Hec.* 394–5.
9.	στερ<ρ>ός *solidus*	222^{r}	*durus et com<m>unis g<ener>is ap<ud> Euripid<em> in Hec<uba>]*	στερρὸς ἀνθρώπου φύσις *Hec.* 296.
10.	τιθήνη *nutrix*	237^{r}	*ap<ud> Euripid<em> in Hecuba*	τιθήνη *Hec.* 281.
11.	φροῦδος *vanus*	254^{v}	*abolitus, disperditus, mortuus ap<ud> Eurip<idem> in Hec<uba>*	φροῦδος *Hec.*160, cf. also 161 and 335.
12.	after ἄπιος *longinquus*	30^{r}	ἀπύω *poet<ice> vociferor in coni<unctivo> Eur<ipide>*	ἀπύσω *Hec.* 154, cf. also *Or.* 1253, *Suppl.* 76, *Tr.* 1304, or *Bacch.* 984.
13.	ἑστία *focus*	98^{r}	*domus ap<ud> Eurip<idem>*	ἑστία *Hec.* 22, 353, 1216, etc.
14.	πλάξ *tabula*	195^{r}	*ap<ud> Eurip<idem> pro latitudine campoque*	πλάκα *Hec.* 8.
15.	πλάτη *remus*	195^{v}	*pro navigatione ap<ud> Eurip<idem>*	πλάτην *Hec.*39, cp.also *Tr.* 1155, *IT* 1445, *Hel.* 1212, *Or.* 54, or *Rhes.* 53.
16.	σχεδία *ratis*	231^{r}	*sed ap<ud> Eurip<idem> accipitur pro navi*	σχεδίας *Hec.*111.
17.	φέγγος *lumen*	250^{r}	*dies ap<ud> Eurip<idem>*	φέγγος *Hec.* 32.
18.	χηλή *velox pedibus*	258^{r}	*ungula ap<ud> Eurip<idem>*	χαλᾷ *Hec.* 90 [χηλᾷ XXbZ et P]
19.	θρόνον *pigmentum. venenum*	114^{r}	*Theocritus in Pharmaceutria* νῦν δὲ λαβοῖσα θρόνα (sic! omitting τὺ τὰ)	νῦν δὲ λαβοῖσα τὺ τὰ θρόνα Theocritus, *Idyllia* 2.59
20.	after τοί *tibi*	237^{v}	τοῖσιον (sic!) *herba sine fructu apud Theocritum*	*Id.* 5.125 [τ' οἴσια GLEA τοι σία PT τοῖσι α/ Phil. gr. 289]

Table 1

	Entries in Crastonus' dictionary (Vicenza 1483) with page number		**Ugoleto's notes with reference to an author's name and/or the title of a literary work**	**Passages expressly or probably referred to**
21.	κορυδαλλός κόρυδος *corydalus. avis genus*	136^{r}	*galerita latine quondam* (marked with an x) *Theocritus* (marked with an x)	*Id.* 7.141 or 10.50; see also 7.23 *galerita appellata quondam* Plinius, *Nat. Hist.* 11.122.2.
22.	ἀποτίνω	34^{r}	*reddo in p<rim>o il<iadis>*	ἀποτίσομεν Homer, *Iliad* 1.128
23.	ἰάπτω *maledico. mitto cum detrimento*	115^{v}	*in<de>* προιάπτω *in il<iadis> p<rim>o*	προΐαψεν *Iliad* 1.3
24.	πρίν πρῖν *prius. ante*	202^{r}	*Quotiens aut<em> ponunt<ur> duo p<ri>mum p<ro> ante: secundum p<ro> q<uam> exponemus ut in p<rim>o iliados*	οὐδ' ὅ γε πρὶν ... λοιγὸν ἀπώσει, / πρίν γ' ... δόμεναι. *Iliad* 1.98–99.
25.	ὑσσός *venabulum*	247^{v}	*venabulum ro<manum>. ut apud Appianum in bello celtico*	ὑσσούς Appianus, *De bello Celtico* (*epitome* 1.3)
26.	αἰτία *ratio causa. accusatio confirmatio.*	10^{v}	*pro iniquitate genes<i>*	αἰτία *Gen.* 4.13.2 (= *iniquitas Vulg.*)
27.	after γίγαρτον	52^{v}	γίγας *robustus in genesi*	γίγας *Gen.*10.8.2, 9.1 (= *robustus Vulg.*)
28.	λύπη *tristicia*	147^{r}	λυπός (sic!) *pro labore in pr<im>o genes<is>*	λυπῶν *Gen.* 5.29.2 (= *laboribus Vulg.*)
29.	μώλωψ *iubex. cicatrix*	159^{r}	*livor in pr<im>o genes<i>*	εἰς μώλωπα *Gen.* 4.23.5 (= *in livorem Vulg.*)
30.	νοσιά *nidus, mansiuncula*	163^{r}	*in genesi*	νοσσιάς *Gen.* 6.14.2 (= *mansiuncula Vulg.*)
31.	*ad* σφυρήλατος *fabricatus malleo*	231^{r}	σφυρόκοπος *malleator in pr<im>o gen<esis>*	σφυρόκοπος *Gen.* 4.22.2 (= *malleator Vulg.*)
32.	beside στενάζω *suspiro*	222^{r}	στένων *vagus in pr<im>o gen<esis>*	στένων *Gen.* 4.12.2 (= *vagus Vulg.*)
33.	τρέμω *tremo*	239^{r}	τρέμων *profugus in pr<im>o gen<esis>*	τρέμων *Gen.* 4.12.2 (= *profugus Vulg.*)
34.	ἐπιθυμία *concupiscentia libido desyderium vaporatio ad deos*	90^{v}	*pro consilio in pro<verbiis> Salom<onis>*	ἐπιθυμία *Prov. Sal.*10.24.2 (= *desiderium Vulg.*)
35.	ἐπιμέλ[ε]ια *cura, diligentia*	91^{v}	ἐπιμέλεια *irrigatio in pro<verbiis>*	ἐπιμέλεια *Prov. Sal.*3.8.2 (= *inrigatio Vulg.*)
36.	θησαυρίζω *colloco*	112^{v}	*custodio in prov<erbiis> sol<omonis>*	θησαυρίζει *Prov. Sal.* 2.7.1 (= *custodiet Vulg.*), θησαυρίζεται 13.22.2 (= *custoditur Vulg.*)
37.	κλοιός κύφων	133^{v}	*torques interpretatur Hierony<mi> in prov<erbia> sal<omonis>*	κλοιόν *Prov. Sal.* 1.9.2 (= *torques Vulg.*) κλοιόν, *id est, torquem* Hieronymus, *Comm. in Is.* [!] 16.58.10
38.	ταμίειον *promptuarium ubi reponuntur pecuniae domini*	232^{v}	*cellarium et horreum Hier<onymus> tract<ation>um* (marked with a double dot)	τὰ ταμίεια αὐτῶν πλήρη *Ps.* 143.13 (= *promptuaria eorum plena Vulg.*)

Table 1

	Entries in Crastonus' dictionary (Vicenza 1483) with page number		Ugoleto's notes with reference to an author's name and/or the title of a literary work	Passages expressly or probably referred to
				neque cellaria neque horrea Hieronymus, *Tract.* (= *Breviarium*) 59.143.190
39.	θυμός *animus. ira. furor. desyderium*	114^{v}	*erumna in ecc<lesias>te*	θυμοῦ *Eccl.* 2.23.2 (= *aerumnis Vulg.*)
40.	περιφορά *revolutio. circumlatio*	192^{v}	*error ec<c>l<esias>te*	περιφοράν *Eccl.* 2.2.2 (= *errorem Vulg.*); περιφοράν 2.12.2 (= *erroresque Vulg.*); περιφοράν 7.26.1 (= *errorem Vulg.*)
41.	προαίρεσις *propositum. voluntas*	202^{r}	*afflictio in ecc<lesias>te*	προαίρεσις *Eccl.* 2.17 (= *adflictionem Vulg.*)
42.	ὑστέρημα *posteratio*	248^{r}	*stultus in ecc<lesias>te*	ὑστέρημα *Eccl.* 1.15.2 (= *stultorum Vulg.*)

Table 2

	Entries in Crastonus' dictionary		Latin authors	Passages expressly or probably referred to
43.	ἀφελής *simplex. frugalis*	43^{r}	ἀφελ[ι]ῶς *simp<lici>ter utitur h<o>c vo<cabu>lo Porphyrio p<rim>o carminum com<menta>rio cum Horat<ius> iecur pro corde posuerit.*	*Iecur. Pro corde ἀφελῶς. Id est simpliciter.* Porphyrio, *Commentum in Horati Carmina* 1.13.4
44.	λείψανον *reliquum*	143^{v}	*Ter<entius> in Eun<ucho:> Abi tu, cistellam, Pythias, domo affer [ecfer cod.] cum monumentis. Donat<us:> Monumenta pro quibus Graeci dicunt* λείψανα παργονα (super παργονα signo† scripto□	*Haec sunt quae Graeci dicunt* λείψανα παργονα Donatus, *in Ter. Eun. 753* σπάργανα Vatic. 1673 ***** *pgana* (*peregrina* T) TC ἐσπάργονα V κρεπΒνδια P λείψανα παργονα editio princeps γνώρισματα καὶ σπάργανα Steph]
45.	τρόφιμος *nutritus*	240^{r}	*Don<atus> in Phor<mionem:>* Nam herilem filium *trophimon dicunt atque haud scio an Latini quoque alumnum dicere potuerint nisi hoc mallent.*	Donatus, *in Ter. Phorm. 39*
46.	γλυκύπικρος *dulcis amarus*	53^{r}	*epith<eton> amoris in Orpheo*	Orph. 361 fr. Kern = M. Ficino, *Commentarium in Convivium Platonis de amore* 2.8
47.	after πάλιν	180^{v}	παλιμψέστον (sic!) *iterum rasa charta Cic<ero> et Cat<ullus> ho<c> voc<abul>o utuntur*	*in palimpsesto* Cicero, *Ad fam.* 7.18.2 *in palimpsesto* Catullus 22.5 [*palimpsesto* Parm. ed. *palmisepto X* and *O* *palipsesto* Ven. ed.]
48.	περιοχή *munitio. complexio*	191^{v}	*argumentum* (~*Voc.* JP) *ut apud Eumen<ium> pr<o restaurandis scholis>*	*argumenta* Eumenius, *Pro restaurandis scholis* 21
49.	σκοπός *propositum*	218^{v}	*scopus latine apud Suet<onium>*	*pro scopo* Suetonius, *De vita Caesarum, Domitianus* 19.1

Table 2

	Entries in Crastonus' dictionary		Latin authors	Passages expressly or probably referred to
				[*scopulo* codices *scopo* Steph]
50.	ἐπινίκιον *praemium. celebritas p. habita victoria quod et latine epinicion dicitur*	92r	*ap<ud> <Suetonium?>* (marked with an x)	*epinicia* Suet. *Nero* 43.2.13
51.	under σαρκόω *incarno*	214v	σάρον *quercus appellatur antiqua gr<a>ecia Pli<nius>*	*sinus Saronicus... ita Graecia antiqua appellante quercum* Plinius, *Naturalis Historia* 4.18.5
52.	στορέννυμι *sterno*	223r	στορέα Plin xv. c. 16 xxxxxix	*stramentis storeis* Plinius, *Naturalis Historia* 15.16.59 [*storeis* vet.ed. *solidis* Mayhoff]
53.	beside ψίθυρος *loquax. stridulus*	262r	ψίαθος *teges, storea* *storeae voc<abu>lo utuntur Livius et Hirtius*	*storias* Hirtius (= Caesar), *Bellum civile 2.9*
				storea Livius, *Ab urbe condita* 30.3.9

Regarding Ugoleto's own remarks, we should start again with statistics and a general overview (see **Table 1** and **2**). Of the 53 notes in which either an author's name or a title is specified, 18 refer to Euripides' *Hecuba*, 17 to five different books of the *Septuaginta*, 3 each to Theocritus' idylls, the *Iliad*, and Pliny's *Naturalis Historia*, 2 each to Donatus' commentary on Terence, Suetonius' *Vitae*, and Jerome's exegetical works, and one each to „Orpheus", Appian, Eumenius, Porphyrio, Cicero, Catull, Hirtius and Livy. Thus, the number of works referred to is 58, because in five cases Ugoleto refers to two passages at the same time. To these references we can add 18 further notes (mainly additional definitions) which, although they do not contain any specified references to a certain author or passage, are most probably or even almost certainly identifiable (there are another 15 notes without any references that are difficult or impossible to identify: see Table 4). Of these 18 identifiable notes, 14 belong to the *Hecuba* and one each to the *Iliad*, Plutarch's *Laconic Sayings,* a Plautine comedy, and Vergilius' *Georgica.*

The pre-eminent position of Euripides' *Hecuba* and the *Septuaginta* is immediately evident. But before discussing the details and exploring the question of whether Ugoleto's notes resulted from a direct consultation of the texts or from remembering his previous readings, two comments would be appropriate. One concerns their possible availability in Buda. So far there has been no evidence of the *Septuaginta* having belonged to the royal library, but perhaps one should hardly find it suprising that it did. The situaton is slightly different with *Hecuba.* As mentioned already, there is a codex containing Euripides' drama that is assumed to have belonged to the royal library, although the question of authenticity is still open[20]. As far as its content is concerned, it can be labelled as a 'light version' of a typical late Byzantine collection of school texts used in secondary education. It contains some of the most popular classical works: Hesiod's *Erga* (more accurately, 587 lines of it), the complete triad of Euripides (*Hecuba, Orestes, Phoenissae*), one comedy from the Aristophanes-triad (*Plutus*), a selection of Theocritus' idylls, and the *Batrachomyomachia* attributed to Homer[21]. It can be accurately positioned on the intellectual map of its age: it represents the Moschopoulean branch of tradition, as modified by, and bearing the marks of, Triklinos' philological activity. Most of the

[20] E. MADAS has recently classified it among the dubious manuscripts which are not likely to have belonged to the Corvinian library. See her La Bibliotheca Corviniana et les corvinas authentiques, in: Colloque Matthias Corvin. Les bibliothèques princières et la genèse de l'État moderne. 15–17 novembre 2007 (publié par J.-F. MAILLARD – I. MONOK – D. NEBBIAI). Budapest, 2009, 70.

[21] Cs. CSAPODI, The Corvinian (s. n. 11), 242, mistakenly reports that the codex also contains Sophocles' *Oedipus Rex*; in fact, only a hypothesis of the tragedy can be found in it.

literary works in the collection were intensively studied and commented by Moschopoulos, and the texts themselves belong either to the Moschopoulean or Moschopoulean-Triclinian recension[22].

It should also be stressed that apart from the *Hecuba*, this manuscript contains two more works Ugoleto referred to in his marginalia: Aristophanes' *Plutus* and Theocritus' idylls. Its date and provenance is equally important: according to two closing notes, it was hastily written at the end of the 15th century by a certain Franciscus, presumably in Italy[23]. Thus, on the basis of these circumstances and facts, it is easily conceivable that there is a more direct connection between the origin of this codex and Ugoleto's commission as a royal tutor.

My other comment relates to the written form and appearance of Ugoleto's own comments. Compared to the preceding and subsequent items copied from the *Vocabularium*, these marginal annotations look different. Most of them were written with a less sharp pen in fainter ink, which faded into a greyish or light brownish shade and thus differs from the usual black or dark brown tone of the other letters. They were also put on paper in a less disciplined, less neat and less orderly manner. These secondary remarks never turn up among those entries which were apparently written down in sequence, one after another, usually in a slightly slanting row. Admittedly, not all of them are dissimilar to the transcribed material, and sometimes the differences can be discerned only after a direct and closer inspection; nevertheless, they are definitely there. The note to the entry σχεδία may serve as a good example of how differences in the manner of writing are immediately evident, even in a photocopy **(Fig. 5)**.

Their less neat and careful ductus gives the impression that they were put down hastily and individually, as l a t e r a d d i t i o n s to the bulk of the entries previously copied into the margins. Of course, unevenness in itself does not provide sufficient grounds for considering a note a later addition (the handwriting in Ugoleto's transcription basically presents a uniform picture). Nonetheless, this unevenness can signify a later addition, and since there are also several other signs pointing in the same direction, all these indications taken together make it quite likely that these remarks, with their different appearance, were written down subsequently[24]. For example, in the case of σφυρόκοπος *malleator*, we can clearly distinguish two different phases in the process of writing. At first, Ugoleto transcribed the Greek word and its Latin equivalent from the *Vocabularium* with a sharp pen. While doing so, however, he committed a minor fault by omitting the letter σ from the beginning, so what he actually put down was φυρόκοπος *malleator* (**Fig. 5**). After realizing the flaw, he inserted a σ and also overwrote the second letter of σφυρόκοπος – φ – with a much blunter pen. At the same time, however, apart from this correction he also added a title of a work in which the Greek word occurs: *in pr<im>o gen<esis>* (referring in all likelihood to *Gen.* 4.22.2, see below), again with the same blunt pen. The most probable reconstruction of how things may have happened is that during a later reading of the Book of Genesis in Greek (or while reading the *Vulgate* and comparing a certain Latin phrase or word to its "original" in the *Septuaginta*), he wished to register the locus where he had read it. When he

---

22 Hesiod's text is numbered among the Triclinian manuscripts by M.L. West, Medieval manuscripts of Works and Days. *CQ* 24 (1974) 184–185; see also M.L. West, Hesiod: Works and Days. Oxford 1978, 82–86. A similar judgement is made about the text of *Plutus* by K. v. Holzinger, Die Aristophaneshandschriften der Wiener Hofbibliothek. *Sitzungsberichte Wien. Ak. phil.-hist. Klass.* 167/4 (1911) 74–77. Euripides' texts are characterized as Moschopoulean by A. A. Turyn, The Byzantine Manuscript Tradition of the Tragedies of Euripides. Urbana 1957, 163. The *Batrachomyomachia* is classified into family "k", with a similar background, by W. Allen, Homeri opera. Tomus V. Oxford 1912, 167. I suppose that the Theocritus text has not been examined thoroughly by editors for two main reasons. Firstly, it is extremely difficult to read (the ink has in some places almost completely faded away); secondly, there is not much to be hoped for from this late apograph.

23 ἐγω [sic] φραγκίσκος ὡς τάχιστα γέγραφα (it was me, Franciscus, who made this copy as fast as possible, on fol. 78v, after the argument of the *Phoenissae*) and φραγκίσκος γέγραφα (on fol. 92r, after the end of the same drama). J. Bick, Die Schreiber der Wiener griechischen Handschriften. Wien–Prag–Leipzig 1920, 59–61; H. Hunger, Katalog der griechischen Handschriften der Österreichischen Nationalbibliothek, Teil 1: Codices historici, Codices philosophici et philologici. Wien 1961, 387. Turyn dates it at about 1500, see A. Turyn, The Byzantine 163. For the unusual nature of Franciscus' signature, see E. Gammilscheg, Struktur und Aussagen der Subskriptionen griechischer Handschriften, in: Scribi e colofoni (ed. E. Condello – G. De Gregorio). Spoleto 1995, 417–421.

24 On the other hand, not all of his annotations look different from the texts preceding and following it, as if they were later additions. In such cases the most obvious assumption is that they were written simultaneously with the transcription of the *Vocabularium*, being a result of spontaneous association on Ugoleto's part and not of his later reading of a particular text.

looked up the entry, he noticed that one letter was missing in it. Thus, in addition to recording the title of the work in which he encountered it, he also corrected his previous mistake. Whatever may have happened, there is a significant difference in appearance between the two initial letters σφ and the remark *in pr<im>o gen<esis>*, on the one hand, and the original entry φυρόκοπος *malleator*, on the other – the different pen is a clear sign of a different date.

The case of ἀπύω is also instructive in this respect. This time Ugoleto made an entire entry for it on his own, giving both the Greek word and its Latin equivalent and even adding two pieces of information concerning its stylistic value and occurrence: ἀπύω *poet<ice> vociferor in coni<unctivo> Eur<ipide>*. Then he inserted it after the adjective ἄπιος *longinquus* – in incorrect alphabetical order. Had he looked for it in its own place, he would have found that the entry ἀπύω already existed. But he apparently misunderstood its pronounciation and therefore searched for it in vain in the wrong place. Having failed to find it, he composed a new – and slightly richer – entry. It should be stressed at this point that such a mistake can be imagined much more easily if we suppose that he started from the Euripides passage rather than the other way around. A sequence of events is extremely unlikely to occur in which the word ἄπιος in the dictionary would have made Ugoleto think that the verb ἀπύω (in the form used by Euripides!) was missing from the entries and had to be inserted there. On the contrary, things must have happened in the way suggested above. It must have been while reading Euripides that Ugoleto came upon the word ἀπύω, and after failing to find it in his dictionary (because he was searching in the wrong place), he finally created a new entry. This note, therefore, must have also found its way into the margin on an occasion that was separate from the revision of the dictionary.

There are also a couple of passages where a remark is inserted somewhat farther from the word it belongs to with the help of an identification sign, e. g. a double dot (ταμίειον 232^{v}, θυμός 114^{v}), a triple dot above a circle (λείψανον 143^{v}, see **Fig. 6**) or a mark *x* (ἐπινίκιον 92^{r}, κορυδαλλός 136^{r}). Such signs are never used for entries copied from the *Vocabularium*.

Furthermore, Ugoleto's comment on προαίρεσις (*afflictio in ecc<lesias>te*) was apparently squeezed into the printed text, obviously because the space in the margin had already been occupied by items transcribed from the *Vocabularium* (**Fig. 3**).

And finally, something similar happened when Ugoleto created the entry ψίαθος *teges, storea*, accompanied by a comment: *storeae voc<abu>lo utuntur Livius et Hirtius*. Because the place where these words should have been inserted had already been filled with a group of copied entries, they were written down six or seven lines lower. It is also worth mentioning that the last two words of the group (ψινύθιον and ψιχολογῶ), according to alphabetical order, should have followed ψίαθος; they, however, precede it. Such a disruption of alphabetical order necessarily implies a sequence of events in which Ugoleto did the copying first and made his own notes afterwards. Of course, it is impossible to say how much later this occurred: one minute, one year or one decade. What is beyond any doubt is that a certain interval must be assumed between the writing of the two different kinds of remarks.

What is at hand here is not just a clear separation between the two types of annotations: Ugoleto's own philological achievements and the material taken over from the glossator of the *Vocabularium*. It also concerns questions of chronology and sources. As mentioned above, Ugoleto's final subscription provides us with a piece of unequivocal evidence as to the date when he finished reading through (*relectum*) the Crastonus dictionary: it was on 20 June 1484. (The preposition *re*, used at first sight somewhat strangely in the verb *relegere*, presumably refers to a careful and thorough way of reading, a process involving "re-vision", i.e. a word-by-word, itemized comparison with the material of the *Vocabularium* and the transcription of words missing from the printed dictionary being "revised"). Now if the additions made independently of the *Vocabularium* by Ugoleto had exactly the same appearance as the ones he copied from it, we would have no reason to suppose that they were added later. If there were no signs at all that they had found their way into the margin at a different point in time, we should date them before 20 June 1484. The question of dating may affect another one, namely whether the codex Vindobonensis Phil. gr. 289, which contains three literary works Ugoleto refers to in his marginalia, was actually used by him. According to the evidence provided by watermarks this manuscript was written around 1487 (±4) in Ferrara or its neighbourhood, so it is not very likely that it could be available to Ugoleto in Buda before June 1484[25]. A distinction between the two layers of marginalia on the basis of their written form makes it possible to assume that Ugoleto's own observations, written in a less calligraphic and more urgent fashion, were not produced at the same time as the rest of the annotations, but somewhat later. Of course, the separability of two different strata and a possible time interval between their notations does not yield positive proof, but they do represent a necessary precondition for assuming that Ugoleto perused the Phil. gr. 289 while making his own remarks in the margin.

There is also a piece of positive evidence provided by a rare Theocritean word, which occurs in a similar faulty form in both Phil. Gr. 289 and Ugoleto's Crastonus-margins. The word in question is σίον or οἴσιον, which denotes a kind of reed or water parsnip. In his note Ugoleto makes a correct guess about the main characteristic of the plant (*herba sine fructu*). But what is more remarkable is that he refers to it in the non-existing form τοῖσιον, in one word, and with an impossible circumflex accent on the third syllable from the end (**Fig. 7**). Before explaining how this strange word came to existence, we should examine its original context. It is in a song competition that a goatherd named Komatas turns to the river-god Krathis and expresses an unrealistic wish to him: τὰ δέ τοι σία καρπὸν ἐνείκαι (*Id.* 5.125) – 'may the water parsnips bear apples'. Ugoleto, as mentioned above, understood the goatherd's point (the plant in question was normally fruitless). But if the wrong form of the word did not result from his misunderstanding of the text, how did it?

It is important to understand that Ugoleto was not the only reader who was at a loss to identify the word for water parsnip. Both the codices and the scholia have two different forms of the word: οἴσιον (in the branch represented by GLEA), and σίον (in mss PT, accepted by Gow)[26]. Accordingly, the two versions with their preceding particles read as follows: either τὰ δὲ τ' οἴσια or τὰ δέ τοι σία, both of which are clearly unlike Ugoleto's τοῖσια (if we suppose that he saw it in the plural – a quite obvious supposition). But again, how could this impossible word have appeared? For a possible answer we should turn to the text of the Viennese manuscript, in which the following – though, due to ink fading, barely legible – version can be discerned: τοισια (*sic*), with the letter α placed above the letter ι, and accompanied by a slash mark indicating that the alpha should be placed after the iota (**Fig. 8**, line 12). Apparently, the scribe did not understand the rare botanical term either and first wrote τοισι, without the final α and, as it seems, in one word (perhaps mistaking it for the more familiar τοῖσι, a poetical dative of the masculine article used by Theocritus several times). Subsequently, however, he realized his mistake, but only after finishing the next word, when there was no longer enough space left between τοισι and καρπόν. So he inserted the missing alpha above the iota with the help of a slash, although he failed to indicate its accent in doing so τοισι$^{\alpha/}$. There is one more circumstance that might have contributed to the strange accentation. If one looks at the text with the naked eye, a thin, dark, and curly fibre (a hair?) above the diphthong οι can be seen which is similar to a circumflex. The absence of any diacritical sign is not conspicuous and can only be verified through a UV image. It is thus easily imaginable that Ugoleto was also misled by this fibre and took it for an accent sign.

Let us now have a closer look at his comments on the *Hecuba*. By way of introduction, it is worth noting that all of Ugoleto's eight comments indicating the title of the drama (as well as ten others which presumably refer to this Euripidean tragedy) seem to be based on his direct encounter with the text, and were certainly not taken from the scholia or any other secondary sources. As we have already seen concerning the entry πρός, his understanding of the text is not infallible; still, his notes are usually correct and sensitive additions. In most cases, whenever he observed that a given word was used by Euripides in a sense slightly different from that recorded in the dictionary, he would define this particular meaning. The value of these acute philological remarks is enhanced by the fact that the *Hecuba* belonged to the literary texts on which Crastonus based his dictionary[27]. In other words, Ugoleto refined or revised his predecessor's editorial work, mainly by

[25] Holzinger, Die Aristophaneshandschriften (s. n. 22), 77–78. A time range of ± 4 years is allowed in accordance with D. Harlfinger's suggestions, Zur Datierung von Handschriften mit Hilfe von Wasserzeichen, in: Griechische Kodikologie und Textüberlieferung (hrsg. D. Harlfinger). Darmstadt 1980, 159–160.

[26] A.S.F. Gow, Theocritus. Volume II. Cambridge 1952, 114; translations are also cited from this edition.

[27] P. Thiermann, I dizionari greco-latini fra medevio e umanesimo, in: Les manuscrits des lexiques et glossaires de l'Antiquité tardive à la fin du moyen âge. Actes du Colloque international (ed. J. Hamesse). Louvain-la-Neuve 1996, 665.

paying attention to the metaphorical or metonymical usage of words. Generally speaking, these observations are not so much astonishingly original discoveries or revelations as minor corrections and modifications. Some of them, however, tallies with the data provided by modern standard dictionaries. Let us now examine them one by one.

1. κάσις *frater* (entry in Crastonus' dictionary, 124[r])
Ugoleto's note: *soror ap<ud>_Eurip<idem> in Hecuba*
The reference is clearly to the lines:
... ὅστις ἀργύρου μ' ὠνήσεται,
τὴν Ἕκτορός τε ... κάσιν. (*Hec.* 360–361)
'who would buy me for money – me … the sister of Hector.'[28]
An undoubtedly justified addition, though of minor importance; LSJ also refers to this passage as meaning 'sister'.

2. κραίνω *perficio* (137[r])
U: κραθεῖστος (sic!) *ap<ud> E<uripidem> firmatum*
The referred passage is: ψῆφόν τε τὴν κρανθεῖσαν [κραθεῖσαν FPaRSa] (*Hec.* 219) – 'the vote that has been held'.

The sense given is correct. The impossible form κραθεῖστος is perhaps partly due to a misreading of α as ος, an easy mistake if someone read the text in the codex Vindobonensis, in which the scribe of the *Hecuba*[29] has the habit of drawing the right stroke of alpha away from the circular body of the letter. As a result, to the unwary eye the first part of alpha may seem to be an omikron, while the second part might be mistaken for a lunate sigma. However, it should also be added that the Ph. gr. 289 preserves the better reading κρανθεῖσαν (with nu), so this piece of evidence is not so compelling as that offered by τοῖσια.

3. λάζυμαι *capio* (141[v])
U: *poetice* λαζῦμεν<αι> (sic!) *apud Eurip<idem>*
The passage referred to is: γεραιᾶς χειρὸς προσλαζύμεναι (*Hec.* 64) – 'Grasp my aged hand'. A basically correct stylistic remark since the form is indeed epic. It is not clear whether Ugoleto omitted προσ accidentally or considered it as a postposition belonging to χειρός.

4. νύμφη *sponsa* (163[v])
U: *simpliciter pro muliere ap<ud> Eurip<idem> in Hec<uba>*

5. νυμφίος *sponsus* (163[v])
U: *vir. ap<ud> Eurip<idem> ibidem*
The passage referred to is: νύμφαι τ' ἀρίστων νυμφίων τητώμεναι (*Hec.* 324) – 'brides bereft of gallant husbands' (see also τητώμεναι among the notes without references, no. 95 in Table 4).

Taking 'bride' and 'bridegroom' as a simple metonymy for 'wife' and 'husband' seems to be a partly justified, partly simplified interpretation. Odysseus' words may indeed be taken to mean married couples who were separated by the Trojan war. In this case, however, by calling them 'bride' and 'bridegroom' he also emphasizes their young age and the brevity of their marriage. This tragic tension is certainly lost if we simply equate νύμφη and νυμφίος with 'wife' and 'husband'.

6. οἴχομαι *recedo* etc. (168[v])
U: οἰχόμενος *mortuus ap<ud> Euripid<em> in Hec<uba>*
The expression referred to is: τοῖς οἰχομένοις (*Hec.* 138) – 'the dead'.

[28] Translation by E.P. COLERIDGE, in: Euripides. The Complete Greek Drama (edited by W.J. OATES and E. O'NEILL Jr. in two volumes) I. Hecuba. New York, 1938.

[29] I believe that he is not identical with Franciscus, for reasons I intend to set out elsewhere.

Ugoleto's addition of this otherwise common usage of the word is fully correct.

7. after ὁρισμός (174^{v})
U: ὁρίσματα *pro moenibus ap<ud> Eurip<idem> in Hecuba*
The reference should be to the line: ἕως μὲν οὖν γῆς ὄρθ' ἔκειθ' ὁρίσματα *(Hec.*16) – 'Thus, as long as the bulwarks of our land stood firm'.
His remark is sensible and also in accordance with the Greek scholia (ἀντὶ τοῦ τὰ τείχη Mg). If we take ὄρθα metaphorically as 'secure' or 'safe', ὁρίσματα can be understood to mean 'boundaries' here[30].

8. πρός *dativo iuncta praeterea significat* (204^{v})
U: πρός *cum dativo sig<nifica>t penes. Euripid<es> in Hec<uba>* (sc. θάνατος) οὐ προσοιστέος ἄλλος πρὸς ἄλλῳ
Since Ugoleto quotes five words, the identification is undoubtedly certain: the citation comes from (*Hec.* 394–5) – 'The maiden's death suffices; no need to add a second to the first'.
He clearly misunderstood the passage (see above). The quotation does not seem to be worth memorizing, neither for its content nor for its phrasing. It is unlikely that Ugoleto cites it by heart.

9. στερ<ρ>ός *solidus* (222^{r})
U: *durus et com<m>unis g<ener>is ap<ud> Euripid<em> in Hec<uba>*
The reference is to οὐκ ἔστιν οὕτω στερρὸς ἀνθρώπου φύσις *(Hec.* 296) – 'Human nature is not so hard-hearted'.
This is a correct remark that brings out the metaphorical sense of the adjective required in the context.

10. τιθήνη *nutrix* (237^{r})
U: *ap<ud> Euripid<em> in Hecuba*
The passage referred to is: ἥδε ... ἐστί μοι τιθήνη *(Hec.* 281) – 'she is ...my nurse'.
Ugoleto simply registers the occurence of the word, though it is not clear what might have been the point of doing so.

11. φροῦδος *vanus* (254^{v})
U: *abolitus, disperditus, mortuus ap<ud> Eurip<idem> in Hec<uba>*
The reference is presumably to φροῦδος πρέσβυς *(Hec.*160, cf. also 161 and 335) – 'Aged Priam is no more'.
A correct observation pointing to a common extended sense of the word.

12. after ἄπιος *longinquus* (30^{r})
U: ἀπύω *poet<ice> vociferor in coni<unctivo> Eur<ipide>*
The passage referred to should be: τί ποτ' ἀπύσω (*Hec.* 154, but cf. also *Or.* 1253, *Suppl.* 76, *Tr.* 1304, and *Bacch.* 984) – 'What words ...can I utter?'
Ugoleto inserted a word he believed to be missing from the Crastonus dictionary whose meaning he may have inferred from its context. In fact, the verb ἀπύω does appear in the dictionary – in the correct alphabetical position (see above).

13. ἑστία *focus* (98^{r})
U: *domus ap<ud> Eurip<idem>*
The reference is to the line πατρῷα θ' ἑστία κατεσκάφη (*Hec.* 22, cf. also 353, 1216) – 'my father's hearth was annihilated'.

---

30 C. COLLARD, Euripides' Hecuba. Warminster 1991, 131; Collards's translation is slightly modified.

Ugoleto's suggestion to interpret the word metonymically is defensible (obviously the entire house was destroyed), although the more concrete sense 'hearth', which gives vividness to the impious act of destruction, cannot be dispensed with either.

14. πλάξ *tabula* (195^{r})
U: *ap<ud> Eurip<idem> pro latitudine campoque*
The reference is to Χερσονησίαν πλάκα (*Hec.* 8) – 'plains of Chersonesos'.
A fully justified addition of a figurative usage of the word.

15. πλάτη *remus* (195^{v})
U: *pro navigatione ap<ud> Eurip<idem>*
The reference is presumably to πρὸς οἶκον εὐθύνοντας ἐναλίαν πλάτην (*Hec.*39) – 'they were making straight for home across the sea'.
Theoretically, he might also have referred to other passages from different Euripidean tragedies, such as *Tr.* 1155, *IT* 1445, *Hel.* 1212, *Or.* 54, or *Rhes.* 53. Nevertheless, economy of reasoning is against such a hypothesis. Otherwise, the metonymical usage of the word is stressed correctly (in accordance with the scholia MA), but again the literal meaning 'rudder' is also brought into play.

16. σχεδία *ratis* (231^{r})
U: *sed ap<ud> Eurip<idem> accipitur pro navi*
The reference is to τὰς ποντοπόρους δ' ἔσχε σχεδίας *(Hec.*111) – 'sea-borne ships'.
A correct remark emphasizing the metonymical sense of the noun; by calling the ships 'makeshift rafts', the chorus refer to their poor condition.

17. φέγγος *lumen* (250^{r})
U: *dies ap<ud> Eurip<idem>*
The reference is to τριταῖον ἤδη φέγγος αἰωρούμενος *(Hec.* 32) – 'keeping my airy station these three days'.
A right observation pointing to the metonymical usage of the word, without which the text is not understandable.

18. χηλή *velox pedibus* (258^{r})
U: *ungula ap<ud> Eurip<idem>*
The reference is to ἔλαφον λύκου αἵμονι χαλᾷ σφαζομέναν (*Hec.* 90) – 'a dappled deer mangled by a wolf's bloody fangs'.

It is worth mentioning that *Phil. gr.* 289 also belongs to the recension represented by codices XXbZ et Ps, in which χηλᾷ stands in place of the Doric χαλᾷ. Otherwise it is a justified addition, a remark that is to the point and inferred from the context.

In summary, it is clear from the 18 references, along with the 15 short annotations without references (γόος, δαρόν, δίαυλος, ἐπίσημος, θεόδμητος, κομιστήρ, λιάζομαι, νάω, νασμός, νηίς, προπετής, πταίω, τητώμενος, φθίμενος, κραίνω, see Table 4), that Ugoleto read through the first 400 lines of the tragedy in a very careful way. I confirmed this finding by reading through the text with the help of the Crastonus dictionary. While doing this I discovered that Ugoleto had accomplished his work painstakingly: except for four words (σκίπων, ἤλυσις, κόπις, and θωύσσω), only those composite verbs or nouns whose meaning must have been easy to grasp remained unexplained; otherwise one can understand every bit of the text. However, why he stopped reading and annotating is another question. One is tempted to think of a change of circumstances that made teaching Greek to the prince pointless, namely the shattering of János Corvin's hopes for a marriage with Bianca Maria Sforza and for succeeding his father as King of Hungary. In any case, the abrupt end of the reading of *Hecuba* anticipates the later fate of the dictionary: it went over to the possession of someone else even during Ugoleto's lifetime[31].

Turning to the Theocritean idylls, Ugoleto's marginalia do not testify to a similarly thorough reading of them. It would be premature to conclude, however, that he did not study the Greek poet's oeuvre in the original. Although the traces of such a study are admittedly few, we should not forget that Ugoleto showed a special interest in bucolic poetry, and in a few years' time he published an edition of Calpurnius Siculus and Nemesianus.

19. θρόνον *pigmentum. venenum* (114ʳ)
U: *Theocritus in Pharmaceutria* νῦν δὲ λαβοῖσα <τὺ τὰ> θρόνα□ - 'and now take the charm herbs'.
The quotation from *Idyllia* 2.59 is defective, although the difficult Doric participle is correct. The Greek word θρόνον is used relatively rarely; presumably this is the reason why he made this annotation.

20. after τοί *tibi* (237ᵛ)
U: τοῖσιον (*sic*!) *herba sine fructu apud Theocritum*
The reference is to *Idyllia* 5.125. Ugoleto's guess about the meaning of the word is right, but he cites the noun οἴσι ν (τ' οἴσια GLEA) or σί ν (τοι σία PT) in the non-existing form τοῖσιον with an impossible 'proparaperispomena' accent. This faulty form, as we saw, originates in all likelihood from a scribal error in the codex Phil. gr. 289, and therefore provides strong evidence for Ugoleto's reading the text of this particular manuscript (see above).

21. κορυδαλλός κόρυδος *corydalus. avis genus* (136ʳ)
U: *Galerita latine quondam x Theocritus x*
Since the word occurs three times in the Theocritean corpus, the passages referred to can be either οὐδ' ἐπιτυμβίδιοι κορυδαλλίδες ἠλαίνοντι (7.23) – 'the crested larks go not afield', or 7.141, or 10.50.
The Latin equivalent he offers is fully correct. It should be noted that the additional information he gives (that *alauda* was once called *galerita*) is based on a passage in Plinius, *NH*: *parvae avi, quae, ab illo galerita appellata quondam, postea Gallico vocabulo etiam legioni nomen dederat alaudae* (11.122.2), and is not necessary for an understanding of the Greek text.

As far as the three references to the *Iliad* are concerned, they reveal a certain familiarity with Homer's work, or at least its first book. Ugoleto seems to rely on his memory each time, and we should not suppose that these notes necessarily resulted from a fresh reading of the text (of course, we should not exclude the possibility either).

22. ἀποτίνω (34ʳ)
U: *Reddo in p<rim>o il<iadis>*
In all likelihood, the passage Ugoleto refers to is τριπλῇ τετραπλῇ τ' ἀποτίσομεν (*Iliad* 1.128) – 'we will recompense you threefold and fourfold.'[32]
The Latin equivalent he offers is not quite correct because the Greek word actually means 'to pay back', 'recompense'. In Crastonus' dictionary the Latin definition is missing: it must have been that empty space which invited Ugoleto to fill it in.

---

[31] According to the ex libris on 2ʳ, a certain Bernardinus magister canonicus ecclesiae Cathedralis Viennensis, reliquiarum custos gave the book as a present (liberali dono dedit) to Magister Georgius Ratzenberger in 1504. (For the deciphering of this note I owe debt of gratitude to Dr. Christian Gastgeber.) Although we do not know whether the Viennese cathedral custos received it directly from Ugoleto, or gained access to it otherwise, the fact remains that the dictionary changed hands at least twice while Ugoleto was still alive and active. So, it must not have been long after his royal commission ended that his Greek studies faded into the background of his philological career.

[32] Translation by A.T. MURRAY in: Homer: Iliad I. (tr. by A.T. MURRAY, revised by W.F. WYATT). Cambridge Mass.–London 1999.

23. ἰάπτω *maledico. mitto cum detrimento* (115^{v})
U: *in<de>* προιάπτω *in il<iadis> p<rim>o*
The reference is obviously to πολλὰς δ' ἰφθίμους ψυχὰς Ἄϊδι προΐαψεν / ἡρώων (*Iliad* 1.3–4) – '[Wrath] sent down the souls of many valiant warriors to Hades'.

The note, written with a normal pen, is meant to provide supplementary information by pointing to a derivative verb, and is obviously not the result of an attempt to solve an interpretational problem during Ugoleto's reading of the *Iliad*. This is also clear from the fact that he fails to offer a Latin translation of προιάπτω although it has a meaning that is completely different from what is given by Crastonus for ἰάπτω. Thus, everything points to the conclusion that this note was a spontaneous thought elicited by the printed entry.

24. πρίν πρῖν *prius. ante*
U: *Quotiens aut<em> ponunt<ur> duo p<ri>mum p<ro> ante: secundum p<ro> q<uam> exponemus ut in p<rim>o iliados* (see **Fig. 3**)
The reference is clearly to:
οὐδ' ὅ γε πρὶν Δαναοῖσιν ἀεικέα λοιγὸν ἀπώσει,
πρίν γ' ἀπὸ πατρὶ φίλῳ δόμεναι ἑλικώπιδα κούρην. (*Iliad* 1.98–99)
''He will not deliver the Danaans from this pestilence, until we give the bright-eyed maiden back to her father' (translation is slightly modified).

A correct, supplementary grammatical explanation of the adverb's usage that demonstrates a striking and surprising similarity with Moschopulos' commentary on Hesiod, *Erga* 90: ἔστι δ' ὅτε δύο κεῖται πρὶν ἐν τῷ λόγῳ, ἔνθα τὸ ἕν ἐστιν ἐξ ἀνάγκης ἀντὶ τοῦ πρότερον, τὸ δὲ δεύτερον ἀντὶ τοῦ πρὸ τοῦ.

Ugoleto's etymology of ἀρητήρ *sacerdos* from ἀρά (ἀπὸ τῆς ἀρὰς) on 36^{v} is (no. 64 in Table 4), in all likelihood, connected to *Iliad* 1.11 (see also δίφρος no.70).

The fourth Greek work that is referred to by Ugoleto (and not found in Janus' glossary) is Appian's *Epitome of the Celtic War*, a piece of writing whose presence in the royal library has not yet been attested.

25. ὑσσός *venabulum* (247^{v})
U: *venabulum ro<manum>. ut apud Appianum in bello celtico*
The reference is to τὰ δὲ δόρατα ἦν οὐκ ἐοικότα ἀκοντίοις, ἃ Ῥωμαῖοι καλοῦσιν ὑσσούς (Appianus, *De bello Celtico, epitome* 1.3).

A correct remark. Judging from this reference, it may be possible that it was also on the shelves of the royal library. But since the reference implies only one word, it seems more likely that this time Ugoleto recalled the word in question from memory. Nor should the possibility be ruled out that he had also (or only?) read the text in Latin. In this connection it is worth mentioning that he cites the title as it was translated by Pietro Candido Decembrio, and not as it is found in Niccolò Fonzio's version, which was available in two copies in the royal library (ÖNB Cod. Lat. 133 and Firenze Laur., Plut. 68.19). Decembrio's translation, entitled *De bellis civilibus et de bello celtico*, was made in 1452 and first printed in 1472.

Turning to the *Septuaginta*, it is striking that the Latin equivalents with which Ugoleto renders the Greek words are, with one possible, but not likely exception, always identical with what stands for them in the *Vulgate*. He seems to have read the two texts in parallel, perhaps using the latter as a kind of dictionary to understand the former or checking a phrase occasionally in the Greek. His notes reveal a special interest in the book of *Genesis*, *Proverbia* and *Ecclesiastes*. It is also conspicuous that he sometimes consulted Jerome's exegetical works for different possible Latin or Greek translations of a given Hebrew word. Although his remarks are far from being systematic, it would be inappropriate to jump to the conclusion that he did not possess a thorough knowledge of the *Septuaginta*. The special attention he pays to rare words and unclassical usages may be a sign of his familiarity with the basic or less uncommon vocabulary of the *Septuaginta*. His focus on the three books may be connected with his teaching activities. It was perhaps these texts through which, on account of their importance and easy grammar, he introduced the prince to biblical Greek; each of them may have served as an excellent confidence-building text for a student at the intermediate level. It is also worth mentioning that most of the notes cluster around one particular passage or paragraph. This suggests an unsystematic but intensive study of certain parts of the Old Testament. It seems almost certain that he read the story of Cain and Abel as carefully as he did the first 400 lines of the *Hecuba*.

26. αἰτία *ratio causa. accusatio confirmatio* (10^{v})
U: *pro iniquitate genes<i>*
The reference is to μείζων ἡ αἰτία μου ἀφεθῆναί με (*Gen.* 4.13.2), *maior est iniquitas mea quam ut veniam merear*, a passage in which Cain confesses his guilt.
An unclassical and uncommon usage of the word.

27. after γίγαρτον (52^{v})
U: γίγας *robustus in genesi*
The reference is to οὗτος ἦν γίγας κυνηγὸς ἐναντίον κυρίου (*Gen.*10.8.2), *et erat robustus venator coram Domino* (*Vulg.*), or 10.9.1, where the same rare words are used.

28. λύπη *tristicia* (147^{r})
U: λυπός (sic!) *pro labore in pr<im>o genes<is>*
The non-existent masculine noun λυπός was clearly inferred from the genitive plural λυπῶν the only case in which the stem vocal α 'disappears', its accent is transferred to the last syllable, and which can be confused with an o stem noun with an ultimate accent (**Fig. 9**). The word occurs eight times in *Genesis* but is rendered as *labor* only twice in the *Vulgate*. In one of the passages it is in the dative plural (ἐν λυπαῖς 3.17.5), in the other in the genitive plural – the very case we would expect on the basis of Ugoleto's incorrect form. Thus, the reference should be none other than: Οὗτος διαναπαύσει ἡμᾶς ... ἀπὸ τῶν λυπῶν τῶν χειρῶν (*Gen.* 5.29.2), *iste consolabitur nos ab operibus et laboribus manuum nostrarum* (*Vulg.*). From our perspective, Ugoleto's double mistake in reconstructing the nominative of λυπῶν is highly significant and telling. While it is easy to imagine that one could commit such a double error while reading, it is unlikely that it could happen by recalling it from memory. But even if we suppose that Ugoleto memorized it incorrectly, there is one more factor that speaks against such a hypothesis: the word λύπη in its correct form had already been there in the printed dictionary. Consequently, if we assume that Ugoleto made this comment while reading the dictionary, it is unclear why he inserted the entry once again – and what is even more baffling – in an incorrect form. However, everything falls into place if we assume a reverse sequence of events. First Ugoleto must have read the Greek text; while doing so, he observed that the Greek text had the surprising equivalent ἀπὸ τῶν λυπῶν for the Latin *a laboribus* (which I guess he knew by heart), so he decided to make a note of it. Then, since his attention was concentrated on inserting this special meaning of the word λύπη into his dictionary, he failed to notice that the entry already existed there. Alternatively, we may assume that he inferred from the genitive plural that the word λυπός existed, which he might have taken as being related to λύπη, meaning *labor*. In any case, this particular flaw of Ugoleto provides a powerful piece of evidence of him reading the Book of Genesis while making his marginal annotations, and consequently of its availability in the royal library.

29. μώλωψ *iubex. cicatrix* (159^{r})
U: *livor in pr<im>o genes<i>*
In *Genesis* the word occurs only here: ὅτι καὶ νεανίσκον εἰς μώλωπα ἄνδρα ἀπέκτεινα εἰς τραῦμα ἐμοί (*Gen.* 4.23.5), *quoniam occidi virum in vulnus meum et adulescentulum in livorem meum* (*Vulg.*).
This time it is not so much the meaning of the word as the word itself that is rare enough to deserve mention in the margin. Once again, it occurs in the story of Cain and Abel.

30. νοσιά *nidus, mansiuncula* (163^{r})
U: *in genesi*
The passage referred to is νοσσιάς ποιήσεις τὴν κιβωτόν (*Gen.* 6.14.2), *mansiunculas in arca facies* (*Vulg.*).

Again, this note registers a relatively uncommon word in *Genesis*. Like λυπῶν above, it occurs in the story of Noah.

31. σφυρήλατος *fabricatus malleo* (231^{r})
U: (a first hand following the entry in the *Vocabularium*) φυρόκοπος *malleator*
(a second hand overwriting the first two letters of σφυρόκοπος with a different pen) σφ
(and adding a title) *in pr<im>o gen<esis>* (see **Fig. 5**)
The reference is to καὶ ἦν σφυρόκοπος χαλκεὺς καὶ σιδήρου (*Gen.* 4.22.2), *qui fuit malleator et faber in cuncta opera aeris et ferri* (*Vulg.*).
For a discussion of the note see above. The word itself occurs in a passage from the story of Cain and Abel.

32. beside στενάζω *suspiro* (222^{r})
U: στένων *vagus in pr<im>o gen<esis>*

33. τρέμω *tremo* (239^{r})
U: τρέμων *profugus in pr<im>o gen<esis>*
The two words occur in the same sentence: στένων καὶ τρέμων ἔσῃ ἐπὶ τῆς γῆς (*Gen.* 4.12.2),
vagus et profugus eris super terram (*Vulg.*).
The words are spoken to Cain by the Lord. Neither of these usages are mentioned by Crastonus, but this time not because of his fault. For the Greek στένων καὶ τρέμων and the Latin *vagus et profugus* are, in fact, not equivalents to each other but two different renderings of the original Hebrew expressions. The Latin words cited by Ugoleto come from the *Vulgata*, a revised and corrected version of the Latin Bible by Jerome. In contrast, the *Vetus Latina*, the previous Latin translation renders the words in question, in full agreement with the *Septuaginta*, by *gemens et tremens*. This discrepancy in Ugoleto's note is most telling about his way of reading the *Septuaginta*. He clearly studied and translated the Greek text with the help of the *Vulgata*, without being aware, or at least temporarily forgetting, about the fact that the two versions do not always belong to the same interpretational tradition.

34. ἐπιθυμία *concupiscentia libido desyderium vaporatio ad deos* (90^{v})
U: *pro consilio in pr<overbiis> Salom<onis>*
ἐπιθυμία δὲ δικαίου δεκτή (*Pr. Sal.*10.24.2), *desiderium suum iustis dabitur* (*Vulg.*), or possibly 11.23.1.
This is the only passage where Ugoleto provides a translation different from the *Vulgate*. It seems possible therefore that *consilium* is not meant to be a translation but an interpretation of the Greek word. Two points may support such an assumption. First, Ugoleto makes another observation concerning the words *desyderium* and *libido: pro tentigine*, which seems to make a pair with *pro consilio* (even though they are spatially separated from each other). Second, Ugoleto uses the prepositional phrase *pro consilio*, instead of the nominative form *consilium*. It may be the case, therefore, that what he calls attention to by adding these two Latin words is that ἐπιθυμία can denote either base instincts and lusts (*tentigo*) in a negative sense, or justified desire, intention (*consilium*) in a positive one.

35. ἐπιμέλ[ε]ια *cura, diligentia* (91^{v})
U: ἐπιμέλεια *irrigatio in pro<verbiis>*
The reference is certainly to ἐπιμέλεια τοῖς ὀστέοις σου (*Prov. Sal.*3.8.2), *inrigatio ossuum tuorum* (*Vulg.*). The word occurs four times in the *Proverbia*, but it is only here in 3.8.2 that it is translated as *irrigatio*, meaning "refreshment" in Latin. The vivid metaphor apparently captured Ugoleto's attention. This time his handwriting does not display any difference with its surroundings, a sign that this reference was possibly a spontaneous association written down during the revising sessions. On the other hand, Ugoleto also wrote down the Greek word ἐπιμέλεια, which was already in the dictionary. Such an exceptional repetition suggests that the existing entry had simply escaped him. The alternative scenario that he reduplicated the entry while he was comparing the material of the dictionary with that of the *Vocabularium* is much harder to imagine,

because in that case it was just these entries his attention was primarly directed to. The question cannot be solved at this point.

36. θησαυρίζω *colloco* (112^{v})
U: *custodio in prov<erbiis> sol<omonis>*
Two passages may be taken into account as a reference: θησαυρίζει τοῖς κατορθοῦσι σωτηρίαν *Pr. Sal.* 2.7.1, *custodiet rectorum salutem* (*Vulg.*), and θησαυρίζεται δὲ δικαίοις πλοῦτος ἀσεβῶν 13.22.2, *et custoditur iusto substantia peccatoris* (*Vulg.*).
The Greek verb, in contrast to the Latin one, is used in an uncommon, metaphorical way. It must have been this peculiarity that induced Ugoleto to make a note of it.

37. κλοιός κύφων (133^{v})
U: *torques interpretatur Hierony<mi> in prov<erbia> sal<omonis>*
The passage referred to in Jerome can be none other than his *Commentaria in Isaeam* 16.58.10: *Verbum Hebraicum MOTA quod in Jeremia torques ferrea interpretatur in praesenti capitulo bis legitur. ... Theodotio κλοιόν, id est, torquem <transtulit>*. Still, Ugoleto is right: Jerome, though commenting on Isaiah, explains a word that indeed occurs in the *Proverbia.* I imagine that it was while studying Jerome's discussion of the different possible renderings of the Hebrew word MOTA, among them the Greek κλοιός and the Latin *torques* (δέξῃ ... κλοιὸν χρύσεον *Prov. Sal.* 1.9.2), that Ugoleto put his note on paper. He does not seem to be aware of the fact that the *Vulgate* also translates it with the same *torques* (*addatur ... torques collo tuo* (*Vulg.*). It is also worth mentioning that Ugoleto copied the definition of the *Vocabularium* (*boia, vinculum colli, eculeus*) to the right, and wrote his own addition to the left. Such an arrangement can be taken as an indication that they were written down at different times.

38. ταμίειον *promptuarium ubi reponuntur pecuniae domini* (232^{v})
U: (marked with a double point) *cellarium et horreum Hier<onymus> tract<ation>um*
The reference is to *neque cellaria neque horrea* (Hieronymus, *Tract.* (= *Breviarium*) 59.143.19), with which Jerome translates τὰ ταμίεια αὐτῶν πλήρη (*Ps.* 143.13). The note reveals an intimate familiarity with both the text of this particular psalm and its possible different translations in the *Vulgate* (*promptuaria eorum plena*) and by Jerome in his commentaries. Unfortunately, we are not in a position to ascertain that he had studied the entire book of *Psalms*. Still, it should be mentioned that a copy of Jerome's commentary on it was made into a magnificient Corvina illuminated by Attavante (Paris, BNL Cod. Lat. 16,839). Once again, Ugoleto copied the definition of the *Vocabularium* (*fiscus*) to the right, and wrote his own addition to the left.
The next and final four notes also register uncommon words or uncommon meanings of a current word:

39. θυμός *animus. ira. furor. desyderium* (114^{v})
(marked with a horizontal double dot) *erumna in ecc<lesias>te*
The passage referred to is ἀλγημάτων καὶ θυμοῦ περισπασμὸς αὐτοῦ (*Eccl.* 2.23.2), *cuncti dies eius doloribus et aerumnis pleni sunt* (*Vulg.*).

40. περιφορά *revolutio. circumlatio*
U: *error ec<c>l<esias>te*
In the entire *Septuaginta*, the word in the idiosyncratic sense of "error" is used only in the following three passages of *Eccl.*: τῷ γέλωτι εἶπα περιφοράν *Eccl.* 2.2.2, *risum reputavi errorem* (*Vulg.*);
καὶ ἐπέβλεψα ἐγὼ τοῦ ἰδεῖν σοφίαν καὶ περιφορὰν καὶ ἀφροσύνην (2.12.2), *transivi ad contemplandam sapientiam erroresque et stultitiam* (*Vulg*□);
καὶ τοῦ γνῶναι ἀσεβοῦς ἀφροσύνην καὶ σκληρίαν καὶ περιφορὰν (7.26.1), *et ut cognoscerem impietatem stulti et errorem inprudentium* (*Vulg*).

41. προαίρεσις *propositum. voluntas* (202[r])
U: *afflictio in ecc<lesias>te*
The passage referred to is ὅτι τὰ πάντα ματαιότης καὶ προαίρεσις πνεύματος (*Eccl.* 2.17), *et cuncta vanitatem atque adflictionem spiritus* (*Vulg.*), the only one in which it occurs in *Eccl.*

42. ὑστέρημα *posteratio* (248[r])
U: *stultus in ecc<lesias>te*
The passage referred to is καὶ ὑστέρημα οὐ δυνήσεται τοῦ ἀριθμηθῆναι (*Eccl.* 1.15.2), *stultorum infinitus est numerus* (*Vulg.*) – once again, the only one in which it appears.

Table 3

	Page number in Crastonus' dictionary	Ugoleto's notes	Possible sources
54.	53[v]	γλώπτω *fullo, polio*	*Glossarium Graeco-latinum* (unidentified)
55.	70[v]	ἔγκολπος *insinitus*	

As for the handbooks, apart from Janus's *Vocabularium* it is likely that Ugoleto had access to at least one glossary with both unilingual and bilingual entries (or one separate unilingual lexicon and another bilingual glossary, see **Table 3**). There are two words: γλώπτω *fullo, polio* (53[v]) and ἔγκολπος *insinitus* (70[v]) that do not appear in Janus' glossary either[33] yet were inserted by Ugoleto, presumably from somewhere else (or perhaps from memory). There is another entry which may be derived, either directly or indirectly, from a Greek lexicon. On the bottom of 92[r] Ugoleto makes the following etymological remark: ἐπίσημος *p<ropri>e insignatum argentum* ἄσημον *non signatum* παράσημον *dubium adulteratum*. This note, which may have been prompted by the occurrence of the word ἐπίσημος in *Hec.* 379, has a parallel in Herodianus, *Partitiones* 177.14, where the same three terms are contrasted, though without explanation: Παρὰ τὸ σῆμα οἷον· ἄσημος· ἐπίσημος· παράσημος).

The identification of this glossary or glossaries as sources requires further investigation. A clue in this endeavour may be provided by the lists of the Greek codices preserved in the Topkapi Seray made by MORDTMANN and DETHIER[34] in the mid-nineteenth century. Among these are three glossaries that are still kept in Istanbul.

All the other comments made by Ugoleto himself and not copied from Janus' *Vocabularium* (eleven in number) concern Greek words that occur in Latin texts[35].

43. ἀφελής *simplex. frugalis* (43[r])
U: ἀφελ[ι]ῶς *simp<lici>ter utitur h<o>c vo<cabu>lo Porphyrio p<rim>o carminum com<menta>rio cum Horat<ius> iecur pro corde posuerit* (**Fig. 9**).

---

[33] Neither can they be found in G. GOETZ (ed.), Corpus Glossariorum Latinorum, Vol. II. Leipzig 1888.

[34] J. MORDTMANN, Handschriften in Konstantinopel. *Philologus* 5 (1850) 758–761; J. MORDTMANN, Verzeichnis der Handschriften in der Bibliothek Sr. Maj. des Sultans. *Philologus* 9 (1854) 582–583, and [Anonymous Editorial Note], A konstantinápolyi Eszki Szerail könyvtárában őrzött nyugoti Codexek [Western codices kept in the Library of the Topkapi Seray]. *Magyar Könyvszemle* (1878) 92–98.

[35] It is worth mentioning that apart from ἀρύομαι, in two further cases a note originating from a Latin author was made by the glosser of Janus' Vocabularium. Both come from Nonius Marcellus: the comment on χωρίστρια refers to a fragment of Lucilius (*De proprietate Latini sermonis* 35.31), while the remark relating to ὑπωπιασμός contains a passage from Varro (171.3). See also note 7.

The reference is plainly to *Iecur. Pro corde ἀφελῶς. Id est simpliciter* (Porphyrio, *Commentum in Horati Carmina* 1.13.4).

Ugoleto's translation clearly originates from the explanation *Id est simpliciter*, which was rejected from the text as a gloss by A. HOLDER in his edition[36]. Considering its accuracy and the different writing style, it seems more probable that Ugoleto quoted this not too memorable passage while he was holding Porphyrio's commentary in his hands.

44. λείψανον *reliquum* (143ᵛ)

U: (the entry in line 8 and the note on the top page are both marked with a circle and a triple point) *Ter<entius> in Eun<ucho:> Abi tu, cistellam, Pythias, domo affer* (*ecfer* cod.) *cum monumentis. Donat<us:> Monumenta pro quibus Graeci dicunt* λείψανα παργονα (super παργονα signo† scripto) (**Fig. 6**).

Ugoleto quotes Donatus' text as it stands in the editio princeps, with a minor change in the beginning: *Haec sunt quae Graeci dicunt* λείψανα παργονα (in Ter. Eun. 753).

[σπάργανα Vatic. 1673 ****** *est pgana* (*peregrina* T) TC ἐστπάργονα V κρεπΒνδια (Krepundia) P λείψανα παργονα editio princeps γνώρισματα καὶ σπάργανα Steph][37].

The quotation is lengthy and, as far as the Greek is concerned, precise. It should be noted that not only the same Greek gibberish (λείψανα παργονα), but also the lack of accent are reproduced accurately. At the same time, by adding a cross Ugoleto also indicates that what he transcribed was unintelligibile to him. This sign, along with the textual agreement, can be taken as decisive evidence that the annotation depends directly on the text of the editio princeps with Donatus' commentary, published by Conradus Sweynheym and Arnoldus Pannartz in Rome in 1472[38].

45. τρόφιμος *nutritus* (240ʳ)

U: *Don<atus> in Phor<mionem:>* Nam herilem filium *trophimon dicunt atque haud scio an Latini quoque alumnum dicere potuerint nisi hoc mallent.*

A word-by-word quotation from Donatus, *in Ter. Phorm.* 39. It is highly improbable that he quoted this passage and the commentary on it so accurately by heart.

46. γλυκύπικρος *dulcis amarus* (53ʳ)

U: *epith<eton> amoris in Orpheo*

This time it seems much more probable that Ugoleto recalled Ficino's 'quotation' of Orpheus (Orph. 361 fr. Kern = M. Ficino, *Commentarium in Convivium Platonis de amore* 2.8) than that he had direct access to the Orphic poem. It is important to bear in mind that Ficino is the only witness to this fragment, the authenticity of which I seriously doubt. It may have resulted from the mixing up of two passages by Ficino. Whereas the composite adjective γλυκύπικρος is applied to Eros by other poets (Sappho fr. 132.2 = Heph. *Ench.* 23.20, Poseidippos *AP* 5.134.4, 12.109.3), the two words γλυκύς and πικρός are used as separate adjectives of Physis (πικρά μὲν φαύλοισι, γλυκεῖα δὲ πειθομένοισι) in *Orph. hymn.* 10.15. In any case, since Ficino sent a copy of his commentary with a dedication to Janus Pannonius in 1469 (still extant and preserved in Vienna, ÖNB Cod. Lat. 2472), it seems a plausible hypothesis that Ugoleto came across this 'Orphic epitheton' in this particular manuscript, either before or after 1484.

47. after πάλιν (180ᵛ)

U: παλιμψέστον (sic!) *iterum rasa charta Cic<ero> et Cat<ullus> ho<c> voc<abul>o utuntur*

The references are to *quod in palimpsesto, laudo equidem parsimoniam* (Cicero, *Ad fam.* 7.18.2) and *ut fit in palimpsesto* (Catullus 22.5).

From the different, and this time darker, ink used by Ugoleto it is evident that this entry was written in the margin at a point in time different from that of the transcription, presumably while he was reading Cicero or

36 Scholia antiqua in Q. Horatium Flaccum, vol. 1. Porphyrio (ed. A. HOLDER). Innsbruck 1894.

37 P. WESSNER' s apparatus criticus in his edition (Aeli Donati quod fertur Commentum Terenti. Leipzig 1902).

38 The Corvinian Terence-codex (Budapest EK Cod. Lat. 31) does not contain any comment on the passage.

Catull. And since both authors used the Greek word in a Latinized form, Ugoleto had to reconstruct the original word from the transliterations, a task he completed with a minor fault: he wrote an epsilon instead of an eta. As far as Catull's text is concerned, it is not without interest that only Franciscus Puteloanus' (Francesco da Pozzo) edition (published in Parma in 1473) gives the correct form of the word *palimpsesto*, whereas the other offer *palmisepto* (X and O) or *palipsesto* (Venetian first edition). Ugoleto either read Catull in the edition by Puteolanus (who was a professor in Parma – Ugoleto's native town – in the eighties and presumably a personal acquaintance of his), which contained a much improved text in comparison to the *editio princeps* published in the previous year, or he corrected the corrupted text on his own. Although the corruption does not seem to be so extensive that it could not have been cured by two capable Latinists, Ugoleto's casual and faulty way of quoting the Greek original (παλιμψέστον) makes it improbable that it was him who discovered that behind the readings *palmisepto* or *palipsesto* the Latinized form of the Greek παλιμψήστον, i. e. *palimpsesto* hides. It is therefore much more probable that he saw it in a copy of Puteolanus' edition, and it may be the case that it was this particular emendation that led him to make his remark in the margin.

48. περιοχή *munitio. complexio* (191^{v})

U: *argumentum ut apud Eumen<ium> pr<o restaurandis scholis>*

The reference is to *Ubi fortissimorum imperatorum pulcherrime res gestae per diversa regionum argumenta recolantur* (Eumenius, *Pro restaurandis scholis* 21) – 'Let the most noble accomplishments of the bravest Emperors be remembered here through representations of the separate regions.'[39]

This is a two-phased remark. Ugoleto first copied the Latin equivalent of περιοχή from the *Vocabularium*, then added (perhaps immediately, because there seems to be no difference in his handwriting) that the word was used by Eumenius. His remark is somewhat baffling. In the referred passage *argumentum* is used in a unique way, denoting 'cartographical representations' (see II. B in *Thesaurus Linguae Latinae*). By contrast, περιοχή does not have this meaning. There are two possible ways of explaining Ugoleto's additional remark. It is conceivable that his reference applies only to the Latin word *argumentum*, and has nothing to do with the Greek word. But it may equally be the case that he was also thinking of a certain relation between the two words. Nowadays the general consensus is that περιοχή and *argumentum* overlap in their meaning: 'summary'. Ugoleto might have derived the sense 'cartographical representation' from this common meaning: an *argumentum* on a map is a 'diminished figure' of the actual geographical entities. Although the idea is not correct, it is still reasonable.

As for the availability of Eumenius' work, there is an extant codex containing it (a copy owned and annotated by Johannes Vitéz, now kept in Budapest EK Cod. Lat. 12) which is thought to have belonged to the royal library. It deserves noting, however, that the first printed edition of the *Panegyrici Latini*, in which Eumenius' oration was transmitted, was edited by the same Puteolanus in Milan in 1482. Ugeleto may have had access to the text through this edition as well.

49. σκοπός *propositum* (218^{v})

U: *scopus latine apud Suet<onium>*

The reference, being a hapax, can be none other than to *nonnumquam in pueri procul stantis praebentisque pro scopo dispansam dexterae manus palmam* (Suetonius, *De vita caesarum*, *Domitianus* 19.1).

The quotation is not without significance for establishing the Suetonius text. *Scopo* is Stephanus' conjecture for the codices' reading *scopulo*. Ugoleto either anticipated the great French humanist's still generally accepted correction (it is impossible to judge whether this was done instinctively or consciously), or had access to a now lost manuscript offering the correct lectio. Considering the fact that Ugoleto might have received a clue from the Italian 'scopo', just as he did from the Ciceronian locus, the first alternative seems to be more probable.

[39] Translated by R.A.B. Mynors, in: In Praise of Later Roman Emperors: the Panegyrici Latini (ed. by C.E.V. Nixon and B.S. Rodgers). Berkeley, California 1994, 172.

50. ἐπινίκιον *praemium. celebritas p. habita victoria quod et latine epinicion dicitur* (92^{r})
U: *ap<ud> <Suetonium?> x*
The reference is in all likelihood to *laetum inter laetos cantaturum epinicia* Suet. *Nero* 43.2.13.
Apud definitely requires a name, which I suppose Ugoleto forgot to write down. Since Suetonius is the only classical author who uses the word *epinicion*, it seems likely that it was him who was on Ugoleto's mind. Two possible but unlikely alternatives might be ἐπινίκα *Macch.* 2.8.33 (= epinicia *Vulg.*) or ἐπινίκια Esdr. 3.5.4 (= epinicia *Vulg.*). The main problem with these passages is that they cannot be referred to by *apud.* This time, on the basis of the features of his handwriting it cannot be decided whether it was a primary 'instant' or a secondary 'reading' note

51. below σαρκόω *incarno* (214^{v})
U: σάρον *quercus appellatur antiqua grecia Pli<nius>*
The reference is to *sinus Saronicus, olim querno nemore redimitus, unde nomen, ita Graecia antiqua appellante quercum* (Plinius, *Naturalis Historia* 4.18.5).
Ugoleto expressly refers to Pliny as his source, but apparently only summarizes what was stated by his Latin authority. Perhaps he did this not immediately after reading the text but by relying on his memory. It should also be stressed that the Greek word in the referred passage is not given by Pliny, which raises the question: how could Ugoleto have known it? Did he read it somewhere else or infer it from Pliny's information? By fortunate coincidence, we do know from Hesychius that there was indeed an archaic word formed from the same root, meaning 'pine' (ἐλάτη παλαιά). However, it looked somewhat different – namely σορωνίς or σαρωνίς. Ugoleto's curious σάρον should therefore be considered as mere guesswork, or was perhaps an unconscious invention he made due to a slip of memory, under the illusion that he had seen it in Pliny's text.

52. στορέννυμι *sterno* (223^{r})
U: στορέα *Plin* xv.59
There is no doubt that Ugoleto refers here to *stramentis storeis paleisve substerni* (Plinius, *Naturalis Historia* 15.16.59).
Ugoleto's remark is exceptional for two reasons. Firstly, it is written in normal ink, so it seems to have been produced during the revision process. Secondly, the exact location of the the word is also given: Ugoleto either had a remarkable memory or checked the passage where the Latin word that came to his mind occured. It should be mentioned that in C. MAYHOFF's edition (Teubner 1967) *stramentis storeis,* the reading Ugoleto must have had before him, is rejected as the *veteres editores'* lectio.

53. beside ψίθυρος *loquax. stridulus* (262^{r})
U: ψίαθος *teges* (~ *Vocab.* JP) *storea storeae voc<abu>lo usum Livius et Hirtius*
The two references are *storias autem ex funibus ancorariis ... fecerunt* (Hirtius [= Caesar], *Bellum civile* 2.9) and *harundine textis storeaque pars maxima tectis* (Livius, *Ab urbe condita* 30.3.9).
Ugoleto seems to have been particularly concerned about covers and straw mats, and registered two further occurences of the word *storea.* Two points should be noted. Firstly, the entry ψίαθος *teges* was copied from the *Vocabularium*, where the Greek word was written down incorrectly as ψήαθος. This time, therefore, it was Ugoleto who corrected the wrong form, either because he had discovered from its alphabetical position that instead of ψήαθος only ψίαθος fitted in between ψήχω and ψιθυρίψω, or because he was (also) familiar with this rare word. If the latter case is true, he might have known the word most probably from Aristophanes' *Lysistrata* or a lexicon. Secondly, apart from being a syonym of *teges*, the Latin *storea* has nothing to do with the original Greek word ψίαθος. His comment, apparently written with the same pen, should be taken as a Latin philologist's association rather than as additional information from an editor of a bilingual dictionary.
Generally speaking, the notes with a reference to Latin authors are not alike in this respect. As mentioned earlier, what is important is their appearance and length. In the case of one-word remarks written in the same ink and style, one has the impression that whenever Ugoleto inserts a Latin equivalent or comments on its

usage, he relies on his memory. He allows a few thoughts to enter his mind and writes them down *currente calamo*. On the other hand, when he quotes a long sentence (especially from a commentary, which he hardly could have known by heart), we have good reasons to think that he copied it from a book, and when his hand-writing is strikingly different, it is obvious to assume that it was put down later than the rest. If he commits a mistake characteristic of a particular recension, it is much more probable that he held a book or a manuscript in his hands and transcribed particular passages from it (or in the reverse order, after coming across a Greek word that was not found in the dictionary, he added this new item to it). To the former category belong the brief comments on γλυκύπικρος, ἐπινίκιον, περιοχή, σάρον, στορέα, σκοπός, and ψίαθος to the latter – those on ἀφελῶς, λείψανον, and τρόφιμος; παλιμψήστον is a special in-between case. Accordingly, we have sufficient reason to suppose that he did have, and actually used, a Terence-edition with Donatus' commentary, Horace's carmina with Porphyrio's commentary, and the Parma edition of Catullus' poems. We can assert with less surety that when quoting, he made use of manuscripts containing Cicero's letters, Suetonius', Caesar's and Livy's historical writings, Pliny's scholarly works, and Ficino's commentary on Plato's Symposion. Certainly he must have read all of them – there is no doubt about this, otherwise he could not have cited a single word from them. However, such spontaneous quotations of these works by Ugoleto can provide us only with slight or moderately strong evidence of their availability in Buda.

Table 4

	Entries in Crastonus' dictionary		**Ugoleto's notes without any reference**	**Passages which are probably connected with Ugoleto's note**
56.	ἀρραβών *pignus*	35^v	*arra latine d<icitu>r*	(probably) *sed nunc 'arrabo' in sordidis verbis haberi coeptus ac multo videtur sordidius 'arra'* Gellius, *Noctes Atticae 17.2.21*
57.	ἀρητήρ *sacerdos*	36^v	ἀπὸ τῆς ἀρὰς	(likely) ἀρητῆρα *Iliad* 1.11
58.	(on the right margin standing by itself)	45^r	*canis scit si licet*? (or *lux*? badly legible) *ut diabolus*	
59.	γένος *genus*	52^r	*stirps suboles generatio germino* .nn□ (with two strokes above the letters as if denoting numerals)	*Eccl.* 1.4.1?
60.	γόος *luctus*	54^r	*Et* κωκυτός *qui cognata (?) qui l. medium est inter* . κ *et* . χ (I am not able to explain the abbreviations)	(presumably) ἥξει τι μέλος γοερὸν γοεραῖς (*Hec.* 84), 'a new strain of sorrow will be added to our woe'.
61.	beside δαρεικός *darius*	56^r	δαρόν *diu dicitur et* δηρόν	(presumably) μὴ κρύψῃς δαρόν (*Hec.* 183), longer.
62.	δίαυλος *cursus. certamen*	61^v	*aestus actionis*	(certainly) πολλοῖς διαύλοις κυμάτων φορούμενος (*Hec.* 29), 'salt sea's surge'.
63.	δίφρος *sella curulis. Sedes*	64^v	*atque il palco del carro*	a common word, but in the sense of 'seat' or 'box of a chariot' it is used almost exclusively by Homer, e.g. *Iliad* 3.262 (πὰρ δὲ οἱ 'Αντήνωρ περικαλλέα βήσετο δίφρον).

Table 4

	Entries in Crastonus' dictionary		Ugoleto's notes without any reference	Passages which are probably connected with Ugoleto's note
64.	ἐπίσημος *insignis insignitus sculptus*	92r	(on page bottom) ἐπίσημος *p<ropri>e insignatum argentum* ἄσημον *non signatum* παράσημον *dubium adulteratum*	(probably) δεινὸς χαρακτὴρ κἀπίσημος ἐν βροτοῖς (*Hec.* 379), 'a wondrous mark, most clearly stamped'.
65.	θεόδμητος *a deo aedificatus*	111r	*a* δομέω	(certainly) βωμῷ πρὸς θεοδμήτῳ πίτνει (*Hec.* 23), 'god-built'.
66.	beside ἰξύς *lumbus*	117v	ἰξίαι *varices*	(used by several medical authors, cf. also Latin medical terminology)
67.	κομίζω *capio* etc.	135r	κομιστήρ *adductor, apportator*	(likely) ἡμᾶς δὲ πομποὺς καὶ κομιστῆρας κόρης τάσσουσιν εἶναι (*Hec.*222), 'they appoint me to take the maid and bring her there'.
68.	κυφών	140v	*columbar lat<ine>*	(likely) *nam in collumbari collus haud multo post erit*; Plautus, *Rudens* 887; (or, much less likely) *Plautus: 'non ego te novi, navalis scriba, columbar inpudens',* Festus, *De significatione verborum* 169.7–11.
69.	beside κ	141r	κύω κυέω *praegnans sum et osculor. Inde canis*	own remark?
70.	κώπη *ansa. remus. manubrium*	141v	*capulus*	used by several of dozens of authors, among them Festus *<Labeo ait cultrum> ... vincto ad ca<pulum argento auroque>* 348.6
71.	λῆμμα (sic!) βουλή φρόνημα	144v	*poetice*	widely used by dramatists and Ionic prosewriters such as Herodot
72.	λῆψις *captio*	144v	*perceptio*	too widely used to be identified
73.	λιάζω	144v	λιάζομαι *poetice fugio*	(certainly) σπουδῇ πρὸς σ' ἐλιάσθην (*Hec.* 98), 'I have hastened away'.
74.	λιγαίω *strideo*	144v	*poetice* τὸ ὑμνῶ	too widely used to be identified
75.	λοβός fibra. pars inferioris iecoris	145v	*siliqua* (~ *Voc.* JP) *loba lat<ine>*	too widely used to be identified

Table 4

	Entries in Crastonus' dictionary		**Ugoleto's notes without any reference**	**Passages which are probably connected with Ugoleto's note**
76.	beside λυκίη *pellis lupina*	147^{r}	λυκοφάντης *est genus virgulti seu fruticis*	(presumably) Plut. *Apophtheg. Lac.* 237 B8 (according to SIEVEKING's app. crit., this incorrect version of the word λυκοφάνος can only be found in mss Σg)
77.	beside ν (in the margin)	159^{r}	νάω *fluo inde* ναίς (litterae α littera η superscripta)	see νασμός
78.	νασμός *imber deluvium*	159^{v}	νασμός *etiam sig<nifica>tur torrens et profluvium* νάω fluo *unde naiades*	(likely) δειρῆς νασμῷ μελαναυγεῖ (*Hec.* 153), 'blood spurting in deep dark jets'.
79.	νηίς *nais*	162^{r}	*sup<ra>* νασμός	see νασμός
80.	ξένιον *xenium*	164^{v}	E (used as an identification mark accompanied by a double dot) *pe<regri>num lat<ine>*	too widely used to be identified
81.	ad πέρθω *populor*	190^{r}	πέρθω *destruo* πορθέω *depopulor*	too widely used to be identified
82.	πληγή plaga.		*in pl<ura>li verbera*	too widely used to be identified (Ugoleto's point is not quite clear: although the word is indeed used in the plural in the given sense, it can also have the same meaning in the singular.)
83.	beside πρακτικός	201^{r}	πρακτήρ *actor.* (~*Voc.* JP) tractator aptus ad agendum	own remark?
84.	προπετής *protervus*	204^{v}	προπετής *protervus* (~*Voc.* JP) qua… (illegible) *prociduus: a* πίπτω *ut* πέτομαι	(presumably) τύμβῳ προπετῆ φοινισσομένην (*Hec.* 150), 'fall before the tomb', see also νασμός
85.	προσωπεῖον *persona. vultus.*	207^{r}	*oscilla e.*	(certainly) *et te, Bacche, uocant per carmina laeta, tibique* *oscilla ex alta suspendunt mollia pinu.* Vergilius, *Georgica* 2.389 and Servius' commentary *ad locum.*
86.	πτάω *volo*	208^{v}	πτάπτω (*sic*! instead of ……) *terreo et exilire facio*	(probably) μ' ὥστ' ὄρνιν … ἐξέπταξας 'scaring' *Hec.* 179
87.	σκεπτόμαι *considero*	217^{v}	σκοπτέον (*sic*! instead of ……) *ad animadvertendum* (?)	own remark?
88.	τητάω *privo*	236^{v}	τητώμενος *orbatus*	(certainly) νύμφαι τ' ἀρίστων νυμφίων τητώμεναι bereft of *Hec.* 324, see

Table 4

	Entries in Crastonus' dictionary		Ugoleto's notes without any reference	Passages which are probably connected with Ugoleto's note
				also his notes on νύμφη and νυμφίος.
89.	φθίνω	251^r	φθῖμαι *ut* φθίαμαι *et pro syncopat.* φθίμενος *corrupte*	(presumably) φθιμένων (*Hec.* 137) 'the dead', see also his note on οἴχομαι
90.	χορηγός	259^v	*Dux scenae cui licet ludos exhibere*	own definition? (which differs from what ancient lexica, such as *Et. Gud.* or *Suda,* offer)
91.	χραίνω *polluo*	260^v	κραίνω *perficit*	the confusion of the two verbs is probably related to the following passage: λέχη δὲ τἀμὰ δοῦλος ὠνητὸς πόθεν χρανεῖ (*Hec.* 366), 'taint', cf. also his note on κραίνω

Turning to the notes without any reference (see **Table 4**), four items deserve more detailed examination.

56. ἀρραβών *pignus* (35^v)
U: *arra latine d<icitu>r*
Although the word is used as a legal term in a couple of legal texts, it is perhaps a passage in Gellius' *Noctes Atticae* (17.2.21). Ugoleto may have taken his information from: *sed nunc 'arrabo' in sordidis verbis haberi coeptus ac multo videtur sordidius 'arra', quamquam arra quoque veteres saepe dixerint.*

68. κυφών (140^v)
U: *columbar lat<ine>*
The Latin word *columbar* in this sense is used only twice in the entire extant corpus of classical literature, both times by Plautus. It occurs once in the *Rudens*: *nam in columbari collus haud multo post erit* (887), and once in a passage of a lost play, cited by Festus (*De significatione verborum* 169.7–11): *Plautus: 'non ego te novi , navalis scriba, columbar inpudens.' sive quod columbaria in nave appellantur ea, quibus remi eminent, sive quod columbariorum quaestus temerarius incertusque.* Both works were available in Buda and are still extant: Plautus' comedies in two copies (Budapest OSzK Clmae 241 and ÖNB Cod. Lat. 111), and Festus' dictionary in a manuscript now kept in the University Library Budapest (EK Cod. Lat. 22). Since, however, the extant Festus codex in Budapest is only an abridged version that does not contain this particular Plautus quotation[40], it seems much more probable that Ugoleto made this note on the basis of the *Rudens*, either while reading it in Buda or after reading it somewhere else.

[40] The assumption of the availability of a complete copy of Festus' dictionary in Matthias' library rests on a famous letter written by Giangaleazzo Sforza to János Corvin in 1488, in which the former asks to make a copy of it. See F. PULSZKY, A Corvina maradványai [Remnants of the Corvinian Library]. *Magyar Könyvszemle* (1877) 149–150. Recently, G. KISS FARKAS suggested that in fact Giangaleazzo asked, in a polite way, for the return of the Festus codex which his grandfather had loaned to Matthias a few decades earlier. See Adalékok a mítoszok reneszánsz újjászületésének történetéhez [Notes on the History of Re-birth of Antique Myths in the Renaissance]. in: Tanulmányok a hetvenéves Ritoók Zsigmond tiszteletére [Festschrift für Zs. Ritoók]. Budapest 1999, 127–135.

76. U: λυκοφάντης *est genus virgulti seu fruticis* (147ʳ, see **Fig. 10**)

This word is a hapax in a double sense. It is an incorrect version of the word λυκοφάνος (a hapax in itself) that can be found only in certain manuscripts (marked as g in SIEVEKING's edition)[41] of Plutarch's *Apophthegmata Laconica* (*Instituta*) 237 B8. Since it is written in a strikingly different handwriting, it should be considered as a reading note.

85. προσωπεῖον *persona vultus* (207ʳ)

U: *oscilla e.*

The word used by Virgil is virtually a hapax; all the other occurrences are dependent on this passage:

et te, Bacche, vocant per carmina laeta, tibique
oscilla ex alta suspendunt mollia pinu. (Georgica 2.389)

This seems to be a casual association. Ugoleto's knowledge of it may testify to his intimate familiarity with the *Georgica* (perhaps along with the commentaries by Servius), instead of serving as evidence for the availability of these books at the moment of their quoting. I am not able to decipher the abbreviation *e* after *oscilla*.

Table 5

	Number of Ugoleto's references (unspecified but identifiable references are in parentheses)	**Sources and works expressly or probably referred to**	**Shelfmark of books from the Royal Library**
1.	(passim, over one thousand)	*Vocabularium* J. Pannonii	ÖNB Suppl. gr. 45
2.	18 (+ 13)	Euripides, *Hecuba*	ÖNB Phil. gr. 289?
3.	3	Theocritus, *Idyllia*	
4.	12 (+ several dozens), all through the *Vocabularium*	Aristophanes, *Plutus*	
5.	(2)	*Glossarium Graeco-latinum*	Unknown so far (= Topkapi Sarayi Müzesi, Kütüphane, 23?)
6.	1	Horatius, *Carmina* + Porphyrio, *Commentum in Horati Carmina*	Milan BT Ms. 818
7.	16 (+ 1)	*Septuaginta* *Genesis*: 8, *Proverbia Salomonis*: 4, *Ecclesiasticus*: 4, *Psalmi*: (1)	Unknown so far
8.	2	Terentius, *Comoedia* + Donatus, *Commentaria in Terentii comoedias* (editio princeps)	Unknown so far
9.	over 20 (through *Vocab.* JP)	Aristophanes, *Nubes*	Unknown

[41] W. NACHSTÄDT – W. SIEVEKING, Plutarchi Moralia, Vol. II. Leipzig 1971, 205. The other readings are λυκοφανας Γ, λυκοφῶνας (aut –φῶνας) ΧΦΠ. SIEVEKING accepts GIERIG's emendation of λυκοφάνους, based on Hesychius' testimony.

Table 5

	Number of Ugoleto's references (unspecified but identifiable references are in parentheses)	**Sources and works expressly or probably referred to**	**Shelfmark of books from the Royal Library**
10.	1	Catullus, *Carmina*	*Editio Parmensis* unknown so far; or Wien, ÖNB, Cod. Lat. 224?
11.	(1)	*Plautus, Rudens*	Budapest OSzK Clmae 241; ÖNB Cod. Lat. 111
12.	(1)	*Lexicon* (monolingual)	Unknown (probably identical with the previous glossary)
13.	1	Hieronymus, *Commentaria in Isaeam*	Unknown
14.	1	Hieronymus, *Breviarium in Psalmos David*	Paris, BN Cod. Lat. 16, 839
15.	(1)	Plutarch, *Apophthegmata Laconica*	Unknown
16.	2 (+ 1 with Theocritus)	Plinius, *Naturalis Historia*	Vatican BAV Vat. Lat. 1951
17.	2	Suetonius, *Vitae Caesarum*	Venice BNSM Ms. 3585; Budapest EK Cod. Lat. 13; Roma, Vatican, Ottob. Lat. 1562
18.	1	Appianus, *De bellis civilibus et de bello celtico.* Tr. by Pietro C. Decembrio (ed. 1472), or	Unknown
		De civilibus Romanorum bellis. Tr. by Niccolò Fonzio (1460–1470), or	ÖNB Cod. Lat. 133; Firenze Laur., Plut. 68.19
		Appianus, *De bello Celtico* (Greek version)	Unknown
19.	1	Cicero, *Ad familiares*	Dresden SL Dc 115
20.	1	Eumenius, *Pro restaurandis scholis*	Budapest EK Cod. Lat. 12; or *editio princeps*?
21.	1	Hirtius, *Bellum civile*	Budapest EK Cod. Lat. 11
22.	3 (+ 1)	Homer, *Ilias*	Unknown or perhaps lost (cf. No. 334. CSAPODI 1973, from 'Ippolyto de Aragona's list')
23.	1	Livius, *Ab urbe condita*	New York PL Sp. C. 27; Verona BC Cod. Lat. CXXXVI. 124
24.	1	Orpheus 361 fr. Kern = Ficino, *Commentarium in Convivium Platonis de amore*	ÖNB Cod. Lat. 2472
25.	(1)	Vergilius, *Georgica*	ÖNB Cod. Lat. 92

Table 5

	Number of Ugoleto's references (unspecified but identifiable references are in parentheses)	**Sources and works expressly or probably referred to**	**Shelfmark of books from the Royal Library**
		Vergilii *Opera* cum commentariis Servii, Donati, Landini	Innsbruck UB Inc. 109. G. 8
26.	6 (through *Voc.* JP)	Xenophon's *Anabasis*	Unknown

Finally, I would like to register our score numerically (**Table 5**). According to their degree of probability, Ugoleto's references and sources can be classified into four groups. To the first category belongs only one manuscript: Janus' *Vocabularium*, the availability of which can be considered as certain (No. 1). It is beyond all doubt that the royal librarian used this particular glossary as a handbook[42]. Ugoleto's remarks could not have found their way into the margin of the Crastonus dictionary had it not come into the king's possession[43]. The second group contains seven literary works (No. 2–8). On the grounds of the high number, or length and exactness of quotations it seems almost certain that each text was available to Ugoleto while making his observations. The identification of the codices containing the texts, however, is not so unambiguous. From an erroneously inferred noun which is likely to be dependent of a scribal fault in the manuscript Phil. gr. 289 it seems probable that Ugoleto used that particular manuscript. This codex also contains two other works his notes are connected with. As to the remaining four works, because of the lack of any significant scribal error it is not possible to identify without doubt any exemplar in which they may be contained. In the case of three texts even their availability in the royal library has been undocumented so far. As regards the nine referred works that belong to the third group (No. 9–17), it is plausible and reasonable to suppose – but not an inevitable conclusion – that they were actually consulted by Ugoleto and therefore available in the royal or his personal library[44] when he was making his marginal remarks.

The last group comprises nine works (No. 18–26) with which, judging from his notes, Ugoleto was quite familiar. These remarks, however, do not provide strong evidence that these works were physically in his hands in Buda. In these cases it is slightly more probable that Ugoleto spontaneously recalled the passage from memory than that he interpreted a word or an expression while reading a text. Taken by themselves, these references are therefore insufficient grounds for drawing conclusions about the stock of the royal library. Still, they should not be neglected either, especially if they are supported by other pieces of evidence or factors. Of these 26 items, 15 are known and more or less well-documented; 9 are new to scholarship.

---

[42] It shows up neither in CSAPODI's last canon of the authentic Corvininan codices compiled in 1992 (in contrast to his previous list made in 1973, Bibliotheca 456), nor in the most recent inventory put together by E. MADAS, who classifies it among the dubious ones, La Bibliotheca. Considering the heavy dependence of Ugoleto's marginal notes on it, their cautiousness appears to be unwarranted.

[43] For an analysis of how Janus himself used his vocabularium in his translations, see L. HORVÁTH, Eine vergessene (s. n. 7), 199–215.

[44] I do not examine the question of whether the books he used were in Matthias' or his own possession. In a final judgement concerning the stock of the royal library, however, this factor should not be ignored. DEL PRATO, Librai 1904, 36ff mentions Ugoleto's book inventory as containing 285 items, of which several works in both Greek and Latin may have been owned by his former master. The question of this list also requires further clarification.

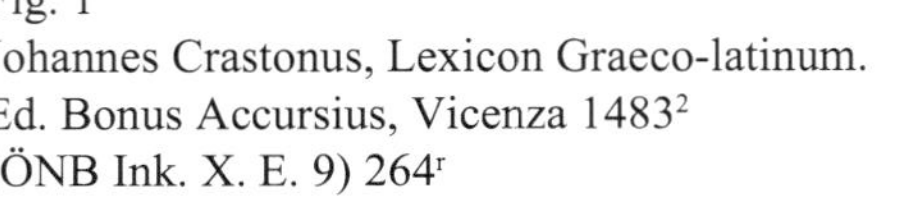

ὠτακόυστης · οῦ · ὁ · explorator. qui etiam dicitur aures & oculi regis
ὦ τάν · o sodes ·
ὠτειλή · ῆς · ἡ · uulnus. cicatrix.
ὦτιδες · auiculae perdicibus similes. quae breui uolatu utentes. cito lassantur. ut docet Xenophon in primo de ascensu Cyri. has albertus magnus Otidas uocat.
ὠτικὸς · οῦ · ὁ · auricularis
ὠτίον · ου · τὸ · auricula.
ὠτογλυφὶς · ίδος · ἡ · auriscalpium.
ὠτώεις · ώεντος · ὁ · aures habens. uel ansas.
ὠὗτὸς · pro αὐτὸς · iones dicunt.
ω · cum · φ
ὠφέλεια · ας · ἡ · utilitas. praeda auxilium.
ὠφελέομαι · μ · ήσομαι · π · ημαι praedor. habeo utilitatem.
ὤφελες · utinam.
ὠφελέω · μ · ήσω · π · ηκα · iuuo. prosum. act. acc. iungit
ὠφελήσιμος · ου · ὁ · utilis.
ὠφέλιμος · /
ω · cum · χ ·
ὦχρα · ας · ὁ · color quia pictoribus teritur.
ὠχριάω · μ · άσω · π · ακα · palleo. neu. da. iungi & absolute ponitur.
ὦχρος · ου · ὁ · pallor
ὠχρὸς · ου · pallidus.
ὤψ · ὠπὸς · ὁ · uultus. uisus. frons. oculus.

ΤΈΛΟΣ ΣΥΝ ΘΕῷ ΤΟΥ ΛΕΞΙΚΟΥ ·

Impressum Vincentiae per Dionysium Bertochum de Bononia. Die. X. mensis Nouembris. M. CCCC. LXXXIII.

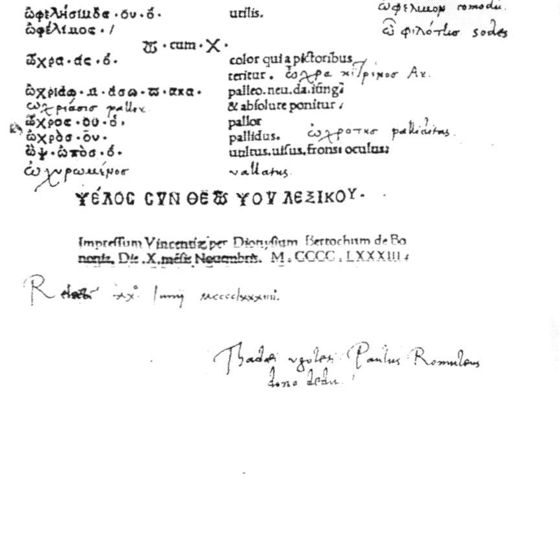

προπάτωρ · ορος · ὁ · propater. i. primus pater. principium alicuius generis.
προπέμπω · μ · έμψω · π · ομφα · cōmitor. praemitto. cum pōpa asse quor. act. accu. iungi.
προπερπερεύω · μ · ήσω · π · ηκα penetro. act. accu. iungi.
προπέτεια · ας · ἡ · immodestia. temeritas.
προπετὴς · έος · ὁ · ἡ · proteruus. immodestus. incontinens. petulans.
προπηλακίζω · μ · ίσω · π · ικα · uitupero. conuicior. lacesso. act. accu. iung. ὑβρίζω ·
προπηλακισμὸς · οῦ · ὁ · uituperium.
προπίνω · prius bibo. honoro aliquem. neu. absol. require πίνω ·
προπλώδος · ου · ὁ · praenauigans ·
προποδίζω · μ · ίσω · π · ικα · moueo pedes. ingredior.
προπόλος · ου · ὁ · praecanus.
προπομπὸς · οῦ · ὁ · dux praemissor.
πρόποσις · ιος · ἡ · propinatio.
προπύλαιον · ου · τὸ · uestibulum.
πρόρριζος · radicitus.
πρόρρησις · ιος · ἡ · uaticinium.
πρὸς · ad. accu. iung.
πρὸς · genitiuo iuncta uim habet eandem, quā p iurantis ut πρὸς τοῦ Διὸς · i. p ioue. datiuo iuncta praeterea significat. ut πρὸς τούτοις · i. ad haec. idest praeterea.
προσαγορεύω · μ · εύσω · π · προσείρηκα saluto. appello. act. acc. iū.
προσάγω · μ · άξω · π · ηχα · adduco. admoueo. concilio. ad me uel ad amorē meū duco. act. acc. iūg.
προσαγωγεὺς · έος · ὁ · conciliator.
προσαγωγὴ · ῆς · ἡ · accessus.
προσαγωγὶς · exploratio.
προσαγωγὸς · οῦ · ὁ · blandus.
προσαιρέομαι · μ · ήσομαι · π · ημαι · eligo.
προσαιτέω · μ · ήσω · π · ηκα · mendico. act. accu. iung.
προσαλίζω · μ · ίσω · π · ικα · congrego. act. accu. iung.
προσάλλομαι · salio.
προσαναγορεύω · de alto dico. act. accu. iungi. require ἀγορεύω ·
προσαμείβω · do responsū require ἀμείβω ·
προσαμπίσχομαι · acquiesco. confero.
προσάντης · εος · ὁ · ἡ · arduus. obuians.
προσαντλέω · μ · ήσω · π · ηκα haurio. neu. accu. iungi.
προσαξίαν · merito.

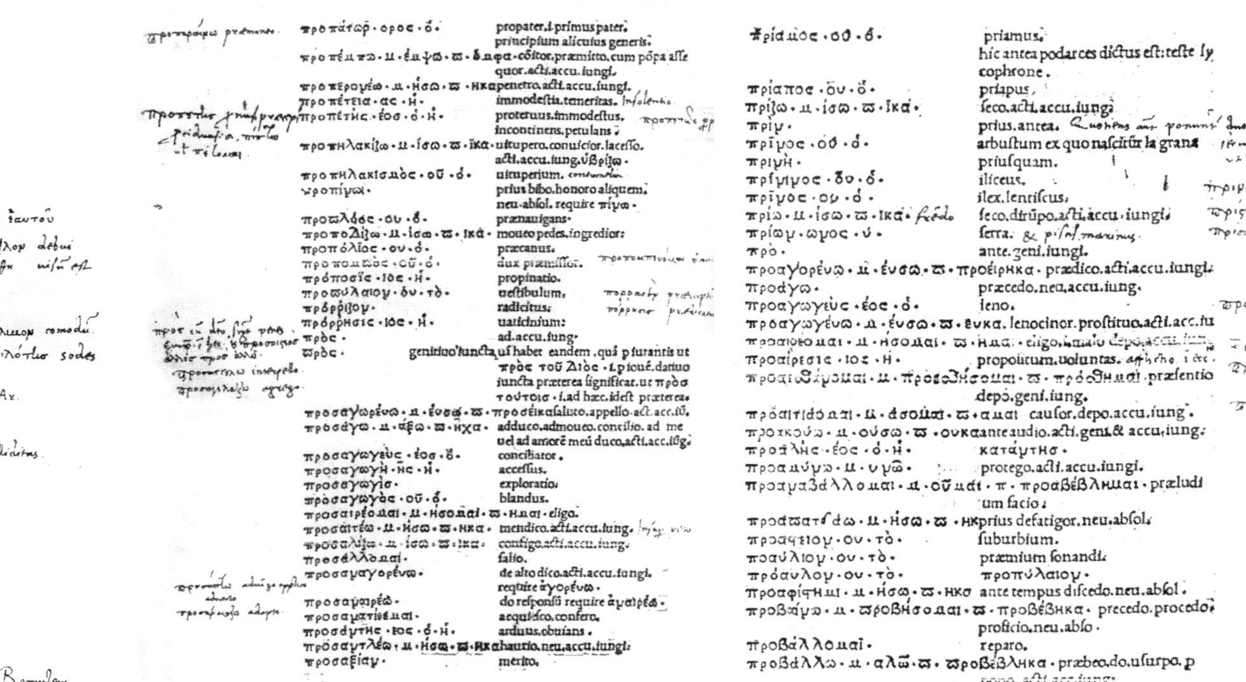

πρίαμος · ου · ὁ · priamus. hic antea podarces dictus est: teste lycophrone.
πρίαπος · ου · ὁ · priapus.
πρίζω · μ · ίσω · π · ικα · seco. act. accu. iungi.
πρὶν · prius. antea.
πρῖνος · ου · ὁ · arbustum ex quo nascitur la grana
πριὴν · priusquam.
πρῖμνος · ου · ὁ · ilicetum.
πρῖνος · ου · ὁ · ilex. lentiscus.
πρίω · μ · ίσω · π · ικα · seco. dirūpo. acti. accu. iungi.
πρίων · ωνος · ὁ · serra.
πρὸ · ante. geni. iungi.
προαγορεύω · μ · εύσω · π · προείρηκα · praedico. act. accu. iungi.
προάγω · praecedo. neu. accu. iung.
προαγωγεὺς · έος · ὁ · leno.
προαγωγεύω · μ · εύσω · π · ευκα · lenocinor. prostituo. act. acc. iu
προαιρέομαι · μ · ήσομαι · π · ημαι · eligo.
προαίρεσις · ιος · ἡ · propositum. uoluntas.
προαισθάνομαι · μ · προαισθήσομαι · π · προῄσθημαι · praesentio depo. geni. iung.
προαιτιάομαι · μ · άσομαι · π · αμαι caussor. depo. accu. iung.
προακούω · μ · ούσω · π · ουκα ante audio. acti. geni. & accu. iung.
προαλὴς · έος · ὁ · ἡ · καταντης ·
προαμύνω · μ · υνῶ · protego. act. accu. iungi.
προαναβάλλομαι · μ · οῦμαι · π · προαναβέβλημαι · praeludium facio.
προαπαυδάω · μ · ήσω · π · ηκ prius defatigor. neu. absol.
προάστειον · ου · τὸ · suburbium.
προαύλιον · ου · τὸ · praemium sonandi.
προαύλιον · ου · τὸ · προπύλαιον ·
προαφίστημι · μ · ήσω · π · ηκα ante tempus discedo. neu. absol.
προβαίνω · μ · προβήσομαι · π · προβέβηκα · precedo. procedo. proficio. neu. abso.
προβάλλομαι · reparo.
προβάλλω · μ · αλῶ · π · προβέβληκα · praebeo. do. usurpo. pono. act. acc. iung.
πρόβασις · ιος · ἡ · prouentus.
προβατικὸς · οῦ · ὁ · ouinus hinc probatica piscina i euā gelio. quoniā sacerdotes ī ea oues lītādas lauabant. πρόβατον eni oue significat.
προβάτιον · ου · τὸ · ouicula.
προβατοκάπηλος · ου · ὁ · uenditor ouium.

Fig. 1
Johannes Crastonus, Lexicon Graeco-latinum.
Ed. Bonus Accursius, Vicenza 1483[2]
(ÖNB Ink. X. E. 9) 264[r]

Fig. 2
Crastonus, Lexicon 204[v]

Fig. 3
Crastonus, Lexicon 202[r]

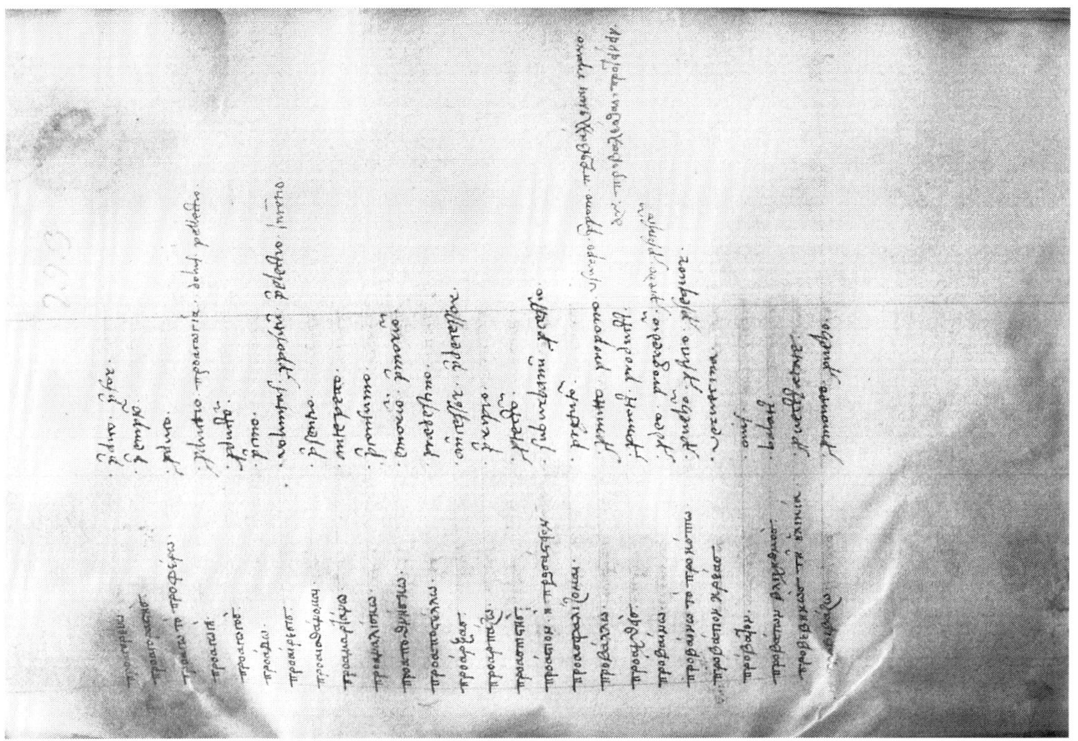

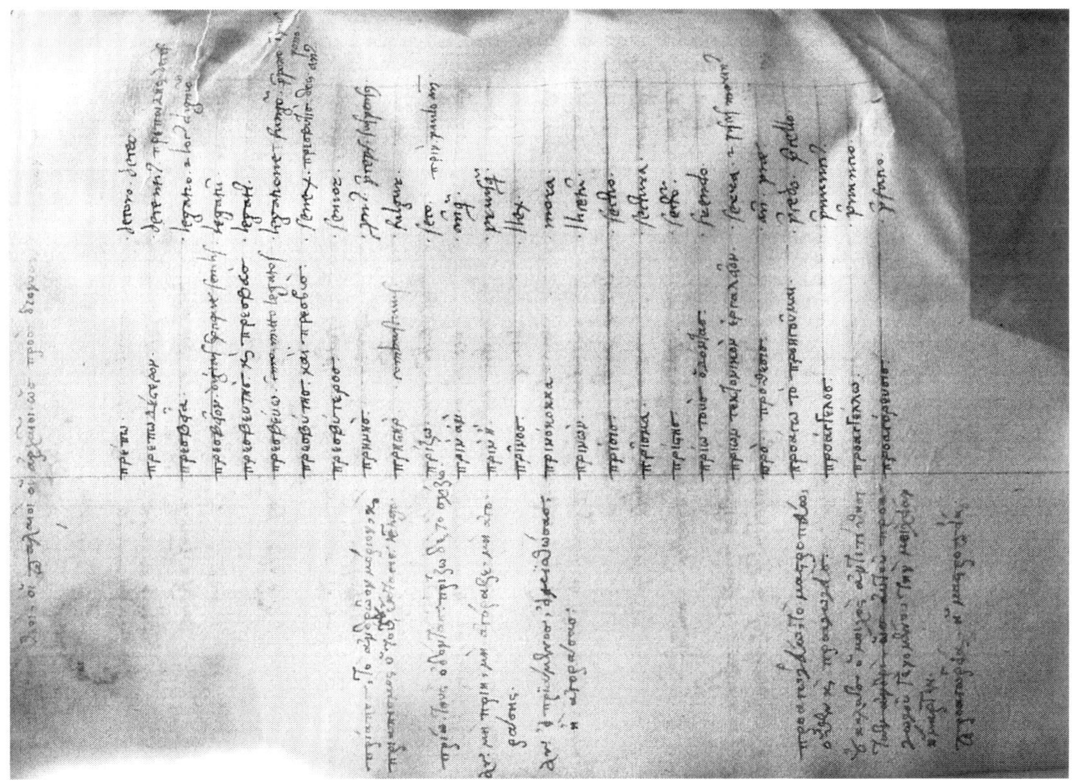

Fig. 4
Vocabularium Graeco-latinum (ÖNB Suppl. gr. 45), ff. 222v–223r

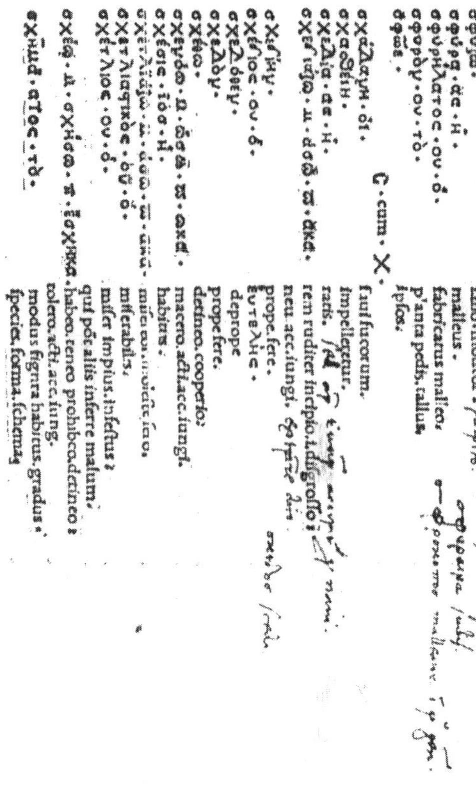

Fig. 5
Crastonus, Lexicon 231r

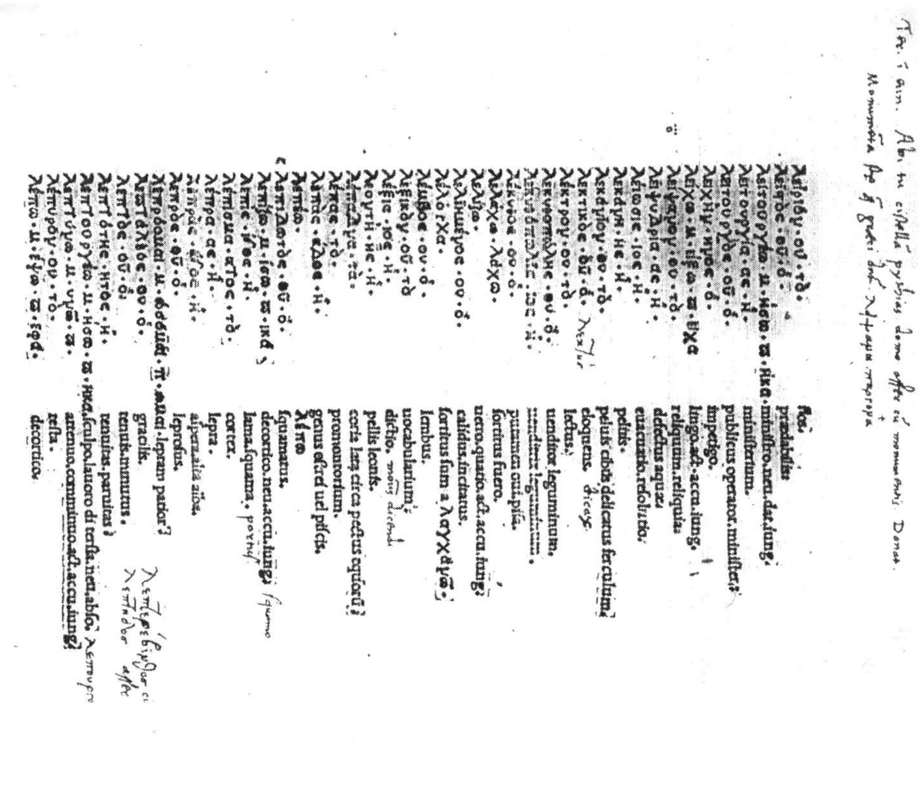

Fig. 6
Crastonus, Lexicon 143v

Fig. 7
Crastonus, Lexicon 237v

Fig. 8
ÖNB Phil.gr. 289, 130v, see line 12

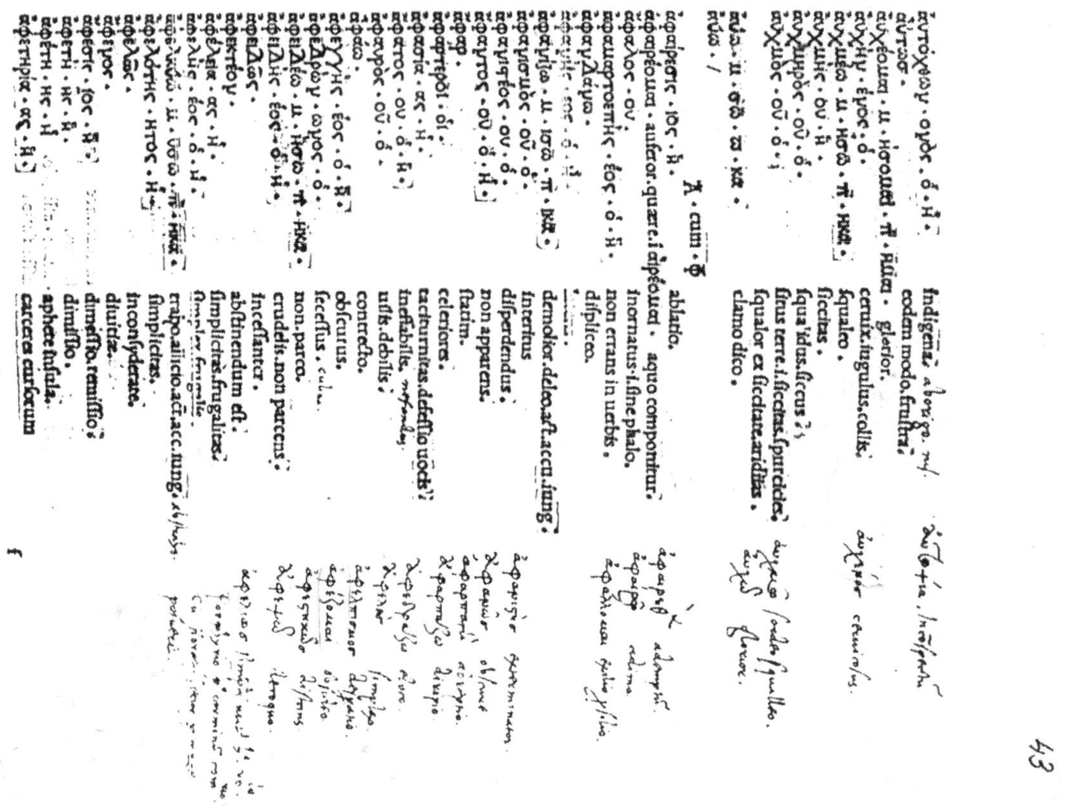

Fig. 9
Crastonus, Lexicon 43r

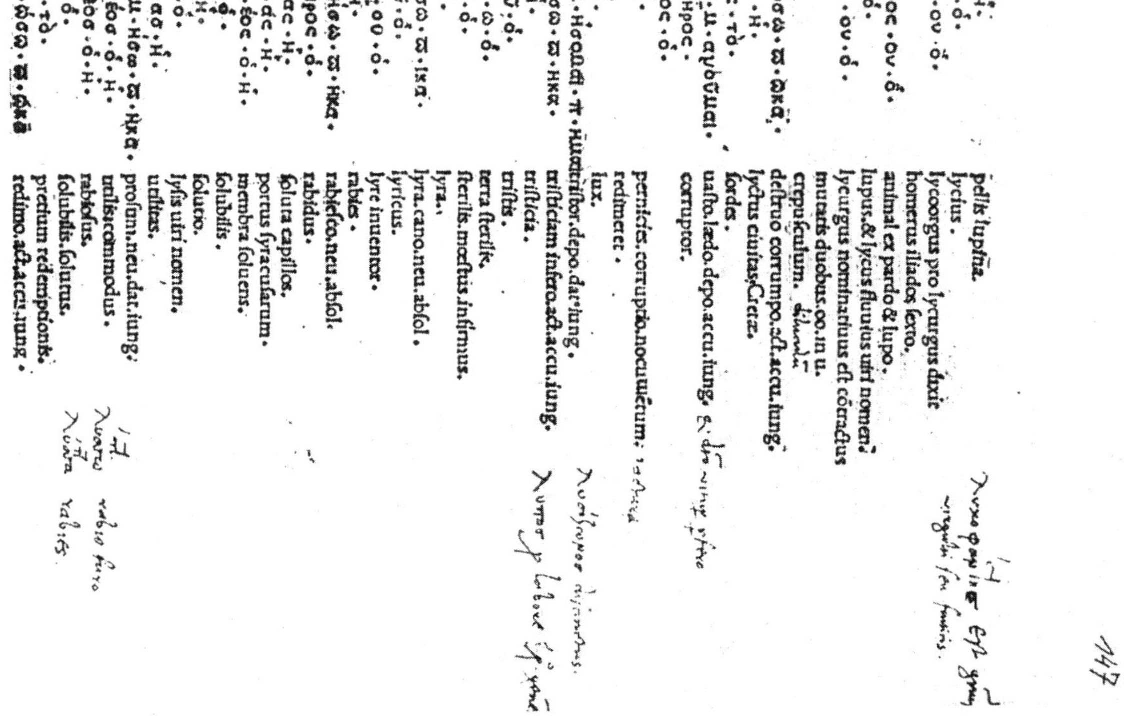

Fig. 10
Crastonus, Lexicon 147r

András Németh

The Mynas codex and the Bibliotheca Corviniana

With three plates and eight figures

The purpose of this paper is to discuss the connection of a particularly valuable manuscript, Par. suppl. gr. 607, with the library of King Matthias Corvinus (1458–1490), referred to as the *Bibliotheca Corviniana*. The manuscript under scrutiny here, Par. suppl. gr. 607, is also called the Mynas codex. It was named after Mynoïdes Mynas, the Greek emigré philologist in France (1798–1859) who discovered it at the Vatopedi Monastery on Mount Athos in 1843 during one of the expeditions he undertook to the Eastern Mediterranean at the behest of the French minister of education[1]. Although there is no conclusive evidence for a direct relationship between the the Mynas codex and the Hungarian royal library, a substantial number of "coincidences" – all independent from one another – indeed support the hypothesis that they are directly interrelated. Furthermore, as an advantage in the scrupulous procedure of uncovering the Greek stock of king Matthias' library, the Mynas codex highlights a number of problems that can arise for everyone studying the intricate web of material data and intellectual connotations that the Greek "Corvinian" manuscripts imply. By examining the Mynas codex, this paper attempts to raise some questions and demonstrate some new approaches to the Greek manuscripts that had been collected in the royal library until the end of the 15th century.

THE MYNAS CODEX

Although Par. suppl. gr. 607 is well known to scholars, there are different reasons for this, depending on the discipline. Historiographers of classical antiquity appreciate the numerous unique historical fragments that were transmitted only in the Mynas codex. Indeed, two classical historians – Eusebius[2] and Aristodemus[3] – are known to us only from this manuscript. At the same time, this codex transmitted unique fragments from historians such as Polybius[4], Priscus Panita[5] and Dexippus[6]. Military historians, especially those studying

* The study is part of a project called "Corvina Graeca" (K 75693), supported by the Hungarian Scientific Research Fund, OTKA. I would like to express my gratitude to Marianne Rozsondai and Gábor Bolonyai for their valuable comments, as well as to Christian Gastgeber, who invited me to contribute to this volume.

[1] Par. suppl. gr. 607 is one of the more than 200 manuscripts Mynas brought from the East. H. Omont, Mynas et ses missions en Orient. *Mémoires de l'Academie des inscriptions et belles-lettres* 40 (1916) 390–391, 403. Mynas copied the excerpts on the sieges of towns by his own hand (Par. suppl. gr. 485 and suppl. gr. 1253). Hunt probably refers to this manuscript, which he saw in Vatopedi Monastery in 1801: Κατάλογος Βατοπαιδίου τῇ 2 Ἀπριλίου 1801. Περὶ τὰ 705 χειρόγραφα συντομώτατα μνημονευόμενα Ἐν τοῖς ἄλλοις καὶ κώδιξ περιέχων πολλὰ τοῦ Λυσίου. See S. Lambros, Κατάλογος τῶν βιβλιοθηκῶν Ἄθωνος. *Neos Ellenomnemon* 16 (1922) 421.

[2] Jacoby FrGrHist A 101; H. Sivan, The historian Eusebius (of Nantes). *Journal of Hellenic Studies* 112 (1992) 158–163.

[3] After the Mynas codex had been acquired by the *Bibliothèque nationale de France* in 1864, scholars soon discovered the Aristodemus fragments. C. Wescher, Fragments inédits de l'historien grec Aristodème. *Revue Archéologique* 16 (1867) 363–368; 17 (1868): 177–188; K. Müller, FHG vol. V, XXII–XXXIV, LVI–LVIII, 1–20; R. Prinz. Aristodemos. *Jahrbuch für Classische Philologie* (1870) 193–210. A. Schaefer, Das neuerdings aufgefundene Bruchstück eines Geschichtsbuchs von Aristodemos. *Jahrbuch für Classische Philologie* (1868) 81–84. C. Wachsmuth. Ein neuer griechischer Historiker. *Rheinisches Museum* 23 (1868): 303–315; Schwartz. Aristodemos (32). RE i, coll. 926–929; Zuntz, G. Teil. II. Die übrigen Aristophanes-Scholien auf Papyri. *Byzantion* 13 (1938) 658–665. Jacoby edited the text and summarised the various views on Aristodemus in FrGrHist A 104. One of the two fragments was also discovered in a papyrus: Pap. Oxy. 2469 (ed. in *The Oxyrhynchus Papyri*, XXVII London 1962, 141–145, Plates v–vi).

[4] The excerpt on the siege of Syracusae (ff. 98r–100v, Polybius, 8. 3–7, ed. by Th. Büttner-Wobst vol. 2, 335–341) preserves elements that have not been transmitted elsewhere (e.g. the excerpts of Vat. Urb. gr. 102). The excerpt on the siege of Ambracia

military engineering, prize it as the earliest classical artillery manual preserved in Greek, carrying the closest textual evidence transmitted through majuscule codices from antiquity[7]. In an entirely different field – that of the history of book-binding, as a result of a snowball effect of subsequent misunderstandings, until recently the majority of historians in this field regarded the codex's blind stamped renaissance binding not only as a production of the "Corvina binder", but also as the place where the famous binder reveals his identity: Lucas Coronensis. Marianne ROZSONDAI, however, convincingly refuted this widespread view, disseminated in various handbooks, in her excellent article[8]. At the same time, she managed to prove that the binding of the codex shares the characteristics of the renaissance blind stamped leather bindings that were manufactured in the Buda monastic workshop in the early 16th century (**pl. 1/1**). However, the Mynas codex was bound 25 years after king Matthias's death.

The binder of the Mynas codex is known from a former note, which was once copied onto the inside of the lower binding board and which vanished when the binding was restored some time before 1897. It reveals the binder's name: Λυκας κωρονενσησ ιλληγατορ ληβρορυμ βυδενσισ ανν <. . .> 5<. . . > (=*Lucas Coronensis illigator librorum Budensis ann*<. . . > *5*<. . . >)[9]. According to this note, it was the bookbinder Lucas Coronensis (Lucas of Kronstadt = today Braşov in Romania) who unified the separate parts of the Mynas codex and bound them in a renaissance blind stamped leather binding, measuring 288 × 205 mm, in Buda in the 1510s. The text of this note, earlier viewed as suspicious evidence for the binder because of the lost original[10], has been confirmed by very close parallel bindings. ROZSONDAI found bindings of incunabula and early prints that were produced in the same workshop as that of the Mynas codex. The stamps applied to the binding of the Mynas codex are identical with those of other bindings produced in the monastic – probably Franciscan – workshop in Buda in the early sixteenth century[11]. Thanks to these close parallels, she managed to corroborate – while refuting the Corvina origin of the binding – the Buda origin of the binding tools applied to the Mynas codex and the authenticity of the former note naming Lucas Coronensis.

Par. suppl. gr. 607 is a composite codex that consists of 129 folia (275 × 203 mm) and comprises four units. Each semms to have had an independent life before arriving to Hungary[12]. Not only their quires but also some of their bifolia (double leaves) and leaves were partially intermingled before reaching Buda – in most cases in Lucas Coronensis' hand. This is why the present sequence of the leaves does not correspond to the order demanded by the texts copied onto the leaves (**fig. 5** describes the structure of the present codex's quire composition and **fig 6** presents the reconstructed structure with references to the lost leaves). The four separate parts are the following:

(f. 100v–102r, Polybius, 21.27.1 – 28.18, ed. by id. vol. 4. 55–68) is also important for the textual reconstruction of this passage. J. M. MOORE, The Manuscript tradition of Polybius (hereafter: MOORE, Polybius). Cambridge 1965, 134–136.

5 The excerpts on the siege of Obidunae (f. 93v) and Naissus (ff. 93v–94v) survive only in the Mynas codex. C. WESCHER. Fragments inédits de l'historien grec Priscus relatifs au siège de Noviodunum et à la prise de Naissos. *Revue Archéologique* 17 (1868) 3–11.

6 On the transmission of Dexippus in the manuscript see G. MARTIN, ed. Dexipp von Athen (Classica Monacensia 32). Tübingen 2006, 51–52. The excerpts on the siege of Marcianopolis (ff. 91r–92r, F 22 [ed. MARTIN, 108–111]), Philippopolis (ff. 92r–93r, F 24 [ed. MARTIN, 116–119]), and Sidon (f. 93r–v, F 27, [ed. MARTIN, 124–125]) survive only in the Mynas codex.

7 A. DAIN, La tradition du text d'Héron de Byzance. Paris 1933. J.-A. FOUCAULT, Les stratégistes byzantins par Alphonse Dain. *Travaux et Mémoires* 2 (1967) 347–349, 380–381 (henceforth: FOUCAULT, Les stratégistes).

8 M. ROZSONDAI, Lucas Coronensis, A master of Hungarian Renaissance bindings, early 16th century, Buda. *The Book Collector* 46/4 (1997) 515–540 (henceforth: ROZSONDAI, Lucas Coronensis).

9 The text of the binder's note was copied onto a slip from the publications of two scholars: C. WESCHER, ed., Poliorcétique des Grecs. Paris 1867, xv (hereafter: WESCHER, Poliorcétique); and H. SCHÖNE, Über den Mynascodex der Griechischen Kriegschriftsteller in der Pariser Nationalbibliothek. *Rheinisches Museum* (NF) (1898) 446 (hereafter: SCHÖNE, Mynascodex).

10 W. WEINBERGER, Beiträge zur Handschriftenkunde. I. (Die Bibliotheca Corvina.), in: Sitzungsberichte der Kaiserlichen Akademie der Wissenschaften in Wien Philosophisch-Historische Klasse 159, 6 (1908) 45–46; See Cs. CSAPODI, The Corvinian Library, History and Stock. Budapest 1973, no. 886 (hereafter: CSAPODI, Stock).

11 On the bookbinder and the later history of the other volumes from the Buda monastic workshop, see ROZSONDAI, Lucas Coronensis.

12 I am indebted to M.-H. TESNIÈRE for her assistance in acquiring permission to consult the original manuscript in the *Bibliothèque nationale de France*.

(1) The first unit of the codex comprises a fourteenth-century fragment of Nicetas Choniates' *Histories* (ff. 1–7), on the siege of Constantinople by the Crusaders in 1204[13]. Although the content is linked to the extensive tenth-century part of the codex (ff. 16–103), the slightly different size of these leaves, which is noticeable in trimmed marginal notes, admits the possibility that this quire originates from a codex other than the Byzantine expansion of the tenth-century central part (3).

(2) The second quire of the codex comprises a thirteenth-century fragment of John Chrysostom's *De sacerdote* (**pl. 3/1**)[14]. This quire originates from a vast codex because f. 8^{r} has the quire number κβ' (= 22) in the lower left margin, which shows that the former codex should have contained 168 leaves (21 × 4 × 2) preceding this quire.

(3) The third and most extensive unit of the Mynas codex is the tenth-century collection consisting of three units. (3a) The first cluster of artillery manuals (ff. 18–80, 82; **pl. 2/2**), copied in the 930s or 940s (see justification below)[15], seems to have been expanded (3c) by a collection of excerpts describing the sieges of various towns (ff. 16–17, 88–103; **pl. 2/1**)[16]. These two sets were copied in very close scripts but not in an identical hand: in the works on the construction of missiles, there are 34 lines to a page (f. 18^{r}: 41 lines) and 42–48 letters to a line, while the leaves of part 3c (ff. 16–17 and ff. 88–103) also have 34 lines to a page but 38–44 letters to a line. The tenth-century military collection was expanded (3b) by short, unsystematic fragments from Philostratus' *Life of Apollonius of Tyana*[17] and from Aristodemus' work (ff. 83–87, 81, see the bibliography above), both of which were also copied in the 930s–940s (**pl. 2/3–4**).

(4) The fourth unit of the Mynas codex is an extensive fragment from a mid-fifteenth century deluxe parchment copy of Lysias (ff. 104–129, see below; **pl. 3/2**).

These four units seem to be independent from each other. It is difficult to postulate the origin of this strange composition in a context where anyone with a good command of Greek could assemble these parts into such a single entity. Thus, the four fragmentary units seem to originate from different contexts. It is very likely that the four units were bound for the first time into a single volume in the Buda monastic binding shop.

In addition to other evidence (see below), the four units of the Mynas codex may also demonstrate that a certain number of Greek codices had been assembled through a variety of channels in Buda until the 1510s. Some of these manuscripts (defining their number more precisely would be impossible) had been collected in

---

[13] See the description of the codex and the text of this fragment in Nicetas Choniates, Historia (ed. J.-L. VAN DIETEN [CFHB 11,1]). Berlin 1975, vol. 1, XXX–XXXI, 566,39–582,46.

[14] I owe a debt of gratitude to E. GAMILLSCHEG for dating the script. See the passage edited in: Johannes Chrysostomus, *De sacerdote* 3.14.44 – 4.4.2. (ed. A.-M. MALINGREY [Sources Chrétiennes no. 272]. Paris 1980, 222–252).

[15] On ff. 18^{r}–24^{v}, 32$^{r–v}$, 25$^{r–v}$, Athenaeus, *De machinis* (ed. WESCHER, Poliorcétique 3–40). On ff. 25^{v}–31^{v}, Bito, *De constructione machinarum* (ed. WESCHER, Poliorcétique 43–68; E. W. MARSDEN, Greek and Roman artillery: technical treatises, with English translation. Oxford 1971, 61–103). On ff. 56$^{r–v}$, 58$^{r–v}$, 57$^{r–v}$, Hero of Alexandria, *De mensura Chiroballistae* (ed. WESCHER, Poliorcétique, 123–134 and MARSDEN 206–233). On ff. 60$^{r–v}$, 59$^{r–v}$, 61$^{r–v}$, 33^{r}–45^{v}, Apollodorus of Damascus, *Poliorcetica* (ed. Wescher 1867, 143,11–193 and R. SCHNEIDER, Griechische Poliorketiker. Mit den handschriftlichen Bildern herausgegeben und übersetzt [*Abhandlungen der Königlichen Gesellschaft der Wissenschaften zu Göttingen*, *Philologisch-historische Klasse*, Neue Folge 10,1]. Berlin 1908). On ff. 46^{r}–55^{v}, Hero of Alexandria, *Belopoeica* (ed. Wescher 1867, 71–119 and Marsden, 18–60). On ff. 62–80^{v}, 82$^{r–v}$, Hero of Alexandria, *De dioptra* (ed. H. SCHÖNE, Heronis Alexandrini opera quae supersunt omnia. Leipzig 1903, III, 141–315).

[16] (ff. 88^{r}–90^{v}) Excerpt on the siege of Asculum (Dionysius Halicarnasseus, 20.1–3); (ff. 90^{v}–91^{r}) Excerpt on Alexander the Great and Porus (Polyaenus, *Strategemata*, 4.3.22.); (ff. 91^{r}) Polyaenus, *Strategemata*, 4.6.3); (ff. 91^{r}–92^{r}) Excerpt on the siege of Marcianopolis (Dexippus F 22); (ff. 92^{r}–93^{r}) Excerpt on the siege of Philippopolis (Dexippus F 24); (f. 93$^{r–v}$) Excerpt on the siege of Sidon (Dexippus F 24); (f. 93^{v}) Priscus, Excerpt on the siege of Obidunae; (ff. 93^{v}–94^{v}) Priscus, Excerpt on the siege of Naissus; (ff. 94^{v}–97^{r}) Excerpt on the siege of Tyre (Arrianus, *Alexandri Anabasis*, 2.15,6–24,2); (f. 97^{r}) Excerpt on the siege of Gaza (Arrianus, *Alexandri Anabasis*, 2.25,4–27,7); (ff. 98^{r}–100^{v}) Excerpt on the siege of Syracusae (Polybius, 8.3–7); (ff. 100^{v}–102^{r}) Excerpt on the siege of Ambracia (Polybius, 21.27.1 – 28.18); (ff. 102^{r}–103^{v}) Excerpt on the siege of Plataea (Thucydides, 2. 75–78); (f. 103^{v}) Excerpt on the siege of Thessalonica (Eusebius, FrGrHist II A, no. 101, F 1); (f. 17$^{r–v}$) Excerpt on the siege of Tours; (Eusebius, FrGrHist II A, no. 101, F 2); (f. 16$^{r–v}$), Excerpt on the siege of Iotapata (Iosephus Flavius, Bellum Iudaicum, 3, 167–187).

[17] On ff. 81$^{r–v}$, 81^{v}, 85^{r}–86^{r}, Philostratus, *Vita Apollonii Tyanei* 1.1.–1.9, 1. 14–16.

the royal library so that copies and translations could be made from them. Some of them were to be joined to the lavishly illuminated Latin codices of King Matthias Corvinus. After his death, nobody at the royal court of Buda was interested in the Greek codices except for the envoys, especially those from Vienna, who managed to acquire a considerable number of them in the 1510s and '20s (e.g. Johannes Cuspinianus, Johannes Gremper, and Johannes Alexander Brassicanus).

In the analogy to the volumes that were incorporated in the Renaissance library by new gilded leather Corvina binding (no. 1–4 below), it seems reasonable to postulate that in the 1510s and `20s there were aged Greek codices and unbound gatherings in Buda. The Chrysostom fragment, possibly deriving from such a volume, can be mentioned in parallel with the menologion fragments (in ÖNB, Suppl. gr. 4, no. 2 below), which were reused in the rebinding procedure. Thus, it also seems probable that this quire was purchased as binding support. The other independent fragment in the Mynas codex, a fourteenth-century fragment of Nicetas Choniates (ff. 1–7, containing the description of Constantinople's siege by the Crusaders in 1204), may also be assigned to this group. In order to establish the relationship between the Corvinian Library and the four units of the Mynas codex, I would like to give a short overview of the various definitions used by scholars when discussing the Corvina manuscripts in Greek.

MULTIPLE DEFINITIONS OF THE CORVINIAN LIBRARY

Specialists of the Corvinian Library speak of fifteen or – if one approaches the matter with the strictest criticism – only about two Greek Corvinas, i.e. those that still preserve the gilded leather binding characteristic of the Corvinas. The astonishing difference between the two figures, which also represents the main difficulty in discussing Greek Corvinian manuscripts, can be explained by the various methodological approaches. Because scholarly viewpoints range between two extremities, it is quite unclear which criteria would classify a manuscript or an incunabulum as belonging to the group of "Corvinas". According to the most generous view, all the books that were accumulated in the "royal library" of Buda beginning with Matthias's reign until 1526 may be considered as belonging to the *Bibliotheca Corviniana*. For Csaba CSAPODI, this was the basis for compiling the most profound repertory of books that have emerged in the context of the royal library[18]. He added all items that have been or may be viewed as Corvinas, and at the end of his book he provided a list of the codices he accepted as authentic Corvinas[19]. Finally, CSAPODI modified his register of genuine Corvinas (1990), leaving fifteen extant Greek codices in it[20]. The richly illustrated publications circulating CSAPODI's final list did not leave space for satisfactory background data, making the list of these Greek codices an authoritative point of reference without providing proof of its reliability. Thus, scholarly studies still use this selection with credit but often without control[21].

In order to take this circumstance into account, a minimalist view has been formulated that aims to exclude all items which were neither integrated into the renaissance library of King Matthias, nor were commissioned by him for his library[22]. Although this view has the advantage of creating a stable framework for

---

[18] CSAPODI's database, the most extensive ever made on the Corvinian manuscripts, has the disadvantage that the list of works is based on the authors' names instead of the volumes. This principle necessarily multiplies the number of volumes that contained more than one author. See CSAPODI, Stock.

[19] CSAPODI, Stock 486–489.

[20] Cs. CSAPODI and K. CSAPODINÉ GÁRDONYI, Bibliotheca Corviniana. Budapest 1990 (hereafter: CSAPODI–GÁRDONYI, Bibliotheca Corviniana).

[21] C. TRISTANO, La biblioteca greca di Mattia Corvino. In: Mathias Corvin, les bibliothèques princières et la genèse de l'État moderne, ed. J.-F. MAILLARD, I. MONOK István, D. NEBBIAI (*Supplementum Corvinianum* II). Budapest 2009, 215–236. (hereafter: MAILLARD, Mathias Corvin; see the entire volume in the internet at http://mek.niif.hu/07400/07400/07400.pdf). She uses an expanded version of CSAPODI's selection (CSAPODI–GÁRDONYI, Bibliotheca Corviniana; CSAPODI, Stock) when discussing the Greek Library of Matthias Corvinus. TRISTANO accepts CSAPODI's data and does not seem to deal with the internal contradictions in them. In addition, the fifteen or sixteen Greek Corvinian manuscripts are often referred to as if they were a definite number of Greek Corvinas.

[22] See Edit Madas's list, contrasting the list of CSAPODI, Stock, with CSAPODI–GÁRDONYI, Bibliotheca Corviniana. and applying fine distinctions between various types of Corvinas. E. MADAS, La Bibliotheca Corviniana et les Corvina «Authentiques», in: MAILLARD, Mathias Corvin 48–78 (hereafter: MADAS, La Bibliotheca Corviniana).

discourse on a large group of volumes, it excludes a smaller but significant group of items which were available in the royal library but which were not part of the princely renaissance library. According to this strict approach, only two Greek Corvinas can be viewed as having been belonged to Matthias' renaissance library[23].

According to the available evidence, none of the Corvinian manuscripts in Greek contain the coat of arms of Matthias Corvinus on its title page, which demonstrates that none of them were commissioned directly for the royal collection or illuminated accordingly[24]. On the contrary, they all seem to have been accidentally added to the royal collection[25]. By adding two new items to the list of the minimalist view, I can mention four extant early Greek codices (see below) that were intended for integration into the renaissance royal library. In addition to the two codices that still preserve the gilded leather binding distinctive of the Corvinian volumes, the Zonaras codex (Vienna, ÖNB, Hist. gr. 16) and the Gregory of Nazianzus codex (Vienna, ÖNB, Suppl. gr. 177) seem to have been disbound in the Buda royal binding workshop for rebinding. However, the binding procedure seems to have stopped at a certain stage, namely when Matthias died in 1490 and the Corvina binder returned with his tools to Italy. Thus, the process of integration should have taken place relatively late in the 1480s, simultaneously with the integration process of the Latin volumes[26], and seems to have left behind a large number of Greek codices – especially paper ones – in the royal library in their original binding (or unbound)[27]. For this reason, the criterion of rebinding does not give the final number of Greek manuscripts that were available and read in Matthias' library[28]. In this context, I assume that the Greek volumes that were disbound in the Corvina binding workshop may explain how and why the quires were intermingled in the Mynas codex.

---

[23] Constantine Porphyrogenitus, *De cerimoniis*: Leipzig, Universitätsbibliothek, Rep. I 17. See the photocopy of the binding in CSAPODI – CSAPODINÉ GÁRDONYI, Bibliotheca Corviniana, no. 88. Chrysostom, Homilies on the Gospel according to Matthew, Vienna, ÖNB, Suppl. gr. 4; see the photocopy of its binding in CSAPODI – CSAPODINÉ GÁRDONYI, Bibliotheca Corviniana, no. 221.

[24] The title of the Greek codex (Vienna, ÖNB Cod. phil. gr. 2, f. 1r) has a humanist architectural frame with various figural motives and the coat of arms of Andrea Matteo III Acquaviva, Duke of Atri (1458–1529). The codex is roughly contemporary with Matthias' Corvinian Library, which means that Greek codices with arms were available in the Neapolitan context. J. ALEXANDER, no. 53. Aristotle, Physics, On Generation and Corruption, On the Heavens, On the Soul, in Greek, in: J. ALEXANDER, The Painted Page, Italian Renaissance Book Illumination 1450–1550. London 1994, 126–127.

[25] The integration of a codex into the royal library without the arms of the king being painted on the title page does not seem to be characteristic only of the Greek codices, see the Victorinus corvina (National Széchényi Library, Cod. Lat. 370).

[26] On the integration of the Latin volumes by adding homogenous blind-stamped leather bindings with gilt chased edges, as well as by silk- and velvet bindings while Taddeo Ugoleto was librarian of the Corvinian Library, see Á. MIKÓ, Bibliotheca Corvina – Bibliotheca Augusta, in: Pannonia Regia. Művészet a Dunántúlon 1000–1541, Magyar Nemzeti Galéria, 1994. október – 1995. február (Art in Transdanubia 1000–1541, Exhibition in the National Gallery). Budapest 1994, 404. E. ZSUPÁN, Die Bibliotheca Corviniana im Kleinen, Beschreibung der Lateinischen Corvinen der Bayerischen Staatsbibliothek, in: Die acht Münchener Handschriften aus dem Besitz von König Matthias Corvinus (Ex Bibliotheca Corviniana, *Supplementum Corvinianum* I, *Bavarica et Hungarica* I; open access version: http://mek.niif.hu/06000/06042/06042.pdf). Budapest 2008, 71.

[27] Eight codices linked with the Corvinian Library with a high degree of probability (CSAPODI, Stock) have such Corvina bindings of a date before the 1480s that are not Corvinian bindings. I managed to see all codices in the original, and thank the colleagues in the ÖNB in Vienna, in BSB in Munich, in the Royal Library in Copenhagen and in the British Library for their cooperation. These were: a simple blind-stamped leather binding of a dictionary of Janus Pannonius (Vienna, ÖNB, Suppl. gr. 45); a simple blind-stamped leather binding of Xenophon: Cyropaedia (ÖNB, Suppl. gr. 51); a Florentine blind leather binding of Ptolemy (ÖNB, Hist. gr. 1), Plutarch's lives (ÖNB suppl. gr. 11), and Diodorus of Sicily (ÖNB, Suppl. gr. 30) transferred after the London ms and an Italian blind-stamped leather binding with chased gilt edges of Iamblichus (London, BL, Add. 21165), a Byzantine-type blind-stamped leather binding made in Italy (Munich, BSB, cod. gr. 449). I am indebted to Christian Gastgeber for calling my attention to the Greek codex that Brassicanus took from Buda (Copenhagen, Royal Library, Fabr. 78,4), which has a fifteenth-century blind-stamped leather binding made in Italy. Cf. B. SCHARTAU, Codices graeci Haunienses. Ein deskriptiver Katalog des griechischen Handschriftenbestandes der Königlichen Bibliothek Kopenhagen (*Danish Humanist Texts and Studies* 9). København 1994, 409–410.

[28] See my summary of previous and possible new approaches to the study of the Greek Corvinas in A. NÉMETH, Byzantine and Humanist Greek Manuscripts in the Bibliotheca Corviniana, in: Proceedings of Matthias Rex 1458–1490, Hungary at the Dawn of the Renaissance, International Conference, Budapest May 20–25, 2008 (forthcoming).

EVIDENCE FOR OLD BYZANTINE VOLUMES BEING REBOUND IN BUDA

In the royal library in Buda, a considerable number of Greek codices had been accumulated until the death of King Matthias (1490). Among these manuscripts, as shown above, some were selected for integration among the lavishly illuminated Latin volumes by rebinding. In the case of the Latin volumes, the codices were taken apart into quires, resewn and rebound in velvet or silk bindings or in gilded leather binding with chased gilt edges. Two Byzantine codices (nos. 1–2) still have the gilded leather Corvina binding with Mathias' coat of arms in the centre. In the binding process, identical tools were used and the motives were distributed similarly to the Latin volumes. However, *alla greca* binding techniques[29] were applied to these two codices. In addition, the title of the Greek volume was stamped in Latin at the bottom of the upper cover. The titles of the Latin volumes were always stamped in a slightly different way, namely in Latin at the top of the lower cover of the gilded leather bindings. This distinction may provide some hints at how these volumes were displayed on separate shelves. The Zonaras codex (no. 3) is today furnished with chased gilded edges with rosette motives, which seem to have been remade based on those of some Latin Corvinas when the codex was rebound in 1754. At the same time, the humanist flyleaves seem to reflect the Corvina binder's activity. These characteristics may show that the Zonaras codex previously had a similar gilded leather binding.

The Corvina binder of Italian origin was active in Buda in the 1480s, before the death of his patron, because he returned with his tools to Italy in 1490[30]. The Greek manuscripts must have been in poor condition before they were rebound. This is why the damaged leaves were complemented (e.g. no. 4: Gregory of Nazianzus codex) and additional double leaves were installed (e.g. no. 2: Chrysostom codex). The examples presented here demonstrate the careful treatment and prestige of the aged Greek volumes, as well as the accuracy of the binder. It is also accepted that the Greek volumes selected for rebinding were taken apart into double leaves. The evidence is provided by the quire numbers, which were written in an identical hand in all the four codices below, as well as by the systematic numbering of the double leaves in the Gregory of Nazianzus codex (no. 4). These numbers are very likely to have entered the codices in the Corvina binding workshop in Buda in the 1480s, because the diverging later histories of these volumes. Thus, the hand of these quire numbers may provide a reliable new criterion for identifying Greek Corvinas which have escaped the attention of scholars so far, even if the codices were rebound later and lost the more easily noticeable traces of their earlier presence in Buda (e.g. no. 4). In two cases (nos. 3–4), the fact that these volumes were rebound later may be explained by the hypothesis that their rebinding was stopped and left incomplete when King Matthias died in 1490.

(1) The single extant manuscript of Constantine Porphyrogenitus' *De cerimoniis* (Leipzig, Universitätsbibliothek, Rep. I. 17: 330 × 230 mm), copied in the 960s in Constantinople for the Byzantine imperial library[31], still preserves its *alla greca* gilded leather Corvina binding (345 × 233 × 90 mm)[32]. The title of the volume appears in Latin at the bottom of the upper cover: *<DE> REGALIBUS INSTITUTIONIBUS*. In the upper right margin of the recto side of the first leaf of each quire, there is an Arabic quire number written in a humanist hand identical to that which wrote down the quire numbers in the three other codices (nos. 2–3)[33].

---

[29] On *alla greca* bindings see J. A. SZIRMAI, The Archaeology of Medieval Bookbinding. Aldershot 1999, 84–87.

[30] On the Corvina bindings see M. ROZSONDAI, Die Bibliotheca Corviniana und die Corvineneinbände – Neue Erkentnisse zu ihrer Beurteilung, in: Österreichischer Bibliothekartag, Congress Innsbruck, 3.–7. 9. 1996. Vereinigung Österreichischer Bibliothekarinnen und Bibliothekare (*Biblos-Schriften* 168). Wien 1998, 337–360. M. ROZSONDAI, Über die Einbände der in München aufbewahrten Corvinen, in: *Supplementum Corvinianum* I (see n. 26), 143–152.

[31] See its detailed description in J. M. FEATHERSTONE, Preliminary Remarks on the Leipzig Manuscript of *De Cerimoniis*. *Byzantinische Zeitschrift* 95 (2002) 457–479 (hereafter: FEATHERSTONE, Preliminary Remarks). On the dating, see O. Kresten, Sprachliche und inhaltliche Beobachtungen zu Kapitel I 96 des sogenannten «Zeremonienbuches». *Byzantinische Zeitschrift* 93 (2000), 474–475, n. 6.

[32] See the photo of the upper cover in CSAPODI–GÁRDONYI, Bibliotheca Corviniana, no. 88, and MADAS, La Bibliotheca Corviniana 39.

[33] I am indebted Dr. Christoph Mackert for permitting me to consult the codex. In the upper right margin of the recto page of the first leaf of each quire, quire numbers characteristic of the Corvina binding workshop occur: f. 1^{r}: 2; f. 9^{r}: 3; f. 17^{r}: 4; f. 25^{r}: 5; f. 33^{r}: 6; f. 41^{r}: 7; f. 43^{r}: 8; f. 51^{r}: 9; f. 59^{r}: 10; f. 67^{r}: 11; f. 75^{r}: 12; f. 83^{r}: 13; f. 91^{r}: 14; f. 99^{r}: 15; f. 107^{r}: 16; f. 115^{r}: 17; f. 123^{r}: 18;

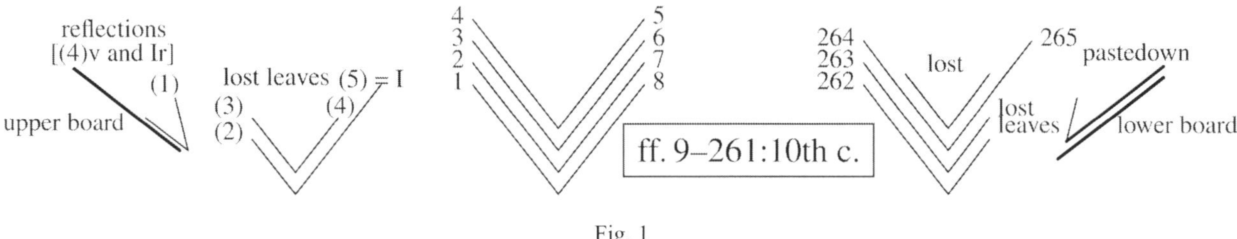

Fig. 1

In the 1480s, four more leaves seem to have been preserved preceding f. I (see **fig. 1**). There are more data supporting this hypothesis. First of all, the humanist hand of the quire numbers numbered f. 1 as if it were the first leaf of the second quire by writing no. 2 on it. Secondly, a sixteenth-century hand foliated f. I as 5, and a later hand continued the foliation as 6 on f. 1^{r}. Interestingly enough, the surface of f. Ir, which was formerly used as a pastedown and was forcefully detached later, remained on the inside of the wooden upper board as a mirror print. The violent removal of the former pastedown (now flyleaf: f. I) may explain the two types of mirror prints: the text from right to left is the mirror print of f. 1^{r} and the text leading normally from left to right is the double reflection of the verso side of the leaf formerly preceding f. 1. In this way, the inside of the upper wooden board preserved an exact copy of the otherwise lost text. These two sections constitute the consecutive end of the table of contents of book 1 of *De cerimoniis*[34]. It would be difficult to find another explanation for how tenth-century ink could have otherwise been copied onto the fifteenth-century wooden board[35]. All these data lead to the conclusion that the first four leaves of the volume were lost after the 1490s. The similar loss of the tenth-century leaves subsequent to f. 265 (see **fig. 1**) cannot be dated with such precision.

(2) The eleventh-century copy of John Chrysostom's Homilies on the Gospel according to Matthew (Vienna, ÖNB, Suppl. gr. 4: 340 × 250 mm) still maintains its Corvina binding (355 × 255 × 95 mm) and the title in Latin at the bottom of the upper cover: *CHRYSOSTOMUS SUPER EVĀGELIA*[36]. Before the front and after the back of the volume, leaves were inserted from another manuscript (see **fig. 2**), namely an eleventh-century copy of the Life of Ioannicus (†846) (BHG 937) from a *menologion*[37], a Byzantine collection of saints' lives arranged according to the liturgical calendar. In this case, the similar appearance of the script counted for the binder, who could not read the Greek content of the recycled leaves. The Arabic quire numbers in the upper right margin of the recto side of the first leaf of each quire are to be ascribed to the same hand that numbered the quires of the three other codices (no. 1, 3–4)[38]. The difference between the Byzantine

f. 131^{r}: 19; f. 139^{r}: 20; f. 147^{r}: 21 (trimmed upper part); f. 155^{r}: not visible; f. 163^{r}: 23 (trimmed upper part); f. 171^{r}: leaf lost after binding; f. 179^{r}: not visible; f. 187^{r}: not visible, f. 195^{r}: not visible; f. 203^{r}: leaf lost after binding; f. 211^{r}: <2>9 (trimmed upper part); f. 222^{r}: 31 (trimmed upper part); f. 230^{r}: 32; f. 238^{r}: 33; f. 246^{r}: 3<4>; f. 254^{r}: not visible; f. 262^{r}: not visible.

[34] For more on the table of contents see FEATHERSTONE, Preliminary Remarks 466–468.

[35] The suggestion by FEATHERSTONE that the Corvina binder preserved the Byzantine wooden board has been rejected by specialists. J. M. FEATHERSTONE, Further Remarks on the *De cerimoniis*. *Byzantinische Zeitschrift* 97 (2004) 113, n. 2. The fact that the first four leaves seem to have been lost after 1490, as well as the careful application of the wooden board to the *alla greca*-type Corvina binding, tend to support the hypothesis that the wooden board was manufactured in Buda in the 1480s and that the text on it is a double reflection. The fact that the mirror reflection of the former f. $(4)^{v}$ appears on the flyleaf (f. I^{r}) also corroborates this hypothesis.

[36] See the description in H. HUNGER – Ch. HANNICK, Katalog der griechischen Handschriften der österreichischen Nationalbibliothek, Veröffentlichungen der österreichischen Nationalbibliothek, Bd. 4. Supplementum Graecum. Wien 1994, no. 4, 9–11 (hereafter: HUNGER, Katalog). The photo of the upper cover was published in CSAPODI–GÁRDONYI, Bibliotheca Corviniana, no. 221.

[37] For the reconstruction of its former quire see Vienna, ÖNB, suppl. gr. 4, f. 1ra incipit: <συγγε>νόμενος ἐπὶ τὴν φίλην = PG 116, 44A line 6, f. 1vb explicit: ὁ γε καὶ ὕστερον ἐξεβη · καθὰ καὶ περὶ = PG 116, 45A line 13; on f. 332^{r}a: καταπλαγέντες = PG 116, 48 B2, f. 332vb explicit ὄφιν οὔν τινα φοινικοειδὴ μέγιστον ἐκ ταύτης ὑπο<φαινόμενον> = PG 116, 49 B5, f. 333ra incipit: <ὑπο>φαινόμενον ἰδὼν = PG 116, 49 B5, f. 333vb explicit: ἔστρεφον καὶ ὅπως = PG 116, 52 B8, f. 2ra incipit: δράσας · τῶι τε τοῦ ἤθους = PG 116, 53 B8, f. 2vb explicit: τοῦ κλῆσιν εἰς αὐτὸν μετα<βαίνουσαν> = PG 116, 56 B8.

[38] I am indebted to my colleagues at the ÖNB, who generously allowed me to study the three manuscripts (nos. 2–4) simultaneously. The Arabic numbers in the upper right corner of the recto side of the first leaf of each quire appear in the following leaves: f. 1^{r}: 1; f. 3^{r}: 2; f. 6^{r}: 3; f. 14^{r}: 4; f. 22^{r}: 5; f. 30^{r}: 6; f. 39^{r}: 7; f. 48^{r}: 8; f. 56^{r}: 9; f. 64^{r}: 10; f. 72^{r}: 11; f. 80^{r}: 12; f. 88^{r}: 13; f. 96^{r}: 14; f. 104^{r}: 15; f. 112^{r}: 16; f. 120^{r}: 17; f. 128^{r}: 18; f. 136^{r}: 19 crossed out by the hand that foliated the volume; f. 144^{r}: 20; f. 152^{r}: 21;

and the Corvina binder's humanist quire numbers corroborates the hypothesis that it was the Corvina binder who installed the eleventh century double leaves in Buda[39]. It is possible that these two double leaves had been purchased as binding support. However, it is also likely that they originated from a Greek fragment collected in Buda and were recycled in this form with the purpose of preserving them.

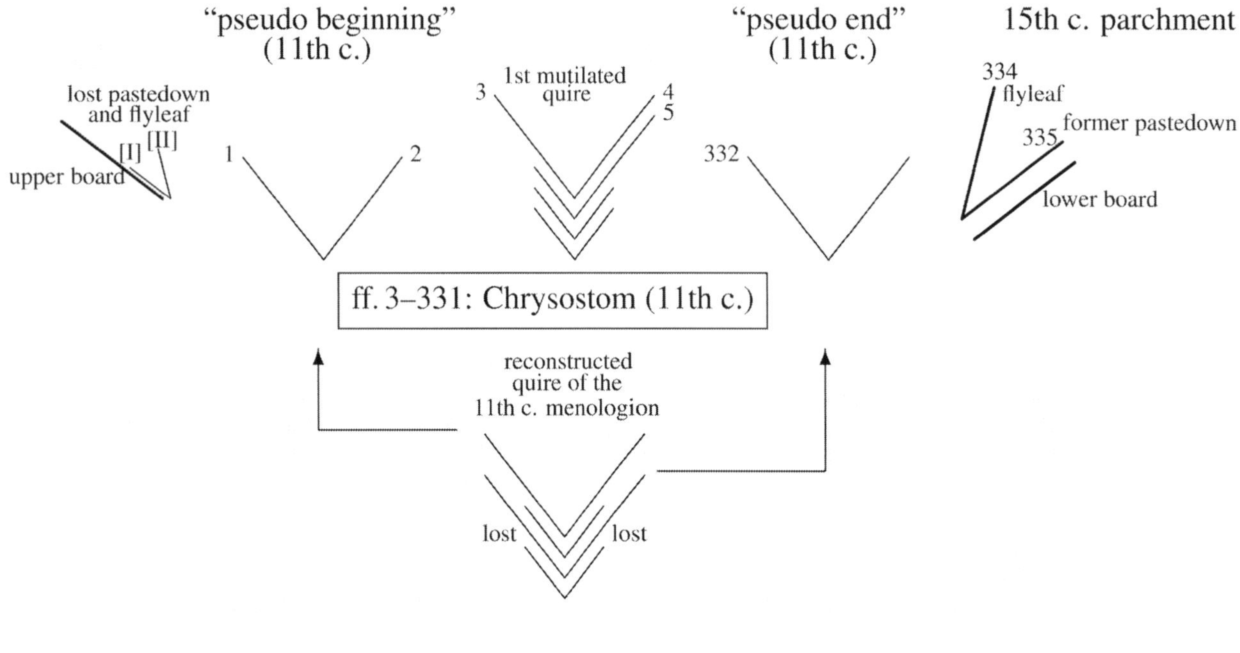

Fig. 2

(3) The Zonaras codex (Vienna, ÖNB, Hist. gr. 16: 315 × 235 mm) still preserves the fifteenth-century flyleaves that are now easily discernible as ff. IV–V and f. 479. They seem to have been installed by the Corvina binder preceding the front and subsequent to the back of a 14th century copy of the chronicle of the Byzantine historian, Zonaras (**fig. 3**). The Arabic quire numbers in the upper right margin of the recto side of the first leaf of each quire belong to the same hand that numbered the quires of the three other codices (no. 1–2, 4)[40]. The pastedown of the lower board (now flyleaf: f. 479) had already been detached in 1520, when

f. 160^{r}: 22; f. 168^{r}: 23; f. 177^{r}: number is missing; f. 184^{r}: 25, f. 192^{r}: 26; f. 200^{r}: 27; f. 208^{r}: 28; f. 216^{r}: 29; f. 224^{r}: 30; f. 232^{r}: 31; f. 240^{r}: 32; f. 248^{r}: 33; f. 256^{r}: 34; f. 264^{r}: 35; f. 272^{r}: 36; f. 280^{r}: 37; f. 288^{r}: 38; f. 296^{r}: 39; f. 304^{r}: 40; f. 312^{r}: 41; f. 320^{r}: 42; f. 328^{r}: 43; f. 330^{r}: 44. The double leaves of the last quires were numbered in the lower margin by the Corvina binder: f. 328^{r}: 1, f. 329^{r}: 2.

[39] The ff. 3–5 in Chrysostom's codex (ÖNB, Suppl. gr. 4), which contain the manuscript's table of contents and two epigrams that also appear in other eleventh-century codices with Chrysostom's homilies (e.g. Athens, National Library, cod. 2553, f. 1^{v}), are in poor condition, in contrast to the bifolium preceding these damaged leaves. It is quite implausible to presume that a Greek binder could have inserted leaves with irrelevant content just to improve the aesthetic appearance of the codex, which would habe been later inherited by the Corvina binder. That is why Buda is very likely that the bifolia were inserted in, especially because the principle of symmetry was carefully observed.
The Greek numbers are often not visible because 3–4 mm were trimmed off – and along with them, the Greek numbers – when the codex was rebound in Buda. However, some of the Greek quire numbers also appear in the upper right corner of the recto side of the first leaf of each quire: f. 30^{r}: δ΄ (4); f. 88^{r}: ια΄ (11); f. 208^{r}: κ<ς>΄ (26); f. 224^{r}: κ<η>΄ (28); f. 296^{r}: λ<ζ>΄ (37); f. 304^{r}: λ<η>΄ (38). The Greek quire numbers do not embrace ff. 3–5, which contain the codex's table of contents and which were inserted after finishing the body of the text of the original Greek codex. These leaves have the same ruling pattern as those containing Chrysostom's homilies, and the content of the codex has been copied by the same scribe who had copied the saint's homilies.

[40] The quire numbers of the Corvina binder are sometimes discernible only with UV lamp. When the codex was rebound, the upper parts of these numbers were occasionally trimmed. However, the reading of numbers here was ascertained in the original manuscript. ÖNB hist. gr. 16, f. 17^{r}: 3; f. 25^{r}: 4; f. 33^{r}: 5; f. 41^{r}: 6; f. 49^{r}: 7; f. 57^{r}: 8; f. 65^{r}: 9; f. 73^{r}: 10; f. 81^{r}: 11; f. 89^{r}: 12; f. 97^{r}: 13; f. 105^{r}: 14; f. 114^{r}: not visible; f. 121^{r}: 16; f. 129^{r}: 17; f. 137^{r}: not visible; f. 145^{r}: 19; f. 153^{r}: 20; f. 161^{r}: not visible; f. 169^{r}: <2>2; f. 177^{r}: <2>3; f. 185^{r}: not visible; f. 193^{r}: 25; f. 201^{r}: 2<6>; f. 209^{r}: <2>7; f. 217^{r}: not visible; f. 225^{r}: 29; f. 233^{r}: 30; f. 241^{r}: 31;

Philip Gundel copied a note saying that he had translated an extensive section of the volume[41]. It may be illustrative for the history of the volume's binding that Johannes Cuspinianus, who had acquired the Zonaras codex in Buda in 1513 and kept it with him for a long time, was afraid of the manuscript being transported to Nürnberg because of the risks concerning its preservation[42]. The manuscript catalogue of the Hofbibliothek in Vienna, compiled in 1576, describes the codex as being gilded on the outside, with a possible reference to its gilded edges[43]. Although the codex was rebound 1754 in Vienna, the rosette motives enclosed within the diagonal squares on the gilded edges of this codex seem similar to those stamped on the gilded edges of the other Corvina volumes bound in the characteristic gilded leather Corvina binding. As the single difference is the absence of the rosette motives compared to the rebound Greek Corvinas (nos. 1–2), the edges of the Zonaras codex seem to have been remade in the 18th century with the aim of restoring the faint decoration of the edges.

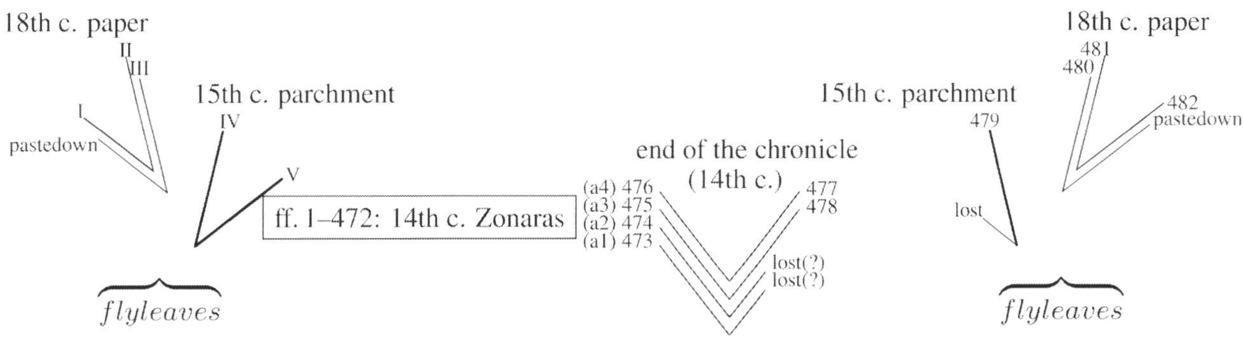

Fig. 3

(4) I managed to identify the voluminous Gregory of Nazianzus codex (ÖNB, Suppl. gr. 177), copied in the 10th century, as an authentic Corvina only recently[44]. This identification was based on two independent circumstances. On the one hand, codex suppl. gr. 177 is identical to the volume which the Nürnberg humanist Willibald Pirckheimer (1470–1530) received in 1529 from Johannes Heß (1490–1547), a theologian and humanist in Breslau (Wrocław). Pirckheimer says that the vast manuscript originated from the "booty of

f. 249^{r}: 32; f. 257^{r}: 33; f. 265^{r}: 34; f. 273^{r}: 35; f. 281^{r}: 36; f. 289^{r}: 37; f. 297^{r}: not visible; f. 305^{r}: 39; f. 313^{r}: 4<0>; f. 321^{r}: not visible; f. 329^{r}: not visible; f. 337^{r}: 43; f. 345^{r}: not visible; f. 353^{r}: 45; f. 361^{r}, f. 369^{r} and f. 377^{r}: not visible; f. 385^{r}: <4>9; f. 393^{r}: not visible; f. 401^{r}: 5<1>; f. 409^{r}: 5<2>; f. 417^{r}: <5>3; f. 425^{r}: 54; f. 433^{r}: 55; f. 441^{r}: 56; f. 449^{r}: 57; f. 457^{r}: 58; f. 465^{r}: 59. The double leaves of the last quires were numbered in the lower margin by the Corvina binder: f. 473^{r}: a1; f. 474^{r}: a2; f. 475^{r}: a3; f. 476^{r}: a4.

41 ÖNB hist. gr. 16, f. 479^{v}: μετάφραζον ἐγω Φίλιππος ὁ Γουοδελίος εἰς τὸ ρωμαϊκὸν ἀπὸ μιχαὴλ τοῦ αργυροπύλου εἰς τὸ τέλος ἔτους α,φκ.

42 J. Cuspinianus answered Willibald Pirckheimer's request to study the manuscript in the following words (Vienna, 18 October 1515): *Sic repperi in bibliotheca regia Budae tum multos insignes codices, tum illum praecipue Johannem Monachum, qui sub Alexio Comneno claruit et graece historiam ab exordio mundi ad sua usque tempora elegantissime scripsit, imperatores praesertim graecos illustravit, de quo tibi caesar scripsit. Sed liber portatilis non est, et ego periculo itineris committere non audeo, quod fidem meam regi obstrinxi. Et quod credam aliud exemplar non esse neque in Italia neque in Francia. Maxima igitur eret iactura reipublicae litterariae, si tantum opus periclitaretur incuria nostra.* See its edition in H. ANKWICZ-KLEEHOVEN, Johann Cuspinians Briefwechsel. München 1933, no. 33, 70–73.

43 See the catalogue compiled by Hugo Blotius in 1576, f. 81^{r} (E 1550): *manuscripta in charta pergamena et extrinsecus deauratus.* H. MENHARDT, Das älteste Handschriftenverzeichnis der Wiener Hofbibliothek von Hugo Blotius 1576, Kritische Ausgabe der Handschrift Series Nova 4451 vom Jahre 1597 mit vier Anhängen. Wien 1957, 98 (hereafter: MENHARDT, Handschriftenverzeichnis).

44 The method used for the identification will be described in an upcoming publication by the National Széchényi Library. My paper on this topic was presented on 7 December 2009 at a local conference at the National Library in Budapest, and bore the title: 'Willibald Pirckheimer és a Budáról származó görög kódexei' (Willibald Pirckheimer and his Greek codices originating from Buda).

Hungary", probably referring to the various goods pillaged and sold after the battle of Mohács in 1526[45]. The volume's table of contents, mentioned in Heß's letter, was preserved among Pirckheimer's documents, which proved to be identical with that of the codex suppl. gr. 177[46]. The binding of this codex contains the coat of arms of Johannes Heß, who sent the Gregory of Nazianzus codex to Pirckheimer and refers to the year 1528[47]. On the other hand, the Arabic quire numbers in the upper right margin of the recto side of the first leaf of each quire originate from the same hand, namely that of the Corvina binder who also numbered the quires of the three other codices (no. 1–3)[48]. Furthermore, the same hand numbered the double leaves in the lower margin of the recto side of the first four leaves of each quire. These numbers demonstrate without any doubt that codex suppl. gr. 177 was in Buda in the 1480s.

As for the problem of how the Gregory of Nazianzus volume was disbound and restored by the Corvina binder in Buda in the 1480s, the careful numbering of the double leaves throughout the entire vast volume indicates that this volume was taken apart into double leaves and resewn afterwards. At present it is not possible to say whether the rebinding was completed. Nevertheless, the fact that the Gregory of Nazianzus codex was rebound in Breslau in 1528 would support the hypothesis that the rebinding of this codex was interrupted when the Corvina binder left Buda in 1490 (see **fig. 4**).

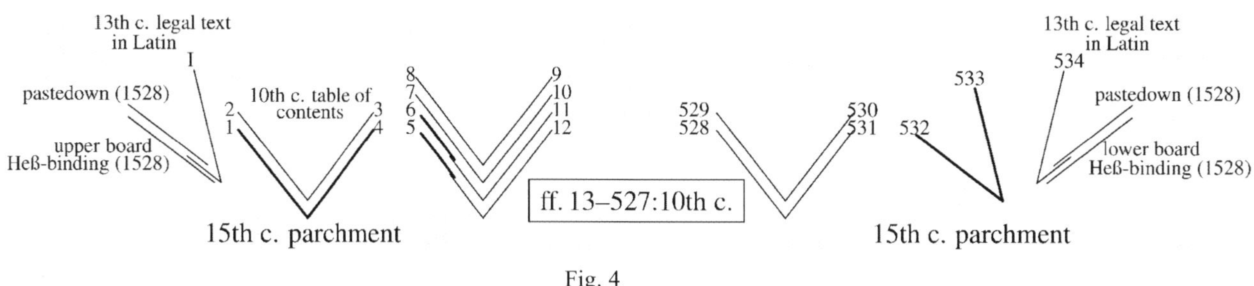

Fig. 4

In addition to the humanist quire numbers, the insertion of the fine fifteenth-century parchment leaves might also be ascribed to the Corvina binder. Similarly to ff. 532–533, ff. 1, 4 could have functioned as flyleaves before the codex was rebound for Heß, as the examples of nos. 2–3 would imply. It must have been Heß's binder who transferred the double leaf of ff. 1, 4 in order to protect ff. 2–3, which comprise the vol-

---

45 H. SCHEIBLE, Willibald Pirckheimers Briefwechsel, Bd. VII. München 2009, no. 1219, 190–192 (Johannes Heß to Pirckheimer, Breslau, 4 April 1529): *S<alutem>. Indicem thesauri verius quam libri ideo ad te opt<imum> patronum misi, ut mecum gauderes graciasque ageres deo nostro, quod haec dona ex media Grecia nobis largitus est et Nazianzenum vetustiss<imum> servavit utcunque et nostris oculis, licet non omni ex parte integrum (desunt enim aliquae membranae).* Ibid. no. 1227, 210–212 (Pirckheimer's letter to Georg Spalatin, Nürnberg, 15 May 1529): (l. 34–40) *Interim mitto orationem Nazianzeni De officio episcopi, ut videas, quemadmodum podagram meam consoler. Nactus praetera sum codicem graecum eiusdem Gregorii ex Ungariae spoliis ultra quinquaginta opuscula eiusdem sanctissimi et doctissimi viri continentem. Ex quibus, si deus voluerit, pleraque latine eloqui incipiam, licet assidue fere aegrotem.* This letter is the basis of a lost Corvina item on the list compiled by CSAPODI, *Stock*, no. 306. The "booty from Hungary" may refer to codices looted in Buda after the battle of Mohács. Among the Greek codices that might have been part of this booty are: Vienna, ÖNB, hist. gr. 8 (Nicephorus Callistus Xanthopulus), phil. gr. 289 and Munich, BSB, cod. gr. 157.

46 London, BL, Arundel, 175, ff. 37^{r}–38^{r}. See the description of the content in N. HOLZBERG, Willibald Pirckheimer, Griechischer Humanismus in Deutschland. München 1981, 358.

47 See the description of the codex and its binding in HUNGER, Katalog, no. 177, 304–310.

48 There are easily visible Arabic quire numbers in ÖNB suppl. gr. 177, ff. 5^{r}–173^{r} in the upper right corner. In addition, in the lower right corner there are quire signatures which could be ascribed to Johannes Heß's binder: ff. 5^{r}–173^{r}: lower case Gothic letters from b–z; ff. 151^{r}–352^{r}: also lower case Gothic letters from a–z; finally ff. 360^{r}–528^{r}: upper case Gothic letters from A–Y. The Corvina binder did not number the first truncated quire but Heß's binder did so. The vast codex was originally bound in two volumes, the second part began on f. 264^{r}. In the second part, the Greek quire numbers are clearly visible. This is why the Corvina binder did not find it necessary to apply his own system in this part.
See the Corvina binder's quire numbers and those of Heß's binder in parentheses: f. 5^{r} (in the completion of the truncated leaf) 1 (b); f. 13^{r}: 2 (c); f. 21^{r}: 3 (d); f. 29^{r}: 4 (e); f. 37^{r}: 5 (f); f. 45^{r}: 6 (g); f. 53^{r}: 7 (h); f. 61^{r}: 8 (i); f. 69^{r}: 9 (k); f. 77^{r}: 10 (l); f. 85^{r}: 11 (m); f. 93^{r}: 12 (n); f. 101^{r}: 13 (o); f. 109^{r}: 14 (p); f. 117^{r}: 15 (q); f. 125^{r}: 16 (r); f. 133^{r}: 17 (s); f. 141^{r}: 18 (t? washed); f. 149^{r}: 1<9> (trimmed) (v); f. 157^{r}: 20 (x); f. 165^{r}: 2<1> (y); f. 173^{r}: <22> (z).

ume's table of contents. Remarkable evidence of how the old Greek volumes were treated as objects, the heavily truncated leaves (ff. 5–6) were complemented in the 15th century; this is demonstrated by the fact that quire number 1 on f. 5^{r} was copied in the newly complemented part and belongs to the Corvina binder's quire system[49]. The flyleaves containing legal texts from the 13th century could have been inserted only by Heß's binder.

It was precisely in the late 1510s that humanist envoys from Vienna visited the royal court at Buda and consulted Latin and Greek manuscripts there, that is, while the four separate units of the Mynas codex were being bound a few hundred meters from the royal palace in Buda. In addition to a deluxe copy of Lysias' Speeches, there was an important tenth-century collection on military engineering that also must have been valuable for the royal library of Matthias Corvinus – particularly for its drawings of missiles and artillery[50].

Thus, as a tenable explanation for the creation of this strange composition, I suggest that the four units of the Mynas codex originate from the book collection of the royal court that lost its responsible keeper when Taddeo Ugoleto, the royal librarian, left Buda and returned to Parma after Matthias' death. Anyone in the royal court could have easily acquired and rescued bits and pieces of the neglected manuscripts.

THE DELUXE LYSIAS CODEX

The unsubtle association and the arrangement of the four units of the Mynas codex probably resulted from the binder's ignorance of Greek. Obviously his mastery of the language did not go beyond his proudly copying his name – in Greek letters but in the Latin language – onto the inside of the lower binding board of the Mynas codex. The confusion of the extant leaves coincided with the simultaneous loss of many other leaves, particularly with the loss of nearly three-fourths of Lysias' text, of which 36 leaves were preserved and 84 lost (see the structure in **fig. 6**)[51]. Concerning this dismantling of the leaves of the mid-fifteenth-century deluxe Lysias codex, it seems that the Corvina binder had started to prepare the Lysias codex, not yet available in Latin translation, for rebinding but could not finish it because he lost his job after the king's death in 1490. This interruption of the rebinding process can be detected in the Gregory of Nazianzus codex (above no. 4). However, it is also possible that the Lysias volume was purchased without binding. Both options can explain the surprising fact that Lucas Coronensis bound even the easily readable parchment leaves of the sumptuous mid-fifteenth-century copy of the Speeches of the Attic orator Lysias (ff. 104–129) in complete disorder.

---

[49] The insertion of the central double leaf (ff. 402–404: 404 is written on f. 403^{v}) could have easily taken place in Buda.

[50] Valturio's work entitled *De re militari* was available in two copies in the Corvinian library (Modena, Bibl. Estense Univ. Lat. 447 and Dresden, Sächsische Landesbibliothek Ms. R 28m). See the item description by Á. W. SALGÓ and M. RICCI in P. FARBAKY – E. SPEKNER et alii (ed.), Matthias Corvinus, the King, Tradition and Renewal at the Hungarian Royal Court, 1458–1490, Exhibition Catalogue. Budapest 2008, 300–301. In 1595, Iustus Lipsius wrote in one of his letters that there had been some discussion of the war machines of classical antiquity in the royal court of Matthias Corvinus. Justus LIPSIUS, Opera omnia, vol. II. Wesel, 1676, 755, epist. XXI. I am grateful to L. VESZPRÉMI for calling my attention to these data ['A magyar katonai gondolkodás első nyomai a Mohács (1526) előtti latin nyelvű forrásokban' (Traces of military thinking in Latin sources from Hungary before 1526), in: P. ÁCS, A magyar katonai gondolkodás története (History of military thinking in Hungary). Budapest 1995, 11–22]. See also the other volumes on war machines that were available in the Corvinian library, such as the volume of Vegetius and Taccola's codex in Paris (*Bibliothèque nationale*, Par. lat. 7239). Since the latter was brought from Istanbul to Paris, some scholars believe that this codex also originates from the Corvinian library. The military work in the possession of Orbán Nagylucsei (Budapest, National Széchényi Library, cod. Lat. 444) is also worth mentioning here.

[51] The reconstructed sequence of Lysias' leaves (the numbers refer to the leaves of the Mynas codex) is as follows: quinion 1: 104 + lost + 118 + 119 + 120/123 + 124 + 125 + lost + 113; quinion 2: 114 + 115 + 116 + 117 + lost/lost + 126 + 127 + 128 + 129; 5 quinions are missing; quinion 8: 105 + 106 + 107 + 108 + 121 / 122 + 109 + 110 + 111 + 112; 3 quinions are missing. The gaps in the Lysias text are: between f. 104 and f. 105: Lysias, *Or*. 1. 12–22: (f. 104^{v}) ἡ δὲ τὸ μὲν πρῶτον οὔκ ἤθελεν ... (f. 118^{r}) ποίησεν. καὶ μετὰ ταῦτα διεγένοντο...; between f. 125 and f. 113 with Lysias, *Or*. 2. 32–44: (f. 125^{v}) ἀμφότερα δὲ οὐ δυνήσονται… (f. 113^{r}) ὕστερον δὲ Πελοποννησίων…; a bifolium between f. 117 and f. 126 with Lysias, *Or*. 3. 17–40: (f. 117^{v}) μόνος βαδίζων ἐντυγχάνω, δεινὸν δὲ… (f. 126^{r}) ἡμεῖς πρὸς ἀλλήλους… (f. 129^{v}) ἀλλ' ὅ τι ψεῦδος περὶ αὐτῶν μηνύσαντες…, (the blank space here is to be explained with the loss of two leaves in Pal. gr. 88, 5 quinions between f. 129 and f. 105 with Lysias, *Or*. 5. 5 – 19. 35) (f. 105^{r}) πάντες ἐπίστασθε Κόνωνα μὲν ἄρχοντα…; 3 quinions following f. 112 with Lysias, *Or*. 22. 8 – 34. 11: (f. 112^{v}) αὐτοὺς ὀβολῷ μόνον πωλεῖν up to the end of Lysias' Speeches. There are catchwords on ff. 113^{v}, 129^{v}, 112^{v}.

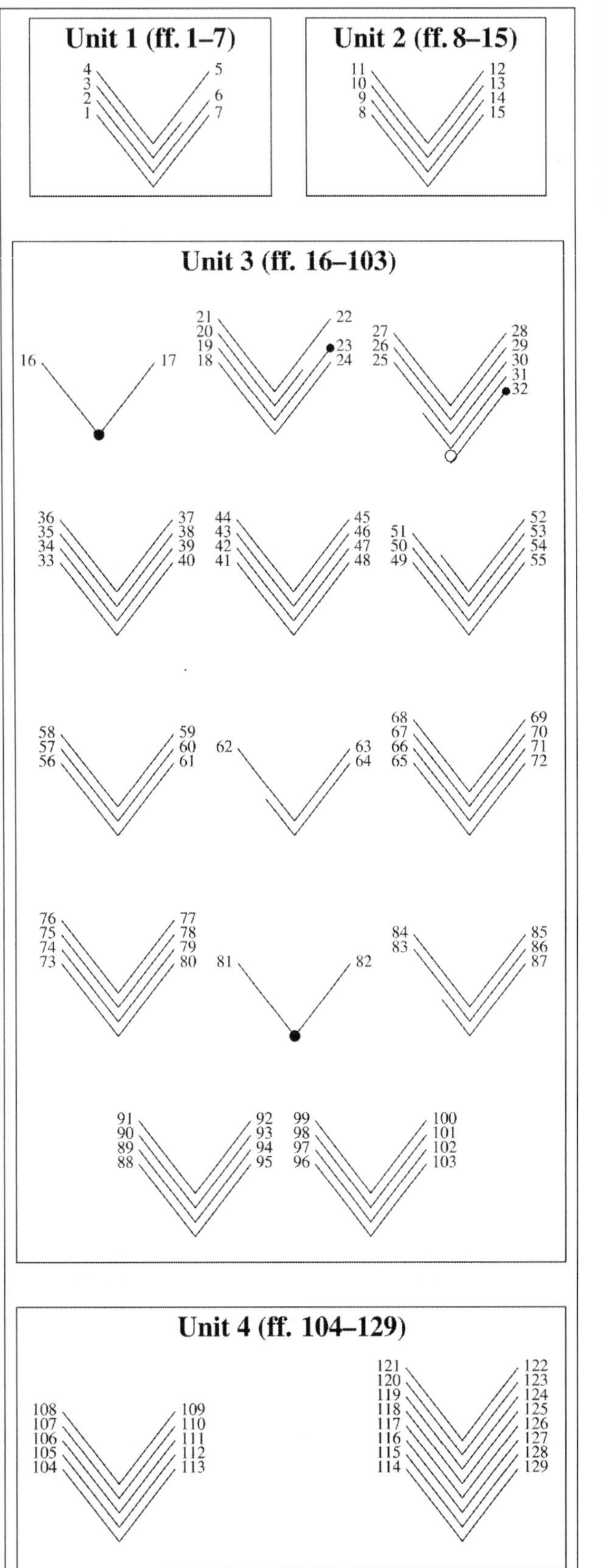
Unit 1 (ff. 1–7)
Unit 2 (ff. 8–15)
Unit 3 (ff. 16–103)
Unit 4 (ff. 104–129)

Fig. 5

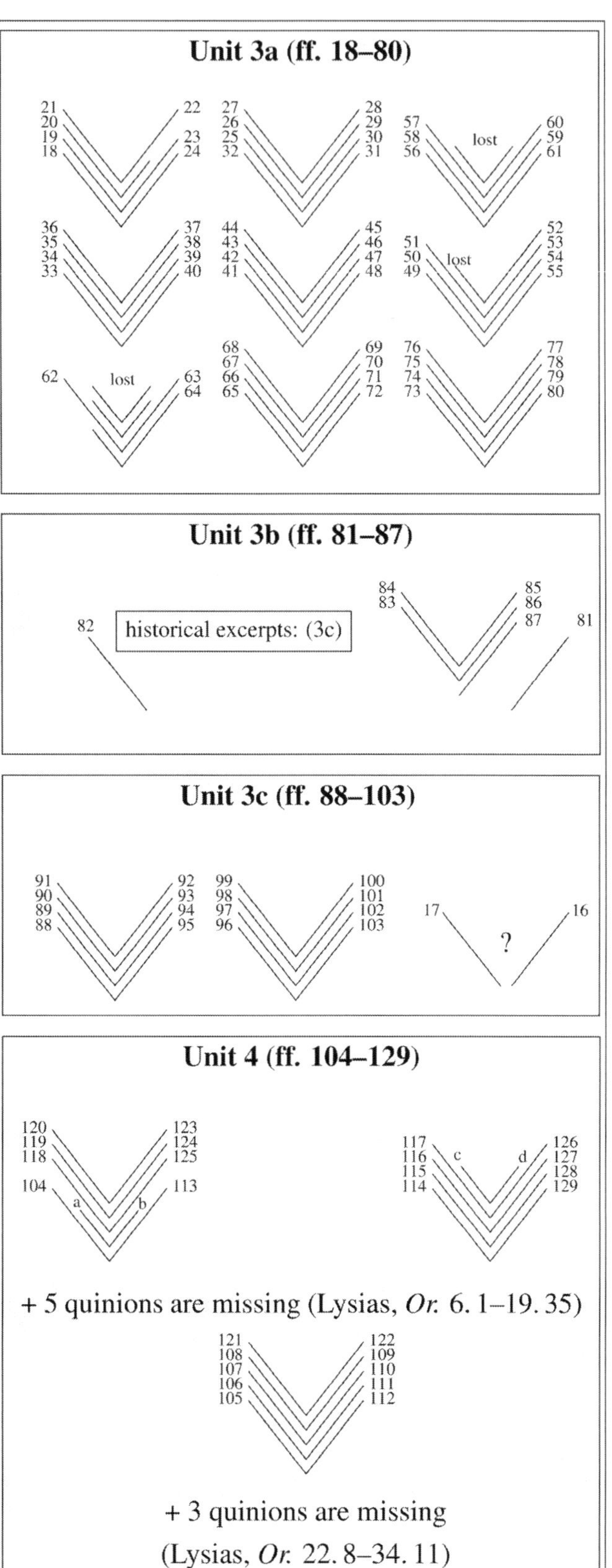
Unit 3a (ff. 18–80)
lost
lost
lost
Unit 3b (ff. 81–87)
historical excerpts: (3c)
Unit 3c (ff. 88–103)
?
Unit 4 (ff. 104–129)
+ 5 quinions are missing (Lysias, Or. 6. 1–19. 35)
+ 3 quinions are missing
(Lysias, Or. 22. 8–34. 11)

Fig. 6

SOSOWER suggests the following argument for the idea that the original codex of the Mynas codex's Lysias fragments once belonged to the Italian humanist Giovanni Aurispa (1376–1459)[52]. The inventory of his library contains a reference to a Lysias (no. 67. *Item orationes Lisiae, in cartis membranis, sine albis*)[53]. Since Lysias was not translated into Latin until the sixteenth century, the item had to be a Greek parchment manuscript. Besides the Lysias fragments of the Mynas codex, SOSOWER could not find any other codex that fits the description: it is a parchment copy, old enough so that it could have belonged to G. Aurispa, and its exact mid-fifteenth-century affiliation is unknown, unlike all the other Lysias parchment copies of the same period. In addition, SOSOWER identifies the archetype of the Lysias fragments. They originate from Vat. gr. 1366, which was a paper copy made by Joannes Thettalus Scutariotes in 1453 from the single extant complete Lysias manuscript, Pal. gr. 88. This manuscript was owned by the Florentine politician and humanist Palla Strozzi (ca. 1373–1462), who was in exile in Padua at that time. Vat. gr. 1366 seems to have been designed as a reliable sample copy that faithfully reproduced the most complete Lysias corpus (Pal. gr. 88). The archetype was bound in 11 quinions and a binion, a constitution of gatherings that the reconstruction of the Lysias fragments of the Mynas codex manifests (the 3 quinions in **fig. 6**). In addition to the Mynas codex, there are only two parchment codices made from the same archetype (Vat. gr. 1366)[54]. Moreover, the number of the other fifteenth-century parchment copies is relatively small[55]. In view of this shortage of parchment copies, therefore, the former Lysias codex of the fragments preserved in the Mynas codex should be considered a deluxe copy, something which is also reflected in its large margins (written space of 188 × 110 mm to a page of 275 × 203 mm; 24–25 lines to a page).

THE TENTH-CENTURY MILITARY COLLECTION

The disorder in the tenth-century part of the Mynas codex also seems to have been created partially in Buda. Interestingly enough, in both cases (between ff. 16–17 and ff. 81–82) when the binder Lucas Coronensis mended narrow parchment strips with a thirteenth-century Latin theological treatise on them (**pl. 2/1** inner margin)[56], he managed to change the sequence of the leaves by mistake (the instalments are marked by small black circles in **fig. 5**). At the same time, he incorrectly mounted f. 32 to the quire of ff. 25–31. Therefore, he must have received – according to these mistakes – at least these 6 leaves also as separate. Although it disagrees with SCHÖNE's reconstruction[57], this hypothesis can explain several contradictions in the codex.

The different ruling of the parchment and the unidentical number of lines on the pages demonstrate that the leaves occupy the wrong position in SCHÖNE's reconstruction. Both the artillery texts and the historical excerpts were copied on parchment leaves with 34 ruled lines to a page, while the Philostratus and Aristodemus fragments were copied on parchment without ruling[58]. Since both the military manuals and the historical excerpts on sieges were copied on parchment with the same ruling type in very close scripts, they seem to belong together (**pl. 2/1–2**). Thus, it seems reasonable to locate 3c (ff. 16–17, 88–103) after 3a (ff.

---

52 M. L. SOSOWER, Palatinus Graecus 88 and the Manuscript Tradition of Lysias (henceforth: SOSOWER, Lysias). Amsterdam 1987, 48–50, 54–55.

53 A. FRANCESCHINI. Giovanni Aurispa e la sua biblioteca (*Medioevo e umanesimo* 25). Padua 1976, 72.

54 One of them, copied by J. Thettalus Scutariotes, (Vat. gr. 66: IV leaves with table of contents + 11 quinions) belonged to Joannes Argyropulus, and was sold to Bartolomeus Manfredus, custodian of the Vatican Library from 1481–84. The other one, also copied by Scutartiotes (now Moscow, University Library, gr. 3, 10 quinions and 3 quaternions), belonged to Cardinal Domenigo Grimani's library in the late 15th century. SOSOWER, Lysias 51–53.

55 Urb. gr. 131 later belonged to the library of Frederigo da Montefeltro; Venice, Marc. gr. 522 (colloc. 317) was copied for Cardinal Bessarion in 1464–68; and the codex Marcianus Appendicis VIII.1 (coll. 1159) was copied in Florence between 1492–3. SOSOWER, Lysias 38–39, 56–57, 67–68.

56 The parchment strips contain a Latin theological treatise written in the thirteenth-century Gothic cursive minuscule characteristic of the University of Paris. See the text between f. 15 and f. 16: *mirabantur eius clementiam et dignitatem Augustinus bonum admirabatur non malum suspicabatur* ... There are two more instalments that were glued to support the torn outer margin of the codex (f. 23^v and f. 32^v).

57 SCHÖNE, *Mynascodex*, 442.

58 See f. 83^v, the front of the Aristodemus text, has 36, while f. 81, the beginning of the Life of Apollonius of Tyana, as well as ff. 84–87 have 39 lines to a page.

18–80, 82). It is probable that part 3b (ff. 83–87, 81) was added to the end of the military collection (**pl. 2/3–4**). If this hypothesis is correct, 3b (ff. 83–87, 81) was originally located at the back of the tenth-century codex. Thus these two sets of excerpts, (1) the arbitrarily copied passages of Aristodemus which retell Greek military history of the 5th century BC, and (2) the excerpts from the life of Apollonius which speak of his vegetarian diet and extraordinary lifestyle, which are close in content to short recipes copied on f. 83^r (**pl. 2/3**), should have concluded the former tenth-century codex. By this analogy, it is not necessary to assume that ff. 16–17 once belonged together. It is highly probable that more leaves were available in the 15th century than now of part 3c (ff. 16–17, 88–103) with the historical excerpts.

I will now attempt to establish the composition of the tenth-century core of the Mynas codex and reconstruct how some of its bifolia had been intermingled before arriving at Buda.

All three military collections, parallel to the Mynas codex, contained a work on defensive strategies, called *Anonymi de obsidione toleranda*[59], dated to the reign of the Byzantine emperor Constantine VII (sole reign: 945–959). These codices, which show similarities in structure to Par. suppl. gr. 607, demonstrate that historical texts and artillery manuals were combined in the tenth century during the sole reign of Constantine VII (**fig. 7**).

works	**1**	2	3	4
Athenaeus, *De machinis*	18r–24v, 32r–v, 25r–v	(2a) 1r–7v	95r–101r	(4b) 56–62
Biton, *De constructione machinarum*	25v–31v	(2a) 8r–14r	101v–105v	(4b) 62–68
Hero, *De mensura Chiroballistae*	56r–v, 58r–v, 57r–v	(2a) 14v–16v	105–118?	(4b) 68-71?
Apollodorus, *Poliorcetica*	60r–v, 59r–v, 61r–v, 33r–45v	(2a) 28r–45r	118r–137v	(4b) 79–92
Hero, *Belopoeica*	46r–55v			(4b) 71–79
Philo, *De telorum constructione*	—	(2a) 49r–66v	138v–165v	(4a) 63r–63v (4b) 92–125
Sextus Iulius Africanus	—	(2a) 82r–111v	—	(4a) 63v–90v
De obsidione toleranda	excerpts	(2a) 111v–131r	176v–188v	(4a) 90v–106r
Leo VI, *Militares constitutiones*	—	(2a) 162–257	189r–233v	(4a) 130v–214v, 106v–114r
Nikephoros Phokas, *De velitatione bellica*	—	(2a) 281r–308v		(4a) 235r–240v

1	=	**Par. suppl. gr. 607**
2	=	Escorial Υ.III.11 (2a) with Neapolitanus III-C-26 (Neap. 284) (2b)
3	=	Vat. gr. 1164
4	=	Barberinianus 276 (4a) with Par. gr. 2442 (4b)

Fig. 7

This comparison shows that the Mynas codex belongs to this family of codices, and, subsequent to f. 82, it may also have contained other works copied in the tenth century. DAIN established the following relationship among these codices (see **fig. 8**). DAIN's reconstruction, based on the textual evidence of the artillery

[59] The text was edited by H. VAN DEN BERG, Anonymus de obsidione toleranda. Leyden 1947. See the three manuscripts: Vat. gr. 1164, ff. 111^v–131^r; Barberinianus 276, ff. 90^v–106^r; Escorial Y.III.11, ff, 111^v–131^r.

manuals, does not differ much from that established by SCHÖNE, who claimed that cod. Escorial Y.III.11 was copied from cod. Vat. gr. 1164.

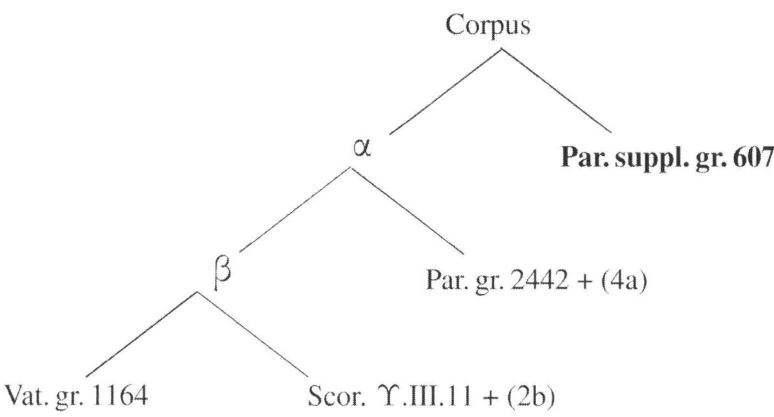

A. DAIN, La tradition du text d'Héron de Byzance. Paris 1933, 20.

Fig. 8

From this comparison the significance of cod. Barberinianus 276 and Par. gr. 2442, which once constituted a single codex, and of Par. suppl. gr. 607, is apparent. A handful of artillery manuals (Athenaeus' *De machinis*, Bito's *De constructione machinarum*, Hero's *De mensura Chiroballistae*, Apollodorus' *Poliorcetica*, the same Hero's *Belopoeica*, and perhaps also Philo's *De telorum constructione*) seem to constitute a corpus transmitted from antiquity. The respective supplement to the same cluster with the Anonymous' work *On the sieges*, on the one hand, and with the historical excerpts in the Mynas Codex, on the other, offers valuable material for contextualizing the influence of Constantine VII's excerpting project, which manifested itself in the *Excerpta Constantiniana* and its reception at the imperial court[60].

The dissemination of these artillery manuals seems to have been connected to the imperial court, especially in the second and third quarters of the 10th century, i.e. during the joint and sole reigns of Emperors Constantine VII, that of his son Romanos II (959–963), and the subsequent reign of Nikephoros II Phokas (963–969). Corroborating this hypothesis is the fact that in the military manuscripts parallel to the Mynas codex, there are works commissioned or compiled by emperors (Leo VI's *Tactica* and Nicephorus II Phocas' *De velitatione bellica*, which seems to be a later addition to the collection). Nevertheless, it would go beyond the scope of this study to discuss the connection between the historical excerpts of the Mynas codex and the famous Constantinian excerpts[61]. In addition to the date of the script, there is a strong argument for locating the central core of the Mynas codex was compiled in Constantinople, in the mid-tenth century, and placing its origin in the close circle of the Byzantine emperor Constantine Porphyrogenitus. The methodology of excerpting the historians on sieges in part 3c is identical to that of the Constantinian excerpts, and the coherent thematic omissions in part (3c) fit couple of the 53 Constantinian subject matters. The owner of this tenth-century military collection could have easily been a general who had access to the manuscripts pro-

[60] A. NÉMETH, The Imperial Systematisation of the Past in Constantinople: Constantine VII and His *Historical Excerpts* (forthcoming in the volume *The Encyclopaedia from Antiquity to the Enlightenment*, to be published by Cambridge University Press).

[61] DÜBNER suggested that these fragments may have belonged to the Constantinian Excerpts. F. DÜBNER, Sur un manuscrit grec contenant des extraits d'historiens. *Journal general de l'Instr. Publique* 32, no. 49 (21–I–1863) 479–480. Foucault, Les stratégistes 347–349. See the refusal of this hypothesis by J. IRIGOIN. Les manuscripts d'historiens grecs et byzantins à 32 lignes, in: Studia codicologica. Mélanges Marcel Richard (ed. K. TREU). Berlin 1977, 240.

duced on imperial commission. The palaeographical characteristics of its former last part (3b), copied after the preceding two clusters (3a and 3c), help to date this composition.

Part 3b (ff. 81, 83–87) contains extracts from Philostratus' *Life of Apollonius of Tyana* and Aristodemus. These were copied by the same hand, which differs from both the hand of the artillery manuals and that of the excerpts on the sieges of various towns (**pl. 2/1–4**). On f. 83ʳ some recipes were added by a hand very similar to the one that copied the passages taken from the writings of Aristodemus and Philostratus (**pl. 2/3**). The script of ff. 81–87 seems old enough to be dated to the early tenth century; some parallel hands still allow for a dating to the middle of the tenth century. The closest parallel hand to it is in Par. gr. 781[62]. This manuscript was copied under the joint reign of emperors Romanos I and Constantine VII in 939. If the hypothesis that this was the last addition to the codex is correct, the artillery manuals and the excerpts on the sieges should have been copied before. Thus, the tenth-century composition in the Mynas codex seems to be contemporaneous with Emperor Constantine VII. The extracts from Philostratus' and Apollonius' works are disordered in the quire, and not only because the leaves were intermingled later (see the codicological structure in **fig. 5** and **6**). The immediate interruption of Aristodemus' text on f. 87ᵛ, as well as Philostratus' excerpts on f. 81ᵛ, demonstrates that in each case the narrative continued on a lost leaf. This concludes what can be said about the Byzantine history of the tenth-century composite codex – the core of the Mynas codex.

DEMETRIUS TRIBOLES AND THE MILITARY COLLECTION

Attempts to reconstruct the Byzantine history of the military collection, the core of the Mynas codex, and its journey from Byzantium to Italy would lead us into the realm of speculation. The confusion of the leaves of the central part (3a) seems to originate partially from its Byzantine use, coming from the shared codicological and scribal errors of the Mynas codex and its fifteenth-century apograph (see below). SCHÖNE suggested that the tenth-century core of the manuscript belonged to Giovanni Aurispa (1376–1459), who brought 238 codices – including an Athenaeus volume – from Byzantium to Venice[63]. Aurispa wrote to Ambrogio Traversari several times (1424–1430) that he possessed the engineer Athenaeus' work περὶ μηχανημάτων, an old volume with illustrations. He offered this volume in exchange for old Latin codices. Since his bequest list does not contain this item, he must have sent it away or sold it before his death. However, his main argument that the Mynas codex is the only codex containing Athenaeus' work as the first one cannot be maintained. One parallel of the Mynas codex, an eleventh-century codex (Escorial Y.III.11), also preserves Athenaeus in the very first place, with a very similar collection of war machine constructions, so it can also be a candidate for Aurispa's codex[64]. Nor can it be excluded that Aurispa's copy has been lost. Sabadini – perhaps without knowing about the other codices – identified Aurispa's Athenaeus volume with Vat. gr. 1164, one of the three military collections parallel to the Mynas codex. His identification, however, does not seem to be correct because Athenaeus is in the middle of the codex (ff. 95ʳ–101ʳ) so that Aurispa could hardly label this manuscript as an Athenaeus volume.

The earliest date and place when the tenth-century core of the Mynas codex can be attested to is from 1469–70 in Rome, where some of its artillery manuals were copied by Demetrius Triboles in a codex which is now in Vienna (ÖNB, Phil. gr. 140)[65]. WESCHER's hypothesis[66] that ÖNB, Phil. gr. 140 was copied par-

---

62 Par. gr. 781 contains Chrysostom, copied by Stylianos (ruling type II, 4b). M. L. AGATI, La minuscula "bouletée". Vatican City 1992, I, 280–281. See also K. and S. LAKE, Dated Greek minuscule manuscripts to the year 1200, vol. 4. Boston 1935, no. 137. There are some other parallels without precise date in AGATI, Bouletée, vol. 2, tab. 16a–b (Patmiacus 24), tab. 34 (Par. gr. 763), tab. 73 (Par. gr. 139), tab. 110 (Escorial Ψ.III.18), tab. 117 (Patmiacus 13), tab. 184 (Moscow, Syn. gr. 284), and tab. 185 (Oxford, Bodleian, Barocc. 174).

63 See SCHÖNE, Mynascodex, 445, n. 2; ROZSONDAI, Lucas Coronensis 524. See the letters in R. SABBADINI, Carteggio di Giovanni Aurispa. Roma 1931, letter nos. VIII, XXIII, LII, LIII, LIIII, LV, on p. 13, 51, 67, 69, 70, 72.

64 Francisco Maturancio donated this codex to the Monastery of San Pietro de Perusa; later Hurtando da Mendoza obtained the manuscript. Its history before Francisco Maturancio is unknown: cf. G. DE ANDRÉS, Catalolgo de los Códices Griegos de la Real Biblioteca de el Escorial II. Madrid 1965, 157–159.

65 I am indebted to Ernst GAMILLSCHEG45 for identifying the scribe as Demetrios Triboles. See his activity in Repertorium der griechischen Kopisten (RGK) 1A n°103 and in A. OLEROFF, Démétrius Trivolis, copiste et bibliophile' (hereafter: OLEROFF, Dé-

tially from the Mynas codex was confirmed by both a codicological analysis and the comparison of the texts of both manuscripts. ÖNB, Phil. gr. 140 not only contains all the figures of the Mynas codex but also repeats its irregularities, which resulted from the disordered succession of its bifolia at several points[67]. One particular point assures us of the direct connection between the two: Hero's work *On the construction of cheiroballista* appears in the wrong sequence in Par. suppl. gr. 607 (the correct sequence would be ff. 56, 58, 57). Although the text was transmitted unfinished and terminates on f. 57, the fifteenth-century copy terminates on f. 63^{r} –not at the real end of the work but on f. 58^{v}, just as the Mynas codex does, and leaves the remaining part of its quire blank.

Interestingly enough, it is the very same codex (Vienna, ÖNB, Phil. gr. 140) that also occurs among the works listed in the famous letter J. A. Brassicanus attached as a preface to the edition (Basel, 1530) of Salvianus' work (*De vero iudicio et providentia Dei*), often quoted in the context of the Corvinian Library: [...] *Heronis Alexandrini περὶ βελοποιΐας*... Cod. phil. gr. 140 preserves J. A. Brassicanus' ex libris (f. III^{r}); thus, this seems to be the manuscript Brassicanus was thinking of in the preface. Although there is no evidence – besides the Diodorus codex (Vienna, ÖNB, Suppl. gr. 30) – that other items from his list belonged to the Bibliotheca Corviniana, such an origin can also not be excluded[68]. In addition to the artillery manuals, cod. Phil. gr. 140 contains some astronomic works and tables of the Neo-Platonist philosopher Gemistus Pletho (1355–1452/54), who was a teacher of the later Cardinal Bessarion (1403? –1472)[69]. Gemistus Pletho promoted Plato's teachings against Aristotle while giving lectures during the council in Florence, which was a major event in shaping the intellectual horizon of the Italian Renaissance. The scribe of the codex, Demetrius

métrius Trivolis). *Scriptorium* 4 (1950) 260–263. The codex is described with some incorrect details (watermark, quires) in Katalog der griechischen Handschriften der österreichischen Nationalbibliothek, 1. Codices Historici, Codices Philosophici et Philologici (ed. H. HUNGER and alii) (hereafter: HUNGER 1). Wien 1961, 245–246.

[66] WESCHER, Poliorcétique XXXV–XXXVI.

[67] Hero: *De dioptra*: Par. suppl. gr. 607, ff. 62–80 = ÖNB Phil. gr. 140, ff. 31^{r}–59^{r}; Hero: *De constructione et mensura chiroballistae*: Par. suppl. gr. 607, ff. 56–58 (the correct sequence of the ff. 56, 58, 57) = ÖNB phil. gr. 140, ff. 59^{v}–63^{r}. This case assures the direct connection without any doubt: the text ends with the same word both in Par. suppl. gr. 607, f. 58^{v} and ÖNB phil. gr. 140, f. 63^{r} (δὲ ἀπαλλήλλων δὲ δακτύλους ΒΣ). At the end of the quire in ÖNB phil. gr. 140, the scribe left 4 folia blank. Hero: *Belopoeica*: Par. suppl. gr. 607, ff. 46^{r}–55^{v} = ÖNB phil. gr. 140, ff. 64^{r}–77^{r}.

[68] The following manuscripts can be identified from Brassicanus' list (the identifications are in brackets in the preface cited from the Salvianus edition [Basel, 1530, ff. B_{ii}^{v}– B_{iii}^{v}]): *Nunc Salvianum* [ÖNB Cod. Lat. 826; Basel, 1530] *tuum accipe, princeps optime, tuum inquam tibi tuoque felicissimo nomini inscriptum: quem si tibi, uti iure optimo meretur, placuisse intellexero, curabo quanta fide potero, ut & alia, quae adhuc in Bibliotheca nostra sunt innumera, & praecipue graeca, nempe Chrysostomi diversa in sanctos encomia, Origenis librorum Epitome per Gregorium theologum & Basilium Magnum digesta, Severiani Gabalorum Episcopi in Genesim conciones XIIII. Gregorii Nysseni in Genesim enarrationes,* [Péter Tóth suggested an insecure identification with ÖNB theol. gr. 278] *Basilii Magni hexaëmeron integrum, & longe copiosius quamque vel ab Argyropylo, vel ab Eustachio ad Syncleticam Germanam in linguam latinam conversum sit, Nazianzeni ac Basilii multa nunquam adhuc visa vel edita, Philonis libri tres περὶ τοῦ βίου μωσέως, & eiusdem alter, qui inscribitur, βίος πολιτηκοῦ ὅπερ ἐστι περὶ Ιωσήφ: ad haec liber eiusdem, cui titulus est, περὶ ἀρετῶν ἤτοι ἀνδρείας καὶ εὐσεβείας, καὶ φιλανθροπίας καὶ μετανοίας &c.* [ÖNB suppl. gr. 50 = CSAPODI, *Stock*, no. 500–501 as lost possible Corvinas] *sub tui nominis auspicio ad communem omnium utilitatem in lucem veniant. Felicem te profecto, tua si bona noris: hoc est, si videas tuo favore ac beneficio tantum commodorum ad studiosos atque doctos omnes promanasse: feliciorem autem multo, si & alia graeca, quae ad meliorum artium cognitionem attinent, tibi nominatim inscripta, nuncupataque invulgavero: hoc est, Procli, Io<annis> Philoponi, cognomento grammatici, ac Manuelis Moschopuli commentarios in Hesiodum* [ÖNB suppl. gr. 18 = CSAPODI, *Stock*, no. 432, as a lost possible Corvina], *ad haec in Opiani halieutica commentarios utiliss<imos>* [ÖNB phil. gr. 135 = CSAPODI, *Stock*, no. 459]. *Iamblichum Chalcidensem philosophum in rebus Pythagoricis* [London, British Library, Addit. MS. 21 165 = CSAPODI, *Stock*, no. 347], *eiusdem protrepticas orationes, Diodorum Siculum in historiis* [ÖNB suppl. gr. 30; Basel, 1539, = CSAPODI, *Stock*, no. 225], *non illis quidem, quas Poggius latinas fecit* [Bologna, 1472] *Arithmeticam & Geometricam Nicomachi, Heronis Alexandrini librum περὶ βελοποιΐας* [ÖNB phil. gr. 140 = CSAPODI, *Stock*, no. 320], *& Graeci autoris innominati libros vere aureos XX. de re rustica* [Cassianus Bassus, ÖNB med. gr. 46; Basel, 1539 = CSAPODI, *Stock*, no. 790 as a lost possible Corvina]: *ac alia praeterea multa, quae nunc commemorare nolo, ne videar librariae meae supellectilis, forte non ita condemnendae, catalogum contexere.*

In addition to the Diodorus codex (ÖNB, suppl. gr. 30) and the phil. gr. 140 discussed in the article, none of the items of this list have any signs of a relation to the Corvinian library.

[69] The final three written pages of the codex (ff. 95^{r}–96^{r}) give a list of Assyrian and Persian kings, the Ptolemies, as well as the Roman and Byzantine emperors until Michael Palaeologus.

Triboles, was Pletho's compatriot since he refers to his Spartan origin (ancient Sparta is near Mistra, where they both were active), and belonged to Bessarion's Neo-Platonist circle.

The date and location of the Viennese copy is based on the watermark, which is similar to a special type of horn that is found in two manuscripts copied in Rome in 1470 and 1471[70]. The two Greek manuscripts D. HARLFINGER refers to for this type of watermark were copied in Rome in 1471 by Joannes Rhosus[71], a scribe who copied Polybius (Vat. Urb. gr. 101) from the Munich Polybius (cod. gr. 157), viewed by the majority of scholars as a genuine Corvina, somewhere between 1455 and 1474 in Italy[72]. Demetrius Triboles, the scribe of the ÖNB, Phil. gr. 140, was an active copyist in Rome in 1467–1472, as his Planudean Anthology (Venice, Biblioteca Marciana, cod. 621, copied in 1472)[73] and Cracow Homer (Odysseia, *Jagellonean Library*, Rks. 543)[74] demonstrate. He copied the Cracow Homer in Rome in 1469 for himself, as his note says: ἔργον καὶ κτῆμα Δημητρίου Τριβώλη τοῦ Σπαρτιάτου. Nothing is known about what happened to this codex until it appeared in the Cracow university library in 1570[75]. He copied several other manuscripts in Rome – also for Bessarion – until the death of his patron in 1472.

HENRY, a monographer on the text tradition of Plotinus' *Enneades*, wrote that the binding of this codex originates from the same workshop as that of Triboles' copy of Plotinus' *Enneades*, now in Munich, cod. gr. 449. D. Triboles copied the Munich Plotinus (ff. 14^r–262^v) jointly with another scribe, Michael Lygizus (ff. 1^r–13^v: Porphyry's Life of Plotinus) in Gortyna, Crete in 1465[76]. The majority of scholars accept that this codex is an authentic Corvina[77]. OLEROFF noted that while Triboles left notes of ownership in the codices copied for himself[78], he did not do so in the manuscripts he copied for other people. According to this observation, Demetrius Triboles copied the Escorial Plato (Corfu, 1462)[79], the Munich Plotinus (Gortyna, Crete, 1465), the Cracow Homer (Rome, 1469), the Planudean Anthology (Rome, 1472)[80], and Dioscorides' Medical work[81] (Corfu, 1481) for himself, and was a book collector, as Janus Laskaris' list from 1491 demonstrates[82]. This practice can be seen in another copy of Plotinus' *Enneades* he made for Bessarion, which was done on paper sheets showing watermarks identical to those of the Munich copy (Venice, Biblioteca Mar-

---

70 Ch. M. BRIQUET, Les Filigranes, Dictionnaire historique des Marques du Papier dès leur apparition vers 1282 jusqu'en 1600. Leipzig 1923, n° 7834; D. and J. HARLFINGER, Wasserzeichen aus griechischen Handschriften (hereafter: HARLFINGER, Wasserzeichen). Berlin 1980, Horn 25.

71 HARLFINGER, Wasserzeichen, Horn 25; Joannes Rhosus: RGK 1A No 178, RGK 2A No 237. The two manuscripts are Par. gr. 1910 and Laurent., Plut. 55,9.

72 J. Rhosus signed Vat. Urb. gr. 101 but did not give the date. MOORE, Polybius 15–16, dates it between 1455 and 1474 for two reasons: (1) Rhosus began his activity in 1455, (2) the Vat. Urb. gr. 101, f. 1^r contains the coat of Arms of "Fredericus comes Feltrensis", who became the Duke of Urbino in 1474. See the conjunctive errors of the manuscripts in MOORE, Polybius 26–27.

73 See its description in E. MIONI, Codices Graeci Manuscripti (Bibliothecae Divi Marci Venetiarum). Roma 1985, II, 549–554 (hereafter: MIONI, Codices).

74 E. GOLLOB, Verzeichnis der griechischen Handschriften in Österreich außerhalb Wiens mit 11 Tafeln (*Sitzungsberichte Kais. Akedemie der Wissenschaften in Wien,* Philologisch-Historische Klasse 146). Wien 1903, 19.

75 Another note of the codex says: *M. Stanislaus Cirzephius maior college pro bibliotheca eiusdem collegii legavit 1570.*

76 Demetrius Triboles copied a possessor's note on f. 127^v: ἡ βίβλος ἥδε ἐγράφη διὰ τῆς ἐμῆς χειρὸς Δημητρί(ου) Τριβώλ(ου) Πελοποννη|σίου ἐκ Σπάρτης διατριβόντος ἐν πόλει Κρήτης Γορτύνῃ μετὰ | τὴν τῆς ἐμῆς πατρίδος ἅλωσιν ἐν ἔτει ,ϛϡογ΄.

77 CSAPODI (Stock, no. 543; and CSAPODI–GÁRDONYI, Bibliotheca Corviniana, no. 111) and the majority of scholars consider cod. 449 to be an authentic Corvina. Hajdú, on the other hand, does not accept the authenticity of the information on the Munich Plotinus' Corvinian provenance. Nevertheless, according to her detailed summary of the debate over the issue (HAJDÚ, Provenienzgeschichte, 45–50), the information on Schegkius obtaining the Plotinus codex, which originated in King Matthias' library, from Emperor Ferdinand comes from the old Schegkius (through Martin Crusius) and is to be dated before 1564, a rather early date.

78 OLEROFF, Démétrius Trivolis 261.

79 Escorial, Ψ.I.1, cf. OLEROFF, Démétrius Trivolis 260.

80 Velence, Marciana, cod. gr. 621, f. 66: τοῦτο τὸ κάλλιστον βιβλίον ἐστὶν ἔργον χειρῶν καὶ κτῆμα Δημητρίου Τριβωλήτου σπαρτιάτου. Ἐγράφη δὲ καὶ τοῦτο μετὰ τὴν ἐμῆς πατρίδος ἅλωσιν ἐν Ῥώμῃ ἔτει ,ϛϡπ. MIONI, Codices 549.

81 Par. gr. 2182, cf. OLEROFF, Démétrius Trivolis 260.

82 See the list of Demetrius Triboles' library made by J. Lascaris in 1491, in: K. K. MÜLLER, Neue Mitteilungen über Janos Laskaris und die Mediceische Bibliothek. *Zentralblatt für Bibliothekswesen* 1 (1884) 394–396. Sp. LAMBROS, Λακεδαιμόνιοι βιβλιογράφοι καὶ κτήτορες κωδίκων κατὰ τοὺς μέσους αἰῶνας καὶ ἐπὶ Τουρκοκρατίας. *Neos Ellenomnemon* 4 (1907) 316–325.

ziana, 240, without D. Triboles' signature but with Bessarion's note of ownership on f. V^{v})[83]. This copy of the *Enneades* demonstrates that Triboles kept some of his copies with him for a while before giving them to someone else, because he is likely to have given his Plotinus to Bessarion only in Rome, several years after copying it in Crete. Since both the Munich Plotinus (1465) and the Cracow Homer (1469) seem to have bindings prepared in the same workshop[84], it indicates that D. Triboles took both of his Plotinus codices with him from Crete to Rome.

This Byzantine type of binding, according to the Cracow Homer copied in Rome in 1469, should have been made in Italy (Florence or Venice)[85]. Although the suggestion that this type of binding indicates a commission by Matthias Corvinus is untenable, it was the basis of the Corvinian attribution of two other codices. Thus, HENRY and DENISSOFF proposed the idea that the Cracow Homer was sold to Matthias Corvinus[86]. And FISCHER suggested in 1878 that Munich cod. gr. 490[87], a codex originating in the same Neo-Platonic context as Demetrios Triboles' other copies, is linked to the Corvinian Library. This connection, however, cannot be proven on the basis of the binding.

The Mynas codex and its copy – Vienna, phil. gr. 140 – fit the Neo-Platonic context, with the mathematical and geographical character of its artillery manuals copied by Demetrius Triboles together with Pletho's astronomic work and tables. Since the Viennese copy is not signed, we can assume that D. Triboles perhaps did not want to keep it, which does not imply, however, that he sent it to someone else immediately after copying it, as the example of Bessarion's Plotinus demonstrates. Unfortunately, its binding cannot help in contextualizing its later history. It was rebound with the majority of the codices in the Viennese Hofbibliothek in the mid-18th century (van Swieten). Another copy by Demetrius Triboles should be mentioned in this context: Vienna, ÖNB, Phil. gr. 5, Homer's Iliad and Odyssey, not signed by the scribe[88]. This codex was acquired by Augerius Busbecq, Emperor Ferdinand's ambassador in Constantinople in the 1550s[89]. It is impossible to prove that the Mynas codex and its copy drifted together with some of D. Triboles' own codices from Italy to Hungary. However, all the coincidences listed above support the idea that after Demetrius Triboles' activity in Rome and the death of his patron, Cardinal Bessarion (1472), some of his own copies and other codices used in his Neo-Platonic circle were sold, later forming a group that moved together, probably also to Hungary.

THE JOURNEY OF THE MYNAS CODEX FROM BUDA TO THE HOLY MOUNTAIN

Finally, I will attempt to suggest another solution to explain how the Mynas codex left Buda. There is a note of ownership on f. Iv (Γαβριὴλ ἐλέου θεοῦ θεσσαλονίκης ἀρχιεπίσκοπος καὶ ἔξαρχος πάσης Θετταλίας, **pl. 3/3**)[90] which has escaped the attention of scholars so far and which helps to connect Mount Athos and Buda. At the end of the 16th century, the Mynas codex was in the possession of Gabriel, Archbishop of

---

83 P. HENRY, Études plotiniennes, vol. 2. Les manuscrits des Ennéades (hereafter: HENRY, Ennéades). Bruxelles 1948, 214–224. K. HAJDÚ, Mit glüchlicher Hand errettet? Zur Provenienzgeschichte der griechischen Corvinen in München, in: *Supplementum Corvinianum* I. Budapest 2008, 41, A. 56, 61 (henceforth: HAJDÚ, Provenienzgeschichte).

84 HENRY, Ennéades 210–211.

85 É. DENISSOFF, Maxime le Grec et l'Occident, Contribution a l'histoire de la pensée religieuse et philosophique de Michel Trivolis (henceforth: DENISSOFF, Maxime le Grec). Paris–Louvain 1943, 127; HENRY, Ennéades 211.

86 On the basis of HENRY, Ennéades 211, DENISSOFF (Maxime le Grec 127, n. 1) explicitly attributes cod. Cracow 543 to the Corvinian Library.

87 See its description in I. HARDT, Catalogus codicum manuscriptorum Graecorum Bibliothecae Regiae Bavaricae, 5. Cod. CCCCLXXIII–DLXXX. München 1812, 71–142. C. W. MÜLLER, Eine spätbyzantinische Redaktion des pseudoplatonischen Dialogs ΠΕΡΙ ΑΡΕΤΗΣ. *Würzburger Jahrbuch für die Altertumswissenschaft* NF 5 (1979) 237–251. See the idea of the Corvinian origin of the binding and its refusal in HAJDÚ, Provenienzgeschichte 43–44. The debate is based on L. FISCHER, König Matthias Corvinus und seine Bibliothek. Vortrag gehalten im Vereine „Mittelschule" in Wien, am 23. März 1878 [...]. Wien 1878, 27.

88 HUNGER 1, 139 and RGK 1A No 103.

89 There is a Greek codex from the Royal Library of Buda, later in the possession of Tamás Bakócz, Archbishop of Esztergom, which was taken to Constantinople, then acquired by Busbecq, and finally brought to the Vienna Hofbibliothek. HUNGER 1, 387–388; CSAPODI, Stock, no. 371.

90 I am obliged to E. GAMILLSCHEG, who helped in reading this note, which is rather difficult to decipher.

Thessalonica (1593–1596)[91] and Exarchos of all Thessalia, who became patriarch of Constantinople for 6 months (Gabriel I, 1596). The direct Turkish channel from Buda to Constantinople in 1526 or 1541, and then to Mount Athos, as ROZSONDAI suggests, cannot be excluded but seems less plausible[92]. A. HOBSON[93], on the other hand, proposed another answer. It could have been Michael Cantacuzenus, the rich Greek entrepreneur and collector known also as Şeytanoğlu (son of Satan), who bought the manuscript. His possessions were confiscated and sold by auction after 1578, when he was executed on the order of the sultan[94]. Some of his books, according to HOBSON, could have been bought by the Vatopedi Monastery. However, it does not seem necessary to suppose a journey between Buda and Thessalonica via Constantinople and then to Mount Athos. There is a third possibility, perhaps more likely than the previous suggestions. It could also have been through Transylvania that the Mynas codex reached archbishop Gabriel already in the 16th century and later the Vatopedi Monastery. In the 16th century, Transylvania and Walachia had strong connections with the monasteries of the Holy Mountain and Northern Greece. I would refer to the example of Martin Haczy or Haczius, provost of Nagyvárad (Oradea, Romania), a titular bishop of Citrium who is linked to both the Corvinian Library and the the monastic binding shop in which Lucas Coronensis was employed.

Haczy managed to acquire one of the most superb Greek manuscripts of the Corvinian Library: the humanist deluxe codex of Ptolemy, copied in the hands of Joannes Thettalus Scutariotes in Florence in 1454 and furnished with rich map illustrations[95]. This manuscript is attested to have been in Buda already in 1482 when – under the adopted name Athesinos[96] – Johannes Rosenperger copied it for the Viennese humanist Conrad Celtes[97]. This codex has a Florentine blind-stamped leather binding, made before the codex arrived in Buda. Despite the fact that it was later not embellished with Matthias' coat of arms, the codex was still a distinctive piece of the princely renaissance library because of the richly illuminated maps at its end. Humanist envoys admired this codex and frequently mention it in their letters[98]. The last date when this Ptolemy was mentioned as being in Buda is April 1518. Ulrich von Hutten writes to Willibald Pirckheimer (Augsburg, 25 October 1518)[99] that the envoy Sigmund von Herberstein managed to consult the Ptolemy codex in Buda during his journey to Moscow in the previous winter. Sigmund von Herberstein mentions in his autobiography that he visited Buda in April 1518, while travelling to Moscow through Hungary[100]. He studied the geography of Russia and discovered that the name of the river Volga differs from that of the Latin translation (Rha). In the Viennese Ptolemy, the name of the river Volga coincides with the form Herberstein saw (ÖNB, Hist. gr. 1, f. 49^{v}, 79^{v}–80^{r}: ῥὰς ποταμὸς). After 1518, this Ptolemy was acquired by Marton Haczy/Haczius (see above), as his possessorial note demonstrates in the Viennese Ptolemy (ÖNB, Hist. gr. 1, f. 1^{v}): *Martini Haczij p(re)p(osit)i minorum Waradiensium & suorum*. However, the codex is attested to in 1576 in Hugo

---

91 L. PETIT, Les Évèques de Thessalonique. *Échos d'Orient* 5 (1901–1902) 153–154.

92 ROZSONDAI, Lucas Coronensis 525–526.

93 I would like to express my gratitude to M. ROZSONDAI for providing me with HOBSON's letter (5 January, 1998).

94 F. BRAUDEL, The Mediterranean World in the Age of Philip II. London 1973, vol. II, 696. On Michael Cantacuzenus' book collection, see S. RUNCIMAN, The Great Church in Captivity. Cambridge 1968, 197.

95 See its description in J. HERMANN, Beschreibendes Verzeichnis der illuminierten Handschriften in Österreich VI. Die Handschriften und Inkunabeln der italienischen Renaissance, 3. Mittelitalien: Toskana, Umbrien, Rom. Leipzig 1932, No 11, p. 19–21, plate IV; HUNGER 1, 1; E. GAMILLSCHEG – B. MERSICH, Matthias Corvinus und die Bildung der Renaissance. Wien 1994, no. 29, 69–70.

96 RGK 1A No 157.

97 This copy is now preserved in Oxford, Bodleian Library, 40 (Seld. B 45). On f. 1^{r} the scribe wrote: ὁ Ἰοαννης Ἀθεσινος δουλος ποιητης Κονραδα Κελτις Γερμανου γεγραφα ἐν ἐτει ͵αυπβ. *In Buda inferioris Pannoniae*. At the end of the text (f. 176^{v}, lower margin), he copied the colophon of the Viennese Ptolemy verbatim (ÖNB, hist. gr. 1, f. 98^{v}). See its description in H. O. COXE, *Bodleian Library, Quarto Catalogues*, I. Greek manuscripts. Oxford 1853, 603; see also its reprinted and corrected edition (Oxford 1969). On Celtis' correspondence concerning this codex, see CSAPODI, Stock, no. 554.

98 See the examples referred to in CSAPODI, Stock, no. 554.

99 Ulrich von Hutten, Epistola vitae suae rationem exponens, to Pirckheimer (Augusburg, 25 October 1518), in: Willibald Pirckheimers Briefwechsel, ed. D. WUTTKE. München 1989, no. 561, 400–425, especially 420, l. 714–716.

100 Sigmund VON HERBERSTEIN, Selbstbiographie, 1486–1553, in: Fontes Rerum Austriacarum, Österreichische Geschichts-Quellen, Abteilung 1, Scriptores 1. Vienna 1855, 133–134.

Blotius' catalogue of the Viennese Hofbibliothek (Y 5540)[101], where it has been preserved until now. M. Haczy seems to have acquired this Ptolemy manuscript from the collection of Ferenc Perényi, bishop of Várad, who was in contact with Coelio Calcagnini, who obtained the Ptolemy volume in Buda in 1519[102].

Martin Haczy/Haczius also possessed an early print (Basel, 1519), which was bound in the same Buda monastic workshop as the Mynas codex[103]. As regards the number of identical stamps, this volume is the closest parallel to the binding of the Mynas codex (7 of 11 stamps). There is another volume from this bookbindery that had an owner in Várad, namely Nicolaus de Homorod, bishop of Nagyvárad, where Martin Haczy was provost of the Franciscans[104]. Of the eight volumes identified by ROZSONDAI in addition to the Mynas codex, six seem to have been linked to Transylvania. Besides the two Várad connections, two more bindings made in the Buda monastic workshop are now kept in the Teleki-Bolyai Library in Marosvásárhely (today Târgu-Mures, Romania), and two in Csíksomlyó, a Franciscan convent (near Miercurea Ciuc, Romania)[105]. It cannot be excluded, however, that they were later brought to Transylvania.

CONCLUSION: THE MYNAS CODEX AND THE ROYAL LIBRARY IN BUDA

The heterogeneous and random composition of the Mynas codex implies a commissioner who brought numerous and various Greek manuscripts and commissioned the binder to bind them. Thus, we can assume that there was a single commissioner who collected the four separate units of the Mynas codex (see above), probably from the same place. The most probable location where such a remarkable store of Greek manuscripts and fragments were available and could provide material for the Mynas codex seems to be the royal place of Buda. Regardless of how this place is labelled according to the varying viewpoints, it is here that envoys such as Johannes Cuspinianus, Johannes Gremper and J. Alexander Brassicanus consulted Greek manuscripts in 1510 and 1520.

The adventurous history of the Mynas codex, which encompasses the tenth-century Byzantine imperial court, the Neo-Platonic circle of Bessarion in Italy, possible connections with the Corvinian Library in Buda, and finally its mysterious journey to Northern Greece, Mount Athos and then to Paris, demonstrate the broad intellectual horizon of Matthias' Library. This intellectual breadth is reflected in the selection of the Greek manuscripts and the extremely wide geographical and intellectual spectrum that absorbed the Greek volumes after the dispersion of the library. The fragmentary state of its various pieces testifies to the conditions that the Greek codices faced in Hungary at the turn of the 16th century. The interest of several learned humanists who had a profound knowledge of Greek and were active in Hungary (Ianus Pannonius, Péter Garázda, Antonio Bonfini, and Taddeo Ugoleto), does not seem to have been shared by the majority of their fellows. This lack of interest probably caused a significant loss of Greek (but not Latin) codices, as the Lysias fragments of the Mynas codex exemplify. If some humanist visitors had not recognized their value and managed to acquire some of them, an even larger number of Greek works collected in the Hungarian royal library would have perished forever.

---

101 *Ptolomaei Geographia graece elegantissime in membrana descripta maximi folii forma, una cum tabulis geographicis*, quoted from MENHARDT, Handschriftenverzeichnis 83.

102 CSAPODI, Stock, no. 554.

103 ROZSONDAI identified the other bindings of the Buda monastic binding shop, including that of Hacky's volume (Lucas Coronensis 517–518). Library of the Calvinist College of Sárospatak, S 481, 2° with his note of ownership (b_3^r: *Haczii p(rae)p(osi)ti et suorum*). This volume contains Jodocus Clichtoveus, Elucidatorium ecclesiasticum. Basel: Johannes Frobenius 1519 = VD 16: C4194.

104 Episcopal Library in Székesfehérvár, shelf number Ant. 102 (2°). It also contains an edition from Froben's printing house (Homiliae hoc est conciones populares, Basel 1516). His possessor note says: *Liber Nicolai de Homorod Episcopi Varadiensis 1522*. The reference is taken from ROZSONDAI, *Lucas Coronensis* 517–518.

105 I have taken the identifications from ROZSONDAI, *Lucas Coronensis* 516–518.

Plate 1/1
Paris, BnF , suppl. gr. 607, f. 21^{v} (ram tortoise, 275 × 203 mm)

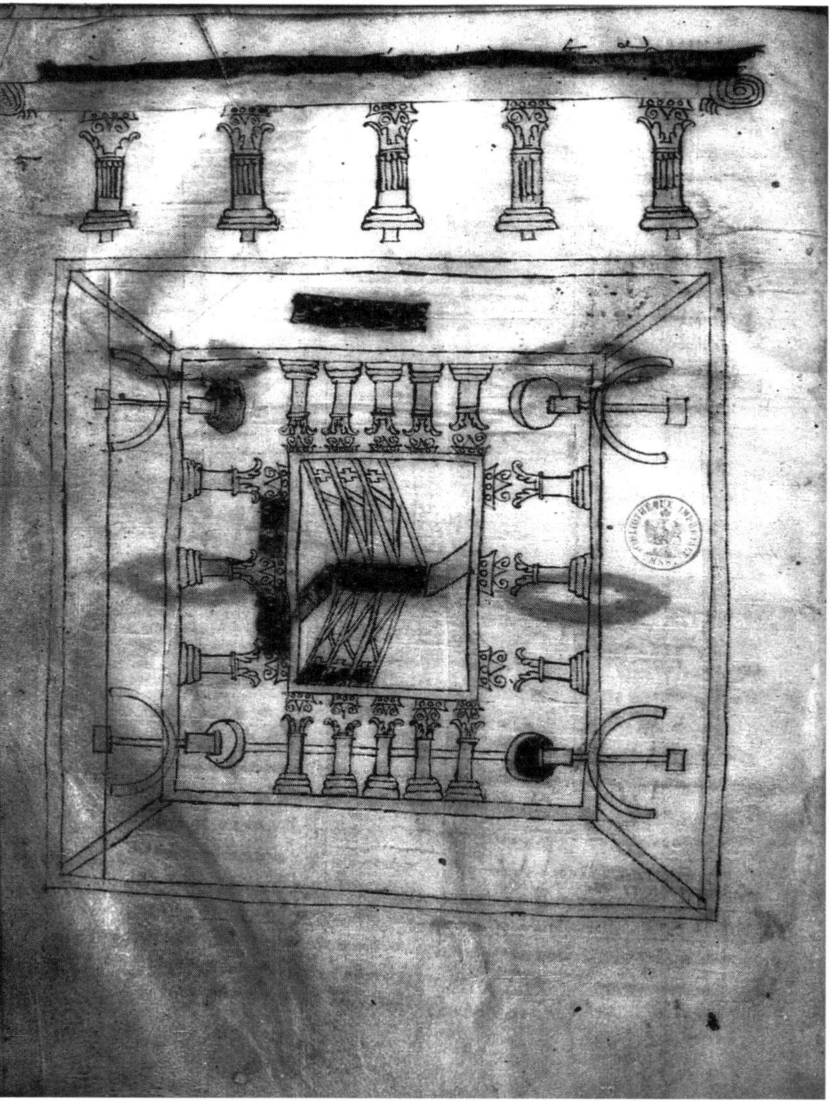

Plate 1/2
Paris, BnF , suppl. gr. 607, upper cover (288 × 205 mm)

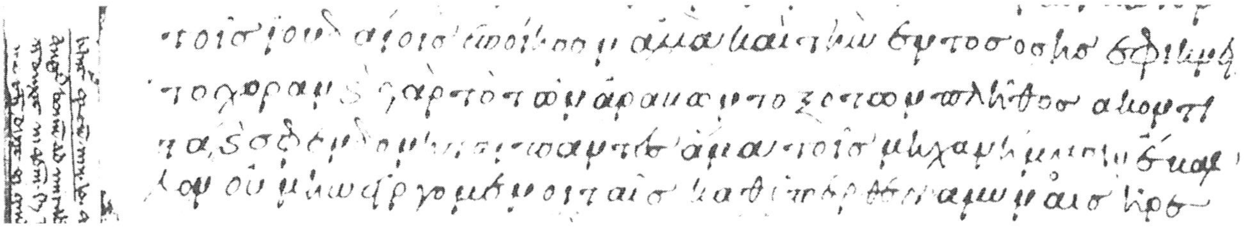

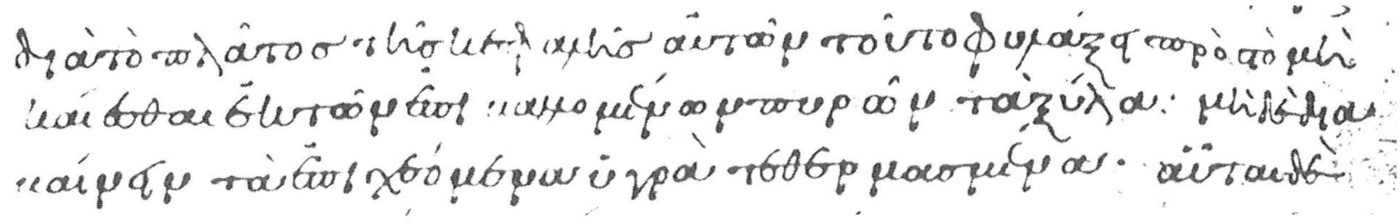

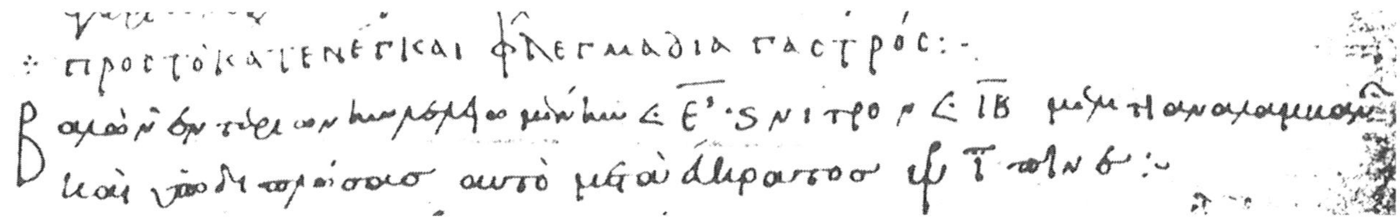

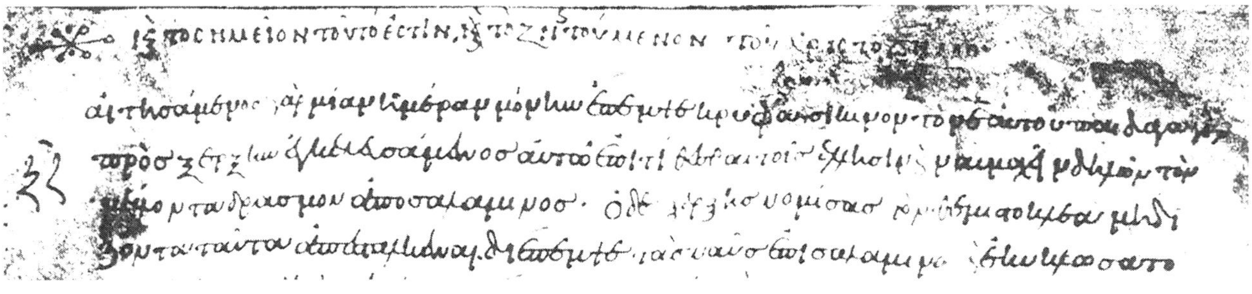

Plate 2/1–4
(details from part 3 of Paris, BnF , suppl. gr. 607, downwards)
1: f. 16[r] (3c, text width: 145/150 mm),
2: f. 59[r] (3a, text width: 150 mm),
3: f. 83[r],
4: f. 83[v] (3b, text width: 170/175 mm)

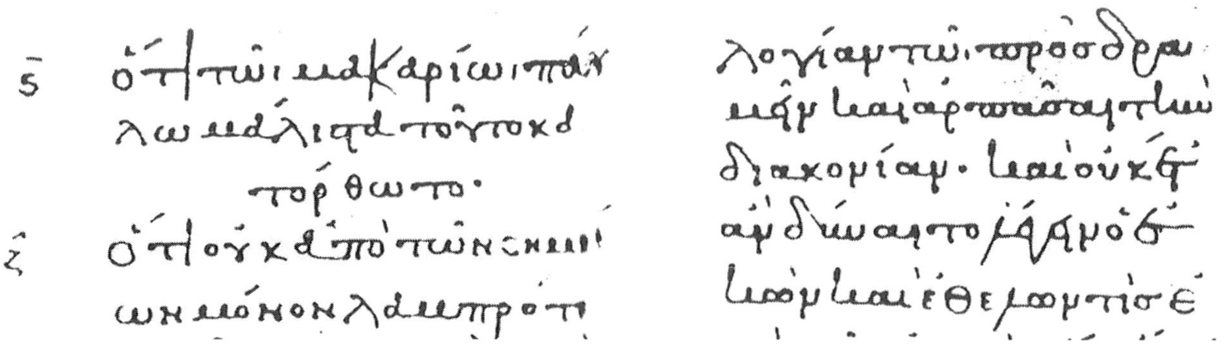

Plate 3/1
Paris, BnF, suppl. gr. 607, f. 8v (detail, column width: 60/65 mm)

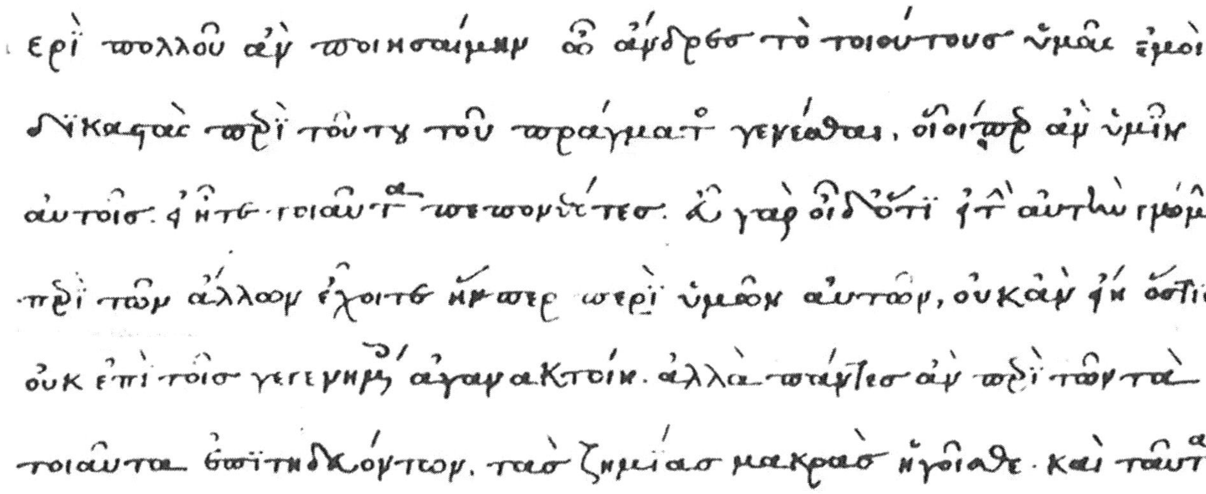

Plate 3/2
Paris, BnF, suppl. gr. 607, f. 104r (detail, text width: 110 mm)

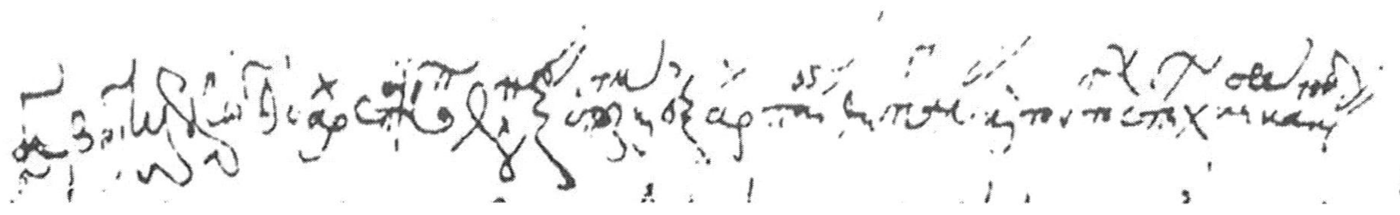

Plate 3/3
Paris, BnF, suppl. gr. 607, f. Iv: Gabriel's note of ownership

Christian Gastgeber

Griechischen Corvinen. Additamenta

Mit vier Tafeln

EINLEITUNG[1]

Die Rekonstruktion des seit der Humanistenzeit viel gepriesenen Bestandes griechischer Codices der Bibliothek des Königs Matthias Corvinus stellt eine der größten Herausforderungen an die Handschriftenkunde dar, lässt sich doch der Bestand mit Ausnahme von zwei Handschriften, die (noch) einen originalen Einband der Bibliothek tragen[2], nur durch indirekte (Provenienz-)Merkmale oder sekundäre Zuschreibungen fast zeitgenössischer Quellen rekonstruieren. Auch ist bislang kein einziges Auftragswerk – wie bei den lateinischen Handschriften – nachweisbar, sondern der Bestand setzt sich aus Handschriften zusammen, die entweder aus dem byzantinischen Raum indirekt importiert oder im Laufe des 15. Jahrhunderts in Italien von Diaspora-Griechen geschriebenen wurden. Dies hat zu der paradoxen Situation geführt, dass der ersten größeren transalpinen griechischen Bibliothek gerade einmal 16 Handschriften[3] zugeschrieben werden können. Trotz aller Verluste, die die Bibliothek infolge der Schlacht bei Mohács 1526 und der Verschleppung wertvoller Bestände nach Istanbul erlitt, ist bereits zuvor ein gewisser Bestand vor allem von den Wiener Humanisten der Bibliothek entzogen worden; Corvinus' Nachfolger, die Jagiellonen Wladislaus II. und Ludwig II., haben sich den Bitten der Humanisten gegenüber sehr freigiebig verhalten.

Die Bestandsanalyse der griechischen Königsbibliothek zu Buda verlangt daher eine akribische Untersuchung aller Faktoren, die irgendeinen Hinweis auf die Provenienz geben könnten: Das sind kodikologische, paläographische, philologisch-stemmatische Merkmale und vor allem die Analyse der Marginalnotizen, die bei der Identifizierung der Hand die Wanderung und Provenienz einer Handschrift erhellen können. Der philologisch-textkritische Aspekt der stemmatischen Abhängigkeit wird neuerdings verstärkt von der ungarischen Forschung untersucht, ein Desiderat, das der Corvinen-Forscher *par excellence* Csaba Csapodi bei

---

[1] Der folgende Beitrag präsentiert einige Aspekte einer umfassenden Monographie des Verfassers zu den griechischen Corvinen der Österreichischen Nationalbibliothek (Habilitationsschrift), in der die Wiener griechischen Corvinen und die unmittelbare Wirkungsgeschichte im Wiener Humanismus der ersten Hälfte des 16. Jahrhunderts behandelt werden: Miscellanea Codicum Manuscriptorum Graecorum II: Die griechischen Handschriften der Bibliotheca Corviniana in der Österreichischen Nationalbibliothek. Studien zum Griechischstudium im Wiener Humanismus der ersten Hälfte des 16. Jahrhunderts (*Veröffentlichung zur Byzanzforschung*). Wien 2011 (im Druck).

[2] Es handelt sich dabei um die Codices Leipzig, Universitätsbibliothek, Cod. Rep. I 17 (gr. 28) (Zeremonienbuch des Kaisers Konstantinos VII. Porphyrogennetos), und Wien, ÖNB, Cod. Supplementum graecum 4 (Matthaios-Homilien des Ioannes Chrysostomos).

[3] Vgl. dazu den aktuellen Überblick bei E. Madas, La *Bibliotheca Corviniana* et les Corvina « authentiques », in: J.-F. Maillard, I. Monok, D. Nebbiai (Hrsg.), Matthias Corvin, les bibliothèques princières et la genèse de l'état moderne. Budapest 2009 (*Supplementum Corvinianum* II), 69–70 (Liste 6, Nr. 178–191) und 52 (Liste 1, Nr. 35), 57 (Liste 1, Nr. 75). – In Liste 6 sind gewisse Abstriche zu machen, vgl. Gastgeber, Die griechischen Handschriften der Bibliotheca Corviniana (wie Anm. 1). Nur einen veralteten Wissenschaftsstand präsentiert der im selben Band abgedruckte Artikel von Caterina Tristano (La biblioteca greca di Mattia Corvino: 215–236). Hinzu kommen die beiden Neuentdeckungen von András Németh (The Mynas codex and the Bibliotheca Corviniana, zu Cod. Par. suppl. gr. 607 und Vindob. Suppl. gr. 177; siehe oben: 153–176) und die Untermauerung der Präsenz von Codex Suppl. gr. 45 in Buda (bei Madas bereits aufgenommen) durch Gábor Bolonyai (Taddeo Ugoleto's Marginal Notes on his Brand-new Crastonus Dictionary; siehe oben: 119–152).

dem Versuch der Rekonstruktion des Bibliotheksbestandes deutlich ausgesprochen hat[4]. Gerade bei dieser Frage der Stemmatisierung von Handschriften zeigt sich recht deutlich das Problem der klassischen *eliminatio codicum* bei der Erstellung von Texteditionen: Als Renaissance-Werke kommen die *codices recentiores* des 15. Jahrhunderts – vor allem bei umfangreicher Überlieferung – von den Editoren gar nicht erst in Betracht einer Kollation bzw. einer stemmatischen Einordnung und bedürfen zu diesem Zweck einer erneuten Kollation.

Die beiden genannten sicheren griechischen Corvinen weisen auf eine weitere Problematik in dieser Spezialforschung hin: die lokale Provenienz, d. h. ob eine griechische Handschriften direkt aus dem byzantinischen Reichsgebiet bzw. über die Vermittlerrolle Italiens (durch westliche und griechische Humanisten aus Griechenland) importiert oder in Italien von Diaspora-Griechen geschrieben wurde. Der berühmte Leipziger Codex unicus des Zerimonienbuches des Kaisers Konstantinos VII. Porphyrogennetos wurde im 10. Jahrhundert sicher in Konstantinopel geschrieben[5] und war Bestandteil der kaiserlichen Bibliothek. Die zweite sichere Corvine, die Matthaios-Homilien des Ioannes Chrysostomos, Codex Vindob. Suppl. gr. 4 aus dem 11. Jahrhundert, ist mit großer Wahrscheinlichkeit ebenfalls einer konstantinopolitanischen Provenienz zuzuschreiben, und zwar im Umkreis des Hodegonklosters. Noch fehlen für beide Codices die direkten Bindeglieder zum Hof nach Buda; mit einer gewissen Kautel ist eine Vermittlung über Italien zu vermuten. Eine solche Handschriftenwanderung legen analoge Fälle anderer griechischer Corvinen nahe, bei denen die Vorbesitzer mit einiger Sicherheit rekonstruierbar sind[6]:

Der *Codex Upsaliensis gr. 28* war Gegenstand einer ausführlichen paläographisch-kodikologischen Analyse[7]: Vier Kopisten aus dem 14. Jahrhundert haben rhetorische Texte und zeitgenössische Schriften (u. a. Nikephoros Gregoras, Georgios Lakapenos, Andronikos Zarides) geschrieben, einer konnte von Dieter Harlfinger mit dem Metropoliten Philotheos von Selybria identifiziert werden[8]. Unter den Marginalhänden verwies Harlfinger mit aller Kautel auf Ioannes Argyropoulos (ein Unionist, der ein Medizinstudium in Padua 1441–1444 absolvierte und nach dem Fall Konstantinopels im Westen als Lehrer wirkte)[9] und Francesco Filelfo.

Im Mittelpunkt einer gründlichen Untersuchung gerade unter dem Gesichtspunkt des Corvinenbestandes standen die beiden Münchener Handschriften, Codex gr. 157 und 449, mit einer beispielhaften Studie zur Provenienzfrage[10]: *Codex Monacensis gr.* 157 aus dem 1. Drittel des 15. Jahrhunderts mit Polybios' *Historiae* I–V, des Historikers Herodian Geschichtswerk und Heliodors *Aethiopica* ist von der Hand des Mönches

---

[4] Vgl. Cs. CSAPODI – Kl. CSAPODI-GÁRDONYI, Bibliotheca Corviniana. The library of King Matthias Corvinus of Hungary. Budapest 1981 (second revised edition of Budapest 1967), 27.

[5] Zur Handschrift siehe zuletzt M. FEATHERSTONE, Preliminary Remarks on the *Leipzig* Manuscript of De cerimoniis. *Byzantinische Zeitschrift* 95 (2002) 457–479; DERSELBE, Further Remarks on the *De cerimoniis. Byzantinische Zeitschrift* 97 (2004) 113–121.

[6] Entgegen der durch eine Stelle bei Iohannes Alexander Brassicanus (im Vorwort seiner Edition des Salvianus von Marseille; siehe unten, S. 179) falsch vermuteten Bezugsquelle direkt in Konstantinopel; vgl. unten und zur Klarstellung GASTGEBER, Die griechischen Handschriften der Bibliotheca Corviniana (wie Anm. 1).

[7] Codex Upsaliensis Graecus 28, Geschichte und Beschreibung der Handschrift nebst einer Nachlese von Texten. Eine Gemeinschaftsarbeit von Mitgliedern des byzantinisch-neugriechischen Seminars an der Freien Universität Berlin, unter Leitung von Gustav H. KARLSSON. Stockholm 1981 (*Bibliotheca Eckmaniana Universitatis Upsaliensis* 69). Vgl. dazu auch zu einer Zwillingsshandschrift Ch. GASTGEBER, Aus der Bibliothek des Ioannes Chortasmenos: Ailios Aristeides, ÖNB, Cod. Phil. gr. 96, in: M. D'AGOSTINO – P. DEGNI (Hrsg.), Alethes Philia. Studi in onori di Giancarlo Prato, tom. II (*Collectanea 23*). Spoleto 2010,409–434 (mit 11 Tafeln).

[8] KARLSSON, Codex Upsaliensis Graecus 28 (wie Anm. 7), 32, Nachtrag.

[9] Vgl. Prosopographisches Lexikon der Palaiologenzeit, 1. Faszikel: Ἀαρών – Ἀψαρᾶς, erstellt von E. TRAPP unter Mitarbeit von R. WALTHER und H.-V. BEYER. Wien 1976 (*Veröffentlichungen der Kommission für Byzantinistik* I/1), Nr. 1267.

[10] K. HAJDU, Mit glücklicher Hand errettet? Zur Provenienzgeschichte der griechischen Corvinen in München, in: C. FABIAN – E. ZSUPÁN (Hrsg.), Ex Bibliotheca Corviniana. Die acht Münchener Handschriften aus dem Besitz von König Matthias Corvinus. Budapest 2008 (*Bavarica et Hungarica* I, *Supplementum Corvinianum* I), 29–67 mit 15 Farbabbildungen.

(und späteren Kardinals) Isidor (von Kiev) geschrieben; wichtiger für die Provenienz ist eine griechische Notiz von zweiter Hand, dergemäß diese Handschrift nach der Eroberung Konstantinopels von dort weggebracht wurde (wann und von wem, bleibt unbestimmt)[11]; nach einer Bezeugung des Gelehrten und Editors Vincentius Obsopoeus (1529 / 1531) – der im übrigen auch für andere Editionen auf Corvinen Zugriff hatte[12] – kam die Handschrift durch einen Soldaten im Gefolge des Markgrafen Kasimir von Brandenburg-Kulmbach (der im Dienste der Habsburger nach der Schlacht von Mohács an der kurzweiligen Rückeroberung Budas teilnahm) aus der *Bibliotheca Corviniana* nach Deutschland; den Soldaten, einen Färber von Beruf, habe die Goldverzierung der Handschrift zur Entwendung verleitet.

Die zweite Münchener Handschrift, *Codex Monacensis gr.* 449, aus der Zeit um 1464/5 mit der Vita Plotins von Porpyhrios und Plotins Enneaden, wurde von den bekannten Kopisten Michael Lygizos (1^r–13^v: Porphyrios-Teil) und Demetrios Triboles (14^r–262^v: Plotin-Teil; von ihm die Subscriptio auf f. 127^r) geschrieben[13]. Triboles macht in seiner Schreibernotiz noch die wichtige Angabe, dass er seinen Teil in der kretischen Stadt Gortyn zum angegebenen Zeitpunkt geschrieben hat[14]. Seine Beziehung in den Westen ist durch eigene Aufenthalte und den Kontakt zu Kardinal Bessarion bestens dokumentiert[15]. Die Präsenz in der Bibliotheca Corviniana ist jedoch nur durch eine Schenkungseintragung von 1595 (Jacob Schegk der Jüngere an den Senat von Augsburg) bezeugt; demnach kam die Handschrift zuvor als Geschenk Kaiser (Königs?) Ferdinands I. an den Großvater Jacob Schegk den Älteren[16].

I. DIE BIBLIOTHEK DES WIENER HUMANISTEN IOHANNES ALEXANDER BRASSICANUS UND GRIECHISCHE CORVINEN

Eine der wichtigsten Quellen für den Bestand griechischer Corvinen ist ein Katalog von Handschriften, die Iohannes Alexander Brassicanus vor allem während der Begleitung des kaiserlichen Gesandten Wilhelm von Eberstein an den Hof von Buda Ende 1525 einsehen und sich teilweise aneignen konnte. Brassicanus (Cannstadt bei Stuttgart 1500–1539 Wien) gehörte zu den herausragenden Gelehrten, die in Wien wirkten[17] und unter den noch spärlichen transalpinen Humanisten, die bereits beste Griechischkenntnis hatten und sich der Suche nach neuen Texten widmeten, intensiv editorisch tätig waren. Für Wien war die Nähe der Budaer Kö-

---

[11] HAJDU, Provenienzgeschichte (wie Anm. 10), 31, 34–35.

[12] Vgl. H. SIMONSFELD, Einige kunst- und literaturgeschichtliche Funde. Mit einer Tafel (vorgetragen in der historischen Classe am 8. November 1902). I. Das von Prospero Visconti nach Bayern gesandte Bacchusrelief (521–534), II. Zur Überlieferungsgeschichte des Livius (und Caesar). Die Steganographie des Trithemius. Neue Corvinus-Handschriften (534–568), in: Sitzungsberichte der philosophisch-philologischen und der historischen Classe der k. b. Akademie der Wissenschaften zu München, Jahrgang 1902. München 1903, 521–569, v. a. 534–568.

[13] Erhalten ist die Handschrift im originalen byzantinischen Einband, vgl. HAJDU, Provenienzgeschichte (wie Anm. 10), 33, 41–42.

[14] HAJDU, Provenienzgeschichte (wie Anm. 10), 32, 40–50.

[15] Vgl. Prosopographisches Lexikon der Palaiologenzeit, 12. Faszikel: Τοβλάταν – Ὠράνιος, erstellt von E. TRAPP unter Mitarbeit von H.-V. BEYER, I. G. LEONTIADES und S. KAPLANERES. Wien 1994 (*Veröffentlichungen der Kommission für Byzantinistik* I/12), Nr. 29.298. Zur Beziehung des Kardinals zu Corvinus siehe D. Mureşan, Croisade, Union des Églises et humanisme dans le royaume de Hongrie pendant la première moitié du règne de Matthias Corvin. *Transylvanian Review* 18, Suppl. 2 (2009: Worlds in Change: Church Union and Crusading in the Fourteenth and Fifteenth Centuries [Hrsg. Ch. Gastgeber, I.-A. Pop, O. J. Schmitt, A. Simon), 339–366.

[16] Ausführliche dazu HAJDU, Provenienzgeschichte (wie Anm. 10), 31, 44–50.

[17] Zu seiner Biographie vgl. J. R. V. ASCHBACH, Geschichte der Wiener Universität, 3. Band: Die Wiener Universität und ihre Gelehrten 1520 bis 1565. Wien 1888, 126–135; W. HARTL – K. SCHRAUF, Nachträge zum dritten Bande von Joseph Ritter von Aschbach's Geschichte der Wiener Universität. Die Wiener Universität und ihre Gelehrten 1520–1565, I. Band, 1. Hälfte. Wien 1898, 43–101; P. G. BIETENHOLZ – Th. D. DEUTSCHER (Hrsg.), Contemporaries of Erasmus. A Biographical Register of the Renaissance and Reformation, Bd. I. Toronto – Buffalo – London 1985, 191–192; J. L. FLOOD, Poets Laureate in the Holy Roman Empire. A Bio-bibliographical Handbook, Vol. 1: A–C. Berlin, New York 2006, 230–234 (B–75); Ch. Gastgeber, Iohannes Alexander Brassicanus, in: W. KÜHLMANN – J.-D. MÜLLER – M. SCHILLING – J. A. STEIGER – F. VOLLHARDT (Hrsg.), Frühe Neuzeit in Deutschland 1520–1620. Literaturwissenschaftliches Verfasserlexikon (VL 16). Berlin – New York 2010 (in Vorbereitung).

nigsbibliothek dafür ein Glücksfall. Den Besuch der Bibliothek in Buda von 1525 dokumentiert Brassicanus in der Einleitung seiner Ausgabe des Salvianus von Marseille (*De vero judicio et providentia Dei libri octo cura Joannis Alexandri Brassicani editi ac ... scholijs illustrati. Anticimenon libri III. in quibus quaestiones ueteris ac noui Testamenti de locis in speciem pugnantibus incerto autore*), die 1530 bei Johannes Oporinus zu Basel erschien[18]. Der Katalog der eingesehenen Autoren – *occulata fide* – und ein weiterer Katalog beabsichtigter Editionen (aus dem Bestand der Bibliotheca Corviniana?) war und ist Gegenstand intensiver Forschung, vor allem wegen der Erwähnung eines *integer H y p e r i d e s cum locupletissimis scholiis*[19].

Brassicanus gibt weiters durch einige Besitzvermerke mit Provenienzangabe, d. h. Erwerbungsort Buda und Erwerbungsdatum November / Dezember 1525, ein weiteres Kriterium für die Zuweisung von Handschriften zur *Bibliotheca Corviniana*. Es liegt nahe, bei dieser Provenienz und bei dem Inhalt der Handschriften (damals noch weitgehend unbekannte und neue Texte) eine Herkunft direkt aus der Königsbibliothek anzunehmen, wie es die Forschung bislang gemacht hat. Für Brassicanus wirft es freilich die Frage auf, wieso er nur bei diesen insgesamt sechs gesicherten Codices aus seiner recht umfangreichen Bibliothek[20] die Herkunft und sein Exlibris notierte (Brassicanus verwendete in anderen Werken aus seinem Besitz auch ein eigenes gedrucktes Exlibris, das gelegentlich illuminiert wurde, wie dies im Falle der fünf besagten Codices einmal auch bezeugt ist[21]). Die Frage stellt sich vor allem auch deshalb, weil sich abgesehen von den unten anzuführenden sechs Handschriften der Bibliotheca Corviniana noch weitere sichere Corvinen aus seinem Besitz, jedoch ohne einen direkten Herkunftsvermerk aus Buda finden[22]. Ob stärker zwischen reiner Benut-

---

[18] VD 16, S 1511 (Signatur der Österreichischen Nationalbibliothek: 19.P.16).

[19] Cs. CSAPODI, The Corvinian Library. History and Stock. Budapest 1973 (*Studia Humanitatis. Publications of the Centre for Renaissance Research* 1), 251 (Nr. 341); zur kontroversiellen Wissenschaftsdebatte um das Werk des Athener Rhetors Hypereides (*390/89 v. Chr.; † 322 v. Chr.) vgl. zuletzt L. HORVÁTH, The Lost Medieval Manuscript of Hyperides. *Acta Antiqua Hungarica* 38 (1998) 165–173. Zum Katalog und Brassicans Kenntnis von Corvinen vgl. GASTGEBER, Die griechischen Handschriften (wie Anm. 1).

[20] Erhalten hat sich in seinem Nachlass ein Inventar von rund 1300 Büchern (Handschriften und Drucke), das vom Verfasser dieses Beitrages für eine Edition vorbereitet wird. Vgl. zur Frage der griechischen Corvinen GASTGEBER, Die griechischen Handschriften (wie Anm. 1); es ist dieses Inventar aus dem Jahr 1439 damit das älteste „Humanistenbibliotheksverzeichnis", kurz darauf, 1541, wurde das Inventar des Bischofs Iohannes Fabri von Wien verfasst (Archiv der Universität Wien, R 44.2).

[21] Es handelt sich um den Codex Wien, ÖNB, Suppl. gr. 51; vgl. **Abb. 2**. Zum Exlibris siehe auch Hans ANKWICZ-KLEEHOVEN, Wiener Humanisten-Exlibris. *Jahrbuch der österreichischen Ex-libris-Gesellschaft* 1919, 30–32; W. LUDWIG, Klassische Mythologie in Druckersigneten und Dichterwappen, in: B. GUTHMÜLLER – W. KÜHLMANN (Hrsg.), Renaissancekultur und antike Mythologie. Tübingen 1999 (*Frühe Neuzeit* 50), 129; H. W. LANG, Ein bisher unbekanntes Exlibris des Humanisten Johannes Alexander Brassican. *Österreichisches Jahrbuch für Exlibris und Gebrauchsgraphik* 65 (2007/08) 6–13 (behandelt seine vier Typen). Erstmals setzte sich damit der Bibliothekspräfekt Peter Lambeck im zweiten Band seiner *Commentarii de Augustissima Bibliotheca Caesarea Vindobonensi* (Wien: Matthaeus Cosmerovius 1669, 540 mit Abbildung) auseinander. Er deutet den Ianus bifrons (a. O.) als *qui utraque tenet manu ansam alicuius portae, tanquam aperiendi et claudendi symbolum*. Brassicanus sieht in Ianus freilich auch einen Hüter seiner Bibliothek, der *ab utraque parte* umsichtig über den griechischen und lateinischen Fundus wacht.

[22] Insgesamt: WIEN, ÖNB, Cod. 92 (vgl. zur Handschrift Cs. CSAPODI, Kl. CSAPODI-GÁRDONYI, Bibliotheca Corviniana. Békéscsaba 1990, 62 [Nr. 170]), • Cod. 140 (CSAPODI–CSAPODI-GÁRDONYI 63 [Nr. 177]), • Cod. 259 (CSAPODI–CSAPODI-GÁRDONYI 63 [Nr. 177]), • Cod. 438 (CSAPODI–CSAPODI-GÁRDONYI 64 [Nr. 179]), • Cod. 799 (CSAPODI–CSAPODI-GÁRDONYI 64–65 [Nr. 184]), • Cod. 826 (CSAPODI–CSAPODI-GÁRDONYI 65 [Nr. 185]), • Cod. 977 (Vorbesitzer Iohannes Gremper; vgl. *http://www.onb.ac.at/sammlungen/hschrift/kataloge/universitaet/* unter Vorbesitzer; CSAPODI–CSAPODI-GÁRDONYI 65 [Nr. 187]), • Cod. 1037 (Besitz des Brassicanus nur vermutet; vgl. *http://www.onb.ac.at/sammlungen/hschrift/kataloge/universitaet/* unter Vorbesitzer; CSAPODI–CSAPODI-GÁRDONYI 65 [Nr. 188]), • Cod. 2384 (Vorbesitzer Iohannes Gremper; vgl. *http://www.onb.ac.at/sammlungen/hschrift/kataloge/universitaet/* unter Vorbesitzer; CSAPODI–CSAPODI-GÁRDONYI 66 [Nr. 192]);
BUDAPEST, OSzK, Cod. lat. 414 (CSAPODI–CSAPODI-GÁRDONYI 39 [Nr. 35]), • Cod. lat. 415 (Vorbesitzer Iohannes Gremper, vgl. *http://www.onb.ac.at/sammlungen/hschrift/kataloge/universitaet/* unter Vorbesitzer; CSAPODI–CSAPODI-GÁRDONYI 39–40 [Nr. 36]), • Cod. lat. 422 (Vorbesitzer Iohannes Gremper; Besitz des Iohannes Alexander Brassicanus vermutet; vgl. *http://www.onb.ac.at/sammlungen/hschrift/kataloge/universitaet/* unter Vorbesitzer; CSAPODI–CSAPODI-GÁRDONYI 41 [Nr. 40]), • Cod. lat. 425 (CSAPODI–CSAPODI-GÁRDONYI 41 [Nr. 43]), • Cod. lat. 429 (CSAPODI–CSAPODI-GÁRDONYI 42 [Nr. 47]), • Cod. lat.

zung und Besitz zu unterscheiden ist (und wie möglicherweise fremde Besitzer reagiert haben möchten, wenn ihnen Brassicanus mit seiner Hand glossierte Werke zurückgab), wird noch zu klären sein. Ein erster Anhaltspunkt für eine mögliche Erklärung liegt in der offensichtlichen Erwerbungsvielfalt der Corvinen aus dem Besitz des Brassicanus: Er erwarb einige Werke auch aus dem Nachlass (oder Verkauf? / Geschenk?) anderer Gelehrter; unter den – zusätzlich zu den sechs unten behandelten – Corvinen taucht immer wieder als Bindeglied zwischen der Bibliotheca Corviniana und Brassicanus der Wiener Gelehrte und Sekretär Cuspinians Iohannes Gremper († ca. 1519) auf[23]; mit gewisser Kautel darf man daher wohl bei den restlichen Corvinen aus dem Besitz Brassicans ohne Eintragung des Erwerbs in Buda, aber mit sicherer Herkunft aus der Bibliotheca Corviniana (wofür beispielsweise der Einband oder das Zierblatt mit dem Wappen des Corvinus sprechen) eine Vermittlung über einen der Wiener Humanisten (im Umfeld des Iohannes Cuspinianus)[24] vermuten, die Zugang zur königlichen Bibliothek in Buda hatten.

Die folgende Ausführung widmet sich Brassicans Eintragungen in Buda während seiner Gesandtschaftsbegleitung 1525 und – aufgrund einer bislang unbeachteten derartigen Eintragung – auf die neue Identifizierung einer weiteren griechischen Corvine.

Unter den griechischen Handschriften war bisher nur ein Codex bekannt, Supplementum graecum 51 der Österreichischen Nationalbibliothek: Brassicanus hatte einerseits auf dem vorderen Holzinnendeckel sein (hier handkoloriertes) gedrucktes Holzschnitt-Exlibris mit seinem Wappen, dem Janus-Kopf, eingeklebt[25] (darüber hat der nächste Besitzer, der Wiener Bischof Johannes Fabri [1478–1541], sein eigenes gedrucktes Exlibris von 1540 geklebt[26]); andererseits auf dem Pergament-Vorsatzblatt I^r seine Besitzerschaft folgendermaßen festgehalten (**Abb. 1**):

---

430 (Besitz des Iohannes Gremper vor Iohannes Alexander Brassicanus vermutet; vgl. *http://www.onb.ac.at/sammlungen/-hschrift/kataloge/universitaet/* unter Vorbesitzer; CSAPODI–CSAPODI-GÁRDONYI 42 [Nr. 48]). – Zu Cod. Fabr. 78,4° der Kongelige Bibliotek Kopenhagen siehe unten, S. 183.

[23] Vgl. zu ihm H. v. ANKWICZ, Magister Johannes Gremper aus Rheinfelden, ein Wiener Humanist und Bibliophile des XVI. Jahrhunderts. *Zentralblatt für Bibliothekswesen* 30 (1913) 197–216; GASTGEBER, Die griechischen Handschriften der Bibliotheca Corviniana (wie Anm. 1).

[24] Zu dessen Gesandtschaften (die auch für Bibliotheksrecherchen – soweit möglich – genutzt wurden) vgl. H. ANKWICZ-KLEEHOVEN, Der Wiener Humanist Johannes Cuspinian. Graz – Köln 1959, 47–77 (Als Gesandter in Ungarn), 111–126 (Die Bibliotheca Corviniana in Ofen).

[25] Der Beitext lautet (Abb. **2**): *IOANNIS ALEXANDRI BRAS=|SICANI, IURECONSULTI, | IOANnis filii, Insignia. | Ianus loquitur.* |
Ampla quidem merito Linguae graecae atq(ue) latinae
Concessa est fidei Bibliotheca meae
Parte ab utraq(ue) oculos circumfero, possit iniqua
Ne quis forte bonum tollere fraude librum.
(unterhalb des Janus-Bildes:)
Κερδαλέους δίζεσθε δόμους λήιστορες ἄλλους
τοῖς δὲ γάρ ἐστι φύλαξ ἔμπεδος, ἡ πενίη.

[26] Das Exlibris Fabris ist heute auf einem Papierstreifen am vorderen Innendeckel befestigt, das Exlibris des Brassicanus ist mit dem deutlich sichtbaren Klebespuren (Spiegelungen der Überklebung auch auf dem Verso des Fabri-Exlibris) auf einem Schutzpapier am Innendeckel geklebt. Fabri nimmt für die Wiener Bibliotheksgeschichte eine bedeutende Rolle ein, da er aus dem Nachlass des Cuspinian (bzw. über Vermittlung des Nachlasses des Brassicanus) eine Vielzahl an Werken (Handschriften und Drucke erwarb); eine Analyse dieser Sammlung ist zurzeit in Bearbeitung; vgl. den Katalog seiner Sammlung, der heute im Universitätsarchiv Wien aufbewahrt wird (Sign. R.44.2) unter http://scopeq.cc.univie.ac.at/Query/detail.aspx?ID=151517; vgl. dazu zuletzt F. SIMADER, Materialien zur Bibliothek des Wiener Bischofs Johannes Fabri, in: E. KLECKER, Ch. GASTGEBER, Cuspinian im Kontext. Wien 2010 (*Singularia Vindobonensia* 2), in Vorbereitung. – Exlibris Brassicanus – Fabri ebenso im Codex 438 der Österreichischen Nationalbibliothek (siehe unten). – Vgl. zum Druckexlibris auch ANKWICZ-KLEEHOVEN, Humanisten-Exlibris (wie Anm. 21), 32–33; H. W. LANG, Die typographischen Donatorenexlibris des Wiener Bischofs Johannes Fabri. *Österreichisches Jahrbuch für Exlibris und Gebrauchsgraphik* 62 (2000/2001) 7–16 (mit vier Abbildungen).

*
* Σ[27] *
*

Liber est Ioannis Alexandri | Brassicani philosophi | ac iureconsulti.

Zierzeichen (typisches Brassicanum)

Budę in pannoniis anno a | nato Iesu MDXXV | Mensis novembris die | XXVIIII

Solche Erwerbsnotizen Brassicans während seines Aufenthaltes in Buda, als ihm König Ludwig II. von Ungarn und seine Gattin, die Habsburgerin Maria von Ungarn die Möglichkeit zum Erwerb einiger Codices aus der Königsbibliothek boten[28], lassen sich noch in folgenden (lateinischen) Handschriften nachweisen:

- ÖNB, Cod. 92
  INHALT: Vergil • BESITZVERMERK: handschriftliches Exlibris auf f. I^r (Vorsatz)
  DATUM: 6. Dezember 1525[29] (**Abb. 3**).
- ÖNB, Cod. 140
  INHALT: Statius • BESITZVERMERK: handschriftliches Exlibris auf f. I^r (Vorsatz)[30]
  DATUM: 6. Dezember 1525 (**Abb. 4**)
- ÖNB, Cod. 438
  INHALT: Xenophon (Kyrupädie; Übersetzung des Poggio Bracciolini) • BESITZVERMERK: auf dem vorderen Holzinnendeckel gedrucktes und handkoloriertes Holzschnittexlibris des Brassicanus eingeklebt; darüber das Holzschnittexlibris des Wiener Bischofs Iohannes Fabri (heute abgesondert und getrennt aufgeklebt); handschriftliches Exlibris des Brassicanus auf f. I^r)[31] • DATUM: — (**Abb. 5**)
- Budapest, Szechenyi-Nationalbibliothek, Cod. lat. 414
  INHALT: Quintilian • BESITZVERMERK: handschriftliches Exlibris auf f. II^r (Vorsatz):
  DATUM: 6. Dezember 1525[32] (**Abb. 6** [Nachzeichnung])

Zu diesen Belegen kommt nunmehr als neu entdeckte Corvine der Codex Fabr. 78,4° der Kongelige Bibliotek Kopenhagen[33] hinzu. Diese Handschrift enthält *Erotemata* des Manuel Moschopulos[34] und als

---

[27] Ob es sich bei diesem Sigma eventuell um eine Signatur in der Bibliothek des Brassicanus handelt, bleibt spekulativ; vgl. bereits W. Weinberger, Beiträge zur Handschriftenkunde I: Die Bibliotheca Corviniana. Wien 1908 (*Sitzungsberichte der Kais. Akademie der Wissenschaften in Wien, Phil.-hist. Klasse*, 159. Bd., 6. Abh.), 65, Anm. 1. – Allerdings könnte diese „Siegnatur" nur eine (noch zu bestimmende) Gruppe anzeigen; denn das mit Sternen umrandete Sigma findet sich auch in der Inkunabel *Etymologicum Magnum Graecum* (Herausgeber Markos Musuros, Drucker: Zacharias Kallierges: Venedig 1499, GW 9426) der Österreichischen Nationalbibliothek (Signatur: Ink. 23.A.1) unter dem Besitzvermerk des Iohannes Alexander Brassicanus (im rechten unteren Eck). Es scheidet Sigma daher als numerischer Wert aus.

[28] Vgl. dazu im Vorwort seiner Ausgabe des Salvianus von Marseille (siehe bei Anm. 18), f. α 4^v: ... *ex munificentia atque liberalitate optimi regis Ludovici quosdam graecos autores consequutus sum, nec protritos nec etiam aspernandos*, siehe auch unten Anm. 52. *En passant* sei angemerkt, dass just der in dem Druck veröffentlichte Text des Salvianus von Marseille zwar aus einer Corvine stammt (Wien, ÖNB, Cod. 826), aber keinen Besitz- oder Erwerbungseintrag enthält (vgl. Anm. 22).

[29] CSAPODI–CSAPODI-GÁRDONYI, Bibliotheca Corviniana (wie Anm. 22), 62, Nr. 170 (ohne Zahl wie in Suppl. gr. 51, die als Signatur zu deuten wäre).

[30] CSAPODI–CSAPODI-GÁRDONYI, Bibliotheca Corviniana (wie Anm. 22), 63, Nr. 173 (ohne Zahl wie in Suppl. gr. 51, die als Signatur zu deuten wäre).

[31] CSAPODI–CSAPODI-GÁRDONYI, Bibliotheca Corviniana (wie Anm. 22), 64, Nr. 179 (ohne Zahl wie in Suppl. gr. 51, die als Signatur zu deuten wäre).

[32] CSAPODI, Bibliotheca Corviniana 39, Nr. 35. Volldigitalisat in der Bibliotheca Corviniana digitalis: http://www.corvina.oszk.hu/corvinas-html/hub1codlat414.htm; ohne Zahl wie in Suppl. gr. 51, die als Signatur zu deuten wäre.

[33] B. SCHARTAU, Ein deskriptiver Katalog des griechischen Handschriftenbestandes der Königlichen Bibliothek Kopenhagen. Kopenhagen 1994 (*Danish Humanist Texts and Studies* 9), 409–410.

Schutzblatt zum Papierkern einen Pergamentnachsatz aus einem frühen Codex (12. Jh.): *Troparia* des Joseph von Thessalonike (?) zum Sonntag der Samariterin. Nach einem Vermerk auf f. 116^{v} (ohne Nennung des Kopisten) ist der Codex am 18. April 1450 abgeschlossen worden[35]. Der Originaleinband, offensichtlich kein typischer Corvineneinband[36], ist noch erhalten (**Abb. 7**)[37]

+ |[2] *Grammatica Gręca* (Z. 1–2 von anderer, wohl späterer Hand!) |[3] *D(omi)n(i) Manuelis Moschopuli* |[4] Zierzeichen

|[5] *Liber est* |[6] *Ioannis Alexandri Brassicani* |[7] *Philosophi ac Iureconsulti* |[8] *Ann(o) 1525* |[9] *die* |[10] *4* |[11] *decembris* |[12] Zierzeichen |[13] *Budae*

Wenn man aus diesen fünf Eintragungen eine Chronologie der Eintragungsform erarbeiten möchte, so wird der eigentlichen Besitzvermerk zunächst (28. November) von der Erwerbsnotiz getrennt (ÖNB, Suppl. gr. 51; Abb. **1**), im zweiten Teil ist die Ortsangabe *Budę* (hier einmalig mit dem Zusatz *in pannonia*) der Zeitangabe vorangestellt; am 4. Dezember (Kopenhagen, Fabr. 78,4°) sind die beiden Teile schon näher gerückt (Abb. **7**); *Budae* ist der Zeitangabe jedoch nachgestellt und markant abgehoben (im nämlichen Fall mit fettem Schriftzug in Majuskeln und durch das typische Schmuckzeichen Brassicans). Am 6. Dezember sind die Besitz- und Erwerbsnotiz in einer Einheit trapezförmig abfallend geschrieben; der Erwerbsvermerk ist nur durch ein größeres Spatium bei fortgeführter Zeile markiert (ÖNB, Cod. 92, 140; Budapest, OSzK Cod. lat. 414; Abb. **3**, **4**, **6**), die Ortsangabe *Budę* ist der Datierung vorangestellt. Es bleibt noch die undatierte Eintragung von Codex 438 einzugrenzen (Abb. **5**). *Bud.* ist (hier ausnahmsweise mit Initialkürzung) abgesetzt mit Zierzeichen (wie in Codex Kopenhagen, Fabr. 78,4°) notiert; durch (die fehlende Datierung und) das *Signum Brassicanum* wird der Erwerbungsort wieder betont; dies spricht für eine Nähe zu der Kopenhagener Handschrift. Wenn man davon ausgehen darf, dass die Erwerbungen vom 6. Dezember in einem „Zug" exlibriert wurden, so deutet dies darauf hin, dass der Kopenhagener Codex zu einem anderen Zeitpunkt erworben wurde, am naheliegendsten – aufgrund der Anordnungsparallele – nach dem 28. November und (wahrscheinlich) unmittelbar vor dem 4. Dezember.

II. BOHUSLAV VON LOBKOWITZ

In der Österreichischen Nationalbibliothek befindet sich – erst partiell erforscht – das Briefcorpus des Humanisten und kaiserlichen Rats Caspar von Niedbruck (Maximilians [II.] und seit 1553 seines Vaters Ferdinand I.), der mit Gelehrten wie Philipp Melanchthon, Konrad Gesner, Joachim Camerarius, Pietro Paolo Vergerio, dem Wiener Universitätsprofessor für Griechisch Georg Tanner, dem Augsburger Humanisten und Forscher der byzantinischen Literatur, Hieronymus Wolf, oder dem Basler Drucker Johannes Oporinus und dem Rechtsgelehrten Bonifacius Amerbach in Briefkontakt stand[38].

---

34 Zu rekonstruierten Werken des Moschopulos in der Bibliotheca Corviniana vgl. CSAPODI, Corvinian Library (wie Anm. 19) 290 (Nr. 432); Nr. 885, auf die dort verwiesen wird, ist nunmehr zu identifizieren mit Codex Upsalaliensis graecus 28 (vgl. Anm. 7).

35 Zu dieser Datierung passen auch die Wasserzeichen, von denen sich zwei ähnlichen Typen im Dictionnaire historique des marques du papier dès leur apparition vers 1282 jusqu'en 1600 von Charles-Moïse Briquet um 1450 finden; siehe SCHARTAU, Katalog (wie Anm. 33), 410, unter *WZ*.

36 Vgl. die Beschreibung bei SCHARTAU, Katalog (wie Anm. 33), 410, Rubrik *E*. Eine Titelbeschriftung fehlt; als Zierelemente der Blindpressung werden genannt: zweiköpfiger Adler, Lilie, sechsblättrige Blume.

37 Nachzeichnung nach SCHARTAU, Katalog (wie Anm. 33), Tafel XXXIII.

38 Ca. 1525–1557; vgl. zu ihm den ausführlichen Artikel von R. HOLTZMANN, Allgemeine Deutsche Biographie 52 (1906) 621–629 (mit Verweis auf bisherige Teileditionen des Briefcorpus); Online-Version: http://www.deutsche-biographie.de/artikelADB_pnd104223820.html; vgl. vor allem V. BIBL, Der Briefwechsel zwischen Flacius und Nidbruck. *Jahrbuch der Gesellschaft für die Geschichte des Protestantismus in Österreich* 17 (1896) 1–24, 18 (1897) 201–238, 19 (1898) 96–110, 20 (1899) 83–116; V. BIBL, Nidbruck und Tanner. Ein Beitrag zur Entstehungsgeschichte der Magdeburger Centurien und zur Charakteristik König Maximilians II., Archiv für österreichische Geschichte 85, 2 (1898) 379–430.

Ein bemerkenswertes Zeugnis zur beginnenden Zerstückelung der Bibliotheca Corviniana überliefert Niebrucks Briefcorpus in einem Bericht über die Bibliothek auf der Burg zu Hassenstein (Hasištejnský, CZ) – ein Bericht, der zwar schon durch Joseph Chmels Sammlung von Historica der Kaiserlichen Hofibliothek[39] zu Wien bekannt war, aber dem Corvinenforscher Csaba Csapodi in seiner Quellenzusammenstellung entgangen war[40]. Am 12 November 1553[41] schreibt der burgundische Diplomat und Staatstheoretiker Hubert Languet (1518 Vîteaux – 1581 Antwerpen)[42], der sich in den 70er Jahren des 16. Jahrhunderts am Wiener Hof aufhielt, an Nydbruck von seinem Besuch in der berühmten Hassenstein-Bibliothek. Es ergab sich, dass er nach seiner Abreise aus Prag bei dem königlichen Präfekten Georgius Albinus mit Philipp von Lobkowicz, Baron von Hassenstein (Bohuslavs [1461–1510] Großenkel brüderlicherseits), zusammentraf:

Cum eo iusso accumbere eam familiaritatem vel amicitiam potius ex colloquiis contraxi, ut possem conjicere, eum nihil non mea causa facturum. Audiveram aliquid de bibliotheca arcis Hassenstein; quare de industria cepi laudare bibliothecas, quas aliquando vidi, ut eum deducerem in sermonem de Hassenstensi, quod accidit. Cum cepisset eam valde commendare, ita significavi me cupere eam videre, ut ad eam visendam me sponte invitaret. Cum ab eo literas peterem ad patruum, qui arcis est dominus et habet bibliothecam in postestate, ipse autem sciret eum non facile quenquam admittere, respondit se non gravatim hoc iter me causa suscepturum. Cum 7 miliaribus inde abessemus, primo die deduxit nos in arcem comitum a Slik[43]*, ubi per biduum coacti fuimus strenue heluari. Tertio die venimus in arcem Hassenstein, ubi non sine stupore eos thesauros vidi, quos nusquam antea. Omnes autores et maxime Graeci, qui sunt valde multi, ita eleganter in membranis descripti sunt, ut nullus typographus videatur mihi adhuc eam elegantiam exprimere potuisse. Cum attonitus multos interrogarem, quis eum thesaurum congessisset et unde potuerint ista haberi, dictum est mihi fratrem avi istius Philippi Bohuslaum nomine, virum doctum et vere heroicum, aliquando profectum Hierosolyma et inde in Aegyptum ibi maximam partem horum autorum invenit; quos cum emisset, nec tamen praesenti pecunia, statim rediisse in patriam ac maximam patrimonii partem fratribus vendidisse, ut eam pecuniam sibi conficeret, qua confecta statim in Aegyptum rediit et eos libros advexit. Cum autem in dies in eo augeretur talium rerum cupiditas, conquisivit multos circa Constantinopolim, in Peloponneso et aliis locis Graeciae, ubi non erant prorsus extinctae literae. Valde multos autem habuit ex Budensi illa insigni biliotheca tanto studio congesta a rege Matthia, post cuius mortem neglecta est. Non est dubium, quin hic thesaurus multis aureorum miriadibus constiterit, maxime propter autores Graecos, Hebraicos et etiam Chaldaicos, qui tamen (ut et mihi dictum) parva pecunia posset redimi a possessoribus precii ignaris et ex magnis opibus ad summam paupertatem redactis. Sed esset properandum, cum multi huic inhient et etiam multa quotidie surripiantur.*

„... Ich entwickelte mit ihm, der uns beiwohnen musste, eine solche Vertraulichkeit bzw. eher Freundschaft, dass ich vermuten konnte, dass er nichts meinetwegen nicht machen würde. Ich hatte etwas von der

[39] J. CHMEL, Die Handschriften der k.k. Hofbibliothek in Wien im Interesse der Geschichte, besonders der österreichischen, Bd. II. Wien 1841, 242–245, bes. 243–244.

[40] Bohuslav von Lobkowitz wird jedoch als Nachbesitzer von Georgius Trapezuntius, Comparatio Platonis et Aristotelis (CSAPODI, Corvinian Library 380 [Nr. 668; nach dem Briefcorpus des Lobkowitz]) und eines anonymen Werkes *De dialogis* (a. O. 410 [Nr. 785; nach dem Briefcorpus des Lobkowitz]) genannt; erfolglos bemühte sich Lobkowitz um vier *volumina* der griechischen *vitae* des Plutarch (a. O., 326, Nr. 523/1–4) und um die Geographie des Klaudios Ptolemaios (a. O., 336–337 [Nr. 554]); sein Ansuchen um Origenes, *De principiis* a. O., 301 (Nr. 461). In Csapodis Darstellung der Auflösung der Bibliothek (The decay of the library; a.O., 72–90) wird nicht weiter auf Lobkowitz eingegangen. Vgl. zu den Entlehnungen auch GASTGEBER, Die griechischen Handschriften der Bibliotheca Corviniana (wie Anm. 1).

[41] Der Brief datiert mit „pridie Id. Nove(m)b. 1553", Niedbruck notiert dazu marginal „*XI Novembr.*" (sic).

[42] Zur Person siehe Béatrice NICOLLIER-DE WECK, Hubert Languet (1518–1519). Un réseau politique international de Melanchthon à Guillaume d'Orange (*Travaux d'humanisme et renaissance* 293). Genf 1995.

[43] In der Abschrift Cod. 10.364, f. 27^{v}, 2. Z. v. u.: *Stick*. Gemeint sind die Grafen Schlick (Šlikové).

Bibliothek auf der Burg Hassenstein gehört. Deshalb begann ich absichtlich die Bibliotheken zu loben, die ich einmal gesehen habe, um ihn zu einem Gespräch über Hassenstein zu verleiten, was auch eintraf. Als er diese besonders zu empfehlen begann, machte ich so eine Andeutung, sie gerne einsehen zu wünschen, dass er mich von selbst zu deren Besuch einlud. Als ich von ihm ein Schreiben für seinen Onkel erbat, der der Herr der Burg ist und in dessen Besitz die Bibliothek ist, er selbst aber wusste, dass er nicht so einfach jemandem den Zugang gewährt, antwortete er, dass er gerne diesen Weg meinetwegen auf sich nehmen werde. Während wir sieben Meilen von dort entfernt waren, führte er uns am ersten Tag in die Burg der Grafen von Schlik, wo wir uns zwei Tage gezwungenermaßen gewaltigen Schwelgereien hingaben. Am dritten Tag kamen wir auf die Burg Hassenstein, wo ich nicht ohne Verblüffung solche Schätze sah wie nirgendwo vorher. Alle Schriftsteller, besonders die griechischen, und das sind sehr viele, waren so fein auf Pergament niedergeschrieben, dass mir scheint, dass noch kein Drucker diese Eleganz zum Ausdruck bringen konnte. Als ich begeistert viele befragte, wer diesen Schatz zusammengetragen hatte und woher er diese Werke haben konnte, wurde mir gesagt, dass der Bruder des Großvaters dieses Philipp, namens Bohuslav [Bohuslav Hasištejnský von Lobkowicz, 1462–1510[44]], ein gelehrter und wahrlich heroischer Mann, einst nach Jerusalem und von dort nach Ägypten aufgebrochen sei und daselbst eine sehr große Menge dieser Autoren fand[45]. Diese hätte er kaufen (wollen), allerdings stand (ihm) das Geld nicht zur Verfügung, er sei darauf sofort in die Heimat zurückgekehrt und habe den Brüdern einen sehr großen Teil seines Erbes verkauft, um sich damit diese Geldsumme zu verschaffen, mit der er sofort nach Ägypten zurückkehrte und diese Bücher hierher brachte. Weil sich aber Tag für Tag das Verlangen nach solchen Gütern in ihm steigerte, erwarb er viele Bücher in der Umgebung von Konstantinopel, auf der Peloponnes und in anderen Orten Griechenlands, wo die Literatur nicht völlig ausgelöscht war. Sehr viele Bücher hatte er jedoch aus der berühmten Bibliothek zu Buda, die mit großem Eifer von König Matthias [Corvinus] eingerichtet worden war, nach dessen Tod jedoch vernachlässigt wurde. Es besteht kein Zweifel, dass dieser Schatz vielen zig tausenden Dukaten bestand, besonders wegen der griechischen, hebräischen und auch chaldäischen Autoren, die jedoch, wie mir gesagt wurde, mit geringem Geld von den Besitzern abgekauft werden konnte, die den Wert nicht kannten und von großem Reichtum in tiefste Armut sanken. Allerdings müsse man sich beeilen, weil viele danach gieren und täglich viele gestohlen werden.“[46]

III. DIE VIERSPRACHIGE BIBLIOTHEKSIGNATUR EINER CORVINE

Eine Wiener Corvine ist ebenso wie die Leipziger Handschrift *De Ceremoniis*, die unter dem Namen des Kaisers Konstantinos VII. Porphyrogennetos läuft, ein Codex unicus und stammt sicher aus Konstantinopel: Codex Historicus graecus 8 mit der Kirchengeschichte des Nikephoros Kallistu Xanthopulos aus dem beginnenden 14. Jahrhundert[47]. Auf dem für diese Zeit sehr kostspieligem Pergament hat ein anonymer Schreiber

---

[44] Er studierte 1475–1481 in Bologna und Ferrara antike Geschichte und Recht.

[45] Es handelt sich um seine Reise nach Ägypten und nach Griechenland (u. a. Konstantinopel) 1490/91; dokumentiert in seinem Briefwechsel, s. J. MARTÍNEK – D. MARTÍNKOVÁ, Bohuslavi Hassensteinii a Lobkowicz epistulae, tom. II: Epistulae ad familiares. Leipzig 1980, 21–25 (Nr. 20–23).

[46] Originalbrief im Codex 9737i, f. 51^r–52^r der Österreichischen Nationalbibliothek (Handschriften-, Autographen- und Nachlass-Sammlung); am Ende des Briefes ist auch ein Gedicht „ex bibliotheca in Hassenstein, sub imagine crucifixi“ abgeschrieben; Abschrift im Cod. 10.364, f. 27^r–28^v. Die Bibliothek wurde 1525 zu einem Großteil Opfer eines Brandes, der kleiner Rest ist bis heute erhalten auf Schloss Nelahozeves (Mühlhausen an der Moldau), nach der Übergabe 1990 seitens des tschechischen Staates an die Fürsten von Lobkowitz. Vgl. zum aktuellen Stand der Graeca J.-M. OLIVIER – M.-Au. MONÉGIER DU SORBIER, Catalogue des manuscrits grecs de Tchécoslovaquie. Paris 1983, XIX–XXV, 93–149.

[47] Zur Handschrift vgl. H. HUNGER, Katalog der griechischen Handschriften der Österreichischen Nationalbibliothek, Teil 1: Codices Historici, Codices Philosophici et Philologici. Wien 1961 (*Museion*, Veröffentlichungen der Österreichischen Nationalbibliothek, N.F., IV/1,1). Wien 1961, 14; Die Kirchengeschichte des Nicephorus Callistus Xanthopulus und ihre Quellen. Nachgelas-

in einer kalligraphischen Minuskel die 18 Bände der *Historia ecclesiastica* mit Widmung an Kaiser Andronikos II. Palaiologos geschrieben, sehr wahrscheinlich zu Lebzeiten des Verfassers, vielleicht als Dedikationsexemplar für den Kaiser, wofür die exquisite Ausstattung und Schmuckelemente sprechen könnten[48].

Völlig unberücksichtigt blieb bei der bisherigen Beschreibung der Handschrift eine Eintragung auf dem vorderen Schutzblatt f. III^r in der unteren Hälfte (**Abb. 8**): Durch die symmetrischen Balken eines Kreuzes getrennt, wird in den Zwischenräumen im Uhrzeigersinn von oben links beginnend die Zahl 220 in Hebräisch (רך), Griechisch (ΣK), Arabisch (رك) und im westlichen (indisch-arabischen) Schreibmodus (220) notiert. Es ist diese Eintragung singulär, weder bei griechischen noch bei lateinischen Handschriften sowohl unter den Corvinen als auch unter anderen Graeca der Österreichischen Nationalbibliothek sonst belegt.

Damit erhebt sich die Frage, was die Zahl bezweckt und wann sie angebracht worden sein kann. Nahegelegt wird mit der Ziffer wohl eine Bibliothekssignatur (ein eventueller Bezug auf Seiten oder Lagen kann ausgeschlossen werden; die Handschrift enthält 498 Blätter bzw. 67 Lageneinheiten). Der Zeitraum lässt sich einigermaßen eingrenzen: Wiewohl dieses Vorsatzblatt bereits in Konstantinopel dem Textkern vorangebunden war[49], widerspricht die viersprachige Notiz byzantinischem Selbstverständnis; erwartet werden dürfte hier nur eine griechische Zahl; die Hinzufügung hebräischer, arabischer oder gar westlicher Ziffern, ist für den byzantinischen Kulturraum kaum denkbar. Gerade die westlichen Ziffern zeigen zudem eine Form, die deutlich in den Westen und in die (spätere) Renaissancezeit weist, nach der „Überwindung" der spätmittelalterlichen, dem Arabischen noch stärker angelehnten Formen.

Bedauerlicherweise ist keine Information oder ein kodikologisches Zeugnis für die Wanderung der Handschrift in den Westen erhalten. Wenn man die eingangs vermutete Wanderbewegung griechischer Corvinen (über Italien) auch hier voraussetzen darf, wird die Handschrift einige Zeit am Ausführungs- und Bestimmungsort Konstantinopel gelegen haben, ehe sie von dort entwendet wurde. Eine solche Entwendung (oder auch Rettung) ist vorstellbar in einer Zeit größter Bedrohung, also vor oder um 1453. Denkbar wäre u. a. auch eine Verbringung der Handschrift in den Westen im Rahmen des Konzils von Ferrara-Florenz (1438/39), als die Vertreter der griechischen Kirche Argumentationsquellen benötigten[50].

Als erster Besitzer wird die königliche Bibliothek zu Buda genannt; diese Zuschreibung erfolgte allerdings erst 1553 in der Vorrede des Übersetzers Johannes Lang(us) (1503–1567) zu seiner Edition in Basel[51], um weitere Einzelheiten zum Erwerb ergänzt durch ein Widmungsgedicht seines Freundes Georg von Logau. Demnach wurde die Handschrift bereits kurz vor der Schlacht von Mohács (1526) aus der Bibliothek

---

sene Untersuchungen von Günter GENTZ. Überarbeitet und erweitert von Friedhelm WINKELMANN. Berlin 1966 (*Texte und Untersuchungen zur Geschichte der altchristlichen Literatur* 98), 196–206; S. PANTEGHINI, Die Kirchengeschichte des Nikephoros Kallistos Xanthopoulos. *Ostkirchliche Studien* 58 (2009) 208–225 (open access: http://www.oeaw.ac.at/byzanz/repository/Panteghini_OST59.pdf); Ch. GASTGEBER, Die Kirchengeschichte des Nikephoros Kallistos Xanthopoulos. Ihre Entdeckung und Verwendung in der Zeit der Reformation. *Ostkirchliche Studien* 58 (2009) 237–247 (open access: http://www.oeaw.ac.at/byzanz/repository/Gastgeber_OST59_SI.pdf); vgl. ferner GASTGEBER, Die griechischen Handschriften der Bibliotheca Corviniana (wie Anm. 1).

[48] Vgl. dazu und mit weiteren Überlegungen zum Aufbewahrungsort GASTGEBER, Die griechischen Handschriften der Bibliotheca Corviniana (wie Anm. 1).

[49] Es gehört zur ersten Lageneinheit, einem Quinio; zur sicheren konstantinopolitanischen Zuschreibung vgl. GASTGEBER, Die griechischen Handschriften der Bibliotheca Corviniana (wie Anm. 1); siehe ferner in diesem Band den Beitrag von András Németh.

[50] Vgl. GASTGEBER, Die Kirchengeschichte des Nikephoros Kallistos Xanthopoulos (wie Anm. 47), zu Belegen aus den Apomnemoneumata des Silvestros Syropoulos zum Konzil von Ferrara / Florenz. – Ob eventuell die Handschrift erst zu einem viel späteren Zeitpunkt nach Buda kam, wird a. O. diskutiert. Auffällig ist das Schweigen der Humanisten zu dieser außergewöhnlichen Quelle.

[51] Drucker Iohannes Oporinus; Verzeichnis der im deutschen Sprachraum erschienenen Drucke des 16. Jahrhunderts (VD 16) N 1436 (online-Version: http://gateway-bayern.bib-bvb.de/aleph-cgi/bvb_suche?sid=VD16). – Zum Übersetzer und Editor vgl. J. L. FLOOD, Poets Laureate in the Holy Roman Empire. A Bio-biographical Handbook, Vol. 3: L–R. Berlin – New York 2006, 1076–1078 (L-6).

entnommen; bei der unmittelbar folgenden Einnahme Budas durch die Türken wurde der Codex nach Istanbul verschleppt, wo ihn der Bischof von Waitzen Augustinus Sbardellatus Duditius auf dem Trödelmarkt erwerben konnte. Über Georg von Logau kam die Handschrift an Johannes Lange und dann (als Geschenk [?] an den Dedikationsempfänger der Übersetzung, König Ferdinand [I.]) in die Wiener Hofbibliothek; über den in Abschnitt II erwähnten Caspar von Niedbruck wurde mit Iohannes Oporinus 1555 noch die Möglichkeit eines griechischen Druckes diskutiert; zu diesem Zeitpunkt muss der Codex also wohl schon Bestandteil der Hofbibliothek gewesen sein.

Eine viersprachige Signatur ist jedoch für Niedbruck sonst nicht bezeugt, auch spricht der kalligraphische Duktus der Ziffern gegen seinen sonst sehr kursiven bekannten Schriftzug. Einer der ersten Bibliothekare, dem man eine derartige Notiz in mehreren Sprachen zusprechen könnte, wäre der zweite offizielle Bibliothekpräfekt Sebastian Tengnagel (1608–1636), doch auch von ihm sind keine solchen Eintragungen aus Beständen seiner Privatbibliothek oder bei der Inventarisierung des Fundus der Hofbibliothek bekannt[52], und auch hier spricht der Duktus gegen eine Zuweisung an den Gelehrten.

Diese mehrsprachige Signatur spiegelt freilich typische Humanistengelehrsamkeit wider, als man sich im Laufe des 15. und 16. Jahrhunderts für fremde Sprachen zu interessieren begann und diese Kenntnis auch zum Ausdruck bringen wollte: Ein solches Interesse ließe sich am ehesten im Umkreis einer italienischen Humanistenbibliothek (wohin eben Handschriften aus Konstantinopel kommen konnten) oder in der viel gerühmten Bibliothek mehrsprachiger Autoren nördlich der Alpen par excellence, in der Bibliotheca Corviniana, anzusetzen. Die sonstigen Vorbesitzer haben den Codex – abgesehen von der königlichen Bibliothek zu Buda und der kaiserlichen zu Wien – auch eher ephemer besessen; in Frage käme sonst bestenfalls die Zwischenlagerung nach der Schlacht von Mohács in Konstantinopel; nur müsste man dann annehmen, dass ein wohl westlicher, humanistisch gesinnter Gelehrte dem Codex die Signatur 220 gegeben hat, wobei er just die arabische Ziffer an das Ende und die hebräische an den Anfang gesetzt hätte; theoretisch könnte natürlich eine Jude im Dienste des Sultans diese Eintragung gemacht haben; doch sehr plausibel erscheint dies auch im Hinblick auf die „lateinische" und griechische Angabe nicht.

Wenn man noch einmal die königliche Bibliothek zu Buda ins Auge fasst, hätte man hier – allerdings genauso singulär wie für potentielle Wiener Humanisten (oder Bindeglieder bis zum Eintreffen in der Hofbibliothek) – möglicherweise einen einzigartigen Hinweis auf eine Bibliothekssignatur aus Buda (ein theoretischer Verbleib und eine Einsignierung in einer italienischer Humanistenbibliothek wären denkbar, sind jedoch nicht belegt). Wenn man der Budaer These nachgeht, erhebt sich die Frage, ob eine solche mehrsprachige Intention überhaupt in das Ambiente dieser Bibliothek passen kann. Nach zeitgenössischen Quellenberichten ist neben griechischen Werken auch die Präsenz von hebräischen[53] und „chaldäischen" (syrischen) Texten in der Bibliothek bezeugt[54].

Wenn man dem Bericht des damaligen Beraters der Königswitwe Maria von Ungarn, Nicolaus Olah (1493–1568) in seiner 1536 veröffentlichten *Hungaria* Glauben schenken darf, so gab es im Dienst der königlichen Bibliothek einen vielsprachig versierten Atelierleiter *Felix Ragusinus Dalmata*: *et ipse iam senex*

---

[52] Auch hat die Handschrift in seinem autographen Katalog der Graeca der Hofbibliothek die Signatur Hist. gr. 1 erhalten (vgl. Cod. 9479, f. 28ʳ).

[53] Vgl. im Bericht des Iohannes Alexander Brassicanus im Vorwort der Salvianus-Ausgabe (wie Anm. 18): *Quid multis? Inspexi libros omnes. Sed quid libros dico, quot libros tot etiam thesauros isthic inspexi, Dii immortales, quam iucundum hoc spectaculum fuisse quid credat? Tunc certe non in bibliotheca, sed in Iovis gremio, quod aiunt, mihi esse videbar. Tantum erat hic antiquorum, Graecorum simul et Hebraicorum voluminum, quę Matthias ille rex, capta iam Constantinopoli eversisque multis aliis amplissimis Graeciae urbibus ex media Graecia inaestimandis sumptibus coemerat ac tanquam mancipia ex barbarorum catastis atque compedibus receperat. Tantum erat hic latinorum librorum, et veterum et recentiorum, procul tamen ablegatis omnibus sophisticis, ut nusquam alibi, quod ego quidem sciam* (f. α 3ʳ). Vgl. auch den oben zitierten Bericht zur Bibliothek des Bohuslav von Lobkowitz und seiner Erwerbungen aus der Bibliotheca Corviniana.

[54] Vgl. auch Csapodi, Corvinian Library 23–24.

mihi cognitus, quo non modo Graece et Latine, sed Chaldaice et Arabice doctus; praeterea in ipsa quoque pictura exercitatus sedulo advertebat, ne quis error in describendis libris committeretur.[55] Dieser Illuminator Feliks Petančić (ca. 1455–1517/22), der 1487–1490 unter Matthias Corvinus in Buda tätig war, ist (später) auch als Diplomat[56] und Experte für das Türkentum[57] unter König Wladislaus II. bekannt (u. a. stand auch der Wiener Humanist Iohannes Cuspinianus mit ihm in Kontakt und wurde zur Frage der türkischen Genealogie aufgrund seiner Missionserfahrungen von ihm beraten)[58]. Die kunstgeschichtliche Forschung hat ihm einige Handschriften zugeschrieben, darunter zwei Prunkexemplare zur türkischen Geschichte: Budapest, Országos Széchényi Könyvtár, Cod. lat. 378 (*Genealogia Turcorum imperatorum*[59]), Nürnberg, Staatsbibliothek, Codex Solg. 31 2° (*Historia Turcica*)[60].

Die Bibliothekssignatur in Codex Hist. gr. 8 tritt jedoch gegenüber jenen dem Meister Petancius zugeschriebenen Handschriften singulär auf, was die These zwar erschüttert, aber nicht unbedingt widerlegt, weil nicht gesichert ist, was mit 220 registriert wurde, eventuell nur die Graeca.

Diese Hypothese könnte erklären, wieso man von der Handschrift erst so spät Notiz genommen hat: Denn es wäre denkbar, dass diese Handschrift nicht zum Grundbestand des Corvinus gehörte, sondern erst später – eben im Zuge einer Gesandtschaftstätigkeit zu den Türken – von Petančić nach Buda und dann in die königliche Bibliothek gelangte. Folgt man dieser Hypothese mit aller Vorsicht weiter und sieht man in der Signatur eine Registrierung der griechischen Handschriften[61], käme man auf eine Zahl, die für die Graeca nicht zu hoch gegriffen ist (auch unter dem Gesichtspunkt, dass dieser Codex an unbekannter Stelle innerhalb der Bibliotheksordnung eingereiht war, also nicht als oberste Nummer angesehen werden darf)[62].

---

55 K. Eperjessy – L. Juhász, Nicolaus Olahus, Hungaria – Athila. Budapest 1938 (*Bibliotheca Scriptorum Medii Recentisque Aevorum, Saeculum XVI*), 9 (Kapitel V 7).

56 U. a. in Rhodos 1501; bei Sultan Selim in Konstantinopel 1513 (vgl. die biographischen Studien bei Kniewald in Anm. 57.

57 Neben den im Folgenden angeführten zwei in Prunkhandschriften erhaltenen Werken noch *De itinieribus quibus aggrediendi sunt Turci*, das Iohannes Cuspinianus 1522 ediert hat (Wien: Johannes Singriener; VD 16 P 1684); vgl. Ankwicz-Kleehoven, Johannes Cuspinian (wie Anm. 24), 207.

58 Vgl. Gastgeber, Die griechischen Handschriften der Bibliotheca Corviniana (wie Anm. 1). Zu Petančić vgl. F. Banfi, Felix Ragusinus. Rom 1947 (*Biblioteca dell'Accademia d'Ungheria in Roma,* N. S. 19); D. Kniewald, Dubrovčanin Feliks Petančić o ratovanju s Turcima 1502 [Feliks Petančić spricht über den Krieg gegen Türken 1502]. *Vesnik* 3 (1956) 80–106; derselbe, Sitnoslikar Dubrovčanin Feliks Petančić. Der Miniaturmaler Felix Ragusanus Petantius. *Tkalčićevog Zbornika* 11 (1958) 55–90 mit 13 Abbildungen im Anhang; derselbe, Feliks Petančić i njegova djela [Feliks Petančič und seine Werke]. Belgrad 1961 (*Académie Serbe des Sciences et des Arts*, *Monographies* 350, *Classe de Littérature et de Langue* 12). Zum Kontakt zu Cuspinian siehe Banfi, a. O. 15, und Ankwicz-Kleehoven, Johannes Cuspinian (wie Anm. 24), 110, 207–208.

59 Digitalisat unter http://www.corvina.oszk.hu/corvinas-html/hub1codlat378.htm.

60 Cuspinian besaß davon eine Abschrift: Wien, ÖNB, Codex 3522 (ff. 144–154); vgl. H. Ankwicz v. Kleehoven, Documenta Cuspiniana. Urkundliche und literarische Bausteine zu einer Monographie über den Wiener Humanisten Dr. Johann Cuspinian. *Archiv für österreichische Geschichte* 121, 3 (1957) 124, Nr. 50. – Eine Abschrift aller drei Werke für den Bischof von Trient Bernhard von Cles ist erhalten in Wien, ÖNB, Codex 8559 (datiert vom 14. Mai 1530, Innsbruck, Schreiber: Magnus Grueber); vgl. Banfi, Felix Ragusinus (wie Anm. 58), 12.

61 Ein wunder Punkt der Überlegung, dass die Zahl nicht sicher zuordenbar ist; es könnte theoretisch eine Signatur des Gesamtbestandes sein; eine Kirchengeschichte könnte nach der theologischen Literatur im engeren Sinn seinen Platz haben, und damit wäre 220 eine realistische Signatur in einer thematisch geordneten Bibliothek; nur würde man dann doch zumindest in einer der lateinischen Handschriften eine ähnliche Signatur erwarten. Denkbar wäre auch eine Signatur der Exotica, worunter man Arabica, Hebraica und auch Graeca rechnen könnte. Sollte der Codex Hist. gr. 8 hingegen eine spätere Erwerbung unter Ladislaus II. sein, erhebt sich die Frage, wie man mit Neuakquisitionen bei der Inventarisierung umging. Zieht man als Vergleichsbeispiel etwa das Inventar der Graeca der Bibliotheca Vaticana von 1518 heran, so sind die (nicht immer konsequent eingehaltenen) Gruppen: *Testamentum vetus et novum*; *Authores clariores* (Kirchenväter und Exegeten), *Ius civile et canonicum* (darunter auch Aristotelica und Philosophica), *Philosophi* (inkl. Quadrivium), *Oratores et Rhetores* (inkl. Geschichte), *Historici, Poetae et Grammatici*; siehe dazu M. L. Sosower, D. J. Jackson, A. Manfredi, Index seu Inventarium Bibliothecae Vaticanae divi Leonis pontificis optimi. Anno 1518 C. Series Greca (*Studi e Testi* 427). Vatikan 2006, 3–54.

62 Vgl. die vorsichtige Schätzung von 200 Graeca bei Csapodi, Corvinian Library 51, für die Epoche 1473–1484 (darauf folgte dann die Blütezeit der Bibliothek 1485–1490).

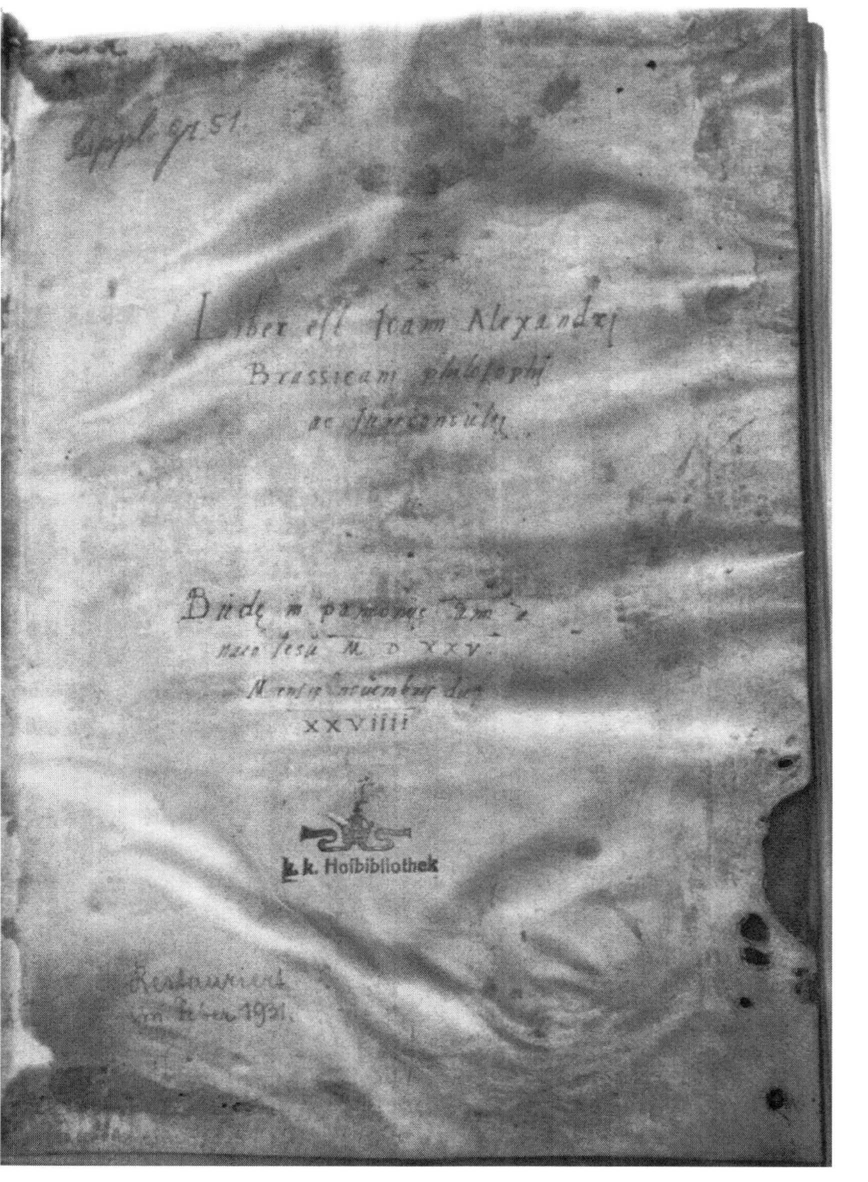

1 Österreichische Nationalbibliothek, Cod. Suppl. gr. 51, f. I[r] (Pergamentvorsatz)
Besitzvermerk des Iohannes Alexander Brassicanus: Buda, 28. November 1525

2 Österreichische Nationalbibliothek, Cod. Suppl. gr. 51, Vorderdeckel, Innenseite
Handkoloriertes Holzschnitt-Exlibris des Iohannes Alexander Brassicanus

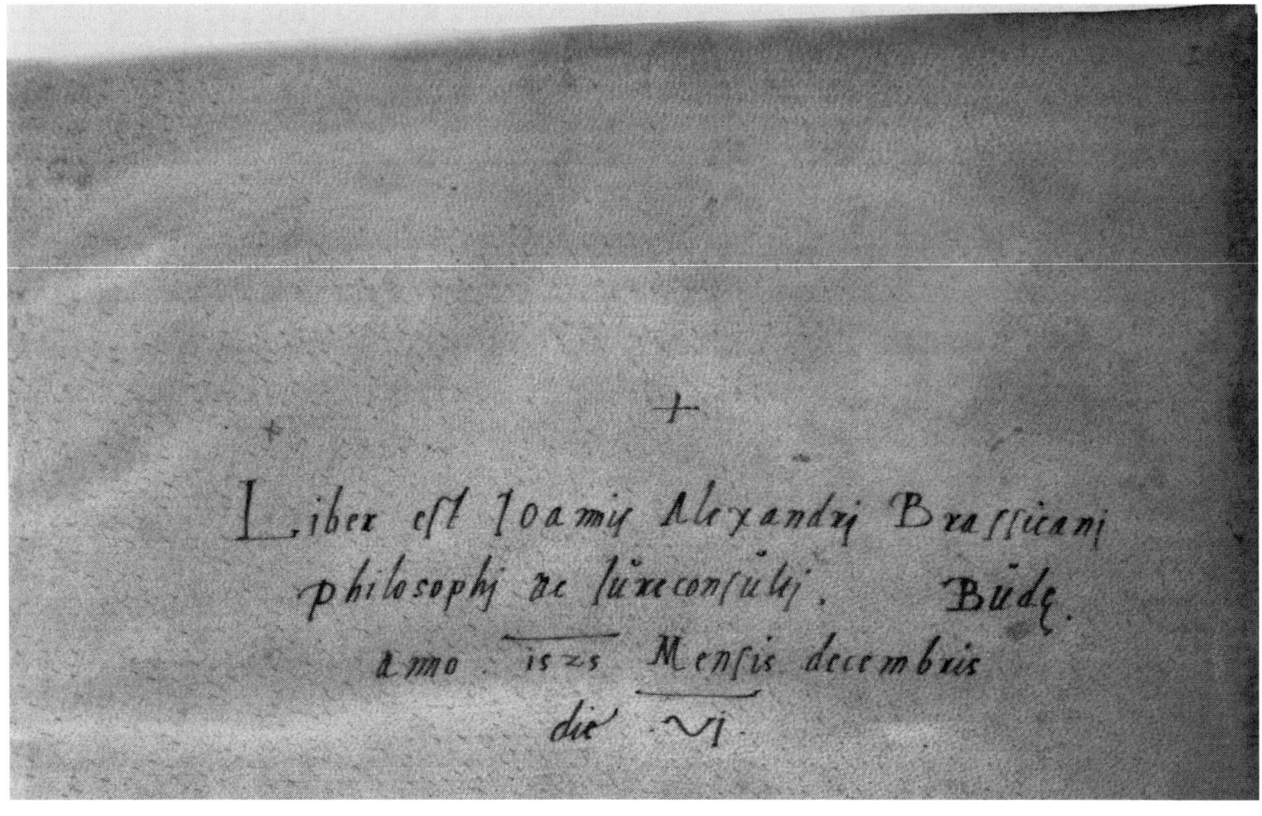
Liber est Ioannis Alexandri Brassicani
philosophi ac iureconsulti. Budę.
anno 1525 Mensis decembris
die VI

3 Österreichische Nationalbibliothek, Cod. 92, f. I[r] (obere Hälfte) (Pergamentvorsatz = [f. II[r]])
Besitzvermerk des Iohannes Alexander Brassicanus: Buda, 6. Dezember 1525

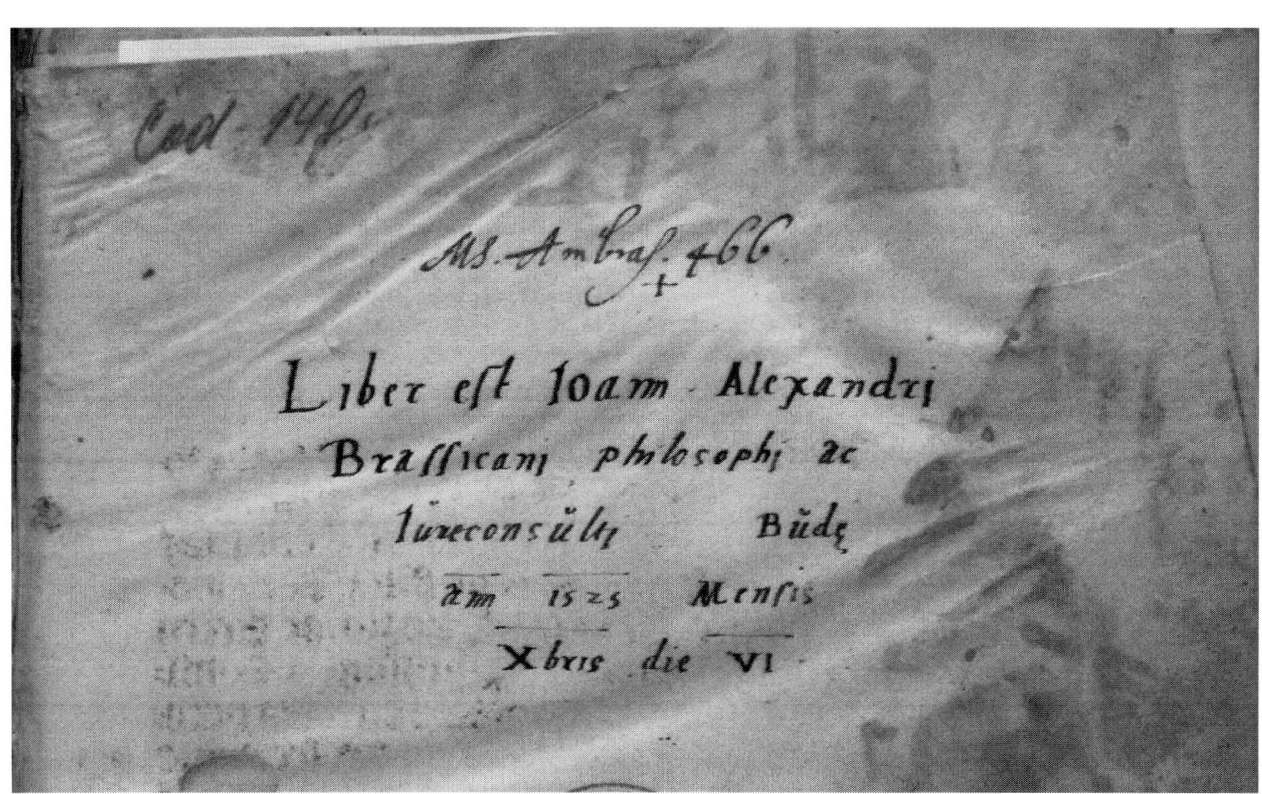
Cod. 140
MS. Ambras. 466
Liber est Ioann. Alexandri
Brassicani philosophi ac
iureconsulti Budę
ann. 1525 Mensis
Xbris die VI

4 Österreichische Nationalbibliothek, Cod. 140, [f. I[r]] (obere Hälfte) (Pergamentvorsatz)
Besitzvermerk des Iohannes Alexander Brassicanus: Buda, 6. Dezember 1525

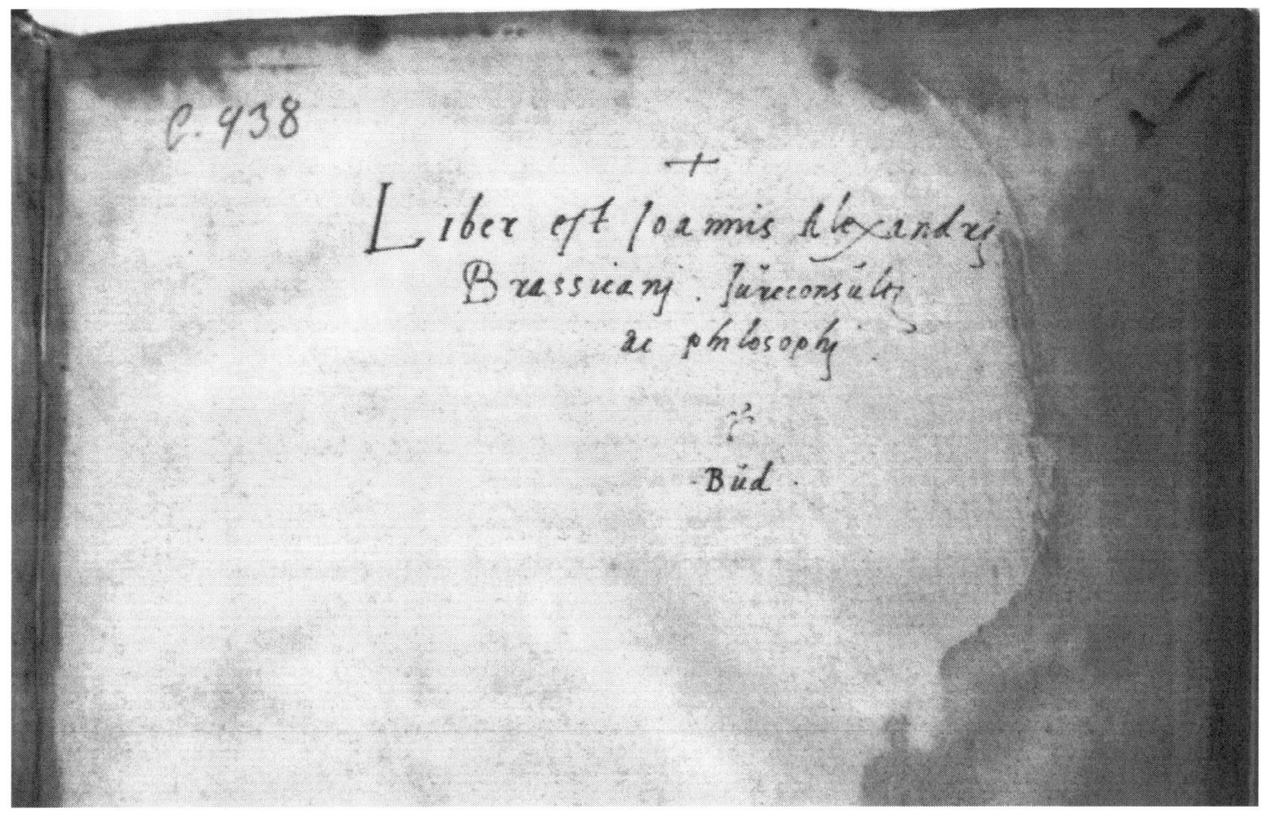

5 Österreichische Nationalbibliothek, Cod. 438, f. I[r] (obere Hälfte) (Pergamentvorsatz)
Besitzvermerk des Iohannes Alexander Brassicanus: Buda [1525]

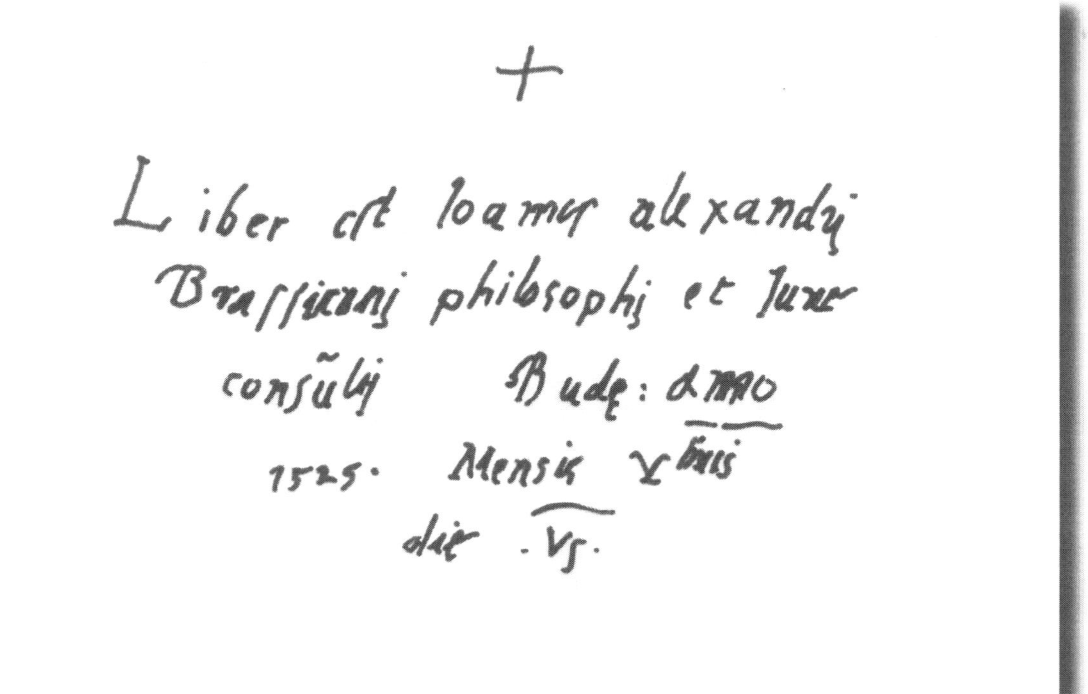

6 Budapest, Országos Széchényi Könyvtár, Cod. lat. 414 (ex Vind. 105), [f. II[r]] (obere Hälfte) (Pergamentvorsatz)
Nachzeichnung des Besitzvermerks des Iohannes Alexander Brassicanus: Buda, 6. Dezember 1525

Dn̄ Manuelis Moschopuli.

LIBER EST

Joannis Alexandri Brassicani
philosophi ac iureconsulti

Anno 1525.
die
4
decembris

BUDAE

7 Kopenhagen, Kongelige Bibliotek, Cod. Fabr. 78,4°, f. 1r (Papiervorsatz) Nachzeichnung des Besitzvermerkes des Iohannes Alexander Brassicanus: Buda, 4. Dezember 1525 (ab Z. 2 von seiner Hand)

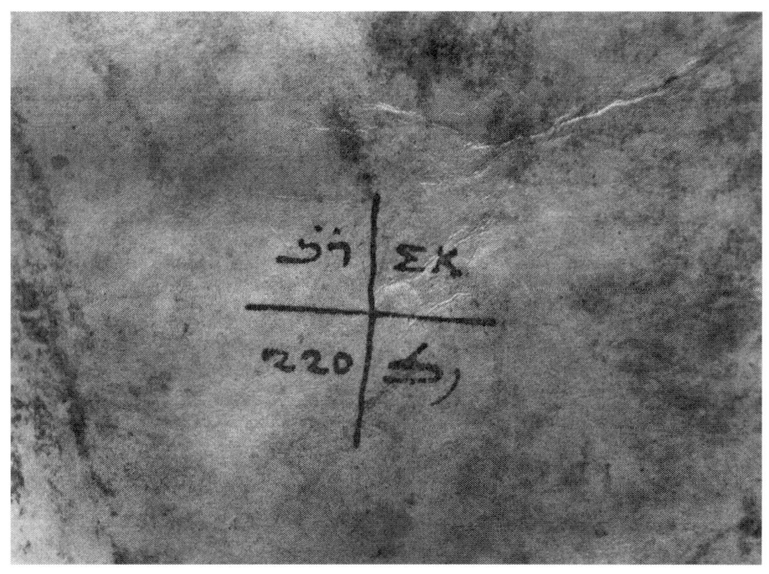

8 Österreichische Nationalbibliothek, Cod. Hist. gr. 8, f. IIIr (Pergamentvorsatz) Bibliothekssignatur (?) 220 in vier Sprachen (im Uhrzeiger: Griechisch, Arabisch, „Lateinisch", Hebräisch,)

Gianluca Masi

Nuovi manoscritti corviniani a Firenze

Ancora su Mattia Corvino e gli Archivi fiorentini

È abbastanza chiaro alla storiografia contemporanea il quadro dei rapporti politici che il sovrano d'Ungheria Mattia Corvino (Cluj/Kolozsvár/Klausenburg/Claudiopoli, 24 febbraio 1440 – Wien, 6 aprile 1490) intrattenne con gli Stati italiani durante gli anni del suo celebrato regno (1458–1490).

Com'è noto Mattia, rimasto vedovo di Caterina Podebrady, pensò bene di risposarsi nel 1474 con Beatrice, figlia di Ferdinando d'Aragona (1458–1494), trovandosi così allineato con il re di Napoli e, quindi, con altre realtà politiche della Penisola, ad esempio con la famiglia d'Este. Fu così che un contingente ungherese venne in aiuto di Ferdinando prima contro gli Ottomani, durante l'assedio di Otranto (1480), e poi, negli anni 1486–1488, contro il Papa e la Serenissima.

Prima di allora, Mattia aveva sempre cercato di intrattenere buoni rapporti con la Santa Sede, a tal punto che, secondando il desiderio dei Papi di contrapporsi agli Ottomani, era giunto a meritarsi l'appellativo di *defensor Ecclesiae*. In questo quadro, tuttavia, si erano evidenziati alcuni motivi di screzio con Innocenzo VIII (1484–1492): questi, una prima volta, aveva ostacolato la pretesa del re ungherese di metter le mani su Ğem, lo sconfitto fratello del sultano Bayezid II (1481–1512). Ğem, con l'aiuto di Venezia, dapprima era finito nelle mani del re di Francia, Carlo VIII (1470–1498), poi era stato riconsegnato al Papa. Inoltre un punto dolente, nei rapporti fra Mattia e Innocenzo, era quello relativo al porto di Ancona, città che vedeva nel re ungherese una speranza di emancipazione dall'egemonia politica del Papa e dal controllo commerciale di Venezia.

I rapporti fra il re ungherese e Venezia, a causa della comune lotta contro i Turchi e contro l'imperatore Federico (1440–1493), erano stati inizialmente assai stretti. Nel 1463, Mattia e la Serenissima avevano attaccato gli Ottomani contemporaneamente: il primo in Bosnia, la seconda nel Peloponneso. Ma furono proprio i successi di Mattia a divenir motivo dei primi dissapori: Venezia temeva di perdere la Dalmazia, e la situazione peggiorò quando, intervenendo nella lotta di successione della famiglia Frangipane, Mattia occupò il porto di Zengg, di cui Venezia richiese la restituzione. Inoltre, nel 1474, il matrimonio con Beatrice d'Aragona rese Mattia ancor più pericoloso agli occhi dei Veneziani. Un altro motivo di screzio sorse nel 1479 intorno all'isola di Veglia, quando Giovanni Frangipane chiese l'aiuto dei Veneziani contro le truppe ungheresi di Biago Magyar; inoltre Mattia fu messo in seria difficoltà a causa del trattato di pace turco-veneziano a seguito del quale Mehmet II (1444–1481), nell'ottobre dello stesso anno, fu libero di invadere con le sue truppe i territori ungheresi.

D'altro canto, la lega formata dalle città di Milano, Firenze e Napoli, già da tempo cercava di portare il re d'Ungheria dalla sua parte in funzione antiveneziana. Fin dal 1469 Firenze iniziò una corrispondenza con Mattia, senza però alludere esplicitamente alla politica italiana, mentre Venezia si riavvicinava a Paolo II (1464–1471). Mattia, in questo periodo, accettò le *avances* della Lega, ma rassicurò anche Venezia, il Papa e l'Imperatore: non essendo ancora certo del matrimonio con la figlia di Ferdinando, ricercava l'appoggio del Papa per le sue mire sulla Boemia. Negli anni successivi, comunque, nonostante i dissapori con la Serenissima e la parentela col re di Napoli, Mattia non volle aderire alla lega contro il pontefice e Venezia, e nel 1482, quando Venezia attaccò Ferrara, fu sordo alle richieste del re di Napoli. In realtà la politica di Mattia Corvino era essenzialmente orientata verso l'imperatore Federico e gli aiuti che il re d'Ungheria cercava in Italia, presso Napoli e Milano, erano volti in questa direzione.

Come abbiamo detto, dunque, a partire dal 1469, anno in cui Mattia divenne re di Boemia, Firenze iniziò col re d'Ungheria una corrispondenza che continuò negli anni successivi, durante i quali furono allacciati anche stretti rapporti culturali[1]. Solo per citare alcuni episodi: l'architetto, orafo e matematico Lorenzo Della Volpaia (1446–1512), capostipite di una famiglia fiorentina di orologiai e costruttori di strumenti scientifici, ricavò una certa notorietà dalla costruzione del cosiddetto "Orologio dei pianeti", commissionato da Lorenzo il Magnifico come regalo per Mattia Corvino, ma che poi fu donato alla Signoria per essere collocato nell'attuale Sala dei Gigli di Palazzo Vecchio. L'orologio, dopo alterne vicende, finì distrutto nel XVII secolo.

Ancora, dopo il matrimonio di Mattia con Beatrice, arrivò a Buda il fiorentino Leonardo Chimenti Camicia (1431–1505 ca.). Questi, per dodici anni, ossia fino all'anno della morte del Corvino, ricoprì il ruolo di primo architetto nei lavori del palazzo reale, dove i portali e i soffitti furono intagliati da Baccio e da Francesco di Andrea Cellini, zii del più noto Benvenuto e già collaboratori di Benedetto da Maiano (1442–1497). Questi, come testimonia il Vasari, era stato alle dipendenze del re d'Ungheria dapprima come intarsiatore, poi come scultore e architetto.

Al 1476 risale un drappo per il trono di Mattia Corvino, sicuramente di manifattura fiorentina oggi conservato a Budapest (*Történety Múzeum*); mentre, intorno al 1480, sappiamo ancora dal Vasari che Lorenzo di Pierfrancesco de' Medici, cugino di Lorenzo il Magnifico, inviò al re d'Ungheria due teste di metallo: una di Alessandro Magno, l'altra del re Dario, realizzate da Andrea del Verrocchio (1435–1488). Entrambe andaron distrutte in originale, ma si conservano oggi in copia: la prima in marmo a Washington (*National Gallery*), la seconda in terracotta smaltata a Berlino (*Staatliche Museen*).

Nel 1488, a Buda, la gestione dei libri contabili fu affidata a Bernardo Vespucci, mercante fiorentino; ma soprattutto, il frutto più importante della collaborazione fra Firenze e Mattia furono i manoscritti commissionati dal re d'Ungheria per la costituzione della Biblioteca Corviniana. Il re d'Ungheria si servì anche della competenza dell'umanista fiorentino Francesco Bandini, che nel 1480 fondò un circolo neoplatonico a Buda[2]; mentre, a partire dal 1485, molti codici miniati per la biblioteca di Mattia vennero ordinati a Firenze ai fratelli Gherardo (1445 ca.–1497) e Monte (1448–1532?) di Giovanni del Fora, a Vante di Gabriello di Vante Attavanti, detto Attavante (1452–1525), e a Francesco di Giuliano Boccardi, detto Boccardino il vecchio (1460–1529). Alcuni di questi manoscritti, rimasti a Firenze dopo la morte del re, furono comprati da Lorenzo il Magnifico, come scrive anche il Vasari:

> "[...] miniò Gherardo [...] una infinità di libri, et alcuni per S. Maria del Fiore di Fiorenza; et alcuni altri per Matia Corvino, re di Ungheria; i quali, sopravvenuta la morte del detto re, insieme con altri di mano di Vante e di altri maestri che per il detto re lavoravono in Fiorenza, furono pagati e presi dal Magnifico Lorenzo de' Medici e posti nel numero di quelli tanto nominati che preparavano per far la libraria"[3].

Inoltre venne aperta una bottega a Buda che vide la presenza dei fiorentini Antonio Sinibaldi (fin dal 1471) e Francesco Rosselli (1480–1482). Non bisogna dimenticare poi i rapporti fra l'Ungheria e il celebre umanista fiorentino Marsilio Ficino, che dedicò a Mattia Corvino il trattato: *De vita coelitus comparanda*.

Quello dei manoscritti destinati alla Biblioteca di Mattia Corvino, dato il tema che ci siamo proposti, è un argomento che dovrà riguardare gran parte del nostro intervento, anche se dovremo limitarci alla menzione dei manoscritti che attualmente sono conservati nelle biblioteche fiorentine, escludendo quelli che, pur confezionati a Firenze e giunti in Ungheria, sono finiti poi in altre biblioteche d'Europa.

---

[1] Cfr. S. Teke, Mattia Corvino e gli Stati italiani, in: Italia e Ungheria all'epoca dell'umanesimo corviniano (ed. S. Graciotti – C. Vasoli). Firenze 1994, 19–36; S. Gentile, Marsilio Ficino e l'Ungheria di Mattia Corvino, ibid. 89–110; C. Vasoli, Brevi considerazioni su Sebastiano Salvini, ibid. 111–132; K. Pajorin, La rinascita del Simposio antico e la corte di Mattia Corvino, ibid. 179–228.

[2] Cfr. G. Huszti, Tendenze platonizzanti alla corte di Mattia Corvino. *Giornale critico della filosofia italiana* 11 (1930) 1–37, 135–162, 220–287.

[3] Cfr. G. Vasari, Le vite de' più eccellenti pittori, scultori e architettori. Firenze 1568, 269: Vita di Gherardo miniatore fiorentino (sono citati Gherardo del Fora e Vante degli Attavanti); 282: Vita di Benedetto da Maiano scultore et architetto; 285: Vita di Andrea Verrocchio pittore, scultore et architetto.

Ma andiamo con ordine. All'origine dei rapporti fra Firenze e l'Ungheria, bisogna porre certamente l'umanista Marsilio Ficino (1433–1499) e la sua amicizia con Giano Pannonio (ungherese: János Csezmicei o Kesencei; croato: Ivan Česmički; 1434–1472). È anche possibile, se si considera la testimonianza di Vespasiano da Bisticci, che Giano Pannonio nel suo primo viaggio a Firenze del 1458, oltre allo stesso Vespasiano, a Giovanni Argiropulo, a Cosimo de' Medici, a Poggio Bracciolini e a Donato Acciaiuoli, conoscesse anche Marsilio Ficino[4]. Più verosimilmente, i due umanisti allacciarono rapporti d'amicizia nella seconda visita del Pannonio a Firenze, ossia nel 1465, come testimonia con sicurezza la lettera del Ficino in data 5 agosto 1469, che rappresenta per noi l'inizio dei rapporti fra Firenze e l'Ungheria. Questa lettera è conservata proprio in uno dei manoscritti più antichi che contengono il *Commentarium in Convivium Platonis de amore* che il Ficino inviò al Pannonio[5]. Il Ficino affidò l'opera e la lettera al comune amico Péter Garázsda, che tornava in Ungheria dopo aver compiuto un lungo viaggio di istruzione in Italia su consiglio di János Vitéz, zio del Pannonio.

Con Péter Garázsda, che oltre al Ficino conobbe a Firenze anche Bartolomeo Fonzio (della Fonte)[6], trattiamo brevemente dei documenti conservati nell'Archivio di Stato di Firenze (ASF), senza aspirare in alcun modo alla completezza, ma limitandoci a quelli che possono gettare luce sui rapporti fra Firenze e l'Ungheria in merito alla biblioteca del Corvino. Il Garázsda non partì subito per l'Ungheria; due lettere della Signoria di Firenze, in data 23 dicembre 1469[7], menzionano i due leoni che la città intendeva inviare in dono al re d'Ungheria e che furono celebrati in un componimento del Pannonio. Prima di lasciare l'Italia, il Garázsda voleva certamente sapere quale esito avesse avuto la congiura ordita proprio dal Vitéz e dal Pannonio contro il re d'Ungheria. Troviamo infatti il Garázsda a Padova, nel 1471, afflitto a suo dire da una malattia. Anni dopo, a circa un decennio dalla morte del Pannonio, il Garázsda sarà ancora il destinatario dei saluti del Ficino in almeno due lettere (1482), una a Pietro Pannonio, cui il Ficino dedicò il proemio della *Disputatio contra iudicium astrologorum* (in alcuni manoscritti indirizzato a Giovanni Francesco Ippoliti), la seconda a Francesco Bandini de' Baroncelli[8].

Il Bandini, che abbiamo già citato, si trovava nel 1476 a Napoli. Da Napoli, dove il padre Giovanni aveva accumulato una certa fortuna, il fiorentino dovette accompagnare in Ungheria Beatrice di Aragona, che era stata promessa in sposa al Corvino.

Il 25 marzo 1477, il Bandini scrive da Buda a Lorenzo de'Medici per anticipare al signore di Firenze la visita di Francesco Fontana, ambasciatore del re ungherese. Con l'arrivo del Bandini a Buda ripresero i rapporti fra Firenze e l'Ungheria: e del resto le ultime lettere della Signoria erano state quelle del 1469, relative al dono dei leoni e precedenti la congiura di cui era stato protagonista il Pannonio. Ma anche il fatto che l'Argiropulo avesse rinunciato a recarsi a Buda era indice dell'imbarazzo che i Fiorentini sentivano per aver allacciato rapporti con l'Ungheria proprio tramite il Pannonio. Con la lettera del 3 luglio 1471, conservata nell'ASF, la Signoria aveva preannunciato la partenza dell'Argiropulo per Buda, ma questi poi aveva pensato bene di stabilirsi a Roma[9]. Per sei anni, dunque, la Signoria aveva interrotto i rapporti epistolari con l'Ungheria; poi, il 16 aprile 1477, la Signoria rispose al Bandini inviando una lettera direttamente a Mattia, per ringraziare il re dei benefici resi al fiorentino Domenico di Antonio Giugni[10]; mentre una seconda lettera fu spedita per manifestare la soddisfazione dei Fiorentini per il fatto che Mattia avesse scelto il Bandini come suo consigliere[11].

---

[4] Cfr. VESPASIANO DA BISTICCI, Le Vite I. (ed. A. GRECO). Firenze 1970, 328–329.

[5] Cfr. cod. *Vind. Lat.* 2472. Si veda anche K. PAJORIN, Ioannes Pannonius e la sua lettera a Marsilio Ficino. Verbum. *Analecta neolatina* 1 (1999) 68.

[6] Cfr. B. FONTIUS, Epistolarum libri III (ed. L. JUHASZ). Budapest 1931, 36 (la lettera scritta dal Fonzio a Mattia in data 30 gennaio 1489). Si veda anche A. DANELONI, Sui rapporti fra Bartolomeo della Fonte, János Vitéz e Péter Garázda, in: L'eredità classica in Italia e Ungheria fra tardo Medioevo e primo Rinascimento (ed. S. GRACIOTTI – A. DI FRANCESCO). Roma 2001, 293–309.

[7] ASF, Signori. Carteggi. Missive I Cancelleria [d'ora in poi: Miss.] 46, c. 31; Signori. Carteggi. Minutari [d'ora in poi: Min.] 9, c. 144.

[8] Cfr. M. FICINO, Opera. Basileae 1576, 856 (9 maggio 1482).

[9] ASF, Signori. Carteggi. Responsive. Copiari [d'ora in poi: Resp.] 2, c. 33.

[10] ASF, Miss. 47, c. 56 = Min. 10, c. 424.

[11] ASF, Miss. 47, cc. 60^{r-v} = Min. 10, c. 448.

Anche il Ficino colse l'occasione di riallacciare, tramite il Bandini, i suoi rapporti con l'Ungheria: tra il 1477 e il 1478 inviò il *De vita Platonis* e l'epistola *De patientia*; quindi fu invitato dal vescovo di Vác, Nicola Báthory, a recarsi in Ungheria, invito al quale il fiorentino rispose con un rifiuto (I giugno 1479). Con lettera del I ottobre 1480, il Ficino inviò a Mattia Corvino l'*Exhortatio ad bellum contra barbaros*, proclamando il re d'Ungheria *defensor* della Cristianità dopo la liberazione di Otranto. Il 9 maggio 1482, il Ficino promise l'invio della *Theologia platonica*, stampata poi il 7 novembre dello stesso anno; mentre, il 20 settembre, annunciò la trascrizione del codice delle sue *Epistolae* per mano del cugino Sebastiano Salvini, da lui proposto come sostituto in Ungheria (ancora in una lettera del 1487 al Báthory)[12]. Due codici di provenienza corviniana, contenenti le epistole del Ficino, sono ora nella Herzog August Bibliothek di Wolfenbüttel (12 Aug. 4°; 2 Aug. 4°): il secondo codice vergato da Luca Fabiani e accompagnato da una lettera dedicatoria a Mattia Corvino scritta da Filippo Valori, amico e patrono del Ficino, che ritroveremo a proposito dei manoscritti conservati nella Laurenziana. Il primo di questi due codici, quello "a latronibus interceptus", cioè rubato durante il viaggio verso l'Ungheria, è menzionato in alcune lettere della Signoria di Firenze, conservate nell'ASF e dirette a Mattia, a Beatrice e all'imperatore Federico[13]. Grazie al Valori arrivarono a Buda altri tre codici (ora a Wolfenbüttel) con le epistole del Ficino e con la traduzione di Prisciano di Lidia. Il Ficino, alla fine del 1484, avvisa il Bandini dell'uscita dell'*editio princeps* del Platone latino, la cui spedizione sarà curata dal Valori. In una lettera del 1490, il Ficino annuncia di essere a metà del commento di Plotino e di aver concluso la traduzione dei primi trenta capitoli di quest'opera, oltre ad occuparsi di quelle di Psello, Sinesio, Giamblico, Porfirio e Prisciano di Lidia. Dal suo trattato *De vita*, che si è conservato nella Laurenziana di Firenze fra i codici di provenienza corviniana, il Ficino estrapolò il *De vita coelitus comparanda* per dedicarlo, come abbiamo detto, al re d'Ungheria. Anche questo manoscritto, come scrive il Ficino nel Proemio, doveva esser condotto dal Valori in Ungheria (10 luglio 1489 e 6 febbraio 1490). L'ultima lettera inviata dal Ficino in Ungheria è indirizzata a Taddeo Ugoleto, che aveva visitato Firenze nel 1488[14]; qui il Ficino tratta del *De mysteriis* di Giamblico, opera che doveva essere recata in Ungheria da un certo Antonio, identificato da alcuni con Antonio Sinibaldi, da altri con Antonio Foresi da Bibbiena.

Con la morte del Corvino questa fervida attività s'interruppe: Filippo Valori, nella lettera a Lorenzo de' Medici, cui dona il manoscritto col *De vita* confezionato per Mattia (*Plut.* LXXIII, 39), si dice ridotto in miseria a causa della scomparsa del re d'Ungheria.

Quest'episodio c'induce a trattare la questione dei codici di provenienza corviniana che a tutt'oggi sono conservati nella Biblioteca Laurenziana di Firenze (BLF). Attualmente sono stati attribuiti a questa biblioteca, senza alcuna incertezza, almeno 17 manoscritti di provenienza corviniana. Alcuni di questi codici, otto per la precisione, non si mossero mai da Firenze, giacché, pur essendo commissionati dal re d'Ungheria, alla sua morte entrarono nella biblioteca dei Medici:

Plut. XII, 10[15];

---

12 ASF, Resp. 2, c. 33.

13 ASF, Miss. 49, cc. 129^{r-v} = Min. 11, cc. 487^{v}–488.

14 Il parmense Taddeo Ugoleto si trovava a Buda fin dal 1477 come maestro di Giovanni, figlio naturale di Mattia. L'Ugoleto, venuto a Firenze per reperirvi libri da destinare alla biblioteca del Corvino, allacciò rapporti con un amico del Ficino, quel Naldo Naldi che, fra il 1488 e il 1490, scrisse un *De laudibus augustae bibliothecae ad Matthiam Corvinum*. Cfr. K. Pajorin, L'opera di Naldo Naldi sulla biblioteca di Mattia Corvino e la biblioteca umanistica ideale, in: Atti del XIV Convegno Internazionale. Chianciano, Firenze, Pienza 16–19 luglio 2002 (ed. L. Secchi Tarugi). Firenze 2004, 317–330.

15 Cfr. R.E. Guglielmetti, I testi agiografici latini nei codici della Biblioteca Medicea Laurenziana (*Quaderni di Hagiographica* 5). Firenze 2007, 485 (scheda 109); L. Regnicoli, Antonio Sinibaldi copista di corte, in: Il Libro d'Ore di Lorenzo de' Medici. Modena 2005, 107–179, in part. 161, 179 n. 65; M. Regogliosi – D. Coppini, Gli umanisti lettori di Agostino, in: 387 d. C. Ambrogio e Agostino. Le sorgenti dell'Europa. Catalogo della Mostra (Milano 8 dicembre 2003–2 maggio 2004). Milano 2003, 450–455, in part. p. 467 fig. 15, pp. 477, 483 scheda 15; A. Miko, A Corvina-Konyvtar tortenetei [Stories of the Corvinian Library], in: Uralkodók és corvinak: az Orszagos Széchényi Konyvtar jubileumi kiallitasa alapitasanak 200. évfordulójan, 2002, Majus 16–Augusztus 20 [Potentates and Corvinas: Anniversary Exhibition of the National Széchényi Library, May 16–August 20, 2002]. Budapest [2002], 123–155, in part. 154 n. 85; A. Dillon Bussi, Come i miniatori onorarono Sant'Agostino (Miniature nei codici agostiniani di biblioteche fiorentine), in: Gli umanisti e Agostino. Codici in mostra (ed. D. Coppini – M. Regogliosi). Firenze 2001, 55–72, in part. 60; Ead., Ancora sulla Biblioteca Corviniana e Firenze [Még egyszer a Corvina-könyvtár és Firenze kapcsolatáról], in: Primo incontro italo-ungherese di bibliotecari (Budapest, 9–10 novembre 2000). Problematiche e

Plut. XIV, 22[16] ;
Plut. XV, 15[17];

prospettive della ricerca sul materiale librario ungherese presente in Italia e sul materiale librario italiano presente in Ungheria [Első Olasz-Magyar Könyvtáros Találkozó: az olaszországi hungarika- és a magyarországi italika-kutatás lehetőségei és nehézségei] (ed. M. SCIGLITANO). Budapest 2001, 48–79; E. MILANO, Corviniani. Programmi espositivi e di riproduzione del patrimonio italo-ungherese, in: Secondo incontro italo-ungherese di bibliotecari (Roma, 29–30 ottobre 2001). Problematiche e prospettive della ricerca sul materiale ungherese presente in Italia e sul materiale librario italiano presente in Ungheria (ed. G. NÉMETH). Budapest 2001, 182–201, in part. 196; A. DI DOMENICO, Tre codici miniati per Lorenzo. *Archivio storico italiano* 150 (1992) 481–491, in part. 490; A. DILLON BUSSI – A.R. FANTONI, La biblioteca Medicea Laurenziana negli ultimi anni del Quattrocento, in: All'ombra del lauro: Documenti librari della cultura in età laurenziana (ed. A. LENZUNI). Firenze 1992, 135–147, in part. 147; C. CSAPODI – K. CSAPODI GARDONYI, Bibliotheca Corviniana (A Corvina Konyvtar Torténete). Budapest 1990, 44, 226–227, tav. LXXI (c. 1); A. GARZELLI – A. DE LA MARE, Miniatura fiorentina del Rinascimento (1440–1525): un primo censimento II. (Inventari e cataloghi toscani 19). Firenze 1985, p. 468 n. 405, p. 485; A. DEROLEZ, Codicologie des manuscrits en écriture humanistique sur parchemin (Bibliologia 5–6). Turnhout 1984, vol. I pp. 109 e 128, vol. II p. 42; Humanism and Renaissance Historiography (ed. E.B. FRYDE). London 1983, 174 n. 77; C. CSAPODI, The Corvinian Library: History and Stock (Studia Humanitatis 1). Budapest 1973, 147–148; A. SPOTTI, La nuova stilizzazione della scrittura umanistica nei manoscritti della seconda metà del '400 (Tesi di Laurea). Università degli Studi di Roma. Facoltà di Lettere e Filosofia. Istituto di Paleografia Latina 1969–1970, p. 23 e nn. 2–3–4, p. 34 e n. 1; C. CSAPODI, Bibliotheca Corviniana: die Bibliothek des Konigs Matthias Corvinus von Ungarn. München – Berlin 1969, 49 tav. XI; G. FRAKNÓI [et al.], Bibliotheca Corvina: la biblioteca di Mattia Corvino re d'Ungheria (ed. A. BERZEVICZY – F. KOLLANYI – T. GEREVICH). Budapest 1927, 69, 105 n. 170.

16 Cfr. A.R. FANTONI, Scheda n. 107, in: The Splendour of the Medici: Art and Life in Renaissance Florence. s. l. [2008], 203; F. LOLLINI, Matteo da Milano, in: Dizionario biografico dei miniatori italiani: secoli IX–XVI (ed. M. BOLLATI). Milano 2004, 742–746, in part. 744; B. VAN DEN ABEELE, Recensione. *Scriptorium* 57 (2003) 280* (rec. H.W. VON DEM KNESEBECK, Buchkultur in Spannungsfeld zwischen der Kurie unter Leo X und dem Hof von Franz I, in: Der Medici-Papst Leo X und Frankreich [ed. G.R. TEWES – M. ROHLMANN]. Tübingen 2002, 469–527); MIKÓ, A Corvina 123–155, in part. 154 n. 84; J.J.G. ALEXANDER, Studies in Italian Manuscript Illumination. London 2002, 292 n. 30; F. FERENC [et al.], Illusztraciók és kódexleírasok [Illustrations and Descriptions], in: Uralkodók és corvinak. Budapest [2002], pp. 171–286, in part. p. 202 e ill., pp. 203–204 (c. 1); A. DILLON BUSSI, Scheda del *Plut.* XIV, 22, in: Il Rinascimento in Italia. La Civiltà delle corti. Tokyo 2001, 163; F. MANNARI, Recensione. *Medioevo Latino* 22 (2001) 292 nr. 2767 (rec. A. DILLON BUSSI, Una serie di ritratti miniati per Leone X [*Medicea* 7]. Firenze 1994, 154–157); MILANO, Corviniani 182–201, in part. 196; Rinascimento maturo e primo manierismo, in: Rinascimento. Capolavori dei musei italiani. Tokyo–Roma 2001, 159–181, in part. 167–168 e ill. (scheda III, 7); DILLON BUSSI, Ancora sulla Biblioteca 48–79; Hochrenaissance im Vatikan: Kunst und Kultur im Rom der Päpste I. Bonn 1999, 566; I. SIEDE, Recensione. *Scriptorium* 53 (1999), 171–175, in part. 175 (rec. Atti del IV Congresso di Storia della Miniatura. Il codice miniato laico: rapporto fra testo e immagine [ed. M. CECCANTI]. Firenze 1998 = Rivista di Storia della Miniatura 1–2 [1996–1997]); D. PÓCS, Holy spirit in the Library. The Frontispiece of the Didymus Corvina and Neoplatonic Theology at the Court of King Matthias Corvinus. *Acta Hist. Art. Hung.* 41 (1999–2000) 63–212, in part. 172; L'officina della maniera: varietà e fierezza nell'arte fiorentina del Cinquecento fra le due repubbliche 1494–1530 (Catalogo della Mostra). Firenze 1996, 196; G. LEONCINI, Iconografia di Sant'Ambrogio nell'arte fiorentina, in: La presenza di Sant'Ambrogio a Firenze. Convegno di studi ambrosiani (ed. M. NALDINI). Firenze 1994, 43–64, in part. 61, 64 tav. 4 (c. 1); R. CASCIARO, Note su Antonio da Monza miniatore. Prospettiva: rivista di storia dell'arte antica e moderna 75–76 (1994), 109–123, in part. 123 n. 60; DILLON BUSSI, Una serie p. 11 fig. 4, p. 16 fig. 9, p. 27 n. 7; A. TOUWAIDE, Recensione. *Scriptorium* 45 (1991), 67*–68* nr. 268 (rec. O. MAZAL, Konigliche Bücherliebe. Die Bibliothek des Matthias Corvinus. Graz 1990, 65); CSAPODI–CSAPODI GARDONYI, Bibliotheca Corviniana 45, 228–229, tav. LXXII (c. 1); P. INNOCENTI, Recensione. *Scriptorium* 42 (1988) 49* nr. 181 (rec. Piante e fiori nelle miniature Laurenziane, secc. VI–XVIII [ed. G. MOGGI – M. TESI]. Firenze 1986); Lexikon der Buchkunst und Bibliophilie (ed. K.K. WALTHER). Leipzig 1987, 203; Biblioteca Medicea Laurenziana (ed. A. MORANDINI – G. DE ANGELIS D'OSSAT – M. TESI). Firenze 1986, 246, 247 tav. CLXXII (c. 1); C. ROTONDI, Recensione. *La Bibliofilia* 88 (1986) 331–332 (rec. Mostre documentarie e iconografiche); Miniatura fiorentina p. 468 n. 404, p. 513; F.G. NUVOLONE, Il Sermo pastoralis Pseudoambrosiano e il Sermo Girberti philosophi papae urbis Romae qui cognominatus est Silvester de informatione Episcoporum: riflessioni, in: Gerberto: scienza, storia e mito. Atti del Gerberti Symposium (Archivum Bobiense Studia 2). Bobbio 1985, 379–565, in part. 491; DEROLEZ, Codicologie vol. I pp. 109 e 151, vol. II p. 43; CSAPODI, The Corvinian Library 123, 124; SPOTTI, La nuova stilizzazione 24 e n. 3; CSAPODI, Bibliotheca Corviniana 50 tav. XII; FRAKNÓI , Bibliotheca Corvina 69, 106 n. 173.

17 Cfr. U. BAUER-EBERHARDT, Recensione. *Scriptorium* 58 (2004) 127*–128* (rec. Bibbie miniate della Biblioteca Medicea Laurenziana di Firenze [ed. L. ALIDORI et al.]. Tavarnuzze, Impruneta 2003, XI, 361–371, 405–406, tavv. 28–30 = cc. 1, 4, 6^v); FERENC, Illusztraciók 171–286, in part. 172, 174; DILLON BUSSI, Scheda del *Plut.* XV, 17, p. 92; MILANO, Corviniani 182–201, in part. 196; M. CECCANTI, Una ricostruita Bibbia fiorentina del '400. Prime considerazioni. *Rivista di storia della miniatura* 5 (2000) 97–108, in part. 104 n. 2; A. TOUWAIDE, Recensione. *Scriptorium* 45 (1991) 67*–68* nr. 268; CSAPODI–CSAPODI GARDONYI, Bibliotheca Corviniana 45; Miniatura fiorentina 468 n. 404; CSAPODI, The Corvinian Library 399; EAD., Bibliotheca Corviniana 50; Mostra storica nazionale della miniatura. Catalogo. Firenze 1954, 324–325 (scheda 513); FRAKNÓI, Bibliotheca Cor-

Plut. XV 16[18];
Plut. XV 17[19];
Plut. XXI, 18[20];

vina 69–70; A. HORTIS, Di alcuni codici che Niccolò Anziani dimostrò scritti e miniati per Mattia Corvino. Archeografo triestino III/4 (1908) 303 n. 1; Intorno a due bellissime Bibbie corviniane: notizie, documenti e congetture (ed. N. ANZIANI). Firenze 1906, 13 n. 1.

18 Cfr. U. BAUER-EBERHARDT, Recensione. *Scriptorium* 58 (2004) 127*–128*; FERENC, Illusztraciók 171–286, in part. 172, 174; DILLON BUSSI, Scheda del *Plut.* XV, 17, p. 92; MILANO, Corviniani 182–201, in part. 196; CECCANTI, Una ricostruita Bibbia 97–108, in part. 104 n. 2; A. TOUWAIDE, Recensione. *Scriptorium* 45 (1991) 67*–68* nr. 268; CSAPODI–CSAPODI GARDONYI, Bibliotheca Corviniana 45; Miniatura fiorentina 468 n. 404; CSAPODI, The Corvinian Library 399; Mostra storica nazionale della miniatura 324–325 (scheda 513); FRAKNÓI , Bibliotheca Corvina 70, 105 n. 169; HORTIS, Di alcuni codici 303 n. 1; Intorno a due bellissime Bibbie corviniane 13 n. 1.

19 Cfr. F. CORSI MASI, Il ballatoio interno della Cattedrale di Firenze (Ecostoria 14). [Pisa 2005], 126, 127 fig. 14; AA. VV., Il Libro d'Ore di Lorenzo de' Medici. Modena 2005, 107–179, 241–277, in part. pp. 161, 179 n. 65, p. 264; M. EVANS, La miniatura del Rinascimento a Firenze: il contesto della Bibbia urbinate, in: La Bibbia di Federico da Montefeltro, I. (ed. A.M. PIAZZONI). Modena 2004, 61–92, 119–153, in part. 80, 81 fig. 12 (c. 2[v]); D. GALIZZI, Monte di Giovanni, in: Dizionario biografico dei miniatori italiani 798–801, in part. 799; ID., Gherardo di Giovanni, ibid. 258–262, in part. 260; U. BAUER–EBERHARDT, Recensione. *Scriptorium* 58 (2004) 127*–128*; FERENC, Illusztraciók pp. 171–286, in part. p. 172 e ill., pp. 173, 175 (cc. 2[v]–3); D. POCS, Exemplum és analógia: a firenzei Psaltérium-corvina kettos címlapjanak narrativ strukt-raja [Exemplum and Analogy: the Narrative Structure of the Florentine Psalterium Corvina's Double Front Page], ibid. 71–89, tavv. 71, 74–76; AA. VV., Il Rinascimento in Italia 23–25, 92 (scheda del *Plut.* XV, 17); AA. VV., Rinascimento. Capolavori dei musei italiani. Milano 2001, 31–33, 53–105, in part. 32, 104–105 e ill. (scheda I.44); MILANO, Corviniani 182–201, in part. 188, 196; I.F. WALTHER – N. WOLF, Codices illustres. The world's most famous illuminated manuscripts 400 to 1600. Koln 2001, 394–395 e ill.; I colori del divino: Firenze, Biblioteca Riccardiana, 20 febbraio–19 maggio 2001 (ed. G. LAZZI). Firenze 2001, 18; Tavole a colori, in: Storia della civiltà toscana. Grassina [Bagno a Ripoli] 2001, [635–667], in part. [649] tav. 10; DILLON BUSSI, Ancora sulla Biblioteca 48–79; CECCANTI, Una ricostruita Bibbia 97–108, in part. 104 n. 2; PÓCS, Holy spirit in the Library pp. 63–212, in part. pp. 72, 73 ill., p. 121 figg. 54, 55, 67 (cc. 1[v]–2); Grandi tesori delle biblioteche italiane (ed. L. CRIVELLI). Fiesole 1997, 228 (c. 3); G. CENCETTI, Lineamenti di storia della scrittura latina: dalle lezioni di paleografia (Bologna, a. a. 1953–1954) (ed. G. GUERRINI FERRI). Bologna 1997, 242; M. BUONOCORE, Vedere i classici: l'illustrazione libraria dei testi antichi dall'età romana al tardo medioevo. Roma 1996, 505; A. GARZELLI, L' "Antico" nelle miniature dell'età di Lorenzo, in: La Toscana al tempo di Lorenzo il Magnifico: Politica, economia, cultura, arte. Convegno di Studi promosso dalle Università di Firenze, Pisa e Siena 5–8 novembre 1992. Pisa 1996, 163–172, in part. 169, tavv. 119, 121; G.C. ROMBY, L'immagine dell'ospedale fra storia, arte e impegno civile, in: Gli Innocenti e Firenze nei secoli: un ospedale, un archivio, una città (ed. L. SANDRI). Firenze 1996, 33–58, in part. 37, tav. 8; AA. VV., I luoghi della memoria scritta. Manoscritti, incunaboli, libri a stampa di Biblioteche statali italiane. I libri del decoro. Le biblioteche dei Medici. Catalogo della Mostra. Firenze, Modena, Montecassino, Roma e Venezia 1994. Roma 1994, 131–204, in part. 191; E. CARUSO – L. IMPERIO – M. MARIANI, Pellegrini crociate e templari. Castrocaro 1994, tav. [7] (c. 2[v]); G. MARIANI CANOVA, The Italian Renaissance Miniature, in: The Painted Page: Italian Renaissance Book Illumination 1450–1550 (ed. J.J.G. ALEXANDER [et al.]). New York–London 1994, 21–34, in part. 29, 33 n. 42; Biblioteca Apostolica Vaticana: Liturgie und Andacht im Mittelalter. Stuttgart 1993, 356; M. CIATTI, I codici miniati di Empoli. Firenze 1993, 19; L. ROMBAI, La formazione del cartografo nella Toscana moderna e i linguaggi della carta, in: Imago et descriptio Tusciae: la Toscana nella geocartografia dal XV al XIX secolo (ed. L. ROMBAI). Venezia 1993, 37–81, in part. 38; A. TOUWAIDE, Recensione. *Scriptorium* 45 (1991) 67*–68* nr. 268; CSAPODI – CSAPODI GARDONYI, Bibliotheca Corviniana 45, 230–233, tavv. LXXIII–LXXIV (cc. 1–2); P. INNOCENTI, Recensione. *Scriptorium* 42 (1988) 49* nr. 181; Biblioteca Medicea Laurenziana p. 192 tav. CXLII, p. 193 tav. CXLIII, pp. 194–195 tav. CXLIIA (cc. 2–3[v]); G.C. GARFAGNINI, Recensione. *Medioevo Latino* 9 (1986) 724 nr. 4986 [rec. G. MOGGI – M. TESI, Piante e fiori nelle miniature laurenziane (secc. VI–XVIII). Catalogo. Nuncius I/2 (1986) 186]; C. ROTONDI, Recensione. La Bibliofilia 88 (1986) 331–332; Miniatura fiorentina pp. 282, 303, 468 n. 404, p. 486, tavv. 903–914; W. FITZGERALD, Ocelli nominum: Name and Shelf Marks of Famous Familiar Manuscripts I. Medieval Studies 45 (1983) 214–297, in part. 238b, 279 (poi Toronto 1992, 47); A.R. GARZELLI, Nuovi documenti figurativi quattrocenteschi per la ricostruzione degli apparati di arredo monumentale di Donatello, in: La scultura decorativa del Primo Rinascimento. Atti del I Convegno Internazionale di studi. Pavia 16–18 settembre 1980. Roma 1983, 55–66, in part. figg. 5–6 (c. 2v); CH. HECK, Recensione. *Scriptorium* 43 (1980) 3* nr. 3 [rec. J.J.G. ALEXANDER, Italian Renaissance Illuminations. London 1977]; K. CSAPODI GARDONYI, Recensione. *Scriptorium* 28 (1974) 133* nr. 118 (rec. EAD., Le tre figure storiche della Bibbia fiorentina. *Magyar Konyvszemle* 31 [1968]); CSAPODI, The Corvinian Library 399; SPOTTI, La nuova stilizzazione p. 34 e n. 2, pp. 35, 36 e n. 1; CSAPODI, Bibliotheca Corviniana tavv. XIII–XIV; Mostra storica nazionale della miniatura 324–325 (scheda 513); FRAKNÓI , Bibliotheca Corvina 70, 106 n. 174; G. BOFFITO – A. MORI, Piante e vedute di Firenze: studio storico topografico cartografico (Il facsimile 4). Firenze 1926, 5; HORTIS, Di alcuni codici 303 n. 1; Intorno a due bellissime Bibbie corviniane 13 n. 1.

20 Cfr. F.S. D'IMPERIO, Gregorio Magno. Bibliografia per gli anni 1980–2003 (*Archivum Gregorianum* 4). Firenze 2005, 59; MIKÓ, A Corvina 123–155, in part. 154 n. 86; MILANO, Corviniani 182–201, in part. 196; M.T. CACHO, Manuscritos hispanicos en las

Plut. LXVIII, 19[21];
Plut. LXXIII, 39[22];

mentre altri tre codici, dopo essere giunti in Ungheria, tornarono a Firenze:
Plut. LXV, 36[23];
Plut. LXXIII, 4[24];

bibliotecas de Florencia II. (*Secoli d'oro* 26). Firenze 2001, 423; DILLON BUSSI, Ancora sulla Biblioteca 48–79; J.J.G. ALEXANDER, Bible with Postillae of Nicholas of Lyra, in: The Painted Page 49–51, in part. 49; DILLON BUSSI – FANTONI, La biblioteca Medicea Laurenziana 135–147, in part. 147; CSAPODI–CSAPODI GARDONYI, Bibliotheca Corviniana 45, 234–235, tavv. LXXV (c. 1); Miniatura fiorentina p. 468 n. 405 e n. 413, p. 507; DEROLEZ, Codicologie vol. I pp. 109 e 140, vol. II p. 45; CSAPODI, The Corvinian Library 312, 313; EAD., Bibliotheca Corviniana 50 tav. XV; FRAKNÓI, Bibliotheca Corvina 70, 105 n. 170; HORTIS, Di alcuni codici 302–303; Intorno a due bellissime Bibbie corviniane 13.

21 Cfr. FERENC, Illusztrációk pp. 171–286, in part. pp. 176, 200 e ill., p. 201 (c. 1); MIKÓ, A Corvina 123–155, in part. 154 n. 83; MILANO, Corviniani 182–201, in part. 188, 196; DILLON BUSSI, Ancora sulla Biblioteca 48–79; CENCETTI, Lineamenti 87; T. DE ROBERTIS – R. MIRIELLO, I manoscritti datati d'Italia della Biblioteca Riccardiana di Firenze I. (*Manoscritti datati d'Italia* 2). Firenze 1997, 22; R.S. WIECK, Praeparatio ad missam pontificalem (scheda n. 4), in: The Painted Page 56–60; M. ZAGGIA, La traduzione latina da Appiano di Pier Candido Decembrio: per la storia della tradizione. *Studi Medievali* 34 (1993) 193–243, in part. pp. 216, 217 n. 90, p. 223; DILLON BUSSI – FANTONI, La biblioteca Medicea Laurenziana 135–147, in part. 147; A. TOUWAIDE, Recensione. *Scriptorium* 45 (1991) 67*–68* nr. 268; CSAPODI–CSAPODI GARDONYI, Bibliotheca Corviniana 45, 238–239, tav. LXXVII (c. 7); Miniatura fiorentina pp. 468 nn. 403 e 405, p. 475; CSAPODI, The Corvinian Library 134; SPOTTI, La nuova stilizzazione 25 e n. 1; CSAPODI, Bibliotheca Corviniana 50, tav. XVI; FRAKNÓI, Bibliotheca Corvina 70, 105 n. 170.

22 Cfr. C. BIANCA, Le dediche a Lorenzo de' Medici nell'editoria fiorentina, in: F. BAUSI – V. FERA, Laurentia laurus. Per Mario Martelli (*Biblioteca umanistica* 1). Messina 2004, 51–89, in part. 73; D. GALIZZI, Vante di Gabriello di Vante Attavanti detto Attavante, in: Dizionario biografico dei miniatori italiani 975–979, in part. 977; FERENC, Illusztrációk pp. 171–286, in part. p. 186 e ill., p. 187 (c. 1); MILANO, Corviniani 182–201, in part. 196; DILLON BUSSI, Ancora sulla Biblioteca 48–79; G. MURANO, Recensione. *Scriptorium* 53 (1999) 230*–231* nr. 556 (rec. Marsilio Ficino e il ritorno di Ermete Trismegisto. Marsilio Ficino and the Return of Hermes Trismegistus [ed. S. GENTILE – C. GILLY]. Firenze 1999); S. GENTILE, Il manoscritto del De vita (scheda XXIX), in: Marsilio Ficino 104–107; AA. VV., I luoghi della memoria scritta 131–204, in part. 189; P.O. KRISTELLER, Studies in Renaissance Thought and Letters, III. (*Storia e letteratura. Raccolta di studi e testi* 178). Roma 1993, p. 84 n. 71, p. 118 n. 29, p. 146 n. 58; DILLON BUSSI – FANTONI, La biblioteca Medicea Laurenziana 135–147, in part. 142; A.R. FANTONI – S. GENTILE, Ficino, Poliziano, Pico, ibid. 123–134, in part. 128–130; A. TOUWAIDE, Recensione. *Scriptorium* 45 (1991) 67*–68* nr. 268; CSAPODI–CSAPODI GARDONYI, Bibliotheca Corviniana 46, 242–243, tav. LXXIX (c. 77 [80]); M. FICINO, Epistolarum familiarium liber I (ed. S. GENTILE). Firenze 1990, XC–XCII, CLXXVI; S. GENTILE, Note sullo scrittoio di Marsilio Ficino, in: J. HANKINS [et al.], Supplementum festivum: Studies in Honor of Paul Oskar Kristeller (Medieval and Renaissance Texts and Studies 49). New York–Binghamton 1987, 339–398, in part. 381; P.O. KRISTELLER, Marsilio Ficino and His Work after Five Hundred Years (*Quaderni di Rinascimento* 7). Firenze 1987, 17, 73, 181, figg. 5–6 [già in: Marsilio Ficino e il ritorno di Platone. Studi e documenti I. (ed. G.C. GARFAGNINI). Firenze 1986, 15–196, in part. 31, 87, 195, tavv. 5–6]; Biblioteca Medicea Laurenziana 248, 249, tav. CLXXXIV (c. 4); M. MUCCILLO, Recensione. *La Bibliofilia* 87 (1985) 71–79, in part. 77 [rec. Marsilio Ficino e il ritorno di Platone. Manoscritti stampe e documenti (ed. S. GENTILE – S. NICCOLI – P. VITI). Firenze 1984, scheda 103]; Miniatura fiorentina p. 468 n. 404, p. 511; J.R. CLARK, The Manuscript Tradition of Marsilio Ficino's De Vita Libri Tres. *Manuscripta* 27 (1983) 158–164, in part. 159, 162, 163; FRYDE, Humanism 184 n. 144 (II); P.O. KRISTELLER, Marsilio Ficino as a Man of Letters and the Glosses Attributed to Him in the Caetani Codex of Dante. *Renaissance Quarterly* 36 (1983) 1–34, in part. 29 n. 106; The Ninth Saint Louis Conference on Manuscript Studies. Abstracts of Papers. *Manuscripta* 27 (1983) 3–22, in part. 6; P.O. KRISTELLER, The First Printed Edition of Plato's Works and the Date of Its Publications (1484), in: Science and History: Studies in Honor of Edward Rosen (*Studia Copernicana* 16). Ossolineum, Wrocław 1978, 25–35, in part. 35 n. 58; CSAPODI, The Corvinian Library 218; A. HOBSON, Great Libraries. New York 1970, 88; CSAPODI, Bibliotheca Corviniana 50–51, tav. XVII; P.O. KRISTELLER, Some Original Letters and Autograph Manuscripts of Marsilio Ficino, in: Studi di Bibliografia e di Storia in onore di Tammaro De Marinis, III. Verona 1964, 5–33, in part. 15 n. 1; FRAKNÓI , Bibliotheca Corvina 70, 105 n. 170.

23 Cfr. E. BARBIERI, Tre schede per Antonio Brucioli e alcuni suoi libri. *Aevum* 74/3 (2000) 709–719, in part. 711–712; G. ALBANESE, Un volgarizzamento trecentesco della "Griselda" latina in un codice dei Ricci di Firenze (scheda 162), in: Codici Latini del Petrarca nelle bibiloteche fiorentine. Mostra 19 maggio–30 giugno 1991 (ed. M. FEO). Firenze 1991, 198–202, in part. 202; CSAPODI–CSAPODI GARDONYI, Bibliotheca Corviniana 45, 236–237, tav. LXXVI (c. 1); Miniatura fiorentina 446, 490, 529; K. CSAPODI GARDONYI, Recensione. *Scriptorium* 37 (1983) 29* n. 99; K. CSAPODI GARDONYI, Les manuscrits copiés par Petrus Cecennius: liste revue et augmentée, in: P. COCKSHAW – M.-C. GARAND – P. JODOGNE, Miscellanea codicologica F. Masai dicata 1979, I. (Les publications de Scriptorium 8). Gand 1979, 413–416, in part. 415 e n. 30; CSAPODI, The Corvinian Library 181.

24 Cfr. CSAPODI–CSAPODI GARDONYI, Bibliotheca Corviniana 46, 240–241, tav. LXXVIII (c. 1); Texts and Transmission: a Survey of the Latin Classics (ed. L.D. REYNOLDS). Oxford 1986, 47; Miniatura fiorentina 515; H.D. JOCELYN, The Authenticity of Some

Acquisti e Doni 233[25]).

A questi manoscritti ne vanno aggiunti altri sei, recentemente riconosciuti come corviniani e non menzionati da C. Csapodi, né presenti sul sito *on line* della *Bibliotheca Corviniana Digitalis*: si tratta di sei codici appartenenti alla raccolta di Galeotto Manfredi, signore di Faenza (1477–1490), che furono acquistati nel 1490 da Mattia Corvino e che poi, essendo il re d'Ungheria morto di lì a poco, entrarono a far parte della biblioteca Medicea (*Plut.* XXII, 1–6; contenenti l'opera di Nicolas de Lyra).

Infine tre codici di sicura provenienza corviniana, pur essendo citati in altri ambiti, non mi risulta che siano mai stati menzionati in uno studio riguardante i manoscritti di Mattia Corvino che sono conservati nella Laurenziana di Firenze (*Plut.* XII, 22; LXXXIV, 16; LXXXIV, 24). Questa è dunque la prima volta che vengono elencati insieme agli altri 17 fin qui riconosciuti dagli studiosi. È possibile che vi siano altri esemplari di provenienza corviniana da individuare nella Biblioteca Medicea, ma al momento, con l'aggiunta di questi tre nuovi testimoni, il totale arriverebbe al numero di 20 manoscritti.

Di questi 20 manoscritti, dunque, i 17 che già erano riconosciuti dagli studiosi come corviniani, sono stati descritti di recente con ampiezza. Pertanto ci occupiamo in questa sede della descrizione di quei tre nuovi manoscritti che abbiamo or ora menzionato. Il *Plut.* XII, 22 fa parte del gruppo dei 21 manoscritti miniati da Attavante degli Attavanti, qui già citato, per papa Leone X, ossia Giovanni de' Medici (1475–1521). Probabilmente il codice si originò intorno al 1490 per la Biblioteca di Mattia Corvino, e poi fu decorato più tardi da Attavante. Inoltre è uno dei 71 manoscritti attribuiti alla mano di Piero di Cosimo Strozzi. Tramanda Al-

---

Paragraphs of Celsus' Medical Work in a Fifteenth Century Codex. *Res Publica Litterarum* 7 (1984) 101–106, in part. 101; K. CSAPODI GARDONYI, Recensione. *Scriptorium* 37 (1983) 29* n. 99; D. NARDO, Scienza e filologia nel primo Settecento padovano. Gli studi classici di G.B. Morgagni, G. Poleni, G. Pontedera, L. Targa. *Quaderni per la storia dell'Università di Padova* 15 (1982) 1–40, in part. 34–35 e nn. 154–155; D. MANETTI, Una glossa ippocratica di Galeno. *Athenaeum* 58 (1980) 462–465; A. DE LA MARE, The Library of Francesco Sassetti (1421–1490), in: Cultural Aspects of the Italian Renaissance: Essay in Honour of Paul Oskar Kristeller (ed. C.H. CLOUGH). Manchester 1976, 160–201, in part. 188; S. BERNARDINELLO, Recensione. *Scriptorium* 29 (1975) 220* nr. 966 (rec. D. ALLERO GRANADOS, Dos nuevos capitulos de A. Cornelio Celso ["De medicina", IV 27, I D]. *Emerita* 41 (1973) 99–108); M. MANFREDI, P.Flor. 115. *Studi italiani di filologia classica*, n. s., 46/1–2 (1974) 154–184, in part. 175 n. 1; S. CAROTI – S. ZAMBONI, Lo scrittoio di Bartolomeo Fonzio umanista fiorentino (*Documenti sulle arti del libro* 10). Milano 1974, 101, tav. XLIV (c. 191); A. CAMPANA, Contributi alla biblioteca del Poliziano, in: Poliziano e il suo tempo. Atti del IV Convegno internazionale di studi sul Rinascimento (Firenze, Palazzo Strozzi, 23–26 settembre 1954). Firenze 1957, 173–229, in part. 195 e n. 2; C. CIPOLLA, Appunti da vecchie carte ingiallite, in: Miscellanea di studi storici in onore di Antonio Manno, I. Torino 1912, 1–17, in part. 2 e nn. 3–4, 9; R. SABBADINI, Sui codici della Medicina di Corn. Celso. Studi italiani di filologia classica 8 (1900) 1–32, in part. 8 (= F); Tre lettere di Vespasiano da Bisticci (ed. V. ROSSI). Venezia 1890, 11.

[25] Cfr. C. BIANCA, Bartolomeo Fonzio tra filologia e storia. Medioevo e Rinascimento 18, n. s. 15 (2004) 207–240, in part. 239; L. FRATINI – S. ZAMPONI, I manoscritti datati del fondo Acquisti e Doni e dei fondi minori della Biblioteca Medicea Laurenziana di Firenze (Manoscritti datati d'Italia 12). Firenze 2004, scheda 17, p. 4 n. 5, pp. 6, 38, tav. 112 (c. 1); M. CAMPANELLI, Polemiche e filologia ai primordi della stampa: le Observationes di Domizio Calderini (*Sussidi eruditi* 54). Roma 2001, 93, 107, 126 fig. n.n.; MILANO, Corviniani 182–201, in part. 196; F.T. COULSON – B. ROY, Incipitarium Ovidianum: a Finding Guide for Texts in Latin Related to the Study of Ovid in the Middle Ages and Renaissance (*Publications of the Journal of Medieval Latin* 3). Turnhout 2000, 35; R.L. GUIDI, Il dibattito sull'uomo nel '400: Indagini e dibattiti. Roma 1999, 250 n. 78; 1191; Le raccolte della "Colombaria" I. Incunaboli (*Studi. Accademia toscana di scienze e lettere "La Colombaria"* 127). Firenze 1993, 100 n. 42 (ms. 111 della Colombaria); Lorenzo dopo Lorenzo: la fortuna storica di Lorenzo il Magnifico. Firenze, Biblioteca Nazionale, 4 maggio–30 giugno 1992 (ed. P. PIROLO). Milano 1992, 99; A. DI DOMENICO, Tre codici miniati 481–491, in part. 487; A. TOUWAIDE, Recensione. *Scriptorium* 45 (1991) 67*–68* nr. 268; CSAPODI–CSAPODI GARDONYI, Bibliotheca Corviniana 46, 244–245, tav. LXXX (c. 2); M.L. EVANS, Recensione. *The Library* VI/10 (1988) 161 [rec. GARZELLI, Miniatura fiorentina]; P. INNOCENTI, Recensione. *Scriptorium* 42 (1988) 49* nr. 182; Miniatura fiorentina p. 414 n. 142, p. 488; D. COPPINI, Il commento a Properzio di Domizio Calderini. *Annali della Scuola Normale Superiore di Pisa* III/9 (1979) 1119–1173, in part. 1169; Mostra di autografi laurenziani (Firenze, gennaio–giugno 1979). Biblioteca Medicea Laurenziana. Firenze 1979, 9 (scheda 27); C. JEUDY – Y.F. RIOU, L'Achilléide de Stace au Moyen Age: abrégés et arguments. *Revue d'Histoire des Textes* 4 (1974) 143–180, in part. 148 e n. 5; CAROTI – ZAMBONI, *Lo scrittoio* 74, tav. XXX (c. 1); CSAPODI, The Corvinian Library 171; EAD., Bibliotheca Corviniana 51 tav. XVIII; J. DUNSTON, Studies in Domizio Calderini. Italia Medioevale e Umanistica 11 (1968) 71–150, in part. 123 n. 1; E.M. SANFORD, Juvenalis, Decimus Junius, in: P.O. KRISTELLER, Catalogus Translationum et Commentariorum: Medieval and Renaissance Latin Translations and Commentaries I. Washington 1960, 175–238, in part. 219; FRAKNÓI, Bibliotheca Corvina 70, 105 n. 169.

cuino e l'*opera omnia* di S. Agostino, che è raffigurato da Attavante in atto di lavorare nel suo studio, così come anche Cicerone, la cui miniatura va attribuita a Giuliano Amidei.

Il secondo codice, il *Plut.* LXXXIV, 16 (membr.; sec. XV *ex.*), è di grande importanza per vari motivi. Innanzitutto perché conserva opere originali di Marsilio Ficino, cui il manoscritto probabilmente appartenne e che forse copiò alcune parti, oppure appose annotazioni. Inoltre, fra queste opere, si trova la traduzione di Pisciano di Lidia il cui proemio è preceduto dalla lettera di dedica di Filippo Valori a Mattia Corvino, proprio come accade nel manoscritto di Wolfenbüttel che abbiamo nominato sopra: circostanza che, a mia conoscenza, non è stata notata da nessuno studioso. Il codice contiene, altresì, la traduzione dei *Problemata* di Alessandro di Afrodisia curata da Giorgio Valla e quella di un opuscolo di Plutarco ad opera di Guarino veronese.

Infine il *Plut.* LXXXIV, 24 (membr.; sec. XV *ex.*; antigrafo del LXXXV, 19, ff. 3–105^{v}, 349^{v}) è un altro codice miniato da Attavante degli Attavanti su commissione del re d'Ungheria e poi acquistato da Lorenzo il Magnifico dopo la morte del Corvino. Contiene diverse opere ascrivibili alla tradizione neoplatonica rivisitata a Firenze ai tempi del Ficino; ad esempio è uno dei cinque codici che tramanda il *Liber Alcidi De immortalitate animae* (= L; cfr. *Riccar.* 709), citato da Coluccio Salutati nel *De verecundia*; quindi vi si trovano anche la traduzione di Calcidio, alcuni commenti al *Timeo* di Platone, l'*Asclepius*, Apuleio, ma anche il commento *Super Boetium De Trinitate* di Tommaso d'Aquino.

Si deve aggiungere a questo gruppo un ulteriore manoscritto citato come corviniano esclusivamente da C. Csapodi, ossia il *Plut.* XVIII, 21 (sec. XV *ex.*); codice che, rimasto a Firenze per la morte del re d'Ungheria, tramanda fra l'altro il *Liber de Vallombrosanae religionis beatis* di Gerolamo da Raggiolo: una sorta di *De viris illustribus* della comunità vallombrosana dedicato a Lorenzo de' Medici.

Oltre ai 21 manoscritti che abbiamo citato finora, ve ne sono altri 23 che compaiono sul sito in linea della *Bibliotheca Corviniana Digitalis*[26]:

Plut. XII, 9[27];
Plut. XIII, 6[28];
Plut. XIV, 5[29] ;
Plut. XIV, 6[30];

[26] Vi sono due codici che sono menzionati erroneamente, in alcuni studi, come corviniani. Si tratta dei *Plut.* XXXIX, 40; LXXVII, 11. Cfr. Csapodi, The Corvinian Library 167, 384–385. L'indirizzo della *Bibliotheca Corviniana Digitalis*, provvista di una ricca bibliografia in linea, è il seguente: www.corvina.oszk.hu/

[27] Cfr. Ferenc, Illusztraciók pp. 171–286, in part. p. 180 e ill., p. 181 (c. 2); Dillon Bussi, Come i miniatori 55–72, in part. 60; M.A. Casagrande Mazzoli – E. Ornato, Elementi per la tipologia del manoscritto quattrocentesco dell'Italia centro–settentrionale, in: P. Busonero – M.A. Casagrande Mazzoli – L. Devoti – E. Ornato, La fabbrica del codice: materiali per la storia del libro nel tardo Medioevo (*I libri di Viella* 14). Roma 1999, 207–287, in part. 276; Dillon Bussi – Fantoni, La biblioteca Medicea Laurenziana 135–147, in part. 140; Miniatura fiorentina 416, 523; Derolez, Codicologie vol. I pp. 109 e 154, vol. II p. 42.

[28] Cfr. Regogliosi – Coppini, Gli umanisti pp. 450–455, in part. p. 473 tav. 21, pp. 477, 485 scheda 21; Dillon Bussi, Come i miniatori 55–72, in part. 60; Dillon Bussi, Ancora sulla Biblioteca 48–79; Dillon Bussi – Fantoni, La biblioteca Medicea Laurenziana 135–147, in part. 140, 144 fig. n. n.; C.H. Kneepers, Recensione. Vivarium 20 (1982) 157–159, in part. 159 [rec. G.L. Bursill–Hall, A Census of Medieval Latin Grammatical Manuscripts. Stuttgart–Bad Cannstatt 1981].

[29] Cfr. I testi agiografici latini, scheda 113; Ferenc, Illusztraciók pp. 171–286, in part. p. 190 e ill., p. 191 (c. 1); Dillon Bussi, Una serie 11 fig. 1; Leoncini, Iconografia di Sant'Ambrogio 43–64, in part. 63 (c. 1); Dillon Bussi – Fantoni, La biblioteca Medicea Laurenziana 135–147, in part. 147; Derolez, Codicologie vol. I p. 109, vol. II p. 43; B. Bischoff, Paläographie und frühmittelalterliche Klassikerüberlieferung, in: Mittelalterliche Studien. Ausgewählte Aufsätze zur Schriftkunde und Literaturgeschichte III. Stuttgart 1981, 54–72, in part. 63 e n. 31 (= La cultura antica nell'Occidente latino dal VII all'XI secolo [*Settimane di studio del Centro italiano di studi sull'Alto Medioevo* 22]. Spoleto 1975, 59–85); J. Brams, Recensione. *Scriptorium* 35 (1981) 185* nr. 998 (rec. M. Zelzer, Probleme der Texterstellung im zehnten Briefbuch des heiligen Ambrosius und in den Briefen extra collectionem. Anzeiger der Österreichischen Akademie der Wissenschaften. Philosophisch-historische Klasse 115 [1978] 415–439); N. Huyghebaert, Recensione. *Scriptorium* 19 (1965) 367 nr. 899 (rec. D.H. Wright, Tractatus 20–22 of St. Augustine's In Johannem. Journal of Theological Studies 15 [1964] 317–330); O. Faller, Sancti Ambrosii Opera (*CSEL* LXXVII, LXXIX). Vindobonae 1955, 1964, VII (p. XI), IX (p. XIII).

[30] Cfr. Regogliosi – Coppini, Gli umanisti pp. 450–455, in part. p. 474 tav. 22, pp. 477, 486 scheda 22; Ferenc, Illusztraciók pp. 171–286, in part. p. 188 e ill., p. 189 (c. 1); E. Giannarelli, Fra filologia e storia della cultura: l'Agostino degli umanisti fioren-

Plut. XVI, 4[31] ;
Plut. XVI, 18[32] ;
Plut. XVI, 32[33];
Plut. XVII, 30[34];
Plut. XVIII, 3[35];
Plut. XVIII 4[36];
Plut. XVIII 5[37];

---

tini, in: Gli umanisti e Agostino. Codici in mostra (ed. D. COPPINI – M. REGOGLIOSI). Firenze 2001, 55–72, in part. 51; LEONCINI, Iconografia di Sant'Ambrogio 43–64, in part. 63 (c. 1); DILLON BUSSI – FANTONI, La biblioteca Medicea Laurenziana 135–147, in part. 147; P. INNOCENTI, Recensione. *Scriptorium* 42 (1988) 49* nr. 182; Miniatura fiorentina p. 469 n. 414, p. 535; DEROLEZ, Codicologie vol. I pp. 109 e 161, vol. II p. 43; A. DE LA MARE, The Florentine Scribes of Cardinal Giovanni of Aragon, in: C. QUESTA – R. RAFFAELLI, Il libro e il testo. Atti del Convegno Internazionale (Urbino 20–23 settembre 1982). Urbino 1984, 243–293, in part. 266 n. 70; FALLER, Sancti Ambrosii Opera VII (p. XI), VIII (p. XIV), IX (p. XIII).

31 Cfr. F. ARDUINI, I libri dei Medici nella Biblioteca Medicea Laurenziana, in: Il Libro d'Ore 66–93, in part. 72, 92 n. 11; D. GALIZZI, Boccardi, Francesco di Giuliano detto Boccardino il vecchio, in: Dizionario biografico dei miniatori italiani 113–116, in part. 115; FERENC, Illusztraciók pp. 171–286, in part. p. 182 e ill., p. 183 (c. 1); CASAGRANDE MAZZOLI – ORNATO, Elementi 207–287, in part. 276; Pico, Poliziano e l'Umanesimo di fine Quattrocento. Biblioteca Medicea Laurenziana 4 novembre–31 dicembre 1994. Catalogo (ed. P. VITI). Firenze 1994, 278; C. ACIDINI LUCHINAT, The Library, in Renaissance Florence: the Age of Lorenzo de' Medici 1449–1492. Milano – Firenze 1993, 119, 137; L. BORGIA, L'insegna araldica medicea: origine ed evoluzione fino all'età laurenziana. *Archivio storico italiano* 150 (1992) 610–639, in part. 629 nn. 49–50; DILLON BUSSI – FANTONI, La biblioteca Medicea Laurenziana pp. 135–147, in part. pp. 136 fig. n. n., pp. 137, 140; Miniatura fiorentina 523.

32 Cfr. A.R. FANTONI, Scheda n. 107, in: The Splendour of the Medici 203 (c. 1); F. LOLLINI, Matteo da Milano, in: Dizionario biografico dei miniatori italiani 742–746, in part. 744; B. VAN DEN ABEELE, Recensione. *Scriptorium* 57 (2003) 280*; ALEXANDER, Studies in Italian Manuscript 292 n. 30; FERENC, Illusztraciók pp. 171–286, in part. pp. 202, 204 e ill., p. 205 (c. 1); Rinascimento maturo 159–181, in part. 168; DILLON BUSSI, Ancora sulla Biblioteca 48–79; EAD., Scheda del *Plut.* XIV, 22, p. 163; M. FINAZZI, Due manoscritti della Tullia di Lodovico Martelli. *Studi di filologia italiana* 59 (2001) 117–166, in part. 124 n. 26; F. MANNARI, Recensione. *Medioevo Latino* 22 (2001) 292 nr. 2767; M. RICCUCCI, Scheda n. 69, in: Gli umanisti e Agostino 231–232; I. SIEDE, Recensione. *Scriptorium* 53 (1999) 171–175, in part. 175; Hochrenaissance im Vatikan 313; L'officina della maniera 196; CASCIARO, Note 109–123, in part. 123 n. 60; DILLON BUSSI, Una serie p. 11 fig. 3, p. 15 fig. 8, p. 27 n. 7, p. 28; P. INNOCENTI, Recensione. Scriptorium 42 (1988) 49* nr. 182; Miniatura fiorentina 513; DEROLEZ, Codicologie vol. I pp. 109 e 151, vol. II p. 43.

33 Cfr. S. BERGAMASCHI, Scheda n. 69, in: Gli umanisti e Agostino 232–233, 312 tav. 75; DILLON BUSSI, Ancora sulla Biblioteca 48–79; D. FRIOLI, Recensione. *Medioevo Latino* 7 (1984) 421 nr. 2894 (rec. L. NAVARRA, Osservazioni su due manoscritti fiorentini [Laurentianus 16.32 e Leopoldinus Faesolanus 48] del De incarnatione Domini di Cassiano. *Studi Storico Religiosi* 1 [1977] 339–346; *International Medieval Bibliography* 18/2 [1984] 148); C. MAGAZZÙ, Recensione. *Bollettino di Studi Latini* 8/3 (1978) 191–192 (rec. *Studi Storico Religiosi* 1 [1977] 339–346); F. RÖMER – J. DIVJAK, Ergänzungen zur Bibliotheca Hieronymiana Manuscripta I. *Scriptorium* 30 (1976) 85–113, in part. 104; CH. ASTRUC, Recensione. *Scriptorium* 24 (1970) 134–135 n. 27 (rec. R. AUBRETON, Sur une édition de l'Anthologie palatine. *Bulletin de l'Association Guillaume Budé* 3 [1967] 347–350).

34 Cfr. DILLON BUSSI, Ancora sulla Biblioteca 48–79.

35 Cfr. Gregorio Magno e l'invenzione del Medioevo (ed. L.G.G. RICCI). Firenze 2006, pp. 119, 140 ill. (c. 131), pp. 141–142 (D. FRIOLI, Scheda 31); L. CASTALDI, Il "Registrum Epistolarum" di Gregorio Magno. *Filologia Medio*latina 11 (2004) 55–97, in part. 59 e 85; D. GALIZZI, Vante di Gabriello di Vante Attavanti detto Attavante, in: Dizionario biografico dei miniatori italiani 975–979, in part. 978; FERENC, Illusztraciók pp. 171–286, in part. p. 192 e ill. p. 193 (c. 13); CASAGRANDE MAZZOLI – ORNATO, Elementi 207–287, in part. 276; A. DILLON BUSSI, San Gregorio Magno, Registrum epistolarum (scheda 121), in: Umanesimo e Padri della Chiesa: Manoscritti e incunaboli di testi patristici da Francesco Petrarca al primo Cinquecento. Biblioteca Medicea Laurenziana 5 febbraio–9 agosto 1997. Catalogo (ed. S. GENTILE). [Milano] 1997, 401–404; I Padri della Chiesa nella biblioteca umanistica, ibid. 109–134, in part. 134 (c. 1); AA. VV., I luoghi della memoria scritta 131–204, in part. 189; DILLON BUSSI–FANTONI, La biblioteca Medicea Laurenziana 135–147, in part. 147; F. BORSI, Il realismo di Lorenzo, in: "Per bellezza, per studio, per piacere". Lorenzo il Magnifico e gli spazi dell'arte (ed. F. BORSI). Firenze 1991, 33–40, in part. 37 figg. 25–26 (c. 13); Biblioteca Medicea Laurenziana 286 tav. CLXXXV (c. 13); Miniatura fiorentina 236, 535, tav. 797; DEROLEZ, Codicologie vol. I p. 161, vol. II p. 44; A. DE LA MARE, The Florentine Scribes 243–293, in part. 266 n. 70; G. MOROLLI, Giardini pensili e orti suburbani, in: L'uomo del Rinascimento: Leon Battista Alberti e le arti a Firenze tra ragione e bellezza (ed. C. ACIDINI – G. MOROLLI). Firenze [2006], 217–220, in part. 220 e fig. n. 81.

36 Cfr. FERENC, Illusztraciók pp. 171–286, in part. pp. 178, 194 e ill., p. 195 (c. 1); DILLON BUSSI, Ancora sulla Biblioteca 48–79; DILLON BUSSI–FANTONI, La biblioteca Medicea Laurenziana 135–147, in part. 138; Miniatura fiorentina 518.

37 Cfr. FERENC, Illusztraciók pp. 171–286, in part. pp. 178, 196 e ill., p. 197 (c. 1); DILLON BUSSI, Ancora sulla Biblioteca 48–79; DILLON BUSSI–FANTONI, La biblioteca Medicea Laurenziana pp. 135–147, in part. p. 138 e fig. n.n., p. 147; P. INNOCENTI, Recen-

Plut. XIX, 1[38] ;
Plut. XIX, 6[39];
Plut. XX, 15[40];
Plut. XXI, 14[41];
Plut. XXIII, 4[42];
Plut. XXIV, 4[43];
Plut. XXVI, 8[44];
Plut. XXXV, 37[45];

---

sione. *Scriptorium* 42 (1988) 49* nr. 182; Miniatura fiorentina 518; P. VERBRAKEN, Recensione. *Scriptorium* 22 (1968) 218–219 nr. 633 (rec. ID., La collection de sermons de Saint Augustin "De verbis Domini et Apostoli". *Revue Bénédectine* 77 [1967] 27–46).

[38] Cfr. D. GALIZZI, Boccardi, Francesco di Giuliano detto Boccardino il vecchio, in: Dizionario biografico dei miniatori italiani 113–116, in part. 115; FERENC, Illusztraciók pp. 171–286, in part. p. 176 e ill., p. 177 (c. 1); CASAGRANDE MAZZOLI – ORNATO, Elementi 207–287, in part. 276; I manoscritti datati d'Italia della Biblioteca Riccardiana di Firenze 22; A. DEROLEZ, Pourquoi les copistes si guaient-ils leurs manuscrits?, in: E. CONDELLO – G. DE GREGORIO, Scribi e colofoni: le sottoscrizioni di copisti dalle origini all'avvento della stampa. Atti del seminario di Erice. X colloquio del Comité international de paléographie latine 23–28 ottobre 1993 (Biblioteca del Centro per il collegamento degli studi medievali e umanistici in Umbria 14). Spoleto 1995, 37–56, in part. 51 e n. 60; DILLON BUSSI–FANTONI, La biblioteca Medicea Laurenziana 135–147, in part. p. 140; O. MERISALO, Antologia petrarchesca forse scritta per Lorenzo il Magnifico. Firenze 1991, 310–311, in part. 311 (scheda 227); Miniatura fiorentina p. 469 n. 416, p. 475; DEROLEZ, Codicologie vol. I p. 109, vol. II p. 44.

[39] Cfr. I testi agiografici latini 515–516 (scheda 134); FERENC, Illusztraciók pp. 171–286, in part. p. 178 e ill., p. 179 (c. 1); DILLON BUSSI–FANTONI, La biblioteca Medicea Laurenziana 135–147, in part. 144; Miniatura fiorentina 518.

[40] Cfr. FERENC, Illusztraciók pp. 171–286, in part. pp. 198 e ill. p. 199 (c. 1); R. SHARPE, A handlist of the Latin writers of Great Britain and Ireland before 1540. With additions and corrections (Publications of the Journal of Medieval Latin 1). Turnhout 2001, 675; CASAGRANDE MAZZOLI–ORNATO, Elementi 207–287, in part. 277; DILLON BUSSI–FANTONI, La biblioteca Medicea Laurenziana 135–147, in part. 147; Miniatura fiorentina 475 e n. 482; DEROLEZ, Codicologie vol. II p. 44; F. FALLETTI, La dimora fiorentina quattrocentesca: analisi e verifica delle tipologie più diffuse quali ci appaiono nella miniatura coeva. *Antichità viva* 16/3 (1977) 36–54, in part. 51 fig. 14; L. MEIER, Die Skotusausgabe des Johannes Reinbold von Zierenberg. *Scriptorium* 7 (1953) 89–114, in part. 107.

[41] Cfr. DILLON BUSSI, Ancora sulla Biblioteca 48–79; DILLON BUSSI–FANTONI, La biblioteca Medicea Laurenziana 135–147, in part. 138; A. CHAVASSE, Sancti Leonis Magni romani pontificis Tractatus septem et nonaginta (CCSL 138–138A). Turnholti 1973, CXXXVI.

[42] Cfr. F. LOLLINI, Matteo da Milano, in: Dizionario biografico dei miniatori italiani 742–746, in part. 744; FERENC, Illusztraciók pp. 171–286, in part. pp. 202, 206 e ill., p. 207 (c. 1); Rinascimento maturo 159–181, in part. 168; DILLON BUSSI, Scheda del *Plut.* XIV, 22, p. 163; EAD., Ancora sulla Biblioteca 48–79; Hochrenaissance im Vatikan 564–565; CASCIARO, Note 123 n. 60; DILLON BUSSI, Una serie p. 13 fig. 6, p. 19 fig. 11, p. 27 nn. 7, 8 e 11; P. INNOCENTI, Recensione. *Scriptorium* 42 (1988) 49* nr. 181–182; A. BRACKMANN, Reise nach Italien vom März bis Juni 1900. *Neues Archiv der Gesellschaft für ältere deutsche Geschichtskunde* 26 (1901) 301–347, in part. 308.

[43] Cfr. DEROLEZ, Codicologie vol. I p. 109, vol. II p. 45; D. CICCARELLI, Recensione. *Scriptorium* 32 (1978) 25* nr. 137 [rec. P. COLLURA, Un codice agrigentino delle Tragedie di Seneca. *Atti dell'Accademia di Scienze Lettere e Arti di Palermo* IV/34,2 (1974–1975) 63–76]; T. GUARDI, Recensione. *Bollettino di Studi Latini* 7/1–2 (1977) 185; G. CAMBIER, Recensione. *Scriptorium* 25 (1971) 214 nr. 491 (rec. Sénéque, Hercules furens, Troades, Medea, Phaedra [ed. I. VIANSINO]. Turin 1968); G. CAVALLO, Recensione. *Scriptorium* 24 (1970) 463 nr. 425 (rec. G.C. GIARDINA, Per l'edizione critica di Seneca tragico. Bollettino del Comitato per la preparazione dell'Edizione Nazionale dei Classici Greci e Latini 13 [1965] 61–102); A. VACCARI, Il genuino commento ai Salmi di Remigio di Auxerre. *Biblica* 26 (1945) 52–99, in part. 59.

[44] Cfr. F. LOLLINI, Matteo da Milano, in: Dizionario biografico dei miniatori italiani 742–746, in part. 744; FERENC, Illusztraciók pp. 171–286, in part. pp. 202, 208 e ill., p. 209 (c. 1); DILLON BUSSI, Ancora sulla Biblioteca 48–79; Hochrenaissance im Vatikan 567; L'officina della maniera 196; CASCIARO, Note 117, 123 n. 60; DILLON BUSSI, Una serie p. 13 fig. 7, p. 21 fig. 12, p. 27 n. 7; P. INNOCENTI, Recensione. *Scriptorium* 42 (1988) 49* nr. 181; A. VALLONE, Il dantismo di Colomb de Batines in due lettere inedite, in: G. VARANINI – P. PINAGLI, Studi filologici letterari e storici: in memoria di Guido Favati, I. (*Medioevo e Umanesimo* 28). Padova 1977, 607–620, in part. 615; H. FRANÇOIS – H.V. SHOONER, Codices Manuscripti Operum Thomae de Aquino: Autographa et Bibliothecae A–F, I. (*Editores Operum Sancti Thomae de Aquino* 2). Roma 1967, 3005; La Biblioteca Medicea Laurenziana nel secolo della sua apertura al pubblico (11 giugno 1571). Firenze 1971, 20; A.R. FANTONI, Scheda n. 107, in: The splendour of the Medici 203.

[45] Cfr. DILLON BUSSI, Ancora sulla Biblioteca 48–79; F.R. HAUSMANN, Martial in Italien. *Studi Medievali* III/17 (1976) 173–218, in part. 191 n. 67.

Plut. LI, 13[46];
Plut. LXVII, 22[47];
Plut. LXXVIII, 7[48];
Edili 148

Questi manoscritti, a mia conoscenza, non sono descritti da nessun altro studioso che li attribuisca alla biblioteca del re d'Ungheria, eccetto tre esemplari citati da C. Csapodi e da altri studiosi come sicuramente corviniani (*Plut.* XVI, 32; XVIII, 4; *Edili* 148); pertanto, il numero dei codici da ritenere senza esitazione di provenienza corviniana sale a 24 esemplari. Ne rimangono 20, fra quelli presenti nella *Bibliotheca Corviniana Digitalis*, che non credo si possano attribuire con certezza alla Biblioteca del re d'Ungheria.

Proviamo dunque a formulare qualche ipotesi su questi 20 manoscritti. Una gran parte di essi, almeno 13 (*Plut.* XII, 9; XIII, 6; XIV, 5 e 6; XVII, 30; XVIII, 3 e 5; XIX, 6; XX, 15; XXIV, 4; XXXV, 37; LI, 13; LXXVIII, 7), è riconducibile al miniatore Attavante degli Attavanti, già citato da noi e ricordato anche dal Vasari come uno degli artisti che a Firenze miniarono i codici da inviare in Ungheria. Tale circostanza e il fatto che i codici siano adesso conservati nella Biblioteca Laurenziana ci fa propendere per l'ipotesi che una parte almeno di questi manoscritti, recanti insegne e simboli che li aggiudicano al nucleo originario della biblioteca voluta da Lorenzo il Magnifico o a quello di Giovanni de' Medici, papa Leone X, non siano mai usciti da Firenze, subendo il medesimo destino di altri codici che abbiamo già citato e che, a causa della morte del re d'Ungheria, furono acquisiti dalla famiglia Medici. Alcuni di questi codici, inoltre, presentano opere di padri quali Agostino (XII, 9; XIII, 6; XIV, 6) – che destò l'interesse di umanisti come Niccolò Niccoli e Coluccio Salutati – Ambrogio (XIV, 5) e Girolamo (XIX, 6); dottori della Chiesa come Gregorio Magno (XVIII, 3 e 5) e Johannes Duns Scoto (XX, 15); oppure Marziale (XXXV, 37), Ausonio, Marziano Capella (LI, 13) e Plotino nell'edizione di Marsilio Ficino (XVIII, 3), tutti testi che compaiono in altri manoscritti corviniani, o che comunque presentano con essi una certa compatibilità. Infine due manoscritti (XIV, 6; XVIII, 3) possono essere attribuiti alla mano del ferrarese Sigismondo de' Sigismondi, e così altri due a quella di Niccolò Marchesi di Faenza (XIX, 6; XVIII, 5), copisti anche di altri manoscritti sicuramente corviniani (ad esempio il XVIII, 5 è strettamente connesso col XVIII, 4). E comunque tutti i codici di questo gruppo risultano copiati fra il 1489 e il 1490, data della morte del re d'Ungheria.

Lo stesso ragionamento che abbiamo svolto sopra per il miniatore Attavante possiamo estenderlo anche ai due manoscritti miniati da Boccardino (*Plut.* XVI, 4; XIX, 1), anch'egli fra gli artisti che ricevettero le commissioni del re d'Ungheria, per quanto risulti che furono trascritti per Lorenzo de' Medici uno o due anni dopo la morte del Corvino. Anche il *Plut.* XXI, 14 va avvicinato al *Plut.* XVIII, 4, sicuramente corviniano.

---

[46] Cfr. C. Jeudy, Le "Scalprum Prisciani" et sa tradition manuscrite. *Revue d'Histoire des Textes* 12–13 (1982–1983) 181–193, in part. 189; Ferenc, Illusztrációk pp. 171–286, in part. p. 184 e ill., p. 185 (c. 1); P.F. Moretti, Recensione. *Medioevo Latino* 20 (1999) 422 nr. 4524 (rec. M.E. Consoli, Nota sulla tradizione manoscritta della Mosella di Ausonio. *Koinonia* 21 [1997] 125–129); Dillon Bussi–Fantoni, La biblioteca Medicea Laurenziana 135–147, in part. 142; F. Della Corte, Storia (e preistoria) del testo ausoniano. Suppl. al nr. X del Bollettino dei classici. Roma 1991, 23–24, 38; M.C. Leonori, Contributo critico-testuale alla Mosella di Ausonio. *Rivista di Cultura Classica e Medioevale* 33 (1991) 53–77, in part. 66–69, 71, 73–74, 77; W. Neuhauser, Recensione. *Scriptorium* 43 (1989) 191* nr. 726 (rec. F. Unterkircher, Der Wiener Froumund-Codex [Cod. 114 der Österreichischen Nationalbibliothek]. *Codices Manuscripti* 12 (1986) 27–51); Miniatura fiorentina 480; S. Bernardinello, Recensione. *Scriptorium* 37 (1983) 74* nr. 298 (rec. M.D. Reeve, The Tilianus of Ausonius. Rheinisches Museum für Philologie, n. s., 121 [1978] 350–366); S. Prete, Manuscripts of Ausonius' Caesares. *Res Publica Litterarum* 1 (1978) 255–262, in part. 261 n. 13; C. Leopardi, I codici di Marziano Capella. *Aevum* 34 (1960) 1–99, in part. 37–38.

[47] Cfr. F. Lollini, Matteo da Milano, in: Dizionario biografico dei miniatori italiani 742–746, in part. 744; Ferenc, Illusztrációk pp. 171–286, in part. pp. 202, 210 e ill., p. 211 (c. 1); Rinascimento maturo 159–181, in part. 168; Dillon Bussi, Scheda del *Plut.* XIV, 22, p. 163; F. Mannari, Recensione. *Medioevo Latino* 22 (2001) 292 nr. 2767; Dillon Bussi, Ancora sulla Biblioteca 48–79; I. Siede, Recensione. *Scriptorium* 53 (1999) 171–175, in part. 175; Hochrenaissance im Vatikan 445, 565–566; L'officina della maniera 196; Casciaro, Note p. 123 n. 60; Dillon Bussi, Una serie p. 13 fig. 5, p. 17 fig. 10, p. 27 n. 7.

[48] Cfr. Dillon Bussi, Ancora sulla Biblioteca 48–79; F. Del Punta – C. Luna, Aegidii Romani Opera omnia I. (*Unione Accademica Nazionale. Testi e studi per il Corpus Philosophorum Medii Aevi* 12). Firenze 1993, 117–120; C.H. Lohr, Medieval Latin Aristotle Commentaries: Authors A–F. *Traditio* 23 (1967) 313–413, in part. 333.

Infine, per gli ultimi quattro *Plutei* (XVI, 18; XXIII, 4; XXVI, 8; LXVII, 22), la provenienza corviniana è stata sostenuta da A. Dillon Bussi. Questi codici, riconducibili come il *Plut.* XIV, 22 (sicuramente corviniano) alla mano di Matteo da Milano (1492–1523 ?; attivo a Ferrara, Roma e Urbino, oltre che a Firenze), furono fatti eseguire da Giulio de' Medici (1478–1534), futuro papa Clemente VII, per celebrare nel 1513 la salita sul soglio pontificio di Leone X, ossia del cugino Giovanni de' Medici.

Giunti al termine di questa rassegna, possiamo tirare le somme della nostra analisi. A tutt'oggi gli studiosi avevano individuato 21 manoscritti di sicura provenienza corviniana. A questo numero ne abbiamo aggiunti tre, per un totale di 24 manoscritti. Degli altri manoscritti citati nella *Bibliotheca Corviniana Digitalis*, 16 possono essere aggiunti legittimamente al gruppo precedente, di altri quattro ritengo che si possa lasciare in dubbio la provenienza corviniana.

Ekaterini Mitsiou

John Hunyadi and Matthias Corvinus in the Byzantine sources

With an excursus on the "Greek poem on the Battle of Varna"

Τί ἀξιοπρεπέστατον καὶ θαυμαστὸν καὶ μέγα,
τί ἄγαν πολυτίμητον ἔπαινος νὰ συγράψω,...
Ἐξαπορεῖ μου ὁ λογισμός, αἱ χεῖραι καὶ ἡ γλῶττα
νὰ ἐπαινέσω ἄστοχα τὸν μέγαν τροπαιοῦχον[1]

The above verses from the preamble of the "Greek poem on the Battle of Varna" declare the alleged fear of its author that he will not properly praise the victorious John Hunyadi (*PLP* 31238)[2]. This vernacular text belongs to a larger group of contemporaneous and later sources that expressed great admiration for Hunyadi's person, mostly due to his successes against the Ottomans. Many other Byzantines included him in their written works, both literary and vernacular. Their interest is easily explicable since the historical events of this period, such as the Battle of Varna (1444), had an enormous impact on the fate of the Byzantine Empire.

In order to present an in-depth analysis of the opinions of the Byzantines on Hunyadi, the most important Greek sources not only from the 15th but also from the 16th century will be examined here, so that we may better follow the formation and development of Hunyadi's image before and after the capture of Constantinople. I have taken into consideration the historical works of Laonikos Chalkokondyles[3], Dukas[4], Kritoboulos of Imbros[5], Georgios Sphrantzes[6] and Pseudo-Sphrantzes[7]. Also of importance in this connection are the

---

[1] G. Moravcsik, Görög költemény a Várnai csatáról–Ἑλληνικὸν ποίημα περὶ τῆς μάχης τῆς Βάρνης (*Magyar-Görög Tanulmányok–Οὐγγροελληνικαὶ Μελέται* 1). Budapest 1935, Version C, verses 1–2, 5–6 (For more on the poem cf. the Appendix at the end of the present survey).

[2] On Hunyadi see P. Engel, János Hunyadi: The Decisive Years of his Career 1440–44, in: From Janos Hunyadi to Ferenc Rákóczi (*Social Science Monographs*) (*War and Society in East Central Europe* 3 = *Studies on Society in Change* 12 = *Eastern European Monographs* 104 = *Atlantic Studies*), eds. J.M. Bak – B.K. Király. New York 1982, 103–123; J. Held, Hunyadi. Legend and Reality (*East European Monographs* 178). New York 1985; K. Nehring, Johannes Hunyadi. *LexMA* 5 (1991) 226; A. Kazhdan – J. Bak, János Hunyadi. *ODB* 2 (1991) 958f.; L. Elekes, Die Verbündeten und die Feinde des ungarischen Volkes in den Kämpfen gegen die türkischen Eroberer (*Studia historica Academiae Scientiarum Hungaricae* 9). Budapest 1954, 12ff; G. Moravcsik, Byzantinoturcica, I: Die byzantinischen Quellen der Geschichte der Türkvölker (*Berliner byzantinistische Arbeiten* 10). Berlin ²1958 und II: Sprachreste der Türkvölker in den byzantinischen Quellen (*Berliner byzantinistische Arbeiten* 11). Berlin ³1983, 134, 347f.; K.M. Setton, The Papacy and the Levant (1204–1571), II: The Fifteenth Century (*Memoirs of the American Philosophical Society* 127). Philadelphia 1978, 82f; J. Bak, The Late Medieval Period 1382–1526, in: A History of Hungary, eds. P.F. Sugar – P. Hannak – T. Frank. Bloomington–Indianapolis 1990, 54–82; G. Györffy, Ungarn von 895 bis 1400 (*Handbuch der Europäischen Wirtschafts- und Sozialgeschichte* II), ed. H. Kellenbenz. Stuttgart 1980, 625–655; P.E. Kovács, Ungarn im Spätmittelalter (1382–1526), in: Geschichte Ungarns, ed. I. G. Tóth (German translation Éva Zádor). Budapest 2005, 145–223, especially: János Hunyadi, der Held der Türkenkriege, 150–164.

[3] Laonici Chalcocandyleae, Historiarum demonstrationes I–II, ed. E. Darkó. Budapest 1922–1927; N. Nicoloudis, Laonikos Chalkokondyles: a Translation and Commentary of the "Demonstrations of Histories" (Books I–III) (*Historical Monographs* 16). Athens 1996; H. Wurm – E. Gamillscheg, Bemerkungen zu Laonikos Chalkokondyles. *JÖB* 42 (1992) 213–219.

[4] Ducas, Istoria Turco-Bizantină (1341–1462), ed. V. Grecu (*Scriptores Byzantini* 1). București 1958; H.J. Magoulias, The Decline and Fall of Byzantium to the Ottoman Turks by Doukas: an Annotated Translation of "Historia Turco-Byzantina". Detroit 1975.

[5] Critobuli Imbriotae Historiae, ed. D.R. Reinsch (*CFHB* 22). Berlin–New York 1983; D.R. Reinsch, Mehmet II. erobert Konstantinopel. Die ersten Regierungsjahre des Sultans Mehmet Fatih, des Eroberers von Konstantinopel 1453. Das Geschichtswerk des Kritobulos von Imbros (*Byzantinische Geschichtsschreiber* 17). Graz–Wien–Köln 1986.

[6] Giorgio Sfranze, Cronaca, ed. R. Maisano (*CFHB* 29). Roma 1990; Demetra Moniou, Γεωργίου Σφραντζῆ Βραχὺ Χρονικό (*Keimena Byzantines Historiographias* 15). Athens 2006; M. Philippides, The Fall of the Byzantine Empire. A Chronicle by

"Greek poem on the Battle of Varna" (Ἑλληνικὸν ποίημα περὶ τῆς μάχης τῆς Βάρνας/ὁ πόλεμος ἐν τόπῳ Βάρνης), the "Chronicle of the Turkish sultans" (Χρονικὸν περὶ τῶν Τούρκων σουλτάνων) (16th century)[8], the "Ecthesis chronica" (1391–1517 or 1571)[9], the so-called "Historia politica" (1578)[10], and the Chronicle of Hierax (1300–1461)[11]. Finally, additional information is offered by some Short Chronicles and Threnoi (Laments) on the Halosis. I will therefore make use of them, albeit selectively.

All the aforementioned sources depict the last years of the Byzantine Empire, and also include in their narratives facts and persons from Hungarian and Ottoman history up to the 16th century. However, their approach and point of view are not identical, partly because their sources are not the same. As a result, they shed a different light on the person and actions of Hunyadi.

Part of Laonikos Chalkokondyles' information on Hunyadi is derived from Turkish, mostly oral, sources. Indeed, he may have learned Turkish:[12] on one occasion he mentions that he received his information from τῶν τοῦ βασιλέως γραμματιστῶν[13], and notes that his father was sent twice as ambassador to Murad II[14]. Chalkokondyles could have also drawn material from the Byzantine ambassadors in Hungary, from Italian

---

George Sphrantzes, 1401–1477. Amherst 1980; R. Maisano, Giorgio Sfranze Paleologo: grandezza e caduta di Bisanzio (*La città antica* 32). Palermo 2008; M. Hinterberger, Autobiographische Traditionen in Byzanz (*WBS* 22). Wien 1999, 331–343.

7 V. Grecu, Georgius Sphrantzes Memorii 1401–1477 (in the Appendix Pseudo-Phrantzes: Macarie Melissenos Cronica, 1258–1481] [*Scriptores Byzantini* 5]). Bucarest 1966, 150–591; Philippides, The Fall of the Byzantine Empire 97–136; E. von Ivánka, Die letzten Tage von Konstantinopel. Der auf den Fall Konstantinopels 1453 bezügliche Teil des dem Georgios Sphrantzes zugeschriebenen „Chronicon Maius" (*Byzantinische Geschichtsschreiber* 1). Graz–Wien–Köln 1954.

8 G.T. Zoras, Χρονικὸν περὶ τῶν Τούρκων σουλτάνων (κατὰ τὸν Βαρβερινὸν ἑλληνικὸν κώδικα 111). Athens 1958; G.T. Zoras, The Chronicle about the Turkish Sultans (Additions and Observations). *Epistemonike Epeteris Philosophikes Scholes Panepistemiou Athenon* 16 (1965–1966) 597–604; M. Philippides, Byzantium, Europe, and the Early Ottoman Sultans 1373–1513. An Anonymous Greek Chronicle of the Seventeenth Century (Codex barberinus Graecus 111) (*Late Byzantine and Ottoman Studies* 4). New York 1990; D. Sakel, A Probable Solution to the Problem of the "Chronicle of the Turkish Sultans", in: Byzantine Narrative: Papers in Honour of Roger Scott (*Byzantina Australiensia* 16), eds. J. Burke – Ursula Betka – Penelope Buckley – Kathleen Hay – R. Scott – A. Stephenson. Melbourne 2006, 204–220; M. Philippides, (Χρονικὸν περὶ τῶν Τούρκων σουλτάνων) "Chronicle of the Turkish sultans", in: Historians of the Ottoman Empire, database created by C. Cafadar – H. Karateke – C. Fleischer (http://www.ottomanhistorians.com).

9 S.P. Lambros, Ecthesis Chronica and Chronicon Athenarum. London 1902 (Reprint Amsterdam 1969); s. now the new edition by M. Philippides, Emperors, Patriarchs and Sultans of Constantinople, 1373–1513. An Anonymous Greek Chronicle of the Sixteenth Century. Introduction, Translation, and Commentary *(The Archbishop Iakovos Library of Ecclesiastical and Historical Sources* no. 13). Brookline, Massachusetts 1990; D. Sakel, Osmanlıların Akkoyunluları Fethi Üzerine Gösüşler, in: Osmanli'dan Cumhuriyet'e Diyarbakir (Diyarbakir in the Ottoman Era), eds. B. Yediyildiz – Kerstin Tomenendal. Ankara 2008, 39–47; idem, Sixteenth-century Tales of the Last Byzantine Emperor, in: Constantinopla, 550 años de su caída = Κωνσταντινούπολη. 550 χρόνια από την Άλωση, eds. E. Motos Guirao – M. Morfakidis Filactós (*Centro de Estudios Bizantinos Neogriegos y Chipriotas, Universidad de Granada, Vicerrectorado de Extensión Universitaria; Grupo de Investigación "Estudio de la Civilización Griega Medieval y Moderna"*) II. Granada 2006, 97–111; C.G. Patrinelis, Πρώιμη νεοελληνική ιστοριογραφία. Περιλήψεις μαθημάτων. Thessaloniki 1990, 65–68.

10 Historia politica et patriarchica Constantinopoleos (*CSHB*), ed. I. Bekker. Berlin 1849, 1–77, esp. 11–14 and 45–46; E. Kurtz, Historia politica et patriarchica Constantinopoleos. *BZ* 25 (1925) 113. Patrinelis, Ιστοριογραφία 65–66 argues that it was written by Theodosios Zygomalas.

11 This chronicle was written at the end of the 16th century by Hierax, Megas Logothetes of the Great Church. See Χρονικὸν τοῦ Ἱέρακος, ed. K.N. Sathas, Μεσαιωνικὴ Βιβλιοθήκη I. Venezia 1872, 243–268; D. Sakel, A Note on the Value of Hierax as a Historical Source, in: İstanbul Üniversitesi 550. Yıl Uluslararası Bizans ve Osmanlı Sempozyumu (XV. Yüzyıl 30–31 Mayis 2003)(= 550th Anniversary of Istanbul University. International Byzantine and Ottoman Symposium [XVth century] 30–31 May 2003). Istanbul 2004, 15–18.

12 Ş. Baştav, Die türkischen Quellen des Laonikos Chalkokondylas, in: Akten des XI. internationalen Byzantinistenkongress München 1958. München 1960, 34–42, especially 37; H. Hunger, Die hochsprachliche profane Literatur der Byzantiner (*Byzantinisches Handbuch im Rahmen des Handbuchs der Altertumswissenschaft* 5/1–2). München 1978, I 485–490; A. Xanthynakis, Η βασιλεία του Οθωμανικού Σουλτάνου Μουράτ Β΄ (1421–1451). Unpublished doctoral thesis. Rhethymnon 2003, 21. According to E. Darkó, Neue Beiträge zur Biographie des Laonikos Chalkokandyles. *BZ* 27 (1927) 276–285 and other researchers, Chalkokondyles is to be identified with Laonikos the Cretan, a priest from Chania and first editor of the homerical Batramyomachia (Venice 1486).

13 Laonikos Chalkokondyles, Historiarum demonstrationes II (201, 10 Darkó).

14 Laonikos Chalkokondyles, Historiarum demonstrationes II (113, 16–24 Darkó). For more on Murad see Xanthynakis, Μουράτ Β΄.

merchants and travellers such as Ciriaco d'Ancona[15], and perhaps even from captives[16]. Of futher interest is the information given by Theodoros Spandounes that Chalkokondyles took part in the Battle of Varna as a secretary of Murad II – something which we should not reject immediately as inaccurate or misleading[17].

Kritoboulos reports on the basis of personal experience and oral sources (Greek and Turkish)[18]. Dukas had access to primary sources as he was a member of the Genoese administration in Nea Phokaia and later on Lesbos. He was occasionally an ambassador of the Genoese to the Ottomans; while serving in this capacity he acquired information from other political persons on events not directly connected to the Genoese. Dukas knew Turkish and Italian, and generally depicts the Genoese and the Union from a friendly perspective[19].

Georgios Sphrantzes composed an autobiographical work containing his personal experiences at the side of Constantine XI Palaeologus[20]. Pseudo-Sphrantzes, probably Makarios Melissenos[21], elaborated on earlier sources, first and foremost the work of Sphrantzes and the Chronicle of 1570, falsely called the "Chronicle of Dorotheos"[22].

The "Chronicle of the Turkish Sultans", on the other hand, demonstrates Italian influence. It is a variant of the Chronicle of 1570[23], which in its turn used – among other sources – a modified Greek version of the second edition of F. Sansovino's "Annali Turcheschi" (1573)[24]. Finally the "Ecthesis chronica", which the "Historia politica" follows, was based on unidentified Byzantine historical works, on an unidentified chronicle of the life of the Turkish sultans from 1453–1517, and on an unknown ecclesiastical chronicle for the period from 1453–1504[25].

---

[15] Laonikos met Ciriaco d' Ancona in 1447, H. DITTEN, Der Russland-Exkurs des Laonikos Chalkokondyles (*Berliner Byzantinistische Arbeiten* 39). Berlin 1968, 4.

[16] On the sources of Chalkokondyles cf. NICOLOUDIS, Laonikos Chalkokondyles 68–75.

[17] C.N. SATHAS, Documents inédits relatifs à l'Histoire de la Grèce au Moyen Âge IX. Paris 1890, iii–l (preface) and 133–261 (text), here 261, 10–14: "*Laonico Atheniense, che fu secretario di Amorath II° che si atrovò a Varna alla giornata, lui scrivendo in una opera sua le cose Turchesche, mette che piu tre cento anni avanti che fusse la casa delli Ottomani in esser, mette che certe fuste de pirati Turchi, depredasseno certi luoghi propinqui a Andrinopoli, intrando per una fiumara*"; SATHAS, o.c. 261, note 1 remarks : « Il parait que notre auteur avait sous les yeux unautre texte de Laonic Chalcocondyle très different de celui que nous connaissons; dans ce dernier il n'est nullement question d' Andrinople comme pillée pas Ertogrul (livre ier, p. 6 d'édition de Paris), ni l'historien Athénien parle de lui-même comme présent à la bataille de Varna, et comme secrétaire de sultan Amurath II. »; English translation and comments by D.M. NICOL, Theodoros Spandounes: On the Origin of the Ottoman Emperors. Cambridge 1997, here xx. A main argument against this information is the age of Chalkokondyles. Born around 1427 or 1430, he would have been 14 or 17 in the year 1444. Cf. NICOLOUDIS, Laonikos Chalkokondyles: a Translation 43.

[18] REINSCH, Mehmet II. 14; HUNGER, Literatur I 499–503; Tusculum Lexikon 454.

[19] HUNGER, Literatur I, 490–494; Tusculum Lexikon 207–208.

[20] HUNGER, Literatur I 494–499; Tusculum Lexikon 471–472; XANTHYNAKIS, Μουράτ Β΄ 16.

[21] M. PHILIPPIDES, Makarios Melissourgos-Melissenos, in: Historians of the Ottoman Empire, database created by C. CAFADAR – H. KARATEKE – C. FLEISCHER (http://www.ottomanhistorians.com) with further bibliography; XANTHYNAKIS, Μουράτ Β΄ 17–18.

[22] Βιβλίον ἱστορικόν, περιέχον ἐν συνόψει διαφόρους καὶ ἐξόχους ἱστορίας ἀρχομένων ἀπὸ Κτίσεως κόσμου μέχρι τῆς ἁλώσεως τῆς Κωνσταντινουπόλεως καὶ ἐπέκεινα. Συλλεχθὲν μὲν ἐκ διαφόρων ἀκριβῶν ἱστοριῶν καὶ εἰς τὴν κοινὴν γλῶσσαν μεταγλωτισθὲν παρὰ τοῦ ἱερωτάτου μητροπολίτου Μονεμβασίας κυρίου Δωροθέου. Venice 1631 and a second edition in 1676; S. LAMBROS, Δωροθέου βιβλίον ἱστορικὸν. *NE* 16 (1922) 137–190, esp. 142–175; SAKEL, A Probable Solution 204–220, argues convincingly that the author of this work is Manuel Malaxos; on Malaxos see G. DE GREGORIO, Il copista greco Manouel Malaxos: studio biografico e paleografico-codicologico (*Scuola Vaticana di Paleografia, Diplomatica e Archivistica*) (*Littera antiqua* 8). Città del Vaticano 1991; and IDEM, Studi su copisti greci del tardo Cinquecento: I. Ancora Manuel Malaxos. *RHM* 37 (1995) 97–144.

[23] SAKEL, A Probable Solution 204–220.

[24] Elisabet ZACHARIADOU, Τὸ Χρονικὸ τῶν Τούρκων Σουλτάνων (τοῦ Βαρβερινοῦ Ἑλληνικοῦ κώδικα 111) καὶ τὸ ἰταλικό του πρότυπο (*Hellenika, Parartema* 14). Thessaloniki 1960 and EADEM, Σημείωμα γιὰ τὸ χρονικὸ τῶν Τούρκων σουλτάνων. *Hellenika* 20 (1967) 166–169; R.F. KREUTEL, Leben und Taten der türkischen Kaiser: die anonyme vulgärgriechische Chronik Codex Barberinianus Graecus 111 (Anonymus Zoras) (*Osmanische Geschichtsschreiber* 6). Graz–Wien–Köln 1971, 15 rejected this opinion, arguing that the author came from the Peloponnese and was a polyglot Frank. Before the survey of Zachariadou, ZORAS, Χρονικὸν περὶ τῶν Τούρκων σουλτάνων 319f had suggested as possible sources the works of Chalkokondyles, Leonard of Chios and the history of Giovio.

[25] PATRINELIS, Ιστοριογραφία 66–67.

HUNYADI IN HISTORICAL EVENTS

John Hunyadi appears in the Byzantine sources in connection with the wars against the Turks, namely his first victories in 1442, the "long crusade", the Battle of Varna, the Fall of Constantinople, and finally the siege of Belgrade. Some information about his ancestry and activities before the Hungarian-Turkish wars[26] are provided as well, albeit retrospectively.

I. THE PRELIMINARIES OF VARNA

There is no information on Hunyadi's life and career before Varna in the majority of the Byzantine and post-Byzantine sources. Kritoboulos of Imbros simply hints at the wars of Ἰωάννης against the father of Mehmed II[27]. Only Laonikos Chalkokondyles details the first brilliant victories of the general, and includes legendary stories about his bravery[28]. The first thing he mentions is his name and his function as governor of Erdeli (voivod of Transylvania)[29]. Omitting any mention of Hunyadi's contribution to the victory against Mezit Bey[30] in Sibiu on 22 March 1442, Chalkokondyles describes the victory against Sahabeddin Pasha[31], beylerbey of Rumelia, in September 1442.

The digression on Hunyadi that follows aims at making him known to the reader and at explaining the victorious outcome of the battle, in which Hunyadi's gallantry and skill played a key role. Both elements enabled him to launch his career, probably first as a herald in Serbia[32] and afterwards in the civil wars in Hungary against the partisans of Ladislaus V[33]. Chalkokondyles is mistaken when he states that Hunyadi came from Hunedoara/Hunyadvár in Erdeli and that he was not of humble descent[34], for it is known that his father, Vajk Corbu, was of Wallachian not royal descent. In 1409 King Sigismund granted the Hunyadis the castle of Vajdahunyad, in Hunyad County, from which the name Hunyadi was derived[35]. Chalkokondyles reports the rumour that John Hunyadi had served Ali, the son of Evrenos, as a groom (ἱπποκόμον)[36], at which point he learned Turkish[37]. Although Laonikos himself and modern scholars[38] are reluctant to accept its credibility, Turkish sources such as Ali and Uruç confirm the circulation of such a belief on the Turkish side.

---

26 L. KUPELWIESER, Die Kämpfe Ungarns mit den Osmanen bis zur Schlacht bei Mohács, 1526. Wien–Leipzig [2]1899.

27 Kritoboulos Imbrios I 14, 17 (30, 1–6 REINSCH): καὶ τὸ ἐξ ἐκείνου πάλιν μέχρι νῦν οὐ διέλιπεν ἐπεξάγουσά τε ἀεὶ καὶ ὁπλίζουσα κατ' ἀλλήλων τοὺς ἡμετέρους καὶ συγκρούουσα καὶ ταράττουσα καὶ βλάπτουσα τὴν ἡμετέραν ἀρχὴν χθές τε καὶ πρὸ ὀλίγου τὸν Γέτην Ἰωάννην μετὰ Παιόνων τε καὶ Δακῶν κινήσασα καθ' ἡμῶν, ὃς δίς τε καὶ τρὶς τὸν Ἴστρον διαβὰς σὺν δυνάμει καὶ ἐς τὴν ἡμετέραν ἐμβαλὼν πολλὰ κακὰ τὸν ἐμὸν πατέρα πεποίηκε; REINSCH, Mehmet II. 63.

28 Laonikos Chalkokondyles, Historiarum demonstrationes II (33, 9–34, 3 DARKÓ).

29 Laonikos Chalkokondyles, Historiarum demonstrationes II (32, 9–14 DARKÓ): Ἰάγγος δὲ ὁ Χωνιάτης, ἀνὴρ τότε δὴ εὐδοκιμῶν παρὰ τοῖς Παίοσι καὶ τό τε Ἀρδέλιον ἐπιτετραμμένος ὑπὸ τῆς Παιόνων βουλῆς, συνήγαγέ τε στρατὸν ὡς μέγιστον, ὡς ἠδύνατο, ἀπὸ Ἀρδελίου, καὶ Παιόνων συμπαραλαβὼν ἐπῄει, ἑπόμενος τῷ Σαβατίνῃ κατὰ τὸ ὄρος.

30 On Mezit Pasha s. A. NIMET, Die türkische Prosopographie bei Laonikos Chalkokandyles, Dissertation. Hamburg 1933, no. 43, 59.

31 For the two victories of Hunyadi cf. Uruç Bin 'Adil-El-Kazzaz, in: C. IMBER, The Crusade of Varna, 1443–45 (*Crusade Texts in Translation*). Aldershot 2006, 181–182; Johannes de Thurosz, Chronica Hungarorum (*Bibliotheca scriptorum medii recentisque aevorum. Ser. nova* 7–9), vol. I–II, eds. Elisabeth GALÁNTAI – J. KRISTÓ. Budapest 1985–1988, here vol. I, cap. 232, 244–246 and János Thuróczy, Chronicle of the Hungarians, transl. F. MANTELLO (*Indiana University Uralic and Altaic series* 155) (*Medievalia Hungarica series* 2). Bloomington, Indiana 1991, cap. 232, 126–130 and cap. 233, 131–133; NIMET, Türkische Prosopographie no. 58, 68; F. BABINGER, Mehmed the Conqueror and his time (*Bollingen Series* 96). Princeton, New Jersey 1978, 20–21; IMBER, Varna 13–14; C. IMBER, The Ottoman Empire 1300–1481. Istanbul 1990, 120; XANTHYNAKIS, Μουράτ Β' 150–151.

32 The Serbian ruler at the time was Djuradj Branković. See HELD, Hunyadi 9.

33 Laonikos Chalkokondyles, Historiarum demonstrationes II (34, 8–14 DARKÓ).

34 Laonikos Chalkokondyles, Historiarum demonstrationes II (33, 8–9 DARKÓ): Οὗτος γένους ὢν οὐ πάνυ τι φαύλου, ἀπὸ Χωνιάτης πόλεως Ἀρδελίου ὡρμημένος.

35 HELD, Hunyadi 6–8.

36 Laonikos Chalkokondyles, Historiarum demonstrationes II (34, 5–8 DARKÓ): καὶ πρὶν ἐπὶ τὸν Τριβαλλῶν ἡγεμόνα ἐλθεῖν, Ἀλίεω τοῦ Βρενέζεω γενέσθαι θεράποντα, καὶ θητεῦσαι παρ' αὐτῷ ἱπποκόμον γενόμενον. οὐκ ἔχω δέ, ὅπῃ τοῦτο ἀληθὲς εἶναι συμβάλλωμαι.

37 Laonikos Chalkokondyles, Historiarum demonstrationes II (34, 8 DARKÓ): τήν τε γὰρ ἂν φωνὴν ἐξέμαθε τὴν Τούρκων.

38 HELD, Hunyadi 9–10.

It was a convincing explanation for Hunyadi's talent of predicting Turkish military actions[39]. Conclusing his excursus, Chalkokondyles notes the positive effect of Hunyadi's victory against Sahabeddin on the morale of the Hungarians in their fight against the Turks[40]. The digression on Hunyadi then ends with a description of Hungarian-German relations and the political situation in Hungary[41].

The so-called Χρονικὸν περὶ τῶν Τούρκων σουλτάνων also depicts Hunyadi's victory against Sahabeddin in the upper valley of the Jalomica (Wallachia), but differences from the narration of Chalkokondyles can be observed, particularly concerning the course of the battle. Whereas the historian argues that Sahabeddin had sent a great number of troops to loot the Hungarian territories, the chronicle mentions an incursion into Wallachia and looting by Hunyadi's troops[42]. Of particular interest is that the Chronicle characterises Hunyadi as the "first general among the Christians" (πρῶτος καπετάνιος ἀπάνω εἰσὲ ὅλους τοὺς χριστιανούς)[43], and that it is he who encourages the frightened soldiers to fight[44].

Our last source on this event is one Short Chronicle, which erroneously argues that Janko (Hunyadi) killed Hatim pasha on 2 September 1442[45]. This mistake could have been due either to a misunderstanding of its Serbian sources, as P. Schreiner believes[46], or to confusion with the killing of Mezit Bey by Hunyadi a few months earlier[47].

II. THE LONG CRUSADE OF 1443–1444[48]

The Χρονικὸν περὶ τῶν Τούρκων σουλτάνων argues that these long-awaited victories against the Turks motivated the Hungarians to undertake a new crusade[49]. Michael Dukas – who was no laudator of Hunyadi – saw the motivation for the crusade not in the previous glorious actions of the general but in the difficulties facing George Brancović, since the frontiers of his land were under Turkish attack. Although Brancović obtained the military support of the Hungarians including Hunyadi, he had to finance a part of the expedition him-

[39] Ali states that "This cursed Janko was a spy of Ali, the son of Evrenos". While speaking of the expedition of Mezit Bey, Uruç Bin ('Adil-El-Kazzaz, in: IMBER, Varna 181) notes: "There was an infidel called Yanko, who had been in the following of 'Ali Bey, son of Evrenos, and so he knew all the Turks' tricks. He fled from 'Ali Bey and became a confidant of the King of Hungary and his governor-general"; cf. NIMET, Türkische Prosopographie no. 7, 34–36, esp. 35.

[40] Laonikos Chalkokondyles, Historiarum demonstrationes II (34, 17–35, 9 DARKÓ).

[41] Laonikos Chalkokondyles, Historiarum demonstrationes II (35, 10–36, 12 DARKÓ).

[42] Χρονικὸν περὶ τῶν Τούρκων σουλτάνων (66, 37–67, 5 ZORAS).

[43] Χρονικὸν περὶ τῶν Τούρκων σουλτάνων (67, 2 ZORAS). The expression πρῶτος καπετάνιος is also found in Western documents: see F. PALL, Relazioni di Giovanni di Hunedoara con l'Italia negli anni 1452–1453. *RESEE* 13 (1975) 453–478 (I. Documenti inediti preceduti da uno studio) and 559–594 (II. Documenti), esp. no. 22 (15.11.1453) 588: *Quod illustri domino Johanni de Hunyad, supremo capitaneo regie Maiestatis in regno Hungarie* and no. 25 (29.11.1453) 590: *Captum fuit pridie, quod ad illustrem dominum Janum suppremum capitaneum regni Hungariae* and no. 28 (29.1.1454) 593: *apud illustrem dominum Johannem, suppremum capitaneum in Hungaria.*

[44] Χρονικὸν περὶ τῶν Τούρκων σουλτάνων (66, 35–36 ZORAS): Καὶ ὁ Λουνυάδης τοὺς ἐστερέωνε μὲ τὰ λόγια του καὶ τοὺς ἔδινε θάρσος.

[45] Short chronicles no. 72a, §29 (ed. P. SCHREINER, Die byzantinischen Kleinchroniken [Chronica byzantina breviora] [*CFHB* 12/1–3]. Wien 1975–1979, I, 564): ἔτους ,ϛϡνα΄ ἐσκότωσεν ὁ Γιάνκουλας τὸν Χατὴμ πασᾶν, σεπτεμβρίου β΄.

[46] SCHREINER, Kleinchroniken II, 462.

[47] BABINGER, Mehmed the Conqueror 20–21.

[48] Short chronicles no. 53, §16 (I, 381 SCHREINER) (version 16ACJT.):,ϛϡνα΄ ἦλθεν ὁ Ἰάγγος εἰς τὴν κλεισούραν καὶ ἐδιέβη κατ' αὐτοῦ ὁ ἀμηρᾶς and in the version 16B: καὶ κατὰ τοῦ ,ϛϡνα΄ ἦλθεν ὁ κράλης καὶ ὁ ἀμηρᾶς ἔδωσεν <πόλεμον εἰς> τὰς κλεισούρας καὶ πάλιν ἐδιάβην; Short chronicles 54§12 (I 389 SCHREINER): ,ϛϡ <ν>α΄ ἦλθεν ὁ Ἰάγγος εἰς τὴν κλεισούραν καὶ ἐστρατοπέδευσε κατ'αὐτοῦ ὁ σουλτάν; F. GIESE, Die altosmanischen anonymen Chroniken. Teil II: Übersetzung (*Abhandlungen für die Kunde des Morgenlandes* 17). Leipzig 1925 (Reprint Nendeln 1966), 4–170, here 90ff. The work of Constantine Mihailović edited by J. ŁOŚ, Pamiętniki Janczara czyli kronika turecka Konstantego z Ostrowicy: Napisana między r. 1496 a 1501 (*Biblioteka pisarzów polskich* 63). Kraków 1912 was accessible to me through the German translation of Renate LACHMANN, Memoiren eines Janitscharen oder Türkische Chronik. Paderborn 2010, cap. 21, 92–93; Johannes de Thurosz, Chronica Hungarorum cap. 235 (I, 248–250 GALÁNTAI–KRISTÓ) and MANTELLO, János Thuróczy, cap. 235, 134–138; IMBER, Varna 15–27; IMBER, Ottoman Empire 121–125; XANTHYNAKIS, Μουράτ Β΄ 156f.

[49] Χρονικὸν περὶ τῶν Τούρκων σουλτάνων (67, 36–68, 1 ZORAS).

self[50]. Chalkokondyles ascribes Hunyadi's support of the crusade to his friendship with the Greeks (τοῖς μὲν Ἕλλησι φίλιος ἦν) and with the Serbian ruler[51]. In another instance he stresses the approval of the expedition expressed by Hunyadi, who τότε μέγα δυνάμενος καὶ δόξαν ἀποφερόμενος ἐς τὰς κατὰ Τούρκων στρατηγίας αὐτῷ[52]. After this, Chalkokondyles provides an in-depth description – albeit with no laudatories – of the crusaders' offensive in Bulgaria, including Hunyadi's victory against Hasim, beylerbey of Rumelia[53], in November 1443[54].

John Hunyadi comes once again to the fore with the Treaty of Edirne (12 June 1444)[55], which was actually ratified later in Várad (Oradea), and not in Szegedin, on 15 August 1444[56]. Dukas misreports that he refused to take an oath[57]; according to János Thuróczy[58], it was Hunyadi and not Ladislav who ratified the treaty, while the Turkish sources confirm Hunyadi's swearing on the king's behalf[59]. The "Chronicle of the Turkish Sultans" focuses on the fact that Hunyadi profited from this treaty, receiving 40.000 floria and castles in Hungary[60]. The Treaty of Edirne stipulated that the Serbian possessions (including Smederevo and Kupinovo) be restituted to Brancović, while Golubac was to be evacuated[61]. Some of the castles (Debrecen, Hajdúböszörmény, Satu Mare, Baia Mare, Mukačeve, Beregove, Vršac) were later handed over to Hunyadi by Brancović[62].

---

50 Dukas XXXII, 1 (271, 17–25 GRECU). This information is also confirmed by the Χρονικὸν περὶ τῶν Τούρκων σουλτάνων (68, 1–5 ZORAS); HELD, Hunyadi 95.

51 Laonikos Chalkokondyles, Historiarum demonstrationes II (59, 4–10 DARKÓ): Ἐν ᾧ δὲ ταῦτα ἐγένετο, Γεώργιος ὁ Τριβαλλῶν ἡγεμὼν ἐς λόγους τῷ τε Ἰάγγῳ καὶ τῷ Παιόνων βασιλεῖ ἀφικόμενος, καὶ τῶν ἀρίστων τῆς Παιονίας μετιὼν ἕκαστον, ἐνῆγεν ἐπὶ Ἀμουράτῃ στρατεύεσθαι, καὶ χρήματα ἐς τὴν στρατείαν ταύτην ὑπέσχετο ἱκανὰ δοῦναι αὐτοῖς Παίοσιν, ἃ δὴ καὶ εἰσενέγκατο αὐτοῦ. ταῦτα δὲ αὐτῷ συγκατεργάζετο καὶ Ἰάγγος, <ὃς> τοῖς μὲν Ἕλλησι φίλιος ἦν, αὐτῷ φίλος τε ὢν ἐτύγχανε.

52 Laonikos Chalkokondyles, Historiarum demonstrationes II (81, 17–20 DARKÓ): δοκεῖ μέντοι καὶ Ἰωάννης ὁ Χωνιάτης, τότε μέγα δυνάμενος καὶ δόξαν ἀποφερόμενος ἐς τὰς κατὰ Τούρκων στρατηγίας αὐτῷ, ἀναγνῶσαι εὖ μάλα βασιλέα Παιόνων ἐπὶ Ἀμουράτην τὸν Μεχμέτεω στρατεύεσθαι.

53 NIMET, Türkische Prosopographie no. 82, 87–88.

54 Laonikos Chalkokondyles, Historiarum demonstrationes II (88, 1–12 DARKÓ).

55 D. KOŁODZIEJCZYK, Ottoman-Polish diplomatic relations 15th–18th Century. An Annotated Edition of 'Ahdnames and other documents (*The Ottoman Empire and its Heritage. Politics Society and Economy* 18). Leiden–Boston–Köln 2000, 100–109 and 197–199; P. ENGEL, János Hunyadi and the peace 'of Szeged' (1444). *Acta Orientalia Academiae Scientiarum Hungaricae* 47 (1994) 241–257, esp. 245–246; ENGEL, Realm 287; HELD, Hunyadi 103–105; IMBER, Varna 20–27; IMBER, Ottoman Empire 126–129; XANTHYNAKIS, Μουράτ Β΄ 164f; on the previous opinion cf. BABINGER, Mehmed the Conqueror 32–33.

56 Laonikos Chalkokondyles, Historiarum demonstrationes II (90, 7–20 DARKÓ); Dukas XXXII, 1 (273, 10–21 GRECU); MAGOULIAS, Decline 301–302.

57 Dukas XXXII, 1 (273, 22 GRECU): Ὁ δὲ Ἰάγγος οὐκ ὤμοσεν, λέγων· "Ἐγὼ δεσπόζομαι, οὐ δεσπόζω".

58 Johannes de Thurosz, Chronica Hungarorum cap. 236 (I, 250–251 GALÁNTAI–KRISTÓ) and MANTELLO, János Thuróczy, cap. 236, 140; XANTHYNAKIS, Μουράτ Β΄ 169–170.

59 s. KOŁODZIEJCZYK, Ottoman-Polish diplomatic relations 107.

60 Χρονικὸν περὶ τῶν Τούρκων σουλτάνων (70, 3–5 ZORAS).

61 KOŁODZIEJCZYK, Ottoman-Polish diplomatic relations 197–198; cf. the letter from the Royal Council in Piotrków to King Ladislaus, in: Codex epistolaris saeculi decimi quinti, vol. I, no. 125, 140–144 (26 August 1444); Johannes de Thurosz, Chronica Hungarorum cap. 236 (I, 250 GALÁNTAI–KRISTÓ); Ioannis Długossi seu Longini canonici quondam Cracoviensis Historiae Polonicae libri XII ... ex bibliotheca et cum praefatione Henrici L. B. ab Huyssen ... praemittitur praeter vitam autoris et doctorum de eo testimonia Samuelis Joachimi Hoppii, schediasma de scriptoribus historiae Polonicae, plurimis annotationibus auctum Gabrielis Grodeckii ... accedunt utrobique indices locupletissimi. Lipsiae 1711–1712, II 789; The Annals of Jan Długosz *Annales seu cronicae incliti regni Poloniae*: An English Abridgement by M. MICHAEL with a commentary by P. SMITH. Charlton, Chichester, West Sussex 1997, 492; Philippi Callimachi, Historia de rege Vladislao (*Academia Scientiarum Polona*), eds. Irmina LICHONSKA – T. KOWALEWSKI – Anna KOMORNICKA. Warsaw 1961, 164–166; M. BEHEIM, Die Gedichte (T. 1 = Einleitung. Gedichte 1–147) (*Deutsche Texte des Mittelalters*), eds. H. GILLE – Ingeborg SPRIEWALD. Berlin 1968, no. 104, 232, 159 and an English translation in: IMBER, Varna 169; D. STONE, The Polish-Lithuanian State, 1386–1795, in: A History of East Central Europe Vol. IV, eds. P.F. SUGAR – D.W. TREADGOLD. Seattle–London 2001; BABINGER, Mehmed the Conqueror 32–33.

62 ENGEL, Realm 287 and 292.

III. THE BATTLE OF VARNA (1444)

The majority of Byzantine historiographic and vernacular works describe the Battle of Varna (1444)[63] and the role of Hunyadi in it[64]. One exception is Georgios Sphrantzes, who does not even hint at Hunyadi's presence: he mentions laconically only the death of the Polish king[65]. Pseudo-Sphrantzes, on the other hand, differs from his prototype and offers his personal opinion on the events, characterising Hunyadi as logical (φρόνιμος) and practical in war (καὶ πρακτικὸς ἐν πολέμοις)[66]. His account is quite similar to that of the so-called "Greek poem on the Battle of Varna". The Polish king ignored the advice of Hunyadi, who proposed to let him fight the enemies, because although a victory by the general would have meant a victory for the king, a loss by the king would spell defeat for all. It was the latter that transpired because Vladislav (*PLP* 14309)[67] ignored the advice of his experienced general[68]. The "Ecthesis chronica"[69] argues that the king was drunk as he rushed towards the sultan. Dukas relates – without any emotionality or positive remarks – Hunyadi's efforts to impede Vladislav from fighting the sultan. He further mentions Hunyadi's withdrawal from the battlefield[70] and his defeat four years later at the Battle of Kosovo (17–19 October 1448)[71].

Laonikos Chalkokondyles is once again much more informative. According to him, Hunyadi supported the idea of fighting the Turks and not withdrawing[72]. The historian also describes the armies' positions and

[63] BEHEIM, Gedichte no. 104 (339, 381–356, 950 GILLE–SPRIEWALD); IMBER, Varna 169; Johannes de Thurosz, Chronica Hungarorum cap. 237 (I, 251–253 GALÁNTAI–KRISTÓ) and MANTELLO, János Thuróczy cap. 237, 141–146; Joannes Dlugosz, Historiae Polonicae (II 803–812 HUYSSEN–HOPPII–GRODECKII) and MICHAEL, The Annals of Jan Długosz 490–497; LACHMANN, Memoiren cap. 23, 96–99; Philippi Callimachi, Historia de rege Vladislao (196–210 LICHONSKA–KOWALEWSKI–KOMORNICKA); SATHAS, Documents inédits 151, 40–152, 39; Theodore Spandounes 29–30 (NICOL); Nicolai Secundini de familia Otthomanorum Epitome ad Aeneam Senarum Episcopum, edited and translated by M. PHILIPPIDES, Mehmed II the Conqueror and the Fall of the Franco-Byzantine Levant to the Ottoman Turks: Some Western Views and Testimonies (*Medieval and Renaissance Texts and Studies* 302). Arizona 2007, 56–91, here 76–78; O. HALECKI, The Crusade of Varna. New York 1943; SETTON, Papacy II 82–107; A. HOHLWEG, Der Kreuzzug des Jahres 1444, in: Die Türkei in Europa. Beiträge des Südosteuropa-Arbeitskreises der Deutschen Forschungsgemeinschaft zum IV. Internationalen Südosteuropa-Kongreß der Association Internationale d' Étude du Sud-Est Européen, Ankara, 13.–18. 8. 1979, ed. K.-D. GROTHUSEN. Göttingen 1979, 20–37; Bistra A. CVETKOVA, La bataille mémorable des peuples: le sud-est européen et la conquête ottomane fin XIVe–première moitié du XVe s. Sofia 1971, 322–366; EADEM, Die Feldzüge Wladislaw III. Jagiello und Ianku de Hunedoara (1443–1444), der Südosten Europas und die Bulgaren. *RESEE* 19 (1981) 17–29; S.A. TAKÁCS, What about Varna? Two accounts of the battle by Michael Beheim and Paraspondylos Zotikos. *BF* 20 (1994) 247–259; IMBER, Ottoman Empire 129–134; N. HOUSLEY, The Later Crusades 1274–1580. Oxford 1992, 81–89; G. OSTROGORSKY, Geschichte des byzantinischen Staates. München [3]1963, 466–467; M. CHASIN, The Crusade of Varna, in: A History of the Crusades, general editor K.M. SETTON, vol. VI: The Impact of the Crusades on Europe, eds. H.W. HAZARD – N.P. ZACOUR. Madison, Wisconsin 1989, 276–310; H. INALCIK, The Ottoman Turks and the Crusades, in: A History of the Crusades, general editor K.M. SETTON, volume VI: The Impact of the Crusades on Europe, eds. H.W. HAZARD – N.P. ZACOUR. Madison Wisconsin 1989, 222–275; Elisabet A. ZACHARIADOU, Europe and the Ottoman Empire around 1444, in: İstanbul Üniversitesi 550. Yıl Uluslararası Bizans ve Osmanlı Sempozyumu (XV. Yüzyıl 30–31 Mayis 2003) (= 550th Anniversary of Istanbul University. International Byzantine and Ottoman Symposium [XVth century] 30–31 May 2003). Istanbul 2004, 69–74; H. INALCIK, Byzantium and the Origins of the Crisis of 1444 under the Light of Turkish Sources, in: Actes du XIIe Congrès international d'études byzantines Ochrid 1961, II. Belgrad 1964, 159–163; XANTHYNAKIS, Μουράτ Β΄ 179 f.

[64] Cf. the curious description in the Short Chronicle no. 29, §13 (Chronicle of Mesembria) (I, 216 SCHREINER): ἐν ἔτει ,ϛϡνγ΄, ἰνδικτιῶνος η΄, νοεμβρίῳ ι΄, ἐπολέμησαν οἱ Τοῦρκοι μετὰ τῶν Οὔγκρων καὶ τῶν Βλάχων, στρατηγοῦντος τοῖς Οὔγκροις τοῦ Γιάγγου. ἔπεσε δὲ πλῆθος πολὺ ἐκ τῶν Τούρκων ἐκ τῶν Οὔγκρων ὀλίγοι. εἰ μὴ γὰρ σκότος ἔφθασε καὶ ἡ νὺξ κατέλαβε, οὐδεὶς τῶν Τουρκῶν ἐπανέστρεψεν εἰς τὰ ἴδια· εἶτα διέστησαν ἀπ' ἀλλήλων τὰ φοσσάτα, καὶ ὁ μὲν ἀμηρᾶς ὑπέστρεψεν εἰς τὴν Ἀνδριανούπολιν, οἱ δὲ Οὔγκροι εἰς τὴν Οὐγκρίαν καὶ οἱ Βλάχοι εἰς τὴν Βλαχίαν. γέγονε δὲ ὁ πόλεμος εἰς τὴν Βάρναν; cf. Short Chronicles no. 34, §11, no. 53 §17, no. 54 §13, no. 55 §11, no. 62 §11 and no. 82, §4.

[65] Georgios Sphrantzes, Chronicon XXVI 4 and 7 (94, 3–5 and 94, 20–21 MAISANO).

[66] Pseudo-Sphrantzes II 19 (340, 8 GRECU).

[67] J. BAK – A. KAZHDAN, Vladislav III Jagello. *ODB* 3 (1991) 2185.

[68] Pseudo-Sphrantzes II 19 (338, 36–340, 33 GRECU).

[69] Ecthesis chronica (10, 7–10 LAMBROS); cf. PHILIPPIDES, Emperors, Patriarchs and Sultans cap. 22, 40, 5–8.

[70] Dukas XXXII, 4–5 (275, 20–277, 22 GRECU).

[71] Dukas XXXII, 6 (277, 23–32 GRECU).

[72] Laonikos Chalkokondyles, Historiarum demonstrationes II (104, 20–105, 7 DARKÓ): Ἰωάννης μὲν οὖν, ὡς ἐτρέψατο τὸ τῆς Ἀσίας στράτευμα, ἀφίκετο ἐπὶ Λαδισλάον βασιλέα, παραινῶν αὐτῷ ἵστασθαι καὶ ἱδρῦσθαι κατὰ χώραν, μηδὲ προϊέναι ποι συμβαλοῦντα τοῖς πολεμίοις, ὡς ἂν ἐπιόντι κατὰ τοῦ βασιλέως χαλεπὸν ἀποβαίη, καταφυγὴ ἐκ τῆς μάχης γένοιτο. καὶ παρεγγύα μηδενὶ τῶν

Hunyadi's advice to the Polish King not to attack the Turkish army. Chalkokondyles argues that envy caused this misfortune[73], since some of Vladislav's advisors were opponents of Hunyadi and did not want the latter to take the glory for such a victory[74]. Finally, the historian reports the withdrawal from the battlefield, Hunyadi's capture by Vlad Dracul, his release, and the wars against the Germans and the Czechs[75]. The "Chronicle of the Turkish Sultans" falsely alleges that the Serbian ruler saved Hunyadi's life and gave him his daughter in marriage, and that he later became King of Hungary (ῥῆγας τῆς Οὐγγαρίας)[76]. The only known betrothal between Hunyadi's family and the Brankovićs is that between Matthias Corvinus and the granddaughter of the Serbian ruler in 1451[77].

The dialogue before Ladislav's attack on the sultan and his subsequent death at the hands of a janissary are the most common motifs found in the majority of our sources (Pseudo-Sphrantzes, Dukas, Chalkokondyles, "Ecthesis chronica", "Historia politica" and the Ἑλληνικὸν ποίημα περὶ τῆς μάχης τῆς Βάρνας). Nevertheless, some differences can be noticed. For example, the name of the janissary who strikes Ladislav's horse[78] is Chamuzas (Chamza) in the "Greek poem of the Battle of Varna", in Pseudo-Sphrantzes, in the "Ecthesis chronica" and in the "Historia politica"[79]; Chalkokondyles, however, mentions the name Therizes (Firuz)[80]. This contradiction is not easy to explain. But since Pseudo-Sphrantzes argues that the janissary came from the Peloponnese[81], I suspect that the participation of Chamza (=the falcon bearer) and Chamza Zenevesti in the Turkish expeditions in the Peloponnese in 1459/1460 may have misled some Byzantine authors[82]. It may also be an identification with the mythical figure of Chamza, who was beloved among Asian peoples and about whom legends were widely told among the Turks[83].

The Turkish sources demonstrate discrepancies as well. Asikpasazade and Nesri name him Koga Chidir/Hoca Chizir[84], while an anonymous Ottoman account speaks of an Uzun Alioğlu, who took the black

---

ἀμφ' αὐτὸν ἐπιτρέπειν ἄλλῃ πῃ ἀπιέναι, ἀλλ' αὐτοῦ μένοντας ἐπιμένειν, ἐς ὃ ἂν μαχεσάμενος καὶ τὸ τῆς Εὐρώπης στράτευμα τρεψάμενος ὑποστρέψηται, καὶ τότε ἐπὶ τὰς θύρας ἅμα, ὑπολειπομένου τοῦ ἀγῶνος τούτου, ἐλῶσι μετὰ ταῦτα, καὶ ἐξεργάσωνται καὶ τοῦτον τελευταῖον ἀγῶνα.

73 Laonikos Chalkokondyles, Historiarum demonstrationes II (105,10–108,17 Darkó); cf. a letter of Hunyadi to the Pope, ed. N. Densusianu, Documente Privitóre La Istoria Romanilor 1346–1450 culese. Bucareşti 1890, I/2, no. 595 (1445) 715–717 and English translation by A.J. Bannan – A. Edelenyi, Documentary History of Eastern Europe. New York 1970, 72–74. In this letter Hunyadi sees the defeat at Varna as divine punishment.

74 Laonikos Chalkokondyles, Historiarum demonstrationes II (106, 9–107, 6 Darkó).

75 Laonikos Chalkokondyles, Historiarum demonstrationes II (108, 10–110, 10 Darkó); Johannes de Thurosz, Chronica Hungarorum cap. 238 (I, 254 Galántai – Kristó) and Mantello, János Thuróczy cap. 238, 147.

76 Χρονικὸν περὶ τῶν Τούρκων σουλτάνων (73, 30–33 Zoras).

77 Laonikos Chalkokondyles, Historiarum demonstrationes II (140, 17–19 Darkó); Engel, Realm 292.

78 This version of the events is also offered by the Burgundian chronicler Jehan de Waurin, Recueil des croniques et anchiennes istories de la grant Bretaigne, a present nomme Engleterre, ed. W. Hardy (*Rerum Britannicarum Medii Aevi Scriptores* 39/V). London 1891, pars VI, liber I, cap. XIV, 57; cf. Imber, Varna 107–166, here 132; B. J. Desjardins, Writing and Imagining the Crusade in Fifteenth-Century Burgundy: The Case of the Expedition Narrative in Jean de Wavrin's Anciennes Chroniques d'Angleterre, PhD Dissertation. University of Alberta 2010, 90–92, 116–118, 146 und 155.

79 Ἑλληνικὸν ποίημα περὶ τῆς μάχης τῆς Βάρνας C (42, 407 Moravcsik) and K (43, 410 Moravcsik); Pseudo-Sphrantzes II 19 (340, 25 Grecu); Ecthesis chronica (10, 17 Lambros) and Philippides, Emperors, Patriarchs and Sultans cap. 23, 40, 5; Historia politica (14, 3 Bekker).

80 Laonikos Chalkokondyles, Historiarum demonstrationes II (107, 17–18 Darkó): Θερίζης δὲ ἦν τοὔνομα ὁ νέηλυς; Nimet, Türkische Prosopographie no. 20, 46.

81 Pseudo-Sphrantzes II 19 (340, 25 Grecu): καί τις τῶν ἰαννιτζάρων τοὔνομα Χαμουζᾶς, ἐκ τῆς Πελοποννήσου ὁρμώμενος.

82 Chalkokondyles mentions two persons with this name: a Chamza sahinci (ὁ ἱερακοφόρος), who was later governor of Vidin (1460–1461) under Mehmed II, and a Chamza Zenevesti, military commander under Mehmed II. See Nimet, Türkische Prosopographie no. 76 and 77, 83–84. A certain Chamouzas is also mentioned in Dukas XXI, 9 (149, 17 Grecu) et passim and in Kritoboulos of Imbros I, 41, 5 (55, 21 Reinsch).

83 Gkiulsun Aibalē – Elisabet Zachariadou – A. Xanthynakis, Το Χρονικό των Ουγγροτουρκικών πολέμων (1443–1444) (*Seira symboles stis epistemes tu anthropu-Historia*). Herakleio 2005, 26; G.M. Meredith-Owens, Hamza b. ʿAbd al-Muttalib. EI^2 3 (1971) 156–157.

84 S. F. Giese, Die altosmanische Chronik des Asikpasazade. Leipzig 1929, 32–252, here 122; cf. Giese, Die altosmanischen anonymen Chroniken 93; Nesri (S. 189); Babinger, Mehmed the Conqueror 41; For Asikpasazade s. Elisabet A. Zachariadu, Ἱστορία καὶ Θρύλοι τῶν παλαιῶν σουλτάνων (1300–1400). Athens 1991, 42–44.

flag of the King[85]. According to Constantine Mihailović his name was "Bukrichader"[86]. The later career of the janissary is also a matter of contradiction. "Ecthesis chronica"[87] and "Historia politica"[88] assume that the Turkish sultan made Chamuzas Sancakbey of Philadelpheia, while according to Pseudo-Sphrantzes he later became bezir[89].

Like many other sources, the "Greek poem on the Battle of Varna" ascribes the defeat in Varna to the envy of, and the bad advice given by, Hunyadi's opponents. But the Blachs are also accused of abandoning the Polish King, leaving him to fight with only a small number of forces. The remark that Hunyadi seemed to experience both distress and pleasure with the death and defeat of Ladislav, who paid for his contempt of the general's advice with his own life, makes us wonder about the hero Hunyadi[90].

The Χρονικὸν περὶ τῶν Τούρκων σουλτάνων paints a quite different picture. The hero here is the Polish King, who fights bravely against the Turks. In contrast to this, Hunyadi leaves the battlefield secretly. Had he fought like the Poles, victory would have been certain for the Christians. The writer adds that Hunyadi had perhaps departed because he saw that the Turks were winning and because he wanted to rescue some of the soldiers[91]. Ladislav (called Ἀγησίλαος in this source[92]) saw Hunyadis' retreat but did not stop fighting. After his horse fell into a swamp, the Turks caught him and cut off his head. In this version of the story, there is no janissary who kills the king after striking down his horse.

IV. THE BATTLE OF KOSOVO (1448)

Four years later, Hunyadi was engaged in a new war against the Ottomans. Chalkokondyles is the only Byzantine source who reports in detail[93] the events of the Battle of Kosovo (18 November 1448)[94]. Chalkokondyles names the desire to avenge the defeat in Varna[95], caused by Ladislav's foolishness, as Hunyadi's

---

85 H. İNALCIK – M. OĞUZ, Gazavât-ı Sultân Murâd b. Mehemmed Hân. İzladi ve Varna Savaşları (1443–1444) Üzerinde Anonim Gazavâtnâme. Ankara 1978, 66; English translation: IMBER, Varna 41–106, here 101; Greek translation: AIBALĒ–ZACHARIADOU–XANTHYNAKIS, Το Χρονικό 218.

86 See LACHMANN, Memoiren cap. 23, 98 and note 207 for the name's interpretation; G. PRINZING, Byzantinische Aspekte der mittelalterlichen Geschichte Polens. *Byz* 64 (1994) 459–484, here 481; cf. also G. PRINZING, Zur historischen Relevanz der «Memoiren eines Janitscharen oder türkischen Chronik» des Konstantin Mihajlovic aus Ostrovica, in: Byzance et les Slaves Études de civilisation. Mélanges Ivan DUJCEV, ed. S. DUFRENNE. Paris 1979, 373–384.

87 Ecthesis chronica (11, 2–3 LAMBROS); PHILIPPIDES, Emperors, Patriarchs and Sultans cap. 24, 40, 4–5.

88 Historia politica (14, 15–17 BEKKER).

89 Pseudo-Sphrantzes II 19 (340, 30–33 GRECU): Τῷ δὲ εἰρημένῳ ἰαννιτζάρῃ Χαμουζᾷ ὁ ἀμηρᾶς ἀνταμείψας τὴν ἀνδρίαν καὶ τόλμην αὐτοῦ δρουγγάριον τῆς αὐτοῦ βίγλας τετίμηκεν, ὃ λέγεται τῇ αὐτῶν διαλέκτῳ ἰαννιτζάραγας, καὶ μετ' ὀλίγον καιρὸν καὶ βεζίρην αὐτοῦ ἐποίησε.

90 Ἑλληνικὸν ποίημα περὶ τῆς μάχης τῆς Βάρνας C (44, 427–430 MORAVCSIK): Καὶ τότε ὁ φρονιμώτατος, ὁ μέγας ὁ Ἰάγγος, / πονεῖ μεγάλα, ὀδύρεται ἐκ βάθους τῆς καρδίας, / πάλιν κρυφὰ τὸν χαίρεται τὸν θάνατον τοῦ κράλη, / διότι οὐδὲν τὸν ἤκουσεν πληρώσει τὴν βουλήν του, while Ἑλληνικὸν ποίημα περὶ τῆς μάχης τῆς Βάρνας K (45, 430–434 MORAVCSIK): Καὶ τότε ὁ φρονιμώτατος, ὁ μέγας ὁ Γιάγγος, / ὁ δεύτερος Ἀλέξανδρος, διάδοχος Ῥωμαίων, / πολὺ πονεῖ, ὀδύρεται ἐκ βάθους τῆς καρδίας, / πάλιν κρυφά του χαίρεται τὸν θάνατον τοῦ κράλη, / διότι οὐδὲν τὸ ἤκουσεν πληρώσει τὴν βουλήν του.

91 Χρονικὸν περὶ τῶν Τούρκων σουλτάνων (73, 12–17 ZORAS).

92 According to KREUTEL, Leben und Taten 18 the author of the Chronicle intentionally uses the name of the Spartan King Ἀγησίλαος, which is a demonstration of the "hellenierenden Hang des Chronikon". It can not be excluded, however, that this is a paretymology of the Hungarian name Ulászlo, cf. MORAVCSIK, Byzantinoturcica. II, 55.

93 Laonikos Chalkokondyles, Historiarum demonstrationes II (124, 16–137, 20 DARKÓ).

94 Short Chronicles no. 29, §16 (I, 217 SCHREINER): ἐν ἔτει ,ϛϡνζ΄, ἐπολέμησαν αὖθις οἱ Τοῦρκοι μετὰ τῶν Οὔγκρων στρατηγοῦντος τοῦ Γιάγγου. ἐτζακίσθησαν καὶ τὰ δύο μέρη κατὰ τὸν νοέμβριον μῆνα, ἰνδικτιῶνος ιβ΄, καὶ διέστησαν ἀπ' ἀλλήλων and no. 71a, §28 (III, 160 SCHREINER): ὅταν ἐτζάκισαν τὸν Γιάκον εἰς τὸ Κόσοβον ,ϛϡνζ΄and no. 82 §5 (I, 597 SCHREINER): ,αυμη΄ ἐπέρασεν αὖθις ὁ Ἰάγγος μετὰ τῶν Βλάχων καὶ ἡττήθησαν ὑπὸ τῶν Τούρκων καὶ ὁ Ἰάγγος ἀπέδρα; SCHREINER, Kleinchroniken II 474; LACHMANN, Memoiren cap. 24, 99–100; Johannes de Thurosz, Chronica Hungarorum cap. 241 (I, 256–258 GALÁNTAI – KRISTÓ) and MANTELLO, János Thuróczy cap. 241, 150–155; M. CAZACU, La Valachie et la bataille de Kossovo (1448). *RESEE* 9 (1971) 131–139; PAPACOSTEA, Varna 276–289; OSTROGORSKY, Geschichte 469; XANTHYNAKIS, Μουράτ Β΄ 187f.

95 Laonikos Chalkokondyles, Historiarum demonstrationes II (126, 10–17 DARKÓ): ὡς γὰρ ἐν τῇ <ἐν> Βάρνῃ μάχῃ ἑώρα τοὺς Τούρκους φεύγοντας καὶ ἑαυτῷ ἐς χεῖρας ἐλθόντας καὶ ἐνδιδόντας, αὐτίκα ἐνόμισεν εὐπετῆ μὲν καὶ τότε ὄντα τὰ πράγματα αὐτῷ χειρωθῆναι, εἰ μὴ διὰ τὴν βασιλέως Λαδισλάου ἀφροσύνην, καὶ ἐσαῦθις δὲ χαλεπὰ οὐκέτι ἔσεσθαι κατεργάσασθαι. ἔφερε δὲ αὐτοῦ

motive for taking part in the battle. This seems to have been the most widespread argument for the military expedition of 1448[96]. This time the scapegoat for the defeat were the Blachs, who left the battlefield after gathering a large amount of booty through looting. Because of this, Hunyadi had to retreat once again and withdraw from the battlefield. Chalkokondyles then describes the hazards Hunyadi faced on his way back, when he was captured by the Serbs[97].

V. Towards the capture of Constantinople (1452–1453)[98]

Despite the defeats in Varna and Kosovo, Hunyadi remained the white hope of the Byzantines. The poet Ubertino Puscolo (Pusculus) from Brescia testifies that in autumn 1452, Hunyadi's ambassadors communicated his answer to the plea of Constantine Palaiologos to help the Byzantine capital[99]. The Hungarian regent was willing to render assistance but asked for Mesembria (Nesebăr) in return. Georgios Sphrantzes[100] confirms this report, adding two more details: that he personally wrote the chrysobull[101] addressed to Hunyadi and that Hunyadi demanded either Selymbria or Mesembria[102].

ἡ γνώμη καὶ πλείονα στρατὸν συναγείραντα ἐξελαύνειν. ὥστε καὶ τῷ πλείονι καταπληττομένων αἱρήσει τὸν Ἀμουράτην οὕτω δή τοι εὐπετῶς, ὥστε μηδ' ὁπωσοῦν ἐνδοιάζειν.

96 Cf. Χρονικὸν περὶ τῶν Τούρκων σουλτάνων (77, 3–5 Zoras).

97 Laonikos Chalkokondyles, Historiarum demonstrationes II (137, 21–140, 19 Darkó); Johannes de Thurosz, Chronica Hungarorum cap. 242 (I, 258–259 Galantai–Kristo) and Mantello, János Thuróczy cap. 242, 156–158; F. Pall, Preteso scambio di lettere tra Giorgio Brankovich, principe di Serbia, e Iancu de Hunedoara (Hunyadi) a proposito del pericolo ottomano intorno al 1450. *RESEE* 12 (1974) 79–86.

98 S. Runciman, Die Eroberung von Konstantinopel 1453. München [6]2007; Ostrogorsky, Geschichte 469–473; translation of relevant texts by A. Pertusi, La caduta di Constantinopoli I. Le testimonianze dei contemporanei; II. L'eco nel mondo (*Scrittori greci e latini*). Rome–Milan 1976; Philippides, Mehmed II the Conqueror 56–217; M. Braun – A. M. Schneider, Bericht über die Eroberung Konstantinopels: nach der Nikon-Chronik. Göttingen 1940; J.R. Melville Jones, The Siege of Constantinople 1453: Seven Contemporary Accounts. Amsterdam 1972.

99 Ubertini Pusculi Constantinopoleos libri IV, liber III (51, 462–466 ed. A. Ellissen, Threnos tes Konstantinupoleos nach der Pariser Handschrift. Als Anhang: Ubertini Pusculi Brixiensis Constantinopoleos libri IV [*Analekten der mittel- und neugriechischen Literatur* 3,1]. Leipzig 1857 [Reprint Leipzig 1976]) 42–83): *Legati interea veniunt a rege per aequor / Pannonio ad Danaos missi, fortique Joanne, / Auxiliumque urbi spondent, jamque affore in armis / Pannonios Panonumque duces, modo Pontica classem / Pannoniam acceptet proprio Mesembria portu.*

100 Georgios Sphrantzes, Chronicon XXXVI 11 (140, 24–142, 2 Maisano): Τὶς γὰρ ἐπίστατο τῶν ἄλλων πάντων πάρεξ τοῦ Καντακουζηνοῦ Ἰωάννου καὶ ἐμοῦ, ὅτι ὁ Ἴαγκος προεζήτησε νὰ τὸν δώσῃ ἢ τὴν Σηλυμβρίαν ἢ τὴν Μεσέμβριαν καὶ νὰ ἔνι εἷς τῶν ὑποχειρίων αὐτοῦ καὶ πολλοὺς τῶν ἀνθρώπων αὐτοῦ ἐκεῖσε ἔχῃ καὶ εἰς καιρὸν μάχης τῶν Τουρκῶν νὰ ἔνι ἐχθρὸς ἐκείνων καὶ βοηθὸς τῆς πόλεως; καὶ ὡς ἐγένετο ἡ μάχη, ἐδόθη αὐτῷ ἡ Μεσέμβρια καὶ τὸ χρυσόβουλλον δι' ἐμοῦ ἐγράφη καὶ ὁ γαμβρὸς Θεοδοσίου τοῦ Κυπρίου, ὁ τοῦ Μιχαὴλ υἱὸς ἐκόμισεν εἰς ἐκεῖνον; Philippides, The Fall of the Byzantine Empire 73; cf. also Pseudo-Sphrantzes IV 2, 7 (474, 5–13 Grecu).

101 F. Dölger, Regesten der Kaiserurkunden des Oströmischen Reiches von 565–1453. 2. Teil: Regesten von 1025–1204. Zweite, erweiterte und verbesserte Auflage bearbeitet von P. Wirth, mit Nachträgen zu Regesten Faszikel 3. München 1995; 5. Teil (Schluss): Regesten von 1341–1453. Unter verantwortlicher Mitarbeit von P. Wirth. München–Berlin 1965, no. 3545 (before March 1453, Fall of Mesembria); G. Moravcsik, Ungarisch-byzantinische Beziehungen zur zeit des Falles von Byzanz. *Acta Antiqua Academiae Scientiarum Hungaricae* 2 (1954) 349–360 and in Idem, Studia Byzantina. Amsterdam 1967, 371–382, here 377–379; I. Kapitánffy, Vizantija, Turska i Ugarska u poslednjim godinama carstva (= Byzanz, Ungarn und die Türken in den letzten jahren des byzantinischen Staates). *ZRVI* 18 (1978) 213–225; F. Pall, Byzance à la veille de sa chute et Janco de Hunedoara (Hunyadi). *BSl* 30 (1969) 119–126; Elisabeth Malamut, Les ambassades du dernier empereur de Byzance. *TM* 14 (2002) 429–448, here no. 28, 437 and 442–443; R. Guilland, Αἱ πρὸς τὴν δύσιν ἐκκλήσεις Κωνσταντίνου ΙΑ΄ τοῦ Δραγάτση πρὸς σωτηρίαν τῆς Κωνσταντινουπόλεως. *EEBS* 22 (1952) 60–74; N. Oikonomides, Byzantine Diplomacy, A. D. 1204–1453: Means and Ends, in: Byzantine Diplomacy. Papers from the Twenty-fourth Spring Symposium of Byzantine Studies, Cambridge, March 1990 (*Society for the Promotion of Byzantine Studies, Publications* 1), eds. J. Shepard – S. Franklin. Aldershot 1992, 73–88.

102 Runciman, Eroberung 222, note 22; A. Bakalopoulos, Les limites de l'Empire byzantin depuis la fin du XIVe siècle jusqu' à sa chute (1453). *BZ* 55 (1962) 56–65, esp. 64–65; Nevra Necipoğlu, Byzantium between the Ottomans and the Latins. Politics and Society in the Late Empire. Cambridge 2009, 37–38. For the capture of Selybria prior to Constantinople see Kritoboulos of Imbros I 17, 3 (35, 23–36, 2 Reinsch); Dukas XXXVII 2 (321, 21–26 Grecu); Sathas, Documents inédits IX, 153, 25; Theodore Spandounes 32 (Nicol); M. Konstantinides, Ἡ Μεσημβρία τοῦ Εὐξείνου, Ι. Ἱστορία. Athens 1945, 47–48; V. Gjuzelev, Die mittelalterliche Stadt Mesembria (Nesebăr) im 6.–15. Jh. *Bulgarian Historical Review* 6/1 (1978) 50–59 and in: V. Gjuzelev,

Sphrantzes is very much distressed by the fact that the promised succour did not arrive. Much more critical is Dukas, who argues that Hunyadi did not really have any plans to aid Constantinople. Already in spring 1451 he had concluded a peace with Mehmed II for three years, which was also confirmed in the treaty of 20 November 1451[103]. Moreover, his ambassadors taught the Turkish artillerymen how to aim their cannons more effectively against the city walls[104]. After Ladislaus V took power, Hunyadi withdrew from the regency in Hungary and considered the peace treaty of 1451 to be no longer valid. In April 1453 he sent a delegation to urge the sultan to lift the siege. Dukas connects this incident with the following terrible prophecy related to Hunyadi by an old man:

"Know this child: unless utter and complete destruction befall the Romans, Fortune will not smile on the Christians. The City must be destroyed by the Turks, and only then will the misfortune of the Christians come to an end"[105].

Although this undoubtedly belongs to a group of prophecies and oracles that were widespread at the time[106], it is interesting to note how such prophecies were thought to have played a role in decision making.

VI. THE SIEGE OF BELGRAD (1456)

The last chapter in the life of John Hunyadi, the siege of Belgrade (1456)[107], is also present in our sources. Dukas speaks of the siege without making any comments on his bravery, and mentions only the humiliation of the sultan[108]. By contrast, Sphrantzes characterises him and the Franciscan friar John Capistrano (Giovanni de Capistrano) as ἀξιόλογοι (notable, distinguished)[109]. Pseudo-Sphrantzes calls them ἐξοχωτάτους (excellent, outstanding)[110]. After describing the siege of Belgrade, Chalkokondyles lauds Hunyadi[111] and Capistrano[112] in a similar vein. Kritoboulos of Imbros praises the bravery of the Hungarians[113], who were under the leadership of John Hunyadi[114].

The Χρονικὸν περὶ τῶν Τούρκων σουλτάνων confuses times, events and persons. Thus, it argues that Matthias Corvinus was King of Hungary (ῥῆγας τῆς Οὐγγαρίας Μαθαῖος)[115] already before the siege of Belgrad,

---

Forschungen zur Geschichte Bulgariens im Mittelalter (*Miscellanea Bulgarica* 3). Wien 1986, no. 4, 37–46; P. Soustal, Thrakien (Thrakē, Rodopē und Haimimontos) (*TIB* 6). Wien 1991, 355–359.

103 Dukas XXXIV, 1 (291, 9–10 Grecu): σὺν αὐτῷ τῷ ἐπιτρόπῳ Οὐγγρίας τῷ Ἰάγκῳ τριῶν ἐτῶν εἰρήνην ἀσφαλισάμενος; cf. N. Iorga, Documente privitoare la Istoria Românirol culese de E. De Hurmuzaki volumul XV. Acte şi Scrisori din archivele oraşelor ardelene (Bistriţa, Brasov, Sibii), Partea I (1358–1600). Bucureşti 1911, no. 64 (6. Februar 1452), 37; Moravcsik, Ungarisch-byzantinische Beziehungen 375.

104 Dukas XXXVIII, 12 (341, 22–343, 2 Grecu); Magoulias, Decline 216.

105 Dukas XXXVIII, 13 (343, 18–20 Grecu); Magoulias, Decline 217 and commentary on the various prophecies: 311–312.

106 Marie-Hélène Congourdeau, Byzance et la fin du monde courants de pensee apocalyptiques sous les Paléologues, in: Les traditions apocalyptiques au tournant de la chute de Constantinople (*Varia Turcica* 33), eds. B. Lellouch – S. Yerasimos. Paris 1999, 55–97; D.I. Mureşan, Le Royaume de Hongrie et la prise de Constantinople. Croisade et union ecclésiastique en 1453, in: Between Worlds, II, Extincta est lucerna orbis. John Hunyadi and his Time, eds. Ana Dumitran – L. Mádly – A. Simon. Cluj-Napoca 2008, 483–509, here 507.

107 Letter of Callixtus III to a Burgundian Bishop, A. Theiner, Vetera Monumenta historica Hungariam sacram illustrantia, vol. II. Rome 1860, 280–281; cf. Bannan–Edelenyi, Documentary History 78–80; Lachmann, Memoiren cap. 29, 110–111; Johannes de Thurosz, Chronica Hungarorum cap. 250 (I, 267–271 Galántai–Kristó) and Mantello, János Thuróczy cap. 250–252, 173–186.

108 Dukas XLV, 6 (421, 25–33 Grecu).

109 Georgios Sphrantzes, Chronicon XXXVII 13 (146, 19–23 Maisano).

110 Pseudo-Sphrantzes IV 14,10 (524, 30–31 Grecu).

111 Laonikos Chalkokondyles, Historiarum demonstrationes II (185, 18–186, 11 Darkó).

112 Laonikos Chalkokondyles, Historiarum demonstrationes II (186, 12–187, 7 Darkó).

113 Kritoboulos of Imbros II 19, 2 (110, 15–18 Reinsch): καὶ γίνεται δὴ μάχη καρτερὰ ἐνταῦθα μετὰ θυμοῦ καὶ ὀργῆς καὶ φόνος πολὺς τῶν τε ὁπλιτῶν ἅμα καὶ τῶν Παιόνων ἀμφοτέρων ἀγωνιζομένων καλῶς καὶ ἀντιφιλοτιμουμένων ἀλλήλοις καὶ ἀνδρῶν ἀγαθῶν γινομένων; Reinsch, Mehmet II 170; Historia politica (45, 20–46, 20 Bekker).

114 Kritoboulos of Imbros II 18, 4 (109, 17–24 Reinsch).

115 Χρονικὸν περὶ τῶν Τούρκων σουλτάνων (96, 7 Zoras).

and that Hunyadi died[116] from a wound. Although it is somewhat hostile toward Hunyadi in some parts of the narration, when speaking of his death it declares that he had left a most glorious name[117].

MATTHIAS CORVINUS

Unlike his father, Matthias Corvinus[118] is only marginally attested to in our sources. Chalkokondyles calls him 'son of Hunyadi' (παῖς τοῦ Χωνιάτου[119]) or βασιλεύς Παιόνων[120]. Kritoboulos mentions him in relation to the sultan's expedition against the Bosnians and the siege and capitulation of Jajce. The βασιλεύς Παιόνων had good relations and an alliance with the Bosnians[121]. The "Greek Chronicle of the Turkish Sultans" refers to Matthias Corvinus after the death of his father, stating that he had become king and characterizing him as very brave[122]. This source further mentions the confinement of Vlad III (*PLP* 2779) in Buda[123] after 1462, as well as the war in Bosnia[124]. It erroneously associates Corvinus with the capture and destruction of a castle Sebasteia[125] (Šabac, Szabács, 1476–1521)[126], although the events correspond to those of 1494 in Smederevo. He is always referred to as ὁ ρῆγας Μαθίας or τῆς Οὐγγαρίας ὁ ρῆγας.

THE IMAGE AND NAME OF HUNYADI IN THE GREEK SOURCES: GENERAL REMARKS

The period in which Hunyadi lived and was active was crucial for the existence of Byzantium, which no longer sought its salvation from its own emperors but from Western personalities such as the general Hunyadi. His positive image in the Byzantine sources is presented on three levels. Most of the Byzantine and early post-Byzantine sources focus their narrative on his bravery, military capacities and experience. He is the great and experienced general (μέγας στρατηγός, ἐμπειρότατος ἐν πολέμοις)[127], the στράταρχος, the στρατηλάτης[128]. He demonstrated his gallantry on the battlefield and by the siege of castles. On a second level Hunyadi is the governor, the regent, which means that he wielded not only military but also political power. On a third and final level, he is an *athleta Christi*, a martyr and a great hope for the Christians.

Hunyadi appears as a friend of the Greeks[129], equal to Alexander the Great and Constantine I[130]. He is not only courageous and victorious but also rational, φρόνιμος and clever. Chalkokondyles writes that Hunyadi attained perfection in everything he did and had accomplished great feats against the Germans, Bohemians

---

116 Short Chronicles no. 71a, §36 (III, 161 SCHREINER): τὸν αὐτὸν χρόνον ἀπέθανεν ὁ Ἰάνκουλας.

117 Χρονικὸν περὶ τῶν Τούρκων σουλτάνων (97, 30 ZORAS): καὶ ἄφησε ὁ Λουνυάδης μεγαλώτατο ὄνομα.

118 A. KUBINYI, Matthias rex. Budapest 2008; A. KUBINYI, Matthias Corvinus: Die Regierung eines Königreichs in Ostmitteleuropa, 1458–1490 (German translation: T. SCHÄFER) (*Studien zur Geschichte Ungarns* 2). Herne 1999; P. E. KOVÁCS, Mattia Corvino (*Collana di Studi e Ricerche* 15). Cosenza 2000; J.K. HOENSCH, Matthias Corvinus. Diplomat, Feldherr und Mäzen. Graz–Wien [u.a.] 1998; Matthias Corvinus, the King: Tradition and Renewal in the Hungarian Royal Court, 1458–1490, Exhibition Catalogue, Budapest History Museum, 19 March 2008–30 June 2008, eds. Beatrix BASICS – Ágnes BAKOS – P. FARBAKY. Budapest 2008.

119 Laonikos Chalkokondyles, Historiarum demonstrationes II (188, 20 DARKÓ).

120 Laonikos Chalkokondyles, Historiarum demonstrationes II (297, 1 DARKÓ).

121 Kritoboulos of Imbros IV 15, 2 (175, 13–16 REINSCH) and V 4, 1(185, 6–10 REINSCH) and V 6, 1–3 (188, 24–189, 11 REINSCH).

122 Χρονικὸν περὶ τῶν Τούρκων σουλτάνων (97, 30–31 ZORAS).

123 Χρονικὸν περὶ τῶν Τούρκων σουλτάνων (112, 4–6 ZORAS).

124 Χρονικὸν περὶ τῶν Τούρκων σουλτάνων (123, 15–22 ZORAS); J. von HAMMER-PURGSTALL, Geschichte des Osmanischen Reiches (*Veröffentlichungen der Hammer-Purgstall-Gesellschaft,* Reihe A) II. Pest 1828 (Reprint Graz 1963) 73f.

125 Χρονικὸν περὶ τῶν Τούρκων σουλτάνων (127, 35–128, 5 ZORAS); KREUTEL, Leben und Taten 223 and 229.

126 E. HÖSCH, Geschichte der Balkanländer von der Frühzeit bis zur Gegenwart. München 2008, 84; HOENSCH, Matthias Corvinus 146.

127 Historia politica (11, 8 and 13, 3 BEKKER); Ecthesis chronica (9, 19–20 LAMBROS) and PHILIPPIDES, Emperors, Patriarchs and Sultans cap. 21, 38, 7.

128 Χρονικὸν τοῦ Ἱέρακος (259, 429 SATHAS).

129 Laonikos Chalkokondyles, Historiarum demonstrationes II (59, 10 DARKÓ).

130 Ἑλληνικὸν ποίημα περὶ τῆς μάχης τῆς Βάρνας C (16, 17–21 MORAVCSIK).

and Turks. Still, he never became king, due to the strong opposition inside Hungary. Hunyadi acted with seriousness, knowing which actions were necessary in every circumstance[131].

The image of Hunyadi and his son in the Byzantine and early post-Byzantine sources demonstrates a new application of old laudatory elements. They do not hesitate to attribute qualities to a Westerner which their own emperor should have possessed but did not. By adding information and details, they attempt to ascribe any failures to the envy of Hunyadi's enemies. Of importance in this context are also his fame and reputation. The admiration of the following generations was also the result of the fear he instilled in his enemies. For example, Dukas reports the fear and panic of the Turks caused by the rumor – widespread during the siege of Constantinople – that Hunyadi would come to help the city[132].

Finally, we can also discern ideological components and dimensions on a linguistic level. In the Greek texts Hunyadi's first name appears in various forms: Ἰωάννης by Kritoboulos or Ἰάγκος, Ἰάγγος, Ἰάγγουλας in the majority of the sources[133]. His family name appears rarely, for example in Chalkokondyles, although in a unique form – Choniates (Χωνιάτης). As mentioned earlier, the name Hunyadi derives from Hunedoara. The Byzantine author transforms it, however, to Choniates. One can explain this variation on the basis of classicism or attribute it to phonetical similarity. The family name Choniates, however, has its own dynamics in the Byzantine context. It is associated with the city of Athens, the birthplace of Chalkokondyles: at the end of the 12th century, the Metropolitan of Athens was the well-known Michael Choniates, brother of the famous historian Nicetas Choniates.

In conclusion we can say that Hunyadi and Corvinus, like Sigismund before them, were seen as possible saviours. The myth surrounding Hunyadi emerged in connection with his bravery during the battles against the Turks and his death in Belgrad after heroic resistance. This myth was preserved by his son, Matthias Corvinus, who is also characterized as brave, for he continued the wars against the Ottomans and made his own name legendary.

---

[131] Laonikos Chalkokondyles, Historiarum demonstrationes (185, 20–186, 11 DARKÓ): ἀνὴρ γενόμενος ἄριστος ἐς τὰ πάντα, καὶ ἀπὸ μικροῦ τινος ἐς μέγα δυνάμεως, μεγάλα τε ἀποδειξάμενος ἔργα πρός τε τοὺς Γερμανοὺς καὶ Βοέμους, καὶ ἐπὶ τὰ Παιόνων πράγματα ἀφικόμενος μέγα εὐδοκιμῶν διεγένετο. πρὸς δὲ καὶ ἐς τοὺς Τούρκους οὐκ ὀλίγα ἀποδειξάμενος ἔργα, εἰ μὴ διὰ τὸ πλῆθός τε καὶ ἀρετὴν αὐτῶν οὐκ ἐδόκει ἄν ποτε περιγενέσθαι τῆς βασιλέως δυνάμεως, καὶ αὐτὸς ἔῳ ἅμα ἐχειρώσατο τὰ τῶν Παιόνων στρατεύματα. ἀχθομένων δὲ αὐτῷ τῶν λοιπῶν τῆς Παιονίας δυνατῶν, καὶ οὐκ ἀξιούντων ὑπ'αὐτοῦ ἄρχεσθαι, ὅμως ἐπεκράτει τε τῶν πραγμάτων, ξυνομολογούντων ἤδη κἀκείνων, καὶ οὐκ ἐχόντων, ὅπως μὴ συγχωρῶσιν ἀνδρὶ εὐδοκιμοῦντι τε ἁπανταχῇ, καὶ τήν τε ἀρχὴν ἐπὶ τὸ κράτιστόν τε καὶ ἀσφαλέστερον διέποντι. δοκεῖ δὲ οὗτος ἀνὴρ σπουδῇ τὰ πάντα κατεργάζεσθαι, καὶ ἐν δέοντι χρῆσθαι τοῖς πράγμασιν αὐτίκα, ὅποι ἂν δέοι, παραγενόμενον. λέγεται δὲ καὶ ὑπὸ λοιμοῦ ἀπενεχθέντα ἀποθανεῖν.

[132] Pseudo-Sphrantzes III 7, 5 (406, 34–408, 1 GRECU); cf. Leonardo di Chio, Epistola reverendissimi in Christo patris et domini Leonardi Ordinis Praedicatorum, archiepiscopi Mitileni, sacrarum litterarum professoris, ad beatissimum dominum nostrum Nicolaum papam quintum [de urbis Constantinopoleos captivitate], in: PERTUSI, Caduta I 120–171, here 154, §31, 346–351: *Vox inter haec ex castris exploratorum relatu fit quod triremes navesque aliquot in subsidium ab Italia mitterentur, et Johannes, Pannonum dux exercitus, Blancus vulgo nuncupatus, ad Danubium contra Theucrum congressurus, adventasset; qua concitatus exercitus discinditur.*

[133] Χρονικὸν τοῦ Ἱέρακος (259, v. 429 SATHAS) and Ecthesis chronica (10, 26 LAMBROS): Ἴαγκος and PHILIPPIDES, Emperors, Patriarchs and Sultans cap. 24, 40, 1; Ἴαγγος by Historia politica (13, 3 BEKKER); Georgios Sphrantzes XXXVI 10 (140, 25 MAISANO), XXXVII 13 (146, 21 MAISANO), XXXVII 14 (148, 2 MAISANO): Ἴαγκος; Pseudo-Sphrantzes IV 15, 1 (524, 34 GRECU): Ἰάγκος and II 19, 8 (340, 8 GRECU): Ἴαγκος.

APPENDIX

Many of the positive remarks on the person of Hunyadi already mentioned derive from the Ἑλληνικὸν ποίημα περὶ τῆς μάχης τῆς Βάρνας[134]. A special treatment of this unique work will, I hope, enlighten the complex processes of the interplay between historical facts and literary motifs that contributed to the construction of the hero Hunyadi.

MANUSCRIPTS

The poem survives in two versions: the so-called version C written by Zotikos Paraspondylos (in Paris. Coisl. gr. 316, ff. 1r–12v)[135] and the version K by Georgios Argyropoulos (in Constant. bibl. Ser. gr. 35, ff. 161v–179r)[136]. The Paris. Coisl. gr. 316 was copied by a single hand and is dated to the 15th/16th centuries. Apart from the poem on the battle of Varna, it includes the "War of Troja," a paraphrase of the Iliad by Constantine Hermoniakos (1323–1335, *PLP* 6129)[137]. On 2 April 1597 in Constantinople a monk sold it to Georgios Davilas, son of the priest Pantoleon from Pyrgi in Chios[138].

Constant. bibl. Ser. Gr. 35 was finished in June 1461 in Euboia by Nicolaos Hagiomnetes (*PLP* 246)[139], a scribe attested to from 1461 until 1502[140] (erroneously in *PLP* 246: from 1461–1464 and in *PLP* 20466: from

134 E. LEGRAND, Collection de monuments pour servir a l'etude de la langue néo-hellénique, V. Paris 1875, 65–84; Ἑλληνικὸν ποίημα περὶ τῆς μάχης τῆς Βάρνης, ed. MORAVCSIK; G.T. ZORAS, Βυζαντινὴ ποίησις (*Basike Bibliotheke* 1). Athens 1956, on the poem: 34–35 (not a complete text edition and on the basis of the edition of E. LEGRAND); G. PRINZING, Bemerkungen zum spätbyzantinischen Poem über die Schlacht von Varna, in: Świat chrześcijański i Turcy Osmańscy w dobie bitwy pod Warną: pokłosie sesji zorganizowanej przez Instytut Historii Uniwersytetu Jagiellońskiego w Krakowie y dniach 14–15 listopadań 1994 r. w 550–lecie bitwy pod Warną / De Christianorum et Turcorum Ottomanorum rebus tempore pugnae ad Varnam commissae (*Studia Polono-Danubiana et Balcanica* 8), ed. Danuta QUIRINI-POPLAWSKA. Krakau 1996, 59–71 and IDEM, Byzantino-Mongolo-Turcica. Neue oder ergänzende Beobachtungen zu drei spätbyzantinischen Poemen, in: Griechisch – Ελληνικά – Grekiska. Festschrift für H. RUGE, eds. Konstantina GLYKIOTI – Doris KINNE. Frankfurt 2009, 193–207, esp. 202–203; IDEM, Byzantinische Aspekte 480.

135 R. DEVREESSE, Catalogue des manuscrits Grecs, II: Le fonds Coislin. Paris 1945, 305–306.

136 D.R. REINSCH, Kodikologisch-Prosopographisches zum Codex Seragliensis graecus 35, in: Lesarten. Festschrift für Athanasios Kambylis zum 70. Geburtstag dargebracht von Schülern, Kollegen und Freunden, eds. I. VASSIS – G.S. HENRICH – D.R.REINSCH. Berlin–New York 1998, 248–258; D.R. REINSCH, Ο Νικόλαος Αγιομνήτης ως γραφέας και λογίων και δημωδών κειμένων, in: Κωδικογράφοι, συλλέκτες, διασκευαστές και εκδότες (Copyists, Collectors, Redactors and Editors), eds. D. HOLTON – Tina LENDARI – U. MOENNIG – P. VEJLESKOV. Herakleio 2005, 43–65; F. BLAß, Die griechischen und lateinischen Handschriften im alten Serail zu Konstantinopel. *Hermes* 23 (1888) 219–223, here 224f; F. DEIßMANN, Forschungen und Funde im Serai. Mit einem Verzeichnis der nicht-islamischen Handschriften im Topkapi Serai zu Istanbul. Berlin–Leipzig 1933, 71–72.

137 See BECK, Volksliteratur 168–169; R. BEATON, The Medieval Greek Romance. London–New York ²1996, 107; Elisabeth JEFFREYS, Constantine Hermoniakos and Byzantine Education. *Dodone* 4 (1975) 81–109; P. SCHREINER, Hekabe in Epiros oder: die Ermordung des Despoten Thomas Angelos (1318). Zur Konzeption einer frühen epirotischen Chronik im Vaticanus Palatinus Gr. 124 und der Rolle des Konstantinos Hermoniakos, in: Realia Byzantina (*Byzantinisches Archiv* 22). Festschrift Apostolos KARPOZILOS, eds. Sofia KOTZABASSI – G. MAVROMATIS. Berlin 2009, 253–266, esp. 257.

138 LEGRAND, Collection de monuments 54.

139 The hands of two copyists have been discerned. It was Hagiomnetes who wrote almost all the texts except for those belonging to the category Ψόγος γυναικῶν (f. 3r). Two of the four water marks found in Constant. bibl. Ser. Gr. 35 can be dated on the base of Hagiomnetes' subscription, s. D. HARLFINGER – Johanna HARLFINGER, Wasserzeichen aus griechischen Handschriften, II. Berlin, 1980, "lettre 57" (ff. 7–30 and 94–164) and "lettre 17" (ff. 31–93). The third water mark (mountain consisting of three peaks, ff. 1–6 and 181–187) is different from the known ones, while the fourth (a ship with a mast, a banner and an oar, ff. 165–180) is similar to C.M. BRIQUET, Les Filigranes. Dictionnaire historique des marques du papier dés leurs apparition vers jusqu'en 1600, 4 vols. Paris 1907 (Reprint Amsterdam 1968), no. 11959 (date 1460); s. REINSCH, Kodikologisch-Prosopographisches 252–254.

140 REINSCH, Kodikologisch-Prosopographisches 255. Nicolaos wrote 1502 the codex Vatopaedinus 1250, s. E. LAMBERZ, Ἡ βιβλιοθήκη καὶ τὰ χειρόγραφά της, in: Ἱερὰ μεγίστη Μονὴ Βατοπαιδίου. Παράδοση – Ἱστορία – Τέχνη, II. Hagion Oros 1996, 560–574, 672–677; I. SAKKELION – A. SAKKELION, Κατάλογος τῶν Χειρογράφων τῆς Ἐθνικῆς Βιβλιοθήκης τῆς Ἑλλάδος. Athens 1892, no 209 [72], 39; S. LAMBROS, Catalogue of the Greek manuscripts on Mount Athos II. Cambridge 1900, 103; S.P. LAMPROS, Ἀθηναῖοι βιβλιογράφοι. *Hepeteris Parnassou* 6 (1902) 159–218, here 179–181; Maria VOGEL – V. GARDTHAUSEN, Die griechischen Schreiber des Mittelalters und der Renaissance (*Zentralblatt für Bibliothekswesen* 33). Leipzig 1909, 339, note 2, 352.

1461–1470). He was the son of a priest named Michael (*PLP* 245 and 19100)[141] and a native of Athens who stayed in Euboia from 1461–1470. His father died during the Turkish capture of Negroponte, and after 1474 Nicolaos Hagiomnetes became a monk in Vatopedi, taking the name Nicephoros[142]. Constant. bibl. Ser. Gr. 35 was ordered by Πρίκος Ἡψιλᾶς (*PLP* 29534)[143], a person who seems to have been interested in vernacular texts, for the manuscript comprises ten other such works[144]. At some undetermined point, the codex came to Constantinople.

AUTHORS

Little is known about the authors of the two versions, Zotikos Paraspondylos *(PLP* 21907) and Georgios Argyropoulos. N. Svoronos[145] suggested that Paraspondylos may have been the δεινόπληγος Ζωτικός mentioned in Mazaris' Journey to Hades (1414/1415)[146] and the Megas Dux Paraspondylos (*PLP* 21905) attested in the year 1436[147]. According to the same scholar, Paraspondylos was a soldier from the Peloponnese who worked as a mercenary in Europe[148]. The military activity of the Paraspondylos family is confirmed by a document of 1492, which notes that some of its members received payments for their contribution to the wars of Venice against the Turks[149]. In Mazaris' text, one also reads about some Byzantines who entered the

---

[141] SAKKELION, Κατάλογος no. 209 [72], 39; LAMPROS, Catalogue II 103; LAMPROS, Ἀθηναῖοι βιβλιογράφοι 179–181; VOGEL–GARDTHAUSEN, Schreiber 304, 339, 352; C.O. ZURETTI, Les manuscrits d'Espagne. Catalogue des manuscrits alchimiques grecs V. Brussels 1928, 3; G. de ANDRES, Catalogo de los codices griegos de la Real Biblioteca de el Escorial II/III. Madrid 1965–1967, here II, 163.

[142] REINSCH, Kodikologisch-Prosopographisches 254–256. In *PLP* 246 and *PLP* 245 Nicephoros was thought to have been a brother of Nicolaos; cf. however the *PLP* 19100 and 20466 with the correct information.

[143] His identity remains uncertain. Isabella TSAVARI, Ὁ Πουλολόγος. Κριτικὴ ἔκδοση μὲ εἰσαγωγή, σχόλια καὶ λεξιλόγιο (*Byzantine kai Neoellenike Bibliotheke* 5). Athens 1987, 39–40, note 8, identified him with Pieros Hypselas, a writer and teacher in the late 15th–early 16th century in Milan and Bologna, but REINSCH, Kodikologisch-Prosopographisches 250, regarded Πρικοῦ as a possible abbreviation of πατρίκιος. In a restoration subscription in Cod. Atheniensis 209, dated to the year 1463/4, Hagiomnetes wrote that he copied the manuscript by order of ρετιοντινοῦ πατρικίου τῇ κλήσει, see Anna MARAVA-CHATZINIKOLAOU – Christina TOUFEXI-PASCHOU, Catalogue of the Illuminated Byzantine Manuscripts of the National Library of Greece II. Athens 1985, 202–205 (Cod. no. 49); SAKKELION, Κατάλογος 39 (manuscript no. 209 [72]). On the other hand, a Nicolaos Hypselas Destounis from Aigina was a copyist in the 15th–16th century, H. HUNGER – O. KRESTEN – C. HANNICK, Katalog der griechischen Handschriften der Österreichischen Nationalbibliothek, Teil 3/2: Codices theologici 101–200 (*Museion, Neue Folge: Vierte Reihe, Veröffentlichungen der Handschriftensammlung* 1). Wien 1976, 169–185 (Theol. gr. 146), esp. 185.

[144] It includes the following works: Texts of the category Ψόγος γυναικῶν (f. 3r), Σπανέας (ff. 8r–23v), Ἀλφάβητος περὶ παιδεύσεως ἀνθρώπου (ff. 24r–27r), Διήγησις τῆς φουμιστῆς Βενετίας (ff. 27v–30r), Παιδιόφραστος διήγησις τῶν ζῴων τῶν τετραπόδων (ff. 32r–75r), Εἰς τοὺς δώδεκα μῆνες (ff. 75v–86v), ὁ Πουλολόγος (ff. 87r–115r), Πτωχοπροδρομικά, poem III (ff. 118r–129r), Πτωχοπροδρομικά, poem IV (ff. 129v–148v), ὁ Πωρικολόγος (ff. 149r–153r), and the ᾆσμα τοῦ Ἀρμούρη (ff. 153r–161r). At the end of the manuscript are the Poem on the Battle of Varna (ff. 161v–179r) and verses 146–156 of Pulologos (f. 181r). For more on the contents of the manuscript see P. BUBULIDES, Ἀνέκδοτοι παραλλαγαί δημωδῶν μεσαιωνικῶν κειμένων. Α΄, Ὁ κῶδιξ Κωνσταντινουπόλεως 35. *Athena* 67 (1963–1964) 107–144, here 110–115; Helma WINTERWERB, Porikologos (*Neograeca Medii Aevi* 7). Köln 1992, 85–86; TSAVARI, Ὁ Πουλολόγος 39–43; REINSCH, Kodikologisch-Prosopographisches 248–249 and REINSCH, Νικόλαος Αγιομνήτης 43–44.

[145] N.G. SVORONOS, Τὸ περὶ τῆς μάχης τῆς Βάρνης ποίημα. *Athena* 48 (1938) 163–183, esp. 170–174.

[146] Cf. Mazaris' Journey to Hades, ed. Seminar Classics 609 (*Arethusa Monographs* V). New York–Buffalo 1975, 38, 16–17. For more on this poem see Lynda GARLAND, Mazaris's Journey to Hades: Further Reflections and Reappraisal. *DOP* 61 (2007) 183–214.

[147] Sphrantzes, Chronicon XXII 6 (76, 11–12 MAISANO). The daughter of the Megas Dux married the despot Demetrios Palaiologos in 1436 but died in 1440. See Sylvestros Syropoulos XI 20 (ed. V. LAURENT, Les Mémoires du Grand Ecclésiarque de l'Église Sylvestre Syropoulos sur le Concile de Florence [1438–1439] [*Concilium Florentinum* 9]. Paris 1971, 542, 10).

[148] Michael Beheim, who received his information from a certain Hans Magest, speaks of the "Kriechen", i.e. the Orthodox, who were in Nicopolis and joined the Hungarians after the capture of the city. After the battle, Vladislav's body was buried in a "Greek" chapel, BEHEIM, Gedichte no. 104 (555, 911–913 GILLE–SPRIEWALD); IMBER, Varna 173 and 180.

[149] K. SATHAS, Documents inédits relatifs à l'Histoire de la Grèce au Moyen Âge VII. Paris 1888 (Reprint Athens 1972), no. C (23.03.1492), 49–50, esp. 49, 35 (Isaakios protostrator Parasponililo) (Paraspondilo); K. SATHAS, Ἕλληνες στρατιῶται ἐν τῇ Δύσει καὶ ἡ ἀναγέννησις τῆς ἑλληνικῆς τακτικῆς. Athens 1885 (Reprint Athens 1986); Phane MAUROEIDE, Συμβολὴ στὴν ἱστορία

service of the Voivode of Walachia Mircea (1386–1418) in pursuit of easy profit[150]. One of them was Andreas Argyropoulos (*PLP* 1255), archon of Constantinople, who traded furs from Walachia and had contacts with Vidin[151] before 1409, that is, before the deterioration of relations between Byzantium and Mircea[152].

It is quite improbable that δεινόπληγος Ζωοτικός was the Megas Dux Paraspondylos. The identification of δεινόπληγος Ζωοτικός with Zotikos Paraspondylos, on the contrary, is plausible, although by 1444 he must have been more than 50 years old.

In the most important survey on the poem, G. Prinzing also found it improbable that a Megas Dux could have taken part in the Battle of Varna as a στρατιώτης. He suggested that the names of both authors were taken from Mazaris' poem, and that Kritoboulos of Imbros or someone from his circle might be behind them[153], for it is only in these two late Byzantine sources, i.e. the poem of Varna and Kritoboulos' historical work, that the expression στρατηγὸς αὐτοκράτωρ can be found. Actually, in Late Byzantium στρατηγὸς αὐτοκράτωρ was used not exclusively by Kritoboulos, but also by other historians such as John VI Cantacuzenos[154].

Finally E. Trapp, based on documents in the Register of the Patriarchate of Constantinople, identified the δεινόπληγος Ζωοτικός of Mazaris' poem with Zotikos, a priest from the year 1400[155]. The Paraspondyloi are mentioned as clergymen already at the end of the 14th century. A John Paraspondylos was priest in 1371 in the church of ὁσίου καὶ δικαίου Ζωτικοῦ located in Pera[156]. A logical conclusion would be that the priestly family Paraspondylos had developed a special attachment to the *hosios Zotikos* church and would have given the name Zotikos to their children.

The Argyropouloi also had contacts with ecclesiastical circles. The *PLP* mentions five Argyropouloi who were active as priests or melographs between 1357–1430[157], among whom was a Georgios Argyropoulos. Hence, we cannot exclude a relation between our author, Georgios Argyropoulos, and these priests or the other known members of the family such as Andreas Argyropoulos. In addition to trade, the latter was also involved in literature.

In summary, both authors seem to represent two important Byzantine aristocratic families of the first half of the 15th century in Constantinople and the Peloponnese. This would be the case if their identity is correct and they do not hide behind them other literary circles, as Prinzing has suggested.

τῆς Ἑλληνικῆς Ἀδελφότητας Βενετίας στὸν ΙΣΤ΄ αἰῶνα. Ἔκδοση τοῦ Β΄ Μητρώου ἐγγράφων (1533–1562) (*Bibliotheke Historikon Meleton* 103). Athens 1976, 104–116.

150 Mazaris' Journey, 38, 7–11. For more on the presence of the Byzantines in Walachia cf. also a letter of Demetrios Cydones to an anonymous friend of his living in this region, R.-J. LOENERTZ, Démétrius Cydonès, Correspondance, I–II (*StT* 186 and 208). Vatican 1956–1960, here II, no. 337 (autumn 1386) 272–274.

151 F. MIKLOSICH – J. MÜLLER, Acta et diplomata graeca medii aevi sacra et profana I–II. Wien 1860–1862 (Reprint Athens 1996), here II, no. 564 (March–April 1400) 374f. (=J. DARROUZÈS, Les regestes des Actes du patriarcat de Constantinople. Vol. I. Les actes des patriarches. Fasc. 5/6/7. Les regestes de 1310 à 1376/1377 à 1410/1410 à 1453 (*Le patriarcat byzantin*, série 1). Paris 1977–1991, 3120); and MIKLOSICH–MÜLLER, Acta et diplomata II, no. 630 (March–April 1401) 472 (= DARROUZÈS, Regestes 3192); Mazaris' Journey 109; TRAPP, Mazaris 95f.; MATSCHKE–TINNEFELD, Gesellschaft 182–183; K.-P. MATSCHKE, Commerce, Trade, Markets, and Money: Thirteenth–Fifteenth Centuries, in: The Economic History of Byzantium. From the Seventh through the Fifteenth Century II, ed. Angeliki E. LAIOU. Washington, D.C. 2002, 771–806, here 792.

152 Ş. PAPACOSTEA, La Valachie et la crise de structure de l'Empire ottoman (1402–1413). *Revue Roumaine d'Histoire* 25 (1986) 23–33.

153 PRINZING, Bemerkungen 61, note 9 and 68, note 29.

154 John VI Cantacuzenos, Historiae (ed. L. SCHOPEN, Ioannis Cantacuzeni eximperatoris historiarum libri iv, vol. 2 [*CSHB*]. Bonn 1831, 432–433): Ἀπόκαυκος δὲ ὁ μέγας δοὺξ μετὰ τῆς στρατιᾶς ὑπελείπετο αὐτοκράτωρ στρατηγός, καὶ παρεσκευάζετο.

155 E. TRAPP, Zur Identifizierung der Personen in der Hadesfahrt des Mazaris. *JÖB* 18 (1969) 95–99, esp. 99; MIKLOSICH–MÜLLER, Acta et diplomata II, no. 543/I–II (20 January 1400 and February 1400) 341; DARROUZÈS, Regestes 3102.

156 MIKLOSICH–MÜLLER, Acta et diplomata I, no. 291 (21 March 1371) 540–541 (=DARROUZÈS, Regestes 2604). For the church of *hosios* Zotikos s. R. JANIN, La géographie ecclésiastique de l'empire byzantin. Première partie: Le siège de Constantinople et le patriarchat œcuménique, Tome III: Les églises et les monastères. Paris 1969, 135–136.

157 Argyropulos Andreas (*PLP* 1255); Argyropulos Georgios (*PLP* 1260); Argyropulos Theophylaktos (*PLP* 1265); Argyropulos Manuel (*PLP* 1270); Argyropulos Ioannes (*PLP* 1268).

THE POEM: VERSIONS, SOURCES AND DATING

It is generally accepted that none of the two surviving versions (C and K) is the prototype but rather *parallages* (revisions) of it. The first form of the poem probably included only a description of the battle, without an extended but only an abridged preamble. The last adaptation before the two surviving versions was a synthesis of the main poem and a (developed) proem.

The question of which of these versions is more faithful to the prototype remains disputed. G. Moravcsik, who was the first to edit both of them[158], maintained that the version C is the oldest[159]. G. Prinzing rejected this opinion and argued that version K is closer to the penultimate adaptation[160]. Both scholars based their argumentation to some degree on the way the two versions depict Hunyadi. Moravcsik thought that this poem is a laudatory of Hunyadi since it presents him as a victor, a powerful man, a dragon and a sage, who was capable of both kingship and military leadership and was a worthy successor to the throne. After being compared to Alexander and Constantine the Great, he is found to be their equal[161]. However, the most significant statement for Moravcsik was that Hunyadi is called Ῥωμαίων αὐτοκράτωρ[162].

Prinzing rightly called Moravcsik's interpretation of this verse into question. He noted that the praise of Hunyadi was concentrated mostly in the proem, which in its turn was based on a separate laudation of Hunyadi. He further emphasized that the relevant verse in version K (τῆς στρατηγίας μέτοχος, Ῥωμαίων αὐτοκράτωρ) should be taken into consideration in order to understand its real meaning. Therefore, Hunyadi is simply called "Supreme Commander" (στρατηγὸς αὐτοκράτωρ)[163]. Prinzing offers two explanations for the use of Ῥωμαῖοι in this verse. According to the first, in the preambles of former versions "[of the] Hungarians" appeared instead of "[of the] Romans" next to the expression "Supreme Commander". Or, in the critical verse 10 (τῆς βασιλείας μέτοχος, Ῥωμαίων αὐτοκράτωρ) "[of the] Rhomaioi" are equated with the Western "Rhomaioi" (= from Hungary, Bohemia and Austria)[164].

This matter is of great importance and deserves some commentary on our part. It should be underscored that the usage of the word "Rhomaioi" as denoting Hungarians or the Western Rhomaioi does not reduce the importance of its appearance in this vernacular text, since its readers probably percieved it as an equivalent of "the Byzantines". One aspect that is ignored in the discussion of this text is the role of vernacular literature in general. If the authors did change the supposed original word into Ῥωμαίων, we can explain this by the way such texts function.

Svoronos has argued persuasively that the Greek poem on the Battle of Varna demonstrates similarities especially with the Διήγησις τοῦ Ἀχιλλέως[165]. Therefore, the fact that Zotikos Paraspondylos uses the word βασιλεὺς for Hunyadi does not surprise us, if we recall that Achilles is also called so in the "Achilleid". The same holds true for στρατηγὸς or στρατιώτης, which Argyropoulos preferred[166], because these words define

---

[158] LEGRAND, Collection de monuments 65–84 edited only version C.

[159] MORAVCSIK, Ἑλληνικὸν ποίημα περὶ τῆς μάχης τῆς Βάρνας 8–10; cf. MORAVCSIK, Byzantinoturcica I, 579–580.

[160] PRINZING, Bemerkungen 64–68.

[161] Ἑλληνικὸν ποίημα περὶ τῆς μάχης τῆς Βάρνας C (16, 17–21 MORAVCSIK): Ἀρχὴ ὁ πρῶτος βασιλεὺς <καὶ> τῶν Ἑλλήνων δόξα / Ἀλέξανδρος ὁ Μακεδών, υἱὸς τῆς Ὀλυμπιάδος· / Χριστιανῶν ὁ βασιλεύς, ἡ κορυφὴ καὶ ῥίζα / καὶ τοῦ σταυροῦ ὁ εὑρετής, ὁ μέγας Κωνσταντῖνος·/ καὶ τρίτον ὁ πανθαύμαστος ὁ βασιλεὺς Ἰάγγος.

[162] Ἑλληνικὸν ποίημα περὶ τῆς μάχης τῆς Βάρνας C (14, 5–11 MORAVCSIK): Ἐξαπορεῖ μου ὁ λογισμός, αἱ χεῖραι καὶ ἡ γλῶττα / νὰ ἐπαινέσω ἄστοχα τὸν μέγαν τροπαιοῦχον, / τὸν μέγαν καὶ τὸν δυνατόν, τὸν ἰσχυρὸν καὶ δράκον, / τὸν μέγαν, φρονιμώτατον, ἄξιον βασιλείας. / Ἄξιος καὶ πανάξιος στέμματος κληρονόμος, / τῆς βασιλείας μέτοχος, Ῥωμαίων αὐτοκράτωρ, / πολεμιστὴς καὶ νικητὴς θερμότατος τῆς πίστης.

[163] The same expression was used in Kritoboulos of Imbros, I, 25, 2 (41, 3 REINSCH) and IV 2, 2 (154, 12 REINSCH) and IV, 11, 4 (169, 26 REINSCH).

[164] PRINZING, Bemerkungen 65–66, note 25.

[165] Here the Naples version was used. See O.L. SMITH, The Byzantine Achilleid: the Naples version (*WBS* 21). Wien 1999; SVORONOS, Τὸ περὶ τῆς μάχης τῆς Βάρνης ποίημα 174–178, esp. 174–175; BECK, Volksliteratur 129–132; BEATON, The Medieval Greek Romance 102–104; Carolina CUPANE, Romanzi cavallereschi bizantini: Callimaco e Crisorroe, Beltandro e Crisanza, storia di Achille, Florio e Plaziaflore, Storia di Apollonio di Tiro, Favola consolatoria sulla Cattiva e la Buona Sorte (*Classici greci*). Torino 1995, 307–443.

[166] Ἑλληνικὸν ποίημα περὶ τῆς μάχης τῆς Βάρνας K (17, 17–19 MORAVCSIK): Ἀρχὴ ὁ πρῶτος βασιλεύς, ἡ κορυφὴ καὶ ῥίζα / καὶ τοῦ σταυροῦ ὁ εὑρετής, ὁ μέγας Κωνσταντῖνος· / καὶ τρίτον ὁ πανθαύμαστος ὁ στρατηγὸς ὁ Γιάγγος. The same is being noticed in

the hero in the Byzantine romance. In the Διήγησις τοῦ Ἀχιλλέως the hero Achilles, like Hunyadi, is characterised as a dragon, μέγας τροπαιοῦχος; Achilles is also presented as the heir to the throne (ἄμποτε καὶ τοῦ στέμματος νὰ γένῃς κληρονόμος[167]). This means that in the historical poem on Varna, Hunyadi functions as Achilles does in the Διήγησις τοῦ Ἀχιλλέως, embodying all the qualities of a hero.

The dependence on another vernacular work does not mean that everything in the poem on the Battle of Varna is a matter of motifs and imitation, which would make it impossible for us to discern the likes and dislikes of the authors, their intentions, and historical truth. The two versions demonstrate differences in the interpolation of verses that occurred independently from one another. For example, Georgios Argyropoulos adds laudatory verses to the Polish King[168]. Moreover, it is interesting that version C is critical toward the Byzantine Emperor John VIII. Paraspondylos describes him as ὁ σαθροφόρος βασιλεύς, ὁ πάντων ἀμελήτης, because he did not block the passing of the Turkish forces to Europe despite his promises[169]. Although the "Historia politica" falsely claims[170] that he had aided the Turks, the "Chronicle of the Turkish Sultans" ascribes this to the Christians – probably the Genoese, who for a handsome sum helped Murad's troops cross the Gallipoli straits[171]. Hunyadi had already levelled accusations against the Byzantine Emperor: in a letter to the pope written after the Battle of Varna, he blames John VIII Palaiologos for not sending adequate help as promised[172]. If this criticism of the Byzantine Emperor had existed in a previous version of the poem, it seems that Argyropoulos attempted to minimise it, whereas Paraspondylos may have delivered a more faithful rendering of this censure.

Despite their differences, both versions characterise Hunyadi as "Orthodox" (Χριστιανὸς ὀρθόδοξος καὶ τοῦ Χριστοῦ οἰκεῖος), as a martyr (καὶ τοῦ σταυροῦ συνόμιλος καὶ τῶν μαρτύρων πρῶτος)[173], and as a true believer fighting for God and for τὸ γένος τῶν Ῥωμαίων[174]. The fact that the poem attempts to depict Hun-

---

Ἑλληνικὸν ποίημα περὶ τῆς μάχης τῆς Βάρνας K (21, 97 MORAVCSIK): καὶ μὲ τὰς χεῖρας τοῦ Θεοῦ χρισμένος στρατιώτης, while the same verse in Ἑλληνικὸν ποίημα περὶ τῆς μάχης τῆς Βάρνας C (20, 94 MORAVCSIK) is: καὶ μὲ τὰς χεῖρας τοῦ Θεοῦ στεμμένην βασιλείαν; Ἑλληνικὸν ποίημα περὶ τῆς μάχης τῆς Βάρνας C (32, 259 MORAVCSIK) = Ἑλληνικὸν ποίημα περὶ τῆς μάχης τῆς Βάρνας K (33, 256 MORAVCSIK); Ἑλληνικὸν ποίημα περὶ τῆς μάχης τῆς Βάρνας C (38, 333 MORAVCSIK): ὁ βασιλεὺς Ἰάγγος = Ἑλληνικὸν ποίημα περὶ τῆς μάχης τῆς Βάρνας K (39, 334–335 MORAVCSIK): ὁ στρατηγὸς ὁ Γιάγγος, / ὁ δεύτερος Ἀλέξανδρος, ὁ στρατηγὸς Ῥωμαίων.

167 Διήγησις τοῦ Ἀχιλλέως (25, 350 SMITH).

168 Ἑλληνικὸν ποίημα περὶ τῆς μάχης τῆς Βάρνας K (19, 53–58 MORAVCSIK): Ἀξιοτρισμακάριστος καὶ μέγας στεφανίτης / Μπερνάρδος κράλης ἄριστος, ὁ πολέμων ἀλογίας / δοξάζω σου τό όρμητικόν, τρισμάκαρ ῥῆγα, κράλη, / ἔχεις τὴν δόξαν ἐπὶ γῆς, εἰς τὸν παρόντα κόσμον· / ἔλαβες γὰρ καὶ στέφανον ἐξ οὐρανοῦ ἁγίου. / Ἐπαινουμένος, ἄξιος Γιάγγος ὁ Ῥωμαῖος.

169 Ἑλληνικὸν ποίημα περὶ τῆς μάχης τῆς Βάρνας C (24, 145–161 MORAVCSIK); cf. on the other hand the positive opinion of Emanuel Limenites, Θρῆνος τῆς Κωνσταντινουπόλεως (118, 96–120, 100 ELLISSEN) (= 144, 96–100 ed. W. WAGNER, Medieval Greek Texts 1 [*Transactions of the philological society*]. London 1870, 141–170): ὁ βασιλεὺς ὁ φρόνιμος, σοφὸς ὁ Καλοϊωάννης,/ ἡ ρίζα τῶν φρονήσεων, ἡ δόξα τῶν Ῥωμαίων, / κλέος καὶ κάλλος καί τιμή, δεύτερος Πτολεμαῖος, / τῆς ὀρθοδόξου πίστεως σπαθὶν ἀκονισμένον, / ῥίζα καὶ φῶς τῶν εὐσεβῶν, Χριστιανῶν Ῥωμαίων; Χρονικὸν περὶ τῶν Τούρκων σουλτάνων (69, 19–22 ZORAS); cf. Jan Dlugosz's note that John VIII had written to the Hungarian King, instructing him to be aware of deceitful treaties with the sultan, Joannes Dlugosz, Historiae Polonicae (II, 790–793 HUYSSEN–HOPPII–GRODECKII) and MICHAEL, The Annals of Jan Długosz 492; XANTHYNAKIS, Μουράτ Β΄ 168–169 on the discussion of the credibility of this letter; A. HOHLWEG, Kaiser Johannes VIII. Palaeologus und der Kreuzzug des Jahres 1444. *BZ* 73 (1980) 14–24; I. THEOCHARIDES, The Stand of the Byzantine Emperor on the Battle of Varna (1444) according to Greek Sources. *Études Balkaniques* 23/1 (1987) 107–119, esp. 109 and 112.

170 Historia politica (12, 13–14 BEKKER).

171 Χρονικὸν περὶ τῶν Τούρκων σουλτάνων (71, 36–72, 2 ZORAS); cf. Jehan de Waurin, Recueil (pars VI, liber I, cap. XI, 70 HARDY); IMBER, Varna 126–129; DESJARDINS, Writing and imagining 91 and 114; S. PAPACOSTEA, Gênes, Venise et la Croisade de Varna. *Balcanica Posnaniensia* 8 (1977) 27–37 and in: La Mer Noire carrefour des grandes routes intercontinentales 1204–1453 (*Biblioteca de istorie. Marea Neagră* 2). Bucarest 2006, 276–289. Michael Beheim accused the Venetians instead: see Michael Beheim, Gedichte no. 104 (355, 921–356, 940 GILLE–SPRIEWALD) and IMBER, Varna 180; XANTHYNAKIS, Μουράτ Β΄ 178.

172 DENSUSIANU, Documente Privitóre I/2, no. 595 (1445) 715–717 and BANNAN–EDELENYI, Documentary History 72–74.

173 cf. Χρονικόν περὶ τῶν Τούρκων σουλτάνων (69, 14–16 ZORAS).

174 Ἑλληνικὸν ποίημα περὶ τῆς μάχης τῆς Βάρνας C (16, 26–18, 55 MORAVCSIK): Πρέπον ἐστὶν καὶ ἁρμόδιον ἡ ἐκκλησιὰ τῆς Ῥώμης / καὶ πᾶσα γένος Χριστιανῶν ἀνατολῆς καὶ δύσης / μνήμην ἀξιοτίμητην νά πάρῃ ἐκ τοῦ παρόντος. / Οἵτινες ἐδοξάσθησαν εἰς τοῦ πολέμου μάχας, / ἀνδρειωμένοι καὶ ἄνανδροι καὶ πᾶσα γένος, λέγω, / ἂς προσκυνήσουν σήμερον Ἰάγγον τῆς Οὐγγρίας, / ἂς ἐπαινέσουν τώρα νῦν αὐτὸν ὡς καβαλλάρην, / ἂς τὸν ὑψώσουν σήμερον αὐτὸν ὡς βασιλέα / μετὰ Σαμψοῦ τοῦ παλαιοῦ μεγάλου, ἀνδρειωμένου / καὶ Ἀλεξάνδρου τοῦ φρικτοῦ καὶ μέγα Κωνσταντίνου. / Δοξάζω εὐαγγελιστάς, δοξάζω καὶ προφήτας, / τὰ τοῦ

yadi with an aura of sanctity is important since it reminds us of Western texts that aim at introducing and preserving the cult of Hunyadi, such as the so-called *De obitu felicis recordationis condam Magnifici, et inclyti Domini Johannis de Hunyad huius Regni Hungariae Gubernatoris feliciter incipit Epitaphium*[175]. This poem, written in 1456, was the first in the West to characterise the Hungarian hero as a saint. Similarly, an epitaph pronounced on Hunyadi's deathbed by Capestrano[176] and Janus Pannonius' epitaph on Hunyadi[177] place him in God's kingdom, where he celebrates his triumph together with the angels.

Thus, a comparison of the versions reveal a great number of differences between them and leaves open the question of the poem's sources. Prinzing pointed out correctly that this work was not based on contemporary Greek sources such as Laonikos Chalkokondyles, demonstrating instead many more similarities with post-Byzantine sources of the 16th century such as the "Ecthesis chronica", the "Chronicle of Hierax" and Pseudo-Sphrantzes[178]. The author (in versions C and K) claims to have been an eyewitness of the events, but this may simply be a common motif[179]. Another such motif taken from the imperial encomia is the assertation of the great difficulties facing the orator in appropriately praising the main character, that is Hunyadi. The authors also make use of other well-known elements from orations on Byzantine emperors: the comparison with Alexander and Constantine the Great and the mentioning of their military capacities, *phronesis* and *synesis*. The element of the *athleta Christi*, taken from papal letters, is basically unknown to the Byzantine imperial ideology: it was used neither for the Byzantine emperor, who was generally considered the defender of the Christian faith, nor for Byzantine generals.

Of literary works in the vernacular, similarities with the so-called Θρῆνος τῆς Κωνσταντινουπόλεως (Διάλογος Ἐνετίας καὶ Κωνσταντινουπόλεως) can be discerned since the proem of this text begins with almost exactly the same verses[180] as the poem on Varna. The question remains open whether the author of this

---

Χριστοῦ ἀθλήσαντας μεγάλους τοὺς ἁγίους·/ μέσον αὐτοὺς δοξολογῶ Ἰάγγον βασιλέα, / τὶ τῶν Ῥωμαίων διάδοχος παρὰ Θεοῦ χρισμένος, / Χριστιανὸς ἐκδικητὴς καὶ μέγας τροπαιοῦχος. / Μὲ ἅπας γένους μουσικῶν χρὴ ἵνα τὸν δοξάζουν, / μέλος καινὸν ἡ ἐκκλησιὰ πρέπει νὰ τὸν ὑμνοῦσιν. / Οὔτε ζωὴν λογίζεται, οὔτε τοσοῦτον πλοῦτος, / οὔτε γονέων στέρησιν, τοῦ γλυκυτάτου κόσμου, / θέτει ζωὴν διὰ πολλούς, δίδει ψυχὴν διὰ πίστιν· / Χριστιανὸς ὀρθόδοξος καὶ τοῦ Χριστοῦ οἰκεῖος / καὶ τοῦ σταυροῦ συνόμιλος καὶ τῶν μαρτύρων πρῶτος. / Ὥσπερ Χριστὸς συγκαταβὰς οἰκονομιὰν ποιήσας / νὰ ἐλευθερώσῃ ἀπὸ δεσμοῦ τό γένος τῶν ἀνθρώπων, / ὥσπερ οἱ ἅγιοι γράφουσιν καὶ παραδίδουσί μας, / καὶ στέργω, ἀφυρώνει το ὁ παλαιὸς καὶ ὁ νέος· / οὕτως καὶ αὐτὸς ὁ θαυμαστός, ὁ μέγας Θεοφάνης / εὑρέθηκεν παρά Θεοῦ θερμότατος τῆς πίστης, / θερμότατος καὶ ζηλωτὴς εἰς τῶν Ῥωμαιῶν τὸ γένος, / Ἰάγγος ὁ πανθαύμαστος καὶ μέγας στρατιώτης. Cf. the first letter written by Capistrano after the siege of Belgrad, in which he is called the "terror of the Turks" and the "stalwart of the Christians", SETTON, Papacy II, 182.

175 Scriptores rerum Hungaricarum Minores hactenus inediti: synchroni, aut proxime coaevi I–II, eds. J. de BATTHYAN – J. ILLÉSHAZY. Budae 1798, here I, 5–8; Hunyadi János siratása. 1456 [Beweinung von Johannes Hunyadi. 1456], übersetzt von F. CSONKA, in: A magyar középkor irodalma (*Magyar Remekírók*) (= Die Literatur des ungarischen Mittelalters: die ungarischen Klassiker), ed. V. KOVÁCS SÁNDOR. Budapest 1984, 851–854; P. SZABÓ, Heilige Haltungen und ritterliche Merkmale im Kultus des Johannes Hunyadi, in: Between Worlds, II, Extincta est lucerna orbis. John Hunyadi and his Time, eds. Ana DUMITRAN – L. MÁDLY – A. SIMON. Cluj-Napoca 2008, 171–176.

176 Johannes de Thurosz, Chronica Hungarorum cap. 251 (I, 271–273 GALÁNTAI–KRISTÓ) and MANTELLO, János Thuróczy cap. 251, 184–185. "Hail, heavenly circle of light; you have fallen, crown of the kingdom! You have been extinguished, lamp of the world! Alas! The mirror into which we were hoping to look has been shattered. Now that your enemy has been decisively defeated, you reign with God and celebrate your triumph with the angels, O good János!"

177 Jani Pannonii opera omnia, ed. V. KOVÁCS SÁNDOR. Budapest 1987, no. 330, 174: *Pannoniae murus,Turcorum terror in armis,/Si qua, Iohannes hac tegeretur humo;/Sed sub Belgrado mundi superavit ut hostem,/Morte simul domita, sidera vivus adit./Multi laurigeris Capitolia celsa triumphis/Conscendere duces; solus at iste polum*; German translation: V. EBERSBACH, Ianus Pannonius Gedichte: Auswahl (*Schätze der ungarischen Dichtkunst* 1). Budapest 1984: „Wenn den Schutzwall Pannoniens, Schrecken der türkischen Heere, ihn, Johannes, nun auch dieses Stück Erde bedeckt, – stieg er doch, da er vor Belgrad den Erzfeind der Menschheit besiegte, da er den Tod überwand, lebend zum Sternenzelt auf. Fürsten erstiegen die capitolinische Höhe so viele lorbeerumkränzt im Triumph – aber den Himmel nur er'".

178 PRINZING, Bemerkungen 63, note 18.

179 Ἑλληνικὸν ποίημα περὶ τῆς μάχης τῆς Βάρνας C (44, 439–446 MORAVCSIK) and K (33, 242–243 MORAVCSIK).

180 G.T. ZORAS, Ἄγνωστος παραλλαγὴ τοῦ „Θρήνου τῆς Κωνσταντινουπόλεως" (κατὰ τὸν Ἀθηναϊκὸν κώδικα 3113), in: Περὶ τὴν Ἅλωσιν τῆς Κωνσταντινουπόλεως. Athens 1959, I, 235–253, esp. 24, vers. 1–5; Rosario García ORTEGA, Temas y motivos comunes en los Trenos por Constantinopla, in: Constantinopla, 550 años de su caída = Κωνσταντινούπολη. 550 χρόνια από την Άλωση, eds. E. MOTOS GUIRAO – M. MORFAKIDIS FILACTÓS (*Centro de Estudios Bizantinos Neogriegos y Chipriotas, Universi-*

lament was Paraspondylos or Argyropoulos, or whether this is a copy or literary imitation. Regarding the Διήγησις τοῦ Ἀχιλλέως, Svoronos has demonstrated, that it influenced the main text of our poem through an interpolation of similar verses, as well as with excerpts from public speeches and letters addressed to the soldiers[181].

In regard of the poem's sources, one has to look for the persons who transmitted the information. They were foremost the survivors of the battle who fled to Constantinople and the captives who were bought free by Genoese in Adrianople[182]. Information was partly spread via ship through the Black Sea to Constantinople and Peloponess. During this period the Byzantine ambassadors often chose this route to reach Hungary, as was the case in the years 1433–1434. The Byzantine delegation consisted of Isidoros (the future Metropolitan of Kiev, *PLP* 8300), Demetrios Palaiologos Metochites (*PLP* 17981)[183] and John Disypatos Laskaris (*PLP* 5537)[184], who after leaving Constantinople reached Licostomium and continued their journey through Small Walachia[185]. Although information travelled predominantly via Italian bases, Mesembria, which was Byzantine until 1453, must have played as well a dominant role in its collection and diffusion. In the aftermath of the battle of Varna, as the Crusaders wanted to discover the truth about the fate of the Polish king, they travelled from Constantinople to Mesembria and gathered information by "Greeks" who had visited the battlefield[186]. Of particular interest is also the detail reported in "Ecthesis chronica" that John VIII Palaiologos was willing to offer his crown to Hunyadi if he succeeded in expelling the Turks from Europe[187]. Jan Długosz, however, argued that before the Battle of Varna, the Hungarian King gave a written promise to Hunyadi that the latter would become King of Bulgaria should the outome be victorious[188]. This information together with Hunyadi's demand of Mesembria influenced the poem – and consequently the "Ecthesis chronica". Curiously enough, at the beginning of the 15th century Sigismund of Luxemburg allegedly offered to renounce his imperial title and transfer it to the Byzantine emperor, if it would foster the success of the unionist efforts[189].

Finally, the adaptation of a previous version by our authors should be chronologically situated. As already mentioned, Zotikos Paraspondylos and Georgios Argyropoulos used the same text as a model for creating its *parallages*. According to the majority of scholars, the two versions were composed between 1456 and 1461. The first date derives from an alleged mention of Hunyadi's death in Belgrade, while the second originated during the completion of version K. One interesting hypothesis holds that the poem should be dated between 1453 and 1456, since the capture of Constantinople by the Turks (1453) is mentioned in the preamble and

---

dad de Granada, Vicerrectorado de Extensión Universitaria; Grupo de Investigación "Estudio de la Civilización Griega Medieval y Moderna") II. Granada 2006, 377–390, esp. 390.

181 Svoronos, Τὸ περὶ τῆς μάχης τῆς Βάρνης ποίημα 174–178.

182 Jehan de Waurin, Recueil (pars VI, liber I, cap. XIV, 57–58 Hardy); Imber, Varna 133; Desjardins, Writing and imagining 92.

183 V. Laurent, Le dernier gouverneur byzantin de Constantinople. Démétrius Paléologue Métochite, grand stratopédarque (+1453). *REB* 15 (1957) 196–206, esp. 203 with notes 1 and 2.

184 For more on Ioannes Disypatos Laskaris cf. Elisabeth Malamut, Les ambassades du dernier empereur de Byzance. *TM* 14 (2002 = Mélanges Gilbert Dagron) 429–448, here 445.

185 H. Hunger – H. Wurm, Isidoros von Kiev, Begrüßungsansprache an Kaiser Sigismund (Ulm, 24. Juni 1434). *RHM* 38 (1996) 143–180 and Ekaterini Mitsiou, Vier byzantinische rhetorische Texte auf westliche Herrscher, in: Emperor Sigismund and the Orthodox world (*Veröffentlichungen zur Byzanzforschung* 18), eds. Ekaterini Mitsiou – M. Popović – J. Preiser-Kapeller – A. Simon. Wien 2010, 27–39, here 32–33.

186 Jehan de Waurin, Recueil (pars VI, liber I, cap. XIV, 58 Hardy); Imber, Varna 133.

187 Ecthesis chronica (8, 13–18 Lambros) ; Philippides, Emperors, Patriarchs and Sultans cap. 19, 36, 7–12.

188 Joannes Długosz, Historiae Polonicae (II 793 Huyssen – Hoppii – Grodeckii): *Sed et ipsum Ioannem de Huniad, qui Regem ad pacificandum cum Turcis induxerat, eadem poenitentia inuasit, ex eo maxime quod Rex Wladislaus finito bello ipsum in Bulgariae Regem praeficere, de quo et publicas litterarum promissiones habebat, pollicebatur, quae ambitio virum spiritus ingentis vehementer agitabat*; cf. Michael, The Annals of Jan Długosz 493.

189 This matter has been recently discussed by Márta Kondor, Latin West und Byzantine East at the Dawn of the Renaissance: Emperor Sigismund and the Union with the Greeks. Sigismund of Luxemburg and the Union of the Latin and Orthodox Churches, in: The Union of Florence (1439–2009), Cluj-Napoca, 22nd – 24th of October 2009, 1–17 (author's pagination), here 15–16.

since Hunyadi is called "martyr", in allusion to the fact that Pope Calixte III had proclaimed him *athleta Christi*[190].

Although the question of dating can not be answered with certainty, I would like at this juncture to outline some arguments in favour of a dating between 1453–1456. Taking into account the time Hagiomnetes needed to finish the manuscript, we can assume that version K must have existed already before June 1461, probably already in 1460 or 1458–1459. If we bear in mind that Hagiomnetes used for his work not the original of Argyropoulos, and that it must have taken some time for a copy to reach Euboia, then the *terminus post quem* 1453 seems more probable. It is a secure base which offers sufficient time for the composition of the penultimate adaptation, the creation of versions and their dissemination. Moreover the proem, which is similar to the one of Θρῆνος τῆς Κωνσταντινουπόλεως, dated some years after the capture of Constantinople, also speaks for 1453 as the *terminus post quem*. Finally, regarding the textual indications, the poem presents Hunyadi as still being the hope of the enslaved Romania (νὰ ἐλευθερώσω Ῥωμανιὰν ἐκ τῶν ἐχθρῶν τὰς χεῖρας)[191]. The great hopes the Greeks placed in Hunyadi after 1453 are attested to in the "Lament of Constantinople" (Θρῆνος τῆς Κωνσταντινουπόλεως)[192], written before 1456. Its author, the Rhodian Emanuel Limenites[193], urges the φρονιμώτατον Πιάγκον to join the other Western rulers[194] and expel the Turks from Constantinople.

CONCLUSION

In conclusion, it can be said that the image of the hero Hunyadi in the poem was constructed with the help of historical information and literary models. Although the Battle of Varna remained the focus of attention, the original core was expanded to such a degree that at the end Hunyadi stands out as the only hero. Despite the disastrous outcome in Varna, the Greek poem presents the Hungarian general as the equal of Alexander and Constantine the Great. This perception of him emerged from the belief that he was one of the few who could still fight and defeat the greater enemy of the Byzantines, at a time when Byzantium could no longer save itself.

---

190 Mureşan, Le Royaume de Hongrie 508.

191 Ἑλληνικὸν ποίημα περὶ τῆς μάχης τῆς Βάρνας C (24, 138 Moravcsik) and K (25, 131 Moravcsik).

192 Θρῆνος τῆς Κωνσταντινουπόλεως (130, 180 Ellissen)(= 146, 180 Wagner): Τοὺς Παίονας τοὺς φημιστούς, τοῦ Πιά/γκω τὰ φωσάτα; B. Knös, Autour du poème appelé «La Prise de Constantinople» (Ἅλωσις τῆς Κωνσταντινουπόλεως). *Hell* 20 (1967) 311–337; Carolina Cupane, Wie volkstümlich ist die byzantinische „Volksliteratur"? *BZ* 96 (2003) 577–599, here 596 and note 118. On the laments for the Fall of Constantinople s. S. Lampros, Μονῳδίαι καὶ θρῆνοι ἐπὶ τῇ ἁλώσει τῆς Κωνσταντινουπόλεως. *NE* 5 (1908) 190–269; Pertusi, La caduta II 356–402; E. Fenster, Laudes constantinopolitanae (*MBM* 9). München 1968, 281–315.

193 G.S. Henrich, Sprachlich-Philologisches zu M. Limenites; seine Autorschaft der Halosis, in: Origini della letteratura neogreca: atti del Secondo Congresso Internazionale "Neograeca Medii Aevi" (Venezia, 7–10 novembre 1991) (*Biblioteca dell'Istituto Ellenico di Studi Bizantini e Postbizantini di Venezia* 15), ed. N.M. Panayotakis. Venezia 1993, 319–329; Idem, Als Kundschafter der Johanniter in Rumelien-zu Leben und Werk des rhodischen Dichters Man. Limenites (15. Jh.), in: Φιλερήμου Ἀγάπησις (Τιμητικὸς Τόμος γιὰ τὸν καθηγητὴ Ἀγαπητὸ Γ. Τσοπανάκη). Rhodos 1997, 155–183; Idem, Ποιος έγραψε το ποίημα Άλωσις Κωνσταντινουπόλεως (BB 1, 177–197), in: Constantinopla, 550 años de su caída = Κωνσταντινούπολη. 550 χρόνια από την Άλωση, eds. E. Motos Guirao – M. Morfakidis Filactós (*Centro de Estudios Bizantinos Neogriegos y Chipriotas, Universidad de Granada, Vicerrectorado de Extensión Universitaria; Grupo de Investigación "Estudio de la Civilización Griega Medieval y Moderna"*) II. Granada 2006, 405–414; Beck, Volksliteratur 164 rejected this attribution.

194 Θρῆνος τῆς Κωνσταντινουπόλεως (178, 526–529 Ellissen) (= Wagner, 156, 526–528): Ὦ Πιάγκω φρονιμώτατε, καὶ στήλη τῆς Βλαχίας, / Ἐχάλασεν ἡ Ῥωμανιά, ἐχάλασεν ἡ Δύσις, /Ἐπέσασι τὰ φλάμπουρα τοῦ βασιλέως τῆς Πόλης.

Mihailo St. Popović

Reminiszenzen an König Matthias Corvinus in den Reiseberichten des Salomon Schweigger und Reinhold Lubenau

Den Ausgangspunkt der vorliegenden Ausführungen bilden zwei deutschsprachige Reiseberichte des ausgehenden 16. Jahrhunderts, die wertvolle Informationen zu Mittel- und Südosteuropa – im konkreten auch zu Ungarn – zu jener Zeit enthalten.

Der erste Reisebericht, der hier Erwähnung findet, ist derjenige des Salomon Schweigger[1]. Im folgenden sei zunächst sein Lebensweg skizziert. Salomon Schweigger kam im Jahre 1551 in Haigerloch (Württemberg) zur Welt. Er wuchs im großelterlichen Hause in Sulz am Neckar (Württemberg) auf. Seine Ausbildung erhielt er an evangelischen Latein- und Klosterschulen. Zwischen 1572 und 1576 studierte Salomon Schweigger evangelische Theologie, Philologie und klassische Altertumswissenschaften in Tübingen. 1576 ging er nach Österreich, wo er in den Dienst des evangelischen Freiherrn Joachim von Sinzendorff trat, der zum Gesandten des Hauses Habsburg in Konstantinopel (Istanbul) bestimmt worden war[2].

Die Gesandtschaft des Freiherrn von Sinzendorff brach von Wien am 10. November 1577 auf, erreichte am 17. November desselben Jahres Budapest und reiste über Tolna, Peterwardein (Petrovaradin), Belgrad (Beograd), Grocka, Jagodina, Niš, Pirot, Sofia (Sofija), Philippopel (Plovdiv) und Adrianopel (Edirne) nach Konstantinopel (Istanbul) weiter, wo sie am 1. Jänner 1578 eintraf[3].

In Konstantinopel (Istanbul) erteilte Freiherr von Sinzendorff dem Salomon Schweigger die Erlaubnis, eine Reise in das Heilige Land zu unternehmen, die von März bis Juni 1581 dauerte. Über Kreta, Venedig, Padua und Augsburg kehrte er nach Württemberg zurück, das er im Oktober 1581 erreichte[4]. Ab dem Jahre 1605 wirkte er als Prediger an der Frauenkirche zu Nürnberg, wo er am 21. Juni 1622 starb[5].

Die erste Ausgabe seines Reiseberichtes in deutscher Sprache erschien im Jahre 1608 bei Johann Lantzenberger in Nürnberg. Es folgten weitere Auflagen in Frankfurt am Main (1609) und in Nürnberg (1614, 1619, 1638, 1664)[6].

An dieser Stelle sei jene Textpassage aus dem Reisebericht des Salomon Schweigger auf der Basis der Ausgabe des Jahres 1608 (s. o.) zitiert, die auf Ofen (Buda) und in der Folge auch auf König Matthias Corvinus Bezug nimmt[7]:

„... Als nun diß alles verricht / begehrt mein G.[nädiger] Herr / daß er moecht das Schloß [scilicet zu Buda] besichtigen / welches er auch alsbald bewilligt / das Schloß ligt an einer seiten deß Bergs / darauff auch

---

[1] Folgende Ausgabe wurde für diesen Beitrag verwendet: Salomon Schweigger. Ein newe Reyssbeschreibung auss Teutschland nach Constantinopel und Jerusalem. Einleitung Rudolf Neck (*Frühe Reisen und Seefahrten in Originalberichten* 3). Nürnberg 1608 (Nachdruck Graz 1964). Vgl. zu weiteren Ausgaben seines Reiseberichtes weiter unten, Anmerkung 6.

[2] Siehe zu seiner Biographie: Allgemeine Deutsche Biographie 33, ed. Historische Commission bei der königl. Akademie der Wissenschaften. Leipzig 1891, 339f.; R. C. Müller, Prosopographie der Reisenden und Migranten ins Osmanische Reich (1396–1611). Berichterstatter aus dem Heiligen Römischen Reich, außer burgundische Gebiete und Reichsromania VIII. Leipzig 2006, 267–320; M. Popović, Von Budapest nach Istanbul. Die Via Traiana im Spiegel der Reiseliteratur des 14. bis 16. Jahrhunderts. Leipzig 2006, 97f.; Schweigger (Neck) XV–XXVII; I. Vingopoulou, Le monde grec vu par les voyageurs du XVIe siècle (*Institut de recherches néohelléniques, Fondation nationale de la recherche scientifique* 86). Athènes 2004, 71.

[3] Vgl. zur Reiseroute: St. Yerasimos, Les Voyageurs dans l'Empire Ottoman (XIVe–XVIe siècles). Bibliographie, Itinéraires et Inventaire des lieux habités (Conseil Suprême d'Atatürk pour Culture, Langue et Histoire. *Publications de la Société Turque d'Histoire* VII/117). Ankara 1991, 317f.

[4] Ebd. 318.

[5] Müller, Prosopographie VIII, 267; Popović, Budapest, 97.

[6] Siehe zu den Ausgaben des Reiseberichtes: Müller, Prosopographie VIII, 317–320; Yerasimos, Voyageurs, 317.

[7] Jene Stellen, die direkt oder indirekt über König Matthias Corvinus berichten, sind im Text *kursiv* hervorgehoben.

zum theil die Stadt steht / wir giengen durch zween weite Hoef / inwendig funden wir das alt Gebaew / zerbrochen / einstheils aber zum fallen ein gut ansehen hett / ein sehr schoenen Saal sahe ich / der war noch nit außgebawt / alle Thuerengeschwell und Pfosten fast in allen Gemachen / deßgleichen die Fenster und Ladengestell durchauß / seyn von schoenem rothen Marmor gehauen / die Laeden und Fenster seyn schier alle zugemauret / und an einem jeden nur so viel Liecht uebrig gelassen / daß einer den Kopff hinauß kan stossen */ ich bin in die alte Koenigliche Buchkammer kommen / darinn ich in einem Danister*[8] *etliche brieffliche Sachen funden / aber in eyl diese nicht koennen besichtigen / ich fund auch die Legenda der Heiligen Lateinisch / welche ich von dem alten Tuercken begehrt / der sein wohnung in diesem Gemach hett / aber er sagt / er doerfft es nicht weg geben / es sey seins Keysers* [scilicet des osmanischen Sultans[9]].

In einem andern huebschen Gemach saß auch ein alter fuernemer Türck / im selben Gemach an den Waenden herumb sihet man noch viel feine Gemael / nemlich die Kindheit / Mesigkeit / Kuenheit / Hoffnung / Glaub / Staerck / Dapfferkeit / Fuersichtigkeit und Gerechtigkeit / und lest sich ansehen / es sey der Koenigin Gemach gewesen / dann an der Wand ward ich gewar / daß mit einem Messer darein gekratzet war: Isabella[10] regina. Sic fata volunt. Sie ist aber Koenig Sigmunds aus Poln[11] Tochter / und Koenig Joannis Weywode[12] Gemahel gewesen / welche Anno Christi 1539. [sic!] gestorben ist. *Die Wapen des Koenigs Matthiae Corvini*[13] */ der sonsten Huniad wird genant / werden noch an vielen Thueren in Stein gehauen / funden / dieser hat regiert / da man zehlte 1490, zur Zeit Keyser Friedrichs deß Dritten*[14] / Item einen feinen Gang / darinn stehn oben an der Buene[15] die zwoelff Zeichen deß Himmels in Holtz gar schoen geschnitzet und verguldt. Ein anders weites Gemach hat oben an der Buene schoene geschnitzte und verguldte Eidexs / In einem andern Gemach stehn oben an der Buene huebsche geschnitzte verguldte Rosen.

Weiter ein grosser Saal / ist vier und viertzig Schrit[16] *lang unnd achtzchen*[17] *breit / Item ein gewoelbts Gemach / an dessen gewelb steht gemahlt ein Sphaera und Himmels lauff / ist doch fast verdunckelt / wie deß Himmels gestalt und ansehen damals gewesen / als vorgemelter Koenig Matthias geborn war / dabey steht ein solche Schrifft / Aspice Matthiae micuit quo tempore regis, Natalis caeli qualis utroque fuit.*

In einem andern Gewelb zu nechst dabey / ist wieder ein gemahlte Sphaera / oder Himmelßkugel / die das gantz Gemewr von allen orthen einnimbt inn welcher anzeigt wird das ansehen oder gestalt deß Gestirns [...] *Uber einer andern Thuer steht also: Matthias Corvinus Rex Ungariae.* [...] Wir seyn in ein langen Gang kommen / der ist 209. Schritt[18] lang. Inn dem innersten Hof stehn bey 200. Stueck[19] auff Raedern an einem Hauffen unter dem freyen Himmel. Diß ist fast das fuernembste / das wir im Schloß gesehen. ...“[20]

Weiters berichtet Salomon Schweigger, dass am 19. Mai 1578 ein Blitz in den Pulverturm des Schlosses eingeschlagen ist, was große Schäden zur Folge hatte[21].

---

8 „Danister“ in der Bedeutung „Tornister, Ranzen“.

9 Damals Sultan Murad III. (1546–1595; reg. 1574–1595).

10 Isabella (1519–1559), Tochter des polnischen Königs Sigismund I.

11 König Sigismund I. von Polen (1467–1548; reg. 1506–1548).

12 Johann Zápolya, Fürst von Siebenbürgen (1487–1540; reg. 1526–1540).

13 König Matthias I. Corvinus von Ungarn (1443–1490; reg. 1458–1490).

14 Kaiser Friedrich III. von Habsburg (1415–1493; reg. 1440/52–1493).

15 „Büne / Bühne“ in der Bedeutung „Gebälk, Decke“.

16 Das entspricht ca. 33 m.

17 Das entspricht ca. 13,5 m.

18 Das entspricht ca. 157 m.

19 „Stück“ in der Bedeutung „Kanone“.

20 Schweigger (Neck), 21–23.

21 Schweigger (Neck), 22f.: „... Als man zehlte nach Christi Geburt 1578. den 19. Maii / hatt der Straal geschlagen in diß Koenigliche Schloß / den Pulverthurn angezuendt / darinn etlich tausend Centner Pulvers gelegen / davon die Pasteyen unnd das ander Gebew zersprengt ...“; siehe zu diesem Ereignis: D. Dercsényi – B. Dercsényi, Kunstführer durch Ungarn. Budapest ²1984, 15.

Auf obige Textstelle bei Schweigger hat bereits Emerich Schaffran im Jahre 1953 hingewiesen[22] und darüber hinaus eine Querverbindung zu einem weiteren Reisebericht des ausgehenden 16. Jahrhunderts, nämlich demjenigen des Reinhold Lubenau, hergestellt. Reinhold Lubenau wurde am 5. August 1556 in Königsberg (Kaliningrad) geboren. 1560 wurde er ebenda in der Altstädtischen Pfarrschule eingeschult. Bereits im Kindesalter übergaben ihn seine Eltern dem Hofapotheker Jakobus Montanus, bei dem er ab dem 15. Lebensjahr seine Lehre begann. Mit 17 Jahren kam Lubenau zu einem polnischen Kaufmann nach Krakau (Kraków), um die polnische Sprache zu erlernen. Zwischen 1580 und 1586 wanderte er durch Deutschland und Ungarn und wurde um 1586/87 der Leibarzt des Königs von Polen, Stephan IV. Báthory (1533–1586; reg. 1576–1586). Schließlich begab Reinhold Lubenau sich im Jahre 1587 nach Wien und schloss sich als Apotheker der kaiserlichen Gesandtschaft unter der Leitung des Bartholomäus Petz an[23].

Die Gesandtschaft brach am 13. Februar 1587 von Wien auf. Im Zeitraum 19. Februar bis 24. Februar machte sie Aufenthalt in Ofen (Buda). Danach erfolgte die Weiterreise über Tolna, Peterwardein (Petrovaradin), Belgrad (Beograd), Grocka, Jagodina, Niš, Pirot, Sofia (Sofija), Philippopel (Plovdiv), Svilengrad und Adrianopel (Edirne) nach Konstantinopel (Istanbul), wo die Gesandtschaft am 2. April 1587 eintraf[24].

Reinhold Lubenau musste rund zwei Jahre im Osmanischen Reich bleiben, ehe er im Oktober 1589 in seine Heimatstadt zurückkehren konnte. Ebendort wurde er im Jahre 1603 in den Altstädtischen Rat berufen. Reinhold Lubenau starb am 17. Mai 1631[25]. Während seiner Reise hat er Notizen angefertigt, aus denen schließlich sein Reisebericht erwuchs. „Taking the material from his notebooks, Lubenau wrote the manuscript, on which the only edition is based, in 1628, three years before his death. As there are about forty years between the journey and his final manuscript, which he probably wished to be printed, there may be errors in the diary, resulting from mistakes in the notebooks, but also from misunderstandings after so many years and by confusion of unbound sheets of the notebooks."[26] Besagtes Manuskript wurde ab 1912 von Wilhelm Sahm ediert[27].

Nunmehr folgt jene Textpassage aus dem Reisebericht des Reinhold Lubenau, die sich auf Ofen (Buda) und auf König Matthias Corvinus bezieht[28]:

„... *Wier seindt ferner den Bergk hinauf umb die Festung gegangen, welche Konigk Mathias* [scilicet Corvinus] *sol erbauet haben* und am Ecke der Stadt gegen dem Geburge zu leidt, die Stadt zu besehen. [...] *in die Festung oder Schlos gefuhret, welches sehr weidt und gros, auch hoch berumbt wegen der bibliotheca, so von Konigk Mathia, des Johannis Hunniadis*[29] *Sohn, drein gestiftet gewesen, welcher Bucher noch etliche zu Wien in des Keisers bibliotheca verhanden, so Konigk Mathias mit eigener Handt auf Pergament ge-*

---

[22] E. SCHAFFRAN, Ungarn im 15. Jahrhundert und die italienische Frührenaissance. *Archiv für Kulturgeschichte* 35 (1953) 52–84, hier 81f.

[23] Vgl. zu seiner Biographie: J. KODER, Early Modern Times Travellers as a Source for the Historical Geography of Byzantium: The Diary of Reinhold Lubenau, in: Géographie Historique du Monde Méditerranéen, ed. H. AHRWEILER (*Byzantina Sorbonensia* 7). Paris 1988, 141–148; MÜLLER, Prosopographie V, 254–304; POPOVIĆ, Budapest, 98–101; VINGOPOULOU, Le monde grec, 76f.

[24] Siehe zur Reiseroute: YERASIMOS, Voyageurs, 385f. Zahlreiche Arbeiten sind zu den Reisezielen Lubenaus erschienen: J. KODER, Ένας Γερμανός ταξιδιώτης στη Χαλκίδα του 1588. *Archeion Euboikōn Meletōn* 14 (1968) 344–353; DERS., Η Κύπρος στα 1588 – Από το ημερολόγιο του Γερμανού περιηγητή Reinhold Lubenau. *Epetēris Kentru Epistēmonikōn Ereunōn Kypru* 13–16/1 (1988) 195–234; DERS., O Reinhold Lubenau στη βενετοκρατούμενη Κρήτη – Πληροφορίες από το ημερολόγιο του Γερμανού περιηγητή. *Krētika Chronika* 28/29 (1988/89, ersch. 1991) 358–378; O. ZIROJEVIĆ, Rajnold Lubenau o Beogradu i Srbiji 1587. godine [Reinhold Lubenau über Belgrad und Serbien im Jahre 1587]. *Godišnjak grada Beograda* 13 (1966) 49–63. Vgl. zur Sprache des Reiseberichtes: M. ADAMOVIĆ, Das osmanisch-türkische Sprachgut bei R. Lubenau (*Beiträge zur Kenntnis Südosteuropas und des Nahen Orients* 25). München 1977.

[25] MÜLLER, Prosopographie V, 254; POPOVIĆ, Budapest, 99f.

[26] KODER, Early Modern Times Travellers, 144.

[27] Beschreibung der Reisen des Reinhold Lubenau, ed. W. SAHM (*Mitteilungen aus der Stadtbibliothek zu Königsberg i. Pr.* IV–VI). Königsberg i. Pr. 1912–1915. Vgl. dazu auch: KODER, Early Modern Times Travellers, 145; MÜLLER, Prosopographie V, 303.

[28] Hier sind ebenfalls jene Stellen, die direkt oder indirekt über König Matthias Corvinus berichten, im Text *kursiv* hervorgehoben.

[29] Johannes Hunyadi (1407/09–1456), Feldherr und Reichsverweser von Ungarn.

schrieben und ich sie selber in meiner Handt gehabt, als Ennium[30] *und Senecam*[31] *und von Ferdinando*[32] *dahin bracht.* [...] Inwendigk das Schlos feldt gantz in ein Haufen. Wier kamen in einen schonen Sahl. Da wahren die Thurgericht, sowol die Fensterkopf und alle Pfeiler von rotem Marmor; *nachmahl kamen wier in die Konigliche bibliotheca, da ein Hauffen Bucher ubereinander lagen, und wohnet ein alter Turck drein, der darauf Achtung gab; wolte nichts davon geben, sagett, es sei seines Keisers* [scilicet des osmanischen Sultans] *und im hart verbotten.* In einem andern Gemach wahr widerumb ein alter Turck. Da wahren an den Wenden herumb die Tugenden gahr kunstlich gemahlet. Sol der Konigin Gemach gewesen sein, stundt an der Wandt Isabella regina. Sic fata volunt. Sie ist Sigismundi, Koniges aus Polen, Tochter und Konigk Johannis Woiwode Gemahl gewesen, welche anno Christi 1539 [sic!] gestorben. *Es werden fast an allen Thuren von Stein gehauen gefunden des Koniges Mathiae Corvini Wapen, welcher gelebet anno 1490, zur Zeit Keisers Friderici Tertii.* Balde wahr da ein schoner, langer Gangk; oben am Bodem[33] wahren die zwelf Zeichen des Himmels, gahr schon von Holtz geschnitzt und verguldt; in einem Gemach wahren schone, geschnitzte, vergulte Eidexen; in einem andern grosen Sahl wahr oben der Boden mitt grosen geschnitzten, verguldten Rosen geziret.

Es ist gahr ein überaus groser Sahl verhanden, vierundvirtzigk Schrit langk und achzehen breidt, gewelbet; an demselben Gewelb ist der Himmelslauf gemahlet, wie die Planeten und Stern, auch des gantzen Himmels Ansehen gestanden, als Konigk Mathias [scilicet Corvinus] *gebohren, dabei geschrieben: Aspice Mathiae micuit quo tempore regis Natalis coeli qualis utroque fuit.*

Nehest dabei in einem andern Gemach ist an dem Gewelb ein andere Sphera gemahlet, die den gantzen Sahl einnimpt, an welchem die Gestaldt der Gestirn und des Himmels gemahlet, [...] *Uber einer andern Thuer stundt geschrieben: Mathias Corvinus rex Ungariae.* [...] Wier kamen auf einen langen Gangk, welcher 209 Schrit langk wahr. [...] Der Bassa[34] hatte seine Weiber[35] in dem Koniglichen Schlos, die wier aber nicht zu Gesichte bekamen, wahren gahr hinden in besondern Gemachen. ...“[36]

Wie zuvor Salomon Schweigger, berichtet auch Reinhold Lubenau, dass am 19. Mai 1578 ein Blitz in den Pulverturm des königlichen Schlosses eingeschlagen ist[37].

Zwei Fragen sind im Zusammenhang mit den beiden zitierten Texten zu stellen. Die erste ist, was sich an Reminiszenzen an König Mathias Corvinus aus den Reiseberichten von Salomon Schweigger und von Reinhold Lubenau extrahieren lässt.

Zunächst wird das Schloß zu Buda als Bauwerk des besagten Königs erwähnt[38]. Besonderes Augenmerk schenken beide Reisenden der vermeintlichen Bibliothek des Mathias Corvinus – der *Bibliotheca Corviniana*, die sie als „alte Koenigliche Buchkammer“ bzw. „Konigliche bibliotheca“ bezeichnen. Während Salomon Schweigger laut eigener Aussage etliche Briefe und Heiligenviten in lateinischer Sprache gesehen hat,

---

[30] Möglicherweise mit dem römischen Dichter Quintus Ennius (239 v. Chr.–169 v. Chr.) zu identifizieren.

[31] Lucius Annaeus Seneca (ca. 1 n. Chr.–65 n. Chr.), römischer Philosoph und Staatsmann.

[32] Kaiser Ferdinand I. von Habsburg (1503–1564; reg. 1521–1564).

[33] „Boden“ in der Bedeutung „Gebälk, Decke“.

[34] Pascha, von türk. paşa.

[35] Frauen (d. h. Harem).

[36] Lubenau (SAHM), 81, 84–86.

[37] Ebd. 85: „... Anno 1578, den 19. Maij, hatt das Wetter in dem Pulverthurm im Schlos eingeschlagen, darein viel tausendt Centner Pulver gewesen, davon die Pasteien und andere Gebeude sehr zersprengt, ...“.

[38] Vgl. zur Geschichte des Schlosses (mit weiterführender Sekundärliteratur): DERCSÉNYI–DERCSÉNYI, Kunstführer, 15f.; Matthias Corvinus, the King. Tradition and Renewal in the Hungarian Royal Court 1458–1490. Exhibition catalogue. Budapest History Museum, 19 March 2008–30 June 2008, ed. P. FARBAKY u. a. Budapest 2008, 327–344, 357–380, siehe im Speziellen die Beiträge von: K. BELÉNYESY, Remains of a Royal Gun Foundry in Buda from the Turn of the Fifteenth Century, 348–350; P. FARBAKY, Chimenti Camicia, the Florentine Woodworker-architect of Matthias and his Role in the Royal Building Works in Buda, 312–315; G. FÉNYES, Maiolica Floor Tiles from Buda Palace, 354–356; E. KOVÁCS, Maiolica Ceramics from Buda – the Buda Maiolica Workshop, 351–353; Sz. PAPP, Late Gothic Vault Fragments from the Royal Palace of Buda, 320–323; A. VÉGH, Renaissance Red Marble Carvings in Royal Palace of Buda, 316–319.

benennt Reinhold Lubenau je eine Pergamenthandschrift des Quintus Ennius (?) und des Lucius Annaeus Seneca[39].

Über das Schicksal der vermeintlichen *Bibliotheca Corviniana* gibt ein Gelehrter des ausgehenden 17. Jahrhunderts, Luigi Ferdinando Marsigli (1658–1730)[40], Zeugnis. Er war nämlich Soldat der kaiserlichen Armee, die im Jahre 1686 die Stadt Buda von den Osmanen eroberte[41]. Marsigli berichtet, dass Buda nach der Eroberung zwei Tage von den kaiserlichen Soldaten geplündert wurde[42]. Am zweiten Tage der Plünderung begab er sich in den „Regio Palazzo di Buda", um die berühmte Bibliothek des Mathias Corvinus zu suchen – „... di cercare notizia di questa libraria tanto famosa, ..."[43]. Marsigli betrat den zweiten Hof („secondo cortile") und fand in einem Zimmer („una camera") „molti libri stampati, manoscritti, e getatti in pezzi fra tali ferri e la stanza"[44]. Schließlich fand er zehn kleine hölzerne Kisten mit Büchern, konnte aber nicht glauben, dass dies der Gesamtbestand der Bibliothek sein könne[45], sodass er:

> „... m'animai all'ulteriore ricerca in altre vicine stanze egualmente fatte in uolta, non pottendomi figurare, che quelli soli pochi libri capaci di stare in dieci casse ti tale grandezza, hauessero duute essere le sole reliquie di cossì famosa libraria, ..."[46]

Da seine Suche erfolglos blieb, widmete er sich den wenigen gefundenen Büchern und begann, nach griechischen Handschriften zu suchen, was erfolglos blieb. Es gab vor Ort nur lateinische Bücher, wobei die meisten davon Drucke waren[47]. Dieser Exkurs soll in erster Linie veranschaulichen, wie die – in diesem Falle vermeintliche – *Bibliotheca Corviniana* über Jahrunderte rezipiert wurde und verschiedene Generationen zu fesseln vermochte.

Zu den Reiseberichten des Salomon Schweigger und des Reinhold Lubenau und den darin enthaltenen Reminiszenzen zurückkehrend, ist festzustellen, dass beide über den Türen des Schlosses das in Stein gemeißelte Wappen des Mathias Corvinus gesehen haben. Des Weiteren gab es einen Saal, dessen Deckenbemalung die Sternenkonstellation zum Zeitpunkt der Geburt des besagten Königs zeigte. Schließlich überliefern beide Reisende eine lateinische Inschrift – „Matthias Corvinus Rex Ungariae" – über einer der Türen des Schlosses.

Die zweite Frage, die im Zusammenhang mit den beiden zitierten Texten zu stellen ist, betrifft das Verhältnis der beiden Reiseberichte zueinander. Bereits Emerich Schaffran hat auf folgendes hingewiesen: „Die

39 Umfassende ungarische Forschung hat hingegen gezeigt, daß die *Bibliotheca Corviniana* im 16. Jahrhundert nicht mehr vor Ort in Buda, sondern bereits ausgelagert bzw. verstreut war. Vgl. den Überblick bei Csaba Csapodi (mit Auswertung sämtlicher [Reise-]Berichte zur Bibliotheca Corviniana und die Gliederung der einzelnen Bibliotheken in Buda) in: The Corvinian Library. History and Stock (*Studia Humanitatis* I). Budapest 1973, 57–62, 72–95; aktueller Überblick bei E. Madas, La *Bibliotheca Corviniana* et les Corvina « Authentiques », in: J.-F. Maillard, I. Monok, D. Nebbiai, Matthias Corvin, les bibliothèques princières et la genèse de l'état moderne (*Supplementum Corvinianum* II). Budapest 2009, 35–78.

40 Vgl. zu seinem Leben und Werk: A. A. Deák, Luigi Ferdinando Marsigli. Danubius Pannonico-Mysicus. Tomus I. A Duna Magyarországi és Szerbiai szakasza. Budapest 2004, 158f.; A. A. Deák, Zur Geschichte der Grenzabmarkung nach dem Friedensvertrag von Karlowitz, in: Das Osmanische Reich und die Habsburgermonarchie. Akten des internationalen Kongresses zum 150-jährigen Bestehen des Instituts für Österreichische Geschichtsforschung Wien, 22.–25. September 2004, ed. M. Kurz (*Mitteilungen des Instituts für Österreichische Geschichtsforschung* 48). Wien–München 2005, 83–96; H. Wurm, Art. Marsili (Marsigli), Luigi Ferdinando Conte di, in: Biographisches Lexikon zur Geschichte Südosteuropas 3. München 1979, 107–109.

41 Sein diesbezüglicher Bericht wurde ediert in: E. Ricotti, Sulla Biblioteca Corvina, in: *Atti della R. Accademia delle Scienze di Torino* 15, *Classe di scienze morali, storiche e filologiche* (1879–1880) 307–315, hier 312–315.

42 Ebd. 312: „... A forza d'armi dunque fu, come è noto a tutto il Mondo, sottomessa Buda, e lasciatala p. due giorni per libera preda alla Milizia, ..."

43 Ebd. 312.

44 Ebd. 312.

45 Tatsächlich handelte es sich nicht um diese berühmte Bibliothek. Vgl. zur Geschichte der *Bibliotheca Corviniana* weiter oben, Anmerkung 39.

46 Ricotti, Sulla Biblioteca Corvina, 313.

47 Ebd. 313f.: „... Tra questo dissipamento dei libri mi traténi per più di due ore, cercando sempre qualche fragmento, almeno, se non uolumi manoscritti Greci, ma nè meno una silabe mi diede alle mani, non trouandone che alcuni pochi latini, ed il maggior numero stampati, ..."

Schilderung [scilicet bei Reinhold Lubenau] der Bibliothek und der anschließenden Säle mit Tugendbildern, Himmelszeichen, Wappen und Inschriften stimmt allerdings so genau mit Schweiggers Beschreibung überein, dass die Frage nur sein kann, wer vom andern abgeschrieben hat“[48].

Tatsächlich weisen beide Zitate aus den Reiseberichten an manchen Stellen große inhaltliche oder sprachliche Ähnlichkeiten auf. Auf der Basis der Entstehungsgeschichte beider Reiseberichte (s. o.) ist ohne Zweifel zu rekonstruieren, dass Reinhold Lubenau den Text des Salomon Schweigger gekannt und zur Bereicherung seiner Schilderungen verwendet hat. Dies mindert jedoch den Wert des Reiseberichtes Lubenaus in keiner Weise, da er manche Details wiedergibt, die er nur im Lokalaugenschein gesehen haben kann.

Das Ziel zukünftiger Forschung sollte der genaue textuelle bzw. philologische Vergleich beider Reiseberichte und eine umfassende Auswertung ihres Inhaltes sein, der bisher nur in isolierten Studien zu einzelnen Aspekten Berücksichtigung erfahren hat. In diesem Sinne besteht das Ziel des vorliegenden Beitrages ausschließlich darin, nach Klärung des Verhältnisses beider Reiseberichte zueinander anhand des Fallbeispieles der in beiden enthaltenen Reminiszenzen an König Matthias Corvinus einen Ansporn zu dieser lohnenden holistischen Unternehmung zu bieten.

[48] SCHAFFRAN, Ungarn, 83.

Ariadni Moutafidou

John Hunyadi and Matthias Corvinus in Modern Greek Historiography

Modern Greek historiography of the nineteenth and twentieth centuries examines the leading figures of John Hunyadi and Matthias Corvinus within the framework of the history of the Greek nation. This framework encompasses not only the relations between East and West as it related to their struggle against the Ottoman threat before and shortly after the fall of Constantinople, during the first period of Ottoman dominion in the Greek lands (the so-called *Tourkokratia*), and the history of the Ottoman Empire in general, but also within the framework of the history of the Renaissance and humanism.

It is characteristic that the images of both John Hunyadi and Matthias Corvinus did not change significantly throughout the nineteenth and twentieth centuries. Hunyadi remains a symbol of the European resistance against the Ottoman threat, a heroic figure and a major Christian leader of the crusaders – at a time when the objective of the Crusades was not the recapturing of Jerusalem and the Holy Land, but the expulsion of the Ottomans from Europe and the liberation of Greece[1]. His strategic military skills and ability to inspire loyalty and unity from his soldiers, who belonged to different nations (Vlachs, Germans, Hungarians, Slavs, Transylvanians and Czechs), was legendary and made the Vatican acknowledge him as a leading figure of its planned crusades[2].

In the tradition of his glorious father, Matthias Corvinus is perceived as a worthy successor of the hero Hunyadi in Western Europe's struggle against the Ottomans. He was also viewed as a great king of Hungary, as one of the most important leaders of the fifteenth century who stood in the tradition of the great Renaissance rulers. He was therefore a friend and patron of letters and scholars, particularly of classical letters and eminent Greek refugee scholars in the West after the capture of Constantinople. His achievements in military organization – particularly the establishment of a standing army, in legislation and education, as well as his fiscal policy, administration of justice, and encouragement and support of commerce are well known, and he is presented as a gifted, though harsh and authoritarian, ruler[3].

---

[1] On this new objective of the Crusades, namely the expulsion of the Ottomans from Europe, see: L. S. Stavrianos, The Balkans since 1453. With a new introduction by Traian Stoianovich. London 2000 (repr. 1958), 60; I. K. Χασιωτησ, Αποζητώντας την ενότητα στην πολυμορφία. Οι απαρχές της ευρωπαϊκής ενότητας από το τέλος του Μεσαίωνα ως τη γαλλική επανάσταση [In Search of Unity through Variety: The Origins of European Unity from the Late Middle Ages to the French Revolution]. Thessaloniki 2000, 99.

[2] Π. Δρανδακησ, Μεγάλη Ἑλληνική Ἐγκυκλοπαίδεια [The Great Greek Encyclopaedia] XIX. Athens 1927 ff., 237 (under «Οὐνυάδης» and «Οὐνυάδου οἶκος»), also vol. XIX, 184 (under «Οὐγγαρία»). The *Μεγάλη Ἑλληνική Ἐγκυκλοπαίδεια* of Pavlos Drandakis is a classic reference work from the beginning of the twentieth century. The present article does not deal with general Greek encyclopedias and the relevant lemmas, unlike Savidis' study (Α. Γ. Κ. Σαββιδησ, Σελίδες από την Βαλκανική αντίδραση στην οθωμανική επέκταση κατά τους 14° και 15° αιώνες. Ουγγλέσης – Ουνυάδης – Καστριώτης – Κλαδάς [Pages from the Balkan resistance to the Ottoman expansion in the 14th and 15th centuries. Unglesi – Hunyadi – Kastriotis – Cladas]. Athens 1991).

[3] On Matthias Corvinus' achievements see: Δρανδακησ, Ἐγκυκλοπαίδεια [Encyclopaedia] XIV, 874 (under «Ματθίας Κορβίνος»). See also Δρανδακησ, Ἐγκυκλοπαίδεια [Encyclopaedia] XIX, 237 (under «Οὐνυάδης» and «Οὐνυάδου οἶκος») and Δρανδακησ, Ἐγκυκλοπαίδεια [Encyclopaedia] XIX, 184 (under «Οὐγγαρία»).

PAPARRIGOPOULOS AND THE NATIONAL HISTORIOGRAPHY OF THE NINETEENTH CENTURY

Konstantinos Paparrigopoulos is an outstanding figure in the historiography of the nineteenth century, and is considered the national historiographer of Greece. He wrote the *History of the Greek Nation*, a work in five volumes published from 1860–1872. In this monumental work the Greek nation, reborn through the Greek revolution, was for the first time organically connected with medieval Hellenism. For the first time the continuity of the nation in time and space was demonstrated in the scheme "ancient Greece – Byzantium – modern Hellenism". Paparrigopoulos characterized Byzantium not only as a continuation, but also as the completion of the "ancient" world, since the political and cultural unity of the nation was forged only during the Byzantine period[4].

In Paparrigopoulos' *History of the Greek Nation*, Hunyadi occupies a distinguished place. What preoccupies Paparrigopoulos the most are the questions of the responsibility for the fall of Byzantium, whether the Eastern Roman Empire could or should have been defended in a better and more efficient way, and if so, by whom? In this context the figure of John Hunyadi occupies a special place among the heroes who defended Byzantium. Hunyadi, Paparrigopoulos argues, was one of the last defenders of the Christian Orient. The Christians of the East did not fall without glory. Together with George Kastriotis (more commonly known as Skanderbeg) and Constantine Palaeologus, John Hunyadi was one of the three heroes who provided the last moments of Byzantium's eternal glory[5]. Since the contribution of the West to the struggle against the Ottomans was very limited, Paparrigopoulos argued that all the honour and glory in this struggle belonged to the indigent people of the Orient. The Greek historiographer concluded that if the people had been ruled in a better way or if the assistance from Europe had been more significant, perhaps the Orient could have been freed from the Moslem conquest[6].

While discussing the historical importance of the conquest of Constantinople, Paparrigopoulos deals with the question: "Why did Western Europe neither prevent nor reverse the conquest?" He points out that Europe was not able to direct its own forces properly, even though their number was more than enough to defeat the enemy from the East. Hunyadi serves again (together with Skanderbeg and Palaeologus) as the best example for his argumentation: Hunyadi, very often alone, defeated the Ottoman armies or forced them to retreat. "Should we doubt", he concludes, "that a courageous operation from Europe could have eliminated the Ottoman bugbear like a spider web?"[7] Western Europe should have driven away the Ottoman threat for its own interest. It disposed of all the necessary forces but lacked the necessary political wisdom and unity to do so. "Since it was the first to sin, it would have been appropriate to be more tolerant toward the sins of the Christians of the Orient."[8] The question of the responsibility for the fall of Constantinople is obviously an attempt to respond to western reproaches directed against the people of South-eastern Europe – not only those being voiced currently but also those throughout the centuries.

With the exception of Katsoulis and Stratis, in whose works the influence of Paparrigopoulos is obvious, the Greek historians of the twentieth century take a more distant approach to this fundamental question than the national historiographer. However, compared to the writings of twentieth-century historians, Papar-

---

[4] Κ. Παπαρρηγοπουλος, Ἱστορία τοῦ ἑλληνικοῦ ἔθνους: ἀπό τῶν ἀρχαιοτάτων χρόνων μέχρι τοῦ 1930 [History of the Greek nation: from antiquity to the year 1930] I–V. Athens 1860–1872. On Konstantinos Paparrigopoulos and his work see the classical study of Dimaras: Κ. Θ. Δημαρας, Κωνσταντίνος Παπαρρηγόπουλος: η εποχή του – η ζωή του – το έργο του [Constantinos Paparrigopoulos: his time – his life – his work]. Athens 1986.

[5] Κ. Παπαρρηγοπουλος, Ἱστορία τοῦ ἑλληνικοῦ ἔθνους: ἀπό τῶν ἀρχαιοτάτων χρόνων μέχρι τοῦ 1930. Ἔκδοσις ὀγδόη εἰκονογραφημένη. Μετά προσθηκῶν, σημειώσεων καὶ βελτιώσεων ἐπὶ τῇ βάσει τῶν νεωτάτων πορισμάτων τῆς ἱστορικῆς ἐρεύνης ὑπό Παύλου Καρολίδου καθηγητοῦ ἐν τῷ ἐθνικῷ καὶ Καποδιστριακῷ Πανεπιστημίῳ [History of the Greek nation: from antiquity to the year 1930. Eighth edition, illustrated. With additions, notes and amendments according to the latest conclusions of historical research by Pavlos Karolidis, professor at the National and Kapodistrian University] V, book 18. Athens [8]1963, 279–280.

[6] Παπαρρηγοπουλος, Ἱστορία [History] V, book 18, 279–280.

[7] Ibid., V, book 19, 10–11.

[8] Ibid., V, book 19, 10–11.

rigopoulos' work contains the most thorough presentation of Hunyadi's expeditions and activities, compared to any one of them.

THE HERO HUNYADI

The image of Hunyadi as sketched in Paparrigopoulos' study does not change in the works of twentieth-century historians. Hunyadi is a national hero of the Hungarians, a governor, the *voevod* of Transylvania, an experienced military man, and a fearless warrior, whom one contemporary Byzantine poet compared to Alexander and Constantine the Great[9]. He is the "proud" Hunyadi[10], the leader of the crusaders[11], the head of the Christian army, and the hero of Europe and Christianity in their struggle against the Turks[12]. But he is also, as Kitsikis writes, the hero of western Catholicism against Islam[13]. Even the Marxist historian Kordatos refers to the hero Hunyadi[14], calling him the "Hungarian revolutionary Hunyadi"[15], in whom Constantine Palaeologus and Byzantium placed their hopes for succour from Europe during the siege of Constantinople. Stavrianos In his outstanding study on the Balkans, which remains a classic even after fifty years, Stavrianos presents Hunyadi – "the veteran enemy of the Turks"[16] – as follows:

> *John Hunyadi was a Rumanian who had entered the service of Hungary and fought with such success against the Turks that he became a Hungarian national hero. The "white knight of Wallachia", as he was called on account of his silver armor shining in the van of battle, became a master of frontier warfare and for twenty years was the terror of the Ottoman armies. In fact he might be described as a Christian ghazi, dedicated to fighting against the hosts of Islam*[17].

In their general accounts, the Greek historians of the twentieth century refer to Hunyadi in a more or less concise manner[18]. The general idea, on which their accounts of Hunyadi and his expeditions against the Ottomans are based, can be summarized as follows:

Europe was unable to help the dying Byzantium, since the West was undergoing a transitional period from the feudal Middle Ages to the formation of the European nation-states. The Christian armies of Europe

[9] Ε. ΖΑΧΑΡΙΑΔΟΥ, Ἡ ἐπέκταση τῶν Ὀθωμανῶν στὴν Εὐρώπη ὡς τὴν ἅλωση τῆς Κωνσταντινουπόλεως (1354–1453) [The expansion of the Ottomans in Europe until the fall of Constantinople], in: Ἱστορία τοῦ Ἑλληνικοῦ Ἔθνους [History of the Greek nation] IX. Athens 1974, 203; Μ. Ι. ΝΥΣΤΑΖΟΠΟΥΛΟΥ-ΠΕΛΕΚΙΔΟΥ, Οι βαλκανικοί λαοί. Από την τουρκική κατάκτηση στην εθνική αποκατάσταση (14ος–19ος αι.) [The Balkan people. From the Turkish conquest to the national restoration]. Ioannina 1978, 9–10.

[10] Γ. Δ. ΚΑΤΣΟΥΛΗΣ – Α. Ν. ΣΤΡΑΤΗΣ, Ἡ Εὐρώπη ἀπέναντι τῆς ὀθωμανικῆς αὐτοκρατορίας καὶ ἡ θέσις τῶν Ἑλλήνων. Τόμος Α΄(1453–1718) [Europe towards the Ottoman Empire and the place of the Greeks. Volume I (1453–1718)] I. Athens 1940, 40.

[11] ΚΑΤΣΟΥΛΗΣ – ΣΤΡΑΤΗΣ, Ευρώπη [Europe] I, 54.

[12] IBID., I, 36.

[13] Δ. ΚΙΤΣΙΚΗΣ, Ιστορία της Οθωμανικής αυτοκρατορίας 1280–1924 [History of the Ottoman Empire 1280–1924]. Athens [2] 1988, 62.

[14] Γ. ΚΟΡΔΑΤΟΣ, Ἀκμὴ καὶ παρακμὴ τοῦ Βυζαντίου [The progress and decline of Byzantium]. Athens 1953, 317.

[15] ΚΟΡΔΑΤΟΣ, Ἀκμὴ [Progress] 355.

[16] STAVRIANOS, The Balkans 60.

[17] IBID. 53.

[18] ΚΑΤΣΟΥΛΗΣ–ΣΤΡΑΤΗΣ, Ευρώπη [Europe] I, 35–37, 40, 52–55; ΚΟΡΔΑΤΟΣ, Ἀκμὴ [Progress] 317–318, 355; STAVRIANOS, The Balkans 53–54, 61–62; Κ. Ν. ΣΑΘΑΣ, Τουρκοκρατούμενη Ἑλλάς 1453–1821 [Greece under Turkish dominion]. Athens 1962, 49; ΝΥΣΤΑΖΟΠΟΥΛΟΥ-ΠΕΛΕΚΙΔΟΥ, Οι βαλκανικοί λαοί [The Balkan people] 9–10; ΖΑΧΑΡΙΑΔΟΥ, Ἡ ἐπέκταση τῶν Ὀθωμανῶν [The expansion of the Ottomans] IX, 203, 207; Α. Ε. ΒΑΚΑΛΟΠΟΥΛΟΣ, Ἱστορία τοῦ Νέου Ἑλληνισμοῦ. Τόμος Α΄. Ἀρχές καὶ διαμόρφωσή του [History of modern Hellenism. Volume I. Its beginnings and formation]. I. Thessaloniki [2]1974, 298; Π. Κ. ΚΑΝΕΛΛΟΠΟΥΛΟΣ, Ἱστορία τοῦ εὐρωπαϊκοῦ πνεύματος. Τόμοι 1–2: Ἀπὸ τὸν Αὐγουστίνο ὡς τὸ Μιχαὴλ Ἄγγελο [History of the European spirit. Vol. I–II, From Augustine to Michelangelo]. Athens 1966, 589–590; Μ. Ι. ΜΑΝΟΥΣΑΚΑΣ, Ἐκκλήσεις (1453–1535) τῶν Ἑλλήνων λογίων τῆς ἀναγεννήσεως πρὸς τοὺς ἡγεμόνας τῆς Εὐρώπης γιὰ τὴν ἀπελευθέρωση τῆς Ἑλλάδος. (Λόγος ἐκφωνηθεὶς τὴν 25ην Μαρτίου 1963 εἰς τὴν μεγάλην αἴθουσα τῶν τελετῶν) [Appeals (1453–1535) of the Greek Renaissance scholars to the sovereigns of Europe for the liberation of Greece. (Speech given on 25 March 1963 at the Great Hall]. Thessaloniki 1965, 11.

reacted only when the danger was imminent and when Ottomans were threatening their territories[19]. Until 1430 almost the entire Balkan Peninsula was under the Ottoman dominion. But resistance continued in the North, and only the people of the Balkans and Hungary – particularly the national hero Hunyadi – played a decisive role in this final struggle. For the enslaved Hellenists under Ottoman rule, Hunyadi was a powerful symbol of resistance and his expeditions, as Vakalopoulos points out, reanimated the early Greek liberation movements in Western and Central Macedonia, even though they did not produce any positive results[20].

Of the relevant general accounts from the twentieth century, I would like to refer briefly to the studies of Katsoulis, Stratis, Stavrianos and Kitsikis – each for different reasons. Concerning Katsoulis and Stratis I would like to point out that, as mentioned earlier, they wrote following the tradition of Paparrigopoulos and the national historiography of the nineteenth century. In his study on the history of the Balkans, Stavrianos writes on Hunyadi, his personality, activities, and expeditions in a highly accurate, sober and balanced manner. A very different viewpoint is reflected in the *History of the Ottoman Empire* of Kitsikis. Although the passages in this work referring to Hunyadi are very short, they reflect a new tendency in historiography that attempts to perceive conflicts and wars from the perspective of both the self and the Other.

It is very interesting to observe, for example, how the successful crusade of 1443 and the crusade of 1444 under the command of Hunyadi are presented in Kitsikis and Stavrianos. Referring to Hunyadi, "who rose to prominence as a hero of western Catholicism against Islam", and to his first crusade, Kitsikis points out that he did not hesitate to slaughter thousands of Ottoman prisoners in December 1443. Referring to Hunyadi's next expedition, he writes:

> Starting from Buda in the summer of 1444, the international army of crusaders <under the command of Hunyadi> went through Bulgaria, plundered the Christian and Moslem villages, destroyed churches under the pretext that they were schismatic, and arrived in Varna on 10 November[21].

It is now obvious why Kitsikis refers to Hunyadi as a hero of western Catholicism against Islam. This time the account stresses that the crusaders under Hunyadi turned not only against the Moslems, the infidels, but also against the Christians, meaning the Orthodox people of the Orient, under the pretext that they were schismatic.

The difference is even clearer in the comparison with Paparrigopoulos and Stavrianos. Referring to the above-mentioned expeditions, Paparrigopoulos praises the victories and bravery of Hunyadi and his crusaders, and mentions the victorious numbers of the dead and the prisoners from the Ottoman army[22]. Stavrianos, on the other hand, describes all expeditions of the Christians and Ottomans and the conflicts between them, presenting the factors that influenced their outcome in a more complex manner[23].

SPECIFIC ASPECTS OF HUNYADI'S EXPEDITIONS

Modern Greek historiography deals with more specific and the most interesting issues and aspects of Hunyadi's expeditions. This includes ten-year truce of the Christian leaders with Murad II; the rivalry between King Vladislav and Hunyadi at the Battle of Varna; the role of the Vlachs at the Battle of Kosovo; the capture of Hunyadi after the Battle of Varna; the negotiations between Palaeologus and Hunyadi over Byzantine territory shortly before the siege of Constantinople, and last but not least, the role of Hunyadi's peasant army at the Battle of Belgrade.

---

[19] Compare also with: I. K. Χασιωτησ, Μεταξύ οθωμανικής κυριαρχίας και ευρωπαϊκής πρόκλησης. Ο ελληνικός κόσμος στα χρόνια της τουρκοκρατίας [Between Ottoman dominion and the European challenge. The Greek world during the time of Ottoman domination]. Thessaloniki 2001, 183–184.

[20] Βακαλοπουλοσ, Ἱστορία [History] I, 298.

[21] Κιτσικησ, Οθωμανική αυτοκρατορία [Ottoman Empire] 62.

[22] Παπαρρηγοπουλοσ, Ἱστορία [History] V, book 18, 281–282.

[23] Stavrianos, The Balkans, 53, 54.

Although the issue of the ten-year truce (signed in 1444), which was broken by the Christian leaders in order for Ladislas and Hunyadi to continue their struggle against the Ottomans, particularly preoccupied their contemporaries, it seems that modern Greek historiography dealt with it neither specifically nor thoroughly.

It is characteristic that Paparrigopoulos does not comment directly on the issue, and instead attempts to present it in a different light and reformulate the problem anew: what is important is not whether it was perjury, but whether the Westerners were able or willing to send a strong army and thereby help Byzantium more effectively in its struggle against the Ottomans.

"It is true", Paparrigopoulos argues, "that Vladislas signed a peace treaty under oath on the Bible. ... However, we believe that it would be better for the sovereigns of Europe to send a strong army against the Ottomans. Unfortunately they did not do so, and instead they caused Vladislas and Hunyadi to repeat the hostilities."[24]

For Kitsikis, things are clear. He ascribes the initiative for breaking the truce to the pope, who hoped for further Christian victories and therefore urged the Crusade's leaders to break the treaty, under the pretext that an oath taken from unbelievers is not valid. This perjury by the Catholics, Kitsikis underscores, scandalized both the Orthodox and the Turks[25].

Stavrianos details the entire story, trying on the one hand to present the developments and factors that influenced the outcome of the battle, and on the other hand to explain why the issue of perjury preoccupied contemporaries and was considered significant in the long run.

"Murad", Stavrianos argues, "<...> signed a ten-year truce in June 1444, in which he recognized the independence of Serbia and abandoned Wallachia to Hungary. Having secured peace with these concessions, Murad left the Balkans to campaign in Asia Minor. The Hungarians noted that Murad was absent and that only about seven thousand Turkish troops were left in Thrace. So, with the encouragement of the pope, they broke the truce and resumed the crusade."[26]

For contemporaries the issue of this perjury was connected directly to the defeat at the Battle of Varna:

"The Varna battle stands out prominently in the history of Turkish-Western relations. It shattered the belief of the Christians that they were capable of driving the Turks back into Asia. Christian princes took the defeat as a judgement of God against Vladislav for having broken the peace. The Varna crusade represented the last attempt of Western Europe to rescue the sinking Byzantine Empire."[27]

It is characteristic that concerning the Varna battle, Kordatos is the only historian who refers to a rivalry between the king and Hunyadi, to which he ascribes the outcome of the battle. According to Kordatos, Hunyadi's strategy was so successful during the battle that he nearly captured Murad himself. But because he did not wish Hunyadi to have all the glory – "for reasons of rivalry", when Ladislas saw Murad he rushed in to kill him himself. However, the Ottoman soldiers around the sultan cut off his head[28]. "The death of Ladislas", Kordatos concludes, "was the reason why the Westerners lost the battle and retreated"[29].

It is most enlightening to compare this account and interpretation with Stavrianos' presentation:

> "Despite their inferior numbers, the Christians had the advantage at first. But in the end the Turks won because of their great discipline. King Vladislav, less fortunate than Sigismund, perished on the battlefield, while Hunyadi saved himself only by ignominious flight. ... Meanwhile, the Turks encased Vladislav's head in a barrel of honey and sent it to Brusa, where it was stuck on a pike and carried jubilantly through the streets"[30].

[24] Παπαρρηγοπουλος, Ἱστορία [History] V, book 18, 282.

[25] Κιτσικης, Οθωμανική αυτοκρατορία [Ottoman Empire] 62.

[26] Stavrianos, The Balkans 53.

[27] Ibid., 54.

[28] According to Kitsikis, Ladislas was captured by the janissaries and executed, Κιτσικης, Οθωμανική αυτοκρατορία [Ottoman Empire] 62.

[29] Κορδατος, Ἀκμή [Progress] 318.

[30] Stavrianos, The Balkans 54.

The role of the Vlachs in the outcome of the Battle of Kossovo is presented as a fact in modern Greek historiography, and is mentioned only by Paparrigopoulos and – though very minimally – by Katsoulis and Stratis. For Katsoulis and Stratis it is clear that Murad owed his victory to the betrayal of the Vlachs during the Kosovo battle[31]. Paparriggopoulos argues that in the expedition of 1448, Hunyadi led an army of 24,000 Hungarians, 2,000 Bohemians and Germans, and "unfortunately" also 8,000 Vlachs, who proved to be traitors in the battlefield. While the Germans and Hungarians fought courageously, the Vlachs betrayed their comrades-in-arms and the Christian army was defeated[32].

Paparrigopoulos is also the only one who refers to the capture of Hunyadi by the sovereign of Serbia. George Brankovich intended to hand him over to Murad in exchange for money. "But the sultan, either because he was more noble than this Christian Slav or because he regarded the sum requested as too large, did not accept the offer." Hunyadi was finally able to escape[33].

Paparrigopoulos also refers to the "bargain" – the negotiations between Constantine Palaeologus and John Hunyadi before the siege of Constantinople[34]. Kordatos mentions that Palaeologus and the Byzantines waited in vain for succour from Western Europe, particularly from the Serbian sovereign George Brankovich and the "Hungarian revolutionary" Hunyadi[35]. According to Paparrigopoulos, Hunyadi promised to help but demanded in exchange a concession of territory (Selymbria or Mesimvria) in advance. "*Although at first he could not understand which allies would dismember the deplorable remains of the state*", Palaeologus finally conceded to his demands (Mesimvria). But even under these conditions Hunyadi did not have the time to come to Palaeologus' aid[36]. In Paparrigopoulos' account, this is actually the only point of reproach regarding Hunyadi.

A last issue concerns the peasant army of Hunyadi at the Battle of Belgrade, a theme well known in Western historiography. According to this, despite the fact that the "jealous" nobility had refused all aid, Hunyadi's peasant army defeated the Turks at Belgrade in July 1456 and made Hungary safe from Turkish invasions for another fifty years. Greek historiography refers to this aspect only in the accounts of Katsoulis and Stratis, who offer different interpretations within the framework of national historiography, while Stavrianos underscores its significance for the victorious outcome of the battle.

According to Katsoulis and Stratis, Hunyadi's army consisted mainly of a crowd of civilians, peasants, students, beggars and friars, and was able to defeat the janissaries and the spahis. The reason for their victory, Katsoulis and Stratis argue, was their faith in the Christian idea, which proved to be enough to overcome the Ottoman army led by Murad. "*But Europe*", Katsoulis and Stratis conclude, "*was preoccupied finding the grade of kinship (therefore for the succession rights of) its sovereigns*"[37].

Katsoulis and Stratis again imply the question of the "joint" responsibility of the Byzantines and Westerners for the fall of Byzantium. But they also make another point, a further distinction through which they solidify their argument: not all Europeans were responsible for denying assistance to the dying Byzantium. Even though the nobility and the mighty men of Europe were not able or willing to send forces and fight to save the Christian Orient, the peasant army of Hunyadi and the people of Western Europe proved – through their struggle, sacrifice and victory – that this was possible.

In presenting these developments, Stavrianos emphasizes the role of the peasant army in the outcome of the battle, despite the fact that Hunyadi perished some days after the victory:

> John Hunyadi, the veteran enemy of the Turks, … with the assistance of a fiery Franciscan friar, John of Capistrano, led an army of peasant crusaders through the Turkish lines into the beleaguered city. Not only did they repulse the repeated assaults but, in a bold sortie, they charged to the mouths of the enemy cannon and broke the Turkish lines. Mehmed himself was wounded in the struggle and retreated in disorder

[31] Κατσουλησ – Στρατησ, Ευρώπη [Europe] I, 40, n. 2.
[32] Παπαρρηγοπουλοσ, Ἱστορία [History] V, book 18, 291–292.
[33] Ibid., V, book 18, 292.
[34] Ibid., V, book 18, 310.
[35] Κορδατοσ, Ἀκμή [Progress] 355.
[36] Παπαρρηγοπουλοσ, Ἱστορία [History] V, book 18, 310.
[37] Κατσουλησ – Στρατησ, Ευρώπη [Europe] I, 54–55.

to Sofia. Pestilence now broke out in the Hungarian camp, taking the lives of both Hunyadi and Capistrano and preventing the victors from following up their advantage[38].

MATTHIAS CORVINUS, THE WORTHY SUCCESSOR OF JOHN HUNYADI

Regarding Matthias Corvinus, Modern Greek historiography has been interested in him not only as an outstanding Christian crusader, but also as a brilliant and cultivated European leader who stood in the tradition of the Renaissance princes.

In the history of the Greek lands under Ottoman dominion, Matthias Corvinus occupies a special place as the worthy successor of his father. As a European leader, he participated in the crusades of Pius II and therefore in the struggle of Western Europe against the Turks[39]. The general assessment of the expeditions of Matthias Corvinus in Southeastern Europe can be summarized as follows:

At a time when the European states had serious domestic problems to deal with and were therefore unable and unwilling to participate in a new crusade, the Ottomans consolidated their possessions in the Greek peninsula without hindrance. The only counterweights were the Venetians and the people of the northern Balkans. Only the Hungarians and their king, Matthias Corvinus, continued the struggle of the people of the northern Balkans against the Turks, although they were not able to achieve permanent and unfailing results. Even the generous monetary support of Venice could not help Matthias Corvinus effectively and in the long run. Although King Matthias could not drive the Ottomans out of the Balkans, he was still able to defend and secure the southern frontiers of his state[40].

In this connection, Greek historians of the twentieth century refer to two specific and highly interesting issues.

The first one, mentioned by Sathas, concerns the strategic abilities of Matthias Corvinus as a military man in his struggle against the Turks, and more specifically the unsuccessful attempts to use Jem as a counterweight in his struggle against Bayezid. When Jem took refuge in Rhodos, Matthias Corvinus was one of the sovereigns who asked to have Jem handed over to him. King Matthias had organized an important expedition against the Turks and reached an agreement with leading Ottomans, who promised to take up arms against Bayezid if Jem would appear at Hungary's frontier. Unfortunately for Matthias Corvinus, Jem was sent to Rome and the plan failed[41].

The second issue, mentioned by Katsoulis and Stratis, concerns the role of Europe – more specifically the role of European merchants – in Byzantium's struggle against the Ottomans. This question is closely intertwined with politics and commerce. Katsoulis and Stratis stress that Matthias Corvinus (as well as Byzantium) was left alone to fight against the Ottomans. Not only did he have no official European support, but the Europeans – more precisely, Venetian merchants – hindered his struggle since they acted for their own profit, striking deals with the Ottomans and selling them ammunition for their fight against the Christian crusaders[42]. Obviously, profit and business seemed to stand above conflicts and national (i.e. Christian) interests.

It is interesting that Katsoulis and Stratis present their account of these events from the perspective of the question: who bears the responsibility for the fall of Byzantium? As mentioned earlier, this question was influenced by the national historiography of the nineteenth century. Their account, however, actually implies

---

[38] Stavrianos, The Balkans 61–62.

[39] Κατσουλης – Στρατης, Ευρώπη [Europe] I, 67; Μανουσακας, Εκκλήσεις [Appeals] 11.

[40] Κατσουλης – Στρατης, Ευρώπη [Europe] I, 62, 67–68; I. K. Χασιωτης, Οἱ Ἕλληνες, τὸ πρόβλημα τῆς ἀνεξαρτησίας καὶ τά πολεμικά γεγονότα στὸν ἑλληνικὸ χῶρο [The Greeks, the problem of independence, and war operations in the Greek lands], in: Ἱστορία τοῦ Ἑλληνικού Ἔθνους [History of the Greek nation] X. Athens 1974, 254, 263; Σαθας, Ἑλλάς [Greece] 49; Μανουσακας, Ἐκκλήσεις [Appeals] 11; K. Ραπτης, Γενική ιστορία της Ευρώπης. Τόμος Α΄. Γενική ιστορία της Ευρώπης από τον 6ο έως τον 18ο αιώνα [A general history of Europe. Volume I. A general history of Europe from the 6th to the 18th century] I. Patras 1999, 119.

[41] Σαθας, Ἑλλάς [Greece] 49. For more on Mohammed's succession and the conflict between Bayezid and his brother Jem, see: Stavrianos, The Balkans 67–69.

[42] Κατσουλης – Στρατης, Ευρώπη [Europe] I, 68.

an interpretation that is different from the one they offer: "But did Europe help ... Matthias Corvinus? The lust for riches had seized the European merchants to such a degree that instead of helping their struggling coreligionists, they supplied the Turks with ammunition, provided that the deal was profitable"[43]. They also mention that during the capture of Šabac, which was occupied by the Turks, Matthias Corvinus found arrows with Venetian marks, and that even when the Venetians fought against the Turks, the merchants of Venice supplied its enemies with ammunition[44].

The reproach that the Europeans did not help simmers, and while the contradiction at first seems to be between Matthias Corvinus and the Europeans, it becomes clear very soon that the opposition is between King Matthias and the Venetians struggling against the Ottomans on the one hand, and the Venetians – i.e. European – merchants trading with the Ottomans on the other.

The point to stress is that it was a matter of European policy and national interest versus European merchants and personal profit. Obviously, profit and business seemed to stand above national – in this case Christian – interests and conflicts.

THE RENAISSANCE LEADER

In his book *Renaissance and Reformation*, written for the students of the Aristotle University of Thessaloniki, Hassiotis briefly refers to Matthias Corvinus as one of the most important leaders of the fifteenth century, to his conflicts with Western Europe, namely with the Holy Roman Empire, and also to his eminent position as a Renaissance leader during the height of Hungarian humanism[45]. He points out that Corvinus' court constituted one of the most important circles of humanists in Eastern Europe, who were interested in the collection of manuscripts, the foundation of libraries, the construction of Renaissance buildings, the protection of Hungarian scholars and intellectuals, and the support of Renaissance artists[46].

In 1997 Staikos published a volume on important humanist and monastery libraries from Antiquity to the Renaissance. The book served as a catalogue for a major exhibition at the National Library of Athens, which took place in the Greek capital from 10 October 1997 to 5 January 1998. In the book, an entire chapter is dedicated to the library of Matthias Corvinus – the famous Corvina[47], which seems to have been the second richest library in the fifteenth century after the Vatican Library. It was Matthias Corvinus' desire "to create the richest library in the world", and until his sudden death in 1490 his collection housed 2,000 volumes, among which were precious manuscripts in Latin and Greek. The chapter refers extensively to the life and reign of Matthias Corvinus, who was "receptive to humanist messages and was an outstanding personality", to the history and development of the library, the different periods and stock of the library, as well as to the decisive influence of both Johannes Vitéz and Ianus Pannonius.

In this connection it is pointed out that Matthias Corvinus developed close relations with important representatives of humanism such as Ioannis Argyropoulos and Georgios Trapezountios, who took refuge in Western Europe after the fall of Constantinople.

According to Staikos, the brilliant Georgios Trapezountios had entered into close relations with the court of Buda. His Latin translation of the *Almagesti* of Ptolemy, in a manuscript made in Italy for Corvinus, has a

---

[43] Ibid., I, 68.

[44] Ibid., I, 68, n. 2.

[45] I. K. Χασιωτης, Ἀναγέννηση καὶ μεταρρύθμιση. Κεφάλαια εὐρωπαϊκῆς ἱστορίας ἀπὸ τὰ τέλη τοῦ 15ου ὡς τὰ μισὰ τοῦ 17ου αἰῶνα. Α΄ (1490–1520). Πανεπιστημιακές παραδόσεις [Renaissance and Reformation. Chapters of European history from the end of the 15th to the mid-17th century. I (1490–1520). University lectures]. Thessaloniki 1973, 56, 184.

[46] Ibid. 184.

[47] Κ. Σ. Σταΐκος, Βιβλιοθήκες. Από την Αρχαιότητα έως την Αναγέννηση και σημαντικές ουμανιστικές και μοναστηριακές βιβλιοθήκες (3.000 π.Χ.–1.600 μ.Χ.) Κατάλογος έκθεσης. Εθνική βιβλιοθήκη. Μουσείο Αλεξάνδρου Σούτσου, 10 Οκτωβρίου 1997–5 Ιανουαρίου 1998 [Libraries. From Antiquity to the Renaissance. Important humanist and monastery libraries (3000 B.C.–1600 A.C.]. Athens 1997, 246–255 (The book is published in Greek and English). For more on the introduction of printing in the territories of King Matthias Corvinus of Hungary see Ibid., 88; on Maximilian's admiration for the unique Corvine library see Ibid., 224. A woodcut of Matthias Corvinus from Paolo Giovio's book *Elogia virorum bellica virtute illustrium*. Basel 1575, from the personal collection of K. S. Staikos, is published on p. 252.

prologue addressed to the Hungarian king dictated by Trapezountios himself. Two further translations by Trapezountios, with works by St. Basil, had prologues addressed to Johannes Vitéz, Archbishop of Gran and Chancellor of Hungary, and Ianus Pannonius, Bishop of Pécs[48].

Vakalopoulos also refers to Matthias Corvinus' contacts with Ioannis Argyropoulos, the most significant of the Greek refugees who came to Italy after the capture of Constantinople. Argyropoulos had been a professor of ancient Greek philology at the university in Florence for fourteen years. After two or three of his children died he decided to leave, following an invitation of Matthias Corvinus, who had invited him to his court. His stay there, however, was a short one: he left very soon for Rome to join his good friend Bessarion and the new pope Sixtus IV, an old fellow student from the University of Padua[49].

> This is the age in which Greek erudition is grafted onto free Europe, thanks precisely to the refugee intellectuals from Constantinople and the enslaved empire, who sought haven in Italy and France. The names Bessarion, Gazis, Trapezountios, Janus Laskaris, among others, spring to mind, personalities whose work enriched the intellectual foundations of Europe but who were lost for Orthodoxy and Hellenism. The age ushered in, known by the term Renaissance, is none other than a return, a nostos, to the spirit which is moribund in its birthplace, that is, enslaved Hellas. <...>[50].
>
> According to many historians, the attempts at even a small rallying of Western European states against the Ottomans represent early but clear demonstrations of the European idea[51].

The Greek historiography of the twenty-first century displays an increasing interest in European history, focusing its research particularly on the idea of the European community in history and the origins of European unity from the late Middle Ages until modern times. It therefore opens up new paths and perspectives for European studies in the broader sense, which in the future could bear fruit for the research and study of such leading figures as John Hunyadi and Matthias Corvinus.

BIBLIOGRAPHY

Κ. Θ. ΔΗΜΑΡΑΣ, Κωνσταντίνος Παπαρρηγόπουλος: η εποχή του – η ζωή του – το έργο του [Constantinos Paparrigopoulos: his time – his life – his work]. Athens 1986.

Π. ΔΡΑΝΔΑΚΗΣ, Μεγάλη Ἑλληνική Ἐγκυκλοπαίδεια [The Great Greek Encyclopaedia]. Athens 1927 ff.

H. GLYKANTZI-AHRWEILER, European community as an idea: The historical dimension, in: The idea of European Community in history. Conference proceedings I (ed. E. CHRYSOS – P. M. KITROMILIDES – C. SVOLOPOULOS). Athens 2003, 21–31.

I. K. HASSIOTIS, Eastern Europe in the early plans for European unification (15th–17th centuries), in: The idea of European Community in history. Conference proceedings I (ed. E. CHRYSOS – P. M. KITROMILIDES – C. SVOLOPOULOS). Athens 2003, 179–189.

I. K. ΧΑΣΙΩΤΗΣ, Ἀναγέννηση καὶ μεταρρύθμιση. Κεφάλαια εὐρωπαϊκῆς ἱστορίας ἀπὸ τὰ τέλη τοῦ $15^{ου}$ ὥς τὰ μισὰ τοῦ $17^{ου}$ αἰῶνα. Α΄ (1490–1520). Πανεπιστημιακές παραδόσεις [Renaissance and Reformation. Chapters of European history from the end of the 15th to the mid-17th century. I (1490–1520). University lectures]. Thessaloniki 1973.

I. K. ΧΑΣΙΩΤΗΣ, Αποζητώντας την ενότητα στην πολυμορφία. Οι απαρχές της ευρωπαϊκής ενότητας από το τέλος του Μεσαίωνα ως τη γαλλική επανάσταση [In Search of Unity through Variety: The origins of European Unity from the Late Middle Ages to the French Revolution]. Thessaloniki 2000.

---

48 ΣΤΑΪΚΟΣ, Βιβλιοθήκες [Libraries] 254–255.

49 ΒΑΚΑΛΟΠΟΥΛΟΣ, Ἱστορία [History] I, 395–396; A. E. ΒΑΚΑΛΟΠΟΥΛΟΣ, Πνευματικὸς βίος καὶ παιδεία [Intellectual life and education], in: Ἱστορία τοῦ Ἑλληνικοῦ Ἔθνους [History of the Greek nation] X. Athens 1974, 358.

50 H. GLYKANTZI-AHRWEILER, European community as an idea: The historical dimension, in: The idea of European Community in history. Conference proceedings I (ed. E. CHRYSOS – P. M. KITROMILIDES – C. SVOLOPOULOS). Athens 2003, 25.

51 ΧΑΣΙΩΤΗΣ, Οθωμανική κυριαρχία [Ottoman dominion] 191, n. 1.

I. K. ΧΑΣΙΩΤΗΣ, Οἱ Ἕλληνες, τὸ πρόβλημα τῆς ἀνεξαρτησίας καὶ τά πολεμικά γεγονότα στὸν ἑλληνικὸ χῶρο [The Greeks, the problem of independence, and war operations in the Greek lands], in: Ἱστορία τοῦ Ἑλληνικοῦ Ἔθνους [History of the Greek nation] X. Athens 1974, 246–355.

I. K. ΧΑΣΙΩΤΗΣ, Μεταξύ οθωμανικής κυριαρχίας και ευρωπαϊκής πρόκλησης. Ο ελληνικός κόσμος στα χρόνια της τουρκοκρατίας [Between Ottoman dominion and the European challenge. The Greek world during the time of Ottoman domination]. Thessaloniki 2001.

Π. Κ. ΚΑΝΕΛΛΟΠΟΥΛΟΣ, Ἱστορία τοῦ εὐρωπαϊκοῦ πνεύματος. Τόμοι 1–2: Ἀπὸ τὸν Αὐγουστίνο ὡς τὸ Μιχαὴλ Ἄγγελο [History of the European spirit. Vol. I–II, From Augustine to Michelangelo]. Athens 1966.

Γ. Δ. ΚΑΤΣΟΥΛΗΣ – Α. Ν. ΣΤΡΑΤΗΣ, Ἡ Εὐρώπη ἀπέναντι τῆς ὀθωμανικῆς αὐτοκρατορίας καὶ ἡ θέσις τῶν Ἑλλήνων. Τόμος Α΄(1453–1718) [Europe towards the Ottoman Empire and the position of the Greeks. Volume I (1453–1718)] I. Athens 1940.

Δ. ΚΙΤΣΙΚΗΣ, Ιστορία της Οθωμανικής αυτοκρατορίας 1280–1924 [History of the Ottoman Empire 1280–1924]. Athens [2] 1988.

Γ. ΚΟΡΔΑΤΟΣ, Ἀκμὴ καὶ παρακμὴ τοῦ Βυζαντίου [The progress and decline of Byzantium]. Athens 1953.

Μ. Ι. ΜΑΝΟΥΣΑΚΑΣ, Ἐκκλήσεις (1453–1535) τῶν Ἑλλήνων λογίων τῆς ἀναγεννήσεως πρὸς τοὺς ἡγεμόνας τῆς Εὐρώπης γιὰ τὴν ἀπελευθέρωση τῆς Ἑλλάδος. (Λόγος ἐκφωνηθεὶς τὴν 25ην Μαρτίου 1963 εἰς τὴν μεγάλην αἴθουσα τῶν τελετῶν) [Appeals (1453–1535) of the Greek Renaissance scholars to the sovereigns of Europe for the liberation of Greece. (Speech given on 25 March 1963 at the Great Hall]. Thessaloniki 1965.

Μ. Ι. ΝΥΣΤΑΖΟΠΟΥΛΟΥ–ΠΕΛΕΚΙΔΟΥ, Οι βαλκανικοί λαοί. Από την τουρκική κατάκτηση στην εθνική αποκατάσταση (14ος–19ος αι.) [The Balkan people. From the Turkish conquest to national restoration]. Ioannina 1978.

Κ. ΠΑΠΑΡΡΗΓΟΠΟΥΛΟΣ, Ἱστορία τοῦ ἑλληνικοῦ ἔθνους: ἀπό τῶν ἀρχαιοτάτων χρόνων μέχρι τοῦ 1930 [History of the Greek nation: from antiquity to the year 1930] I–V. Athens 1860–1872.

Κ. ΠΑΠΑΡΡΗΓΟΠΟΥΛΟΣ, Ἱστορία τοῦ ἑλληνικοῦ ἔθνους: ἀπό τῶν ἀρχαιοτάτων χρόνων μέχρι τοῦ 1930. Ἔκδοσις ὀγδόη εἰκονογραφημένη. Μετά προσθηκῶν, σημειώσεων καὶ βελτιώσεων ἐπὶ τῇ βάσει τῶν νεωτάτων πορισμάτων τῆς ἱστορικῆς ἐρεύνης ὑπό Παύλου Καρολίδου καθηγητοῦ ἐν τῷ ἐθνικῷ καὶ Καποδιστριακῷ Πανεπιστημίῳ [History of the Greek nation: from antiquity to the year 1930. Eighth edition, illustrated. With additions, notes and amendments according to latest conclusions of historical research by Pavlos Karolidis, professor at the National and Kapodistrian University] IIX. Athens [8] 1963.

Κ. ΡΑΠΤΗΣ, Γενική ιστορία της Ευρώπης. Τόμος Α΄. Γενική ιστορία της Ευρώπης από τον 6ο έως τον 18ο αιώνα [A general history of Europe. Volume I. A general history of Europe from the 6th to the 18th century] I. Patras 1999.

Α. Γ. Κ. ΣΑΒΒΙΔΗΣ, Σελίδες από την Βαλκανική αντίδραση στην οθωμανική επέκταση κατά τους 14ο και 15ο αιώνες. Ουγγλέσης – Ουνυάδης – Καστριώτης – Κλαδάς [Pages from the Balkan resistance to Ottoman expansion in the 14th and 15th centuries. Unglesi – Hunyadi – Kastriotis – Cladas]. Athens 1991.

Κ. Ν. ΣΑΘΑΣ, Τουρκοκρατούμενη Ἑλλάς 1453–1821 [Greece under Turkish dominion]. Athens 1962.

Κ. Σ. ΣΤΑΪΚΟΣ, Βιβλιοθήκες. Από την Αρχαιότητα έως την Αναγέννηση και σημαντικές ουμανιστικές και μοναστηριακές βιβλιοθήκες (3.000 π.Χ.–1.600 μ.Χ.) Κατάλογος έκθεσης. Εθνική βιβλιοθήκη. Μουσείο Αλεξάνδρου Σούτσου, 10 Οκτωβρίου 1997–5 Ιανουαρίου 1998 [Libraries. From Antiquity to the Renaissance. Important humanist and monastery libraries (3000 B.C.– 1600 A.C.]. Athens 1997.

L. S. STAVRIANOS, The Balkans since 1453. With a new introduction by Traian Stoianovich. London 2000 (repr. 1958).

Α. Ε. ΒΑΚΑΛΟΠΟΥΛΟΣ, Ἱστορία τοῦ Νέου Ἑλληνισμοῦ. Τόμος Α΄. Ἀρχές καὶ διαμόρφωσή του [History of modern Hellenism. Volume I. Its beginnings and formation]. I. Thessaloniki [2]1974.

Α. Ε. ΒΑΚΑΛΟΠΟΥΛΟΣ, Πνευματικὸς βίος καὶ παιδεία [Intellectual life and education], in: Ἱστορία τοῦ Ἑλληνικοῦ Ἔθνους [History of the Greek nation] X. Athens 1974, 357–361.

Ε. ΖΑΧΑΡΙΑΔΟΥ, Ἡ ἐπέκταση τῶν Ὀθωμανῶν στὴν Εὐρώπη ὡς τὴν ἅλωση τῆς Κωνσταντινουπόλεως (1354–1453) [The expansion of the Ottomans in Europe until the fall of Constantinople], in: Ἱστορία τοῦ Ἑλληνικού Ἔθνους [History of the Greek nation] IX. Athens 1974, 184–213.

Florian Kührer

Die Pforten der Christenheit

Der Fall Konstantinopels und der Kampf gegen die Osmanen in den rumänischen Geschichtslehrbüchern 1942–2006.

„*Dieses letzte Aufflackern der Macht des Byzantinischen Reiches erlosch, und die berühmte von Justinian erbaute Sophienkirche wurde, so wie die anderen Kirchen, in eine Moschee umgewandelt. Das Osmanische Reich nimmt die Stelle des Byzantinischen Reiches ein und Konstantinopel, die einstige Hauptstadt Konstantins des Großen, wird zum türkischen Istanbul.*“[1]

So beschreibt der führende Historiker und Schulbuchredakteur im rumänischen Stalinismus Mihail Roller den Fall der oströmischen Hauptstadt Konstantinopel. Für die Fürstentümer an der unteren Donau ist der Niedergang des Byzantinischen Reiches und die Machtübernahme durch die Osmanen nicht nur eine historische Zäsur, die die Geschicke der Region für Jahrhunderte bestimmen wird, sondern auch ein wesentliches Element im kollektiven Gedächtnis, das sich mit dem von intellektuellen Eliten getragenen Aufkommen nationalen Bewusstseins und der damit verbundenen Nations- und Staatsbildung auszubilden beginnt. Der Fall Konstantinopels versetzt auch die gemeinsam mit Transsilvanien oft als „rumänischen Länder“ bezeichneten Fürstentümer Walachei und Moldau an den Rand des christlichen Europas, an die „Pforten der Christenheit“[2]. Die moderne rumänische Historiographie entwickelte in diesem Zusammenhang sein Selbstverständnis als Bollwerk der Christenheit, als *antemurales christianitatis*.

Die Protagonisten der „rumänischen Länder“ des 15. Jh.s finden sich heute in den vordersten Reihen des nationalen Helden-Pantheons: Johann Hunyadi (Ioan/Iancu de Hunedoara), Vlad III., posthum Ţepeş, der Pfähler genannt, und Stefan der Große (Ştefan cel Mare). In dieser Arbeit werden ihre Funktion und Wertigkeit im Rahmen der nationalen Meistererzählung untersucht: Wie wirkte sich die ideologische Doktrin auf ihre Darstellung aus? Wie spiegelt sich die politische Konjunktur in der didaktischen Historiographie wider? Welchen ideellen Beitrag leistet das Triumvirat zur Legitimation der Grenzen des modernen rumänischen Staates? Speziell eingegangen wird auf die Rolle der Hunyadis/Hunedoaras, die als Katholiken vom orthodoxen „Identitäts-Mainstream“ abweichen. Stellen Johann und speziell sein Sohn Matthias Corvinus einen Widerspruch in der rumänischen Meistererzählung dar, stoßen wir also entlang der Karpaten an die „inneren Pforten der Christenheit“?

DIE QUELLEN

Für dieses Vorhaben einer Diskursanalyse eignen sich speziell die Schulgeschichtsbücher des zu untersuchenden Zeitraums. Sie sind eines der wirksamsten Instrumente für Herrschaftsausübung und Identitätsbildung – zwei Faktoren, die einander im Nationalismus der vergangenen zwei Jahrhunderte nicht nur zu ergänzen, sondern zu bedingen scheinen. So wie beispielsweise Denkmäler, Straßennamen oder auch die Konterfeis auf Geldscheinen, werden Schulgeschichtsbücher zum Vehikel zwischen Doktrin und Bevölkerung. Selbst der desinteressierteste Schüler kommt nicht umhin, zumindest einmal in seiner Schullaufbahn eine pädagogisch aufbereitete Version der nationalen Meistererzählung zu hören. Ihre ungeheure Breitenwirksamkeit und die notwendige Verdichtung der Inhalte auf das gewünschte Wesentliche macht Schulbücher zu

[1] M. Roller (Red.), Geschichte der rumänischen Volksrepublik. Lehrbuch für Mittelschulen. Bukarest 1952, 148 (deutschsprachige Ausgabe).

[2] St. Brezeanu – A. Cioroianu – F. Müller – M. Rădulescu – M. Retegan, Istoria Românilor. Manual pentru clasa a XII-a. Ediţia a II-a revăzută şi adăugită. Bukarest 2000, 55. Alle Übersetzungen aus dem Rumänischen erfolgten durch den Autor.

höchst geeigneten Quellen, Darstellung und Wahrnehmung der Ereignisse und Protagonisten des 15. Jh.s zu analysieren.

Die Untersuchung beginnt im Jahr 1942 mit der „Geschichte der Rumänen für die achte Sekundärstufe" von Petre P. Panaitescu, dessen Formulierungen exemplarisch für die Geschichtsschreibung der Zwischenkriegszeit stehen und als solche die Basis für diese vergleichende Analyse stellen. (In der „historiographischen Atempause" der Wendejahre 1990 und 1991 wurde dieses Schulbuch in unveränderter Form wieder aufgelegt und stellt somit auch symbolisch eine Klammer zwischen dem Interbellum und der Zeit nach dem Regimewechsel von 1989/1990 dar.) 1947 erschien das erste stalinistisch geprägte Geschichtslehrbuch, das einen Bruch mit den historischen Paradigmen bedeutete. Mit den Sechzigerjahren wurde der Diskurs nationaler, der Einfluss Moskaus auf die Geschichtsdoktrin nimmt stärker ab als der reale Einfluss auf politischer und wirtschaftlicher Ebene. In den Jahren nach der Wende von 1989/1990 wurden noch Einheitsschulbücher benützt, deren Formulierungen jenen der Achtziger sehr ähnlich waren. 1999 approbierte das zuständige Ministerium erstmals mehrere „parallele" Lehrbücher. Gerade in jener Phase zeigte sich, dass der Kampf um die Lufthoheit über die nationale Geschichtsschreibung auch im nunmehr demokratisch organisieren Rumänien nicht beendet ist[3]. Das jüngste verwendete Lehrbuch stammt aus dem Jahr vor dem rumänischen und bulgarischen Beitritt zur Europäischen Union am 1. Jänner 2007, der einen bedeutenden Schritt in der Geschichte Rumäniens darstellt. Befürworter des Beitritts nennen ihn eine „Rückkehr nach Europa"[4].

JOHANN HUNYADI

Petre Panaitescu stellt Johann Hunyadi, den er Ioan Corvin de Inidoara nennt, in der „Geschichte der Rumänen", 1942/1990, als jenen Mann dar, der in der Nachfolge Mirceas des Alten und Alexanders des Guten den Kampf mit den Osmanen wieder aufnimmt. An der „Anarchie" im Land trügen zum einen die Thronnachfolgeregelung und zum anderen die Bojaren, die sich im Konflikt um die Fürstenwürde auch an benachbarte Mächte gewendet hätten, die Schuld. Jene hätten die internen Machtkämpfe benützt, um die Fürstentümer – die „rumänischen Länder" – zu unterjochen: Ungarn und Polen hätten sich in der Moldau eingemischt, Ungarn und die „Türkei" in der Walachei[5]. Jedoch habe sich „aus der Mitte der Rumänen Siebenbürgens" Johann Hunyadi hervorgetan, „der in der Tat wie ein Herr über alle drei rumänischen Länder" gewirkt habe.

Er stamme aus einer Familie von rumänischen Edlen aus Siebenbürgen, die Bedeutung und die Größe jener Gruppe seien jedoch gesunken, nachdem das Land „in die Hände der Ungarn" gefallen sei. Alle ihre Rechte hätten ihnen die ungarischen Könige jedoch nicht nehmen können, da sie für den Kampf gegen die Osmanen gebraucht worden seien. Diese Rechte, so schreibt Panaitescu, seien jedoch nie verschriftlicht worden, da sie älter als die Herrschaft der ungarischen Könige gewesen seien. So habe sich der „rumänische Adel" sukzessive magyarisieren oder den sozialen Abstieg in Kauf nehmen müssen.

Ausführlich beschreibt Panaitescu Johanns militärische und politische Karriere. So hätten es ihm die Wirren in den Fürstentümern ermöglicht, dort loyale Herrscher einzusetzen. Mit den vereinigten Armeen hätten sie alleine den „Türken" die Stirn geboten. Als in der Schlacht von Varna (1444) König Ladislaus fällt, wird Johann Hunyadi zum Reichsverweser. Dies habe den meisten ungarischen Adeligen nicht gefallen, da sie sich keinem *olah*, also keinem „Rumänen" unterwerfen hätten wollen. Sein Sieg von Belgrad (1456) habe jedoch positiven Widerhall in ganz Europa gefunden.

---

[3] Besonders deutlich zeigt dies der „Lehrbuchskandal" um Sorin Mitus Geschichtsbuch für die 12. Klasse, das der alten Doktrin am wenigsten gefolgt ist. Sogar im rumänischen Senat und im Privatfernsehen wurde über dieses Buch diskutiert. Mitu wurde vorgeworfen, sich in seinem Lehrbuch politisch zu sehr deklariert zu haben, indem er sich deutlich gegen den damaligen Expräsidenten und Sozialdemokraten Ion Iliescu (1990–1996 und 2000–2004) wendete und die Regierung des amtierenden liberal-christdemokratischen Präsidenten Emil Constantinescu (1996–2000) unterstützte. Die wissenschaftliche Gemeinschaft zeigte sich gespalten. Während sich viele Historiker an den Universitäten auf Mitus Seite stellten, verlangten Mitglieder der Rumänischen Akademie gar eine Genehmigungspflicht von neuen Lehrbüchern durch die Akademie.

[4] Vgl. die Rede des Rumänischen Präsidenten Traian Băsescu anlässlich des Beitritts Rumäniens zur Europäischen Union: http://www.bbc.co.uk/romanian/news/story/2006/12/061214_summit_ue.shtml, 09.02.2009.

[5] P. P. PANAITESCU, Istoria Românilor. Bukarest 1990, 103f. (Unveränderter Nachdruck von P. P. Panaitescus 1942 erschienener Istoria Românilor für die 8. Sekundärstufe).

In einer Zusammenfassung zur Bedeutung seiner Person wird der „Heilscharakter" seines Wirkens betont: Nachdem die Moldau und die Walachei ihrer Rolle als Verteidiger Europas nicht mehr gerecht geworden seien, habe er das Schwert erhoben, das „aus den Händen der rumänischen Herrscher gefallen" sei und habe zwei Jahrzehnte lang die Christenheit gegen die Heiden verteidigt. Er sei ein „nationaler Führer" („şef naţional") aller Rumänen und ein Verteidiger der europäischen Zivilisation gewesen[6].

Mihail Roller geht in seiner „Geschichte der Rumänischen Volksrepublik", 1952, kaum auf die nationale Identität Johann Corvin Hunyadis ein: Sein Geschlecht stamme aus dem Hatzeger Gebiet und König Sigismund habe ihn für seine militärischen Verdienste mit der „Domäne Hunedoara" belehnt. Nur indem er den Konflikt mit dem ungarischen Adeligen erwähnt, stellt er ihn außerhalb dieser Gruppe. Sein Heer, mit dem er seine „weithin berühmten Siege gegen die Türken erlangte" und die ihn „zu einer großen Gestalt seiner Zeit" machten, habe vor allem aus kleinen Adeligen und Bauern bestanden[7].

Bei Dumitru Almaş, „Geschichte Rumäniens", 1966, wird der Kampf gegen die Osmanen zu einem Kampf für die Unabhängigkeit, nachdem die „Türken" die Offensive gegen die „rumänischen Länder und Ungarn" wieder aufgenommen hätten. Alle Völker Europas seien bedroht gewesen und so hätten die Monarchen – an der Spitze der Papst – die Idee des Kreuzzuges wieder aufgebracht. Aber nur die direkt bedrohten Völker, die Rumänen, Ungarn, Serben und Polen hätten sich vereint, um der „türkischen Invasion" entgegenzutreten. Iancu de Hunedoara, der aus einer Familie von rumänischen Knezen stamme, sei jener Mann gewesen, der den gemeinsamen Kampf organisiert habe.

Er habe sich aber nicht nur um die feudalen Heere, sondern auch um die Bauernmassen in Siebenbürgen gekümmert. Almaş betont mehrmals die soziale Komponente von Iancus Handeln: da er sich der Unterstützung durch die Bauern erfreut habe, die neben dem Kleinadel in seiner Armee gedient hätten, habe er den Burgherren befohlen, die Leibeigenen freizulassen, nachdem diese ihre Verpflichtung bezahlt hätten. Unter seiner Anführerschaft hätten auch viele Moldauer und Walachen gegen die Osmanen gekämpft. Almaş bezeichnet Iancu als „wahren führenden Politiker der drei rumänischen Länder im Kampf gegen die Türken", der auch in die Angelegenheiten der Walachei eingegriffen habe, um den dortigen Thron mit einem ihm loyalen Fürsten zu besetzen, nämlich Vlad Dracul. Die Niederlage von Varna sei nicht die Schuld Iancus gewesen: König Ladislaus sei gefallen, weil er nicht auf seinen Rat gehört habe. Deswegen habe diese Niederlage Iancus militärisches und politisches Prestige nicht beschädigt, zu Recht sei er als der tüchtigste Verteidiger des Landes geschätzt worden. Die Einigkeit für den Kampf um die Unabhängigkeit stelle einen bedeutenden Moment in der Existenz „unseres Volkes" dar, schreibt Almaş. Unter Iancus Führung hätten die Völker der Rumänen und der Ungarn die Freiheit Europas für ein Viertel Jahrhundert verteidigt[8].

Ştefan Pascu behandelt Iancu de Hunedoara und Vlad Ţepeş in der „Geschichte Rumäniens" von 1979 in einem gemeinsamen Kapitel: „Die rumänischen Länder an der antiosmanischen Front unter der Führung von Iancu de Hunedoara und Vlad Ţepeş". Zuerst wird aber Vlad Ţepeş' Vater, Vlad Dracul, erwähnt, der sich der Organisation der antiosmanischen Offensive gewidmet habe, da Siebenbürgen in jener Zeit vom Aufstand von Bobâlna (1437) erschüttert worden sei. Die Brüder Iancu und Ioan de Hunedoara, die Söhne des rumänischen Knezen Voicu, hätten im Severiner Banat ihren Mut bei der Verteidigung der Donau bewiesen. So habe sich Iancu „in einem Moment großer Bedrohung" die Ernennung zum Woiwoden von Siebenbürgen verdient. Mit Hilfe der Bauernschaft, der Städter, der kleinen Adeligen, der rumänischen Knezen und Woiwoden sei die Niederlage von Sîntimbru bei Alba Iulia im März 1442 innerhalb von sechs Tagen in einen Sieg verwandelt worden. Mit dem Sieg von Ialomiţa im darauf folgenden September sei die Walachei vor der Gefahr, in ein türkisches Paşalık umgewandelt zu werden, gerettet worden. Die Nachricht von diesem Sieg habe sich in ganz Europa verbreitet und neue Hoffnung und neue Pläne für Koalitionen unter der Führung von Iancu de Hunedoara erweckt.

Seinen „langen Feldzug" (1443) habe er dann jedoch ohne die versprochene und erhoffte Hilfe durchführen müssen, nur Vlad Dracul sei ihm zur Seite gestanden. Der in der Folge auf zehn Jahre geschlossene Frie-

---

[6] Panaitescu, Istoria Românilor 108–111.

[7] Roller, Geschichte 145f. (deutschsprachige Ausgabe).

[8] D. Almaş – G. Georgescu Buzău – A. Petric, Istoria României. Manual pentru clasa a XI-a. Bukarest 1966, 72–74.

densvertrag mit den Osmanen sei jedoch durch die Beharrlichkeit des päpstlichen Legaten und des ungarischen Adels, denen der Autor Neid auf die Erfolge Iancus unterstellt, annulliert worden. In der Folge habe der ungarische König Ladislaus gegen den Rat Iancus einen neuen Feldzug gegen die Osmanen initiiert. Auch Vlad Dracul habe von dieser Unternehmung abgeraten. Selbst die aus dem Feldzug resultierende Niederlage von Varna habe Iancu nicht von seinen „Gedanken und Plänen, die Unabhängigkeit der rumänischen Länder zu sichern" abgehalten. All diese Erfolge hätten ihm die Wahl zum Gubernator Ungarns (1446) gebracht, die besonders vom kleineren und mittleren Adel unterstützt worden sei. Zum Gouverneurstitel von Siebenbürgen sei noch der Titel eines Woiwoden der Walachei gekommen, und „schließlich hat ihn Bogdan II., der Herrscher der Moldau, als ‚seinen Vater' betrachtet."

Zur erneut aufkommenden Idee einer antiosmanischen Koalition unter Beteiligung des Dogen von Venedig, des Königs von Frankreich, des Herzogs von Burgund, des Papstes und des deutschen Kaisers meint Pascu: „Vergebliche Projekte. Nur die Albaner des Georg Kastriota, genannt Skanderbeg, sind bereit zur Hilfe" und seien mit Ungarn und den rumänischen Fürstentümern gegen die Osmanen gezogen. Nach mehreren kleineren Einfällen habe der Sultan einen größeren Feldzug geplant, um Belgrad einzunehmen, den „Schlüssel zu Ungarn, wichtigstes Hindernis auf dem Weg des türkischen Vormarsches ins Zentrum Europas." Iancu habe mit der Beteiligung der „rumänischen Knezen, des niederen Adels und der siebenbürgischen Städte, die den Volksmassen Siebenbürgens, Ungarns und der benachbarten Länder zu Hilfe eilten", jedoch ohne die Hilfe des Hochadels, ein Heer von ca. 30000 Mann aufgestellt und den Sieg gegen eine 100000 Mann starke Armee errungen. Am „Gipfel seines Ruhmes", von „ganz Europa als Held der Christenheit gelobt", sei Iancu am 11. August 1456 gestorben. Seine militärischen und politischen Aktionen hätten die Unabhängigkeit der „rumänischen Länder" bewahrt und Europa vor der Gefahr der Osmanen gerettet. Iancu sei ein Vorbild gewesen und habe anderen, ebenso „Mutigen und Vaterlandsliebenden" wie Vlad Ţepeş und Stefan dem Großen die Stärke gegeben, militärisch und politisch weiterzuwirken[9].

Hadrian Daicoviciu sieht 1985 ebenso wie in den folgenden Auflagen bis 1998 „in erster Linie" die „rumänischen Länder" inmitten der südosteuropäischen, osteuropäischen und mitteleuropäischen Länder, denen die „historische Mission, die osmanische Offensive aufzuhalten" zugefallen sei. „Hier auf diesem Boden und aus der Mitte der Völker, die ihn bewohnen" sei die Idee des Kreuzzuges wieder aufgekommen und von Iancu de Hunedoara, Vlad Ţepeş und Stefan dem Großen realisiert worden. In diesem Umfeld habe sich auch die Idee einer Vereinigung der Anstrengungen der „rumänischen Länder" durchgesetzt, und zwar durch die Schaffung eines „politischen und militärischen Organismus", die eine Umwandlung der Fürstentümer in ein Paşalık verhindern sollte.

Auch bei Daicoviciu wird die rumänische Herkunft Iancus betont. Zudem habe sich Iancu als Woiwode von Siebenbürgen mit dem Kleinadel zusammengetan, weil der höhere Adel sich gegen die Zentralgewalt aufzulehnen drohte. Für den „langen Feldzug" sei die Hilfe Europas unter den Erwartungen geblieben, der (trotzdem errungene) Erfolg habe den „Türken" und der „europäischen Welt" die militärische und politische Macht Iancus demonstriert. In den Jahren 1447–1448 habe sich gegen das Osmanische Reich ein „gemeinsames politisch-militärisches System" aus allen „rumänischen Ländern" herausgebildet: Iancu habe in der Moldau Bogdan II. einsetzen können, einen ihm treu ergebenen Mitstreiter, der – so wird er im Schulbuch zitiert – bezeugt: „das Land meiner Herrschaft und das Land deiner Herrschaft seien ein einziges." Dieselben guten Beziehungen habe man auch mit der Walachei unterhalten, die Iancu hörig gewesen sei. 1456 habe er dort Vlad Ţepeş eingesetzt, um anschließend die Installation Stefans in der Moldau zu verfolgen. Mit seinem Kampf für die südosteuropäischen Länder gegen die Osmanen sei Iancu zum „Verteidiger der europäischen Zivilisation" geworden. Er habe wie kein anderer die Anforderungen des Moments verstanden, die osmanische Offensive einzudämmen. Sein militärisches und politisches Programm sei von Vlad Ţepeş und noch mehr von Ştefan dem Großen fortgeführt worden[10].

---

[9] Şt. PASCU – C. DAICOVICIU – M. CONSTANTINESCU – H. DAICOVICIU – T. LUNGU – Gh. SMARDANDACHE – A. PORŢEANU – I. OPREA – A. PETRIC, Istoria României. Manual pentru clasa a XII-a. Bukarest 1979, 86–89.

[10] H. DAICOVICIU – P. TEODOR – I. CÎMPEANU, Istoria Românilor din cele mai vechi timpuri până la revoluţia din 1821. Manual pentru clasa a VIII-a. Bukarest 1994, 112–116.

Ioan Scurtu, 2000, nennt den Abschnitt über Johann Hunyadi „Iancu de Hunedoara – Atletul lui Christos“. Iancu, ein Verteidiger der Christenheit, habe durch seine ausgesprochen offensiven militärischen Aktionen, aber auch durch Diplomatie, das Eindringen der „Türken“ in Mitteleuropa verzögert. Im „langen Feldzug“ hätten der König von Ungarn und Iancu das Risiko allein übernehmen müssen, obwohl die Idee eines Kreuzzuges von Papst Eugen IV. aufgebracht worden sei. Iancu habe den „rumänischen Block“ wiederherstellen können, indem er loyale Herrscher in der Moldau (Petru II.) und der Walachei (Valdislav II.) einsetzte[11]. Mit der Niederlage auf dem Amselfeld (1448) hätten die Anstrengungen geendet, die Türken aus Europa zu vertreiben[12]. Ovidiu Bogzan, 2003, nennt Iancu eine „Ausnahmepersönlichkeit“[13], bei Stelian Brezeanu wird er im Kapitel „Die Pforten der Christenheit“ als „wichtigste Figur im antiosmanischen Widerstand“ bezeichnet und sein nach dem Sieg von Belgrad vom Papst verliehener Titel Athleta Christi erwähnt[14]. Iulian Cârţână, 2000, nennt diesen Titel genauso wie das „gemeinsame militärische System“, das aus „allen drei rumänischen Ländern“, den Albanern des Skanderbeg und einigen serbischen Kräften gebildet worden sei – eine „christliche Koalition.“[15] Sorin Mitu, 2004, ordnet Iancu auch wieder konfessionell zu: Iancu (Ioan) de Hunedoara war ein „rumänischer, siebenbürgischer Adeliger katholischen Glaubens“, der sich als „Persönlichkeit europäischer Tragweite“ erwiesen habe. Er habe versucht, eine Koalition gegen die Osmanen zu bilden, an der neben den Königreichen Ungarns und Polens auch die Walachei und die Moldau beteiligt gewesen seien[16]. Nicoleta Dumitrescu, 2006, nimmt eine ethnische Verortung vor: „Als Nachkomme einer kleinen rumänischen Adelsfamilie aus Siebenbürgen hat sich Iancu de Hunedoara durch seinen Lebensstil und die katholische Religion in den ungarischen Adel integriert.“ So wird er als einer der strahlendsten Exponenten des „späten Kreuzzuges“ bezeichnet. Im Rahmen der antiosmanischen Unternehmungen habe er an der Wiedervereinigung von Moldau und Walachei gearbeitet[17].

VLAD ŢEPEŞ

Panaitescu, 1942/1990, schildert im Kapitel über Vlad III. die Herkunft seines Beinamens. Dieser sei ihm nach seinem Tode gegeben worden, sich auf seine Gepflogenheiten des Bestrafens und auf die von seinem Vater Vlad Dracul geerbte Grausamkeit beziehend: „Das Volk nannte ihn Draculea.“ Der Autor konzentriert sich in seinem Text auf die „Horrorgeschichten“ des Vlad Ţepeş wie die Tötung seines Konkurrenten Danciul oder seine Einfälle in die von Sachsen besiedelten Gebiete und die grausame Tötung sächsischer Gefangener und Händler. Aus diesem Grunde hätten die Sachsen die Schrift *„Die 'Gräueltaten des Fürsten Dracul' (Cruzimile lui Dracul-vodă) verbreitet, die in ganz Europa jener Zeit bekannt gewesen sei [...] und die Anekdoten über die Grausamkeit des Vlad Ţepeş wurden wie Märchen gelesen*“. Große Schriftsteller wie Mihai Eminescu (1850–1889) hätten ihn jedoch als einen gerechten Wohltäter gesehen, der nur grausam gewesen sei, um Diebstahl und Ungerechtigkeit im Land auszurotten. Der pathologische Befund Panaitescus lautet aber anders: „In der Realität jedoch war er ein unmenschlicher Tyrann, der das Leid anderer genossen hat, ein geistig Degenerierter, genau wie Ivan der Schreckliche aus Russland.“ Selbst in Gefangenschaft habe der walachische Fürst seinen Blutdurst nur stillen können, indem er Mäuse mit selbst angefertigten kleinen Holzstäben pfählte. Sein Verdienst aber bestünde in der Verteidigung des Landes gegen Sultan Mehmet II.[18]

Mihail Roller, 1952, stellt Vlad Ţepeş als einen Herrscher vor, der durch außergewöhnlich harte Maßnahmen, die für das Wiederaufblühen des Handels und Verkehrs notwendige Sicherheit im Lande herzustel-

---

[11] I. Scurtu – M. Curculescu – C. Dincă – A. C. Soare, Istoria Românilor din cele mai vechi timpuri până astăzi. Manual pentru clasa a XII-a, Ediţia a II-a. Bukarest 2000, 47.

[12] Scurtu, Istoria Românilor din cele mai vechi timpuri 47.

[13] O. Bogzan – L. Lazăr – M. Stamatescu – B. Teodorescu, Istorie. Manual pentru clasa a 12-a. Bukarest 2003, 39.

[14] Brezeanu, Istoria Românilor 55–56.

[15] I. Cârţână – Gh. Dondorici – E. E. Lica – O. Osanu – E. Poamă – R. Stoica, Istorie. Manual pentru clasa a XII-a. Piteşti 2000, 39.

[16] S. Mitu – L. Copoeru – O. Pecican – L. Ţîrău – V. Ţîrău, Istoria Românilor. Manual pentru clasa a XII-a. Bukarest 2004, 34.

[17] N. Dumitrescu – M. Manea – C. Niţă – A. Pascu – A. Trandafir – M. Trandafir, Istoria Românilor. Manual pentru clasa a XII-a. Bukarest 2006, 39.

[18] Panaitescu, Istoria Românilor 112–115.

len versucht und sich dabei zum Teil auf die Kaufmannschaft gestützt habe. Roller schildert die positive wirtschaftliche Entwicklung der Walachei (Einschränkungen für sächsische Händler und die Schwächung der Großbojaren). Er habe eine umfangreiche Körperschaft herrschaftlicher Dienstleute geschaffen und mit ihrer Hilfe die Zentralgewalt gestärkt, um den zahlreichen inneren Kämpfen und Räubereinen seiner Zeit ein Ende zu bereiten. Die türkische Habsucht – die Forderung von Tributzahlungen – habe Ţepeş veranlasst, sich gegen die Pforte zu stellen und sich den Ungarn anzuschließen. Roller berichtet von den militärischen Unternehmungen des Fürsten. Besonders betont wird die Entscheidung für die Scharmützeltaktik, als Höhepunkt der überraschende und erfolgreiche Überfall auf das Lager des Sultans, aber auch der Thronverlust an seinen Bruder Radu den Schönen. Diese Ablöse sei erfolgt, weil die Türken „keinen starken Herrscher und starken Staat" gewünscht hätten und „[…] der Tribut an die Türken – so sagten sie – komme ihnen billiger zu stehen als die Herrschaft Ţepeş'. Damals, wie immer, erwiesen sich die Bojaren als Verräter der Landesinteressen."[19]

Almaş, 1966, nennt das betreffende Kapitel „Die Konsolidierung der rumänischen Länder und der Unabhängigkeitskampf in der Zeit des Vlad Ţepeş" und das Unterkapitel „Der Versuch Vlad Ţepeş', den Staat zu zentralisieren". Ţepeş, der den Thron mit Hilfe Iancu de Hunedoaras erobert habe, habe in erster Linie die Walachei im Kampf gegen das feudale Auseinanderfallen stärken wollen. Er sei „energisch, streng und unerbittlich" gewesen, „aber gerecht". Bei der Stärkung des Landes habe er sich auf die freien Bauern und die Städter gestützt. Das Verbot für die Sachsen, direkten Handel mit den Einwohnern der Walachei zu treiben, um die Waren besser zu kontrollieren und verzollen zu können, wird erwähnt. Ebenso seine Pfählungen, die er veranlasst habe, um die feindlichen Bojaren und die äußeren Feinde zu entsetzen. Der Kampf gegen die „Türken" sei mit Unterstützung Matthias' Corvinus erfolgt. Eine Quelle aus Venedig würde bestätigen, dass seine Armee von 1462 sich aus „Menschen aus dem Volke" zusammengesetzt habe. Der Verrat der Bojaren habe ihm jedoch versagt, den Sieg in jener Schlacht voll auszunützen. Unter der Führung von Vlad Ţepeş sei es „unserem Volk" zumindest für einige Zeit gelungen, die politische Macht in der Walachei zu erhalten und der osmanischen Macht entgegenzutreten. Der von Vlad Ţepes und Iancu de Hunedoara geführte Kampf für die Unabhängigkeit gegenüber der Pforte sei in der Zeit der Herrschaft Stefans des Großen mit (noch) größerem Erfolg fortgeführt worden[20].

In Pascus Schulbuch (1979) wurde das Kapitel „Die Fortsetzung von Iancus Werke durch Vlad Ţepeş" genannt. Iancu habe volles Vertrauen in Ţepeş gehabt und ihm auf den Thron verholfen. Dieser habe mit der Eroberung des Thrones sein „Programm" formuliert: die Stärkung des Landes zur Sicherung der Unabhängigkeit. Dieses Programm habe realisiert werden können, weil er die anarchistischen Tendenzen der Bojaren gebremst und die Städter und Bauern unterstützt habe. 1462 habe Ţepeş den Sultan „demoralisiert und erschüttert" sowie zum Rückzug veranlasst, nachdem dieser den „Wald von Gepfählten" – „Türken", die versucht hätten, im vorherigen Jahr Giurgiu zu nehmen – erblickt habe. Seine Grausamkeit habe aber auch die Massen, die große Hoffnung in ihn gelegt hätten, von ihm entfernt, was ihn schließlich den Thron gekostet habe. Für die Autoren des Geschichtsbuches von 1979 ist Vlad Ţepeş eine komplexe und widersprüchliche Persönlichkeit, wegen der er von den einen verraten und von den anderen gelobt worden sei. Grausamkeit und Heldenmut werden gegenübergestellt. Seine Verdienste um die Verzögerung (von einem dreiviertel Jahrhundert) der osmanischen Herrschaft könnten jedoch nicht angezweifelt werden[21].

Das Kapitel „Der antiosmanische Kampf unter der Führung des Vlad Ţepeş" beginnt bei Daicoviciu, 1985, mit der Verortung der historischen Bedeutung des Fürsten. Sein „europäischer Ruf" ginge auf die starke Persönlichkeit zurück, die ihn ausgezeichnet habe: autoritär, unerbittlich zu den Feinden, unerschrockener Kämpfer gegen die Türken. Geschichten, insbesondere die „deutschen Erzählungen" hätten in Europa das Bild eines rohen und grausamen Herrn geschaffen[22]. Diese Geschichten seien jedoch unter dem Einfluss Matthias' Corvinus geschrieben worden[23] und würden nur seine negativen Eigenschaften hervorkehren, seine

---

[19] ROLLER, Geschichte 125f. (deutschsprachige Ausgabe).

[20] ALMAŞ, Istoria României 74–76.

[21] PASCU, Istoria României 89–91.

[22] H. DAICOVICIU – P. TEODOR – I. CÎMPEANU, Istoria antică şi medie a României. Manual pentru clasa a VIII-a. Bukarest 1985, 136.

[23] Vgl. unten den Abschnitt zu Corvinus.

Qualitäten aber ignorieren. Ähnlich wie bei Pascu werden die Stärkung der Zentralmacht im Lande und die Bekämpfung der von den Bojaren verursachten Missstände hervorgehoben. In den „slawonischen Geschichten" würde er als großer Herrscher beschrieben, der bestraft habe, wer seine Herrschaft in Frage stellte. Ein Teil seiner Anhängerschaft sei aus Siebenbürgen und der Moldau gekommen, die ihm seit der Zeit seiner Flucht ergeben gewesen seien. Vlad Țepeş habe sich an der Politik Iancus orientiert, weswegen er auch Stefan bei der Erlangung des moldauischen Throns unterstützt habe. Dieser wiederum habe Jahre später Matthias Corvinus angeregt, Vlad aus dem Gefängnis zu entlassen und ihn erneut als Fürsten der Walachei einzusetzen, da dieser am geeignetsten gewesen sei, den Kampf gegen die Osmanen zu organisieren. Resümierend wird angemerkt: Țepeş habe sein Leben der Idee der walachischen Unabhängigkeit gewidmet, so habe er auch zur Konsolidierung der Moldau in den ersten Jahren der Herrschaft Stefans beigetragen[24].

Nach Cârţână, 2000, habe Vlad Țepeş die Verteidigung der Unteren Donau übernommen. „International" sei er dem „Prinzip der Reziprozität" gefolgt – darum habe er für die walachischen Händler dieselben Rechte in Siebenbürgen gefordert wie die Sachsen in der Walachei gehabt hätten. Durch erfundene Geschichten, die im Westen verbreitet worden seien, hätten die Sachsen seinen Ruf als Tyrann weitergetragen, „und es scheint, als ob sie ihm den Namen Dragul (vom Drachenorden, den er von seinem Vater erhalten hat) durch die Umwandlung in Dracul [...] angedichtet hätten." Vlad Țepes sei ein Symbol in der Geschichte der Rumänen geblieben: ein Symbol für Gerechtigkeit, ein großer Kämpfer gegen die Osmanen und Verteidiger der Unabhängigkeit[25]. Bei Scurtu, Brezeanu und Bogzan werden lediglich Vlads militärischen Erfolge knapp geschildert. Mitu geht auf die Rezeption der Figur des Vlad Țepeş ein. 1999 schreibt er: *„Unter der Benennung Dracula ist er zur weltweit populärsten Figur der mittelalterlichen Geschichte Rumäniens geworden. Die heutigen Filme zeigen ihn als einen in der Moderne wiedergeborenen Vampir. Sein Ruhm, der von vielen Legenden begründet wurde, fußt auf der Grausamkeit, mit welcher er Verbrecher oder seine Widersacher bestrafte.*"[26]

2004 fehlt diese Dimension der späteren Rezeption am Unterhaltungssektor. Sein Beiname wird aber wie bei Cârţână mit der fehlerhaften Transkription des Namens seiner Familie ins Deutsche erklärt[27].

Dumitrescu nennt ihn eine der „wichtigsten und berühmtesten Figuren der Walachei des Mittelalters", der seine Bekanntheit seiner harten Strafen wegen erlangt habe. Das einzige Bild, das ihn zeigt, befände sich auf Schloss Ambras in Tirol. „Viele Spezialisten" hätten ihn mit der Figur des Grafen Dracula in Bram Stockers gleichnamigem Roman identifiziert. Dumitrescu weist auch auf die Rolle der Sachsen in diesem Zusammenhang hin[28]. Im Übrigen erfolgt die Darstellung Țepeş' in den Büchern nach 1999 nach dem etablierten Schema der militärischen Verdienste, wenn auch in einer sehr verdichteten, gekürzten Form.

STEFAN DER GROSSE

Panaitescu, 1942/1990, beschreibt Stefan den Großen zu Beginn seiner beiden umfangreichen Kapitel zum Herrscher der Moldau als eine Figur, die den nachfolgenden Generationen den Mut und den Glauben in das Schicksal eines Volkes gegeben habe. Er habe es nicht nur verstanden, sein Land zu bewahren, sondern auch, allein mit den Bojaren und Bauern aus der Moldau die Pforten Europas vor der Eroberung der Barbaren zu verteidigen.

Der Autor erklärt das militärische Potenzial der Moldau in jener Zeit mit dem relativen Reichtum des Landes, den es durch die Lage an den Handelswegen zwischen Schwarzem Meer und Lemberg erworben habe. So habe sich Stefan der Große nicht auf „die Unterstützung neidischer Nachbarn" verlassen müssen. Als Beispiel wird Kasimir von Polen genannt, er habe sich weder für die Idee des Kreuzzuges gegen die Osmanen noch für die Interessen des eigenen Landes begeistern können. Die Ausdehnung seiner Macht auf die Nachbarländer sei sein einziges Interesse gewesen. Der mächtigste Nachbar sei jedoch „der Türke" ge-

---

[24] Daicoviciu, Istoria antică şi medie 136–139.

[25] Cârţână, Istorie 40.

[26] S. Mitu – L. Copoeru – O. Pecican – L. Ţîrău – V. Ţîrău, Istoria Românilor. Manual pentru clasa a XII-a. Bukarest 1999, 27.

[27] Mitu, Istoria Românilor 2004, 37 (vgl. Anm. 50).

[28] Brezeanu, Istoria Românilor 39.

wesen, Sultan Mohammed II. habe man als den gefährlichsten und mächtigsten Herrscher der Welt angesehen. Panaitescu berichtet unter anderem vom missglückten Angriff auf die Festung Chilia, die zwar Vlad Ţepeş gehört habe, jedoch von einer ungarischen Garnison gehalten worden sei, vom Konflikt mit Matthias Corvinus[29], dem Kampf gegen die Tartaren und dem Sieg von Vaslui (1474)[30]. Die Verkündigung seines gemeinsam mit dem Fürsten der Walachei errungenen Sieges gegen die „Feinde des Christenheit" bei „allen christlichen Herrschern Europas" und der Ruf um Unterstützung seien ungehört verhallt. Zwar habe Venedig gratuliert und Papst Sixtus IV. Stefan den Titel *Athleta Christi* verliehen, das in Europa gesammelte Geld für den Kreuzzug sei allerdings Matthias Corvinus gegeben worden, weil dieser behauptet habe, Stefan sei sein „Hauptmann"[31]. Als die Gesandten der Moldau in Venedig eingetroffen seien um zu erklären, dass ihr Herr niemandes Hauptmann sei und selbstständig in seinem Land regiere, sei es bereits zu spät gewesen. In der ungarischen Armee, die später zu Hilfe gekommen sei, habe sich auch der ehemalige Herr der Walachei, Vlad Ţepeş, befunden, der im Zuge der Kämpfe seinen Thron zurückerobern habe können, jedoch kurz darauf verstorben sei. Stefan setzte an seiner Stelle Basarab den Jüngeren ein, der ob seiner Grausamkeit den Beinamen „Ţepeluş" (der kleine Pfähler) bekommen habe, jedoch bereit gewesen sei, für die christliche Sache zu kämpfen. Der Papst habe Stefans Aufrufe „als ein Führer der katholischen Welt" bekommen. Er sei gebeten worden, einen gemeinsamen Kreuzzug Europas gegen die Türken zu organisieren.

Panaitescu zitiert zudem aus einem Schreiben an den Senat von Venedig, in dem Stefan die Moldau als „Verteidigungspforte Ungarns, Polens und Wache dieser beiden Reiche" bezeichnet. Nur durch seinen Kampf seien die Christen in Ruhe gelassen worden und deswegen sei es im Interesse der gesamten Christenheit, sich helfend zu erheben und die Moldau davor zu verteidigen, in die Hände der Heiden zu fallen. Mit dem Fall der beiden Festungen Chilia und Cetatea Alba sei die Unabhängigkeit der Moldau *de facto* verloren gegangen[32]. Schließlich habe Stefan mit der Pforte Frieden schließen müssen. Panaitescu schreibt zum Tode Stefans: *„Die ganze Moldau fühlte, dass sie ihren Vater und Verteidiger verloren hätte und die Christenheit einen ihrer vordersten Kämpfer. Das Volk nannte ihn Stefan den Großen und Heiligen."*[33]

So wie Panaitescu widmet auch Roller, 1952, Stefan ein ausführliches Kapitel, konzentriert sich jedoch noch mehr auf die sozialen Verhältnisse in der Moldau. Freie Bauern und der niedere Adel hätten Stefan unterstützt, die Tributforderungen durch die „Türken" – das türkische Joch – hätten die sozialen Spannungen auf dem Land und in den Städten verstärkt[34]. Während der Regierung Petru Arons habe Stefan Zuflucht bei Vlad Ţepeş in der Walachei gefunden. Dieser habe ihn auch dabei unterstützt, den Mörder seines Vaters[35] zu besiegen und nach Polen zu vertreiben[36]. Roller erwähnt auch die Rolle der Geistlichkeit bei seiner Einsetzung: *„Auf der „Câmpia Direptăţii" (Freiheitsfeld) in der Nähe von Suceava wurde Ştefan von den Bojaren, den Städtern und Freibauern mit dem Metropoliten des Landes Kir Teoctist an der Spitze feierlich begrüßt und von diesem zum Herrscher gesalbt."*[37]

In der moldauischen Kirche habe Stefan generell eine „mächtige Stütze" gefunden. Der Metropolit Teoctist habe sich dem Herrscher angeschlossen, seine Nachfolger taten es ihm ebenso wie die Bischöfe von Radautz und Roman gleich: *„Die Orthodoxe Kirche unterstützte den Herrscher, um sich gegen die katholische und mohammedanische Propaganda zu schützen; sie half ihm bei allen seinen Unternehmungen; der Herrscher seinerseits wusste die Unterstützung, die ihm die Kirche gewährte, zu schätzen."*[38]

Zum ausführlich beschriebenen Kampf gegen die Omanen lässt Roller zwei „Zeugen" auftreten: Zum einen Karl Marx, der Stefan als besonnenen Herrscher darstellt, der auch nach dem Sieg von Vaslui realistisch bleibt und um die Gefahr, in der „dieses Tor der Christenheit" schwebte, wusste. Zum anderen den polni-

---

[29] Vgl. unten den Abschnitt zu Corvinus.
[30] PANAITESCU, Istoria Românilor 116–120.
[31] PANAITESCU, Istoria Românilor 123.
[32] PANAITESCU, Istoria Românilor 125–127.
[33] PANAITESCU, Istoria Românilor 131f.
[34] ROLLER, Geschichte 156 (deutschsprachige Ausgabe).
[35] ROLLER, Geschichte 159 (deutschsprachige Ausgabe).
[36] ROLLER, Geschichte 156–157 (deutschsprachige Ausgabe).
[37] ROLLER, Geschichte 157 (deutschsprachige Ausgabe).
[38] ROLLER, Geschichte 157 (deutschsprachige Ausgabe).

schen Chronisten Długosz: „*O bewundernswerter Mann, der den heldenhaften Führern, die wir so sehr bewundern, in nichts nachsteht und als erster unter den Fürsten der Welt in unseren Tagen einen so glänzenden Sieg über die Türken errungen hat! Nach meiner Meinung ist er der Tüchtigste, dem man die Führung gegen die Türken anvertrauen sollte.*“ [39]

Trotz zeitweiliger Konflikte habe Stefan freundschaftliche Beziehungen zu den Nachbarvölkern unterhalten, es sei für ihn wichtig gewesen, sich mit den Polen, Ungarn und besonders mit Kiew und Moskau gut zu stellen, da diese das gemeinsame Interesse gegen die „türkische Gefahr“ verbunden habe. In einem halbseitigen Abschnitt werden die Beziehungen zum Kiewer und zum Moskauer Staat dargestellt: „*Stefan bewog den Großknezen von Moskau, in den Kampf gegen die Türken Seite an Seite mit den anderen christlichen Fürsten zu ziehen, da er überzeugt war, dass durch ein Bündnis dieser Völker die türkische Gefahr beseitigt werden könnte. Die Freundschaftsbeziehungen zu Kiew und Moskau beruhten auf der gegenseitigen Zuneigung der Völker und der Überzeugung, dass der gemeinsame Kampf die Gefahr eines Überfalls, und besonders die Gefahr eines türkischen Überfalls würde beseitigen können.*“[40]

Roller schreibt resümierend, dass die Persönlichkeit Stefans durch einen Kampf für die Unabhängigkeit und gegen das türkische Joch geprägt worden sei. Er habe die Beziehungen der Moldau „zu den Ländern Europas und vor allem zu den Nachbarstaaten“ gestärkt und somit das Ansehen seines Landes gesteigert[41].

Im schwierigen Moment der Wende für die „drei rumänischen Staaten“ nach 1453 wäre Stefan der Große in Erscheinung getreten, schreibt Almaş, 1966. Er schickt voraus: Die Herrschaft Ştefans stelle einen wichtigen Moment im Kampf gegen die Tendenzen des feudalen Zerfalls und der Stärkung des moldauischen Zentralstaats dar. Das Volk habe viel Hoffnung in den jungen Herrscher gesteckt, im Kampf gegen den Niedergang der Moldau, den seine Vorgänger und die türkischen Eroberer ausgelöst hätten. Stefan sei gegen die „feudale Anarchie“ aufgetreten, indem er den Bestrebungen der Großbojaren, den Staat zu zersetzen, Einhalt geboten habe. Er habe eine breite soziale Basis gesucht, um seine Macht zu vergrößern: Diese Gruppe aus kleinen Bojaren, freien Bauern und den Städtern habe die Herrschaft verteidigt und die Unabhängigkeit des Staates geschützt. Almaş beschreibt die wachsenden Handelsbeziehungen zwischen den Szeklern in Siebenbürgen und der Moldau und setzt nach: „Zwischen der Moldau und den Szeklern haben immer starke Handelsbeziehungen existiert.“ Der Handel mit Bistritz und Lemberg werden ebenfalls erwähnt.

Auch Stefans diplomatisches Geschick wird hervorgehoben. Er sei ein Mann mit Weitblick, ein guter Organisator, geschickter Diplomat und fähiger Heerführer gewesen. Er habe von Anfang an verstanden, wie schwer die Last der Türkenabwehr auf seinen Schultern gelegen sei. Darum habe er ein Allianzsystem aufgebaut, das durch „gute Nachbarschaft“ mit den Polen und Ungarn Zustande gekommen sei. Später habe er auch gute Beziehungen zu Kiew und Moskau unterhalten. Die Gesandten der Moldau hätten in jener Zeit weite Wege zurückgelegt, um eine gemeinsame Allianz gegen die „Türken“ zu schaffen, von Venedig bis zum Schah von Persien. Stefan habe die Verbindung mit der Walachei und Siebenbürgen verstärkt, wie dies schon Iancu de Hunedoara vor ihm getan hätte: Diese Versuch, einen „Block der rumänischen Staaten“ zu bilden, habe als Ursache die Gefahr, die von den Osmanen ausgegangen sei[42].

Eine türkische Quelle jener Zeit besage, dass die türkischen Armeen niemals ein solch großes Desaster wie bei der Schlacht von Vaslui erlitten hätten. Für die europäische Dimension dieser Schlacht führt auch Almaş Marx und Długosz an. Dieser Sieg habe die Bewunderung ganz Europas hervorgerufen[43]. Stefan der Große sei einer der bedeutendsten Figuren „in der Geschichte unseres Volkes“ gewesen, den der Chronist Grigore Ureche als einen „fleißigen Mann redlicher Natur“ beschrieben habe. In einem langen Resümee beschreibt Almaş Stefan nicht nur als einen Förderer von Kunst und Kultur, sondern als einen der ersten, die die Voraussetzungen für die Vereinigung des Volkes in ein einziges Land vorweggenommen hätten[44].

---

[39] ROLLER, Geschichte 162 (deutschsprachige Ausgabe).
[40] ROLLER, Geschichte 166 (deutschsprachige Ausgabe).
[41] ROLLER, Geschichte 166 (deutschsprachige Ausgabe).
[42] ALMAŞ, Istoria României 77–81.
[43] ALMAŞ, Istoria României 83.
[44] ALMAŞ, Istoria României 86.

Auch Pascu, 1979, dessen Inhalte jenen von Almaş, wenn auch neu formuliert, ähnlich sind, unterstreicht die notwendige Kooperation der „drei rumänischen Länder“ und hebt die wirtschaftlichen Kontakte zwischen Moldau und den siebenbürgischen Städten hervor. Im Inneren des Landes sei Stefan die Konsolidierung „nur durch die Ausweitung der herrschaftlichen Macht über das ganze Landesterritorium“ gelungen, indem er der Zersetzung des Staates entgegengetreten sei und die „feudale Anarchie“ vernichtet habe[45]. Um Ştefan, der wie ein „guter Vater des Vaterlandes“ gewesen sei, hätten 1504 nach seinem Tod das ganze Land und die gesamte Christenheit geweint. Als „Zeugen“ lässt Pascu Długosz, eine russische Chronik, die Stefan als zweiten Alexander von Mazedonien bezeichnet und den Chronisten vom siebenbürgischen Hofe des Bartolomeus Dragfi auftreten: Stefan sei ein guter Verteidiger seines Landes und seines Volkes gewesen[46].

Bei Brezeanu, 2000, findet sich eine verdichtete Version der militärischen Erfolgsgeschichte Stefans, auch wenn der Autor einräumt, dass sich die Fürstentümer (nur) an der rechten Flanke der osmanischen Front befunden habe. Der Autor interpretiert die Kapitulation Stefans positiv: Durch die „bilateralen Verträge“ hätten die Osmanen die Autonomie der rumänischen Fürstentümer anerkannt und hätten politischen Schutz im Tausch mit Treue und Tribut erlangt. Brezeanu zitiert den Zeitgenossen Filippo Bonaccorsi: die Rumänen hätten diese Verträge nicht als Besiegte, sondern als Sieger abgeschlossen[47]. Cârţână, 2000, betont die Wichtigkeit der internationalen Beziehungen mit jenen Ländern, die dieselben Interessen wie die Moldau gehabt hätten. In der Periode 1473–1487 habe sich die Moldau zu einer Bastion der christlichen Welt gegen die osmanische Gefahr entwickelt. Durch seine Taten habe sich Stefan der Große als der wichtigste mittelalterliche Woiwode erwiesen. Er habe die Abhängigkeit von Ungarn und Polen beendet und auch die Pforte habe seine Unabhängigkeit anerkannt[48]. Scurtu, 2000, nennt das betreffende Kapitel „Ştefan der Große – Verteidiger der Christenheit“. Seine Herrschaft stelle die glorreichste Periode im rumänischen Mittelalter dar, er habe politische Stabilität, Wohlstand, eine kulturelle Blüte und sichere Grenzen geschaffen. All diese Maßnahmen würden seine Herrschaft zu einem „Referenz-Denkmal“ in der „Evolution“ der zentralen Institutionen der rumänischen Länder machen. Dem Kanon folgend nennt auch Scurtu die internationalen Verdienste Stefans: er sei für die antiosmanischen Allianzen mit den christlichen Fürsten Europas verantwortlich, so sei die Moldau ein wichtiger Faktor in den internationalen Beziehungen geworden. In diesem Kapitel über Stefan werden Constantin und Dinu Girescu, Jan Długsosz und der osmanische Chronist Kemal Paşa zitiert. Am Ende habe Stefan die Pforte als Suzerän anerkennen müssen, da ihn die „christlichen Nachbarn“ Ungarn und Polen im Stich gelassen hätten. Der Friedensvertrag würde aber einen bedeutenden diplomatischen Erfolg Stefans bedeuten, da so die Unabhängigkeit der Moldau bestätigt worden sei. Ungarn und Polen hätten so die Notwendigkeit erkannt, Stefan als ihresgleichen anzuerkennen. Stefan sei von den europäischen Monarchen „respektiert und bewundert“ worden, wie auch Bonifacius, der Historiograph Matthias Corvinus’, und Papst Sixtus IV. bestätigen würden[49].

Mitu, 2004, betont Stefans Rolle als Beispiel. Er könne am besten die Politik der rumänischen Fürsten zur Verteidigung der Unabhängigkeit der Staaten, die sie geführt hatten, illustrieren. Stefan habe mehrere Kriege gegen Nachbarn geführt, die die Interessen der Moldau beeinträchtigt hätten. Auf diplomatischer Ebene habe der Woiwode Allianzen mit „allen christlichen Souveräns“, die sich gegen die osmanische Expansion gewendet hätten, unterhalten. Dies zeige, dass die Moldau auf regionalem Niveau eine wichtige Macht gewesen sei. Indem er die osmanische Suzeränität anerkannte, habe er die Umwandlung seines Landes in ein Paşalık verhindern und die Autonomie erhalten können[50]. Auch Dumitrescu, 2006, konzentriert sich auf eine kurze Schilderung der militärischen Erfolge. „Als wichtigster Woiwode des 15. Jahrhunderts erachtet, hat Stefan den Höhepunkt der Moldau[er Geschichte] im Mittelalter dargestellt.“ Er habe die zentrale Autorität wieder etabliert und die Moldau unter die wichtigsten europäischen Staaten geführt[51].

---

45 Pascu, Istoria României 92.

46 Pascu, Istoria României 99f.

47 Brezeanu, Istoria Românilor 57.

48 Cârţână, Istorie 41f.

49 Scurtu, Istoria Românilor din cele mai vechi timpuri 48–50.

50 Mitu, Istoria Românilor. 2004, 36 (vgl. Anm. 27).

51 Dumitrescu, Istoria Românilor 39.

MATTHIAS CORVINUS

Matthias Corvinus spielt in den Quellen eine untergeordnete Rolle. Die Verwandtschaft Johann Hunyadis mit Matthias wird wenig betont: Panaitescu schreibt, dass Matei als „Belohnung" für die Taten seines Vaters zum König gewählt worden sei[52]. An anderer Stelle wird er als ein „stolzer und mutiger König" beschrieben, der die italienische Kultur an seinen Hof gebracht sowie den Kampf seines Vaters gegen die „Türken" fortgesetzt habe. Jedoch habe er auch andere Ambitionen wie die Eroberung Böhmens oder Wiens gehabt, weswegen man sich nicht völlig auf ihn verlassen habe können[53]. Nur bei Roller wird ihm ein eigenes Kapitel gewidmet und ihm ebenso viel Platz wie seinem Vater eingeräumt. Ungarn habe unter Matthias eine kulturelle und wirtschaftliche Blütezeit erlebt. Sich auf den kleinen und mittleren Adel stützend seien auch die ungarischen Landtage und die Komitatslandtage regelmäßig einberufen worden. Nach Matthias' Tod seien es wieder die Streitigkeiten unter den ungarischen Magnatenparteien gewesen, die das Land ins politische Chaos gestürzt hätten. Johannes und Matthias Corvin hätten sich in die Angelegenheiten der Walachei und der Moldau eingemischt, wo sie in den Herrschern dieser Länder Verbündete im Kampf gegen die Türken gesucht hätten[54]. Schon Almaş fasst die Nachfolge Matthias in nur einem Satz zusammen: Nach dem Tode Iancus sei sein Sohn Matei Corvin zum König Ungarns proklamiert worden und habe den von Vlad Ţepeş und Stefan dem Großen geführten Kampf gegen die Osmanen unterstützt[55]. Wenn Matthias Corvinus auch keine zentrale Figur der rumänischen Meistererzählung ist, tritt er doch bei Vlad Ţepeş und Stefan dem Großen als eine der handelnden Personen auf, sowohl als Verbündeter als auch als Gegner.

MATTHIAS UND VLAD

Fixer Bestandteil aller Schulgeschichtsbücher vor 1999 ist der Verrat Matthias' Corvinus an Vlad Ţepeş: Panaitescu beschreibt die Briefe an den Sultan, die Vlad Ţepeş kompromittieren und ins Gefängnis in Buda bringen sollten, im Gegensatz zur nachfolgenden Historikergeneration, nicht als Fälschung. Matthias habe aber später erkannt, dass es ein Fehler gewesen sei, Vlad Ţepeş einzusperren, da alle seine Nachfolger, unabhängig davon ob von Stefan dem Großen oder von Ungarn eingesetzt, sich dem Sultan unterworfen hätten. Um dieser Tendenz entgegenzuwirken, habe Matthias Vlad Ţepeş freigelassen und ihn wieder als Woiwoden der Walachei eingesetzt[56]. Roller folgt dieser Erzählstruktur, führt jedoch den Aspekt ein, dass die Schreiben Vlad Ţepeş' Fälschungen der Siebenbürger Sachsen seien, die sich im Konflikt mit dem walachischen Fürsten befunden hätten[57]. Daicoviciu macht Matthias Corvinus auch für das schlechte Image Vlads im Westen verantwortlich. Unter seinem Einfluss hätten sich „deutsche Geschichten" der Sachsen über den Fürsten der Walachei verbreitet. Diese würden das Bild eines rohen, grausamen Herrschers vermitteln, ohne seine Verdienste zu benennen[58]. Da Matthias den Schwerpunkt seiner Politik verlagert habe, sei er Vlad Ţepeş im Kampf gegen die Osmanen nicht zu Hilfe gekommen. Mit den gefälschten Briefen habe Matthias eine Rechtfertigung dafür geschaffen, dass er Vlad Ţepeş im Stich gelassen und über ein Jahrzehnt gefangen gehalten habe.[59]

Besonders in der ersten Phase des Wirkens von Vlad Ţepeş wird Matthias in der Nachfolge seines Vater als Unterstützer des Fürsten der Walachei beschrieben, so auch was seine militärische Agitation gegenüber den sächsischen Handelsstädten betrifft: Mit dem Einverständnis seines Verwandten (!) Matthias Corvinus,

[52] PANAITESCU, Istoria Românilor 110.
[53] PANAITESCU, Istoria Românilor 118.
[54] ROLLER, Geschichte 146f. (deutschsprachige Ausgabe).
[55] ALMAŞ, Istoria României 73.
[56] PANAITESCU, Istoria Românilor 115f.
[57] ROLLER, Geschichte 126f. (deutschsprachige Ausgabe).
[58] DAICOVICIU, Istoria antică şi medie 136, und DAICOVICIU, Istoria Românilor din cele mai vechi timpuri 116.
[59] DAICOVICIU, Istoria Românilor din cele mai vechi timpuri 116. Vgl. auch SCURTU, Istoria Românilor din cele mai vechi timpuri 139, und MITU, Istoria Românilor. 2004, 36. In beiden Quellen wird Matthias kein schlechter Charakter unterstellt, sondern ganz allgemein nur eine Intrige bzw. schlicht die zeitweilig schlechten Beziehungen zwischen dem König von Ungarn und den Fürsten der Walachei angeführt.

dem Sohn seines Protektoren Iancu de Hunedoara, habe Vlad Ţepeş Einfälle in das Fogarascher und das Amlascher Land unternommen[60]. Zudem wird er auch als die Person dargestellt, die Vlad Ţepeş letztlich, wenn auch nur für die kurze Zeit bis zu seinem Tod, auf Anraten Stefans des Großen wieder auf den walachischen Fürstenthron gehievt habe[61]. „Variabel" bezeichnet auch Daicoviciu das Verhältnis zwischen Matthias und der Walachei[62], Cârţână nennt ihn einen „Alliierten Vlad Ţepeş'"[63].

MATTHIAS UND STEFAN

Nach einer konfliktreichen Phase, die in der Schlacht von Baia (1467) gipfelt, sei es nach dem Tode Petru Arons, dem Erzfeind und fürstlichen Vorgänger Stefans des Großen, zu einer Annäherung mit Matthias gekommen. Erstes Ergebnis dieser neuen Allianz sei die Bekämpfung Radus des Schönen in der Walachei gewesen, schreibt Panaitescu[64]. Später habe Matthias' Hilfe nachgelassen, weil er selber in einen Krieg mit Österreich verwickelt gewesen sei und deswegen Frieden mit dem Osmanen schließen habe müssen. Nach einer am Verrat des Königs gescheiterten Allianz mit Polen, in deren Zuge Stefan den Vasallenstatus angenommen habe, hätte er sich ein letztes Mal an Matthias gewendet. Dieser habe ihm die Festungen Cetatea de Baltă und Ciceul als strategische Stützpunkte und das zugehörige Land geschenkt. Panaitescu erwähnt in diesem Zusammenhang auch die Gründung des „rumänischen" Bistums Vadului[65]. Roller und Almaş reduzieren die Schilderung der Beziehung zwischen den beiden Herrschern, Pascu geht wieder stärker auf die Schlacht von Baia ein, in der der verletzte Matthias flüchten habe müssen[66]. Letztlich aber habe Stefan die Suzeränität Matthias' anerkennen müssen, da er vom Westen keine konkrete Hilfe im Kampf gegen die Osmanen erhalten habe[67]. Pascu nennt Matthias einen „jungen und energischen König", erwähnt jedoch nicht das Land, das er regiert, nämlich Ungarn[68]. Bogzan beschreibt Matthias zum einen als denjenigen, der mit der Absetzung Stefans die Moldau wieder unter den Einfluss Ungarns bringen wollte, und zum anderen als einen Alliierten im Kampf gegen die Osmanen[69]. Von den Autoren seit 1999 wird Matthias nur mehr am Rand erwähnt oder findet in den dünner gewordenen Lehrbüchern gar keinen Platz mehr.

CONCLUSIO

WIRKUNG NACH INNEN

Die heutigen Grenzen: Besonders in den Büchern vor 1999 werden die Grenzen des modernen Rumänien auf das 15. Jh. projiziert. Johann, Vlad und Stefan treten als *rumänische* Herrscher auf, ein Klientel- und Loyalitätssystem verbindet die „drei rumänischen Länder". Der Sonderfall Siebenbürgens wird dabei wenig berücksichtigt. Der Druck von außen, vor allem die Gefahr der Osmanen, lässt die „rumänischen Länder" zusammenwachsen. Es scheint sich ein einheitliches, monoethnisch dominiertes Territorium herauszubilden, das bis zur Zeit des Mihail Viteazu (1558–1601) noch durch Grenzen getrennt existieren muss, dessen innere Pforten jedoch bereits geöffnet sind. Bis heute spiegeln sich mehr oder weniger große Versatzstücke dieser „territorialen Meistererzählung" in den Lehrbüchern wider.

Rumänische Unabhängigkeit: Der Aspekt der Unabhängigkeit zieht sich entlang aller ideologischen Konjunkturen durch die Lehrbücher. Abhängigkeiten sind nur vorübergehend und meist von Nachteil für die

[60] PASCU, Istoria României 89.
[61] ROLLER, Geschichte 126f. (deutschsprachige Ausgabe).
[62] DAICOVICIU, Istoria antică şi medie 138.
[63] CÂRŢÂNĂ, Istorie 40.
[64] PANAITESCU, Istoria Românilor 120.
[65] PANAITESCU, Istoria Românilor 128.
[66] PASCU, Istoria României 93f.
[67] PASCU, Istoria României 96.
[68] PASCU, Istoria României 94.
[69] BOGZAN, Istorie 40.

„nationale Entwicklung" der Fürstentümer bzw. Rumäniens – der Einfluss „von außen" bringt in der Regel Schlechtes. Die Rumänen entscheiden selbst, wer durch ihre äußeren Pforten geht, die innere Stärkung, einer der großen Verdienste der drei Fürsten, dient gleichzeitig der Abgrenzung zu den Mächten, die in die Innenpolitik des Landes eingreifen. Das Engagement eines „rumänischen Fürsten" in einem anderen „rumänischen Land" wird jedoch in der Regel als einer frühen Konsolidierung des modernen, unabhängigen rumänischen Nationalstaates dienlich interpretiert.

Soziale Reformen: In der realsozialistischen Historiographie wird die durch die Fürsten unterstützte soziale Bewegung in der Gesellschaft betont: Besonders der „internationalistische" Roller hebt hervor, dass sich die Herrscher auf untere und mittlere Schichten gestützt hätten, der große Feind sind die Großbojaren, der Herrscher selber, so hart er auch agiert, bleibt auf der Seite des Volkes. Auch wenn sich die Meistererzählung nach Rollers Wirken stark in Richtung einer nationalistischen Geschichtsauslegung verschiebt (das Gerüst des historischen Materialismus bleibt formell bestehen), werden die sozialen Aspekte der Herrschaften in der narrativen Substanz erhalten: Die Idee der sozialen Koalition zwischen Herrscher und Volk findet sich auch in den Lehrbüchern der Siebziger und Achtziger Jahre. Die Pforten zwischen den sozialen Schichten scheinen durchlässig zu sein.

WIRKUNG NACH AUSSEN

Die Letzte Bastion: Wenn Sultan Mehmet II. als Eroberer mit Attributen wie „jung", „ambitioniert", „begierig, den Ruhm der Ahnen wiedererstehen zu lassen" beschrieben wird, stellen ihn die Autoren einem im Untergehen begriffenen, „alten" Konstantinopel gegenüber. Die symbolische Bedeutung der Ereignisse von 1453 wird in den sprachlichen Metaphern deutlich, die in den Lehrbüchern eingesetzt werden: Roller schreibt vom Verlöschen des „letzten Schimmers" des Byzantinischen Reiches, Almaş vom Fall der letzten Front des alten Imperiums. Cârţână bezeichnet Konstantinopel als „Symbol der östlichen Christenheit". Die Osmanen können sich nun auf die Front an der Donau, den „letzten natürlichen Wall" gegen die Osmanen, konzentrieren, die Rumänen werden zu den wichtigsten Verteidigern der Christenheit bzw. Europas – ein Aspekt, der sich durch nahezu alle von uns untersuchten Quellen zieht. Die Pforte der Christenheit ist an die Donau gerückt und „Rumänien" tritt an die Stelle Konstantinopels[70].

Verbindendes Christentum: Wenn Panaitescu die Auswirkungen des osmanischen Vorrückens beschreibt – das Schwarze wird zum „türkischen" Meer, die christlichen Häfen werden osmanisch etc. – wird deutlich, was die rumänischen Fürstentümer gegen die Heiden verteidigen, nämlich die gesamte Christenheit – oder synonym ausgedrückt: Europa. Bei Brezeanu finden wir das Konzept des christlichen Europa, das bei Cârţână zur *res publica christiana* wird. Diese Idee schließt sowohl das orthodoxe als auch das katholische Christentum ein. Wenn Roller als führender Historiker des stalinistischen Rumäniens die Umwandlung der Hagia Sophia in eine Moschee beklagt, wird deutlich, dass das Christentum als exklusiver, identitätsstiftender Faktor auch fernab von religiösen Inhalten funktioniert: Wir, die Christen – der Feind, die Heiden. Auch in der nationalen Phase des rumänischen Realsozialismus wird auf die religiöse Dimension kaum eingegangen. Trotzdem erfüllt das Christentum seine Rolle, wenn es um die Bedeutung der rumänischen Fürsten geht: In ganz Europa/in der gesamten Christenheit hätten die Fürstentümer Anerkennung für den Kampf gegen die Offensive der Osmanen erlangt.

Trennende Konfessionen: Konträr zu dieser „gesamteuropäischen", „gesamtchristlichen" Identität, die sich die Rumänen in der historischen Narration einerseits zuweisen, steht andererseits jedoch die tatsächliche Unterstützung durch den „Westen". Diese bleibt meist aus, und so fällt die schwere Aufgabe der Verteidigung der Christenheit dem rumänischen Volk zu – wie z. B. Almaş anmerkt, fast ohne Hilfe von außen. Bei Roller wird die Gefahr, die vom Katholizismus ausgeht, mit der osmanischen gar gleichgesetzt – „katholische und mohammedanische Propaganda" sollte von Herrscher und Metropoliten im Einklang bekämpft werden. So scheinen die inneren Pforten der Christenheit – jene zwischen Katholizismus und Orthodoxie –

[70] Schon der für die vorkommunistische Zeit maßgebliche rumänische Historiker Nicolae Iorga (1871–1940) entwickelte mit seinem Werk „Byzance après Byzance" (Bukarest 1935) die Idee des byzantinischen Erbes in der rumänischen Kultur.

zwar bereitwillig von den Rumänen geöffnet worden zu sein – als Hilferufende ebenso wie auch als Anführer des späten Kreuzzuges. Dieses Angebot wurde jedoch vom Papst und den katholischen Ländern, die meist synonym für den Westen stehen, nicht angenommen. Nur wenn es um den politischen und missionarischen Einfluss des Papstes im Gebiet des byzantinischen Erbes ging, schien der Westen Interesse am europäischen Orient zu zeigen. Auch in den Lehrbüchern nach 1989 kommen die „christlichen Mächte" nicht gut weg: Hochmut, innere Konflikte und mangelnde Solidarität wird ihnen zugeschrieben, „Rumänien" – um die Projektion in logischer Konsequenz fortzusetzen – hatte seine historische Mission „als Pforte der Christenheit" meist allein zu erfüllen.

Die Hunyadis als Grenzgänger?

Stellt man die Motive in den rumänischen Geschichtsbüchern einander gegenüber, entsteht ein recht widersprüchliches Selbstbild: Die historische Meistererzählung der vergangenen sechs Jahrzehnte betont für das 15. Jh. die Zugehörigkeit zum (christlichen) Europa und ordnet sich gleichzeitig exklusiv der byzantinischen Orthodoxie zu. Johann Hunyadi erweist sich als ein Wanderer zwischen diesen beiden imaginierten Teilen Europas – als Katholik eigentlich nur bedingt für eine rumänische, nationale Meistererzählung geeignet, machen seine ethnische Herkunft und sein Verdienst für die Vorgängerentitäten des heutigen Rumäniens diesen „Nachteil" mehr als wett[71]. Anders verhält es sich bei seinem Sohn Matthias Corvinus, dem weder sein prominenter Vater noch seine siebenbürgische Herkunft zu nützen scheinen. Zu eindeutig ist seine Magyarisierung belegt, zu oft opponiert er gegen die „rumänischen" Fürstentümer und ihre Herrscher. Sein kultureller, militärischer und politischer Beitrag zur mittel- und südosteuropäischen Entwicklung können ihm (außer in der internationalistischen Periode der Fünfziger Jahre) kaum helfen, er ist den Rumänen in der Wahrnehmung ein „Fremder" geworden. Die Pforten zum Pantheon der rumänischen Nationalhelden bleiben für ihn verschlossen.

[71] In diesem Zusammenhang sei auch auf die Siebenbürgische Schule im späten 18. Jh., deren Protagonisten aus einem griechisch-katholischen Umfeld stammen, aber trotzdem eine der maßgeblichen Etappen in der rumänischen Nationswerdung darstellen, hingewiesen.

Index

Personen

(Fettdruck = Abbildung)

QUELLEN / HANDSCHRIFTEN